포크 모더니티의 언어들

민속의 전회를 위한 분석 코드들

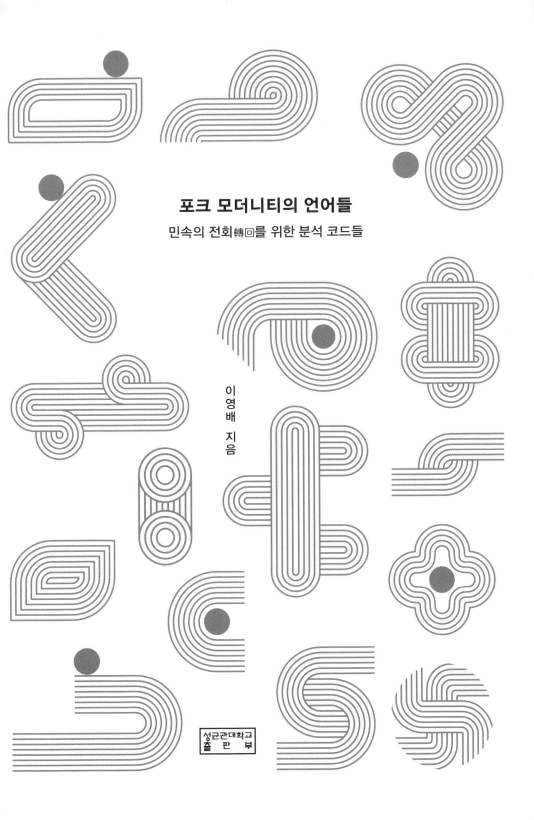

포크 모더니티의 언어들

민속의 전회轉回를 위한 분석 코드들

이영배 지음

성균관대학교
출판부

머리말

모든 이의 생각을 알 수는 없지만, 많은 사람들이 민속을 근대 이전의 습속으로 여기며 그와 관련된 것들을 낡고 진부하며 촌스러운 이미지로 떠올리곤 한다. 이런 생각과 경향이 일견 타당해 보이는 건 근대와 함께 민속이라는 말과 이미지가 만들어지고, 민속적인 것들이 근대적인 것들과 함께 배치되면서 주변화되었기 때문이다. 한국적 근대가 만들어진 지 한 세기가 넘은 지금도 민속은 여전히 촌스러움으로 대표되고 늘 새로움과 대비되어 구상된다. 최신 트렌드와 관련지어 유행에 뒤졌다고 인식될 때 촌스러움은 탄생하는데, 그렇다면 이 느낌은 늘 새로움을 존재 조건으로 내세우는 근대와 대칭되면서 형성된 역사문화적이고 사회경제적인 감성인 셈이다. 하지만 자본주의 500여 년의 역사 과정에서 촌스러움은 새로움과 얽히고 섞이면서 지배종인 서구적 근대와 다른 혼종적 근대를 생성하였다. 예컨대 근대 국가/민족의 근간으로 구성된 민속/적인 것, 역사의 진보를 담지하는 집합적 주체인 민중의 근간으로 재구된 민속은 당대에 새로움을 담지한 민속적인 것의 근대적 배치였다고 말할 수 있다. 물론 당대에는 그랬지만 새롭게 열린 국면에 조응하지 못한 것으로 취급될 때는 다시 촌스러운 것으로 배치되고 소통되었다.

최근 새로운 트렌드 속에서 촌스러운 것이 '힙hip'해지고 있다. 여기서 선택·배치된 민속적인 것들은 더 이상 시대에 뒤떨어지는 낙후된 공간의 이미지를 수용하지 않는다. 이를테면 평범한 일상마저도 버거운 도시인들에게 촌스러움의 대명사이자 민속의 전승지인 시골은 따분함 너머의 여유와 불편까지 감내하는 경험을 제공하는 매력적 공간으로 바뀌어 있다. 이러한 트렌드는 '러스틱 라이프Rustic Life'로 표현되고 있는데, 날것의 자연과 시골 고유의 매력을 즐기며 도시 생활에 여유와 편안함을 부여하는 시골향向 라이프스타일을 지칭한다. 도시와 단절되는 '이도향촌離都向村'이라기보다는 일주일에 닷새는 도시에 머무르고 이틀은 시골에 사는 '오도이촌五都二村'을 실천하며 삶에 소박한 촌스러움을 더하는 새로운 지향을 표시하고 있는 것이다. 이 트렌드를 좇아 도시를 떠난 사람들은 자연에 취하며 휴식을 즐기고 시골에 머물며 색다른 일상을 만들고 있다고 믿는다. 러스틱 라이프를 보다 일상화하려는 사람들은 아예 도촌 생활을 위한 거점을 만드는 것은 물론, 도시에서도 농사를 짓거나 시골에 집을 짓고 나아가 새로운 삶의 터전에서 자신만의 둥지 틀기를 시도하기도 한다. 이는 과밀한 주거/업무 환경에서 고통 받는 대도시나 고령화·공동화 현상으로 시름을 겪는 시골의 현 상황에 의미 있는 시사점을 제공하거니와, 단순히 시골의 예스러움을 재현한다거나 향수를 불러일으키는 데 머무는 게 아니라 무엇보다 새로운 감성에 소구한다는 점에서 이전과 전혀 다르게 생성된 과거, 즉 민속적인 것으로 소비되고 있다.

　　새로움을 탐닉하는 근대적 형상들과 맞물린 민속적인 것의 새로운 배치는 동화작가 권정생이 창조한 '강아지똥'과 닮았다. 강아지똥은 쓸모없는 것들의 대명사로 무의미한 존재의 파편이나 생명의 몰락을 함축한다. 그의 이야기 속에서 추방된 존재의 상징으로 자주 출몰하는 문둥병·불구·불치병 같은 것에 연결되어 있기도 하다. 권정생은 그 파편과 몰

포크 모더니티는 자본주의 체제가 야기한
구조적 문제들을 해소하려는 경향성에 열려 있는 한편
인간관계 자체가 자연의 문제 영역과 분리되어
인식되지 않음을 지향한다고 말할 수 있다
즉 인간중심주의나 서구 근대의 언표들에 대응해
기후변화에서 미생물 군집에 이르기까지 작용하는 동시에
인간 존재의 육화된 마음을 비롯해
그 몸을 통해서도 작용하는 근원적 힘에 주목한다

락에 생명을 부여하고 속도가 아닌 순환의 리듬 속에서 존재성을 되살렸다. 그의 이야기 속에서 강아지똥의 상대역으로 등장하는 민들레는 "너의 몸뚱이를 고스란히 녹여 내 몸속으로 들어와야 해"라고 말한다. 그러면 강아지똥은 "내가 거름이 되어 별처럼 고운 꽃이 피어난다면, 온몸을 녹여 네 살이 될게"라고 응답한다. 강아지똥의 민들레 되기 혹은 민들레의 강아지똥 되기라고 이름 할 만한 이 장면은 이 책의 핵심 개념인 '포크 모더니티'의 의미와 형상 그리고 그 지향을 잘 대변한다.

한편 혼종적 근대성은 대안적 근대성의 계기와 사건을 내포하고 생성한다. 예컨대 '풀무농업고등기술학교 환경농업전공부'에서는 한때 '결성농요'(충청남도 무형문화재 제20호)를 농사일에 도입한 적이 있다. 농요 보유자를 초빙해 학생들에게 농요를 가르치고, 경지 정리가 되지 않은 불리한 조건의 갓골 동네논에서 손으로 모를 심고 김을 매면서 농요를 부르는 경험을 하게 했다. 이 경험의 터전에는 노동집약적 공동체 농업, 즉 민속적 생업 방식이 석유에 의존하는 농업에서 탈피하는 전환적 삶의 양식이라는 생각이 자리하고 있었다. 약 10년간 농요와 함께 진행된 이 경험은 마치 세시풍속처럼 소농의 삶과 문화가 의례적으로 구현되는 대안 세계의 형상을 품고 있었다. 이 동네논은 지역 어린이와 학생들이 두레를 체험하고, 작은 땅을 소박하게 일구고 살며, 이웃들과 함께 소농의 눈으로 바라보는 세상을 잠시나마 구현했던 공통장이었다.

따라서 포크 모더니티는 자본주의 체제가 야기한 구조적 문제들을 해소하려는 경향성에 열려 있는 한편, 인간관계 자체가 자연의 문제 영역과 분리되어 인식되지 않음을 지향한다고 말할 수 있다. 즉 인간중심주의나 서구 근대의 언표들에 대응해 기후변화에서 미생물 군집에 이르기까지 작용하는 동시에, 인간 존재의 육화된 마음을 비롯해 그 몸을 통해서도 작용하는 근원적 힘에 주목한다. 도나 해러웨이의 표현을 빌리면, 관계적이고 함께 만들며 필연적인 것으로서 땅의 이야기를 새로 쓰려는 기획과 연결되며, 인간과 비인간의 관계 역량과 생태적 관계성을 통해 지구 행성의 위기에 응답할 수 있는 역량을 구성하는 실천과도 통한다. 특히 소리가 거의 들리지 않았을 음역에서 말해진, 인간과는 다른 존재들의 이야기에 우리의 감각을 조율시켜가는 읽기와 실천, 서로의 삶에 참여하는 창의적이고 즉흥적이며 덧없는 실천의 의미를 증폭하는 읽기와 실천에 대한 국면/국지적 응답이다.

이 책은 안동대학교에 부임한 그때부터 본격적으로 숙고해온 민속/학에 대한 고민들이 약 15년의 시간 동안 때마다 제기된 문제의식과 형성된 의제들에 조응하면서 구체화되어갔던 일련의 작업들에 기초하고 있다. 핵심은 민속과 근대의 마주침이라는, 당시에는 생소하고 이해되지 않았으며 어쩌면 동의하고 싶지 않았던 테마였다. 민속 안의 근대, 근대 안의 민속이 역사적 조건 속에서 이질적인 것들의 혼종적 절합과 배치의 국면/국지적 상태(혹은 서구적인 것의 토착화)라는 생각과 주장을 그때 거기의 사람들이 낯설어 한 것은 당연한 것일지도 모른다. 그러나 현재 시점에서는 이야기 방식과 다루는 방법이 다를지언정 이 테마에 어느 정도 공감대가 형성된 느낌이긴 하다.

포크 모더니티의 언어들은 당연히 포스트/모더니티 또는 후기 구조주의의 사유와 담론의 언어들과 밀접하게 연관되어 있다. 그 개념과 사유 및 이론들을 원천 삼아 민속적인 것들이 근대적으로 배치된 여러 양상들을 12개의 키워드로 짚어낸 것이 이 책이다. 모쪼록 이 책을 계기로 민속 연구의 지배적 관행들이 재인식되고, 새로운 장에서 포크 모더니티의 언어들이 논쟁적이며 생성적인 개념으로 다루어지길 기대한다.

　　이 책은 한국연구재단의 2021년 저술출판지원사업의 지원을 받았다. 관계된 모든 분들께 감사한다. 또한 성균대학교출판부의 관심과 배려로 비로소 세상에 내놓을 수 있었다. 특히 책의 출판을 제안해주시고 꼼꼼히 살펴봐주신 현상철 기획팀장님과 실무를 담당해주신 분들께 감사드린다. 무엇보다도 내 존재와 생각의 원천이신 그분께 사랑과 감사를 표하고 싶다. 지금은 병상에 누워 생의 마지막을 겪고 계신 어머니와 20여 년 넘게 곁에서 함께 참고 믿고 바라고 견디는 사랑하는 아내, 그리고 아직은 아파하고 방황하고 있지만 종국에는 온전해질 딸에게 이 책을 바친다. 끝으로 초고를 함께 읽으며 뜻과 표현 문제를 바로 잡게 해준 제자에게 고마움을 전한다.

2024년 겨울 연구실에서
이영배

목차

서론

민속은 장기 지속적으로 전승되어온 문화현상이자 그 문화의 기저층에 민중의 변혁성을 담지한 역사현상으로 인식되어왔다. 후자 차원에서 보면 생성과 변화를 중요하게 인식하고 있긴 하지만, 계몽주의적 역사 인식의 한계를 노정하고 있는바, 여기서 벗어나기 위해 민속에 대한 새로운 인식과 개념 정의도 필요하다. 무엇보다 한국 사회의 근대적 문화장 안에서 형성·변화해온 민속은 단선적으로 파악하기 어려운 다층적이고 분산적인 궤적과 특징을 보인다. 지금 중요한 것은 현재의 문화장 속에 존속하는 민속현상에 집중해 그 역동적 변화상과 함의를 그 자체로 읽어내는 일이다. 이러한 접근 방식은 민속에 대한 관념적·보수적·본질주의적 인식으로부터 벗어나는 한편, 민속연구에서 차이에 대한 사유와, 차이 그 자체 혹은 그 동력/힘에 대한 사유의 지평을 여는 길이 될 수 있다.

민속의 출현과 그 역사적 실제에 주목할 때, 민속은 근대성과 조우하면서 생성되었다는 인식이 그 개념 사유에 반영될 필요가 있다. 즉 민속현상을 '단절적이고 불연속적인 계열체'로 파악하고, 그에 접근할 필요가 있다. 이는 민속을 단일 실체로 여기지 않고, 다층적/다중적 혼종체로 바라본다는 의미다. 특히 근대 사회와 문화의 제도 공간, 일상 공간, 기억 공간 등의 형성과 확장 과정 속에서 민속의 위상과 성격 변화, 그 생산·유통·향유/소비 패턴의 복수적 운동 그리고 이에 따른 배치의 구조적 변경과 저항 또는 재변경 등이 다양한 방향성을 품고 발산하거나 또 다양한 지점으로 수렴된다는 의미기도 하다. 따라서 민속은 '민속-'으로 발산·접속될 수 있으며, 이는 일종의 '떠다니는 기표'로서 유동성과 무규정성을 담는다. 이런 접근을 통해 민속현상의 단절적이고 불연속적인 다양한 양태들을 발견함으로써 차이의 공간 혹은 분산의 공간으로 민속 담론의 장을 사유하고 담론화할 수 있게 된다.

  민속은 근대적 세계체제의 지구화 과정 속에서 혼종적 사태로 전개되어왔다. 문화의 산업적 분화와 확장 속에서 문화시장을 선점한 지배문화인 대중문화의 하위 영역에 민속은 배치되어 있다. 따라서 민속은 근대성의 자장으로부터 벗어나 예외적인 것이 될 수 없다. 특히 현대의 지배적인 민속현상은 문화장 내에서 주변적인 것으로 구조화되어 존속한다. 때문에 그 문화적 위상은 주변성이 잠재된 대안성과 창조성에 놓인다. 하지만 지금까지 민속연구에서 민속은 이러한 자신의 상태와 속성 그리고 의미와 가치를 표현할 수 있는 언어를 갖지 못했다. '포크 모더니티'는 그 부재와 공백을 메우기 위해 고안한 개념이다. 포크 모더니티는 부재하는 언어와 개념과 담론을 새롭게 구성함으로써 민속의 특이성은 물론 그것이 놓인 사회문화적 공간의 특성을 담아내는 의의가 있다. 그리고 궁극적으로 민속/학의 전회轉回를 담지하는 효과를 가진다.

  한국 사회는 근대화 과정에서 전통·포스트/모더니티의 계기들이 동시적으로 다양하게 존재하는 압축적이면서 혼종적인 근대를 경험했다. 그리고 이 혼종적 근대의 자장 속에서 민속의 사회문화적 형식과 그 담론이 주조되어왔다. 현재의 문화 상황은 혼종성이 토착화 과정을 지나 일상의 스타일이나 습속이 된 상태에 있다. 예전에는 별개로 존재하던 상이한 구조와 실천들이 결합해 새로운 구조·대상·실천을 생성하는 사회문화적 과정이 전개되고 있다. 따라서 민속 역시 형식과 내용 차원에서 혼종적 양상은 더욱 심화될 것이다. 포크 모더니티는 이 같은 역사적 특이점과 사회문화적 변화 경향을 반영하고 있는 것으로서 민속연구를 개념과 담론 수준에서 체계화하기 위한 문제적 개념틀로 고안되었다. 이 책에서는 포크 모더니티가 지시하는 민속현상을 체계적으로 분석하기 위해 5개 범주와 그에 조응하는 12개 코드를 제안한다. 5개 범주는 '존재 조건 및 주체, 의미와 생성, 소통과 매개, 자본과 위기, 변환과 대안'으로, 실제와 그 실제를 가능하게 하는 조건 그리고 변화를 사유하기 위한 분석틀로 구성했다. 그리고 각 범주들 안에 '시간문화, 판, 다중, 사건, 재현, 정동, 구술기억, 감성-미디어, 문화자본, 인류세(/자본세), 하이브리드, 공동체문화' 같은 분석 코드를 차례로 배치하였다.

'시간문화'는 시간에 대한 관념과 행동의 문화적 실천 양식을 의미하는 개념으로, 세시풍속과 사람의 한평생 같은 민속적 가치실천 양식의 바탕을 구성하는 핵심 요소로 고안했다. 민속의 시간성은 지형과 기후 등 생태적 조건에 따라 형성·전개되는 민속적인 생활세계와 그에 기초한 일종의 체계가 계절이라는 자연의 주기와 생업이라는 경제적 주기 그리고 관습이라는 문화의 주기와 맞물리면서 되풀이되었던, 민속사회의 시간 인식과 주기성을 반영한 민속적 시간문화 양식의 특이성을 의미한다. 현대 사회의 시간 구조 속에서 이 시간의 특이성이 자리 잡고 있는 지점은 근대적인 시간체제를 중심으로 형성된 사회문화적 공간의 주변부로 구시대적인 것과 잔여적인 것으로 특성화되어 있다. 민속 시간의 특이성이 문제적인 까닭은 근대적 시간성이 지배적인 것으로 위치해 있으면서 그 위상을 지속하기 위해 이질적인 시간의 계기들을 선택·배제하는 방식으로 포섭하거나 통합하는 과정에서 빚어진, 구조적인 모순이 임계점에 다다랐기 때문이다. 특히 현대 사회에서 근대적 시간체제가 자본 혹은 시장 중심으로 재구조화되어 감에 따라 양적으로 전화된 시간성은 자연과 인간 그리고 사회와 문화의 근간을 위기로 몰아넣고 있으며, 그에 따른 불안과 병리 현상이 체계 전반에 급속도로 확산되고 있다.

'판'은 민속에서 찾아볼 수 있는 문화현상이자 고유한 우리말이다. 판 현상은 대체로 관계적인 것이며 과정적인 것들로 나타난다. 판은 기본 적으로 다양한 현상을 지칭하는 용법을 담고 있으며, 더 폭넓게 용법을 확장할 수 있다. 왜냐하면 판은 그 용법상 다중성과 횡단성을 내포하기 때문이다. 판은 개인과 집단이 세계와 소통하기 위한 과정이자 계기적 인 결과로 이해할 수 있다. 특히 변화와 생성을 적극적으로 포용하여 사 유하는 유동적이고 융합적인 개념으로 활용된다. 통섭적 지향이 '관계' 또는 '사이' 지향을 가지고 있는 것처럼, 판을 둘러싼 존재들과 영역들이 교차하거나 공존할 때 판 개념은 더욱 유용하다. 장소와 공간 개념으로 설명할 수 없는 복잡 네트워크 안에서 역사적 행위주체성을 담지한 힘 혹은 흐름으로 판 개념을 틀 지을 수 있거니와 인문학 연구 특히 문화학 cultural studies의 새로운 지평을 열고, 민속연구에서 융합적 지식을 생성 할 수 있는 창조적 바탕이 된다.

민속은 다중의 습속으로 재정의될 수 있다. '다중'은 "오래 전에 선행 하여 있"었으며 "마치 억압되었던 것이 자신의 정당성을 입증하기 위해 되돌아오는 것처럼, 때때로 국가의 주권이 뒤흔들리는 위기의 순간에 자신을 내세우면서, 재차 표면 위로 떠오를 수 있"으며 체제 속에서 "목 소리가 박탈된, 공적인 현존이 박탈된"[1] 다수이다. 이 다중의 특성과 민 속은 접속될 수 있는데, 다중이 체제가 흔들리는 위기의 순간에 외부로 부터 체제 내로 출몰한다는 점에서 일종의 생성적 사태로 그 존재성을 규정할 수 있다. 포크 모더니티의 개념 체계 안에서 존재 조건과 주체의 범주를 대안적으로 규정하는 방향 속에서 다중, 즉 하나의 실체로 표상할 수 없는 그야말로 다양한 욕망을, 헤아릴 수 없으며 통합할 수 없는 행위들로 표현하는 복수의 존재들을 민속 주체의 특이성으로 사유할 수 있다.

의미 자체는 추상성이 강해서 단독으로 파악될 수 없다. 의미는 언어에 의해 또는 언어를 통해 만들어지고 짜이지만, 언어는 그 자체로 의미를 생성하지는 않는다. 의미는 관계들에 의해 또는 관계들이 구성된 기반 위에서 일어나는 '사건'이나 행동을 통해 비로소 특정한 방향성을 띠며 현상하고 생성된다. 의미는 반복이 아니다. 동일한 의미는 추상적인 차원에서조차 반복되지 않는다. 의미는 항상 현상하는 문제의 시점과 공간의 특정 조건 속에서 재현을 통해 혹은 이전과 다른 변환과 생성의 계기 속에 차이를 낳으며 생성된다. 민속 또한 특정한 의미의 그물에 비유할 수 있다. 민속은 특정 시간과 공간 속에서 현상하는 구성체다. 의미가 문화로 구체적인 형상을 짓는다는 점에서 민속은 문화구성체이며, 특정 조건과 맥락 속에서 생성되기 때문에 복수적이며 항상 다층적이다. 민속은 우발성을 본성으로 외부와 내부의 마주침 속에서 사건화되고, 언어를 통해 발화되는 패턴을 통해 그 본성을 실현한다. 때문에 민속은 정동의 형성과 변이의 과정적 혹은 이행적 결과로 나타난다. 포크 모더니티 체계 안에서 민속은 이와 같은 의미론 차원에서 파악되며, 자신을 조건 짓는 특정하고 구체적인 상황과 국면 속에서 코드화되어 존재한다.

자본주의 사회의 특정 시공간 속에서 재현되는 사건은 일상생활의 구체적·물질적 변화 속에서 이전과 이후의 시간을 계기로 그것이 재현되는 장소에 기대어 자신의 의미를 구성·확장해간다. 사건의 재현 속에서 수행되는 주체의 문화적 실천은 시간과 공간의 변화에 매개되어 있으면서 단순히 전통적 재현이라는 이전의 고정된 양식에 머물러 있지 않는다. 오히려 이전에 재현된 텍스트의 시간과 공간, 그 물질적 과정 속에서 새로운 의미들을 생성한다. 이전에 이루어진 재현의 조건을 단지 반복

적으로 수용하는 것을 통해서가 아니라 그것의 창조를 통해 재현의 경계
가 설정되는 것이다. 따라서 그 경계들은 유동적인 것이 될 수밖에 없다.
민속의 '재현'은 의례적 측면에서나 사회적인 현실 차원에서 자기 자신
을 끊임없이 구성해나가는 역동적인 해방의 놀이 과정으로서 대안적 삶
을 지향하며, 새로운 주체성을 집단적으로 형성해나가는 문화정치적 공
생체로 사유할 수 있다. 따라서 사건들의 계열체로서 민속은 그 주체들
이 해방의 희열을 느끼며 제 힘으로 자기 가치를 생산하고 연대해나가
며, 텍스트의 재현 과정에서 상상하고 확보하는 생활사의 하나[2]로서 제
의적·의례적인 기억으로 통합·재통합된다.

　'정동(情動, affectus)'은 기쁨이나 슬픔의 관념으로 상상되는데, "기쁨
pleasure은 인간의 더 작은 완전성에서 더 큰 완전성으로 이행하는 것"으
로 정의하고, "슬픔pain은 인간의 더 큰 완전성에서 더 작은 완전성으로
이행하는 것"[3]으로 정의한다. 정동 개념을 통해 이전과 다르게 파악할
수 있는 것은 민속현상 혹은 민속의 재현에 표상된 세계의 구조적 모순
이다. 이 모순은 중층적이다. 자연에 구속된 습속과 해소되지 못한 봉건
적 신분의 구속 그리고 근대화의 과정 속에서 주변화된 변방의 노자勞資
갈등이 그 핵심이다. 자연에 구속된 습속에서 오는 모순은 문제 해결을
운명이나 주술적 행위에 맡겨버리는 행태나 세대를 통해 고수되어온 전
통적인 생활과 생업 방식 등에서 발생한다. 해소되지 못한 봉건적 신분
의 구속이라는 모순은 근대적 의미에서 계약이라는 방식을 취하지만, 그
기저에 자리 잡은 신분적 예속이 사회관계를 규정하고 있다는 것을 의미
한다. 이처럼 근대화 과정에서 주변화된 변방의 노자 갈등이라는 모순
은 재현되고 있는 민속 세계에서 문제적인 정동이다. 자본과 노동 간의
역사적·구조적 관계를 인식하되, 그 갈등에서 오는 모순을 자유로운 개
인으로, 노동의 정당성을 확보하는 방향으로 해소하지 못할 때, 인정에
대한 호소나 불만 토로나 감정적 분노 표출에 그치고 만다. 따라서 존재

역량의 강화라는 측면에서 민속의 정동을 사유할 필요가 있고, 변이 체제가 생성하는 대안 영토로 그 세계의 구조를 그려낼 필요가 있다.

구술문화가 문자문화로 전이되어온 근대화 과정에서 의미를 소통하고 매개하는 현상들은 일정하게 의미 생산과 전달에 치우친 채로 그 과정이 분리·구조화된다. 특히 기능과 효율성 그리고 생산성이 지배적이게 된 산업사회에서는 생산성을 강화하기 위해 기능과 효율을 중시하는 분업 방식이 경제를 비롯한 전 사회를 조직·구조화하면서 생산의 국면이 다른 국면 특히 향유의 국면을 지배하고 통제한다. 이러한 소통과 매개의 구조 속에서 구술을 중심으로 소통되고 의미를 담지/매개하는 민속현상과 그 전승 및 연행도 문자문화를 중심으로 펼쳐진 의미의 소통과 매개 경로에서 그 위치를 주변부에 할당할 수밖에 없는 상태에 놓이게 된다. 이처럼 구조화된 소통과 매개 행위는 문자문화와 구술문화의 비대칭적 결합과 배치 속에서 이루어진다. '구술기억'은 그러한 배치에 기반하여 구술성을 표현하는 포크 모더니티의 속성을 가지게 된다. 따라서 구술기억은 근대화된 세계에서 민속현상을 존속하게 하는 소통과 매개의 코드가 될 수 있다. 구술과 기억 자체는 개념적으로는 분리되지만, 민속현상의 실제 전승과 연행 차원에서는 기억이 구술과 계기적으로 혹은 수행적으로 이어지고 통합되어 나타나기 때문에, 이들을 분리하기보다 구술/기억이나 구술기억으로 통합하여 개념화하는 것이 실제에 부합한다.

구술기억의 연구는 기억자 혹은 구술자의 파편적이고 망실된 기억들을 대상으로 그 공통적인 의미 지향을 문제 삼아 다룬다. 과거 경험과 현재 경험이 혼합되면서 구조화되는 시간, 즉 '현재와 미래의 사이'에 구술기억이 존재한다고 할 때, 거기에 담긴 의미들은 '현재-미래의 사이'에 위치해 있다. 원근법같이 과거와 현재를 엮어가면서 분석자로 하여금 그 기억과 경험의 이미지를 구술언어로 재현하게 한다. 그 구술기억의 이미지/표상은 일종의 회화성을 드러낸다고 생각되는데, 그 시간적 친밀성의 '멈과 가까움' 혹은 그것이 놓인 구조적인 체계를 일정 정도 가시화하여 거기에 담긴 의미의 지향과 특성이 묘사된다. 요컨대 이 구술기억이라는 코드는 우리가 그것에 기반해 구성해가는 세계들을 근거 짓는 "하나의 틀이며, 언제나 가변적인 쟁점이고, 전략들의 집합이며, 존재하는 것으로서보다는 만들어지는 것으로서 더욱 가치가 있는 어떤 실재"[4]를 구성하는 전환적 작업의 기초를 이루는 개념이 된다.

민속은 그것을 구성하는 여러 미디어들을 그 안에 접고 있다. 생산·연행·창조·변용하기 위해 연행자나 전승자들이 필요로 하는 미디어들과 그것을 향유하기 위해 수용자들이 필요로 하는 미디어들이 민속을 구성하고 존속하게 한다. 물론 이러한 특성이 민속에만 국한된 것은 아니지만, 근대적인 것과 조우한 비근대적인 것의 형식·내용·표현 속에서 다소 강도적intensive으로 우세하게 된 포크 모더니티를 나타내는 방식으로 미디어들이 결합·배치된 특이성을 보인다는 점이 다르다. 이 다름은 민속현상을 다른 것들과 구별되게 한다는 점에서 중요하다. 민속은 그것이 연행하는 사회 세계와 그 구성원들이 의미들을 소통하는 미디어 자체이기도 하다. 민속은 언어와 비언어적인 기호들로 구성되어 있으며, 상상과 소망 혹은 감성적 언표들을 실어 날라 사회구성원들이 원치 않는 사회 세계의 어떤 구조들에 문제를 제기하고 개조·변화시키는 상징이기도 하다. 민속 안에서 혹은 그 복수적·다성적 현상들 사이에서 구성·배치되는 미디어들은 포크 모더니티의 조건이나 맥락 속에서 현실에 지배적인 경향이나 힘들과는 다른 세계와 존재 또는 대안적 힘이나 경향들을 소통·매개시키는 체계들로 작동한다. 그러한 의미에서 그것은 인식 저편에 있는 실체에 대한 상상적 해석을 현실 세계에 소통시키는 상징들 혹은 감성적 언표들로 기능한다. 이 점에서 민속을 존속시키는 혹은 소통·매개하는 코드로서, 수행성을 바탕으로 근대적 이성 또는 합리성이나 효율성의 체계에서 탈주하는 감성적 언표들로서 '감성-미디어'라는 개념을 사유할 수 있다. 이 감성-미디어라는 개념을 통해 포크 모더니티의 특수한 조건과 맥락 안에서 사람과 사물 그리고 사회의 관계를 형성하고 의미를 창출하여 문화를 유지해온 다중의 역능, 즉 민속을 이전과는 다른 방식으로 다룰 수 있게 된다.

민속이 주변화되어 있을지라도 그 문화장은 특정한 '자본'의 획득과 유지에 따라 다른 입장들을 배제하고 인접한 장들 속에서 민속에 대한 입장을 공유하는 아비투스를 지닌 사람들을 포함하여 존속한다. 또 그 장의 구조는 장의 생존을 위해 실천하는 주체와 제도의 역학 관계를 따라 변화하며, 이전의 궤적 속에서 축적된 실천의 양상에 따라 달라진다. 민속의 장은 그 유지와 존속 및 확장을 위해 위계화된 사회 공간 속에서 할당된 특정 자본의 분배구조를 보존하려 하기보다는 그것을 전복하려는 실천에 적극적일 수 있다. 민속의 지속적 존속과 생성적 향유를 위해서는 그 기반의 (재)창출과 확장에 대한 새로운 인식과 실천이 필요하다. 이를 민속의 전승 궤적을 검토하면서 공식화할 수 있다. 즉 한 시대/국면의 경험 조건은 거기에 적합한 경험을 산출한다. 이 산출된 경험이 축적되고 습속화/양식화되면 그 시대/국면의 문화적 생산물이 된다. 그런데 경험 조건이 변경되면 그 이전의 경험이나 문화가 상속되는 지속의 국면과 변경된 경험 조건을 반영한 경험이나 문화가 생성되는 단절의 국면이 공존하면서 경합한다. 일정 시기가 경과되면 경험 조건에 의한 선택과 배제의 원리가 작동하여 이전의 경험과 새로운 조건이 산출한 경험이 융합된 문화가 발생하거나 이전의 경험이 축출된 전혀 다른 문화가 생성될 수 있다. 이것이 민속적인 것이 근대적으로 배치된 포크 모더니티 문화장의 작동 방식이 된다.

공유자본은 한 개인만 쓰기엔 활용도가 적은 자원을 발굴해 모두가 공유할 수 있게 만들어 새로운 가치를 창출하는 대안경제로 주장되기도 한다. 대표적인 사례로 '우버'(택시)와 '에어비앤비'(숙박)가 있는데, 우버의 기업 가치는 182억 달러(약 18조 원)이고 에어비앤비의 기업 가치는 100억 달러로 평가[5]되고 있다. 이러한 공유자본의 경제 모델은 벤처캐피털등 국제 금융자본의 투자를 받아 시장을 확대하고 있다는 점에서 공유가치의 사회적 형성과 확산보다 이윤 확보를 위해 공유가치를 자본 친화적으로 접합시킨 사례에 해당한다. 바로 이 지점에 민속의 현재 상황을 인식하고 지속과 생성의 가능지대를 사유하는 일의 복잡성이 놓여 있다. 민속은 체계와 생활세계를 통틀어 재구조화된 문화장 내에서 상품적 가치를 중심으로 주변 혹은 하위 영역으로 (재)배치되고 있다. 그에 따라 민속은 상품가치로 전화될 때 문화장 내에서 '부상하고 있는 것'이 될 수있고 그렇지 못할 때는 '구시대적인 것' 혹은 상품화 가능한 자원으로서 '잔여적인 것'에 머물게 된다. 문화시장의 반향을 얻은 민속은 대중문화나 문화산업의 영역으로 포섭되어 부상함으로써 민속에 대한 새로운 감정구조를 지닌 새로운 소비계층의 출현과 함께 자본주의 체제 속에서 지속 가능한 재현의 한 양태가 된다.

자본주의 체제의 주변부에서 민속이 '문화자본'으로 재현되거나 코드 변환되는 사태의 와중에 우리가 만든 복잡한 시스템은 운용자, 승객, 무고한 시민, 나아가 미래 세대에게 위험과 재난 그리고 불안정성 같은 위기를 한층 가중시키고 있다. 위기는 시스템의 복잡한 연계와 다발적 장애의 상호작용에서 기인하는 필연적인 것이 되어가고 있다. 고위험 사용이 계속 늘어나는 현대 사회에서 대형사고 같은 위기는 도리어 정상적인 것[6]으로 인식되기도 한다. 기술 개선조차 다른 사고의 원인이 되기도 하고, 자동화 시스템에 따른 대응은 창의적 조치를 어렵게 만드는 구조요인이 되기도 한다. 현대 사회 시스템은 구조 안에 붕괴를 내장한 그 위기의 정상성을 동력으로 삼는다 해도 과언이 아니다. 그 반대편에 민속적 시간이 있다. 민속적 시간은 우리가 "주의를 기울이고 기억하고 상상하는 시간"[7]이라 바꿔 말할 수 있다. 그 시간은 유기체적 요소에 의해 팽창을 제약당하는 운동·과정·흐름이다. 그 시간은 의식적 유기체들이 정보자본의 공간으로부터 들어오는 정보를 정교화하는 데 투여하는 경험의 강도와 관련이 있다. 한계를 넘어서 경험이 가속화되면 자극에 대한 의식은 감소될 수밖에 없다. 또한 감수성의 영역인 심미 영역과 무엇보다 중요한 윤리 영역과 관련된 경험을 잃게 된다. 따라서 우리의 정신에는 느린 정교화의 시간, 정보를 정서적으로 특이화할 시간이 필요하다. 느린 감응성과 함께 노동으로부터의 자유와 역동성을 재활성화함으로써만 집합적 유기체는 감수성·합리성을 회복하고 평화롭게 서로 감응하며 연대하는 능력을 다시 얻을 수 있다.

민속은 자본주의 체제에서 전승·연행·재현·변환될 때, 체제의 속성과 모순과 위기 속에서 특성이 구성·표현된다. 민속은 자신을 다른 것들과 다르게 만든다고 인식되는 특이성과 함께 그것이 존속하는 체제와 조응할 수밖에 없다. 어쩌면 그 특이성은 체제 안에서 민속이 민속적인 것이 되게 하는 조응에 의해 발현되는 것인지도 모른다. 따라서 민속은 현 체제의 위기 속에서 민속적인 것으로 코드화되어 존속한다고 말할 수 있다. 마찬가지로 민속은 문화의 상품화/시장화와 관련된 역사적으로 특정한 문화자본의 범주 속에서 구성되는 민속 또는 굿문화 자본으로서 그 특성을 문제 삼게 된다. 따라서 그것은 자본주의 체제의 특성 속에서 다루는 것이 현상에 부합하며, 체제의 위기와 조응하여 코드화되는 특징들은 구체적인 사례를 통해 분석하는 일이 필요하다. 이를테면 재난·위험·불안정성은 포크 모더니티의 맥락 속에서 민속현상의 특이성과 조응한다. 이렇게 위기의 코드로서 현상된 민속은 위기를 야기하는 체제와 조응하는 과정에서 특정한 속성과 기능을 가지게 된다. 따라서 현대 자본주의 체제의 위기를 표현·구성하는 '인류세/자본세'와 조응하여 코드화되거나 변환되고 있는 민속의 특이성에 대한 분석 작업은 중요한 의의를 가진다.

민속적인 것은 형태 차원에서 고유하고 안정적인 패턴을 유지하면서 재현될 수도 있고, 변화 속에서 현재 형태가 교체되어 미래 형태를 만들면서 배치될 수도 있다. 중요한 건 민속적인 것의 재현이 고정된 형태를 반복하기보다는 재현 당시 조건과 맥락에 따라 그 형태가 부분적으로 유지될 수는 있더라도 다른 요소와 형태들과 섞여 이전과 다른 형태로 변화되는 역동성이나 가역성이 있다는 점이다. 형태에 대한 강조가 아닌 '행동의 형태'에 주목하는 예술적 기획인 테크노에틱 아트technoetic art는 민속적인 것의 새로운 배치로 귀결되는 재현(변환과 생성)의 의미를 생각해보는 데 중요한 참조점이 된다. 테크노에틱 아트는 창조적 의식과 인공생명을 접속시키려는 예술적 경향이다. 테크노에틱 아티스트들은 의식의 테크놀로지가 새로운 예술이 발생할 수 있는 기반을 제공한다고 생각한다. 이는 '형태의 행동이 아닌 행동의 형태'를 강조하면서 샤머니즘(적 요소)을 예술적 실천에 도입한다. 이러한 테크노에틱 아트의 경향에 주목할 때 민속은 그것과 상동적 관계(혹은 인접예술)로 만날 수 있으며, 기존 미디어들이 새로운 기술/미디어와 융합하는 시대의 문화 상황 속에서 이전과 다른 위상을 확보할 수 있다. 대상의 자리에 있던 사물이나 도구의 자리에 있던 기술이 인간과 새로운 관계를 맺는 것과 같이, 새로운 체제가 도래하는 길목에서 그것과 새로운 관계를 맺을 수 있는 것이다.

서구의 근대 문명은 비서구 사회의 문화와 지식들을 비합리적이고 미신적인 것으로 간주하고, 계몽과 진보, 합리성을 바탕으로 그에 미치지 못한다고 규정된 것들을 배제·선택·통합하는 전략을 구사해왔다. 그 결과 무수한 타자들과 그 문화들이 하찮고 쓸모없는 것으로 폄하되었다. 그러나 역설적으로 그 역사적 산물로 형성된 근대적/식민적 세계체제는 돌이키기 어려운 한계와 위기에 봉착해버렸다. 즉 지구 규모에서 생태 위기가 급속도로 확산되고, 인간성은 이윤 창출의 매개물로 전락해버린 것이다. 이러한 현실 앞에서 인류에겐 억압된 타자의 해방이 윤리적 기반으로 작용하는 연대의 정치학과 미래의 유토피아적 상상력이 절실하다. 민속적인 것들에 대한 사유도 이러한 시대적 상황과 요청 속에 놓여 있다. 즉 민속은 지금까지와 같이 세계체제 내 반+주변부에 위치해 있으면서 문화적으로 혼종된 반주변부 문화의 주변성으로만 환원될 수 없다. 오히려 민속적인 것들의 혼종적 의미와 가치를 재사유할 필요가 있다. 요컨대 그것은 민속적인 것들의 근대적 배치로 나타난 혼종의 양태들을 현실문화의 물질적·사회적 과정에 기초해 변환과 대안의 코드로서 재확인하는 작업이다.

한국 사회는 세대 간 감정구조가 다층적이며 그 존재 양상도 역동적이다. 다만 사회관계나 문화생산 및 소비 측면에서 그 차이들이 갈등 요소로 작용하면서 각 세대의 감정구조는 대립적이다. 결국 이는 문화 영역에서 서로 다른 취향과 집단의 분화를 야기했다. 이 과정에서 초래되는 문화의 재구조화도 역동적이다. 즉 다층적인 사회 분화와 이에 조응하는 취향의 재구조화가 세대의 감정구조 내부나 그들 사이에서 급격히 진행 중이다. 그런데 세대/계층 간 감정구조의 형성과 접합 혹은 대립과 갈등은 경쟁과 공유(혹은 연대)라는 경제적·정치적·사회적·문화적·담론적인 장들을 가로지르면서 접합·탈구되며 구조화된다. 이는 역사적 차원을 지니기도 하거니와 서구 문명과 자본주의 그리고 시장을 횡단하고 통합하면서 변주되는 사회진화론적 경쟁 이데올로기와, 그에 대한 연대와 공감 혹은 공동체와 그 감정구조 사이에서 발생한(/하고 있는) 대립과 갈등, 접합과 혼종의 계보를 지닌다.

근대 이전 민속의 세계는 농업생산력을 기반으로 형성되었다. 그 세계는 근대 이성과 과학처럼 세계를 분석하고 개조할 수 있는 지식체계가 부재한 사회였기에 자연에 순응하고 기대지 않으면 인간의 생존이 위협받는 곳이었다. 또한 신분제도와 직능에 따른 겹겹의 차별화 기제가 제도적으로 강제된 사회(이를테면 무당, 백정 등의 천시)였다. 한편 현대 사회는 문명의 위기, 제도의 위기, 근대적 이성과 과학 발전이 야기한 생존의 위기가 문제인 사회다. GNR(유전학, 나노과학, 로봇공학) 혁명으로 운위되는 첨단의 과학기술 사회이자 육체노동보다는 창조적 노동, 자본의 착취와 축적에 기반하는 교환가치보다 자족적인 사용가치에 대한 요구가 증대하는 사회기도 하다. 이런 사회에서 민속적인 것들이 이전과 다른 형태로 배치되어 존재한다고 할 때 민속적인 것들을 둘러싸고 전개되는 변환과 대안에 대한 기획은 무척 중요하다. 그 기획은 이전 시대에 축적된 공동체의 풍요와 안녕에 대한 희구를 기반으로 현재의 상황에 대한 창조적·대안적 실천을 담아내지 않을 수 없을 것이다. 또한 그것은 현재의 문화장을 가로질러 정치의 장, 경제의 장 등과도 접속해야 한다. 각 장들 속에 위치한 실천 주체들과 연대하는 이행 전략 정립이 급선무다.

'하이브리드'와 '공동체문화'는 이러한 배경 속에서 민속적인 것들의 새로운 배치로 의미화된 것들에 주목하는 분석 코드다. 하이브리드 코드는 민속적인 것들이 어떻게 그와 다른 이질적 요소들과 접합하면서 배치되는지 보여준다. 이는 포크 모더니티의 현재성에서 매우 중요한 분석 코드가 된다. 공동체문화는 그 안에 이미 민속의 혼종성이 전제되어 있고 현실 모순과 위기의 상황에서 민속적인 것들이 대안이 되는 포크 모더니티의 미래성을 나타낸다. 양자 모두 민속의 변환과 생성이라는 차원에서 민속학의 범주를 새롭게 구성해내는 의의가 있다.

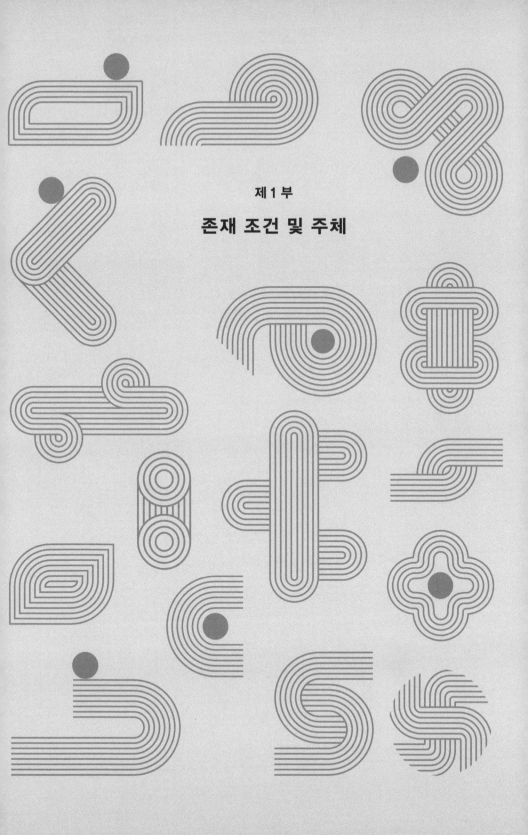

제 1 부

존재 조건 및 주체

제 1 장

시
간
문
화

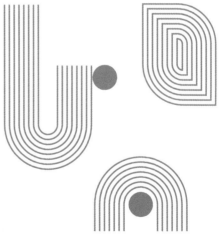

조선 후기 사회변동을 이끄는 변혁주체의 힘을, 농민을 중심으로 한 생산주체의 역량 강화라는 측면에서 역사적으로 검토[1]한 주강현은, "민속은 유구한 세월 전승되어온 민족문화의 뿌리", "민중의 습속은 쉽사리 변하지 않는다"는 관념을 비판하고 "샤머니즘조차도 시대적 변화에 따라 당연히 변해왔다. 천민 신분이던 조선시대의 무당과 오늘날 무당의 사회적 존재가 똑같을 수 있을까? 민속의 담당 주체인 향촌 사회 내부의 민의 동향이 변모하였음에도 민속만은 오로지 변화를 거부하였음직한 서술방식이 타당할까?"라고 하면서, 차례대로 "낙후된 부분만을 민중생활의 전모인양 파악"[2]하는 잔존문화론의 태도를 비판했다. 이 비판에서 중요한 점은 "민속도 역사발전의 산물이기에…생성·변동·발전의 법칙성[3]을 가진다는 것이다. 다시 말해 "생산력의 발전단계", "사회발전의 합법칙적 발전경로를 따라 민속 역시 각 시기의 일정한 조건을 반영"하며 "자생의 논리를 지니고 역사발전에 이바지"한다는 것이다. 이는 민속현상의 역사성, 즉 진보적 역사관에 따른 민속현상의 민중적/계급적 성격을 강조한 것이다. 아울러 "관속이 오히려 강화된 시대에" 이러한 민속의 발전경로를 파악하는 역사민속학 과제의 유효성[4]을 주장했다.

안동 차전놀이(1968)

"맑스주의는 필연적인 역사적 변혁에 관한 결정론적 과학, 즉 사회주의에 필요한 경제적·정치적 중앙집중화를 정당화하기 위한 하나의 거대서사"[5]로 이해되어온 과정이 있었다. 이러한 이해는 자본주의적 생산양식의 내적 작동방식에 대한 분석과 그것 내에서 작동하는 철칙 즉 역사발전의 구조와 방향 속에서 작동하는 법칙의 규명에 기여해온 것이 사실이지만, 토대와 상부구조 간의 관계를 기계론적이고 기능주의적 용어로 이론화한 경향이 있었다. 이러한 이해 속에서 문화는 토대를 이루는 경제구조의 반영물로 구속된다. 이렇게 되면 문화는 자율성을 가지지 못하고 물질적 생산의 반향으로서, 그 자체의 역사를 구성할 수 없게 된다.

민속현상을 생산력 발전의 역사, 변혁 역량의 역사적 발전 과정 속에서 파악했을 때, 민속의 민중성 혹은 계급성을 강조할 수 있으며, 민속의 주체를 역사발전의 궁극적 힘으로서 변혁성을 담지한 주체로 구성할 수 있다. 이러한 구성의 효과는 간접적이긴 하지만, 자본주의의 계급 모순을 극복할 역사적 원천으로 기능할 수 있으며 또 그렇게 참조되어온 것이 사실이다. 그러나 이 지점에서 민속의 역사화는 민속이 자본주의 혹은 근대성과 조우해온 과정·변형의 궤적과 구체적으로 접촉할 수 없게 된다. 그것은 "자본주의가 재산과 권력의 불평등을 둘러싸고 구축된 복잡한 근대 사회로 구성되는 데 핵심적 역할을 수행"하고 "자본주의가 사회통합을 이룰 수 있게 해주는 하나의 중요한 메커니즘"[6]으로 작동하는 문화 즉 의미와 가치의 영역으로 민속을 이론화할 수 있는 지점을 놓치게 될 수 있다. 그렇게 되면 민속은 한편으로 "인간현실의 몰사회적이고 파편화되고 보편적으로 소외된 성격에 초점을 맞추는 비합리적인 모더니즘"의 반대급부로, "역사는 인간의 자유라는 궁극적 목적을 비롯한 객관적인 텔로스"와 같은 헤겔의 관념론적 역사철학의 한 반영이 될 수 있다. 다른 한편으로 엘리트주의적 문화론자인 아널드M. Arnold나 리비스

E. R. Leavis의 관념론적 공동문화론 즉 "비판적 감수성을 지닌 소수의 교육받은 독자들에 의해서만 음미되는 위대한 전통", "민중적 전통의 측면에서 진정한 가치—도시 대중산업사회의 지배적인 가치와 대립되는—의 기반으로 간주된 보통 사람들의 삶이 이루어지는 공동체"[7]의 문제와 마주치게 된다. 그것은 궁극적으로 전통과 역사적 연속성을 축으로 하여 구축된 하나의 전체라는 이상 혹은 이념에 복무하는 정치적 효과를 지니게 된다.

또 그것은 그 반대급부일 수 있는 다음과 같은 민속에 대한 규정, 즉 민속이 "일상적인 생활 속에서 축적된 자연적인 민중들의 삶의 방식이며 생활철학이므로 정치적인 이데올로기를 초월해서 한민족 문화공동체를 형성하는 데 가장 기초"[8]라는 인식과도 조우하게 된다. 물론 이러한 인식이 '분단'을 극복할 수 있는 감성적 효과로서 민속을 현재화된 맥락 속에 놓고 있긴 하지만, "시간성의 다양한 리듬·불연속성"을 외면함으로써 '장기 지속'의 한계 즉 "새로움이 도래하는 과정들을 망각"[9]하게 하는 한계가 있다. 민속의 역사화는 과거의 시간성으로 고착될 위험과, 그렇게 함으로써 초시간성을 상정할 위험을 배제할 수 없다. 비록 그것이 변혁적인 맥락에서 민속현상의 구조를 다층적으로 조망할지라도, 진화론적이고 계몽주의적 역사관을 담지한 합법칙성을 주장할 때, 단선론적이고 연속적인 역사의 이상을 민속문화론 속으로 호출하게 된다. 이는 "어떤 현상에 대한 근본적인 묘사"로서 역사주의에 대한 '언어학적 전환'의 비판 즉 "근본적인 묘사가 만들어지는 언어적 양식은 함축적으로 그 분야의 구조로 간주되는 재현과 설명의 어떤 방식들을 배제"[10]한다는 비판을 피할 수 없다. 뿐만 아니라 그것은 "상징적이고 언어적이며 재현적인 시스템으로서 문화의 서술에 의해 고양된 관심…방법론적이고 인식론적인 딜레마들, 해석 패러다임의 결과된 혹은 아마도 촉진된 붕괴"[11]를 다룰 수 없게 한다.

그러므로 "단절을 다양화"하고 "불연속성들의 탐지"를 가능하게 하는 방법으로 '계열체적 구축' 즉 "자료를 조직화하고, 떼어내며, 배분하고, 계열체들로 만드는" 방식, "구멍들을 메우고 단절들을 이어서 그것들을 연속성 속에서 복원"하는 것이 아니라, 혹은 중심 주변으로 단절적이고 파편적인 자료들을 수렴하여 하나의 역사를 구축하는 방식이 아니라, 오히려 불연속성을 발견하여 '분산의 공간'[12]으로서 민속을 사유하고 담론화하는 것이 필요하다. 무엇보다 한국 사회의 문화장 안에서 형성·변화해온 민속문화의 위치와 성격 등에 대해 다층적이고 분산적인 접근이 요청된다. 특히 현재의 문화장 속에 존속하는 민속현상에 집중해 그 역동적 변화상과 함의를 그 자체로 읽어내는 작업이 중요하다. 이러한 접근 방식은 민속에 대한 관념적·보수적·본질주의적 인식으로부터 벗어나는 한편, 민속연구에서 차이에 대한 사유와, 차이 그 자체 혹은 그 동력/힘에 대한 사유의 지평을 열 수 있다.

현재 민속현상은 근대성의 자장으로부터 벗어나 있는 예외적인 것이 될 수 없다. 그간의 연구는 오히려 근대성의 자장으로부터 민속현상을 분리하는 경향이 지배적이었다. 한국 사회 근대성의 출처가 내부가 아닌 외부의 충격, 특히 제국의 강점을 통한 식민적 착취의 시스템으로 이식되었기 때문에, 그에 대한 민족적 저항의 정신적·문화적 원천으로 민속을 표상해왔으며, 그렇기 때문에 초시간적 맥락 속에서 그 근원적인 위치와 성격을 규정해왔다. 그러나 서구 근대성과의 접촉이 강제적일지라도, 국민국가의 형성을 중심축으로 한 근대성의 전개는 식민 이후 제3세계 국가들에게 독립의 프로젝트로서 근대적 국민국가 만들기로 구체화되어왔다. 따라서 근대성은 전 지구적 현상으로서 갈수록 심화·확장되고 있다.

최근 민속연구에서 다양한 이론적 접근을 시도하고 있다. 그러한 경향은 아직까지 소수에 불과한데, 주목되는 점은 사회의 구조적 모순을 해결하고 다양한 욕망이 억압되지 않는 자유롭고 평등한 사회를 지향하는 이론적 효과를 염두에 둔 맥락적 변용이다. 왜냐하면 그렇지 않을 때 지배 혹은 통치기술을 다원적으로 묘사하여 저항의 궤적을 사회통합 효과로 수렴시킬 뿐만 아니라, 저항의 힘들을 무화시킬지도 모르는, 의도되지 않은 혹은 의도된 효과를 낳을 수 있기 때문이다. 문제는 민속의 정체성을 '반서구=반反근대=자율/자주'로 도식화할 때 발생할 수 있다. 제국의 식민통치에 대한 '반서구'는 '반근대'와 동일하지 않으며, '반근대' 역시 자율/자주의 이상으로 바로 연결될 수는 없다. '반근대'는 엘리트 중심의 문화이론과 친연성을 가지는 동시에, 서구의 계몽적/도구적 이성이 야기한 다양한 폭력, 그것도 서구 사회 내부와 식민지 내부에서 다양하게 변주된 폭압에 대한 저항을 담고 있으며, 자본주의의 전 지구적 확장 속에서 다양한 방식으로 전개된 포스트모던적 비판과 저항을 담고 있다. 이와 유사하게 자율/자주의 이상은 반봉건으로서 근대적 지향을 함축할 뿐만 아니라 반식민으로서 반제국 혹은 반서구의 지향을 담고 있으며 반자본 혹은 반국가의 저항도 암시하고 있다.

그동안 표상되어온 민속의 정체성이 대립항으로 삼은 표상들은 다중적인 기의를 담은 기표로 존재할 수 있다. 이와 마찬가지로, 민속은 그 기표의 불연속적인 궤적 속에서 길항·생성·전화·축적된 기의들이 중첩되어 있는 기호체로 존속해왔다. 다시 말해 민속은 지나온 사회의 여러 분기점 속에서 그 위치를 점유하기 위한 투쟁을 통해 유동해온 존재라고 할 수 있다. 이를테면 민속은 근대와의 접촉 지점에서 애국계몽·일제강점·해방과 한국전쟁·개발독재·신자유주의 등 여러 국면 속에서 그 위치의 변화를 경험했다. 또한 층위를 달리 하여 경제적인 제 관계가 변화하는 국면들 즉 식민지 자본주의, 산업화 시기, 후기 자본주의의 국면 속에서 그 위상과 양태가 변모해왔으며, 정치적 분기점들, 즉 제국에 의한 식민통치, 미소에 의한 군정통치, 분단과 전쟁, 군사독재, 민주화의 국면 속에서도 변화를 거듭해왔다. 특히 문화적 분기점으로 고려할 수 있는 다중의 습속, 민중의 민속, 국민의 전통으로 달리 표현할 수 있는 민속 현상으로 존재했으며, 이후 식민지 모더니즘, 신식민지적 모더니즘, 산업사회의 대중문화, 포스트모던 문화 등과의 관계 속에서 다소 혼종적으로 구성되면서 변화해왔다. 한국 사회는 70년대 중공업 위주의 근대화 정책을 거치면서 도시화의 비율이 높아지고 이촌향도의 인구 이동 속에서 농촌의 공동화 현상이 두드러져 왔다. 이 과정에서 민속문화는 1차 산업을 근간으로 한 생활 공동체 속에서 생성·향유·전승되어왔다. 문제는 한국 사회의 구조적 재편 혹은 자본 구성의 비율이 달라진 조건 속에서, 더욱이 후기 자본주의 사회 혹은 신자유주의의 전 지구적 팽창 속에서 민속문화의 존속과 전망이 불투명하다는 것이다. 민속은 문화산업에 포섭되거나 이데올로기(=문화민족주의)와 결합한 문화상품으로 전화하지 않고서는 시장 논리에 의해 더욱 소수화(=주변화)되거나 배제되어 갈 것이다.

　민속현상이 기반하고 있는 전통적 세계는 농업생산력을 기반으로 형성되었고, 자연에 순응하고 기대지 않으면 생존이 위협받을 수 있는 세계였다. 한편 신분적 제도와 직능에 따라 겹겹의 차별화 기제가 제도적으로 강제된 사회(이를테면 무당, 백정 등의 천시)였다. 이와 달리 현재 우리 사회는 문명의 위기, 제도의 위기, 근대적 이성과 과학발전이 야기한 생존의 위기가 문제적인 사회이고 GNR(유전학, 나노과학, 로봇공학) 혁명으로 운위되는 첨단의 과학기술 사회이다. 그 속에서 육체적 노동보다는 창조적 노동 또는 자본의 착취와 축적에 기반하는 교환가치보다 자족적인 사용가치에 대한 요구가 증대하고 있다. 자본주의의 전개와 관련하여 제2차 세계대전 이후 세계적 호황 국면과 냉전의 구도 속에서 복지국가의 구현이 가능했다면, 1970년대 석유파동으로 촉발된 세계적 공황 국면 속에서 신자유주의의 유연 축적 국면이 확장되고 자본의 공세가 강화되어왔다. 그에 따라 사회의 취약계층의 보호망뿐만 아니라 중산층이 사라지고 있고 빈부의 격차가 극심해져 가고 있다. 전 지구적인 차원에서 일어나고 있는 이러한 상황 속에서 민속연구의 기획은 이전의 민속현상과 그 연구의 궤적 속에 축적된 공동체의 풍요와 안녕에 대한 희구를 기반으로 하여, 현재의 상황에 대한 창조적·대안적 실천을 담아내지 않을 수 없다.

민속문화가 전승·연행되고 향유되는(생산/재생산되고 유통/공유되는) 장은 문화에 대한 입장들이 구조화된 공간이다. 사회구성원들은 문화에 대한 그들의 입장에 따라 그 장의 성격을 사회 공간 속에 구조화한다. 현재의 국면 속에서 민속문화의 장은 위계화된 사회 공간의 밑 부분, 즉 전근대/근대, 옛것/새것, 감성/이성 등과 같은 이항 대립적 논리를 따라 주변적 위치에 구조화되어 있다. 그러나 그것이 비록 주변화되어 있을지라도 그 장은 특정한 자본(민속)의 획득과 유지에 따라 다른 입장들을 배제하고 인접한 장들 속에서 입장을 공유하는 아비투스를 지닌 사람들을 포괄한다. 또 그 장의 구조는 장의 생존을 위해 실천하는 주체와 제도의 역학 관계를 따라 변화하며, 이전의 궤적 속에서 축적된 실천의 양상에 따라 달라질 수 있다. 이를테면 한 시대/국면의 경험 조건은 거기에 적합한 경험을 산출한다. 이 산출된 경험이 축적되고 습속화/양식화되면 그 시대/국면의 문화적 생산물이 된다. 그런데 경험 조건이 변경되면 그 이전의 경험이나 문화가 상속되는 지속의 국면과 변경된 경험 조건을 반영한 경험이나 문화가 생성되는 단절의 국면이 공존하면서 경합한다. 일정 시기가 경과되면 경험 조건에 의한 선택과 배제의 원리가 작동하여 이전의 경험과 새로운 조건이 산출한 경험이 융합된 문화가 발생하거나 이전의 경험이 축출된 전혀 다른 문화가 생성될 수 있다. 즉 일제강점기의 식민적 근대화 국면에서 민속문화는 단절보다는 변화의 지속 양상을 보였지만, 근대화가 함의하는 합리화에 대한 지배 엘리트들의 갈망에 의해 그 문화장의 변화는 불가피했다. 그러나 역설적으로 근대성이 야기하는 위기와 부정이 심화될수록 그 문화장 속에 기입된 아비투스 즉 공동체에 근간한 집합적 아비투스는 저항성과 대안성을 구현할 실천 감각으로서 재평가되었다.

따라서 근본적인 문제설정은, 불연속적인 궤적 속에서 길항·생성·전화·축적된 기의들이 중첩되어 있는 기호체, 지나온 사회의 여러 분기점 속에서 그 위치를 점유해온 유동체로서 민속현상의 복잡성/혼종성에 관한 것이 된다. 그러나 이와 같이 민속연구에서 연구 대상의 복잡성을 나타내는 것도 중요하겠지만, 그 인식을 가능하게 할 뿐만 아니라, 보다 확장·심화할 수 있는 인식틀의 확보와, 그것을 검토할 수 있는 이론적·방법론적 체계를 정립하는 것이 필요하다. 현 단계 민속학의 이론적 사유 지평에서 기본적으로 요구되는 것은 제기한 문제를 담는 가장 기초적인 개념과 범주 그리고 분석 코드를 제시하는 것이다. 그것은 근대성의 자장 안에서 구성되어온 문화장 내 민속문화의 위상과 성격을 체계적으로 검토할 수 있게 하는 데 필요한 일일 것이다.

1. 시간체제와 탈/식민성

현재라는 시간의 층위에서 우리는 민속현상을 어떻게 인식할 수 있을까? 그 도구와 방법을 고안하는 데 필요한 이론적 수준의 논의는 어떤 방식으로 전개할 수 있을까? 현재라는 시간 층위에서 민속현상의 복잡성을 그것이 놓인 문화장 속에서 파악하기 위해서는 근대성의 자장 혹은 그 궤적 속에서 변화해온 민속현상의 위치와 성격을 이해하고 표현할 수 있는 분석 체계를 수립하는 것이다. 가장 기초적인 수준에서 시간문화는 시간체제와 탈/식민성의 역사적 구성과 전개 속에서 다양하게 변화·구조화되는 문화장과 감정구조의 존재 양상을 통해 검토할 수 있다. 모더니티의 사회화 혹은 모더니즘의 체계화와 관련하여 시간체제의 문제는 가장 기본적인 인식론적인 개념/범주를 구성하고 탈/식민성의 문제는 모더니티/모더니즘의 지구화와 관련하여 식민지민 혹은 식민지 문화를 검토할 수 있는 존재론적인 분석틀을 제공한다. 이 속에서 문화장과 감정구조의 존재 양상은 모더니티와 모더니즘의 분화와 관련하여 사회 혹은 세대 분화의 문제를 통해 민속현상의 복잡성을 검토할 수 있는 분석 개념이 될 수 있다.

1) 시간체제

시간은 공간과 함께 우리 인식을 틀짓는 선험적 감성 형식으로 규정된다. 즉 경험보다 선행하며, 경험을 가능하게 해주는 인식의 전제 조건이다. 근대 이전의 전통사회에서 시간은 일상생활이나 개인적 수준에서 다양하게 인식된 것으로 보인다. "옛날 시간은 우리나라 같은 좁은 땅덩어리 속에서도 서로 달랐다. 예를 들면 강릉의 시간과 서울의 시간이 같은 법이 없었다고 할 수 있다. 그리고 이 정도의 문제는 19세기까지 계속되었다."[13] 이와 같이 각 지방의 시간은 서로 달랐으며, 그 다름을 인식할 필요도 별로 없었던 것으로 보이며 일상적 삶의 영역에 시간이 자리 잡았다기보다는 전적으로 지배자의 영역에 속한 것[14]으로 구성되었다. 그 근간은 '천자가 제후에게 주는 시간', '천명을 통한 통치권의 확보' 등과 같이 주로 역법의 제정과 공포로 나타났다. 전통적 시간 개념은 중국 중심의 천하를 재현하는 정치적이고 관념적인 성격을 지닌 것이며, 상고시대의 태평천하를 으뜸으로 삼는 회귀적 시간이었다. 일상에서는 태음력에 기반한 농경사회의 순환적 시간관이 느슨하게 작동했고, 종교적으로 불교적인 윤회적 시간관, 개인과 사회를 통합하는 탄생에서 죽음까지의 의례적 시간이 유연하게 작동하고 있었다. 그러나 이러한 전통사회의 시간의식은 19세기 후반부터 약 백 년간에 걸친 근대화 과정에서 급속히 주변화되거나 근대적 시간체제 속으로 편입되었다.

시간체제[15]는 시간에 대한 관념과 행동의 시간적 실천의 복합을 의미하는 개념으로, 인간의 생애와 행동의 좌표를 나타내는 가장 기초적인 사회적 요소로 정의된다. 시간체제는 시간과 관련된 법률과 규칙, 풍속, 관념의 문제를 포괄하며 시간체제의 기본인 역법과 시각법은 생활상의 핵심 조직 원리를 규정한다. 한편으로 그것은 우주관과 세계관에 연결되어 있는 것이어서 특정 시기의 인간과 사회에 대한 인식론적·존재론적 기초를 이룬다. 다른 한편으로 시간체제는 의례를 통하여 인간을 규정하고 동시에 신체에 각인되며 사회 성원들의 의식과 무의식에 공통적으로 적용된다. 그것은 국가 의례뿐 아니라 공동체의 민속 의례나 집안의 제사 의례에 깃들여 있으며 이를 통해 사회구성원에게 자신의 위상과 삶의 의미를 부여한다. 시간체제는 의례를 매개로 구체화된다. 즉 문화로 구성된다. 정기적 의례는 주기적으로 반복되면서 그 의례의 의미를 강화한다. 예를 들어 기일이나 생일은 1년에 한 번뿐이라는 의식意識을 통해 중요하고 의미 있는 의례가 된다. 의례는 시간 안에 적절히 배치됨으로써 의미를 부여받는다. 즉 의례는 시간을 구획하고 분절함으로써 도도하게 쉼 없이 흐르는 시간에 매듭을 만들어준다. 1년의 시간 안에는 각종의 다양한 정기적 의례들이 고정적으로 배치되어 있으며 이 의례들에 의해 시간 자체가 의미 있는 흐름이 된다. 기일은 제사에 의해 의미 있는 날이 되므로 의례가 시간에 의미를 부여해주는 것이다. 따라서 의례와 시간은 서로가 상대의 의미를 강화[16]하는 상호적인 관계성을 지니고 있다.

민속사회의 시간 인식 체계의 자리를 대체하고 들어선 것은 등질화된 양적 단위로 분절되어 일상적 삶을 규율하게 되는 시계적 시간관, 추상적 화폐적 가치로 손쉽게 등가화되는 자본주의적 시간관, 역사의 진행을 일관된 발전으로 파악하는 화살로서의 시간 또는 진보주의적 시간관이다. 근대적 시간관념이 수용되는 과정에서 시간의 가치는 상품화·화폐화된다. 예를 들어 시간의 화폐화된 가치를 강조하는 조선인들의 논의가 한말부터 나오기 시작한다. 즉 곽한칠이 1907년 4월에『대한유학생회학보』 2호에 쓴 글에 '시간경제'라는 용어 등장하고 1910년 춘몽자가『서북학회 월보』 19호에서 '시간과 금전과의 절용'을 강조한다. 그 이후 1921년『개벽』에 실린 김영희의「청년제군에게 시간의 귀함을 고함」에서 확인할 수 있듯이 그러한 시간 인식은 더욱 강화된다. 즉 김영희는 세상의 이치를 민족이나 국가 간의 경쟁으로 보고 조선의 상황을 수백 리 뒤떨어진 배로 비유하였고 적은 시간을 잘 이용할 것, 게으름을 버릴 것, 약정한 시간을 잘 엄수할 것을 주문했다.

　근대적 시간체제의 형성에는 식민성의 문제가 있다. 일제는 민중들의 시간관과 시간의 이용방식을 자신들의 식민지적 질서와 부합되도록 개편했다. 즉 음/양력이 식민지와 원주민을 가르는 구분선으로 작용했다. 1910년대부터 일제는 양력을 사용하고 음력 폐지를 유도했고 1920년대 후반에 이르면 음력 폐지론이 공공연하게 조선인사회 내부에 등장한다. 1928년 1월 계명부락부 제22회 정기총회에서 음력을 폐지하고 양력을 실행하며 족보를 폐지할 것을 결정한 일이 그 사례이다. 이처럼 양력 사용은 식민지 국가권력에 의해 주도되고 조선의 지식층 및 중상류층이 이를 받아들이면서 확대되었다. 그럼에도 불구하고 여전히 대다수 민간에서는 음력을 사용하고 있었다. 그 이유는 첫째 양력이 서양역서라는 관념, 둘째 일진이 없어서 길흉의 법을 추진할 방도가 없다는 것, 셋째 절후가 없어서였다. 이에 대해 배상철은「음력전폐론」(『조선(조선문)』 124호, 1928. 2)에서 신랄하게 비판했다. 즉 서양 것이건 동양 것이건 생활

金堤驛列車發着時間表

상 필요하고 합리적이면 써야 한다고 주장하고 길흉을 따지는 것은 미신이며 양력에 일정한 절후가 있다는 것을 모르는 민중의 무지를 비판하였다. 요컨대 음력은 정확하지 않고 음력 과세는 해가 바뀌고 한참 후에 하는 것이기 때문에 철폐해야 마땅하다는 것이다.

근대적 시간의 실제적 수용을 가능하게 하고 확장한 것 중에서 철도와 기독교는 핵심적이다. 서구의 경우 19세기 중반 이후(영국, 1825) 철도망이 국경을 넘어 확장되었고 그에 따라 표준 시간에 대한 요구가 많아졌다. 조선의 경우 경인 철도의 개통(1899)이 시간표의 존재를 대중들에게 인식시켰다. 철도는 배에 비해 경유지가 훨씬 세분화되었고 그 때문에 시간표가 세밀했다. 대중들은 경인 철도의 부설과 더불어 철도 여행이 가져다주는 경관의 파노라마화, 속도감의 변화를 경험하기 시작하였

김제역 열차 시간표(1935)

고, 이어 경부 철도의 개통(1905)과 더불어 이런 경험이 확대되었다. 요컨대 철도는 공장에서 발생한 '시간적인 정확함에 대한 신앙'을 나라 전체로, 세계로 확산시켰다. 한편 기독교의 전파도 근대적 시간의 수용에서 핵심적 역할을 했는데, 요일제가 주효했다. 당시 선교사들의 교회는 7일제의 정착이 이루어지는 근거지가 되었다. 교회의 일요일 개념은 당대 대중들의 민속적 시간문화를 근대적 시간체제로 전환시키는 데 핵심 요소로 작용했다. 기독교는 근대학교나 관공서, 근대적 회사 등과 함께 당시 조선 사회에 확산되었는데, 이 과정에서 7일 주기의 일주일 체제가 일상생활에 뿌리를 내렸다. 특히 주일학교는 당시 자라나는 아이나 학생들의 일상생활에 근대적 시간관념을 구조화한 핵심 기제였다.

　반면 근대적 시간체제의 사회화에 대한 저항도 잇따랐다. 당대 민중의 저항은 세시풍속에 대한 체화된 습속과 관련된다. 당시 민중들의 시간 감각과 생활 감각은 태음력에 맞추어져 있었다. 대부분 농업에 종사하고 있었고 모든 세시풍속이 거기에 기초했기 때문에 쉽사리 해체될 수 없었다. 새로운 시간체제는 민속적 시간문화 즉 세시풍속을 고수하려는 습속적 저항에 부딪칠 수밖에 없었다. 또한 근대적 시간체제는 제국에 의해 식민적으로 왜곡될 수밖에 없었다. 이를테면 조선총독부는 역曆을 독점 관리하고 통제하면서 당대 민중을 규율했다. 당연히 그에 대한 민족적 저항이 일어났다. 즉 당시 상해 임정에서 독자적인 민력을 작성하여 일제 영사관이나 경찰의 단속을 피해 배부하였다. 그런데 이러한 저항은 정치적인 성격을 띤 것이었고 그 성격상 근대적 지향이 담긴 것이었다.

　근대적 시간체제의 조선화(혹은 식민화) 과정에서 강조된 것은 효율성, 합리화, 경제적 관념이다. 시간은 종교적 의미나 생산의 자연적 주기에 대한 순응에서 시계와 같은 정밀한 측정 장치에 따라 분절될 수 있는 양적 척도로 전화하였다. 즉 시간 자체가 화폐적 가치를 지닌 것으로 인식되었다. 시간을 시, 분, 초로 분절하여 나타내는 시계의 등장 및 확산은 일상의 시간을 미시적으로 세분하여 구체적으로 적용하게 했다. 이를테면 작업 시간표를 동원하여 노동시간의 관리와 통제를 가능하게 했고 그러한 시간 관리 및 통제는 공장을 넘어 학교, 수용소, 가정으로 퍼져나갔다. 그러나 조선에서 근대적 시간체제는 일본을 중심으로 한 식민지 경제체제로 조선이 종속되는 과정에서 굴절될 수밖에 없었다.

근대 자본주의적 시간관념은 개인적인 이윤의 확대에 대한 사회적 정당화 과정과 함께 공고화된다. 특히 농촌의 근대화가 이루어지는 70년대 새마을운동에서 확산된다. 이를테면 새마을 부녀지도자들의 소득증대 운동에서 시간의 효율성과 이윤의 극대화[17]를 향한 실천 감각이 형성된다. 즉 근면, 성실, 저축 등 노동의 효율적 시간 개념과 행동의 시간적 배치가 이루어진다. 문제는 하루 16시간의 강도 높은 노동이 소득증대로 대변되는 개인적 이윤추구의 이데올로기 속에서 합리화되고 이들의 노동을 통해 생산된 가치의 사회적 공유는 배제된다는 것이다. 분단 체제하에서 가속화된 체제 경쟁과 1960년대 이후의 경제성장은 근대화 프로젝트를 발전으로 받아들이도록 강요했다. 그것이 상당한 물질적 풍요를 안겨주었지만, 그 대가로 근대적 시간체제에 대한 근본적 성찰의 기회는 잃게 되었다. 경제성장 지상주의는 시간의 끊임없는 분할과 지속적인 시간 단축을 요구했고 생산 현장에서부터 가정생활, 정치 이념에 이르기까지 확장되었다. 이 과정에서 근대가 낳은 시계적 시간관과 자본주의적 시간관을 철저하게 내면화하였다.

민속적 시간이 근대적 시간체제로 전화한 과정에는 다양한 시간 인식과 그에 따른 행동의 패턴들이 서로 충돌·경쟁하면서 근대성의 자장 안으로 포섭·배제된 흔적이 남아있다. 근대적 시간체제는 다양한 일상의 행동이나 생활의 리듬을 그 안에 포섭하고 있다. 이를테면, 학교의 시간, 공장의 시간, 도시의 시간, 마을의 시간, 국가의 시간으로 나타나는 근대적 시간체제의 양태들이 존재한다. 이러한 양태들은 동일한 시간의 구조 속에서 작동하지만, 때로는 그것에서 이탈하고자 하는 저항을 수반한다. 그러나 다양한 시간의 양태들을 틀짓는 구조 혹은 체제로서 근대적 시간은 그 다양성을 주변화하여 중심에 포섭된 혼종적 시간으로 위치시켜 근대적 시간체제를 확장한다. 민속현상은 이 확장된 근대적 시간체제의 혼종적 요소로 포섭되어 주변화한 문화장 내에 존속하고 있다. 따라서 시간체제와 관련하여 제기되는 과제는 민속적 시간체제를 근대적 시간체제의 외부로 재구성하는 것일 수 있다. 세시의례, 일생의례, 농경의례 등을 바탕 짓는 민속적 시간문화가 시간체제의 근대적 구성 속에 포섭되어 있는 상태를 체계적으로 묘사하는 작업도 필요하다. 기억과 실제가 착종된 일람표의 구성 속에서 지속과 변화를 현상적으로 기술하는 방식을 지양하고 근대적 자장 속에서 길항해온 민속적 시간체제의 구조와 성격을 그 외부로 탈구시키는 작업이 필요할 것이다. 이를 통해 자본 중심의 시간, 그에 종속된 노동의 시간을 중심으로 권력화해온 근대적 시간체제를 전복하는 담론적 실천으로 시간문화 연구가 수행될 필요가 있을 것이다.

2) 탈/식민성

식민성 혹은 탈식민성의 문제는 일제강점기 이후 한국 사회가 독립 국가를 구성하고 근대화 프로젝트를 진행하는 과정 속에서 좀 더 혼종화된 경제·정치·문화적인 탈/식민성을 민속의 현재적 양태와 관련하여 다루게 된다. 이는 한편으로 제2차 세계대전 이후 미국 주도 아래 서유럽과 일본의 세계체제 재통합을 통한 자유주의 세계시장 질서 구축과 관련되고 다른 한편으로 한국 자본주의의 전개와 관련된다. 이 두 방향은 궁극적으로 전 지구적 자본주의의 전개 과정 속에서 민속의 위상 변화를 검토하여 탈/식민성의 문제설정 속에서 민속의 특이성론(혼종성과 토착화) 혹은 민속사회 성격론으로 진전될 수 있다.

일제강점기 동안 식민지 조선의 도시 인구는 1920년 3.4%, 1925년 4.4%, 1930년 5.6%, 1935년 7.0%, 1940년 11.6%, 1944년 13.2% 정도였다. 특히 농촌에서 도시로 이주한 인구 대다수가 도시 잡업층[18]이었다. 산업별 노동인구도 농림업이 차지하는 비율이 1920년 85.1%, 1930년 78.5%, 1940년 72.7%로 매우 높았다. 반면 광공업은 1920년 2.0%, 1930년 6.4%, 1940년 7.3%[19] 정도였다. 농업의 경우 일제강점기에 지주-소작 관계가 더욱 확대되었다. 일본에서 부족한 쌀 공급지로서 그 역할이 강화되면서 지주제가 강화되었던 것이다. 그로 인해 영세 소농이 몰락하고 소작농이 증가하였다. 구체적으로 일제 36년간 소작농의 비율이 꾸준히 증가, 38.8%(1913~17년간 평균치)에서 55.7%(1930~43년간 평균치)로 높았다. 해방 직후 소작 농민(소작 농민+자소작 농민)까지 합치면 약 84%[20]의 농민이 지주-소작 관계에 구속되었다.

한편 일제강점기 사업체 소유는 일본인들에게 집중되었다. 자본금 1백만 원 이상의 기업 가운데 일본인이 소유한 자본금 비율은 94%인 반면 조선인 자본가가 소유한 자본금의 비율은 6% 정도였다. 전체 공업 부문에서 일본 자본이 차지하는 부분은 평균 94%였고 조선인 소유의 비율은 6%였다. 생산액도 1944년 기준 일본인의 총생산액의 비율이 83%를 차지하였다. 그런데 적은 수의 조선인 자본가조차 식민지 정부와 밀접한 관계를 맺으며 자본축적을 도모하는 '정치적 자본가'[21]였다. 이 시기 식민지 조선 자본주의는 자본축적의 유산을 남기지 못하고 정경유착의 관행을 남겨 이후 한국 자본주의의 봉건성을 고착시켰다.

한국 사회에서 미디어의 대중적 보급에 의한 일상적인 미디어 접촉이 이루어진 시기는 얼마 되지 않았다. 미디어가 소개된 1880년대 개화기로부터 식민지기를 거쳐 1950년대까지도 소수 엘리트만이 미디어를 일상적으로 접촉하는 '엘리트 단계의 사회'였다. 미디어 보급과 수용 그리고 이용이 대중화 단계에 들어서기 시작한 것은 대체로 텔레비전 수신기의 국내 생산이 이루어지는 1960년대부터라고 할 수 있다. 기술과 경제가 발전하여 매체의 소비가 대중적으로 이루어진 조건을 갖추어 간 시기가 미디어 접촉의 '대중화 단계'라 할 수 있는데, 1960년대부터 1980년대 전반까지가 이에 해당하는 시기이다.[22] 그러고 보면, 꽤 오랜 기간 동안 한국 사회는 전통적인 방식의 의사소통 및 정보 교류가 새로운 매체 환경과 공존하는, 혼종적인 미디어문화의 상황을 겪었다.

탈/식민성을 검토할 때 빼놓을 수 없는 존재가 바로 기생이다. 기생은 전통과 근대의 교차로에서 혼종문화를 생성·체현한 존재이고 무엇보다도 연희문화의 핵심 담당자이기도 했다. 그런데 기생의 관리와 그 관리를 통한 식민 지배의 구현 즉 식민성은 식민지 이후에도 지속된다. 즉 "조선 왕조 오백 년은 '기생 정치', '기생 외교'에 의해 평화가 유지될 수 있었다고 해도 과언은 아닐 것이다. 조선 왕조는 기생 없이는 성립될 수 없는 국가 체제를 계속 유지해가면서, 하나의 커다란 '유곽 국가'를 만들고자 했지만, 1910년 '한일합방' 이후 대일본제국의 식민 지배에 의해 총독부 정치가 시작되고 말았다." 혹은 "술과 마약에 빠지는 일이 적지 않았던 기생 … 천녀天女처럼 아름답고 여학생처럼 청초하고 청결한 기생으로 일본인들이 그리려고 했던 이미지 중에는 결코 비치지 않았던 기생의 비참함과 애처로운 모습 … 식민지 체제, 군사독재 체제, 민주정치에 따른 국가나 사회체제가 대폭적으로 전환되었다고는 해도, 각가지 형태로 기생을 생산하는 매매춘 제도는 여전히 남아있는 상태이고, 또한 그것은 어떤 형태로든 계속 표상되고 표현되어왔다."[23] 이는 봉건적 신분제도 속에서도 때론 수준 높은 기예와 문학을 생산하였고 때론 비록 그것이 본질적 모순을 겨냥한 행동은 아니었다고 하더라도 저항적 행동을 표출했으며 때론 신분 상승의 불완전한 꿈일망정 그 욕망을 실현하기 위해

평양 가정집의 기생(1930)

분투했던 기생의 존재를, 한순간에 매춘과 결부시켜 관리하고 통제한 제
국/식민의 논리가 여전히 살아 있음을 알려준다.

　해방 이후 탈/식민성의 문제는 더욱 혼종화된다. 1953년부터 1958년
까지 6년간 공업 부문에 투자된 외자 총액은 1억 9천만 7백 달러에 달하
였다.[24] 미국으로부터 받은 원조물자를 판매하여 얻은 자금을 대충자금
이라고 하는데, 이러한 자금이 정부의 투자나 기업 융자를 통하여 50년
대 산업 투자에 절대적인 비중을 차지하였다.[25] 1953년부터 1961년 사이
에 총투자율은 12.4%였고 이 중에서 해외원조에 기초한 해외저축이 차
지하는 비율이 7.92%로 총투자의 64%에 달하였다.[26] 이처럼 한국 자본
주의의 축적 국면은 50~60년대 초까지 원조경제에 의해 이루어진 식민
적 종획enclosure 국면이었다. 이는 이후 지구 자본주의 체제의 하부 단위
로 편입되어 탈/식민성의 문제를 심화하게 된다. 특히 60년대 중반부터
한국 자본주의가 대외 무역 중심으로 재편되면서 미국기업 혹은 다국적
기업의 소비 시장이 되는데, 이는 새로운 헤게모니 체제의 중심국인 미
국 경제권으로 편입됨을 의미했다. 이 당시 뿌리내린 한국의 미국 의존
성은 아직도 그 기조를 유지[27]하고 있으며 90년대 이후 한층 강화된다.

　탈/식민성의 문제는 비단 한국적 상황에만 해당되지 않으며 직접적
인 식민통치가 실행되는 영토 내의 문제만도 아니다. 특히 탈식민의 문
제는 매우 혼종적인 프로젝트라고 할 수 있다. 즉 "노예제의 역사, 억압
받거나 방치됨으로써 셀 수 없이 죽음을 당한 사람들의 말해지지 않은
역사, 수백만 명에 달하는 아프리카인들과 아메리카인들과 아랍인들과
아시아인들과 유럽인들의 강제 이주와 이산의 역사, 영토와 토지의 탈취
의 역사, 인종주의의 제도화의 역사, 문화들의 파괴와 다른 문화들의 중
첩의 역사를 포괄한다." 또한 "사회적 불의가 지구 전체에 만연해 있는
상황은 희생자의 입장에서 포스트식민적 비판"을 수행할 필요가 있는
데, 그 비판은 "학계, 문화, 환경, 교육, 산업, 도시와 농촌 배후지라는 지

역적 중심-주변 구조, 시장, 미디어" 등등 매우 다양한 영역들에 걸쳐 있다. 무엇보다 그것은 "시간이나 역사의 차원 그리고 공간의 차원을 통해 작동한다. 그 공간이란 지리적 공간이면서 동시에 또 하나의 제3의 공간, 문화적 재개념화의 공간이다. 문화적 재개념화란 오래도록 지속된 강제적인 권력관계 안에 연루되어 있던 상태에서 벗어나서 다시 구성된 지식 형태들을 통해 세계를 재배치하는 것을 의미한다." 또 식민권력과 식민지민 "양쪽 모두에게 있는 식민적이고 제국적인 반식민적인 과거, 포스트식민적인 현재, (아동 노동에서 시작되는) 국제적 분업, 민중의 권리와 문화적 권리, 이주와 이민, 강제적인 이전, 유목, 정착과 이산 등이 포함된다." 탈/식민성의 문제설정에서 다소 어려운 점은 "파편적이고 혼종적인 이론적 언어의 생산, 식민 지배와 토착 문화의 변용, 민중들과 문화의 뒤섞임"이다. 민속현상은 탈/식민적 혹은 혼종적 문제, 특히 "이론적 크리올Criole의 문제"를 제기한다. 이 탈/식민성의 문제설정은 세 가지 측면에서 그 일관성과 긴급성을 지닌다. "① 유럽의 역사가, 유럽의 문화와 지식이, 어느 정도까지 식민화의 실행 및 그 지속적인 여파의 일부이자 도구였는가를 조사하는 것, ② 지속적인 국제적 약탈과 착취의 방법과 원인을 완전하게 밝혀내고 그것들의 인식론적 심리적 효과들을 분석하는 것, ③ 그런 인식론들을 메트로폴리스의 전통의 프로토콜들 바깥에서 작동하는 새로운 형태의 정치적 문화적 생산으로, 무권리 민중과 사회가 여전히 벗어나지 못하고 있는 비참함과 물질적 불의에 대한 저항이 성공할 수 있게 하고 그 비참함과 물질적 불의의 변혁을 가능케 하는 그런 새로운 형태의 정치적 문화적 생산으로 변혁시키는 것이다."[28]

민속현상은 근대의 외부에 자율적으로 존재하다가 서구 제국 혹은 문명과 조우하면서 발견·재현된 오리엔탈적인 성격을 갖는다. 즉 제국의 시선에 의해 타자화된 계몽·교화·문명화의 대상으로 표상되었다고 할 수 있다. 그 과정에서 민속은 다시 식민지 내부의 엘리트, 즉 서구 문명의 세례를 받았거나 일본을 경유한 이중적 번역의 과정에서 문명화된 지식인들에 의해 재발견된 지식으로 재구성되었다. 그래서 그것은 양가성을 띤다. 왜냐하면 식민지 내부의 지식인은 주체(=서구 혹은 일본 제국)와 타자(=민속)의 경계에서 유동하는 존재이기 때문이다. 이러한 양가성은 다시 분산된다. 즉 주체와 타자, 제국과 식민의 경계에서 인류학적 지식담론(=오리엔탈리즘)으로 제국에 포섭·변형·재현되거나 그 저항적 타자로서 민족·민중적 담론(=계몽주의=민족주의=사회주의 등)을 구성하는 중요한 지식이 된다. 이 두 경우 속에서 다시 민속은 사회의 근대적 분화 속에서 주변부에 위치하게 되고 사회변동의 흐름 속에서 지배 혹은 저항의 핵심으로 부상하기도 한다. 이와 같이 민속현상은 역사 발전의 경로를 따라 동일성을 유지한 채 단선적으로 존재해온 것이라기보다는 여러 경로로 다양하게 분산되면서 단절과 접합을 반복해온 불연속적 현상이라고 정리할 수 있다.

민속현상은 양태이다. 그것은 민속을 표현한다. 다시 말해 민속은 민속현상으로 존재한다. 또 민속현상은 민속의 변용일 수 있다. 따라서 민속의 본질은 양태 즉 민속현상이고, 민속현상들 전체를 싸안고 있으며 그것들 전체를 만들어내는 원인이 바로 민속일 수 있다. 그런데 민속현상은 민속의 수동성을 담지할 수 있고 또 능동성도 담지할 수 있다. 이런 관점에서 보면 민속은 수동성과 능동성의 결합체로 규정할 수 있다. 문제는 무엇이 민속의 불연속성을 이어줄 수 있을 것인가라는 점인데, 그 해법으로 민속과 근대의 관계를 상정할 수 있다. 민속이 근대와 마주친 시점부터 그려온 위치의 궤적 속에서 민속은 그것으로부터 분리·교차하거나 중첩·혼종화되어왔다. 이 과정에서 민속은 불연속적인 지층을 구성했다. 이렇게 민속은 다른 것에 의존한다는 점에서 유한양태이다. 민속이 취하는 모습(양태)은 다른 것과의 관계 속에서, 다른 것에 의존해서 만들어지는 것이라 할 수 있다. 그것이 이처럼 타자와의 관계 속에서 만들어진다는 말은 그것이 변화될 수 있다는 것을 의미한다. 따라서 그 관계를 바꿈으로써 즉 그 양태를 만들어내는 조건을 바꿈으로써 그 자체를 전환시키는 것이 민속의 성격을 이해하는 중요한 실마리가 될 것이다.

후기 산업사회의 징후를 뚜렷이 보이면서도 압축적 근대화로 인하여 세대문화의 취향과 감수성의 구조가 다층적으로 겹쳐 있는 한국 사회에서 민속연구는 기층 민중의 습속이 지니는 현재적 의미와 가치를 재조명하거나 변동하는 시대의 문화적 지층의 속성과 원리를 밝히는 방향으로 나아갈 필요가 있다. 기존 연구 담론에 대한 반성이나 비판을 통해 민속학의 정체성이나 학문적 위상을 새롭게 구성하려는 비판적 담론 기획도 필요하다. 특히 조사와 연구의 양적 측면에 있어서 그 축적 정도가 상당한 데 비해, 방법론적 논의나 이론적 논의의 성과는 상대적으로 취약하다. 이러한 조건 속에서 그간 민속연구의 담론적 경향을 정리하고 그것을 이론적 체계로 재구성하거나 재조명하는 일은 간단하지 않다. 더욱이 인문학 내 타 학문 영역에 비해 비평론이나 방법론 등이 체계화되어 있지 못하고 인접 학문의 방법론이나 이론적 체계를 산발적으로 차용하는 정도에 머물러 있는 것도 문제이다. 통섭이나 융합을 화두로 삼아 구체적인 성과를 내기 위해 다각도로 모색하고 있는 최근 지식계의 동향에 주목할 때 민속학의 유연한 학문 구조나 다양한 연구 대상의 특성, 그에 따른 다양하고 복잡한 동시대적 자료의 축적은 미시적인 차원으로부터 좀 더 거시적인 차원으로 나아가거나 구체적인 차원에서 추상적인 차원으로 나아가면서 한국적 특수성과 지구적 보편성을 적절하게 갖춘 이론 체계를 수립할 필요가 있다.

2. 민속적 시간문화 양식의 특이성

민속의 시간성은, 지형과 기후 등 생태 조건에 따라 형성·전개되는 생활세계와 그에 기초한 일종의 체계가, 계절이라는 자연의 주기와 생업이라는 경제적 주기 그리고 관습이라는 문화의 주기와 맞물리면서 되풀이되었던, 시간 인식과 그 주기성을 반영하고 있는 시간문화 양식의 특이성이라고 정의할 수 있다. 현대 사회의 시간 구조 속에서 이 시간의 특이성이 자리 잡고 있는 지점은 근대적인 시간체제를 중심으로 형성된 사회문화적 공간의 주변부로, 구시대적인 것과 잔여적인 것으로 특성화되어 있다. 민속 시간의 특이성이 문제적인 까닭은, 근대적 시간성이 지배적인 것으로 위치해 있으면서 그 위상을 지속하기 위해, 이질적인 시간의 계기들을 선택·배제하는 방식으로 포섭하거나 통합하는 과정에서 빚어진, 구조적인 모순이 임계점에 다다랐기 때문이다. 특히 현대 사회에서 근대적 시간체제가 자본 혹은 시장 중심으로 재구조화되어 감에 따라 양적으로 전화된 시간성은 자연과 인간 그리고 사회와 문화의 근간을 위기로 몰아놓고 있으며, 그에 따른 불안과 병리 현상이 체계 전반에 급속도로 확산되고 있기 때문이다.

이러한 현실진단과 그 대안의 모색은 지구적인 차원에서 그리고 다양한 학문 영역과 사회 부문에서 다각도로 진행되고 있지만, 민속연구에서 그 문제의식이 이론적·실천적으로 논의되지 못했다. 한국적 근대가 형성·전개됨에 따라 현상에 대한 조사와 보고가 단계적으로 비교 가능하게 구축되어 있으며, 구체적인 사례 연구에 기초한 역사적인 연구도 어느 정도 진척되어 있다. 그러나 그 현상의 구조적 분석을 심화시켜야 하는 과제가 제기되고 있다. 그러한 과제를 실현하기 위해서는 그간의 연구를 최대한 종합적으로 검토하고 연구지형을 위상적으로 그려내는 작업이 선행되어야 한다. 이를 위해서는 기존 연구의 다양한 편차를 위상적으로 관계 지을 수 있는 개념과 범주의 구상이 필요하며 그 구상에 따른 분석틀의 정립이 요구된다.

민속의 시간성이 구체화되어 나타나는 시간표와 관습적 행동양식의 문화적 형성물은 세시풍속이다. 따라서 민속의 시간성에 대한 연구는 세시풍속을 중심으로 검토되고 수행될 것이다. 세시풍속은 민속의 시간성이 구체화된 민속사회의 시간문화 양식으로 정의될 수 있다. 여기에서 중요한 것은 세시풍속이 민속사회의 문화적 표현 양태라는 점이다. 세시에는 시간의 인식과 속성이 함축되어 있으며 그것은 역법과 절기 등의 양태로 표현된다. 그리고 그러한 시간의 인식·속성·양태가 생활 속에서 또는 사회 속에서 행동으로 구체화된 것이 풍속으로서 시간문화 양식이다. 그것은 시간 인식의 변화와 시간제도와 규범 그리고 가치의 근본적인 변화를 수반하는 정치·경제·사회적인 요인을 담고 있음과 함께 그것이 야기한 모순에 대한 태도와 분석을 함축하고 있다.

민속적 시간문화 양식으로서 한국의 세시풍속은 전통사회를 살고 있는 한국의 민중이 그의 생활과 생업 속에서 시간의 주기에 따라 전승해 온 경험지식이 총 망라되어 있는 복합적인 문화구성체이다. 세시풍속에 대한 그간의 연구는 문헌조사와 현지조사를 바탕으로 자료를 집적하여 생활사 재구의 방편으로 삼거나, 통시적인 차원에서 변화에 주목한 민속지적 작업이 주를 이루는 가운데, 경제·사회·문화적 변동과 함께 그것의 변화와 지속 혹은 그 맥락과 요인 등에 대한 분석적인 연구가 진척되고 있다. 또한 농업력을 중심으로 세시풍속의 시간성을 규명하고자 한 연구와 역법학적 시간 인식의 측면을 심화시키고 그 근거를 규명하고자 한 연구는 개별적인 연구의 차원을 넘어 발전·심화된 논의를 생성하고 이론화하는 작업에 매우 유익한 결과들을 제출하고 있다.

「고촌춘경(孤村春耕)」, 「기산풍속화첩」

孤村春畉

1) 시간문화 연구의 경향과 문제

한국의 세시풍속은 한국의 지형과 기후에 따른 한국인의 생활양식이 계절적으로 혹은 관습적으로 되풀이되었던 종교적이고 사회적인 의례로, 전통사회의 시간 인식과 그 주기성을 반영하고 있는 시간문화 양식으로 정의할 수 있다. 1년 4계절과 삭망의 추이에 따른 제의력, 조수간만의 차이와 조류에 따른 어업력 그리고 24절기에 따른 농업력 등은 세시풍속의 시간 인식과 리듬을 틀짓는 주기적인 시간체계들이고, 그러한 체계들에 부합하는 상징체계들이 각종 제의/의례·농경과 어로·속신과 설화(기원과 관련된)·예절과 규범·기자祈子·상/제례와 혼례(윤달) 등 전통적인 생활 요소들로 구체화되어 있다. 요컨대 세시풍속은 1년·4계절·1달·하루라는 시간 주기의 범주 속에서 소폭의 변화와 선택을 통해 지속적으로 재생산되었던 민속사회의 삶과 문화 즉 민속의 범주와 대응하는 체계를 지녔다. 민속을 민중의 습속 즉 피지배계급의 삶과 문화로 규정한다면, 그 것은 "상하 가림 없는 전통문화"[29]로 민속을 그 하위 범주로 삼는 포괄적인 체계로 이해될 수도 있다.

그런 까닭에 세시풍속의 연구는 그 범위와 한계를 명확히 하고 민속학을 구성하는 하위항목으로 범주화하기 위한 분명한 규정이 필요해 보인다. 그 필요성을 인식하였든 그렇지 않았든 세시풍속 연구에서 그러한 제한을 두기 위한 문제설정의 과정이 있었던 것으로 이해된다. 자료의 수집과 구성 및 분류작업[30]이 이루어지는 과정에서 좀 더 체계적으로 세시풍속 연구를 수행하기 위한 두 가지 대립적 규정이 있었던 것으로 파악된다.

첫째 농경세시의 구조에 대한 연구들[31]이 있다. 즉 세시 연구가 "逐時적 즉, 逐日적 경향, 逐月적 경향으로, 이른바 명절중심, 절기중심의 세시행사를 나열하는 경향을 벗어나지 못하고 있"다고 비판한 뒤 생업력과 제의력의 변화를 정리, 그 구성원리를 적출한 연구들이 있다. 이 연구들은 세시들의 상관관계를 고찰하여 1년 단위의 구조를 파악하였고 이를 통해 "잡곡재배와 수도재배를 바탕에 깐"[32] 농경세시의 구조를 체계화한 성과가 있다. 이들은 세시풍속의 근간이 농경에 있다고 보고 농업력을 중심으로 세시풍속의 시간성을 규명하기 위하여 "세시와 의례의 구조를 축원의 세시(내농작·석전·여성군무), 생장의 세시(한식·단오·용제), 수확의 세시(유두·백중·추석)"[33]로 분석하고 세시의 주기가 농업력의 구조 속에 틀지어져 있다고 주장하였다.

둘째 역법학적 시간 인식에 대한 연구들[34]이 있다. 이들은 "구체적인 농경생활을 위한 지침으로서 농경력으로 간주하기에는 세시기의 농경 관련 내용이 너무 빈약"하다고 주장했다. 즉 "세시기를 농서로 취급하는 설명방식은 세시기의 일부분을 전체로 과장하는 오류"[35]라고 비판했다. "24절기를 흔히 농경사회에서 농사의 절기를 맞추기 위해 도입한 농사력의 일환으로 이해하는 경향"을 문제 삼고 그것을 "태음력과 태양력을 조화시키려던 고심의 산물"[36]로 고려하면서 역법학적 시간 인식의 측면을 심화시키고 그 근거를 규명하고자 하였다. 이들은 "역서가 형성하는 일 년의 시간을 관통하는 우주론적 힘의 생성·성장·소멸에 근거하여 그에 합당한 삶을 영위하고자 했던"[37] 전통사회 시간성의 체계적인 분석에 주력했다. 즉 해와 달의 순환에 의한 시간 주기를 "① 태양순환의 주기(동지·입춘·한식·청명), ② 달의 순환주기(정월 보름·유두·백중·추석·10월 보름·11월 중동 보름·2월 초하루), ③ 태양과 달의 복합주기(정초·제석·윤달), ④ 태양과 간지역일 복합(삼복일·납일) ⑤ 달과 간지역일 복합(정월 상해일·상자일 혹은 상묘일), ⑥ 달과 간지의 음양오행(정월 묘일·사일, 10월 오일), ⑦ 달과 중양의 尊陽(삼짇날·단오·칠석·중구) ⑧ 사회풍속과 기념(정월 인일·4월 초파일)"[38] 등과 같이 분석하여, 이를 통해 세시주기의 다층적인 시간성을 분석하였다.

그러나 분명하게 대립되는 시간성에 대한 논쟁이 상호교류 속에서 발전·심화된 논의를 생성하고 이론화하는 방향으로 전개된 것은 아니다. 현재까지 각각 개별적인 연구물로 제출되어 있을 뿐이다. 다만 연구지형 분석 차원에서 관련 연구들을 조망할 때 근대 이전 역법 체계 연구와, 산업구조의 근대적 변화에 따른 사회·문화·일상을 근거 짓는 시간의 자본주의화 과정에 관심을 표명한 연구로 대별해볼 수 있다. 이러한 연구 경향을 세시풍속의 '지속'과 근대적 시간의 '수용'이라는 두 분류 범주로 나누어 정리할 수 있다. '지속'은 근대적 시간체제의 성립과 확산에도 불구하고 전통적인 세시풍속이 지속되고 있는 현상을 중시하거나 시간체제의 근대적 전개를 비판적으로 간주하고 세시풍속의 원리 분석이나 그 의미와 가치를 되새기는 연구의 흐름[39]으로 정리된다. '수용'은 자본주의화한 세시풍속에 대한 명확한 인식 속에서 그 변형 과정과 성격을 이론적이거나 실천적으로 탐구하는 데까진 이르진 못했다. 하지만 "도시 속에도 농촌적인 요소가 있고 농촌에도 도시적인 요소가 있어서 이들은 중첩"된다고 간주한다. 세시풍속의 연구가 "도시 속에 있는 전통적인 의미의 민속현상을 연구"하는 것에 그칠 때 "자칫 민속학이 '잔존문화의 연구'로 한정"될 수 있다고 우려한다. 이들은 "도시 속에서 생성될 수 있는 생활문화 또는 현대적으로 변용된 생활문화까지 포괄"[40]하여 세시풍속을 연구하고자 했다. 한국 사회가 산업화되면서 일어난 근본적인 변화 즉 "생업의 변화, 인구의 이동, 생활주기의 변화, 의식의 개혁, 태음력(음력)의 약화, 농촌사회의 변화"[41]를 공통적으로 세시풍속의 연구에 수용하면서 그 방향은 전통성에 대한 강조가 아닌, 도시세시 혹은 현대세시에 맞춰져 있다. 이 연구들[42]은 절기음식의 상품화·세시의례의 축제화·계절변화의 주기에 따라 이루어지는 관광 및 여가 활동·박물관이나 민속촌 또는 대중매체 등에 의한 세시풍속의 재현과 체험·웰빙 문화와 크리스마스 또는 데이 시리즈 등을 세시풍속의 변용이나 새로운 생활 리듬 속에서 창출된 현대 세시풍속으로 수용한다.

근대적 시간성의 문화적 '수용'은 세시풍속의 개발 혹은 콘텐츠화에 적절한 논리를 제공한다. 관련 연구들은 전통지식으로 세시풍속 혹은 민속을 호출하고 생물 종의 다양성이 위기에 처한 현실 상황에 조응하면서 자본주의 문화시장의 다양성을 지향한다. 이를테면 '생물다양성협약'에 의거하여 "지역사회를 배경으로 형성되어 변화하는 환경에 적응하여 끊임없이 진화하며 대대로 전승되어 오는 전통지식의 생태학적·사회경제적·과학적·문화적·교육적·미학적 가치를 지각하는 것인 동시에 자원으로서 그에 대한 책임을 재확인"하는 하나의 사례로 세시풍속의 개발 가치를 평가하거나 문화콘텐츠화의 방향을 제시하는 연구들[43]이 있다. 대체로 그 개발 가치는 실용화와 상품화 혹은 세계화를 목표로, 세시풍속 중에서 이에 부합하는 내용들을 현대 사회 대중들의 기호나 취향에 맞추어 가공하는 것에 맞추어져 있다. 이들은 전통지식의 상품화 혹은 공유지식의 사유화를 지적재산권으로 정당화한다. 역동성과 경쟁력을 가지고 수익을 창출할 수 있는 지속 가능한 개발 혹은 내생적 발전모델의 개발에 대한 적극적인 탐색을 강조한다. 세시풍속을 시대를 초월하여 적용되는 보편적 가치를 지니고 있는 것으로 간주하고 현대기술과 접목하거나 기념일 지정 추진·관광 체험화·상품화·브랜드화·이벤트화 등을 주장한다. 이를 위한 전제조건으로 전통지식과 과학지식의 통합, 산업체 연계 상품화, 전통지식의 권리화, 전통지식의 농촌관광 유인 자원화, 환경농업을 통한 전통지식의 개발·보존, 지역사회 주민의 전통지식 개발 과정 참여 등을 제안한다.

세시풍속이 민중의 생활 속에서 시간의 주기에 따라 존속해오면서 시간문화 양식으로 현상(혹은 재현)되었기 때문에 관련 연구는 경제·사회·문화적 변동과 함께 그것의 변화와 지속 혹은 그 맥락과 요인 등을 탐구하면서 연구 태도에 따라 비판·수용·개발의 과정을 밟아왔다. 이로부터 세시풍속을, 역법적 시간체계와 생업의 조건 속에서 구성되어 변화하는 상징체계, 즉 시간성을 근간으로 파악되고 이해된 세계가 언어와 행동의 일정한 상호작용 형식으로 의미화된 문화구성체로, 재정의할 수 있다. 다시 말해 시간과 관계된 생활양식과 행위의 체계로서 시간체제의 도입과 경쟁 혹은 변동에 따라 생성·변화·소멸하는 문화 즉 시간문화 양식으로 규정할 수 있다. 시간은 그 자체로 무한하지만 그것의 문화화 과정에서 유한하고 변용 가능한 객체로 사유될 수 있다. 시간문화는 사회구성원들이 그것을 매개로 사회를 재생산하거나 변화시키는 일종의 자원으로 기능할 수도 있다. 세시풍속이 자원으로 그 수원지에서 채취되어 경제적 가치를 산출하는 문화상품(여가나 관광, 기타 연예·오락 상품 등)으로 개발될 수 있는 하나의 가능성을 지니고 있기 때문에 세시풍속 연구의 한 축으로서 세시풍속의 개발 가치를 측정하여 그 방향을 제시했던 연구들이 가능했던 것이다.

한국의 세시풍속에는 전통사회 한국인의 시간 인식과 그 체계에 따른 행위 양식이 윤리적인 가치를 수반하면서 그것에 부합하는 사회를 재생산하고자 했던 관념과 의지가 함축되어 있다. 한편으로 자본주의화한 시간문화 속에서 기후와 같은 자연적인 조건의 영향은 미비하다. 다른 한편으로 새로운 '기계-생명'이 자기 복제되지 않는 한 생물학적 유기체의 '몸성'은 박탈될 수 없다. 그 몸성은 사회적 구성과 그것이 근간하거나 그에 따르는 사회적 시간의 배치와 깊이 관련될 수밖에 없다. 근대적 시간체제의 도입과 형성은 역법의 차원에서 태양력이 보급되고 그에 따라 국경일과 같은 제도적 시간 배치와 함께 이루어졌고, 생활의 차원에서 도시와 공장을 중심으로 한 삶이 보편화되면서 출퇴근 시간 또는 노동과 여가 시간의 근대적 배치와 함께 확장되었다. 이 과정에서 '시간 규율-권력'이 가정과 학교·직장과 사회·군대와 병원·시장과 국가 등 우리 삶을 둘러싼 전방위적 영역에서 작동하면서 전통적인 시간문화와 다른 규범과 윤리를 생성하여 그것에 부합하는 방향으로 사회와 문화를 조직해왔다. 따라서 시간문화 자원으로서 세시풍속의 시간성을 문제 삼는 일은 자본주의화한 시간문화 양식에 대한 근본적인 비판을 가하고 그 유용성을 재고하는 방향에서 그 의의를 찾아볼 수 있다. 즉 세시풍속의 근본적인 변화 속에서 머뭇거리고 번민하는 연구들을 가로질러 근본적으로 자본주의적 시간체제를 문제 삼는 탈근대적인 문제설정이 필요하다. 그것은 세시풍속의 원리와 의미 등을 재인식하고 그 가치를 다시 묻는 작업이기도 하며 그것을 통해 사회를 다시 디자인하는 방향을 모색하는 일이기도 할 것이다.

2) 민속적 시간의 계열과 근대적 시간체제의 식민성

전통사회에서 시간의 권력은 왕에게 있었다. 왕의 가장 중요한 임무 중 하나는 관상수시觀象授時 즉 하늘의 형상을 관찰하여 시간을 부여하는 것이었다. 그것은 위로는 천시天時를 받들고, 아래로는 민사民事를 삼가고, 하늘의 형상을 관찰하여 백성들에게 시간을 준다는 것인데, 이는 하늘을 공경하고 백성들의 일을 부지런히 한다는 의미이다. 관상은 천상을 관찰한다는 것이다. 관상의 대상인 천상에는 일체의 천문현상과 기상현상도 포함되었는데, 천상 또는 천문으로 표현되는 하늘의 뜻을 읽기 위한 행위의 배경에는 지상의 정치권력이 '천명'에서 유래한다는 생각이 자리하고 있다. 관상이 하늘의 현상을 관찰하는 것이라면, 수시는 그러한 관찰을 통해 정확한 시간을 측정해서 백성들에게 알려주는 것이었다. 시간을 주는 자는 백성을 다스리는 지존의 위치에 있는 왕과 그 대리인이었고, 시간을 받는 자는 평범한 백성이었다. 왕과 그 대리인이 시간을 독점하였기 때문에, 백성은 수동적으로 공급받을 수밖에 없었다. 요컨대 시간이란 우주를 주재하는 하늘이 주는 것으로 인식되었으며, 하늘의 명

을 받아 세상을 통치하는 존재는 왕이었다.[44]

시간의 인식 즉 제도로서, 규범으로서 객체적 시간의 인식은 일상적 삶의 영역보다는 지배와 통치의 영역[45]에서나 가능한 일이었다. 이를테면 지배로서 혹은 통치로서의 시간체제는 '천자가 제후에게 주는 시간', '천명을 통한 통치권의 확보'를 위해 "임금이 관상감에서 올린 역서를 관원들에게 나누어주고 각 관서의 아전들은 권력관계로 맺어진 관원들에게 바"[46]치는 관습을 규범화·세시화했다. 따라서 전통사회의 시간문화는 계급적 혹은 신분적으로 세 가지 시간층위 즉 왕의 시간(천자 혹은 제후의 시간)·양반의 시간·백성의 시간[47]으로 존재했다. 우주론적·순환론적 시간의 인식에 기초하여 천자·제후·관료·백성의 시간 층위가 위계적인 방식으로 관여하면서 천자 혹은 제후의 지배 질서에 전일적으로 수렴되는 정향된 시간의 체계로 존재했으며 사회적 삶은 그 속에서 구성되고 재생산되었다. 비록 이러한 시간체제 속에서 백성의 시간이 의식적 혹은 무의식적으로 규율되었을지라도, 오히려 그렇기 때문에 이러한 전통사회의 시간으로부터 백성의 시간 즉 민속적 시간을 구분할 필요가 있다.

시간의 인식은 그것의 객관화로부터 시작된다. 따라서 현상의 객관화는 일종의 주체 작용인 셈이다. 그런데 현상의 객관화는 대상의 관찰과 접촉, 파악과 분석 등의 이성적 활동을 통해 수행된다. 이성의 작용은 현상을 대상화하여 분석하고 이해하는 과정에서 그것을 지칭하고 범주화하여 분류하는 데에서 시작된다. 주체로부터 그것을 가능하게 하는 것 혹은 그것으로부터 결과되는 것을 붙잡게 하는(분절하게 하는) 것은 이념 혹은 이법의 체계이다. 이념 혹은 이법의 체계는 언어 혹은 기호가 존재하지 않고서는 구성될 수 없다. 시간의 인식이 언어 혹은 기호의 존재로부터 유출되는 것이라 할 때, 그것은 언어 혹은 기호의 체계 속에서 구별되는 의미를 갖게 된다. 이성이 감성과 '짝패'(分身, double)[48]를 이루어 분별되듯이, 민속적 시간은 그 짝패가 무엇인가에 따라 의미를 지니게 된다. 여기서 짝패는 경쟁하고 대립하면서도 공모하고 타협하는 관계를 의미하는데, 그 관계 바깥에 희생양이 존재한다. 희생양은 짝패를 이루는 존재들로부터 배제됨으로써 그 존재성을 증명한다. 따라서 민속적 시간의 정의는 그것과 짝패를 이루면서도 동시에 그 과정에서 배제됨으로써 존재하는 희생양 즉 대립항들이 변신을 통해 타협·공모·순응하면서 만들어내는 '부재'를 고려해야 한다.

이 부재, 존재하지 않음으로 존재를 증명하는 이와 같은 존재를 어떻게 형용할 것인가. 유명론적 시각에서 보면 '이름'이 존재하기 때문에 존재한다. 지칭됨으로써 역설적으로 그것이 가리키는 대상이 존재하게 된다. 물질적이고 가시적인 차원에서 부재하는 것은 언어 속에 혹은 담론 속에 그것이 양식화한 문화 속에 존재하는데, 언어를 공유하는 집단(그것은 분명한 실체를 가지고 있다)의 관계 속에 언어적으로 혹은 문화적으로 그래서 상상적으로 존재한다. 세시풍속의 변화와 소멸이 갈수록 심화되는 것도 이렇게 보면 그 이름이 갖는 힘, 즉 언어적 상상력과 사회적 공유력을 상실했기 때문이다. 기능성과 효율성, 물질성을 넘어 물신성이 사회문화적으로 광범위한 영향력을 확장해가는 조건 속에서 그것에 위배되는 삶과 문화의 언어적 실체는 그 존재성을 상실했기 때문이다. 따라서 문제는 그러한 잃어버린 존재성을 되살리는 것이 될 수 있다.

민속적 시간이 존재한다고 가정하는 것 혹은 그것을 문화적 실체로 확신하는 것은 기호체계 속에서 민속적 시간과 대립·경쟁·공모하는 시간이 그것과 더불어 동시에 호명되었기 때문이다. 그 이전에 그것이 존재했을지라도 그것은 기호체계 속에서 짝패를 이룬, 여하한 기호의 호명과 함께 존재하는 것이지, 그것이 민속적 시간이라고 확언할 수는 없다. 이를테면 근대적 시간의 도입 혹은 침입과 함께 민속적 시간은 구성된다. 그 이전에는 천자나 제후의 시간·관료의 시간·백성의 시간으로 분류되는 기호체계 속에서 의미가 부여되는 시간일 수 있다. 그렇지만 이러한 이해도 근대의 성립과 동시에 구성되는 역사의 시간 속에서 계열화되어 의미를 형성하는 것이라고 말할 수밖에 없다. 이렇게 이해되는 민속적 시간은 그 내부에 여러 시간의 계기를 포섭한다. 그것은 전통사회의 문화를 틀짓는 척도로서의 시간觀象授時에 포섭된 시간과 그 바깥에 존재하는(물론 당대의 지배 조건 혹은 통치기술의 제한 속에서) 잉여 시간(지방의 시간 혹은 생활의 리듬)의 계기이다. 즉 민속적 시간은 이 척도로서의 전통적 시간체계에 포섭되어 그 계기로 작동하거나 그 요소로 규정되면서도, 이데올로기적 통제와 물질적 억압과 착취에 저항하여 다른 시간(예를 들어 봉기의 시간)을 생성하는 사건적인 시간(아이온aion의 시간)을 생성하기도 한다. 마찬가지로 근대적 시간체제에서도 민속적 시간은 지배의 시간과 저항의 시간 사이를 오가는 여러 시간의 계기들로 출몰한다. 따라서 민속적 시간은 척도로서의 시간과 그에 저항하는 시간 사이에서 유동하는 사건(생활 혹은 문화 양식)으로서의 시간으로 계열화할 수 있다. 특히 희생양의 차원에서 사건으로서의 시간은 지배와 포섭의 두 계기에 의해 배제됨으로써 존재하는 부재의 시간이다.

근대적 시간체제는 시계의 시간, 화살로서의 시간, 황금으로 표상되는 물신적 시간으로 표상되고 화폐(교환가치나 이윤)를 가치의 척도로 삼는 시간문화를 생산/재생산한다. 삶의 리듬·노동의 리듬·놀이의 리듬 등은 그것들을 채취·절단하여 상품으로 가공하여 이윤을 축적하는 시장에 의해 규제된다. 이러한 시간체제 속에서는 노동력을 효율적으로 활용함으로써 생산량을 높일 수 있는 시간의 배치가 이루어진다. 즉 효율적인 경영을 통해 최대의 결과를 거둘 수 있는 생산성이 가치의 척도가 된다. 예를 들어 자동차 공장의 시간(노동 및 사회시간의 메타포)은 시간과 행동의 관계를 연구하여 효과적인 조립라인Assembly Line이라는 새로운 구조를 도입함으로써 즉 자동차의 대량생산을 가능케 하는 시스템을 구축함으로써 배치된다. 이렇게 함으로써 생산 과정을 분업화·단순화·전문화하고 매니저를 통해 관리와 경영을 주도하여 대량생산과 대량소비의 축적 체제를 완성하게 된다. 이 시스템에서는 다시 대량소비를 위한 상품광고와 대중광고의 필요성이 대두됨으로써 전문적인 광고 대행업체를 출현시키고 이는 대중광고의 시대를 만들어낸다. 시장경제의 확장과 이윤 축적 속에서 생산 제품의 국제적 유통이 촉진되고 이는 다시 국제적 시장경제를 창출하게 된다. 이 과정에서 1912년 헨리 록펠러·존 모건 등과 같은 자본가들이 주축이 된 국제회의에서 '세계 공통 시간'이 제정[49]된다.

문명과 개화, 즉 서구 문명이 곧 힘이고 선이라는 시대적 인식 속에서 그에 대한 저항은 조선에서 근대적 시간체제를 근거 짓고 확산하는 논리 즉 조선적인 것은 미개하고 야만스러우며, 낡고 쓸모없는 것이라는 인식과 짝패를 이루게 되었고, 조선적인 것을 희생양으로 삼아 조선인들이 거부하고 박멸하게 되는 주체화의 과정이 저항의 시간 속에서 연출되었다. 당대의 지식인들은 그러한 짝패의 관계 속에서 무당·판수·지관·탁발승 등을 타파와 일소의 대상으로 지목함으로써 '부재'해야 하는 존재로 만들었다. 즉 무당과 판수와 서낭당과 풍수와 중과 각색의 무리들은 백성을 속이고 돈을 빼앗으며 삿된 것을 믿게 하는 사람들로 취급되었다. 그들은 악습에 의거하여 백성들을 유인함으로써 백성들이 재물을 버리고 미신을 추종하고 악습을 재생산하게 하는 협잡꾼으로 매도했다. 그들의 저항과는 별개로 이러한 그들의 사상과 태도는 국가 부강을 위한 교육사업 등에 쓸 돈과 시간이, 하찮은 무당과 판수들에 의해 낭비된다는, 서구 근대 계몽사상이 자본주의와 결합하여 만들어낸 시간관념과 문화 논리에 공명하는 것이었다.

일제강점기 동안 식민적 근대의 한계 속에서 조선의 자본주의적 시간문화는 그 토대를 구축하지 못하고 부분적이고 임시적으로 상부구조를 점유하고 있는 상태에 있었다. 물론 정치적·법적·제도적·영토적 강제

병합에 기초하고 있었지만, 자본의 투입과 시장의 형성, 근대적 법령과 행정 그리고 근대적인 교육기관의 설립 등에도 불구하고 근대적 시간체제는 조선의 사회문화를 전일적으로 지배하지 못했다. 이러한 상황은 해방 이후 대외 의존적이고 압축적인 방식으로 근대화가 진행되었지만, 근대화의 물질적 조건으로서 토대와 정치적·법적·이데올로기적 장치로서 상부구조의 전일적인 통합이 완성되어 가는 시기인 1960~70년대 중반까지 지속되었다. 이 과정에서 민속적 시간문화 양식은 근대적 시간체제와 길항 관계를 유지하면서 지속되거나 변화되어왔다.

근대적 시간체제는 '미리 와 있는 실재'였다. 공간적 지배의 확장이 문제될 뿐이지 그것은 1890년대 개항장, 1910~20년대 정비되는 각종 법령과 그에 따라 설립되는 주식회사, 1930년대 경성과 같은 대도시 혹은 그 대도시의 백화점 등에 '이미 와 있는 실재'였다. 이 시기 조선의 문화는 중국에 종속된 국가로 부패하고 무능한 왕과 관료의 지배 아래 있는, 즉 "퇴보하여 볼 만한 것이 없고 사대사상이 강하여 자주"[50]성이 없는 것으로 혹평되었다. 이는 19세기 말에 이미 형성되어 있었던, 조선 문화에 대한 지배적인 인식이었다. 이와 함께 그러한 인식이 향해 있는 조선의 내부에서는 "일상생활 영역의 근대화를 위해 자아 관념·의식·가치·행동·의식주·취향·정체성·문화의 영역에서 개혁과 개선, 개조 운동"[51]이 빠르게 공론화되고 공감을 형성했다. "생에 대한 방대한 자각과 어우러져 조선 전토를 풍미하는 일대 세력이 되면서 구 문화는 또 한 번 일대 전기를 맞았다."[52]는 진단처럼, 국가와 전통의 망실을 기정사실화하고 개인의 각성과 변화를 통해 자립적인 태도로 실제적 지식을 추구하며 세계적으로 소통하는 근대적 주체가 될 것을 선언했다. 그 방편으로 서구적 근대화를 선택한 식민지 조선 내부는 끊임없이 타자의 시선으로 자신을 평가하는 수동성과 불안을 내재하게 된다. 이는 '미리 와 있는' 근대적 시간체제에 자리 잡음으로써 미개와 야만으로부터 해방되는 주체 형성의 경로를 보여준다. 민속적 시간문화 양식을 거부함으로써 그 결핍을 충족하고 그럼으로써 식민지 근대 주체는 불안을 해소한다. 그것은 자기부정을 통해 달성될 수밖에 없는 자기로부터 소외와 분리이다. 그러한 주체는 제국으로부터 오는 근본적 소외를 부정함으로써 형성될 수밖에 없는데, 이때 저항적 주체성은 소멸되고 그로 말미암아 민속적 시간문화 양식의 식민적·근대적 재편을 수행하는 타자가 된다.

식민적 근대 주체의 형성에 또 하나의 계기를 제공한 것은 1932년에 착수되어 1933년부터 시행된 농촌진흥운동이다. 이 운동은 당시 세계적으로 진행된 대공황의 위기 속에서 농촌사회를 정치·경제적으로 안정시켜 궁극적으로 '만주-조선-일본'을 잇는 블록경제를 구축하는 것이었으며 중국 침략을 위한 안정적인 생산기지로서 조선에 총력전 체제를 구축하는 것이었다. 이때 지주적 상품경제의 도입에 따라 급속히 해체되어 갔던 자연촌이 재조직·강화되는 양상이 나타난다. 지주적 상품생산을 근간으로 하는 전쟁 동원 체제의 결과는 식민적 봉건 질서에 근거한 생산관계의 모순을 강화하면서 "자율과 호혜성이 강한 공동체적 문화"[53]로 평가되는 민속적 시간문화 양식의 식민적 재편으로 귀결된다. 그것은 "생활에 윤기를 주고 유쾌를 주게 되어 그들의 생활에 활기"[54]를 불어넣는 건체운동健體運動으로 재규정되었다. 이러한 계기들 속에서 '미리 와 있던' 근대 자본주의적 시간체제는 개인적인 이윤의 확대에 대한 사회적 정당화 과정과 함께 문화적 실천 감각으로 개인과 사회에 구조화된다.

한국 자본주의 전개를 자본의 축적 국면에 따라 나누어볼 때 발전주의·자유주의·신자유주의[55]로 구분할 수 있다. 그 분기점은 각각 1960년대·1980년대 후반·1990년대 후반이 된다. 한국 사회에서 자본주의 시간체제의 확장은 발전주의 시기 동안 이루어졌다. 이후의 일은 또 다른 경로를 따라 문화영역이 시장에 종속되고 경쟁의 논리가 문화의 논리가 되는 상황으로 전개된다. 자본주의 시간체제가, 발전주의 시기에 구축된 토대와 상부구조의 전일적인 체계 속에서 확장되어나가는 동안 대중은 생활 속에서 관성에 따라 이전 시기의 습속을 고수하거나 엄숙주의와 향락주의의 문화적 모순 속에서 전통적인 생활양식의 가치를 추구하기도 했다. 이 시기 비민주적으로 집권한 정치 세력들이 통치의 정당성을 확보하기 위해 순수예술과 전통문화에 대한 공적 지원을 유지한 것도 민속적 시간문화 양식이 일정 정도 보존될 수 있는 계기가 되었다. 요컨대 자본과 시장으로부터 자유로운, 일정한 문화공간 속에서 민속적 시간문화 양식은 근대적 시간체제의 주변이나 외부에서 자기 수명을 연장하거나 활로를 개척할 수 있었다.

시간의 근대적 배치는 인간의 생산활동을 시장에 종속시키고 문화 주체를 자기 생산물로부터 분리시켜 가격(혹은 화폐가치)에 따라 등급을 매기고 그에 부합하지 않는 문화들을 배제 혹은 소멸시켜 왔다. 그 과정에서 문화 주체는 소비적인 문화에 길들었고 그 생활 속에서 자치/자율적으로 소통되었던 생산적인 문화는 가치를 상실해왔다. 세시풍속이 일이나 생활을 주기로 반복되는 상징체계라고 할 때 그 시간성의 본질은 노동시간과 자유시간의 유기적인 연합 속에서 창출되는 문화의 생성적인 역량과 관계되어 있다. 그 시간성의 바탕 위에서 개인이나 가족 혹은 공동체를 단위로 하는 의례나 축제와 같은 문화형식들이 가능했다. 주어진 시간의 주기(역법) 안에서 특정한 시점에 할당된 풍속을 통해서 시간은 사람들의 생활을 관통하며 그들의 이념과 행동과 가치를 주형하고 재생산한다. 민속적 시간문화 양식은 그런 점에서 근대적 시간체제와 다른 사회적 시간성을 지니고 있다. 그 의례적 시간은 인간과 신들의 관계를 통해 그들이 지향하는 사회를 표시한다. 그 시간 속에서 사람들은 자연이나 생업의 주기가 순환의 과정에서 교차할 때 발생하는 변화를 삶과 죽음·젊음과 늙음·채움과 비움 등의 변별적 의미소를 근간으로 한 의례들로 치환함으로써 개인과 공동체의 집합적 운명을 새로 써나갔다. 그것은 그들이 소망하는 사회상을 보여준 것이었고 자연과 생업 또는 신과 인간이 포괄적으로 소통할 수 있는 언어로 표현했던 것이다. 그들의 사회 안에서 인간의 세계와 시간, 신의 세계와 시간, 화복의 세계와 시간, 악귀와 질병의 세계와 시간 등은 내재적인 차이로만 해석될 뿐 근본적으로 차별되지 않는다.

3) 민속적 시간문화의 유용성과 대안 가치

전통사회의 습속을 공동체 생활 속에서 습득하고 산업화의 과정에서 도시로 이농한 청년들의 감정구조는 과세過歲로 표현되는 시간문화의 관념을 지지했다. 그러나 국가는 경제 논리에 따라 시간문화 체계를 근대화할 것을 요구했다. 이 과정에서 생겨난 이중과세는 민속적 시간문화 양식과 근대적 시간체제의 갈등과 교섭 속에서 한국 사회의 시간문화가 자리 잡은 경로와 구조가 지닌 문화적 성격을 보여준다. 1896년 1월 1일(음력 1895년 11월 17일, 고종 32), 조선에 태양력이 수용되고 일제강점기를 거치면서 유동했던 설 명절은 1985년부터 1988년까지 '민속의 날'이라는 이름으로 하루만 공휴일로 지정되었다가, 1989년에 명칭도 다시 '설날'로 변경되면서 사흘간 공휴일로 지정되었다. 중요한 것은 설날의 지위가 국가적 차원에서 복권되어 전통적 시간문화의 주기성과 공식성이 회복되었다는 데 있지 않다. 물론 국가권력의 시간 규율에 대한 대중의 순응과 일탈, 비판과 요구가 수용된 측면이 없는 것은 아니지만, 그것은 한국 사회와 대중 생활 전반에 확고하게 자리 잡은 근대적 시간체제의 구조 속에 부차적인 계기로 포섭된 세시 명절과 근대적 시간체제의 혼종적 사태를 드러내고 있다. 신일愼日이라 일컫고 달도怛忉하며, 즉 낡음과 새로움이 교차하는 문턱에서 삼가고 조신하며 가족과 문중, 공동체 범위에서 문안하고 서로 격려했던 풍속이 "연하장이나 카드로 대체"[56]되는 현상은 시간이 생산성으로 직결되고 모든 것이 시장화되는 근대적 시간체제의 경향과 깊은 관련이 있다.

'시장화'는 과거에는 시장에 맡기지 않던 삶의 영역들을 시장 속에 포함시킴으로써 이루어진다. 1980년대 초에 취해진 '자유화 조치'로부터, 이후 확대된 '문화의 자유화'[57]는 문화를 시장논리에 종속시키는 과정이었다. 1990년대 중반 이후, 문화산업이 국가 발전을 위한 전략적 수단으로 부상하고 국가정책에 의해 본격적으로 추진되면서 문화는 교역의 대상이 되고 상품이 되었다. 즉 "미술과 건축은 사업에, 음악·연극·영화는 연예와 투기에 흡수되었다. 역사와 지리, 즉 사실상 모든 차이들은 경제지도자들에 의해 흔히 박물관·레스토랑·테마파크에서 패키지로 만들어져 관광의 일부로서만 진지하게 취급"[58]되었으며, "부모의 내리사랑은 평수 많은 아파트나 고액과외로, 자식의 부모사랑은 효도관광으로, 사제 간의 정의는 스승의 날 등장하는 백화점 쇼핑백으로, 연인들의 사랑은 밸런타인데이의 초콜릿으로, 지인들 간의 정표는 상품권"[59]으로 대체되었다.

문화의 시장종속, 특히 전통의 상품화가 심화되는 경향은 근대적 시간체제 내부로 포섭된 민속적 시간문화의 필연적 결과이다. 그러한 결과는 민속적 시간문화 양식에 대한 그 문화 주체의 자기 추방과 같다. 그것은 근대적 주체 형성의 과정에서 조선인 스스로가 서구 열강의 견고한 함대와 대포로 표상되는 현대 과학기술 문명에 열망하며 타자화되었던 계기의 극한이다. 그 극한에서 "미래의 청사진을 타자의 거울에 비출 때, 서구화·현대화의 길…전 세계와 직접적으로 전쟁하고 전 세계를 폭력적으로 약탈하고 인질로 삼아 세계를 현대 역사의 과정에 편입"[60]시켰던 그 길을 반복적으로 거닐게 될 것이다. "야생화나 약초 등 세계의 다양한 생태계에서 채취한 자연 자원에 특허를 내어 태곳적부터 그 자원을 생태적 유산으로 활용해오던 주민에게 되팔 듯이",[61] 문화적 산물들은 사유화되어 상품으로 전환되고 자본축적의 수단으로 종속된다. 심지어 "인간의 신체 부위를 포함한 유기체마저 판매 가능한 상품"[62]이 된다. "신체조직에 대한 재산권을 주면 중요한 의학 연구를 할 수 있는 경제적 유인이 사라져 버릴 것이란 이유에서, 항체에 대한 권리"[63]를 그 신체의 보유자가 아니라 연구자와 기업가에게 제공하였던, 1990년 무어사건에서 보듯, "수단이 곧 자기 목적이 되어 스스로를 증식시킬 뿐만 아니라 증식된 부분으로 태어나 또 다시 증식을 위해 투여되는 자본"[64]의 시간만이 반복될 것이다.

　세시풍속은 우리가 자연의 일부로서 육체를 가지고 살아가면서 자연적 시간 속에서 우리 욕구를 충족시키는 과정에서 형성된 시간문화 양식이다. 세시풍속은 욕구를 충족하기 위해 잉여노동시간을 극대화하지 않고 사용가치의 생산과 유통을 다시 지배적인 시간으로 되돌리는 '자유시간'의 확장된 기획 속에서 중요한 대안문화 자원이 될 수 있다. 출퇴근과 같은 반복적인 기계적 행위를 강요하는 임금노동을 중심으로 조직되는 시간을 성찰하고, 시간이 화폐가치로 환산되어 "시간빈곤에 시달리는 소득빈곤층"[65]을 확대 재생산하는 자본주의 시간체제의 막다른 골목에서 "마음이 평화롭고 육체가 건강하고 자유로"우며 "타인의 의견 속에서가 아니라 자기 자신 속에서"[66] 꼭 필요한 것만을 생산하고 유통했던 존재의 시간을 되돌아볼 필요가 있다. 왜냐하면, 문화는 삶의 의미를 찾는 작업이고 향유나 공유의 형태로 세계를 전유하는 방식이며, 문화적 산물은 공유하고 분유하는 것이 가능하다고 생각하기 때문이다.

　자본주의 시간체제의 보편법칙인 자본의 유통(M—C—M') 즉, "양적인 개념으로만 이해된 등가물로서 가치의 척도가 되어 교환가치를 결정하는 가치의 일반적 순환형태인 M—C—M'"[67]의 억압적 노동시간 너머에서, 상품의 유통(C—M—C'), 즉 "행위자의 특정한 욕망을 충족시키면서 매번 그 자체로 완결되는, 다른 상품과 교환될 때 화폐가 매개된다 하더라도 사용가치의 교환으로 만족하는 자유시간"[68]의 사회를 디자인하는 자원으로 민속적 시간문화 양식을 상상할 필요가 있다. 그 속에서 시간의 새로운 사회적 배분을 통해, "결합된 생산자들이 자연과의 신진대사를 합리적으로 규제하여 그 신진대사가 맹목적인 힘으로서 그들을 지배하는 것이 아니라, 그들이 그 신진대사를 집단적인 통제 하에 두는 것, 그리하여 최소의 노력으로 그리고 인간성에 가장 알맞고 적합한 조건하에서 그 신진대사를 수행"[69]하는 새로운 민속적 시간문화 양식을 상상할 필요가 있다.

세시풍속은 세시에 따라 각 시기에 적절한 행위를 하는 주체가 우주나 자연 또는 사회나 인생을 1년 단위로 분절하여 살아가는 일종의 주기적인 프로그램이다. 1년의 주기는 삭망이라는 달의 순환 주기(음력)와 24절기라는 태양의 순환 주기에 따라 특화된 날들과 계절이나 관습 그리고 생업에 따라 기념되는 특정한 날(명절이나 간지 절일)에 치러지는 각종 의식들과 활동으로 빼곡히 채워져 있다. 이 민속적 시간문화 양식의 주기적 프로그램은 '교체와 변화→제액/초복이나 금기/속신의 의례 및 의식→안정(믿음·순응·확신)'이라는 셰마(Schema, 인식과 경험을 조직하는 틀이나 도식)에 의해 매번 반복된다. 새로운 시간은 매번 반복된다. 반복되는 시간은 세계 속 인간에게 던져진 시간으로 죽음(생물체의 목적 실현)을 향한 종말을 가지지만, 그 종말은 개체적으로 경유될 뿐 새로운 시간의 펼쳐짐 속으로 삽입되는 시간의 계기일 뿐이다. 매번 펼쳐지는 새로운 시간은 계기에 따라 일련의 과정으로 주기화되면서 그 속성 즉 교체·변화, 소멸과 생성, 갈등과 통합으로 분절되고 그 분절된 속성의 계기들로 끊임없이 순환한다. 그것은 또 변화와 함께 찾아오는 계기적 종말 속에서 일정하게 조직되는 서사구조를 지닌다. 즉 '변화 → 결핍이나 위기→위반의 단속 혹은 교정→안정과 통합'으로 전개되는 서사구조를 지니며 그 또한 매번 반복된다. 이 반복되는 서사는 고정된 일정표와 그 일정에 따라 고정된 의식과 행동들, 늘 숙지하고 행동하면서 또 습득한 것으로서 거의 자동적으로 체화된 의례적 극본처럼 작동한다. 거기에는 성격화된 존재들이 있고 역할들이 배정되어 있는 배우들도 있다. 시간을 인지하게 하는 지표들인 달과 해와 계절과 기후와 지형 등 자연의 운동은 이 서사의 배경이 되고 극적 상황이 되며 때론 결핍과 위기의 전조가 된다. 그 무대의 배경에서 성격화된 존재들(그들은 신일 수도 있고 동식물이나 바람, 바위도 될 수 있다)과 역할들이 배정되어 있는 배우들(관습과 속신에 따라 배정된 절기에 의거하여 행동하는 사람들)은 불안과 위기와 갈등을 사이에 두고 안정과 충족과 풍요의 결말을 향해 풍속들을 연행한다. 그들의 연행은 제의적인 목적이나 개인·가족·문중을 포함한 사회의 목적, 그러므로 다층적인 목적의 실현을 위해서 상연되는 것인 까닭에 제의적 드라마도 되고, 사회적 드라마도 된다.

세시풍속에는 구조적으로 중첩되고 반복되는 다층적 시간들의 섞임이 있다. 그 기본구조는 '이지러지고 차오름'의 계기들로 구성된다. 그 결핍과 충족의 단위 위로 시간의 흐름은 하루에서 한 달로, 다시 사계절을 지나 한 해로 확장·반복되는 구조를 생성한다. 그런데 구조의 전개에서 시간의 계기와 관련하여 '의례적 선취'가 미리 있다. 그 후에 과정이 전개되고 결과로서 주어지는 생산이 있다. 다시 말해 미래가 먼저 현재하고, 연기된 과거의 현재적 진행이 있으며, 맨 뒤에 과거가 된 미래가 현재한다. 이를테면 ① 정초나 정월의 첫 시간 단위에서 조상에 천신하고 웃어른께 세배하며 소망했던 건강과 안녕, ② 설날 첫 새벽 거리로 나가 처음 들었던 까치 소리吉나 까마귀 소리凶에 담긴 속신, ③ 대보름날에 달을 보며 소망했던 다복과 화평, ④ 집단적으로 열광하며 힘을 겨루어 풍농을 점쳤던 줄다리기 등은 이미 그때 행위와 더불어 도래한 그들의 미래이다. 그러한 미래가 직선적인 시간의 흐름 속에서 단계적으로 구현되는 것이라면 그것은 근대적 시간체제에서 작동하는 시간의 구조와 하

등 다를 바 없다. 민속적인 시간문화 양식 속에서 그 미래는 분절된 시간의 마디 혹은 단위시간의 매듭 속에서 이루어지는 노동과 제의와 놀이의 생활 단위들에서 '원환적으로 분산'되며 '반복적으로 선취된 미래'를 불러내는 것이다.

　매번 반복되는 구조는 전혀 새로운 것이 아니라는 점에서 늘 새로운 반복이다. 이를테면 정초는 언제나 정초로 순환하고, 관련된 의례와 행동들도 매번 반복되면서 그 자리를 순환한다. 단오나 백중, 추석과 제석 등도 마찬가지이다. 천자를 중심으로 하여 위계적으로 배치되어 작동하는 '포섭된 민속적 시간'도 그 위계의 중심으로부터 멀어지면서 동시에 맴도는 궤적을 매번 반복한다는 점에서 다르지 않다. 민속적 시간성이 이법으로 작용했던 사회를 살았던 사람들에게 시간은 진보도 퇴보도 아

추석 귀성객(1972)

니다. 비록 역법으로 분절된 시간체계로 시간이 표상될지라도, 정초가 정월이고 정월은 1년이며, 마찬가지로 정초가 대보름이고 대보름이 추석이다. 다만 분절된 선분 속에서 즉 '정초-십이지일-대보름'의 선분 속에서, '정초-십이지일', '십이지일-대보름'으로 분절된 선분의 주기들이 시간의 지표가 될 뿐, 그 선분들이 시간이 되는 것은 행동들을 통해서이다. 행동은 연기되지 않는다. 미완의 행동은 있을 수 없다. 완료된 행동들과 그 완료를 다시 반복하는 진행이 있을 뿐이다. 이렇게 볼 때 '선취된 미래'는 1년으로 분절된 시간의 체계를 생성하는, 그 시간문화를 존속시키고 기능하게 하는 '시간의 자기원인'이라 할 수 있다. 다만 그 시간의 자기원인이 시간 흐름과 그에 대응한 의례들의 추이 속에서 '이지러지고 참의 상태'로, '다시 차오름의 계절적 극한'(추석)으로 이동하고, '다시 이지러짐의 상태'로 자기를 표현할 뿐이다. 따라서 시간의 배치는 선취된 미래(이상이나 목적)가 자연에 바탕한 절일이나 간지일에 배당되는 각종 의례들과 행동들의 기능이나 속성을 통해서 이루어진다고 할 수 있다.

세시 절기의 순환 체계(역법)가 근본적으로 변화되는, 시간의 사회적 배치가 이루어지지 않는 한, 변화는 미시적이고 우발적이다. 왜냐하면 변화는 세시 절기를 따라 믿음을 구현하고 의례를 수행하는 개인에 의해 생기지 않기 때문이다. 풍속의 전승도 개인에 있지 않고 개인을 연결시켜 주는 가족이나, 가족을 연결시켜 주는 문중 그리고 계층·지방·국가·천하·우주로 확장되는 연결망 속에서 작동하는 습속의 체계에 있다. 따라서 풍속의 변화는 그 시대 존재 전체에게 주체로서 자격을 부여한다. 변화를 일으키는 요인이 자연과 사회에 있고, 그 자연과 사회도 중앙과 지방에 따라 위상을 달리 하며, 그러한 관계들의 조직망 속에서 체계의 본성을 유지해가는 기조 속에서 미시적이고 우발적으로 대응하는 관계들의 역학이 변화의 요인으로 작용한다고 말할 수 있다. 마찬가지로 세시풍속의 내용 측면에서, 개인 혹은 가족 단위의 세시풍속이 다수일지라도, 거기에서 개인이나 가족 단위가 지나치게 강조될 수는 없다. 세시풍속의 전승과 변화의 주체로서 체계 전체를 간과하고 세시풍속에서 매우 중요한 사회성이 무시될 수 있기 때문이다. 통일적이고 인과적인 시간에 대한 공유감각이 사회적으로 확장될 수 있는 토대가 빈약한 대신, 민속사회의 시간문화 양식은 일정하게 고정된 관습이라는 대본에 의해 리좀적으로 연결된 집합적 신체에 의해 재생산된다. 즉 기후와 지형 조건이 다르다 할지라도, 그에 따라 작물과 그 생장주기에 따른 농사일의 종류가 다르다 할지라도, 생업과 연계된 속신과 의례의 구조와 원리는 같다. 그 공유된 시간체계의 구조와 원리에 의해 사회구성원들의 풍요와 안전 그리고 생명이 유지되는 것이다. 따라서 민속사회의 시간문화 양식을 유지·존속시키는 힘은 그것을 공유하고 있는 사회(혹은 공동체)로부터 나온다. 의례가 수행되는 동안 역할의 구분에 따라 혹은 금기의 대상(이 경우에도 금기에 저촉되는 당사자를 보호하는 사회적인 기능을 한다)에 따라, 의례에 참여하는 정도가 차이날 뿐, 중요한 의례의 효과(혹은 선취된 미래)에서 누구도 차별받지 않는다고 말할 수 있다.

시장에 종속된 문화 안에서, 문화의 재생산도 시장가치를 척도로 삼아 이루어지기 때문에, 이윤을 극대화하기 위한 개인들 간에, 집단들 간에 경쟁은 피할 수 없는 것이 되어버렸다. 오히려 경쟁이 가치의 척도가 되고 미덕이 되어버렸다. 이러한 '화폐-시간'이 척도가 되는 근대적 시간체제 속에서 소수자·주변인·약자 등에 배려와 관심 혹은 공감과 연대는 그 사회적인 힘을 갈수록 상실해가고 있다. 최근 청소부·경비원·단기 계약직·일용직 노동자들의 처지에 공감하고 연대하여 그들의 생명과 안정을 보호하고 개선하려 하기보다는, 노예계약과 같은 비인간적 대우에 암묵적/명시적으로 공모하는 행태들이 만연해 있다. 그것은 우리가 잃어버린 공동체성, 현재적 의미에서 공감과 공유, 연대와 관용의 '옛

가치'의 상실에서 오는 사회적인 병리 현상일 수 있다. 그렇게 보았을 때 '개인-가족-공동체-국가' 단위 속에서 다발적·동시적·점층적으로 진행된 안전과 풍요에 대한 의례(세시풍속)는, 사회성의 전통을 재해석·재창조하는 과정에서, 새로운 사회를 디자인할 수 있는 문화적 역능의 원천으로 고려될 수 있다. 민속적 시간문화 양식이 제시하는 기본방향은 "소비를 과시하기 위한 이웃이 아니라 상호 호혜적 관계를 맺어가는 이웃의 형성"에 있다. 세시풍속의 전승은 기본적으로 소통과 나눔을 통해 이루어져 왔다. 이 소통과 나눔의 유전遺傳 자원을 토대로 "서로를 돌보는 마을을 가지고 협동함으로써 인간 삶의 기본에 대한 감각을 회복하고 '근대주의'를 넘어서서 대안적 미래를 만들어 가는 지점"[70]에서 민속적 시간의 특이성과 문화적 역능이 사유될 필요가 있다.

민속적인 세시 문화와 자본화된 세시 문화는 구분할 필요가 있다. 민속적인 세시 문화는 강제적 활동으로부터 해방되어 있는 그 자체가 목적인 가치를 추구하는 활동으로 재인식될 수 있다. 우리로 하여금 우리의 잠재력을 최대한 발휘할 수 있도록 하는 역능의 원천으로 고려할 필요가 있다. 그런 점에서 그 자원화의 경향 즉 "세시풍속을 시대를 초월하여 적용되는 보편적 가치를 지니고 있는 것으로 간주하고 현대기술과의 접목과 기념일 지정 추진·관광 체험화·상품화·브랜드화·이벤트화 등"의 자원화 기획은 세시풍속의 시간성에 부합하지 않는다. 그러한 일은 이미 근대적 시간체제가 성립된 이후부터 반복적으로 진행되고 있다. 그 반복 속에서 언제나 민속적인 시간문화 양식의 상실을 우려하는 목소리도 반복·학습되고 있다. 세시의 풍속들은 자본주의 시장경쟁의 논리를 허용하지 않는다. 따라서 그것은 이윤 축적의 수원지가 될 수 없다. 비록 자본주의의 화폐적 시간이 민속적 시간문화 구조를 횡단하고 그 내부에 부차적인 혹은 주변적인 자리를 내줌으로써 포섭했다 하더라도, 그 구조/힘을 거슬러 그와 다른 배치와 통합의 구상을 위한 비판을 활성화할 필

요가 있다. 그러한 비판의 축적이 발휘하는 인식의 힘이 실천의 틈을 생성할 수 있을 것이다.

3. 시간문화 양식의 전통성과 구조적 변환

역법 체계와 그에 따라 전개되었던 삶의 일상은 농촌사회 구조의 근대적 변화에 따라 전통적인 세시풍속이 지속되고 있는 측면도 있고 도시나 진배없이 현대적으로 변화된 측면도 있다. 이러한 변화 혹은 이중의 양상은 지속의 측면보다는 변화의 측면이 두드러지면서 전통적인 세시풍속은 갈수록 단편적인 기억으로 머물고 있다. 물론 세대에 따라 기억의 내용에서 차이를 보이기는 하지만, 전통적인 세시풍속의 면모를 온전히 담고 있지 못한 기억의 전승이 강화되고 있는 것으로 보인다. 그 이유는 전승이 끊겨 실행되고 있지 못하기 때문인데, "생업의 변화, 인구의 이동, 생활주기의 변화, 의식의 개혁, 태음력(음력)의 약화, 농촌사회의 변화"[71] 등이 구조적인 이유가 된다. 그에 따라 세시풍속의 변화에서 두드러지는 경향은 절기음식의 상품화·세시의례의 축제화·관광 및 여가 활동 등으로 나타나고 있다.

송제마을[72]의 사례는 이와 같은 세시풍속의 변화 양상을 보여주는 전형이 된다. 세시풍속의 전승 환경이 구조적으로 전환되는 과정에서 시간문화 양식으로서 전통적인 습속이 재배치되는 구조적 변환을 구체적으로 검토할 수 있는 사례가 된다. 송제마을 공동체는 한국의 어느 농촌마을과 마찬가지로 새마을운동을 경과하면서 마을 사회의 물질적 변화와 그에 따른 마을주민들의 급격한 의식 변화를 경험하였다. 이 과정에서 송제마을 세시풍속은 많은 경우에 과거형으로 잔존하고 있다. 그러

민속놀이 장고춤(1979)

나 전통이 박물관에서 다루어지는 박제품이 아니라고 할 때, 또 세시풍속에서 시간의 주기성이 어떤 식으로든지 변화할 수밖에 없음을 받아들인다고 할 때, 그 시간의 리듬에 따라 전개되는 마을주민들의 일상생활은 현재의 문화적 인식과 구조를 보여주는 의미 있는 시간문화 연구의 자료를 제공하고 있다.

1) 세시풍속의 전통적 기능과 의미 구조

전통사회에서 정월은 의례와 놀이가 집중되는 시기로 한 해 동안 전개될 일상생활의 지속과 안전을 도모하는 예축豫祝의 기간이다. 이 기간에 이루어지는 풍속은 모두 낡은 것과 새것의 교체를 도모하고 그 쇄신의 시공간에서 제의·놀이·유희적 행위로 새해의 바람을 미리 성취하는 시간의 구조를 지녔다. 이후 전개되는 세시 절기에 따른 풍속들은 점진적으로 실제적인 일상생활의 행위들과 직접적으로 관계되면서 예축의 기대를 실현해나가는 과정에서 벌어진다. 그것은 절기와 경제적 행위를 근간으로 하여 종교적·사회적·문화적 성격을 지닌 것으로 파악된다. 송제마을의 음력 2·3·4·5월의 풍속은 계절적으로 겨울과 봄, 봄과 여름 사이에서 혹은 그 과정에서 농사일과 관계 맺고 점진적으로 마을 사회와 주민들의 소망을 이루어 간다. 그러한 소망의 구현이 일단락 맺는 절기가 음력 7월에 배치되어 있고 관련 행위들이 특정한 의례와 놀이로 실행된다. 그 다음으로 예축의 기대와 소망이 음력 8·9월의 풍속에서 결실을 맺는다. 그 이후에는 한 해의 결실을 돌아보고 그 과정에서 생긴 빈틈을 메우고 예견할 수 없는 문제들을 초월적 존재들과 함께 조정하여 다시 낡은 것을 보내고 새것을 맞이하고자 하는 일련의 의례들이 행해진다.

송제마을의 세시풍속은 ① 예축과 개시, ② 일단락 혹은 결실, ③ 보완과 조정의 기능적 맥락을 중심으로 마을 사회의 구체적인 일상에서 수행된다. 이 패턴 속에서 마을 사람들의 희구希求는 사회경제적인 활동에 의해 구체화·현실화된다. 시간의 주기적 반복에 조응하는 풍속의 반복적 수행은 해마다 증폭·확장되어 마을 사회의 지속적인 생존을 도모한다. 마을주민들은 현재까지도 그들의 2월 풍속으로 입춘날과 영등날에 행했던 의례적인 행위들을 기억하고 있다. 현재 입춘날의 의례는 지속되나 영등 신앙은 전승이 단절되어 기억으로 회자膾炙되고 있다. 3월 풍속은 삼짇날과 청명 및 한식으로 압축된다. 삼짇날에 마을 부녀들은 천지갑산이나 마을 앞산으로 화전놀이를 가곤 했다. 화전놀이의 전승 과정에서 사진기사를 불러와 함께 기념사진을 찍기도 했다. 청명이나 한식에는 조상의 묘소를 찾아 가토도 하고 성묘도 했다. 지금은 추석 성묘로 대신하고 있다. 4월과 5월 풍속으로는 초파일과 단오가 기억되고 있다. 초파일에 불교 신자들은 불공을 드리러 절에 갔다. 단오는 창포물에 머리를 감고 궁궁이를 꽂았던 날로 기억되고 있다. 이날의 풍속은 삼짇날과 마찬가지로 여성들만의 특별한 기념 의례에 해당한다. 예전과 달리 세안과 목욕용품이 일반화되면서 단오의 머리 감는 풍속은 그 기능을 잃게 되었다.

②의 단계에 해당하는 7월 풍속의 대표적인 것으로는 칠석과 백중이 있다. 칠석은 견우와 직녀가 만나는 날로 비가 내려야 좋다. 즉 비가 내리면 풍년이 들고 비가 내리지 않으면 흉년이 든다. 이 속신에는 농사일이 한차례 단락을 맺는 시기에 기후와 계절의 변화 속에서 농작물이 잘 자라기를 바라는 기대감이 투사되어 있다. 백중도 역시 불공을 드리는 날로 특별히 조상 혹은 영가들이 모든 고통과 속박에서 풀려나는 불교의 중요한 절일로 망자의 극락왕생을 기원했다. 7월 백중을 전후로 하여 농사일이 일단락되는데, 지역에 따라 혹은 기후 조건에 따라 시기와 횟수의 차이가 있긴 하지만, 김매기가 끝나면 농사꾼들의 만두레가 열린다.

송제마을에서는 이를 풋구라 하는데, 과거에는 나흘에 걸쳐 진행할 정도로 큰 규모의 행사였다. 그러나 현재는 규모와 일정이 단축되어 하루 행사로 지내고 있다. 8월과 9월 풍속은 추석과 중구가 있다. 이 절일節日들은 한 해의 결실을 거두고 그 결과를 가족·마을공동체·조상·신들과 함께 나누는 의례가 행해지는 날들로 세시의 순환 주기가 한차례 마감되고 다시 준비되는 분기점에 해당한다. 송제마을에서는 기후 조건에 따라 햇곡의 결실 시기가 추석과 중구 사이를 오갔기 때문에 그에 따라 행해지는 조상제사 역시 추석과 중구의 절일을 오갔다. ③에 해당하는 10월의 풍속에는 집안 신을 섬기는 의례들이 있었다. 보통 10월의 어느 길한 날을 택하여 성주신·삼신·용신 등을 위한 가택고사를 지냈다. 이때 묵은 곡식을 햇곡식으로 교체해주는데, 묵은 곡식으로는 밥을 지어 가족들이 함께 먹었다. 그렇게 하는 이유는 가신들께 바쳐졌던 묵은 곡식들로 밥을 지어 먹으면 가족들이 무병장수할 뿐만 아니라 집안 역시 재수가 좋다고 믿었기 때문이다. 10월의 가택고사 이후에는 동지에 이르러 다시 성주와 칠성 고사를 정성껏 모셨다. 동지 절일은 팥죽을 쑤어 먹는 날로 성주와 칠성에게도 팥죽을 차려 내어 집안의 무사 안녕을 기원했다. 이후 섣달그믐에는 다시 새롭게 다가오는 한 해를 맞기 위해 집 안을 청소하고 불을 켜놓는 등 제야를 위한 의례를 행했다.

 '①→②→③'의 단계적·점진적·확장적 흐름은 "'①→②→③'—'①→②→③'…"으로 순환한다. 그런데 이와 같이 1년을 주기로 한 순환적 흐름 속에서 세시의 구조와 풍속의 기능은 '가능'과 '실제' 사이에서 생기는 모순에 의해 일정하게 균열될 수밖에 없다. 마치 '생로병사'와 같은 삶과 죽음의 순환 속에서 발생할 수밖에 없는 모순과 같이 시간의 구조와 의례 수행의 불일치는 마을 사회의 불안을 가속하게 된다. 따라서 전통사회의 세시풍속은 그러한 불일치를 조정하고자 하는 의지를 문화화했다. 그 문화화의 결실이 윤달 풍속이었다. 윤달은 세시풍속의 가지런한 전개에도 불구하고 역법상 자연의 리듬과 인간사회의 인식 체계가 불일치하는 현상을 교정하는 시간이라 할 수 있다. 그 시간적 불일치로 말미암은 틈이나 액을 메우고 방지하는 회귀의 시간이므로 매우 특별한 기간으로 인식되어 숙명에 관계된 일들이나 조정이 필요한 일들 그리고 고침이 필요한 일들이 수행되었다. 즉 이 절기에는 무슨 일을 해도 해가 없다고 인식했으며, 주로 금기시되는 일을 했다. 집을 새로 짓거나 보수하기도 하였으며 묘를 이장한다거나 죽음에 대비하여 수의를 짓기도 했다. 이와 같이 전통사회의 세시풍속은 윤달을 포함하여 시간의 흐름을 주기적으로 구조화하고 그에 따른 구체적인 의례 행위를 문화화하여 마을 사회의 생존과 안녕을 도모했다. 정월의 예축을 통해 풍요와 안녕, 성장과 복락을 문화화하고 구체적인 사회경제적 활동에 의해 그 예축을 개시하고 점진적으로 실행함으로써 결실의 시기에 이를 기념했다. 그럼에도 불구하고 발생할 수밖에 없는 불안과 불행 등에 대해서도 윤달이라는 일정한 시간과 특정한 의례 속에 담아내고자 하였다.

2) 사회경제적 변화에 따른 시간문화 양식의 전환

구체적인 사실로 기억되는 역사의 시간은 그 안에 온갖 현상이 잠겨 있는[73] 상징들로 응축된 공간 속에 존재한다. 거기에는 우리가 평범하게 살아내는 무수한 시간이 접혀 있다. 그 공간은 수없이 되풀이되는 주기적인 시간[74]의 연쇄 속에서 특별한 존재들과 경험들을 새겨놓고 있다. 따라서 역사는 일상의 생활이 바탕이 되어 이룬 특별한 사건에 대한 의미의 그물망으로 무의미한 일상에 변화를 주는 요인이 되고 개인들의 경험과 접속하여 하나의 전기轉機를 사람들의 사회 속에 제공하는 주요한 원천[75]이 된다. 송제마을의 장소들과 그곳에 분포된 문화적 상징들은 거기에 터를 잡고 살아온 사람들의 경험이 일상과 사건의 교섭 속에서 의

제1장 시간문화 | 87

미화된 시간의 기호이다. 그 기호들은 근대화와 산업화의 격랑 속에서 식민과 해방, 전쟁과 개발의 경험들을 함축하고 있다. 그러한 경험들은 구체적인 삶의 시간과 공간이 빚어내는 차이의 조건들을 담고 있고 그 조건 속에서 개별적인 사람들이 공동체의 연결망 혹은 국가의 연결망과 상호작용한 기억을 갖고 있다.

송제마을의 역사 혹은 문화의 기억들은 정해진 어느 시간에 태양이 떠오르듯, 정해진 어떤 시간에 떠오른 고정된 것이라기보다는 그 주민들이 그들의 삶과 사회를 만들어내는 과정[76] 속에서 간직해온 것들이다. 그것은 마냥 자율적이고 적극적인 것이라기보다는 수동성과 자발성의 사이를 시계추와 같이 왔다 갔다 하며 꾸불꾸불[77]하게 움직여 온 것들이다. 특히 자연적인 제약과 그로 인한 생산력의 한계 속에서 오랫동안 존속해온 일상의 문화가 특별한 계기에 의해 급진적으로 전환된 과정을 그 기억들은 담고 있다. 그런데 농촌 근대화의 자발적 혹은 강제적 계기 속에서 전환되어온 이 과정에 대한 기억은 전통의 현대화라기보다는 문화적 교접cultural hybridization[78]의 의미망을 내포하고 있다.

1959년 9월 17일 추석, 사라호 태풍에 내린 큰비로 온 동리가 물바다가 되고 "도로변의 집들이 한 채, 두 채 지붕 밑에 물이 차이더니 지붕이 물에 둥둥 떠내려"가는데도 불구하고 "강물을 바라보며 어쩔 수 없이 물구경과 놀래는 탄성" 외에는 달리 방도가 없었던 시절에 대한 기억처럼 마을주민들은 주어진 자연조건 속에서 펼쳐진 삶과 공동체의 숙명에 오랜 세월 동안 순응하며 살아왔다. 그러나 순환의 주기 속에서 불현듯 출현하는 재난을 예측하고 대비하여 극복하고자 하는 자각된 의지가 특별하고 구체적인 시간 속에서 국가와 접속하게 되고 그 결과 제방이 축조되어 개인과 공동체의 일상적인 안정을 도모하게 되는 역사적 시간을 만들게 된다. 그러므로 제방은 역사적 시간이 응축된 공간적 기호가 된다. 다시 말해 그것은 '재난과 순응의 공동체적 서사', '자각과 계몽의 서사',

'주민과 국가의 매개', '예측과 안정의 서사' 등 각기 다른 범위의 경험(개인의 경험, 공동체의 태도, 국가의 대응 등)과 관계의 역사를 함축하고 있는 상징물로서, 구체적인 사실에 기초하여 특별하게 기억되고 있는 의미의 장소인 것이다.

송제마을의 문화사는 자연환경과 지리적 위치에 따른 사회역사적 공간 속에서 전개되어왔으며, 그러한 사회역사적 공간성에 기반한 주민들의 일상이 공동체와 개인의 삶을 구성해왔다. 구체적으로 자연 재난과 피난의 경험, 수해의 경험과 그 극복이 낳은 생활 안정의 기반, 전쟁의 참화에 따른 갈등과 분열 및 통합, 개발과 생산력의 증진에 따른 기아와 궁핍의 극복, 일상생활과 공동체의 안정적 재생산 등이 제방·도로·다리·버스·마을회관·상수도·학교·시장 등과 같은 공간 속에 함축되어 있다. 그런데 이 공간들은 물질적인 형태로 보존되고 있는 것들이 있다고 할지라도 본질적으로 장소를 매개로 하여 경험된 시간적 상징으로 존재하며, 반복되지만 언제나 다르게 구성되는 기억들이 닻을 내린 장소로 존속해오고 있다. 그 특징은 시간과 장소의 현재성이 중시된 기억과 상징이라고 할 수 있는데, 과거는 단편적이나 압축적이고 현재는 단절적이나 풍요롭다. 달리 말해 과거는 재난과 순응의 서사가 단순화된 기억으로 반복되지만, 현재는 재건과 안정의 다각적인 노력 속에서 급진적이고 다양한 변화의 시간으로 나타나고 있다.

역사적 시간의 특정한 국면으로 소급되어 존재의 기원과 공동체 보존의 열망을 함축하고 있는 압축적 기억의 사례는 신라시대 갑사의 화재로 기억되는 공동체 붕괴 사건 외에도 고려시대에 마을의 연원과 관련하여 좀 더 구체적으로 기억되고 있다. 즉 고려시대에 송천읍이 길안천과 송제천이 합수하는 지점에 형성되었지만, 홍수로 수몰되었다는 것이다. 이 수몰 사건에 대한 기억에서 우리는 송제의 지리 공간에 자리 잡았던 역사적 실제, 그 집단적 성격을 추론할 수 있다. 고려시대 지방제도는 군현과 부곡으로 나뉘었고, 군현은 주현과 속현, 부곡은 향·부곡·소·처·장 등으로 구성되었는데, 혈연적 족단의 크기에 따라 대족단은 대읍大邑으로 중소족단은 소읍小邑으로 편성되었다. 이러한 지방통치의 제도적 공간은 양천제에 따라 계층적으로 고려 사회 내부를 갈랐다. 일반 군현민과 향·소·부곡민을 구분하고 후자를 차별했는데, 역민은 향·소·부곡민과 같이 집단 천인으로 분류되었다.[79] 따라서 길안면과 송제천이 합수하는 지점에 형성되었던 송천읍은 종족적 성격을 지닌 소규모 집단이었으며, 계층적으로 차별화된 집단이었을 개연성이 있다.

송제마을이 현재의 형태를 간직하기까지 지속되었던 것으로 보이는 자연적 구속과 그에 따른 일상의 순응성은 그 공동체가 살아가기 위해 선택한 문화적 양식이었다. 사회 전반적으로 성장 정책이 수행되고 성과를 내기까지 자연 재난의 일상화된 구조 속에서 지속되었던 순응성은, 체제의 안정을 도모하는, 그 집단의 생존과 관련된 매우 중대한 가치이자 삶의 양식이었던 것이다. 송제천 수몰의 사건은 공동체의 항상적인 위기의 사태를 담고 있는 역사적 상징으로 이해된다. 이러한 점은 송사현에 속했던 조선시대에도 마찬가지였다. 변방으로서 송제의 장소성은 1592년 임진왜란 당시 피난민들이 입거했다는 사실에도 잘 나타나 있다. 국가적 재난의 위기 속에서 피난지로 선택되었다는 기억이 의미하는 것은 일견 위험이 사라진 장소로 안정성을 함축하는 듯 보이지만, 근본적으로 그러한 장소성은 구조적으로 일상화된 재난의 위력에 대한 그 집단의 순응적인 심성을 보여주고 있는 것이다.

송제마을은 150여 년 전인 1860년경 무과에 급제한 김중진이 입거하면서 현재의 마을이 연원하는 사회적·문화적·역사적 장소로서 기반을 갖추었다고 하며, 그 과정 속에서 역촌 사람들도 이주했다고 한다. 그러다가 구한말에 역말로서 그 장소성은 소멸되었다.[80] 행정적으로는 1896년(고종 32) 지방 관제 개혁에 따라 안동군 길안면에 편입되었고 1914년 시행된 행정구역 개편으로 송제동·마사리·대사동의 일부가 통합하여 송사리가 되었다. 또한 1995년 1월 1일에 안동군이 안동시로 승격되면서 현재에 이르고 있다. 이와 같은 마을 지배 구조의 지리적·행정적 재편 속에서 송제마을은 근대 국민국가 체제 안으로 편입되면서 이웃하거나 경계 밖의 지점들을 하나로 이어주는 그물코와 같이, 기능적으로 분화되면서 동시에 수렴되는 근대 사회의 일반화된 특징을 갖게 되었다. 그 과정에서 이전 시대의 불안정성과 곤궁을 일정 정도 극복하고, 근대 체제가 가져다주는 생산성과 안정성을 토대로 한 삶과 문화의 특정한 패턴 속으로 들어가게 되었다.

마을 뒷산 혹은 그곳의 솔숲은 일제강점기·해방·한국전쟁 등으로 이어지는 한국 근대사의 골곡이 기아와 빈곤의 기억과 함께 중첩되어 있는 장소이다. 특히 일제강점기의 민족모순이 해방 후 정부 수립 과정에서 좌우 대립으로 전치되면서 촉발된 전쟁에 대한 기억이 서려 있다. 송제 마을은 여순 봉기 이후 입산하여 백두대간을 따라 이동하며 게릴라전을 펼쳤던 빨치산이 머물렀던 공간이자 이동 통로의 구실을 하였다. 한국 전쟁 발발 이후에는 북한의 정규군인 인민군의 출퇴로이자 격전지이기도 했다. 또한 정전 과정에서 퇴로를 차단당하거나 부역 등의 이유로 입산했던 잔류자 혹은 도피자들의 은거 공간이자 그들이 제거된 공간이기도 했다. 문중 소유의 마을 뒷산이 공비들의 은거지가 되었기 때문에 그들을 토벌하기 위해서 울창한 솔숲의 송목을 벌채하라는 통보를 면과 지서에서 받았다. 벌채하기가 못내 아쉬웠으나 결국 동리에 피해가 있다고 하니 어쩔 수 없다고 생각하고 송목을 벌채하였다. 베어버린 송목은 집을 짓는 채목으로 사용했다고 한다. 이와 같이 마을주민들은 역사적으로 실제 했던 사건들을 그것이 일어났던 장소성에 기초하여 특정하게 코드화된 시간의 상징들로 기억하고 있다. 그 시간의 상징들과 그것이 깃들어 있는 공간들은 마을 사회 외부로부터 발생한 재난과 참화 속에서 부침하며 순응했던 자신들의 역사를 온전하게 담아내고 있는 기억의 장소들인 셈이다.

기후 조건과 토질, 생산도구와 시설 기반, 생산기술과 노동력 등은 사회 구조의 성격과 그에 구속된 집단의 실질적인 생활수준을 가늠하는 지표이다. 그 지표는 자연적 제약에 의해 집단의 일상을 일정한 수준으로 조직하기도 하지만, 결정적인 것은 역사적 제약에 따라 특수하게 강제되기도 한다. 이를테면 해방 직후 송제마을에는 연이은 가뭄이 들었다. 그리하여 주민들은 모내기를 할 수 없어 논에 대파·기장·조 등을 재배하기로 한다. 그럼에도 불구하고 수확량이 적어 한겨울을 죽으로 견뎌야 했으며 보릿고개에 이르러서는 무시래기로도, 콩나물로도 연명하기 힘든 극도의 궁핍을 감내해야 했다. 표면적으로 이러한 극한적인 결핍의 상황은 자연 재난에 따른 필연적인 결과로 보이지만, 일제강점기 말엽 전쟁물자 조달에 광분했던 일제의 구조적 강제와 침탈에 보다 근본적인 원인이 있었다.

마을주민들은 군량미 조달을 목적으로 한 공출 명목으로 극심한 자연 재난 속에서 수확한 식량을 대부분 수탈당했다. 전통적으로 작동해왔던 공동체적 구제 시스템조차 무너진 것이었다. 혹 식량이 있어 독에 담아 땅에 숨겨둔 곡식조차 빼앗겼다. 일제강점기 식민권력의 수탈은 재해로 인해 생존의 위기에 몰린 백성들을 구제하기 위해 구황미를 풀어 아사餓死나마 면하게 했던 봉건시대보다 더 혹독하고 가혹한 것이었다. 주민들은 이와 같은 일제강점기 극심한 수탈의 경험을 목화 재배와 공출 그리고 군복 등의 핵심적 단어로 기억하고 있으며, 그 시절의 경험을 요청받는 현재적 시간 속에서 그 핵심 단어에 의거해 군수물자 조달을 위한 전략적 농공정책의 실행 과정을 증언하고 있다. 즉 군복 조달을 위해 목화재배가 실행되었고 생산된 목화는 결국 공출당했는데, 주민들이 직접 목화를 지게에 짊어지고 길안까지 날라야 했다는 구조적 강제와 동원의 과정을 하나의 일화로 새겨내고 있다. 그러한 시대적 조건 속에서 어린아이까지 보릿고개의 굶주림을 이겨내기 위해 지게에 도끼를 달고 다래끼를 지고 솔숲으로 향했다. 아이들이 마디가 늘씬한 것을 골라 도끼로 찍어 넘겨 송기를 벗겨 오면 어머니는 송기를 삶아 우려내어 디딜방아에 찧거나 안반에 놓고 두드려 거친 송기를 부드럽게 만들어 죽을 쑤었다.

기억의 장소들을 통해 알 수 있는, 그 일상의 곤궁과 주민들의 대응 과정은 목화·송기죽 등과 같은 상징적 매개물을 통해 기억되고 있다. 마찬가지로 생업의 조건과 그 변화 과정은 단순히 현황으로만 말할 수 없는 역사적 과정과 경험적 판단에 따른 선택 그리고 그 선택을 추동하고 정당화했던 구조적인 요인을 함축하고 있다. 이를테면 기억의 장소로서 논은 자급자족·토질·용수 등과 관계되어 생산 조건 마련과 생산력 증진의 과정을 암시하고 있다. 주민들의 토질 전환의 노력, 정부로부터 양수기를 지원받아 용수 시스템을 구축하기 위한 노력, 거듭된 실패와 도전 등에서 재난의 일상과 순응적인 삶에 대한 극복의 서사를 발견할 수 있다. 물론 생업의 변화 즉 목화 재배, 담배 농사 그리고 사과 농사와 호두 재배에 대한 마을주민들의 기억에서 그러한 경험과 변화를 촉발시킨 구조적인 요인에 대한 구체적인 인식을 알기는 어렵다. 분명한 점은 구체적인 작물을 경험의 장소 속에서 시간의 상징으로 압축시켜 자신들의 역사를 기억한다는 것이다. 필요한 작업은 기억의 장소에 매개되어 있는 시간의 상징이 압축하고 있는 사실 혹은 의미의 결을 풀어내는 일이 될 것이다.

해방 직후 한국의 인구 비율은 대략 도시가 10%, 농촌이 90% 정도였다. 산업화는 요원한 상황이었기 때문에 노동인구의 비율도 약 3%에 머물러 있었고 남한의 경우 총경작지는 약 200만 정보였으나 순수 자영농의 비율은 14.2%에 지나지 않았다.[81] 이러한 조건 속에서 농지개혁[82]이 두 차례에 걸쳐 진행되었다. 첫 차례에는 귀속농지의 분배가 핵심이었다. 1948년 3월 22일 미군정 법령 제173호 공포로 시작된 신한공사 소유의 토지는 남한 총 경지면적인 207만 정보의 13.4%에 달했고, 소속 소작농가의 호수는 남한 전체 농가의 27% 정도였다. 불하 순서는 해당 토지를 경작하고 있는 소작농가가 우선이었으며, 농지가격은 연간 생산량의 20%씩을 15년간 연부로 상환하게 했다. 1957년 최종 통계로는 총 20만 정보의 논과 밭이 59만여 농가에 분배되었다. 두 차례에는 농지개혁이 추진되었다. 1949년 4월에 법안이 통과되었으나 1950년 3월에 개정되어 5월에야 실시될 만큼 우여곡절이 많았다. 농지개혁으로 신고한 총면적은 60만 정보였으며 농지개혁의 원칙은 유상몰수·유상분배였다. 또한 경자유전의 원칙과 3정보 상한을 기본으로 했다. 1957년 당시 총 26만 7,000여 정보의 논과 밭이 95만여 농가에 분배되었다. 이러한 과정을 거쳐 한국 농업의 자영농화가 진행되었는데, 1960년 당시 자영농 비율이 73.2%로 급증하고 순 소작농의 비율은 6.7%로 감소했다.

당시 송제마을에는 인근 용담사 소유의 토지를 경작하는 소작농들이 있었다. 해방 이후의 농지개혁 정책은 송제마을에도 영향을 미쳤다. 당시 용담사 주지는 경작인들을 찾아와 논을 사라고 권했다. 문중 토지도 경자유전의 원칙에 따라 소작농에게 유상으로 분배되었다. 분배받은 농지는 상환 토지로 농지 대금을 5년간 분할 상환하는 방식이었다. 그럼에도 불구하고 산업화와 도시화가 진전되어 농촌에서 도시로 대규모의 인구가 이동하기 전까지 '고공살이'와 같은 노동 방식이 존재했다. 고공살이는 외지인인 일꾼이 주인의 집에 거주하면서 노동력을 제공하고 숙식을 해결하는 것을 말한다. 대개 1년 단위로 계약이 이루어졌고 그들이 숙식하는 공간을 '초당방'이라고 불렀다. 고공살이와 초당방은 농업 및 농촌의 근대화 과정에서 과도기적으로 존재했던 송제마을의 노동 관행과 생산관계를 함축하고 있는 시간의 상징 혹은 기억의 장소였다.

현재 주민들 대부분은 생업으로 사과 농사를 짓고 있다. 이외에도 부작물로 호두·콩·고추·벼농사를 짓고 있다. 이와 같은 생업 현황도 작물 개량과 농사기술의 향상 그리고 소득증대를 위한 국가와 농민의 역동적인 상호작용의 과정을 함축하고 있다. 사과 농사 이전 송제마을에서는 담배와 담배 저장 창고가 생업 활동에서 지배적이었다. 주민들은 1950년대 말에 담배 농사를 시작했다. 생산된 담배는 길안농협 소유의 저장 창고에 보관하였다. 그러다가 1960년대 사과 농사로 전환하면서 담배 저장 창고도 사과 저장 창고로 바뀌었고 소유권도 농협에서 개인으로 이전되었다. 사과 농사가 확산되게 된 배경에는 1970년대 전개되었던 새마을운동이 있다. 새마을운동으로 농업의 생산 기반 조성 사업이 실시되었는데, 송제마을에서도 수리시설이 개선되면서 사과 농사가 확산되었던 것이다.

새마을운동은 농촌 후진성의 두 가지 요소인 과학적 합리주의 정신의 결여와 소농 사회의 전통적 정체성을 극복하고 소득의 획기적인 증대를 꾀하여 고소득 복지농촌을 건설하려는 데 궁극적 목표를 두고 있었다. 이러한 국가의 공식 목표는 농민의 욕망과 맞닿아 있는 것이었다. 농민들에게 가장 중요했던 것은 환경개선에 있지 않았다. 그보다는 삶과 직결되는 생산 과정의 혁신을 통한 소득증대에 있었다. 따라서 단순한 환경개선보다는 정신 계발·생산 소득 운동을 포함하는 개념으로 새마을운동이 전개되어야 한다[83]는 주장이 제기되고 그에 따라 정책의 방향 설정이 이루어졌다. 이에 따라 1975년을 전후해 새마을운동은 본격적으로 소득증대를 중요한 과제로 내세우기 시작했다.[84] 소득증대 사업은 1980년대 농가소득 140만 원 달성을 목표로 경지 정리·농업용수 시설·농업 기계화 등 영농구조 개선 사업과 종자 및 못자리 개량·퇴비 증산 등 과학영농 그리고 협동 생산·유통구조 개선 사업 등을 역점 추진하는 것으로 설정되었다. 이외에도 농외소득증대를 위해 새마을 공장 건설 확대

와 농한기 노임소득사업, 잠업·양송이 등 특용작물, 축산·산림·수산 등 소득증대 특별사업도 추진되었다. 그 결과 영농기술의 강화·다수확 품종의 도입·영농 기계화 등이 이루어지면서 생산 소득 기반의 지속적 확충과 주택개량 등 주거환경개선사업 확대, 간이급수 시설, 전기·전화 가설 등과 같은 농촌의 문화복지 생활 기반의 확충이 추진되었다.[85]

송제마을에서는 본격적인 새마을운동의 시행 이전부터 농촌환경 개선 작업이 시행되었다. 1960년대 길안과 송사를 잇는 15킬로미터 길이의 도로, 송사와 화목을 잇는 14킬로미터의 도로가 개설되었다. 도로 건설 사업은 변방의 송제마을을 국가적 연결망으로 긴밀하게 포섭하는 근대적 시공간 체제의 확립과 관계 깊으며, 물류 혹은 자본의 이동로로써 송제마을을 자본주의 시스템 안으로 위치시키는 토대였다. 또한 1962년에 송제천 제방 석축 공사가 시행되어 홍수로 인한 피해를 예방할 수 있게 되었다. 1968년에는 송사 시장이 개설되었는데, 점포 6동 규모였다. 이로 말미암아 주민편의와 경제생활의 개선이 이루어졌다. 이전에는 각각 30리 거리에 있는 길안 시장이나 청송의 화목 시장을 이용해야 했었지만, 송사 시장이 개설되고 나서 그 이용이 대폭 감소되었다. 1972년에는 송사 새마을 청소년학교가 설립되었다. 모체는 송사 재건 중학교로 1972년부터 1983년까지 운영되었는데, 새마을금고연합회의 인가를 받아 송사 재건 중학교에서 송사 새마을 청소년학교로 개칭되어 11년 동안 중학교 교과과정을 가르쳤다. 또한 70년대 도로와 농로 확장 사업이 다시 시행되었다. 새마을운동에서 새마을지도자의 역할은 매우 중요했다. 물자를 조달할 뿐만 아니라 모든 사업에 있어 주민의 협조를 이끌어내어 추진했으며 새마을지도자협의회에 참석하는 등, 국가와 마을, 정부와 주민을 이어주는 교량 역할을 담당하였다. 송제마을은 새마을운동 당시 사업성과를 인정받아 대통령 하사금을 받기도 하였다.

1973~74년 동안 집수암거 수로관도 매설하였고 1975년에는 2차 제방

새마을운동봉사단 아침 일터 가는 모습(1972)

석축 공사를 시행하였다. 1976년에는 둔전에 간이 상수도가 설치되었으며 70년대 후반 마을에 전기가 공급되기 시작하였다. 이후 대중매체도 유입되었는데, 라디오·전화기·텔레비전 등 기타 가전제품도 구비하게 되었다. 80년대에는 세탁기·전기다리미 등이 구비되어 가사노동의 근대화 혹은 기계화가 일상을 뒤바꾸기 시작하였다. 1980년 가뭄에 대비하여 양수장도 건설했으며 그 이듬해에 송사진료소가 문을 열었다. 1983년에는 마을회관이 건립되어 노인정이나 회의 공간으로 활용되었는데, 1992년에 중수되었고 다시 2011년에 시설의 보수가 이루어져 지금은 현대식 샤워실과 화장실을 갖춘 다목적 공간으로 확장되었다. 1987년에는 3차 제방 석축 공사가 시행되었고 1990년과 92년에 마을 안길도 포장되었다. 마을 근대화의 과정에서 종교 생활도 변화하기 시작하였다. 1964년 송사교회가 창립되어 지금에 이르고 있는데, 불교 신자에 비해 기독교 신자가 증가하였다. 이와 같이 송제마을은 1960년대부터 1990년에 이르는 동안 생업 활동과 종교 생활·주거 및 편의시설·도로와 경관 등에서 근대적인 외양을 갖춘 농촌 새마을로 변모하여 왔다. 특히 약 50여 년 전에 들어선 송사 정류소는 단순히 교통편의 시설이라기보다는 소비재를 공급 판매하는 슈퍼마켓으로도 기능하고 있으며 물류의 유통과 보관의 기능도 하는 복합공간이다. 비록 2004년에 시내버스가 개통된 이후에 시외버스 정류소의 기능은 사라졌지만, 송제마을의 변화를 상징하는 중요한 기억의 장소였다.

　송제마을의 전반적인 생활 개선 운동은 기본적으로 국가의 주도하에 이루어진 것이었지만, 생활 향상과 소득증대를 위한 주민들의 열망이 무엇보다 주효했다. 주민들의 잘 살고자 하는 욕망이 국가의 정책적인 개입과 긴밀하게 결합하면서 농촌의 전반적인 구조를 개선하였던 것이다. 그 이전의 생활이란 흙벽으로 얽은 초가집에 짚자리나 멍석 혹은 가마니를 깔고 살았고 똥오줌 자리에 파리가 끓고 하절기가 되면 변소에는 구더기가 들끓는 수준의 삶이 일반적이었으니 농촌사회와 생활의 근본적인 혁신에 대한 주민들의 의지는 매우 적극적인 것이었다. 그 결과 현재의 농촌 생활은 개량되어 아무리 못사는 집이라 하더라도 농촌 근대화 이전의 '천석꾼'보다 더 나은 삶을 살게 되었다는 것에 주민들 대다수가 동의하는 것은 너무도 당연한 일일 것이다.

새마을운동은 산업화 과정에서 농촌의 몰락을 저지하는 데는 실패했다. 전체적인 통계를 보면 1968년 1,600만 명에 달하는 농가인구는 1979년 1,100만 명으로 감소하여 전체 인구에서 차지하는 비중도 31.1%에 지나지 않게 되었다.[86] 경제활동 인구 중 양질의 노동력(14~49세) 비중이 계속 감소하여 81.2%(1961년)에서 70.4%(1978)로 줄어들었다. 같은 기간 50세 이상의 비율은 20.7%에서 26.8%로 증가했다.[87] 그 이유는 단신 이주가 많았기 때문인데 단신 이주라는 말은 자녀들을 도시로 보내는 농가가 급증했음을 가리키고 있다. 농촌 근대화 사업은 전반적으로 마을 안길 확장·농로 개설·소교량 가설·마을회관·소류지·보·도수로 등의 사업에서 그 목표가 초과 달성된 반면, 소득증대 또는 공동작업과 밀접한 사업들의 실적은 저조했다고 평가된다.[88] 때문에 농촌의 청년 노동력은 감소할 수밖에 없었으며 이들은 농촌에 남아있기보다는 도시로 이주하게 된 것이었다. 정부의 공식 통계에 따르면 1974년 도시 가구 소득을 추월했던 농가소득은 1978년부터 다시 뒤처지게 되었다.[89] 도시 가구 소득은 한 명의 노동력 투입으로 얻을 수 있는 소득인 반면, 농촌의 경우 가구원 대다수의 노동력이 무제한적으로 투입되는 것이었다. 그러므로 가구 소득을 노동력 투입 양상에 비추어본다면 농촌의 생산성과 효율성은 도시 부문을 결코 따라갈 수 없었다. 게다가 농가소득은 도시의 자녀들이 부모에게 보낸 이전 소득이 포함된 것이었다. 가구 단위가 아닌 개인 단위로 실질소득을 비교해보면 1960~70년대 농촌은 한 번도 도시지역을 능가한 적이 없었다.[90] 이러한 이상과 현실의 간극은 현실적인 감각에서 더욱 체감되었으며 그 결과는 지속적인 이촌향도로 나타났던 것이다.

송제마을에서도 1970년을 분기점으로 인구 분포에 변화가 두드러지기 시작하였다. 현재 상황은 초고령사회의 인구 분포를 보여주고 있다는 데 문제의 심각성이 있다. 마을 사회의 지속은 기본적으로 인구 재생산을 기반으로 하여 경제적·문화적 재생산 구조가 확보될 때 가능한 것이다. 1934년 송사 간이학교로 출발한 길송국민학교를 예로 들면, 1965년경 당시 학생 수는 400여 명이었다. 그런데 1997년 길안초등학교 길송분교장으로 그 지위가 격하되었고 1991년에 개원한 병설 유치원 학생 수까지 포함하여 현재에는 학생 수가 12명 정도에 불과하다. 물론 1997년 IMF 구조조정의 여파로 다시 농촌으로 귀농·귀촌하는 인구가 유입되고 있고 송제마을의 경우에도 그러한 경향은 나타나고 있다. 그럼에도 불구하고 농촌의 근대화를 통해 갖추어진 사회적·경제적 안정성이 일반화된 조건 속에서, 일상생활의 구조적 안정의 지속 가능성은 불투명한 그림자를 짙게 드리우고 있다. 그 자리를 탈도시화의 경향성이 부분적으로 채워가고 있긴 하지만, 아직은 소수에 불과하고 오히려 여가와 관광을 위한 장소적 특이성이 2000년대 천지갑산 공원의 준공과 천지갑산 등반대회 추진 그리고 전통테마마을 사업을 중심으로 강화되어가고 있다.

송제마을은 각성받이 마을로, 안동김씨 7가구, 의성김씨 6가구, 경주김씨 6가구, 밀양박씨 10가구, 고성이씨 4가구, 경주최씨 5가구, 그 외 20개의 성씨가 함께 모여 살고 있다. 외국인도 4명 정도 거주하고 있는 것으로 파악되는데, 모두 여성으로 일본·필리핀·중국에서 들어온 혼입여성에 해당한다. 2013년 기준, 송제마을 전체 인구 대비 외국인 인구 비율은 2.25%로 차지하는 비중은 미미하나 재생산의 활력이 극도로 약화된 현재의 마을공동체 존속과 관련하여 출구가 되는, 몇 안 되는 가능성 중의 한 가지이다. 현재 송제마을의 인구 비중은, 안동시 전체 세대수 대비 0.12%, 길안면 대비 5.4% 정도로 나타나며, 안동시 전체 인구수 대비 0.1%, 길안면 대비 5.3% 정도에 불과하다. 1996년에서 2013년 인구 통계의 변화로 볼 때, 감소치는 세대가 3, 인구가 115(남 55, 여 60)로 나타난다. 인구 재생산의 사회적 중요성을 감안할 때 어떤 근본적인 구조 재편을 전체 사회가 이루어내지 못할 때 마을공동체의 보존과 문화의 전승은 요원할 수밖에 없다.

그럼에도 불구하고 마을은 그 자체로 현재의 시간을 살아가고 있다. 그 동력은 오랜 세월 가꾸어온 공동체문화에 대한 가치 재인식, 그 문화자원의 활용 가능성 제고, 생산품 재조정을 통한 시장가치의 창출 노력, 생산자와 소비자의 지속적 교류 가능성을 확보하기 위한 신뢰 네트워크의 모색 등으로 파악된다. 이러한 주민들의 노력은 한국 사회의 전반적인 변화와 추세, 즉 문화의 자원화와 정보사회의 기술적 조건의 확산과 밀접하게 관련되어 있다. 물론 국가의 금융지원과 지자체의 정책적 지원 등 공동체 외부의 자원 조달에 힘입어 내적 동력의 부족분을 채우고 있어서, 외부의 계기가 현상 유지 혹은 새로운 모색의 기본 토대가 되고 있는 것은 분명하다. 그러나 새마을운동의 추진 동력이 공동체의 전통적 기반 속에서 그나마 성과를 낼 수 있었던 것과 마찬가지로 전반적인 농촌사회의 위기 속에서 추진되는 활로의 모색은 근대화 과정에서 단절된 전통의 이음 속에서 동력을 얻고 있다.

단절 속 이음과 위기 앞의 활로를 보여주는 대표적인 사례로 공동체 제의 전통을 들 수 있다. 공동체 제의는 역사적으로 형성된 상징물을 매개로 특정한 장소에 함축된 경험적 기억으로 지속되는 문화사적 사건이다. 마을 수호신의 신체인 700년 수령의 소태나무는 주변 회나무와 당집을 포함하여 서낭당 수호신 3위로 인식되고 있다. 한 양반이 한밤중 말을 타고 당 옆으로 지나갔는데, 소태나무에서 '북북'하는 소리가 들리자

말발굽이 땅에 붙어 말이 움직일 수 없었다는 신화적인 기억이 결부되어 그 신성성을 강화하고 관련 의례의 정당성이 확보되어왔다. 마을주민들은 그곳에서 수백 년 전부터 전해 내려온 무사태평과 풍농기원의 제를 올렸다. 전승의 과정에서 마을 공동 소유지에 건물을 짓고 세를 주어 공동기금을 조성하여 제비를 용출했다는 동제의 공동체성도 강조되고 있다. 제의의 공동체적 기반이, 후손이 없었던 열세 명의 마을주민이 토지를 기부함으로써 확보되었다는 사실과 함께, 그들을 기념하고자 정초 차례와 추석 성묘를 공식화했다는 문화적 기억도 전해지고 있다.

그런데 농촌 생활과 문화의 합리화 과정이 국가로부터 진작되고 전반적인 마을 사회의 혁신의 과정 속에서 유입·확산된 기독교의 전파와 교회의 설립 그리고 기독교인의 증가를 통하여 2000년 무렵 동제 전승의 지속에 대한 공론이 일었다. 결국 그것을 계기로 하여 동제가 중단되었다. 그 후 일련의 우발적인 계기들의 연속이 동제의 중단을 선택한 마을 공동체에 문제를 던지게 된다. 첫 번째 계기는 연고 없이 사람이 죽고 가축도 죽어나가는, 이를테면 종교적인 문제 상황이 제공하였다. 두 번째는 2010년 안동시와 문화재청이 동제의 동영상 제작을 의뢰하면서 제공된 문화적인 계기이다. 세 번째는 보호수로 지정된 소태나무의 역사적 가치가 제공한 동제 전통의 타당성의 문제, 즉 윤리적인 계기이다. 이 세 번의 계기를 통해 동제 전통 속에 놓인 시간의 상징과 기억의 장소성이 공동체의 사회적 결속을 도모하고 가치 생산의 활력을 제공하는 중요한 자원으로 재인식되면서 마을자치회가 주관하고 청년회가 주도하는 방식으로 동제의 지속이 힘을 얻게 되었다.

동제 지속의 가능성을 열어주었던 계기들은 한편으로는 외부에서 주어진 것이었고 다른 한편으로는 내부의 문제 상황이 제공한 것이었다. 주목할 점은 이와 같은 내외부적인 계기들이 역사적으로 형성된 마을 사회의 자치와 자율의 조직적 전통 속에서 통합되었다는 것이다. 따라서 공동체 지속의 위기를 해결하는 기본적인 동력은 자치와 자율의 전통을 얼마나 회복하고 활용하느냐에 달려 있다고 해도 과언이 아닐 것이다. 자치와 자율의 조직적 전통은 그 자체로 물질적인 사회 연결망으로 현상하는 것임과 동시에, 규범과 윤리의 준거틀을 제공하면서 사회 구조를 형성하는 이념적 동인이 된다. 그것은 세대와 젠더를 구별짓는 형식으로 나타나기도 하고 생업에 의해 구별되는 경제적 결속으로 표현되기도 하며 각각의 조직을 통합하여 공동체 전체가 유기적으로 통일되는 포괄적인 형식으로 존재하기도 한다. 물론 이러한 조직들이 국가의 연결망에 통합되는 행정조직과 기능적으로 통합되어 작동한다는 점은 분명하다.

시간의 상징과 기억의 장소에 함축된 마을 사회의 문화적 전통은 마을이 처한 현재적 조건 즉 공동체 존속의 지속 가능한 경제적 기반 조성을 위해 전통테마마을·온돌체험방·슬로푸드 사업으로 집중되고 있다. 이 사업의 전개 과정에서 송제마을의 문화 전통은 정보사회의 기술적 조건과 문화자원의 상품화 경향과 결합하고 있다. 또한 내부의 자원을 효율적으로 가공할 수 있는 재원 마련, 가치와 가격 면에서 시장 경쟁력 확보, 최적의 유통구조와 소비지 개척의 문제 등을 자체적으로 혹은 민간의 투자를 통해 해결할 수 없기 때문에 국가·공공기관의 지원·개입에 의존할 수밖에 없다. 그럼에도 불구하고 궁극적으로 약화된 공동체 내부의 동력으로부터 공동체 지속의 조건들이 확보될 수 있다. 역사와 전통 속에 잠재되어 있는 시간의 상징과 기억의 장소들은 공동체의 사회적 기반을 확보하려는 현재적 관심 속에서 갱신될 필요가 있다. 현재 진행되고 있는 송제마을의 문화적 실험과 갱신의 노력들은 국가와 마을, 정부와 주민, 시장(혹은 자본)과 공동체적 가치 사이에서 긴장하며 '꾸불꾸불'하게나마 새로운 길을 만들어 가고 있다. 이러한 의미에서 송제마을의 역량이 집중되고 있는 테마사업들의 시행 과정은 기억의 갱신이고 상징의 재생산이며 궁극적으로 공동체의 지속을 향해 열려 있는 현시대의 문화사적 사건으로 기록될 것이다.

3) 여가화하는 시간문화의 존재 양상과 문화적 의미

전래의 세시풍속을 달리 표현하면 민속적 시간문화 양식으로 그것은 시간과 생활의 교체·변화를 요구받는 마을 사회에서 구성원들이 제액과 초복을 목적으로 금기와 속신에 의거한 특정한 의례를 수행함으로써 안정과 풍요를 실현하려 했던 문화적 실천이었다. 시간적 특징은 순환과 반복이었다. 다시 말해 낡은 시간과 새로운 시간은 일정하게 매번 반복된다. 이 반복되는 시간은 개별적으로는 죽음을 향해 흘러가지만, 집단적으로는 시간의 계기에 따라 일련의 과정으로 주기화되면서 집단생활의 낡음·소멸·갈등·분열 등을 교체·변화·생성·통합으로 이끌며 끊임없이 순환한다. 또한 세시풍속에는 구조적으로 중첩되고 반복되는 다층적 시간들의 섞임이 있다. 그 기본구조는 '이지러지고 차오름'의 계기들로 구성된다. 그 결핍과 충족의 단위 위로 시간의 흐름은 하루에서 한 달로, 다시 사계절을 지나 한 해로 확장·반복되는 구조를 생성한다. 세시풍속은 정초에 이미 미래를 현실로 가져온다. 이 가져온 미래가 한 해 동안 주민들의 일상생활의 전개 속에서 실천을 통해 실제적으로 구현되는 것이 세시풍속의 문화적 특이성인 셈이다.

마을공동체에는 이미 공유된 시간문화가 존재했고 그것에 따라 마을 주민들은 그들의 풍요와 안전 그리고 생명을 유지하기 위한 의례들을 수행해왔다. 그러나 대부분의 풍속들은 그 전승이 단절되거나 변형되어 부분적으로 수행되고 있다. 송제마을 세시풍속의 현재적 전승 양상은 꼭 이 마을만의 특수한 상황이 아니다. 이미 사회 전반적으로 도시화·산업화가 전개 심화되어 있는 조건 속에서 세시가 함의하는 시간은 시계로,

풍속이 담고 있는 일상생활의 문화적 실천은 여가로 대체되어 있다. 다만 농업의 기반이 되는 대지는 제아무리 도로·시설·주거 등을 산업화·도시화한다고 할지라도 본질적으로 그것에 의해 잠식당하지 않는다. 특히 농작물의 생장과 관련된 대지의 시간은 농업 도구와 재배기술의 혁신을 통해 파종에서 수확으로 이어지는 시간, 즉 농업 자본의 회전 시간을 다변화하고 단축할 수는 있지만, 근본적으로 자연의 리듬과 분리될 수는 없다. 그러므로 농사 주기와 밀접히 관련된 풍속은 시대의 변화를 수용하여 변형될 수 있을지언정 그 자체가 소멸되었다고는 할 수 없다. 따라서 송제마을 세시풍속의 변화에서 중요한 점은 기능적인 변화보다는 형식·내용적인 변화이다. 송제마을 세시풍속은 여전히 기능적으로는 안정과 풍요를 도모하고 발생한 문제를 해소시키고 통합을 달성한다. 그러나 그 행사 방식과 내용은 대체로 생산과 소비, 생업과 생활을 분리하여 관련 풍속을 여가화한다.

마을총회는 전통사회 마을공동체가 조직·운영되었던 대동의 전통 속에서 전해 내려오는 회의체로 그 운영 원리는 자치와 자율로 압축된다. 이 마을총회에서 공동체 전반의 대소사가 논의되며 특히 대동의 풍속이 1년의 주기 속에서 조율되고 통합적으로 관리되었다. 송제마을의 대동회의는 보통 정월 중순경에 택일하여 진행되었다. 여기에서 마을의 전반적인 운영 사항에 대해 결의하였으며 1년 동안의 공동체 살림살이를 점검하고 새로운 계획을 수립하였다. 회의 후에는 반드시 대동 행사가 진행되었는데, 보통 부녀회에서 음식을 장만하여 함께 음복하고 대동놀이를 즐겼다. 주로 윷놀이나 화투를 즐겨 놀았는데, 이른바 대동 윷놀이는 편을 나누어 상품을 걸고 승패를 겨루기도 하였다. 대동 회의의 형식과 내용에서 변화된 농촌의 일상생활과 그 문화를 반영하고 있는 것은 분명하지만, 기능적으로 그것은 마을공동체의 단합과 화목을 위해 주기적으로 수행되고 있는 풍속임에는 틀림없다.

전통적인 세시 절기에 수행되는 의례적인 집단 행위는 약화되는 반면, 시간 의식과 생활의 합리화 속에서 보편화된 근대적 절일을 기념하는 행사가 일상생활에서 지배적으로 되어가고 있다. 그 대표적인 예가 어버이날 행사이다. 송제마을의 어버이날 행사는 1995년경부터 청년회와 부녀회 주관으로 진행되어왔다고 전한다. 행사 장소는 마을회관으로 마을 노인들을 그곳으로 모셔 와 카네이션을 달아주고 음식을 장만하여 대접한다. 함께 하는 놀이로는 노래방 기기를 이용해서 노래하고 춤을 추는 것이 일반적이다. 이 역시 형식과 내용에서 상품화·여가화 경향을 반영하고 있지만, 전통사회의 경로 의식과 효 사상이 공동체적 운영 속에 녹아 있는 것으로 그 기능이 유지·지속되고 있다는 것은 분명해 보인다. 노인회 관광도 마찬가지의 경우이다. 이 행사는 2월 초 마을 이장과 노인회장이 주도하여 적당한 날을 택해 진행되는 연례행사이다. 송제마을에서는 1990년경부터 시작되었다고 전해지는데, 날짜가 정해지면 노인회에서 한 사람을 기준으로 하여 경비의 소요 여하에 따라 2만 원 혹은 10만 원을 걷어 하루 일정으로 시행하고 있다. 간혹 2박 3일의 일정으로 다녀오기도 했다.

세시풍속의 전승은 전승 집단이 되는 마을공동체의 일정한 규모를 필요로 한다. 인구 규모가 현저히 축소되는 현재의 조건 속에서 전래의 풍속은 전승이 단절되거나 마을공동체 바깥으로 확장되어 시행되기도 한다. 대표적인 것으로는 풍년민속단오제를 들 수 있다. 이 단오제 행사는 70년대 후반 경부터 매년 길안면 단위로 개최되어왔다. 그 목적은 전통민속을 보존하고 면민의 화합과 결속을 도모하는 것에 있다. 이는 결국 마을 단위의 단오 풍속이 약화되어 단절된 상황 속에서 풍속의 수행 방식이 행정을 중심으로 재편된 결과이다. 그 내용도 그에 준하여, 길놀이·고유제·각종 공연·노래자랑 등으로 기획되어 진행되고 있다. 관련 민속으로는 씨름·그네뛰기 등이 경연대회 방식으로 개최되고 있다. 세시풍속의 전승·연행 주체가 그 행사와 분리되어 운영되는 것이므로 주민들의 행사 참여도가 부진한 것은 어쩌면 당연한 결과라 할 수 있다.

사정이 이렇게 된 구조적인 이유는 생업 구조와 기술의 근대적 재편과 관련이 깊다. 민속사회에는 마을 사람들의 두레나 품앗이 같은 협업의 리듬이 존재하였지만, 그것을 가능하게 한 기본적인 인구가 감소하고 농기계가 일반화되면서 세시풍속은 약화될 수밖에 없었다. 농약이나 비료의 사용과 같은 화학농법이 발전하고 일반화되어 기우제나 풍농제 등의 필요성도 사라져 관련 세시풍속들이 사라져갔다. 이러한 현상은 1970년대에 이루어진 농촌 근대화 운동으로 가속화되었는데, 생활 태도 혁신·환경개선·소득증대 같은 개발 운동의 성격에 따라 비합리적인 미신으로 저평가된 생활 풍속은 사라지게 되었다. 뿐만 아니라 전승되고 있는 세시풍속, 대표적으로 설과 추석의 경우에도 그 시기에 맞춘, 관련 의례와 놀이, 여가와 여행 상품 등이 일반화되고 있다.

민속적인 시간문화 양식의 실행에 있어서 기후 조건은 물론 사회적인 상황이 변수로 작용했음은 분명한 것으로 보인다. 이 말은 세시풍속이 전통사회에서도 규범적으로 반드시 고정된 양상을 보인 것이 아니라는 의미이다. 기후 조건은 지역 차이로 수렴되어 일정한 범위 내에서 세시풍속의 지역적 전형성을 보증하는 요인으로 이해될 수 있다. 사회 상황은 세시풍속의 실행을 지속시키거나 단절시키는 핵심 변수로 작용한다. 여기에서 사회 상황은 위기 상황으로 세시풍속이 안정적으로 지속될 수 있는 기반이 상실된 상황을 의미한다. 마찬가지 의미에서 자연조건도 일상생활의 위기 속에서 세시풍속의 전승과 관련된 위기 요소로 작용할 수 있다. 세시풍속의 전승에서 중요한 점은 고정·반복·순환되는 시간의 형식과 그에 따라 전개되는 개개의 풍속이 지닌 내용의 전통성이라기보다는, 그러한 세시풍속의 반복·순환·고정된 패턴을 통해 공동체는 무엇을 왜 실행시키고 지속시키려 했는가에 있을 것이다. 따라서 세시풍속은 그것이 지켜지지 않고 변형되는 상황에 처하면서 이탈하더라도 결국 안정과 풍요를 달성하려는 경향 속에서 탄력적으로 운용된다고 할 수 있다.

송제마을 세시풍속에서 추석과 중구 절기는 자연조건이 야기하는 풍속 전승의 위기 상황 속에서 관련 풍속의 지속적인 실행을 위해 공동체가 역사적으로 다듬어온 체계를 보여준다. 추석 명절의 관련 의례는 중구로의 이동을 허락해놓은 구조 속에서 그것의 부재는 아무런 규범적인 제약을 받지 않았다. 오히려 부재와 이동의 구조적 용인이 풍속의 전승을 지속시키는 규범으로 설계되어 있다. 마찬가지로 한국전쟁 당시 섣달그믐과 설 풍속도 공동체 보존의 위기 상황 속에서 변형되거나 그 의미를 상실한다. 그러나 결국 세시풍속 실행의 근본 목적인 공동체 보존과 지속의 경향 속에서 변형이나 부재의 요인이 제거됨으로써 제 차례에 제자리로 귀환하게 된다. 사정이 이러한 것은 그 근본에 자연의 리듬·인간의 노동·사회의 운영·문화의 향유가 유기적으로 구성되는 사회가 가능하다는 믿음이 자리하고 있었기 때문이다. 그런데 현대 농촌의 일상생활은 시계적 시간에 의해 기계적으로 돌아가고 있고 영농의 기계화·시설화 혹은 산업화가 농업을 1차 산업 또는 6차 산업으로 구조화하고 있다. 사회가 이렇게 운용됨으로써 일상과 노동은 분업 체계에 의해 분리되어 있고 마찬가지로 문화의 영역 또한 서비스산업 혹은 문화관광으로 분화되어왔다. 뿐만 아니라 일상·노동·문화의 영역을 통괄하던 자치와 자율의 공동체는 행정 지도와 관리 시스템에 의해 체계적으로 대상화되고 있다. 요컨대 사회적 분업 체계에 따라 기능적·영역적으로 분리되어 운영되는 체계 속에서 세시풍속도 그에 따라 일상과 노동 혹은 자치와 자율의 영역으로부터 분리되어 여가화·관광화·사업화되고 있다.

송제마을의 세시풍속은 1960년대 제방공사·수리시설의 확충·안정적인 생업 기반 조성 속에서 일정 정도 사회적 안전망이 제도적으로 갖추어짐에 따라 그 전승 가치가 상실되거나 변화될 것을 요구받았다. 뿐만 아니라 종자 개량·농기계 확충 등 제반 농업기술이 발달하고 그에 따라 농가소득이 증가하며 생활의 편의가 확대됨으로써 마을 사회는 자연 의존성을 탈피하게 되었고 심리적인 불안감도 극복하게 되었다. 이 과정에서 이농인구가 증가하고 고령화는 구조적으로 심화되고 있으며 교육과 미디어 발달에 의해 의식과 생활의 합리성이 증대하였다. 그 결과 도시의 생활문화가 일상에서 견지되었고 소비 위주의 문화 향유가 일반화되어왔다. 이러한 조건 속에서 결국 세시풍속의 여가화는 너무도 당연한 것일 수밖에 없다. 문제는 도시와 비교해볼 때 송제마을 세시풍속의 여가화 양상이 대체로 단조롭다는 점이다. 다시 말해 풍속의 여가화가 구조적으로 진행되어왔지만, 관련 시설이나 프로그램의 미비로 인해 도시 의존적인 문화 소비가 심화되어왔다.

도시에서는 상품화한 세시의례가 상품의 소비와 함께 지배적으로 나타난다. 즉 상품화한 소비지향의 의례들이 번성하고 있다. 도시민들은 주말이나 휴일에 가족이나 연인끼리 그들의 일상을 탈출하여 그들에게 특화된 관광·체험 프로그램을 구매·소비하러 농촌으로 몰려온다. 이 몰려오는 도시 인구를 맞아 농촌은 문화의 재구성을 지속적으로 모색해왔다. 송제마을에서도 그러한 모색의 과정에서 문화의 재구성 작업이 진행되어왔다. 이를테면 마을 사회의 문화적 전통은 현재 전통테마마을·온돌체험방·슬로푸드 사업으로 재구성되고 있다. 이러한 사업들은 사과 따기와 같은 생업, 화전놀이와 같은 세시풍속 등을 관련 사업 기획 속에서 재구성하여 프로그램화하고 있다. 송제마을에서 전통테마마을사업의 일환으로 전개되고 있는 풍속의 문화적 기획을 새로운 세시풍속의 양상으로 생각할 수 있을까? 세시풍속의 사회적 기능에 초점을 맞출 때 이 새로운 문화의 기획과 실행은 그 존재 의의를 획득할 수 있다. 세시풍속이 위기의 경험 속에서 안정을 추구하고자 하는 경향이 문화적으로 패턴화된 것이라면 공동체 지속의 조건을 창출하기 위한 문화적 기획과 실행은 전통적인 세시풍속의 현대적 판본으로 규정될 수 있을 것이다. 그것은 현재 마을공동체의 존속을 위해 새롭게 시도되는 문화적 실천들로 자본주의 사회의 조건 속에서 공동체의 존속과 주민들의 실존적 사활이 달린 의례가 된다. 자본의 시간에 따라 기획·실행되는 구조적 특징을 보이면서도, 주민 생활의 향상을 위한 집단의 노력과 실천인 것이다. 그러한 경향 속에서 전통적 세시풍속의 요소가 새롭게 구성되어 실행되고 있다. 물론 전통적 요소의 활용에서 정도의 차이가 존재하지만, 전통테마 마을사업에는 송제마을 공동체의 습속이 선택·재구성되어 있다. 그 과정에서 새로운 전승력을 확보하고자 하는 주민들의 의지와 실천이 세시풍속 전승의 새로운 경향을 만들어내고 있다.

　세시풍속의 전승과 연행은 자연·노동·문화가 유기적으로 관계하면서 순환하는 사회에서 그 기반을 지속적으로 마련할 수 있었다. 욕구를 충족하기 위해 강도 높은 노동시간을 마다하지 않는 사회를 지양하고, 그 반대로 사회적 필요를 함께 충족해가며 여분의 시간을 자유로이 즐기는 사회를 모두가 지향할 수 있다면, 세시풍속의 새로운 전승과 연행의 기획이 제 차례에 제자리를 잡으며 지속될 수 있을 지도 모른다. 상품이나 소비와 같은 시장의 시간으로 조직되는 일상을 성찰하고 이른바 속도경쟁에 의해 시달리는 일상의 만성적 시간 빈곤을 확대 재생산하는 사회적 삶에 반하여 마음이 평화롭고 육체가 건강하고 자유로우며 꼭 필요한 것만을 생산하고 유통했던 존재의 시간은 세시풍속이 그 순환의 시작점에서 미리 가져다 예시한 미래 속에 담겨 있었다. 따라서 그 미래의 귀환은 세시풍속의 전승 기반이 되는 농촌과 농업의 지속 가능성에 달려 있다고 해도 과언이 아닐 것이다.

제 2 장

판

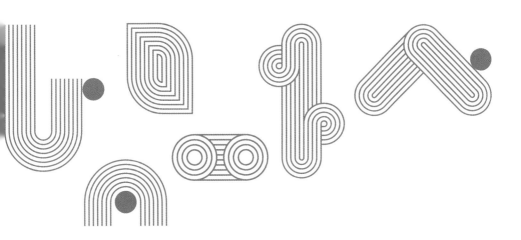

자연과학과 인문학의 간격은 19세기 프랑스의 사회이론가 어거스트 콩트Auguste Comte에 의해 확립된 실증주의적 전통이 강한 사회·시대일수록 더 벌어진다. 콩트는 과학의 통일성을 신봉했고 과학은 실증적 단계로 발전한다는 과학적 진보에 관한 진화론을 지지했다.[1] 한국 사회에서는 서양과 조금 다른 이중적인 인식이 과학과 비과학의 간격을 넓혀 놓고 있다. 과학기술계는 다른 학문과 자신을 엄연히 구분하고 과학의 객관성을 절대적으로 여기는 의식이 강하다. 반면 다른 분야에서는 과학기술 지식을 적당히 모르는 것이 더 지식인인 것처럼 여겨지는 풍조가 있다. 과학기술을 경제성장의 동력으로만 여기는 도구적 사고가 국가 지도층을 비롯한 사회 전체에 강하게 자리 잡고 있다.[2]

한편 21세기에 접어들면서 모든 사유와 학문이 통합되었던 르네상스의 지적 풍토가 다시 그 위세를 떨치고 있다. '두 문화'[3]로 대표되었던 자연과학과 인문과학의 배타적인 경계를 통섭하려는 지적 경향이 강화되고 있는 것이다. 본디 신체와 마음의 통합적 유기체로 존재하는 인간과 그 삶의 터전인 사회를 물질과 정신의 이원 구조로 날카롭게 대립시켜 바라보던 세계관은 미래 사회의 가치 있는 전망을 모색하는 데 큰 장애가 되고 있다. 그런데도 사유와 학문의 제도적 영역, 특히 인문학의 제도적 학문 영역은 시대의 새로운 흐름을 근본적인 자기 혁신의 기회로 삼지 못하고 있다. 어느 정도 분과 경계 내에서 간혹 타 학문과 제한적으로 교류하고 있긴 하지만, 인문학은 분과 학문으로서 그 정체성의 혼란을 우려하여 도래하고 있는 융합사회의 제반 조건과 이점을 창조적인 기회로 활용하지 못하고 있다.

사유와 학문이 추구하는 진리의 문제는 보편성과 특수성을 동반하며 세계 인식의 패러다임이 바뀜에 따라 인식론적·존재론적·윤리적 차원에서 더욱 복잡한 국면들을 보이고 있다. 진리는 특수성과 경험성을 추상한 보편적 일자普遍的 一者 즉 플라톤의 이데아idea와 같은 것으로 인식되지 않는다. 진리를 탐구하는 문제에 있어 단순히 여러 학문 분야의 연구자들이 자기 영역의 목소리만 전체에 보태는 다학문적 유희는 지양되고 있다. 또 분과 학문의 사이 혹은 그 관계의 영역에서 조우하지만, 제도적 영역의 고유성을 그대로 간직한 간학문적 태도도 재고되고 있다. 그보다는 학문 간 소통과 공감 그리고 융합 즉 전일성wholeness 속에서 이루어져야 한다는 요구가 갈수록 증대되고 있다. 전일성은 잠재성이 다양하게 구현된 잠재적 가능성으로 아직 개발되지 않은 특수성이 유기적으로 만개하는 상태를 말한다. 그것은 개개 현상의 특수성에 궁극적인 질서를 부여하는 일련의 과정에서 등장하며 통일성이 적용되는 현실을 구체화하는 것이다. 한 현상의 가능성이 상대적으로 완성되는 것이고 잠재화되어 있는 가능성이 실현되는 것이며 그 밖의 모든 구체적인 증후군들이 현실화되는 것이다. 경험과 특수한 국면들이 이질적으로 섞여 있는 불완전한 구조 위로 치솟아 새로운 차원을 생성하는 창발적 패턴[4] 속에서 그 전일성을 보여주는 다중적이면서 동시에 전체적인 것으로서 진리의 문제가 재발견/재인식되고 있다.

진정한 통섭은 통섭統攝이 아니라 통섭通涉이다. 즉 학문 분야 간 경계를 넘나들면서 자신의 학문적 관점으로는 보이지 않는 문제를, 다른 학문 분야의 관점으로 들여다보면서, 학문 간 소통하는 가운데 섭렵涉獵하는 것이다. 이러한 통섭通涉은 중심과 주변의 경계가 확실하고 다소 독점적인 통섭統攝과는 달리 누가 누구를 포섭하고 통제하기보다 학문 간 소통과 공감을 전제로 단일학문으로 설명과 이해가 불가능한 연구 대상을 섭렵하기 위한 공동의 노력을 전제한다. 단순히 학문 간 교류를 지칭하는 간학문적 노력만은 아니다. 통섭은 다양한 학문의 통합적 노력을 지칭하는 다학문적 노력을 넘어서 이질적 학문 간에 존재하는 벽을 부수고 경계를 넘나들면서 새로운 이론적 틀과 학문체계를 세워보려는 초학문적 또는 범학문적 노력이다.5 범학문적 노력의 궁극적인 목적은 특정 학문이 특정 학문을 포섭하고 통제해서 어느 하나의 학문으로 모든 학문적 노력을 흡수하거나 병합하는 데 있지 않다. 오히려 범학문적 통섭通涉은 다양한 학문 간 이종 결합을 통해 간학문적 노력에 여전히 존재하는 분과 학문 간 경계를 넘어서 각 학문의 차이를 발견하고 학문의 경계에서 새로운 꽃을 피우려는 노력이다.

21세기는 학문의 체계가 분과 학문과 융합 학문이 병렬하면서 융합 학문의 기틀이 자연과학 간·자연과학과 인문학 간·자연과학과 사회과학 간에 잡혀갈 것이고 동시에 우주 생물체에 관한 과학이 주류를 이룰 것으로 예견되고 있다. 아울러 지식의 체계 또한 변화할 것으로 전망되고 있다. 패러다임이 바뀌고 학문 간의 관계가 재설정되면서 지식의 체계에 변화가 올 것임은 분명해지고 있다. 과학기술 분야에서는 미래 과학기술을 예상하면서 많은 논의가 이루어져 왔다. 그 대표적인 예로, 레이 커즈와일의 논의와 그로 인해 촉발된 논쟁들을 들 수 있다. 커즈와일은『특이점이 온다』6에서 미래 인류사회를 특징짓는 주요 측면을, '인간과 인공물의 관계'의 변화로 보았다. 그 핵심 논의는 앞으로 다가올 30여 년 후에 인간지능과 기계지능의 경계가 무너진다는 데 있다. 그는 인간의 지능과 기계의 지능을 구분하는 것 자체가 낙후된 관점이 되어버릴 시대가 곧 도래한다고 주장하였다. 이때가 되면 자연적·생물적 인간으로 존재해온 인간은 신체와 인지적 기능(마음의 기능) 면에서 기계와 융합된다. 그의 논의는 물질과 기계 중심의 과학기술관을 비판하는 것이며 물질/기계·신체·지능이 마음과 통합적으로 개념화되고 연구되어야 할 필요성을 강조하는 것이다. 그것은 지식의 통섭과 융합에 대한 시대적 요청이기도 하다.

에드워드 윌슨도 『통섭』[7]에서 그러한 시대적 요청에 부응하였다. 그에 따르면 지구상에 존재하는 시스템 중에서 가장 복잡한 시스템 중 하나가 자연생태계이다. 자연생태계는 오랜 진화의 산물로 생성된 다양한 생물종들과 그들 간의 상호 관계가 형성되는 매우 복합적인 시스템이다. 그런데 오늘날에는 이러한 자연생태계가 인간들의 활동으로 인해 위협받고 있다. 그에 따라 다양한 생물의 감소·지구온난화·환경오염 등으로 인한 지구 생태계의 지속 가능성 여부가 우리 시대의 가장 큰 문제로 대두되고 있다. 이러한 문제는 어느 한 분과 학문의 영역에서 해결할 수 없는 복잡한 문제이다. 따라서 문제의 해법은 여러 학문의 문제 해결 능력을 융합하는 데 있다. 이를테면, 생태학은 생물학을 비롯한 여러 자연과학 분야들의 이론과 방법론들은 말할 나위 없거니와, 경제학·경영학·행정학·법학·미학·철학 등 다양한 인문사회학 분야들을 포괄하는 종합학문으로 거듭나야 하고, 또 그렇게 진행되고 있는 추세에 있다. 통섭적인 접근이 아니면 문제의 윤곽을 파악하기 힘들 뿐 아니라, 해결의 실마리를 찾기가 더욱 어렵게 되었기 때문이다.

판은 이러한 지식의 지형 속에서 통섭 인문학을 위한 핵심 테마가 될 수 있다. 즉 판의 통섭적 개념화 작업은 궁극적으로 한국 판 문화이론의 통섭적 구성을 위한 작업으로 나갈 수 있지만, 이를 위해 필요한 기초 작업으로 판의 개념과 의미망을 확장 구성하는 작업이 긴요하다. 이는 시론적 성격을 가질 수밖에 없으나 생물학과 정신분석 및 민속학 분야의 접속 혹은 교차/횡단 속에서 그 얼개를 구성할 수 있을 것이다. 구체적으로 판의 개념적 층위와 계열을 좀 더 확장적으로 사유하여 포크 모더니티의 공간 분석 코드로 판 문화 양식의 통섭적 논의를 전개하고자 한다. 즉 실험생물학 분야의 '장' 개념을 검토하고 그 접속 지점을 '무의식' 혹은 '집단무의식'과 연계하여 판 문화 양식의 통섭적 개념화 작업의 실마리를 풀어보고자 한다.

1. 판의 개념 층위와 인식 경향

판은 비유하자면 선분들의 분할과 연속이 다양한 방향에서 이루어지고 꺾임과 중첩, 접힘과 펼침이 무한하게 진행되는 과정에서 입체화되어 끊임없이 공간을 점유하는 프랙탈적 이미지로 묘사할 수 있다. 동시에 그러한 현상 혹은 운동이 무한하게 이루어지는 경계 없는 공간 혹은 바깥이 없는 공간 속에서 프랙탈 운동 자체가 공간을 생성하는 이미지로 그려볼 수 있다. 이와 아울러 판의 이미지는 대도시의 수많은 사람들의 이동 혹은 출발과 도착, 움직임과 정지 등 다양한 활동을 그야말로 다층적으로 연결하고 생성하는 지하철의 경로 혹은 노선의 이미지와 중첩된다. 물리적 궤도의 한계 속에 설정된 정거장으로 유한한 지점들이 교차와 왕복 운동을 통해 무수한 경로를 생성하는 이미지. 하나의 출구와 입구로 소통되는 공간이 아니라, 교차와 왕복 운동에 의해 '출구-입구-출구-입구…'가 되는 무한 생성의 놀이 이미지. 이러한 이미지들의 중첩이 판 현상을 보는 시각에서 중요하게 고려된다. 잠재적 차원의 경우의 수와 현실적 차원의 경우의 수가 공존하는 주사위놀이도 판의 이미지를 설명하는 중요한 예가 될 수 있다. 무한과 유한 즉 허공에 던져진 두 개(혹은 그 이상)의 주사위는 무한한 수의 조합을 잠재적 차원에 접고 있으며, 그 잠재적 차원의 운동이 정지된 상태 즉 결정된 하나의 조합이 현실 차원으로 펼쳐지면서 주사위놀이의 판이 연행된다. 무한한 접힘과 유한한 펼쳐짐의 반복이 주사위 놀이가 존재하는 놀이판을 형성한다.

판의 메타포에는 현상 혹은 이미지의 중첩이 있다. 서로 다른 현상 혹은 이미지임에도 불구하고 그것은 중첩되어 하나의 개념으로 생성된다. 판의 현상이나 이미지는 잠재적 차원에서 다수와 무한으로 존재한다고 생각할 수 있으며, 현실적 차원의 일정한 시간과 공간 층위에서 통합된 현상으로 출현한다고 볼 수 있다. 판의 이미지 혹은 메타포는 판의 개념화 작업으로 연결될 수 있으며, 다양한 층위로 분할하여 판 개념화의 복잡성을 측정할 수 있다. 즉 현실의 우리 문화 속에는 다양한 판이 존재한다. 이야기판·소리판·춤판·씨름판을 비롯하여 술판·노름판·싸움판·난장판까지 이루 열거할 수 없을 만큼 많고 갈래도 여러 가지이다. 새로 판을 벌이는가 하면 판을 걷고 새 판을 차리기도 한다. 판을 짜거나 뒤엎기도 하고 판을 깨거나 접기도 한다. 이야기판·소리판·춤판·씨름판 등은 그 자체로 문화의 현장으로 장소성/공간성을 지시한다. 요컨대 판은 다양성과 복잡성을 지니고 있는 것으로 우리 눈앞에 현상한다. 따라서 개념적으로 그 층위를 구분하여 정리할 필요가 있다.

판의 용례로부터 우리는 그것이 민속학적 문화현상이 지배적이라는 것을 알 수 있다. 즉 굿판, 단골판, 난장판, 소리판, 놀이판, 판소리, 판놀음 등이 그것이다. 굿판에서 판은 기본적으로 굿이 이루어지는 현장을 뜻하면서도 굿이라는 제의적 행위를 함축하고 있다. 이 제의적 행위와 장소/공간으로 그 물리적 속성이 결합되면서 굿판은 단순히 어떤 행위와 공간을 지칭하는 것을 너머, 굿과 관련된 총체적 문화 행위로 우리 삶과 사회를 반영하는 종교 문화적 상징이 되고 기층문화현상으로 다양한 궤적을 만들며 전승되어온 역사성을 지닌 것으로 인식된다. 거기에는 그것을 만들고 향유하고 전승해온 사람들의 사유 체계가 작동하고 있다. 따라서 굿판에서 판은 행위, 장소/공간, 문화 혹은 상징, 역사, 사상 등 적어도 5가지 층위를 지니고 있는 것이 된다. 이러한 판의 성격은 용례들을 더함에 따라 다채롭게 증폭 변형될 수 있다. 이를테면 단골판에서는 사람과 사람의 관계성과 소통성 그리고 그 사회적 성격 및 경제적 성격 등이 더해지면서 판의 성격과 용법의 층위를 확장한다. 또 난장판은 경제적 층위, 축제적 층위, 정치적 층위 등이, 소리판과 놀이판은 놀이성 및 유희적 욕망 등이, 판소리와 판놀음은 예술성과 미학성 및 양식성 등이, 판의 성격과 용법을 변형하고 확장해간다. 이러한 까닭에 판의 성격과 용법으로부터 판의 기본 층위들을 갈래짓는 작업을 수행하고 이로부터 변형 혹은 확장할 수 있는 가능성을 구체화하는 일이 필요하다. 판의 개념 층위를 구성하는 작업은 판이 단지 어떤 현상으로 우리 생활과 문화 속에서 생멸하는 것이 아니라 우리 문화를 설명하고 이해하는 개념으로 그 위상을 가질 수 있으며 그 성격 혹은 층위의 다채로움으로부터 자연과학과 인문학의 사이를 횡단하는 통섭적 개념이 될 수 있음을 가늠하는 것이 될 수 있다.

1) 판의 기본적인 의미 층위

판은 첫째 행위성과 장소/공간성을 함축한다. 굿판·소리판·춤판·싸움판·씨름판·데모판 등과 같은 용례에서 그러한 의미를 파악할 수 있다. 첫째 판은 사건·일·놀이들이 벌어지는 장소/공간 자체를 의미한다. 판은 굿·소리·춤·싸움·씨름·데모 등과 같은 인간의 활동이 펼쳐지는 특정한 장소/공간을 지칭한다. 판이 장소적 의미를 가질 때에는 '마당'이나 '뜰'과 같은 개방적 무대/공간을 의미한다. 또 판은 그 판 위에서 벌어지는 인간의 활동을 지칭하기도 한다. 예를 들어 굿판·소리판·춤판 등의 경우, 판이라는 특정한 공간 위에서 연행되는 굿·소리·춤 등과 같은 구체적인 행동을 가리킨다.

둘째 판을 벌리다·판을 짜다·판을 깨다·판을 망치다·새 판을 짜다 등과 같은 용례에서 알 수 있듯이, 판은 시간성(계기, 국면)과 수행성 및 관계 지향성을 함축한다. 즉 어떤 일의 수행 과정과 그 결과 그리고 그 판에 둘러선 사람들의 어떤 관계를 함축한다. 여기엔 시간성이 함축된 어떤 계기와 국면이 나타나 있다. 이를테면, 굿판을 벌리다, 소리판을 망치다 등과 같은 용례에서, 어떤 일의 계기와 국면을 나타내고 있으며 그 일에 관계된 사람들, 이를테면, 공연자와 관중의 상호작용을 함축하고 있다.

셋째 판은 개념과 범주의 층위에서 그 의미를 나타낸다. 즉 수많은 판 현상들을 지칭하는 추상적인 차원 즉 개념으로 사용되기도 한다. 그것이 판 현상의 개념적 지위를 지니고 있기 때문에 그것은 판 현상의 범주를 구성하게 된다. 예컨대 판은 판소리나 판놀음으로 범주화되거나, 굿판, 소리판, 춤판으로 범주화될 수 있다. 이때 전자의 판은 구체적인 활동을 나타내고 있긴 하지만, 구체적인 장소로부터 다소 추상적인 공간의 의미를 함축하고 있으며 소리판이나 놀이판의 다양한 판 문화현상들이 종합된 하나의 문화 양식으로서 판의 범주를 구성하고 있다. 이에 비해 후자의 판은 장소성이 강하게 반영되어 있고 구체적인 활동을 지시하는 범주를 구성하고 있다. 따라서 판은 적어도 세 층위로 범주화될 수 있는 개념이 된다.

넷째 판은 종교 혹은 정치경제적 경계나 구역 혹은 사회성을 나타낸다. 특히 판의 용례 중 단골판은 무엇보다 주목된다. 단골판은 민속종교의 사제자인 무당의 종교적 관할 구역을 의미하며 다른 단골판과 구분되는 경계를 의미하기도 한다. 그런데 이러한 단골판의 판은 종교적인 구역을 뜻하면서도 그 안에서 단골무당의 독점적 권리가 행사되는 정치적 성격을 함축하며 그러한 정치적 권역에서 무당과 단골의 경제적 관계가 성립한다. 게다가 단골무당은 판무당으로 지칭되기도 하는데, 이미 단골이 종교적 정치적 경제적 권력에 의해 관리되는 집단을 의미하므로 이 용례에서 판은 공동체 혹은 그 공동체의 종교 정치 경제적 관계망을 뜻한다.

다섯째 역사(문화)적 성격과 윤리적 층위에서 판은 자신의 의미와 용법을 축적해왔다. 판은 그 안의 구체적인 활동과 관련된 총체적 문화 행위로 우리 삶과 사회를 반영하는 문화적 상징이 된다. 다시 말해 판은 문화적 재현 체계로 고려될 수 있다. 특정 계기나 국면에서 판을 벌림으로써 판 문화 공동체는 기존 관계에서 오는 어떤 문제들을 그 판 안에 투사하게 되고 그러한 과정에서 자기 자신과 공동체를 돌아보고 이전과는 다른 관계를 지향할 수 있다. 따라서 굿판이나 연희판, 심지어 도박판과 같은 용례는 문화적으로 재현되는 상징체계로 판을 표상한다고 할 수 있다. 또 그것은 기층문화 현상으로 다양한 궤적을 만들며 전승되어온 역사성을 지니고 있다. 역사적 분기점에서 재구조화된 공동의 견해나 욕망을 담지한 것으로 파악할 수 있다. 이를테면 난장판은 생동하는 사람과 사회의 축제적·유희적 본성을 담지한 것으로 공유되는 역사적 국면을 지니기도 하고 소란하고 문란하며 무질서한 상황을 뜻하는 것으로 인식되는 어떤 역사적 상황의 의미도 지니고 있다. 이러한 의미의 부정과 전도는 현재 대중적으로 유통되는 정치판, 난장판, 데모판, 화투판, 개판 등과 같은 판의 이미지를 낳은 역사적 계기를 함축하고 있다. 여기에는 우리의 윤리적 지반이 뒤틀리는 역사적 대전환의 반향이 작용하고 있을 수도 있다.

이와 같이 판은 개념과 범주로서 그 층위를 구분할 수 있으며 그것은 시간성과 공간성을 기반으로 우리의 종교·정치·경제·사회·문화·역사

·윤리적 활동이나 관계 등을 함축한 층위들을 지니고 있다. 판은 어느 하나의 층위로 환원되거나 특정될 수 없다. 용례에 따라 하나 혹은 그 이상의 층위가 전면화될지라도 그 후면에 혹은 그 사이에 여러 층위들을 함축하고 있다. 비유적으로 그것은 지층이며 지각변동의 과정에서 다양한 양태로 유동하고 욕망하는 의미들의 복합체인 것이다.

2) 판의 변용과 확장: 통섭 지향적 개념으로의 변주

판의 용법도 고정되지는 않는다. 판은 행위 주체의 연행에 의해서 얼마든지 변신이 가능하며 콘텍스트에 따라서 끊임없이 전환된다. 만일 주막에서 이야기판을 벌이다가 술상이 들어와서 이야기를 그치고 술을 마시게 되면 술판이 벌어진다. 술을 마시다가 누군가 흥이 나서 노래를 부르기 시작하면 술판이 소리판으로 바뀐다. 이야기판과 술판이 함께 갈 수 있듯이 소리판과 술판도 함께 갈 수 있다. 노래를 주거니 받거니 하다가 누군가 신명이 나서 자리를 떨치고 일어나 춤을 추기 시작하면 춤판이 벌어진다. 이때부터 소리판과 춤판은 함께 간다. 소리 없는 춤판은 불가능하기 때문이다. 또 춤판은 싸움판이나 난장판으로도 변화될 수 있다. 예를 들어 춤판에 휩쓸리던 누군가가 신명에 겨워 격렬하게 춤을 추다가 실수로 옆 사람의 갓을 밟아 버렸을 때 화가 난 갓의 주인이 시비를 걸어 춤판이 싸움판으로 변화될 수도 있다. 또한 좌중이 두 패로 나뉘어 싸움을 뜯어말리다가 패싸움으로 번져 결국 싸움판이 난장판이 될 수도 있는 것이다. 이처럼 처음에는 이야기판이 형성되었지만, 이야기판은 계기적으로 술판·소리판·춤판·싸움판·난장판으로 변화될 수 있다. 사람이나 공간 자체는 바뀌지 않지만 구체적인 연행 내용에 따라 판은 계속 바뀔 수 있고, 앞의 판이 끝나지 않고 지속되는 가운데 연행 내용이 새로 더 보태지면 이미 있던 판과 새 판이 함께 가기도 한다. 즉 술판이 소리판과 함께 가고 소리판이 춤판과 함께 갈 수 있다. 굿판이나 탈춤판으로 갈수록 여러 연행물이 중첩 병행될 수 있다.[8]

판의 그 유동적 속성으로부터 우리는 판의 변용과 확장의 양태를 생각할 수 있다. 앞에서 판은 행위, 장소/공간, 문화 혹은 상징, 역사, 사상 (윤리/도덕) 등 적어도 5가지 층위를 가진 것으로 이해하였고 이로부터 그 성격을 관계성, 소통성, 사회성, 경제성, 축제성, 정치성, 예술성, 놀이성, 유희성, 미학성, 양식성 등으로 파악했다. 판의 그 층위와 속성을 개념적으로 체계화시키기 위해 우리는 학문 영역을 염두에 두고 그것을 분할하여 범주화하고자 한다. 즉 민속학 연구 대상으로 판을 기본 층위에 두고 이로부터 종교학·역사학·사회학의 연구 대상으로 범주화할 수 있고 철학과 생태학 혹은 생물학의 연구 대상으로 판을 범주화할 수 있다. 특히 여기에서는 생태학 혹은 생물학적 판을 조명함으로써 판의 통섭적 개념화 가능성을 가늠해보고 기본 층위에서 더 나아간 판의 역사적·철학적·정치적 동역학의 의미에 대해서도 검토하고자 한다.

첫째 판은 생명현상의 장으로서 판의 통섭적 개념화 가능성을 지니고 있다. 판은 개체와 집단의 습성을 담은 형태와 패턴의 공명으로 재사유할 수 있다. 이를테면 습성의 장은 변이와 차이를 간직한 채 고유하고 안정적인 패턴을 유지한다. 개체/집단은 그 개체/집단이 존재하는 습성의 장에 축적된 과거의 기억을 현재 속에서 패턴으로 인지하여 미래에도 지속적인 안정 상태/항상성을 유지해간다. 그런데 어떤 패턴의 변화가, 개체/집단이 존재하는 환경의 급격한 변화로 말미암아, 현재의 패턴이 축적된 과거 기억들 중에서 교체되어 미래의 패턴을 형성할 수 있다. 이 점을 실험생물학에서는 형태장morphic field으로 개념화하기도 했다. 형태장은 형태공명에 의해 생명체가 환경에 적응하고 그 습성을 유지 존속하게 하는 기억의 메커니즘으로 과거·현재·미래에 대한 역동적이고 가역적인 성격까지 함축한 생명 인식 체계라고 할 수 있다. 이러한 형태장을

탈춤(석촌호수 놀이마당, 1985)

판과 접속시켜 판의 개념적 층위 속에 생명현상을 포함할 수 있다.

둘째 판은 의미장semantic field으로서 판의 동역학으로 확장하여 그 의미를 새롭게 구성할 수 있다. 판은 개인의 역동적인 이상이 펼쳐진 장이요 집합적인 존재(사회·국가·민중·다중·민족·계층 등)의 꿈/욕망이 응결된 사회·문화현상이자 정치·역사적인 사건이라고 할 수 있다. 판은 물질적인 조건과 조직적인 기반을 가지며 판이 펼쳐질 때 어떤 사건이 생성되고 집단적인 의지가 발동된다. 그래서 판은 두 사람이 만나 이야기꽃을 피우는 것으로부터 무대/광장에서 이루어지는 공연 및 대중 집회, 사회적인 연망·조직과 그러한 연망·조직 속에서 점유된 문화현상(제·유파·학파 등) 및 정치 현상, 일련의 집단적인 저항 사건 등을 아우르는 폭넓은 의미론적 범주가 될 수 있다. 이와 같은 판의 다양한 의미들을 참조할 때 판은 그 표현형들을 발생·조직·지속하게 했던 당시의 인식 지반·존재·윤리 상황 속에서 다양한 패턴과 결들로 변주되며 그 속에 개인과 집단의 심성을 담고 있다. 또 대립·갈등·경쟁·교차·교정·통합·분열 등의 궤적이 그 과정과 결과 속에 새겨져 있다.

셋째 판은 욕망의 선분으로서 세 가지 유형을 생각해볼 수 있다. ① 판이 중심 자장 안에서 형성될 때 그 판은 중심 시선/지배 이데올로기에 포획된 존재들의 획일적인 선분으로 나타난다. 물론 그 안에 체념·회의·부정·비판 등 다양한 감정과 의미의 선분들이 접혀 있다. ② 판과 그 밖의 경계 지대에서 중심 시선에 포획된 의미와 감정 그리고 그에 대한 대항적인 운동이 판의 표면/테두리에 나타날 수 있다. 이는 구심력과 원심력의 길항 관계로 파악할 수 있다. 물론 이러한 양상은 집단적/계층적으로 나타날 수 있고 영웅적/천재적 개인이 당대의 획일적인 문화지대를 탈주하는 선분으로 나타날 수도 있다. ③ 판 너머의 영역을 생각할 수 있다. 이 경우 기존 사회와 문화를 전복하는 혁명적 양상 속에서 맹렬하게 분출되는 집단의 운동으로 판을 유형화할 수 있다. 이는 전쟁·혁명과 같은 대사건과 관련된다.

판은 개인과 집단이 세계와 소통하기 위한 과정이자 계기적인 결과이다. 그러므로 판은 관계적인 것이며 과정적인 것들로 나타난다. 통섭적 지향이 관계 또는 사이 지향을 가지고 있는 것처럼 판을 둘러싼 존재들과 영역들이 교차하거나 공존할 때 판은 더욱 구체적으로 가시화된다. 그 가시성이 통섭적 지향을 분명히 가지므로 판에 대한 연구는 인문학 연구 특히 문화학cultural studies의 새로운 지평을 열 수 있다. 판은 기본적으로 다양한 현상을 지칭하는 용법을 담고 있으며 더 폭넓게 그 용법을 확장할 수 있다. 즉 판은 그 용법상 다중성과 횡단성을 내포한다. 따라서 판은 현재 인문학이 처한 상황을 혁신할 수 있는 문제적 개념problematic concept으로 삼을 수 있으며 융합적 지식을 생성할 수 있는 창조적 바탕이 될 수 있다.

요컨대 판은 그 기본 층위를 지반으로 하여 개념의 변용과 확장을 통해 통섭 연구의 유용한 수단으로 개념화할 수 있다. 판은 우리 삶과 사회의 다양한 층위들을 횡단하며 분석과 해석, 사유와 반성, 비판과 창조 등의 연구 활동을 위한 유용한 개념이 될 수 있다. 더욱이 생명현상에서 문화현상에 이르기까지 연구의 폭을 넓힐 수 있으며 각각을 연구 대상으로 하는 학문 영역 간 경계를 가로지를 수 있는 창조적 개념이 될 수 있다. 그런데 각각의 현상 간 혹은 각 학문의 영역 간 경계는 소통할 수 없는 장애로 작용할 수 있다. 그럴 때 그 경계 지대에서 이쪽과 저쪽을 정밀하게 탐사하는 노력이 필요하다. 그 과정에서 그 경계의 폭을 넓혀 넘을 수 있는 문턱으로 만드는 방법이 요구된다. 판은 이러한 경계적이고 전이적인 사이에서 각각의 영역들을 다층적으로 조망하여 연결할 수 있는 도구가 될 수 있다. 판을 개념적 차원의 공간·맥락·행위로부터 종교·문화예술·사회역사·정치경제의 영역적 분화 혹은 의미론적 확장 속에서 교차 접속시키면 판은 종교적 공간, 문화예술적 맥락, 사회역사적 행위 등과 같이 구체성을 띠게 될 수 있다. 더욱이 생명·의미·욕망의 장 혹은 그 동역학을 연구하는 과정에서 그 안의 단계와 교차 접속시키면 생명 공간, 의미 공간, 욕망 공간 등이 될 수 있으며 종교적 생명, 문화 예술적 의미, 정치경제적 욕망 등으로 각 영역별 주제의 다원화를 이룰 수 있다.

3) 판의 연구 층위

이제까지 논의에서 판은 여러 가지 측면에서 복합적인 성격을 지니고 있는 것으로 다루어왔다. 즉 판은 단순한 구경거리에서 단위나 시간을 함축한 일의 진행을 뜻하기도 하고 그러한 의미들이 축적되고 전화하면서 의미론적 확장이 일어나는 장소·계기이기도 하며 그 변화 자체를 의미할 수도 있다. 소통·연대, 경쟁·갈등하는 사회·정치적 국면을 뜻할 수도 있고 그러한 다층적인 국면 속에서 생성되는 사회·정치적 행위의 차원이라고도 할 수 있다. 뿐만 아니라 공연예술의 차원에서 발생·교환·향유되는 의미들 즉 문화 자체일 수 있으며 그러한 문화가 구체적 시공간 속에서 구현된 양식들인 제의·의례·연극·축제 등에 연결될 수 있다.

판은 사회적 시간과 공간의 다양한 층위들을 뜻할 수 있다. 즉 시장·가족·국가·사회·제도·교육의 장과 그 시간성이 판의 세부 연구 주제들이 될 수 있다. 이처럼 시공간적 계열로서 판은 생태·사회·경제·정치·역사·종교·예술과 관련된 시공간들로서 규명될 수 있으며 그러한 시공간들이 사유와 사건·의미의 시공간들로 추상화/개념화될 수 있다. 이와 같이 판의 연구는 그 범위·성격·의미론적 층위·시공간적 계열 속에서 다양한 학문 분야로 확장·접속될 수 있다. 이 층위 혹은 계열 속에서 판은 다학문적 스펙트럼을 지닌 것으로 나타난다.

판은 특정한 시대의 사상·이념 혹은 문화를 형성하는 심층적인 규칙의 체계 즉 에피스테메(episteme, 認識素)라는 개념과도 연관 지어 사유할 수 있다. 그것은 구성적이기 때문에 통시적인 차원에서 판의 철학적·역사적 연구가 가능하며 이른바 '지식의 고고학' 내지는 '계보학적 탐구'가 가능한 역동적인 개념이 될 수 있다. 또 그것은 사상과 이념 등이 작용하는 몸이자 그 몸을 구성하는 힘/권력으로 사유할 수 있다. 다시 말해 사상과 이념 등은 개인·가족·사회·국가·지역·세계 속에서 작용하며 설득과 강제 등의 전파/수용의 채널을 통해 그러한 몸들을 유지하거나 해체시켜 재구성한다. 관습과 상식의 영역에서 사상과 이념은 기존 사회를 유지·보수·강화하는 작용을 하게 되고 새로운 인식론적인 경향이 출현하면 그 판은 기존 세계의 관계들을 조정하거나 해체/재구성하여 새로운 판을 짜게 된다. 이러한 판의 동역학을 집단·조직·관계망·소통 행위·집단행동 등의 사회적 범주 속에서 다룰 수 있다. 그 정치적 함수 관계를 중심과 주변, 탈주와 저항의 다양한 국면들이 생산하는 판의 표현형들을 통해 판의 사회학을 추구할 수 있다.

판의 사회적 표현형들을 규명하면서 그러한 표현형들이 기반하고 있는 문화유전자cultural gene 혹은 '밈meme'[9]적 차원에서 '판의 유전형'들을 규명할 수 있다. 이는 사회학과 문화학을 가로질러, '이기적 유전자selfish gene'[10]라는 개념의 안출을 통해 인문학과 생물학의 '통섭의 다리'를 구축한 진화생물학 또는 사회생물학의 영역과도 만날 수 있게 한다. 또 루퍼드 쉘드레이크Rupert Sheldrake에 의해 제안된 형태장morphic field 혹은 형태공명morphic resonance의 장과도 접속할 수 있게 한다.

4) 판의 방법론적 지향

판은 1차적으로 물질적이고 환경적인 차원에서 규명될 수 있는 성격을 가짐과 동시에 생명/생태적 차원에서 그 성격을 탐구할 수 있는 의제로 가치가 있다. 또한 심리적·사상적·이념적 차원도 판의 개념과 성격 속에 접혀 있고 사회적·정치적·역사적 차원에서 접근할 수 있는 그야말로 통섭적인 복잡계이다. 의미론적 차원에서 볼 때 판은 물리적 장소로서 규정될 수 있으며 구경거리 자체를 의미하는 일종의 사건적 성격도 갖는다. 이러한 사건성은 역사적이기도 하지만, 사회적·정치적·경제적·종교적·예술적이기까지 하다. 즉 판은 자연과 인간에 관련된 모든 현상들을 수렴하고 발산할 수 있는 매우 복합적이고 역동적인 의미 층위들을 가진다.

성층적이고 중첩적인 판의 층위와 계열을 복잡계complex system[11]로 표현하곤 했다. 복잡계는 혼돈 대신 질서를 형성하는 복잡성complexity의 세계를 말한다. 복잡성은 단순한 질서와 완전한 혼돈 사이에 있는 상태이다. 인간의 뇌나 생태계 같은 자연현상과 주식시장이나 세계 경제 같은 사회현상은 완전히 고정된 침체 상태나 완전히 무질서한 혼돈 상태에 빠지지 않고 혼돈과 질서가 균형을 이루는 경계면에서 항상 새로운 질서를 형성하고 유지한다. 복잡성은 단순성이 그 기초를 이루고 있다. 예컨대 뇌는 1,000억 개의 신경세포가 연결되어 있고 증권거래소는 수많은 투자자들로 들끓고 있다. 이 복잡한 계는 환경의 변화에 수동적으로 반응하지 않고 구성 요소를 재조직하면서 능동적으로 적응한다. 이러한 양상을 복잡적응계complex adaptive system[12]라고 하고 복잡적응계에서 상호작용하면서 환경변화에 적응하는 능력을 가진 구성 요소를 행위자agent라고 한다. 여기서 중요한 점은, 행위자가 개별적으로 갖지 못한 특성이나 행동을 복잡적응계가 보여준다는 것이다. 가령 단백질은 살아 있지 않지만, 그들의 집합체인 생물은 살아 있다. 이와 같이 구성 요소를 함께 모아놓은 전체 구조에서 솟아나는 새로운 특성이나 행동을 창발emergence 현상이라고 한다. 창발은 복잡성 과학의 기본 주제이다. 창발은 상호작용하는 수많은 행위자로 이루어진 복잡한 체계 안에서 질서가 자발적으로 돌연히 출연하는 것을 뜻한다.

복잡성의 과학은 자연을 해석하는 새로운 틀을 제시해주었다. 지난 시대 과학은 환원주의에 의존했다. 결정론적인 선형계를 간단한 구성 요소로 나누어 이해하면 그것들을 조합하여 전체를 이해할 수 있기 때문이다. 그러나 복잡적응계와 같은 비선형계는 전체가 그 부분들을 합쳐 놓은 것보다 항상 크므로, 분석적인 틀로는 도저히 이해할 수 없다. 이러한 복잡계가 판 현상을 설명하는 데 적용될 수 있다. '단순한 질서와 혼돈 사이에 있는 상태', '구성 요소를 재조직하는 능동성', '행위자가 개별적으로 갖지 못한 특성이나 행동을 복잡적응계가 보여준다는 것', '구성 요소를 함께 모아놓은 전체 구조에서 솟아나는 새로운 특성이나 행동', '상호작용하는 수많은 행위자로 이루어진 복잡한 체계 안에서 질서가 자발적으로 돌연히 출연하는 것', '전체가 그 부분들을 합쳐 놓은 것보다 항상 크다는 것' 등에서 판 현상과 복잡계의 접속점을 찾아 그것을 판 현상을 설명하는 유용한 틀로 활용할 수 있다. 또한 복잡계를 '판의 문화학'의 구성 요소로 수용할 수 있을 것이다.

판은 세계의 작은 나라 한국의 타자화된 민속에서 찾아볼 수 있는 문화현상이자 고유한 우리말이다. 또한 노름판·싸움판·정치판과 같은 용례에서 보듯 판은 부정적인 의미가 투사된 용어이기도 하다. 근대적이고 일상적인 측면에서 보면 판은 매우 작은 변수에 지나지 않는다. 그러나 판을 통섭적인 이해방식으로 보면 판의 지엽성과 고유성은 복잡계 과학처럼 사이의 개념으로 그 위상이 확보된다. 비록 주변화되고 부정적인 지위를 가진 상태로 존재하지만, 장기 지속적인 현상으로 우리 문화의 고유성을 담지하고 있으면서도 근현대적 현상을 비유하거나 설명하는 용법을 지니고 있는 생명력을 긍정할 때, 판은 시공간의 변화를 가로지르는 특징을 가진 용어로 이해할 수 있다. 판 현상의 핵심적인 특징으로 판의 다중성과 횡단성을 강조할 수 있다. 이는 판의 용법을 확장하고 이웃 개념들과 접속할 때 더욱 분명해질 수 있다. 이 판의 속성은 구성 요소를 재조직하는 능동성이라고 할 수 있으며 판이 개별적으로 갖지 못한 특성을 통섭적인 구도에서 제출된 판의 복잡계가 보여준다고 할 수 있다.

판의 연구는 판을 구성하는 요소들을 함께 모아놓은 전체 구조에서 솟아나는 새로운 특성이나 행동을 주요하게 파악해야 한다. 우리가 추구하는 판의 규모는 현재까지 제시한 판의 장에 대한 설명보다 더 클 수 있다는 점도 분명히 인지해야 할 것이다. 복잡계 과학에서는 혼돈과 질서 사이에 완벽한 평형이 이루어지는 영역에서 생명의 복잡성이 비롯된다고 한다. 그리고 혼돈과 질서를 분리시키는 극도로 얇은 경계선을 혼돈의 가장자리라고 명명했다. 생명은 이 혼돈의 가장자리에서 출현하며 혼돈의 가장자리에서 자기조직화에 의해 창발하는 질서에 의존해서 유지된다. 이러한 복잡계 과학의 특징이, 판의 층위와 계열이 형성하는 장의 특징을 설명하고 해명하는 유익한 인접 학문의 틀이라고 생각한다. 판의 개념이나 방법, 이론 등은 이러한 통섭적인 구도 속에서 새롭게 조명되고 새로운 생명력을 얻을 수 있을 것이다.

그런데 판의 다층적 스펙트럼을 '잡다雜多'로 인식하게 되면 인식 질료에 불과하다는 생각을 할 수도 있다. 이는 일상적이고 근대적인 현상으로 판의 부정성 혹은 주변성과도 관련된 이해 방식이기도 하다. 이렇게 보면 판은 개념으로서 명징성을 얻을 수 없는 불투명한 현상으로 치부될 수도 있다. 마치 판은 철학에서의 판타스마phantasma나 시뮬라크르 simulacre와 같이 실체·본질·진리의 빛에 이르는 데 방해가 되거나 제거해야 할 '이데아의 그림자'처럼 취급될 수도 있다. 판은 기존의 개념으로 사유 불가능한 무의미와 같은 위상을 가질지도 모른다. 그러나 무의미의 복권 또는 시뮬라크르의 복권이 현대 철학과 문화학 등에서 새로운 인식 지평과 의미를 생성하는 것과 마찬가지로, 판의 개념을 문화학의 범주 속에서 여러 분과 학문들의 개념적 통섭망을 가지고 접근한다면 판은 새로운 개념으로 창조되어 그 지위를 확보할 수 있을 것이다. 다시 말해, 철학·종교학·역사학·문학·연극학·공연학·민속학·인류학·사회학·경제학·정치학·물리학·생물학 등의 분과 학문 속에서 안출된, 공간·장·계·텍스트 등 의미론적으로 확장된 개념들을 참조·교차시키면서 문화학의 범주 속에 융합시킨다면 인문학은 물론 자연과학과 사회과학을 아우르는 통섭적 개념이자 통섭적 연구 의제로서 그 지위를 확보할 수 있을 것이다.

2. 판의 생명론 혹은 문화론

1) 루퍼드 쉘드레이크와 형태공명장

루퍼드 쉘드레이크는 신과학을 주장하는 과학자 중의 한 사람이다. 모든 사물을 분자와 원자로 나누고 쪼개는 기계론에서 탈피해 거대한 우주와 지극히 작은 곤충이 하나의 조화 속에서 살아가고 있음을 일깨워주는 과학의 새로운 지평을 열어가고 있다. 디팍 코프라Deepak Chopra[13]는 "루퍼드 쉘드레이크는 우리 시대의 저명한 과학자이자 가장 혁신적인 사람 중의 하나이다. 루퍼드는 형태공명이라는 그의 이론으로 인해 비난받음과 동시에 찬사받기도 할 것이다. 그의 연구에 대해 여러분이 어떻게 생각하든 그는 무시될 수 없을 것이다. 나는 언젠가는 그의 업적이 뉴턴과 다윈의 업적과 같은 수준에서 평가될 것이라고 생각한다"라고 평가했다. 또 어빈 라즐로Ervin Laszlo[14]는 "형태공명은 생명의 본성과 진화를 이해하는 데 혁명적인 정보-장information-field을 제시해준다. 그것에 대한 앎은 새로운 패러다임의 과학적 지식을 구성하는 중요한 부분"이라고 언급했다.

신과학의 패러다임은 전일적, 생태론(유기체)적, 내적 역동성을 지닌 시스템 이론으로 이해된다. 이는 자연에 대한 근본적인 관점의 변화로, '부분에서 전체로', '구조에서 과정으로'라는 슬로건으로 대표된다.[15] '부분에서 전체로'는 자연을 자기 조직화 내지 스스로 짜깁기의 원리로 이해하는 입장이다. 즉 일체의 속성은 그 사물이 맺고 있는 관계성으로부터 파생된다는 것이다. 이 경우 마음도 유기체로 특징지어진 시스템적 현상으로 이해했다. '구조에서 과정으로'는 생명이 정해진 규칙이나 방향을 따르지 않고 예측 불가능한 창조성을 창발시킨다는 뜻을 함축한다.

쉘드레이크는 기계적 세계/성장하는 우주, 무생물/장field, 죽은지구/가이아, 결정론적/카오스적, 인식가능/어두운 물질, 비창조적/창조적 진화, 영원한 법칙/습성habits 등으로 요약될 수 있는 근대과학과 신과학의 대립 지점에서 신과학의 패러다임[16]을 지지하는 생물학 분야의 '이단아'로 불린다. 그 이론의 핵심은 형태공명장the field of morphic resonance[17]이라는 개념 속에 있다. "수정란에서 발생된 생물체는 그를 구성하는 물질적 성격DNA에 의해서가 아니라 형상을 창출하는 알(수정란) 속의 장field에 의해 그 모양이 형성된다는 것이다. 생명의 장이 성장을 이끌고 모양새를 결정한다는 논리는 기계론적 세계관에 대한 전면 부정이자 자연 신비주의로의 회귀를 뜻할 수 있다."[18] 그는 자신의 이론을 형태적 인과율에 대한 가설이라고 명명하고 형태공명을 형태적 인과율formative causation

의 본성으로 규정했다. 그의 『형태공명: 형태적 인과율의 본성』 2009년 판 「서문」[19]에 이러한 점이 잘 나타나 있고 그의 이론이 제출된 배경과 그 연구의 지향점이 암시되어 있다.

쉘드레이크가 문제 삼는 편향된 과학적 인식은 데카르트 이래 확산된 자연에 대한 기계론식 사유이다. 데카르트는 우주가 하나의 거대한 기계이며 인간의 몸을 포함한 그 안의 모든 것이 기계라고 주장했다. 그는 본질적으로 영적인 인간의 지각 있고 이성적인 정신만은 예외로 생각했는데, 정신은 뇌라는 작은 영역을 통해 몸이라는 기계와 상호작용을 하고 있다고 믿었다. 생물학도 마찬가지로 17세기 과학으로부터 환원주의에 대한 굳은 믿음을 물려받았다. 복잡한 조직체는 반드시 더 작고 단순한 조각으로 쪼개어 설명할 수 있다는 것이다. 이를테면 DNA의 구조 분석을 통해 개미의 행동을 예측할 수 있다는 것인데 그렇게 하려면 계산이 너무 복잡해서 불가능에 가깝다는 것이 쉘드레이크의 판단이다. 그는 기계론식 이론을 대체하는 이론으로 자연 혹은 생명에 대한 전일주의 holism를 표방한다. 전일주의는 전체는 부분을 단순히 합한 것 이상이라는 인식을 깔고 있다. 살아있는 유기체뿐만 아니라 분자, 결정체, 성운 같은 비생물학적 구성물까지도 더 작은 부분으로 쪼갤 수 없는 전일적인 특성을 가지고 있다. 게다가 양자역학에서는 비국소성 혹은 비분리성 현상과 같은 이상하고 역설적인 자연계의 성질을 찾아냈다. 그것에 따르면 하나의 더 큰 전체에서 떨어져 나온 부분인 개체들은 수마일 떨어져 있을 때조차 믿기지 않는 친밀성을 유지한다는 것이다.[20]

쉘드레이크의 형태적 인과율은 기억이 실제로 내재하며 실체가 없지만, 어떤 면에서 성격상 물리적인 형태장에 포함되거나 구체화된다는 것이다. 형태적 인과율 이론에 의하면 과거가 현재가 되는 과정인 기억은 공간과 시간 모두를 통한 형태적 인과 영향의 전달과 관련된 형태공명을 통해 발생한다. 시간이 흐르면서 형태장에 포함된 기억들이 축적되기 때문에 물체들은 점점 더 습관적이게 된다. 이를테면 푸른박새의 우유병 따기 습성[21]을 들 수 있다. 서유럽에 사는 푸른박새는 그들의 둥지로부터 25킬로미터 이상을 여행하는 경우가 거의 없는데도 1920년대부터 1940년대에 걸쳐 푸른박새가 우유병의 뚜껑을 여는 습관이 영국 전역에 퍼졌다. 그 습관은 지리적 순서에 따라 지속적으로 퍼진 것이 아니라 다른 지역들에서 독자적으로 불쑥 나타난 것이다. 우유병은 1880년 영국에 처음 소개되었기 때문에 푸른박새가 그런 습관을 가진 것이 처음 발견되기까지는 최소 40년이 걸렸다. 이는 시간이 흐름에 따라 습성의 확장이 가속화된다는 흥미로운 사례이다. 실제로 수십 년 동안 최소한 89가지 다른 푸른박새들이 독자적으로 그런 습관을 갖고 있다는 사실이 발견되었고 우유병이 사라졌던 2차 대전이 끝난 후 그 습성이 다시 출현하기도 했다.

새로운 패턴의 행동이 발생할 때 그 행동이 반복된다면 같은 조건에 있는 생물체들은 그 새로운 패턴을 처음보다 더 빨리 익힐 수 있다. 일본의 어느 섬에 원숭이 한 마리가 우연히 바닷물에 고구마를 씻어 먹기 시작했다. 흙을 제거할 수도 있고 또 맛도 있는 새로운 방법이었을 것이다. 그 후 주변의 다른 원숭이들도 따라 하였는데, 어느 순간부터는 기하급수적으로 바닷물에 고구마를 씻어 먹는 원숭이의 숫자가 늘어났다. 심지어 이 방법이 전해질 수 없는 일본의 다른 섬에 있는 원숭이들도 같은 행동을 하는 것이 관찰되었다. 이 행동은 형태장을 설명하는 대표적인 사례가 될 수 있다. 이외에도 형태장의 존재를 입증하기 위한 많은 실험 사례들[22]이 있다. 쉘드레이크는 주인이 귀가하는 때를 알아차리는 애완동물, 둥지를 찾아오는 비둘기, 흰개미 사회와 형태장 이론, 확장된 정신 혹은 정신의 확장 등에 대한 실험과 분석을 토대로 형태장을 설명하기도 했다.

쉘드레이크는 흰개미들의 거대한 조직체 내부에 정교한 상호소통 체계가 존재한다고 확신하면서 다음과 같은 질문을 던진다. 단순히 냄새나 다른 감각적인 수단으로 메시지를 주고받는 것으로 이 거대한 조직체를 설명할 수 있을까? 아니면 흰개미 사회는 과학이 아직 모르고 있는 어떤 힘의 영역에 의해 통합되어 있는 것이 아닐까? 일꾼 흰개미들은 자신들의 집을 흙 알갱이로 만드는데, 그 흙 알갱이를 배설물이나 침에 적셔서 다지면 마른 후 단단해진다. 그런데 일꾼 흰개미들은 그 흙 알갱이들을 어디에 붙여야 하는지 어떻게 아는 걸까? 집단 구성원 중 한 마리가 그 일의 아주 작은 부분 이상을 감독하거나 완성될 건축물의 청사진을 전체로 조망할 수 있다고는 도저히 생각할 수 없다. 어떤 집들은 완성되는 동안 많은 일꾼 흰개미들이 도중에 일생(평균 수명 약 1년)을 마감하기도 한다. 어쨌든 새로 투입되는 일꾼들 각자가 이전부터 있던 일꾼들과 조화를 잘 이루어야 하는 것은 틀림없다. 그렇게 지은 흰개미 집들이 존재한다는 사실은 일꾼들이 규율을 잘 따르고 일정한 전망 하에 서로 교감을 나누고 있다는 결론을 피할 수 없게 한다. 그런데 일꾼 흰개미들은 오랜 기간 동안 어떻게 그토록 효과적으로 서로 의사소통을 할 수 있는 걸까? 또 누가 그 흰개미 집의 청사진을 가지고 있는 걸까? 개별구성원들의 행동이 어떻게 통합되어 전체로서 사회기능을 수행할 수 있는 걸까? 전체는 개별들을 단순히 합한 것이 아니라 그 이상인 것 같다. 그런데 이 전체성은 어디에서 비롯되는 것일까? 이러한 질문들에 답하기 위해 그는 각각의 분석들을 모두 종합하면 조만간 그 전체 시스템을 재건할 수 있다는 생물학계 환원주의자들이 공유하는 신념과 달리 장 개념을 도입했다. 즉 개별 곤충들이 그 집단에 종합적인 건축 청사진을 제공하는 사회적인 장들에 의해 조정되고 있다는 것이다. 자석 주위에 쇳가루를 뿌렸을 때 생기는 모양이 자기장의 영향을 받는 것처럼 집단을 이루고 있는 흰개미들 조직도 집단 장의 영향을 받는다고 본 것이다. 그는 이러한 장을 고려하지 않는 이론은 자석 주위에 쇠가 모이는 현상을 자기장에 의한 것이 아니라 쇳조각들 각각의 내부 프로그램에 의한 것이라고 설명하는 것과 같다고 비판했다.

1920년대에 몇몇 태생학자embryologist와 발생생물학자developmental biologist들이 동식물이 어떻게 성장하는지를 설명하기 위해 형태발생장이라는 가설을 내세우면서 생물학의 변혁이 처음 시작되었다. 성장하는 유기체의 형태를 결정하는 보이지 않는 청사진이나 계획은 형태발생장에서 비롯된다는 가설이었다. 형태발생장 개념은 발생생물학자들에 의해 널리 채택되고 있는데, 일례로 형태발생장 개념은 팔과 다리가 똑같은 유전자와 단백질을 가지고 있으면서도 어떻게 다른 모양을 띠게 되는지를 설명하는 데 도움을 준다. 팔은 팔 형태발생장의 영향 아래서 자라고 다리는 다리 형태발생장의 영향 아래서 자라기 때문에 서로 다른 모양이 된다. 그 장들은 건축 설계와 유사한 방식으로 모양을 형성한다. 똑같은 건축 자재를 써도 설계하기에 따라 서로 다른 모양의 집을 지을 수 있다. 설계는 집의 물질적 구성 요소는 아니지만, 재료들이 조립되는 방식을 결정한다. 건축 설계와 마찬가지로 형태발생장도 유기체의 물질적 구성 요소로 환원될 수 없을 뿐 아니라 이러한 구성 요소들 간의 상호작용들로 환원될 수 없다. 집의 형태는 그 물질 구성 요소들 간의 상호작용을 통해 결정되는 것이 아니다. 구성 요소들은 이미 집이 지어지기 전에 마련된 특별한 계획에 따라 조립되면서 서로 상호작용을 하는 것이다.

문제는 형태발생장이 무엇이며 어떻게 작용하는가이다. 쉘드레이크는 그것이 전혀 새로운 종류의 장이라고 생각한다. 형태적 인과율을 밝히는 가설로 쉘드레이크는 미립자에서부터 사회에 이르기까지 복잡성의 정도에 상관없이 모든 시스템들이 갖고 있는 전일적인 자기조직 특성을 형태장으로 설명한다. 그 장은 어떤 고유의 기억을 가지고 있는 것으로 간주했고 그 기억이 시공간을 통해 유사한 것끼리 서로 주고받는 영향 즉 형태공명에 의해 생겨나는 것으로 생각했다. 형태장에 의해 청사진이 만들어지고 그 장에 의해 개별 곤충들이 감싸여 있는 것이다. 한 집단의 장은 터널, 아치, 탑 그리고 균류 배양터 같은 각각의 구조물들을 관장하는 하부 장들을 통해 전체 집단을 지배한다. 하부 장들이 유기적인 역할을 수행하려면 벽과 방을 넘나들며 집단의 물질적인 구조물들에 스며들 수 있어야 한다. 자기장이 유형의 구조물들을 통과할 수 있듯이 집단의 장도 그렇게 할 수 있다. 물질적인 장벽을 넘나들 수 있는 이 능력을 통해 한 집단의 장은 통상적인 감각에 의한 상호소통이 불가능할 때조차 서로 떨어져 있는 흰개미들을 유기적으로 통합할 수 있다. 주목되는 것은 흰개미들이 실험에 의해 감각에 의한 상호소통이 장벽으로 차단된 상태에서도 전체적인 조화를 잃지 않고 둥지를 지었다는 점이다.

셸드레이크는 정신이 두뇌 안에 있다는 기계론을 거부한다. 그는 급진적인 철학의 한 유파에 불과하던 것이 오늘날 우리 사회의 정통 학설이 되어 어릴 때부터 교육되고 당연한 것으로 받아들여지고 있는 것에 대해 안타까워한다. 유럽 어린이들의 정신 발달에 관한 장 피아제의 연구에 따르면 대부분의 어린이들은 열 살이나 열한 살이 되면 '올바른' 관점 즉 생각은 두뇌 속에 들어 있다는 것을 배우기 시작한다. 하지만 그보다 더 어린, 아이들은 꿈속에서 육체를 벗어나 돌아다닐 수 있다고 믿으며 자신들이 주위의 생동하는 세계와 따로 떨어져 있는 것이 아니라 그 안에 동참하고 있다고 믿는다. 또한 입, 숨결, 공기 속에 생각이 깃들어 있고 말과 생각은 멀리 떨어진 곳에서도 신비로운 효과를 발휘한다고 믿는다. 이와 같은 어린이들의 행태는 전 세계의 전통문화들에서 쉽게 발견할 수 있으며 기계혁명이 일어나기 전까지 서양 문화에도 보편적이던 정령 신앙을 드러내고 있다. 인간의 의식적인 삶의 본질을 이해하는 열쇠는 무의식 세계에 있다. 영혼은 극히 작은 일부 지역만 태양에 의해 밝게 비춰고 있는, 계속 돌고 도는 거대한 강에 비유될 수 있다. 프로이트 이후 무의식에 대한 인식이 정신 치료 의사들 사이에 널리 퍼지게 되었으며 융의 집단무의식 개념에 이르러서는 영혼이 더 이상 개개인의 정신에 국한되지 않고 모든 사람에 의해 공유되었음이 간파되었다. 영혼은 개개인들이 무의식적으로 참여하는 일종의 집단 기억을 가지고 있다는 것이다. 이에 따르면 융 학파와 개인 한계를 초월한 심리학, 무속 연구와 초심리학, 신비주의적이며 계시적인 민간 전설 등은 형태장 안에서 혹은 그것을 매개로 전일적인 형태의 새로운 과학적 패러다임과 상통한다.

쉘드레이크는 응시와 그것에 대한 감지 현상에 주목한다. 그는 시각을 일방통행 작용이라 생각하는 기존 가설과는 달리 쌍방향 작용이라 생각한다. 빛이 눈 안으로 들어오는 것처럼 영상과 지각 작용들은 우리 눈 바깥, 우리 주변 세계 쪽으로 투사된다고 그는 생각한다. 우리의 지각 작용은 정신적인 해석 활동을 포함하고 있는 지적인 행위이다. 지각 작용은 우리 정신 속의 이미지인 동시에 우리 몸 바깥에 있다. 그것이 몸 안에도 있고 바깥에도 있다면 정신은 몸이라는 울타리를 넘어 확장되어야 한다. 누군가 자기를 응시하고 있다는 느낌은 일반적으로 잘 알려져 있다. 쉘드레이크는 그의 조사에서 80%에 해당하는 사람들이 그런 경험을 했다고 언급한다. 눈으로 영향을 줄 수 있다는 생각은 주위에서 흔히 볼 수 있다. 이것은 정신의 확장에 대한 즉 정신이 보는 것에 영향을 줄 수 있다는 은연 중의 믿음을 내포하고 있다. 기존 과학계는 이런 현상을 입증해주는 증거들을 제대로 검토해보지도 않고 그 가능성을 무시하고 부정하며 아예 논의조차 하지 않으려 한다. 왜냐하면 정신이 두뇌 안에 있다고 믿기 때문이다. 이러한 믿음은 흔히 정신 축소 이론이라고도 하며 시선에 신비한 효과가 있을 가능성을 전혀 논외로 치부하고 그것을 원칙적으로 무조건 배척한다.

1980년 후반 텍사스의 샌 안토니오에 있는 정신과학재단의 윌리엄 브라우드와 스페리 앤드류스 연구팀은 비디오 카메라가 계속 돌아가는 방에 피실험자들을 데려다 놓고 20분간 자유롭게 생각하며 조용히 앉아 있도록 했다. 응시자들은 연구소의 다른 구역에 있는 관찰실에서 TV 화면으로 그들을 보았다. 그전의 모든 실험들과 달리 피실험자들에게 언제 시선을 받는지 알아맞히도록 요구하지 않았다. 대신에 그들의 왼손에 전극을 부착해 기초 피부 저항을 측정함으로써 그들의 무의식적인 신체 반응을 관찰했다. 거짓말 테스트처럼 이 저항의 변화를 통해 교감신경계의 무의식적인 활동을 세밀하게 측정할 수 있었다. 중간에 쉬는 시간을 주면서 30초씩 계속 반복된 테스트를 통해 피실험자들은 무작위로 시선을 받기도 하고 받지 않기도 했다. 실험 결과 비록 피실험자들이 의식하지 못한다 해도 시선을 받을 때 피부 저항에 중요한 변화가 일어난다는 것을 확인할 수 있었다. 이러한 실험 결과는 누군가 응시하고 있는 것을 알아채는 감각이 실제로 존재한다는 것을 입증하고 있다. 확장된 정신은 영혼이 신체 전체에 충만하고 신체에 생기를 불어넣어준다고 믿는 전통적인 생각과 일맥상통한다. 쉘드레이크는 오늘날 확장된 정신이라는 개념을 설명하기에 가장 적합한 이론으로 장 이론을 제시한다. 장은 신체를 유기적으로 조직할 뿐 아니라 신체 전체에 충만해 있다. 전자기장, 중력장, 양자장이 있듯이 성장하는 신체의 꼴을 결정하고 형태를 유지하는 형태발생장이 존재한다. 행동과 정신생활의 토대에는 행동, 정신 그리고 사회를 관장하는 각각의 장들이 영향력을 미치고 있다. 형태 원인 가설에 따르면 형태발생, 행동, 정신 그리고 사회를 관장하는 각각의 장들은 형태장들로 개개인 각자의 고유한 과거 기억과 먼저 살다 간 수많은 사람들로부터 전해오는 집단 기억을 간직하고 있다. 쉘드레이크는 정신과 육체 그리고 자연환경의 상호관계를 새로운 시각으로 조명해야 함을 역설하고 있다.

전체 조직의 각 단계는 저마다 고유한 형태장의 영향을 받는다. 화학의 예를 들면 한 결정체의 형태장은 분자의 형태장들을, 그 분자들은 원자들의 형태장들을, 그 원자들은 아원자 입자들의 형태장들을 그 안에 각각 품고 있다. 사회생활을 하는 동물들의 경우에 외곽원은 전체 집단의 형태장을 나타내고 그 안의 원들은 개개의 동물들을 나타내며 또 그 안의 원들은 그 동물들의 내부 기관을 나타낸다. 한 집단의 구성원들이 모집단으로부터 분리될 때 전체 집단의 형태장은 늘어나는 방식을 취할 수 있다. 이 장은 한 집단의 서로 분리된 구성원들을 보이지 않는 끈으로 연결시킨 것처럼 작용한다. 애완동물과 집 밖의 주인, 비둘기와 둥지에 있는 동료들, 같은 흰개미 군락 내의 서로 분리된 구성원들 간 감응 현상에 이 원리를 적용할 수 있다. 형태공명에 의해 일어나는, 후속 유사 시스템에 대한 선행 시스템의 누적적인 영향이 있다. 즉 하나의 주어진 형태를 가진 최초의 시스템은 그 다음 시스템에 영향을 미친다. 그리고 이 제1과 제2의 시스템은 제3의 시스템에게 영향을 미친다. 이와 같이 영향은 누적적으로 전개된다. 이러한 과정 속에서 어떤 후속 시스템에 대한 선행 시스템의 직접적인 영향은 시간의 흐름에 따라 점진적으로 감소한다. 그 절대적인 효과는 줄어들지 않지만, 상대적인 효과는 유사한 과거 시스템이 늘어나는 총 비율에 따라 감소한다.[23]

단 하나의 후속 시스템(A)과 두 개의 후속 시스템(B)에 따라 형태공명에 의하여 선행 시스템의 영향이 감소될 수 있다. 유사한 시스템의 증가율에 따라 그 상대적인 효과가 감소하긴 하지만, 선행 시스템의 형태적 영향morphic influence이 유사한 후속 시스템들에 대한 작용 속에서 소진되지 않을 수 있다. 형태공명에 의한 형태적 영향에 대한 감소가 발생한다면, 또 감소의 비율이 매우 빠르다면, 그것은 발견될 수 있을 것이다. 첫 번째로 그 극단적인 사례, 즉 한 시스템의 영향이 단 하나의 후속 시스템에 대한 형태공명에 의해 소진되는 경우가 존재한다. 유사 시스템의 수가 시간에 따라 증가한다면 그들 중 대부분은 선행 유사 시스템으로부터 형태공명에 의해 영향 받지 않을 것이다. 따라서 그것들은 '변화' 혹은 '창조'에 의해 다른 형태들을 발생시킬 수 있을 것이다. 그런 까닭에 이러한 시스템들의 형태는 매우 다양하게 될 것이다. 두 번째 각 시스템이 두 개의 후속 시스템에 영향을 줄 수 있는 경우가 존재한다. 후속 형태들의 전부는 아니지만, 대부분의 형태들이 형태공명에 의해 안정될 수 있다. 각 시스템이 세 개의 후속 시스템에 영향을 줄 수 있다면 모두 안정될 수 있을 것이다. 형태의 불안정은 후속 시스템의 숫자가 인구 폭등과 같이 아주 급작스럽게 증가할 때만 나타날 수 있을 것이다. 또 각 시스템이 많은 후속 시스템에 영향을 미쳤다면, 이처럼 낮지만 한정된 형태 영향의 소진율은 실제적으로 발견될 수 없을 것이다. 이는 유사한 후속 시스템에 대한 시스템의 형태적 영향은 소진되지 않음을 보여준다.[24]

정리하자면 쉘드레이크는 미립자에서부터 사회에 이르기까지 복잡성의 정도에 상관없이 모든 시스템들이 갖고 있는 전일적인 자기조직 특성을 형태장으로 설명한다. 장은 어떤 고유의 기억을 가지고 있는 것으로 보고 이 기억이 시공간을 통해 유사한 것끼리 서로 주고받는 영향, 즉 형태공명에 의해 생겨나는 것으로 본다. 생명체의 형태나 성장 그리고 행동양식은 유전자의 작동만으로 결정되는 것이 아니라 형태장에 의해 끊임없이 영향을 받는다는 것이다. 형태장이란 우주의 진화에서 시간의 흐름상 앞서 존재한 유사한 종류의 개체, 즉 과거에 살았던 같은 종에 속하는 모든 생물체의 행태와 형태로 각인되어 형성된다. 그러고는 다시 시간과 공간의 제약을 뛰어넘어 공명현상을 일으키면서 후대의 자손들에게 영향을 준다.[25] 쉘드레이크의 견해에 따르면 한 사람의 인격은 심지어 그 사람과의 직접적인 접촉이 없어도 현재와 미래의 세대들에게 영향을 미칠 수 있다. 식물과 동물들의 모습과 행위는 공간과 시간을 가로질러 직접적인 연결을 통해 같은 종들의 과거의 생물들의 모습과 행위에 의해서 형성될 수 있다. 이를 인간에게 적용한다면, 인간 의식의 확장에 따라 직접 접촉하는 사람들만이 아니라 잠재적으로 현재와 미래의 모든 인류에게 영향을 미칠 수 있을 것이다.[26] 뿐만 아니라 형태장이 작동하는 우주는 직선적인 인과율로 이루어진 엄격한 결정론이나 우연의 지배를 받는 곳이 아니라 창의적인 발생이 언제나 하나의 가능성으로 존재하는 곳이다. 형태는 장에, 장은 형태에 상호적인 방식으로 영향을 미친다. 그때 인과율은 모두 복잡하고 창의적인 것으로 이해된다. 때문에 진정한 변혁은 항상 하나의 가능성으로 존재하며 진정한 해방적 변화도 언제든 발생할 수 있다. 형태공명은 새로운 학습과 새로운 습성이 우리가 상상했던 것보다 공동체를 통해 훨씬 더 빨리 전파될 수 있음을 보여준다. 점점 더 많은 사람들이 새로운 습성과 삶의 방식을 실천할 때 형태장이 점점 더 강력해질 수 있을 것이다.

2) 가능한 접속 지점과 이웃 개념들

형태장과 판의 접속 가능한 지점들을 마련하기에 앞서 판과 관련된 본격적인 논의의 성과를 검토하는 것이 필수적이다. 최동현[27]은 판소리를 정의하기 위해서 판에 주목했다. 그의 논의를 요약하면 이렇다. 기본적으로 판은 판을 벌리다, 굿판, 연희판 등과 같은 용례에서 알 수 있듯이 사건이나 일 혹은 활동이 일어나고 벌어지는 장소적인 의미를 갖고 있다. 따라서 판은 구경꾼으로서 관중의 의미까지 함축하고 있다. 또한 판은 어떤 일의 시작과 끝 그리고 그것이 계기적으로 반복되는 경우에도 쓰인다. 즉 장기 한 판, 바둑 두 판과 같은 용례이다. 시간적인 의미를 함축하고 있으며 그것은 용례에 따라 경쟁과 갈등을 함축하고 있기도 하다. 그리고 판은 예술적 형식이나 장치를 의미하기도 한다. 즉 판굿·판소리·판예술 등의 용례 속에서 보듯 공연적인 의미를 함축하고 있다.

임재해[28]는 민속학을 판 문화학으로 새로이 재정립하고자 하는 의도에서 판 문화를 어떻게 인식할 것인가에 대한 물음에 다각도로 답하면서 인문학문의 재정립과 활성화를 위한 대안적 길찾기를 시도했다. 먼저 판의 역동성(=전도성 또는 유동성)을 제시하고 판의 현장성 즉 연구가 수행되는 현장, 민속이 살아 숨 쉬는 현장으로서 판을 검토했다. 그에 의하면 판은 단순한 장소(=터)가 아니라 현장적 맥락이 다양하게 작용하고 일정한 수준의 연행물과 주체 그리고 관중 등에 의해 복합적으로 구성되는 총체적인 문화적 구성물이다. 주목되는 것은 판의 갈래 구분을 통해 판 문화의 정체성을 검토한 점이다. 즉 판의 갈래를 현장에서 유통되는 살아있는 용어의 사용법에 근거하여 장르류(ㅇㅇ판)와 장르종(판ㅇㅇ)으로 구분하고 다양하고 폭넓게 존재하는 문화 장르류인 'ㅇㅇ판'을 중심으로 판 문화학 수립을 제창했다. 더 나아가 민중들의 생활세계를 중심으로 문학·역사·철학 영역과 교섭할 수 있는 판 문화학의 교두보를 마련했다.

천혜숙[29]은 이야기판을 대상으로 하여 전통적인 분류와 그것의 문화적인 의미를 분석했다. 먼저 이야기판의 전통을 '가문 이야기판', '마을공동체 이야기판', '확장된 이야기판'으로 분류하고 그 특징을 각각 살폈다. 주목되는 점은 이야기판의 문화론적 분석인데, 이야기판이 일상적 삶과 생활문화의 현장으로 기능하고 공동체적 정체성을 형성시키는 담론의 공간으로 작용하며, 외부와의 접촉과 세대교체를 통해 지평의 확대와 정서의 지속을 이룬다고 했다. 또 전문 이야기꾼의 출현과 그것의 전문화 혹은 예능화를 논의하면서 사회문화적 조건 혹은 시대적 문맥 속에서 지속과 변화의 다양한 요인에 대한 검토가 수행되어야 할 필요성을 제기했다.

이 외에도 사회학 분야에서 1990년대 한국 사회의 문화화의 과정으로서의 사회적 활동이자 그 산물로서 구성된 사회적 공간을 문화판으로 규정한 논의[30]를 들 수 있다. 문화판은 ① 후기 자본주의 체제에서 지구적으로 진행되고 있는 문화화의 한국적 지역화의 과정이자 산물 ② 문화판의 맥락적 요소로서 창의산업을 중심으로 하는 신자유주의적 문화경제의 흐름과 함께 한국 사회가 경험한 문화정치학적 변화의 과정 ③ 문화판의 행위적 요소로서, 창의성을 중심으로 하는 청소년문화의 이행기적 성격과, 문화적 구별구조의 유지 및 변화의 양상 ④ 창의성을 촉진, 관리하기 위한 산업적, 정치적 체제를 함축하는 공간적 재현, 즉 구조나 환경적인 의미 규정 ⑤ 주체가 그러한 구조적 관계와 사회적 권력작용을 주관화하여 수행할 수 있도록 촉진하고 규율하는 재현적 공간, 즉 행위나 구성적 힘(자본)으로서 의미 규정 등과 같이 다양한 수준(지구적·지역적·역동적·구조적·수행적·구성적 차원)의 종합적 구성물로 논의되었다.

이와 같은 논의로부터 형태장과 판의 접속 가능한 지점을 아래와 같은 몇 가지 시론적인 도식으로 설계할 수 있다. 가장 기초적인 접속의 원리는 두 가지 현상 혹은 개념이 공유하고 있는 연속성, 변이성, 선택성의 원리이다. 이 세 가지 원리는 1954년 상 파울로에서 열린 국제민속음악협의회에서 채택된 구두 전승 예술의 형성 원리이다. 이 원리는 다음과 같은 정의에 입각해 있다. ① 현재를 과거와 연결하고 있는 연속성 continuity ② 개인 혹은 집단의 창조적 충동에서 생기는 변이variation ③ 지금까지 남겨진 음악의 형 혹은 다양한 형을 결정하는 공동체에 의한 선택selection이 그것이다.[31] 그런데 여기서 유의할 것은 이러한 원리가 선조적인 시간의 흐름 속에서 작용하는 것이 아니라는 점이다. 더욱이 형태장의 작동 방식을 고려할 때 더욱 그러하다. 왜냐하면 형태장에서 형태적 인과율의 작용은 시간을 격절한 다층적인 방식으로 현재에 틈입하고 그렇게 해서 야기된 변화가 형태장에 기입되기 때문인데, 이러한 기입은 축적의 조건과 상태를 변화시킨다는 점에서 거꾸로 흐르는 시간의 방향을 암시하고, 이것이 반복된다는 점에서 순환적이지만 그때마다 차이를 생성하는 창조적 진화를 함축하고 있다.

공연인류학과 정신분석 그리고 바슐라르에서 알튀세르로 이어지는 과학적·철학적 인식론을 접속시켜 풍물굿 혹은 잡색놀음이라는 민속문화 현상을 분석하는 과정에서 적용한 방법론적 분석 범주를 형태장과 접합할 수 있다. 형태장을 염두에 둘 때, 공연 행위의 복원 과정에 대한 분석 도식들은 형태공명에 의해 일어나는 후속 유사 시스템에 대한 선행 시스템의 누적적인 영향을 보여주는 도식들과 매우 흡사하다. 바꾸어 표현하면, "하나의 주어진 형태를 가진 최초의 공연사건(혹은 문화사건)은 그 다음 공연사건(혹은 문화사건)에 영향을 미친다. 그리고 이 제1과 제2의 공연사건은 제3의 공연사건에 영향을 미친다. 이와 같이 영향은 누적적으로 전개된다. 이러한 과정 속에서 어떤 후속 공연사건에 대한 선행 공연사건의 직접적인 영향은 시간의 흐름에 따라 점진적으로 감소한다. 즉 변화와 창조가 불가피하다." 일정한 경계를 가진 형태장의 시스템이나 하나의 문화구성체(이를테면 풍물굿)가 존속하고 작동하는 과정에서 일어나는 외적·내적 긴장과 영향은 유사하게 작동할 수 있다. 이는 연속과 단절의 교차와 전도를 시간의 흐름(혹은 시스템/문화구성체의 전개) 속에서 나타낼 수 있음을 의미함과 동시에, 생명(혹은 생물체)과 문화(혹은 판) 현상의 원리와 의미를 검토하는 유용한 도구가 될 수 있음을 의미한다.

형태장은 물리학, 화학, 생물학 등의 자연과학을 넘어 심리학 혹은 정신분석학 등과 마주치고 있다. 특히 민속학과 종교학의 영역과 조우하여 좀 더 복합적이고 확장된 개념으로 여러 현상과 그것을 대상으로 연구하는 학문 영역을 포괄하는 전일적인 개념적 지위를 확보할 가능성을 보여주고 있다. 이러한 취지에서 형태장과 비교해볼 수 있는 이웃 개념들을 검토할 수 있다. 그 구체적인 비교 대상으로 다양하게 논의된 무의식, 언표장 혹은 객관적 선험, 장과 아비투스 등을 들 수 있지만, 여기서는 멜라니 클라인의 '태곳적 초자아' 혹은 '원시 무리의 아버지'라는 개넘 속에 함축된 집단무의식의 반영을 중심으로 그 가능한 경로를 탐색하고자 한다. 이를 바탕으로 그 이웃 개념들을 더욱 확장하는 작업을 수행할 수 있을 것이다.

멜라니 클라인은 초자아의 발생과 관련하여 프로이트가 수행하였던 초기의 논의 즉 초자아의 탄생 뒤에는 오이디푸스기 이후에 오는 부모에 대한 동일시가 숨어 있는 것이 아니라 개인에게 있어 최초이자 가장 중요한 동일시, 즉 개인의 선사先史로서의 아버지에 대한 동일시가 숨겨져 있다고 한 점에 주목했다. 그 아버지는 성차를 인식하기 이전의 아버지와 어머니로 분화되지 않은 아버지이다. 그리고 원초적인 장면과 결합된 부모를 넘어서 모든 역할을 수행하는 원시 무리의 아버지의 모습이 분명하게 나타난다.[32] 오이디푸스적 욕망의 상징적 순치 혹은 전도 과정에서 생성되는 초자아의 두 계열은 합병될 수 있다. 이는 개인적 무의식과 집단적 무의식의 합병으로 생각해볼 수 있다. 태곳적 초자아는 오이디푸스적 초자아로 전도될 수 있다. 이 전도 과정을 통해 아이는 무의식적 욕망의 억압자 혹은 조율자, 상징계의 지배자로서 아버지를 인식하고 그것을 내재화함으로써 가족적/사회적 존재로 살아가게 된다. 개인의 영역에서 자아의 형성은 리비도의 억압을 통한 상징계(=초자아의 윤리적 영역)의 진입을 의미한다. 이는 집단 혹은 사회의 영역에서 자연적 존재로부터 문화적 존재로 진입함을 의미한다고 할 수 있다. 원시 무리의 아버지가 태곳적 초자아로 개인의 자아 형성 과정에 작용한다는 것은 문화적 기억 혹은 집합적 무의식이 한 인간의 발달 과정에 관여한다는 것을 의미한다.

이러한 의미에서 멜라니 클라인의 무의식 분석은 형태장에서 전개되는 생명현상과 유사하다. 형태장에 저장된 혹은 공유된 기억은 유사한 패턴의 행동을 반복적으로 일어나게 함으로써 특정한 개별적 사건을 무마시킨다는 점에서 습관과도 같다. 과거에 있었던 수많은 유사한 사건들은 비슷한 이미지들을 모두 겹쳐서 만들어낸 합성사진과도 같이 형태장에서 형태공명을 통해 유사한 시스템을 형성한다. 비록 형태적 영향의 소진이나 위축이 다양한 변이형을 낳는다고 할지라도 유사한 후속 시스템의 증가가 시간의 흐름 속에서 조율된다는 점은 멜라니 클라인의 무의식 분석에서 이중으로 작용하는 초자아의 제약이 가족적 체제, 더 나아가 사회적 체제의 유지에 관여하는 것과 같다. 그것이 욕망의 억압, 다양한 형태발생의 제약이라는 부정적 효과로 나타난다고 할지라도 유의미한 지표로 이해될 수 있을 것이다. 다만 변화 혹은 창조에 의한 형태발생의 기억이 형태장을 쇄신하여 존속케 할 가능성, 달리 말해 무의식과 욕망의 정치성에 대한 분석 가능성만은 열어두고자 한다.

미래사회는 창조적 행위와 가치 및 그에 대한 학문적 요구가 증대하는 사회 즉 창조사회가 될 것이다. 창조사회는 과학기술의 발전과 생산력의 증대로 말미암아 인간이 살아가기 위해 반드시 수행해야 하는 노동에서 해방되어 여가 활동 자체가 생산 활동이 될 수 있는 사회를 말한다. 이러한 사회에서는 교환가치보다는 사용가치가 중시되어 개인의 자율성과 창발성이 중요한 가치척도가 된다. 정치적으로는 소규모 자율공동체의 직접민주주의 정치형태가 만발하고 자율적인 개인의 집합 즉 다중의 정치가 이루어진다. 문화도 역시 생산과 소비가 분리되지 않고 자족적이고 통합적인 방식으로 향유된다. 이러한 창조사회는 부분적으로 이미 도래해 있으며 창조사회의 가치와 배치되는 현재 사회의 구조적인 문제들을 해결해가는 과정에서 확산될 것으로 기대되고 있다.

창조사회에서 우리는 새로운 지식 혹은 학문의 지형을 형성하고 그 유형을 생산하도록 요청받을 것이다. 창조사회의 존재 방식이 자율과 창조 그리고 통합을 지향해가므로 학문의 장도 그에 따라 변화하지 않을 수 없다. 학문의 경계를 허물어야 풀 수 있는 인간과 세계의 문제들이 제기될 것이기 때문에, 인문학·사회과학·자연과학이 통섭적 지식망을 형성하도록 하는 지식 혁신의 요구도 거세어질 것이다. 이로부터 인문학은 인문학을 구성하는 철학·역사·문학 등의 영역 간 교류뿐만 아니라, 각 분과 영역의 개념·방법·이론적 혁신은 물론, 그간 축적된 지식의 재구조화를 통해 통섭적 지식을 창출해야 할 상황에 직면해 있다.

판의 통섭적 개념화는 이러한 배경 속에서 고안된 것이다. 판은 한국 문화학을 구성하는 다양한 분과 영역, 즉 민속학/인류학을 비롯하여 문학·예술·역사·철학 등등을 가로지르는 문제적인 개념이자 방법틀로 통섭 지식의 모델을 구축하기 위한 창조적 개념이 될 수 있다. 또 사회학·경제학은 물론 생태학·생물학 등 자연과학의 개념·방법·이론과 연계하여 구체적으로 연구할 수 있는 개념이기도 하다. 이 글은 이러한 효과 속에서 그 개념적 지형·목적·방법 등을 심화시키는 실마리를 제공할 것으로 기대된다. 그 기대 속에서 판을 한국의 전통문화 혹은 기층문화를 관통하는 핵심적인 문화현상의 복합체이자 개념적·이론적 문제틀로 확장·심화시켜 사유할 필요성을 제기하고자 한다. 왜냐하면 판은 철학·사회학 및 자연과학, 특히 생태학과 생물학 등을 관통하면서, 자연·인간·사회·예술·종교 영역에서 새로운 사유의 관점과 개념을 제공할 수 있기 때문이다. 다시 말해 판은 철학에서 개념이나 범주, 역사학·사회학에서 사건·공동체·장, 예술·종교·문화에서 장이나 현장, 자연과학에서 계·군·장 등으로 사유할 수 있는 통섭적 개념이자 현상으로 볼 수 있기 때문이다.

이와 같이 생각할 때 판은 기존 지식을 통합할 수 있는 문제적 개념이며 그 용량이 매우 큰 개념적 위상을 가지고 있다. 이는 곧 지식의 재구조화를 위해 판의 연구가 하나의 강력한 모델이 될 수 있음을 시사한다. 그러나 판을 통섭적 개념으로 사용하여 기존 지식을 융합하고 새로운 시대의 지식을 창출하기 위해서는, 기존 분과 학문 영역에 고착된 인식의 장애를 극복하는 것이 필요할 것이다. 이 장애를 극복하는 데서 상상력이 중요하게 고려될 수 있다. 상상력은 기존 지식, 특히 전공별로 구획된 지식의 한계와 문제점을 넘어설 수 있는 가능성의 문을 열어준다. 파편적·단절적인 지식 이전의 세계로 돌아가기 위해서는, 기존 지식이 쌓아 놓은 높은 벽을 넘고 건널 수 없을 정도로, 너무 멀리 떨어진 경계를 오고 갈 수 있는 징검다리가 필요하다. 그 징검다리 역할은 상상력에서 나온다. 복잡한 현상을 나누고 분할시켜 분석하는 능력도 중요하지만, 전공영역의 경계를 넘나드는 상상력이 더욱 중요한 시점이 바로 현재라고 할 수 있다.[33] 지식의 재구조화는 각각의 영역에서 형성된 지식들을 상상력으로 넘어설 때 만나게 되는 확대된 지평 속에서 가능할 수 있을 것이다

제 3 장

다
중

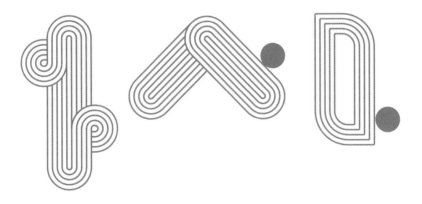

전통(/비근대)과 현대(/탈근대)라는 서로 다른 두 층위에서 주체 분석 코드로서 다중의 존재론을 검토할 수 있다. 물론 이 두 층위는 포크 모더니티 안에서 공존한다. 먼저 되기 혹은 생성의 사건적 주체로서 다중을 무속의 특이성을 논의함으로써 해명할 수 있다. 즉 무속 혹은 무 집단이 텍스트 내(혹은 체제 내)에 표상되어온 방식을 검토하여 무속 혹은 무속 표상의 다중적 성격을 규명할 수 있다. 편의상 시대를 따라 전개된 표상의 궤적을 무巫 문화에 대한 기록과 담론을 독해하면서 추적해갈 것이다. 즉 고대국가·고려시대·조선시대·일제강점기 그리고 그 이후의 기록에서 보이는 무속 혹은 무 집단의 분화와 표상의 성격을 분석해갈 것이다. 이 작업에서 중요한 점은 표상에 부과된 지식/권력의 시선을 문제화하는 데 있다. 표면적으로 표상이 지시하는 대상적 성격을 파악하기도 하지만, 그 이면이나 외부에 비가시적인 상태로 잠재해 있는 그 표상들의 함축에 대하여 그 지시적 의미를 거슬러 읽는 방식이 중요하게 고려될 것이다.

　무속은 민속예술의 모태로 강조되기도 한다. 즉 무속으로부터 현재 전승되는 다양한 예술 양식들이 분화되어왔고 새로운 예술의 창조적 원천이 된다는 것이다. 그런데 무속은 비근대의 예술적·문화적 형식들로 구성되어 있으며 그 내용도 비근대 사회의 종교·윤리·이념·사회생활 등에 대한 것이다. 그것은 독특한 구조적 특징을 가진 것으로 보이며 그러한 특징들은 그것이 상징하는 시대와 긴밀하게 조응하고 있다. 비록 무속이 과거적 양태를 고수하고 있다고 할지라도 그것이 조직되는 양식상의 성격과 내적 특징 혹은 미학적 가치와 문화적 의미는 그때 거기를 넘어 지금 여기와 미래를 새롭게 구성할 가능성을 지니고 있다.

무속 혹은 그 표상을 대하는 가장 기초적인 관점은 서로 다른 무속의 표상과 그 해석들이 있는 그대로 과거에 토대하고 있다기보다는 그 기원에 있어서 당대적인 것이며 특별한 목적으로 구성된 것이라는 데 있다. 구체적 문헌 고증을 통한 실증적인 작업조차도 그것을 가치화한다는 측면에서 사회문화적 권력과 연루되어 있다.[1] 참조할 수 있는 무속의 역사적 국면들에 대한 문헌들은 그러한 의미에서 무속을 선택적으로 문제화하는 발견적인 성격을 지닌 것이다. 그것은 연속성과 실체성의 표지로 무속의 '조각난 기억'들을 폐기보다는 복수의 의미들을 담지하고 있고 때론 거슬러 읽어야 하는 흔적들이다.

1. 무속 표상의 다중적 성격

역사의 마디를 이어 붙여보면,[2] 무속은 새롭게 형성된 권력과 지식의 체계 속에서 항상적으로 주변화되는 경향성을 보여 왔다. 최초의 경향성은 한국 고대사회 정치변동의 결과라는 시각에서 설명이 가능하다. 하나의 사례[3]는 이데올로기·경제·군사·정치 영역의 권력 연계망[4]의 지각변동 속에서 이루어진 고대국가 통치 체제의 제도화가 무속의 위치를 주변화시켰다고 간주한다. 국가 권력이 전쟁과 관련된 정치·군사·경제적 측면을 중심으로 강화되어 감에 따라 왕권 역시 무왕巫王으로서 지닌 종교적 권위보다는 실질적인 통치권의 장악이 중요해졌으며 이에 따라 무속의 이데올로기적 권력을 복속시켰다는 것이다. 이러한 경향성은 용 신앙의 분석 사례[5]에서도 잘 나타난다. 통치 이데올로기로 권력화된 불교는 무왕의 권력체제를 이데올로기적으로 뒷받침했던 용 신앙을 그 하위에 포섭했다. 용 신앙에 내포된 천신과 군주의 상징성을 불교의 하위신으로 포섭하거나 배제하는 방식으로 일정하게 주변화했던 것이다. 천신과 군주를 상징하는 용은 불교의 위력으로 교화되어 불법을 수호하는 선룡으로 포섭되거나 퇴치되어야 하는 독룡의 이미지로 구축되었다. 물론 이러한 경향성을 수용의 관점에서 해석하는 경우 무속의 유연성과 개방성 혹은 역동성과 지속성을 도출하여 한국 무속의 독창성을 강조하기도 한다.[6] 그럼에도 불구하고 새롭게 형성된 체제들 속에서 차지하는 무속의 위치가 달리 해석되지는 못한다.

고대국가의 형성 이후, 이데올로기적 권력의 성격이 변화하고 정치·군사·경제적 권력이 부상한 이래로 무속은 체제 바깥에서 출몰하는 유령이 되거나 체제 내에서 억압당하거나 순치된 일종의 타자가 된다. 고려시대의 무속은 국가적 차원의 기우제에 동원된 수동적 대상으로, 왕(인종)의 병을 유발시킨 원혼의 대리자로, 사람들을 홀려 배를 불리는 범죄자로, 권력 투쟁에 활용되거나 반대자를 제압하는 도구로, 연회의 춤놀이꾼으로, 풍기 문란의 주범 혹은 풍속 교화의 대상[7] 등으로 체제의 영역에 출몰한다. 조선시대의 무속은 무속에 대한 유교의 이데올로기적 포섭이나 배제의 효과로 형성된 표상들로 더욱 고착된다. 비유교문화에 대한 유교의 음사론에 의해 무속의 의례적 기능이나 공공성은 차단되고 선택적으로 대중적이고 실천적인 의례문화로 그 성격을 나타낸다. 이 과정에서 무속의 음사화는 심화되고 그릇된 것으로 무속의 문화적 성격이 고착된다. 그에 따라 무 집단은 통제와 관리의 대상이 되며 체제의 중심으로부터 바깥으로 즉 성외에서 성외 10리, 성외 10리에서 강외로 축출된다. 이에 따라 공식적인 무의 국행과 활인 활동이 종식되고 무의 치병과 저주가 한층 통제를 받으면서 더욱 암행을 모색하게 된다.[8] 이와 같이 무 집단은 심각한 오염원, 풍속이나 교화를 더럽히고 교란하는 것, 오염된 풍속을 지닌 집단으로 표상되고 음사론의 제도화에 따라 체제의 시선이 머무는 곳에서 비판과 계도 혹은 논죄와 금제, 법적 처벌의 대상이 된다. 그럼에도 불구하고 체제는 위기의 상황 속에서 무속의 직능을 사회공리적으로 이용하고 상시적인 위기관리 체계 내로 포섭하기 위해 관련 대장에 등록하여 병인을 치료하게 하면서 무세도 징수한다. 요컨대 무속의 표상은 체제 내의 기우제·산천 제사(별기은)·치병과 저주 등으로 고착[9]된다.

그런데 표상의 고착 이면에는 그것의 봉인을 푸는 출몰이 있다. 그 출몰에는 "남녀가 구름처럼 모여드니 문에는 나막신이 그득하고"[10]와 같은 집합적 상태가 암시된다. 또한 "최항이 무격들을 도성 밖으로 내쫓았다", "…무격이 그 경계 안으로 들어갈 수 없었다"[11] 등등과 같이 '도성'과 '경계'가 지시하는 체제 바깥의 주변성과 외부성이 담지된다. 이 주변성과 외부성에는 금기의 파괴와 저항 혹은 체제의 전복적 힘이 잠재되어 있다. 앞에서 "체제는 위기의 상황 속에서 무속의 직능을 사회공리적으로 이용하고, 상시적인 위기관리 체계 내로 포섭하기 위해 대장에 등록하여 병인을 치료하게 하면서 무세도 징수"했다고 말했다. 이러한 점을 들어 체제가 무속을 인정했다고 해석할 수도 있지만, 그것은 체제가 허용하는 범위 내에서 엄격하게 통제 관리되는 국행 의례로 순치되거나 대상화된 상태 혹은 권력 유지와 쟁투의 활용 도구로 그 기능이 일정하게 방향지어진 주체화의 상태다. 그것은 체제의 권력이 무 집단에 각인된 상태로서 주체화이며 그 결과로 재현된 종속 주체이거나 지배 이데올로기에 의해 호명된 주체, 일정한 선 안에 있는 주체[12]이다. 그럼에도 불구

하고 이 주체 외부에 잠재해 있는 힘(욕망)은 이러한 주체를 형성하는 '선'
을 지우기 위해 재현 주체의 내부 혹은 체제 내에 출몰한다.

통시적으로 포착된 무속 혹은 무 집단의 성격은 체제의 생성과 그에
따른 권력의 배치 속에서 일원화할 수 없는 표상들로 유동해왔다. 그것
은 중심으로부터 멀어지는 원심력의 작용 속에서 궤도를 수정하며 표상
의 해석 영역을 팽창해간다. 그러한 운동 속에서 그것은 구심적인 힘의
작용에 의해 중심을 향해 외부성과 주변성을 드러내면서 출몰한다. 그
출몰을 통해 무속의 비가시적 성격이 일부 해석될 수 있고 굴절된 표상
이 지시적 의미와 함께 그것을 그런 식으로 표상하는 권력의 속성도 파
악할 수 있다. 비가시성은 언표 외부의 알려지지 않은 혹은 배제된 의미
들로 둘러싸인 세계(=무속)의 속성이고 굴절된 표상은 체제에 의해 언표
의 세계에서 떠돌게 된 유령으로 비유할 수 있으며 불안과 위험 그리고
죽음 등의 위기 상황 속에서 비정상적인 형상 즉 재현으로 체제 내의 주
변성을 드러낸다.

무속 표상의 이 다중적 경향성은 체제 주변의 영역에서 여러 갈래로
포착된다. 이를테면 지방 무속의 존재 양상과 분화 속에서 그 다양한 표
상의 성격들을 가늠해볼 수 있다. 즉 지방 관아에 출입하는 무당을 아무
衙巫, 내무당이라 불렀는데, 이들은 지역의 성황사에 참여하기도 했고 마
을 단위의 종교의례에 참가하기도 했다. 이들은 향리들과 공조하며 지
역민들의 전통적 신앙을 담당했다. 조선 후기에 마을 단위의 유교적 동
제가 정착했지만, 전염병이 돌거나 횡액이 발생할 경우 무당이 동원되는
'별신제'가 행해지기도 했다. 또 논농사의 발전으로 자연 마을 단위의 두
레가 형성 발전하는 가운데 공동 노작 문화가 발달하면서 일정하게 농민
들에 의해 주도되는 의례와 무당의 의례가 분화하였다. 그런가 하면 조
선 후기 군문의 취고수에 무부 계통의 악공들이 편입되기도 했다.[13] 무
집단들은 무속 의례 담당자로서 관계 맺은 집단들의 일상적 삶과 긴밀하

게 접촉하면서 정신적·심리적·신체적 치유력을 행사했다. 또 선소리꾼, 판소리 광대, 삼현육각 연주자, 줄타기, 땅재주, 어릿광대, 걸궁농악 등에 관여하기도 했다. 이렇게 다방면에 걸쳐 있는 무 집단은 일반인은 물론, 기생과 율객, 한량 등과 관계[14]하면서 또는 산조와 창극의 생성과 전개에도 관여하면서 무속의 영토를 넓히기도 했다. 이러한 과정에서 보이는 무속의 다중적 흐름은 내적으로는 무 집단의 분화로, 외적으로는 무속 표상들의 이접이나 담론적 발견에 따라 무속 표상이 계열적으로 확장한 것이라 하겠다.

　무 집단의 분화에 따른 무속의 장르적 분화가 조선 후기 이래 포착되어 근대 이후 발견된 경향[15]이라면, 한 국외자(제국적 혹은 식민적 지식 권력)의 시선이 구성한 무속 표상의 한 사례[16]는 고유성의 측면에서 원자적 상태를 이루는 양식화가 아니라 여러 양식들이 합류하여 분자적 상태를 이루고 그 양식들을 구현하는 주체들의 다질성을 보여준다. 물론 그러한 표상의 이면에는 무속에 대한 식민주의적 관점이 암시되어 있다. 이를테면 조선 사회 농촌성의 전형적인 문화적 표상이 무속이라는 언술에는 여성적이고 수용적이며 변화를 싫어하는 정체된 상태,[17] 즉 식민의 대상이라는 의미가 함축되어 있다. 1931년 5월 13~15일, 개성 덕물산 산상동의 도당굿에 대한 사흘간의 관찰기는 원시성의 표상·괴기스러움과 광적 흥분·농촌성·무당의 부차적인 존재성·고대의 신성과 역사적 신성의 혼재 등의 언표를 통해 원본적인 신앙적 성격을 강조하면서 일정하게 과거성을 투사하고 있다. 그럼에도 불구하고 주목되는 것은 주체의 다질성과 분자적 상태를 이룬 양식들의 결합이다. 거기에는 직업무당의 의례·가면극·인형극·농악·무용 등이 이루는 축제의 시끌벅적함이 있다. 이 역동적인 흐름 속에 양식들의 공존과 교차 및 혼합이 있다. 또 성과 속을 횡단하는 주기적·순환적 팽창이 있다. 무속은 일상 속에서 주기적인 신앙 행위와 함께 영속적으로 존재해 있다가 의례의 순간

개성 도당굿(일제시대)

에 팽창한다. 물론 이러한 팽창은 반복적이고 순환적인 패턴을 이룬다. 그 팽창 속에서 군중은 뒤섞이는데, 그러한 와중에도 분류될 수 있는 무리들이 존재한다. 즉 구장·화주·걸립의 쌀자루를 맨 패거리·무녀들과 표상된 신들·서낭대를 받들어 올린 무녀·본향신으로 분장한 주무·대감복을 입은 대국사신·창부복의 본향막동·장고와 징과 바라를 치는 다섯 명의 무녀·전립을 쓰고 흰 머리띠를 한 마을 청년들·굿중패·사당패·흥겨워 춤추는 신명 난 사람들·길가 산모퉁이에서 가게를 연 사람·돈벌이를 하러 온 색주가의 여자들·이상한 형태의 거지와 잡귀 등이 일정한 공간과 절차를 점유하고 있다. 이러한 역동성과 팽창의 사태는 거꾸로 식민적 시선을 역전시키고 그 표상성을 전복하는 잠재적 힘들로 고려할 수 있다.

전복의 잠재적 힘들은 앞서 말한 바 "일정한 선 안에 있는 주체 외부에 잠재해 있는 힘(욕망)"의 한 양태임과 동시에 "주체를 형성하는 '선'을 지우기 위해" 체제 내부에 출몰하는 전복적 표상의 동력이 되기도 한다. 이를테면 1688년(숙종 14) 양주에 성인聖人의 영이 내렸다고 하며 백성을 모으는 수명의 무녀들이 있었다. 그 배후에 지관 황회와 생불이라 불리는 승려 여환이 있었다. 여환은 용녀부인이라 불리는 원향을 아내로 삼았으며 이들은 돈을 거두어 군복·전립·장검 등을 마련했다. 지사 황회의 부인도 성인제석이라 불리는 무당이었다. 이 부부는 귀신의 빌미가 있어 몸이 아픈 집에 신당을 차리고 축귀를 하는 방식으로 많은 추종자를 얻고 있었다. 또 정성인신당鄭聖人神堂의 주인인 무녀 계화를 중심으로 성인이라 불리는 십여 명의 무리가 괴서를 유포하였는데, 계화가 쓴 문서에는 상경입성 등과 같은 반역의 언표들이 쓰여 있었다. 이러한 언표들로 인해 황회와 여환은 모반 대역죄로 능지처참되었다.

실제로 이들은 양주목에서 무력 봉기를 일으켜 양식과 무기를 빼앗아 상경하려는 계획을 갖고 있었다. 이 봉기의 주모자들은 미륵의 세상을 대망한 성인聖人들로 무당·승려·아전·군관 등을 포함했다. 여환의 경우를 더 검토하면 그는 칠성신에게 누룩 세 덩이를 받게 된다. 이 신탁은 초월적인 존재가 여환에게 지상의 지배권 내지 그에 상당하는 결정권을 주었다는 것으로 해석되었다. 그는 대국의 법을 구현하기 위해 봉기했는데, 여기서 대국은 개성 덕물산의 무신당으로 해석[18]된다. 그것은 무속이 지향하는 이상향을 함축하며 한양(/조선 왕조)에 대한 저항 이데올로기의 표상이었다. 이 사건이 일어났던 17세기 후반은 이상기후·흉년·기근 등 사회 혼란이 가중된 위기의 상황이었다. 이러한 체제의 위기 속에서 징·바라 등의 무구巫具를 가진 반체제적인 무당들은 양반이 상놈이 되고 상놈이 양반이 되는 세상을 이루기 위해 봉기했다.

이와 유사한 사건이 1785년(정조 9) 함경도에서 일어났다. 이 삼수부 역모 사건은 새로운 세상 즉 미륵 세상을 맞기 위해 신장神將을 맞이하는 신사神事를 행한 사건으로 요약된다. 사건의 주축은 토박이 유력자·유배자·떠돌이 훈장·거사 등이었고 그 이데올로기적 성격은 무속에 미륵신앙과 정감록이 결합된 것이었다. 이들은 미륵 신도를 자처하는 집단으로 제사 의식을 거행하고 이상향에 대한 염원을 강하게 드러냈다. 특히 역모에 가담한 거사들은 곳곳을 전전하며 행걸行乞·점복·기도·염불·행상·연희 등으로 생계를 해결하는 존재들이었다. 당시 거사 1만여 명이 전국에 흩어져 있고 이들이 거병할 것이라는 소문[19]이 파다했다.

마찬가지 사례로 동학혁명을 들 수 있다. 홍낙관은 1894년 3월 무장 신촌에서 봉기하여 천민 부대를 이끌었다. 그 세력이 대단하여 항상 손화중 부대의 선봉에 섰다. 그런데 홍낙관은 고창 고수면 은사리에서 단골을 하다가 동생 홍계관과 봉기하여 대접주가 되었다. 창우와 무부의 무리가 그의 부대에 들어갔고 다른 단골들과 밀접한 관련을 맺고 있었다. 이 세력을 기반으로 하여 그 부대는 10만 대군을 이룰 정도였다. 홍낙관은 천민 신분으로 동학을 자신의 신분을 해방시켜 줄 수 있을 사상으로 받아들이고 신분 해방의 혁명에 앞장 섰던 것이다. 또 김개남 부대를 구성하는 계층도 승려·관노·재인과 같은 천민들이었으며 이들은 양반·상민·천민과 같은 신분 차별이 없는 평등한 사회, 지주와 국가의 수탈이 없는 사회[20]를 만들고자 하였다. 요컨대 체제의 억압에 직면해 지속적으로, 그러나 불규칙하게 현실화되었던 이 전복적 힘들은 지배의 시선에 의해 도둑이나 역적의 표상들로 역사 텍스트에 기록되었으며 문화적으로도 현재 전승되는 텍스트들 속에서 중도둑이나 도둑 혹은 도적이라는 언표로 고착되어 있다. 그러나 그것은 신명을 억압하는 체제를 거슬러 출몰한 사회역사적 운동이며 권력의 얼굴인 하늘을 체제의 밑에서 또는 체제 외부에서 전복시켜 무속이 지향하는 충만한 세계의 얼굴로 구성하려는 해원의 살풀이이다.

　이제까지 무속 혹은 무 집단의 성격을 고대로부터 근대에 이르기까지 살펴보았다. 그러나 이는 참고 가능한 자료들을 중심으로 편의상 시대적인 흐름으로 정리한 것이지 역사의 발전 속에서 무속이 전개되어온 하강 또는 침전의 역사를 의도하는 것은 아니다. 지금까지 살펴본 무속 혹은 무 집단의 성격은 현재에도 변함없이 이어진다. 무속의 정치적 성격은 현재 각종 선거 국면에서 정치인들의 의례로 재현되고 통치의 차원에서 민의 결속과 사회 갈등의 봉합 의례의 관변적 성격으로도 나타난다. 또 지역(혹은 마을) 유지들의 정치적·사회적 통합의례로도 존재하고 있다. 한편 체제에 대한 무속의 전복적 운동은 저항의례로 출몰하고 있으며 위안부, 일제강점기 등 역사의 비극적 경험과 불행, 그 원한과 원혼을 달래는 해원굿으로 표출되고 있다. 뿐만 아니라 비극적 영웅의 해원과 그 부조리한 사회의 변혁을 갈망하는 시민들의 정치 의례로도 나타나고 있다. 이 밖에도 무속은 무형문화재로 지정된 정기적 의례로 정도의 차이는 있으나 공연적 성격을 띠는 무대화된 의례로 분화되어 있다.

　과거나 현재, 어쩌면 미래에도 이와 같은 무속의 다양한 성격은 존재했거나 존재하고 또 존재할 것이다. 그런데 변하지 않고 지속되는 것은 주변성이다. 미신과 전근대성의 상징, 주변화된 부정성의 표상으로 자리 잡고 있다. 아무리 그것의 전통성을 강조한다고 하더라도 그 문화적·예술적 위치는 주변적이거나 소수적이다. 무왕은 신화 속에서 존재했을 뿐 그것의 역사적 실체는 상상된 것일 수 있다. 기억이 닿지 않는 상상의 영역 혹은 실재계의 표상으로 존재할 수 있다. 이러한 생각이 수동적인 것만은 아니다. 기원도 없고 실체도 없는 무속 표상의 주변성은 늘 체제의 권력과 마주치며 표상되어왔기 때문이다. 그 양상이 순응적이었건 저항적이었건 권력과 마주치는 가운데 굴절되어온 표상이었기에 그 표상의 결을 거슬러 읽는 지점에서 또 간혹 그 굴절된 표상의 영토에 불규칙하게 돌출되어 나온 저항적 표지들과 만나는 지점에서 무속의 외부성과 조우할 수 있을 것이다.

2. 다중의 습속 혹은 생성으로서 문화영토

무속은, 다중 즉 하나의 실체로 표상될 수 없는 그야말로 다양한 욕망을, 헤아릴 수 없으며 통합할 수 없는 행위들로 표현하는 복수 존재들의 습속이며 국가나 체제의 시각에서 보면 '만인들에 의한 만인들의 투쟁'이 일어나는 자연 상태 그 자체로 인식되는, 규율되어야 하는 표상들로 재구성되어야 하는 존재들의 습속이다. "오래 전에 선행하여 있던 다중은 마치 억압되었던 것이 자신의 정당성을 입증하기 위해 되돌아오는 것처럼, 때때로 국가의 주권이 뒤흔들리는 위기의 순간에 자신을 내세우면서, 재차 표면 위로 떠오를 수 있"으며 체제 속에서 "목소리가 박탈된, 공적인 현존이 박탈된"[21] 무리이다. 무속 혹은 무 집단의 성격은 이 다중의 특성과 접속될 수 있으며 그것이 체제가 흔들리는 위기의 순간에 외부로부터 체제 내로 출몰한다는 점에서 생성의 사태로 그의 존재성을 규정할 수 있다.

표현적 차원에서 생성의 사태인 다중의 습속은 판 혹은 문화영토의 문제로 전환할 수 있다. 다시 말해 고착된 표상을 떠받치는 이데올로기적 지반이 균열을 일으키는 국면들 속에서 새로운 판 혹은 표현 양식들을 생성시키는 힘들에 대한 사유로 전환할 수 있다. 그것은 무속의 영토가 다양한 양식들로 분할된다는 의미이기도 하며 그 과정 속에서 혹은 그 과정을 거치면서 무속의 문화영토가 확장된다는 의미이기도 하다.

무속은 그 표상의 불구적 상태 속에서도 다양한 계층의 표현적 욕망을 담지한 행위 양식들이 근거한 공통의 문화적(혹은 예술적) 지반이었다. 무왕의 권위를 떠받치는 다중적인 권력 장치로 상상된 신화, 국행 의례로서 기우제·별기은, 치병과 저주의 주술 의례, 지방 관아의 의례와 연희 또는 유교 의례와 병존하는 고을이나 마을의 제의 양식들, 두레 공동체의 의례와 연희·군악·판소리·농악 등은 모두 무속과 별개의 것으로 생각할 수 없는 다중의 습속 혹은 문화영토들이다. 이는 비근대와 근대가 경합했던 일제강점기— 물론 그 경합은 식민 상태를 함축하고 있지만 — 에도 달라지지 않았음을 덕물산의 굿판에서도 확인할 수 있다. 구장과 제관 및 무당이 구심이 되어 벌린 굿판 — 물론 당시 습속의 구조가 그들의 위치를 지정하고 그러한 습속의 작동 속에서 관계의 차이를 가지고 있기도 하지만 — 에는 탈놀이·꼭두각시놀음·농악·춤·놀이·사당패(혹은 굿중패)의 기예 등이 굿판에서 공존하거나 교차하고 있다. 이 다양한 굿판의 표현 양태들은 무속이라는 공통의 지반 위에서 구별될 수 있는 문화영토들이지 그것과 분리되어 존재할 수 없다. 정치적 행위조차 의례화된 양식들이며 무속이라는 공통적 심성으로부터 분출된 봉기의 사건이었다.

무속의 표현 양식들은 예술 자체의 장르적 분화가 이루어지는 방향으로 향한 생성보다는 공통의 심성으로 무속을 공유하면서 체제를 구성하는 영토들을 횡단하는 되기의 방식으로 나타난다. 이를테면 다양한 방식으로 굴절된 표상들 즉 '국가-권력 되기'이며 생산력의 상대적인 진전에 따른 '농민-두레 되기', 계급 구조의 재편과 직능의 세분화에 대응한 '무-승려-악공-광대-기생 되기', 체제의 위기 속에서 권력에 대항하는 '도적-역적 되기' 등이다. 다시 말해 문화 혹은 예술 양식들이 다른 표현(또는 행위) 양식들과 분리되었다고 볼 수 없으며 무속을 바탕으로 체제에 대응하며 존재했다고 말할 수 있다.

　무속의 표현 양식들은 담당자와 목적에 따라 생계-예능, 의례-예능, 전문-예능으로 구분할 수 있다. 이를테면 무당굿은 대동굿과 개인굿의 양태를 보이는 복합적인 문화구성체이다. 무당굿은 단골의 생계-예능이기도 하고 마을 대동굿에서 연행되는 의례-예능이기도 하다. 또 단골판에서 주술·치료 행위를 통해 생계를 이어가는 직능이자 광역적 단위에서 예능을 팔아 생계를 이어가는 예능이기도 했다. 전북지역 고창군 지역의 사례를 들어보면 다음과 같다. 이 지역에는 판정마을에 살면서 기산마을을 기점으로 그 북쪽을 담당했던 전씨 무계 집단이 있었다. 이들은 주로 마을주민들이 경험하는 일생의례에서 주술적 직능을 담당하는 생계형 예능을 수행하였다. 또 마을의 필요와 무계 재인의 생계적 필요 및 예능적 욕구와 만나 이룬 무계 재인의 걸궁굿이 자주 있었다. 이들 전문적인 예능 집단은 정월의 마을 축제와 가을 추수 때 주로 활동하였다. 요컨대 무당굿 양식은 무당의 사회적·일상적·생계/직업적 성격을 가짐과 동시에 일상의 경계면에서 신과 인간 존재가 교류하는 차원을 열어 이상적 공동체성을 구현하는 의례적 성격을 지닌다. 구조적인 측면에서 그것은 '일-놀이'의 특징을 지님과 동시에 '제의-놀이'적 특징도 지닌다. 다시 말해 제의가 일인 예능 담당자의 특성상 생계-예능의 구조를 근간으로 의례-예능이 구현되고 수준 높은 전문성이 발현된다.

주목되는 것은 무속이 다양한 인간의 표현적 행위 양식들을 포괄적으로 규정하고 있다는 점이다. 물론 조선 사회의 체제 이데올로기 장치로 작동했던 유교의 영향력이 후대로 갈수록 강력했고, 무속의 표상들을 굴절시켰지만 무속의 지반을 근본적으로 무너뜨리지는 못했다. 다중의 습속으로서 무속이 다양한 표현 양식들의 공통 지반으로 작용할 수 있었던 것은 비근대 사회의 구조적 특징에 있다. 즉 농경을 중심으로 이루어진 생산력과 생산관계의 특수성이 정치와 사회 및 문화의 영역을 강하게 견인하고 있었기 때문이었다. 즉 무속은 비근대 사회의 특수한 조건 속에서 정치·경제·사회·문화·종교적 행위 양식들을 그 안에 접고 있었으며 그것이 펼쳐지는 표현적 국면에서도 이와 같은 복합성에 근간하여 그 예능적 양상들이 전개되었던 것이다. 이를테면 굿판은 기본적으로 굿이 이루어지는 현장을 뜻하며 제의적 행위를 함축한다. 이 제의적 행위와 장소/공간 속으로 그 물리적 속성이 결합되면서 굿판은 단순히 어떤 행위와 공간을 지칭하는 것을 넘어 굿과 관련된 총체적 문화 행위로 삶과 사회를 반영하는 종교 문화적 상징이 된다. 또 그것은 기층 문화현상으로서 다양한 궤적을 만들며 전승되어온 역사성을 지닌다. 거기에는 그것을 만들고 향유하고 전승해온 사람들의 사유 체계가 작동하고 있으며 그 구조 안에 단골판·난장판·소리판·놀이판·판소리·판놀음 등과 같은 양식들을 담고 있다. 단골판에는 사람과 사람의 관계성과 소통성 그리고 그 사회체적 성격 및 경제적 성격 등이 더해진다. 난장판은 경제적 층위·축제적 층위·정치적 층위 등이, 소리판과 놀이판은 놀이성 및 유희적 욕망 등이, 판소리와 판놀음은 예술성과 미학성 및 양식성 등이, 굿판의 성격과 용법을 변형하고 확장한다.

무속의 양식적 특성은 일제강점기를 거쳐 70년대까지 일정하게 유지되었던 것으로 보인다. 물론 이 과정에서 근대 산업사회의 형성과 맞물려 도시를 중심으로 대중과 대중문화가 형성되고 발전해왔지만, 1960년대부터 70년대까지 전통적인 문화가 기반하고 있는 사회문화적 토대와 대중의 취향이 존속[22]하였다. 뿐만 아니라 일종의 문화적 혼종이라 할 수 있는 문화현상이 나타났다. 예를 들어 1960년대와 70년대 사이 대중적인 풍물굿 형식이 나타났었다. 그것은 공연 형식면에서 곡예적 요소를 강화하였다. 즉 12발 상모의 연행판 안에서 격자 형식으로 들어간 어린아이의 설장고 공연이 있었고, 상쇠가 무동을 태워 상모를 돌리게 하면서 쇠놀음을 하였다. 또 하모니카·풀피리·서양악기 등과 혼합된 연행 방식을 보여주기도 했다. 이는 당대의 문화적 흐름과 대중적 취향에 발맞춘 새로운 공연 형식의 창조적 사례로 볼 수 있고, 무 문화의 의미 있는 퇴적층으로 문화적 기억이 될 수 있다. 다시 말해 전통적 가치와 근대적 가치가 교차·충돌·변화하던 그때의 양상을 기억의 형식 속에 담고 있으며, 그 과정에서 진로와 전망을 모색했던 예인과 그 연행 문화의 전형을 보여주는 문화적 의미와 가치를 지닌다.

차이와 부정의 구조주의적 인식론은 대상의 정체성을 부정에 의해 정립한다. 즉 'A는 B도 아니고 C도 아니며 D도 아니어야 하고 E도 아닐 뿐더러…'와 같은 부정의 끊임없는 연쇄 속에서 그것은 의미를 획득한다. 그러나 부정의 무한지속에 의해 대상은 끊임없이 의미 혹은 정체성을 찾아 미끄러질 뿐이다. 이러한 부정을 통한 차이의 발견 즉 다른 것과 구별되는 것이 무속의 실체 혹은 고유성은 아니다. 그것은 A이고 B이고 C이고 D이고 E인 관계성이다. 이는 긍정과 생성의 사유 방식이다. 이 사유 방식은 '…이고…'만을 고집하지 않는다. '…이거나…'의 발산적 생성도 기꺼이 용인한다. 후자의 생성은 현실화의 차원에 존재하고 전자의 생성은 잠재적 차원에 존재한다고도 할 수 있다. 즉 긍정과 생성의 두 층위라 할 수 있다. 달리 표현하면 '…이고…'의 차원은 무한 생성이고 리좀적 연접을 의미한다. '…이거나…'의 차원은 이질적인 것들의 개방적 접속이라는 의미에서 이접적 생성으로 표현할 수 있고 그것은 '새로운 무엇 되기'로 완료되지 않는 과정적 생성을 뜻한다.

무속은 여러 이질적인 것들을 흡수하여 존속해왔다. 통상적으로 그것은 '습합'이라고 표현되곤 한다. 이 습합을 통해 무속은 다층적인 의미와 다중적인 기능을 발현해왔던 것으로 간주된다. 그런데 무속의 본질이나 실체를 가정하여 습합만을 강조하면 차이와 변형은 무화된다. 따라서 분화도 고려해야 한다. 습합과 분화의 강도에 따라 무속은 다양한 표현형들을 생성하여 온 것이다. 습합이 멈춘 지점이 있다면 그것이 근대와 조우한 것이라면 거기에서 분화 혹은 이접적 생성이 고려될 수 있다. 아울러 무속은 실체라기보다는 현상들로 존재한다. 무속은 그 자신 속에 서로 다른 지향과 정체성을 가지고 있다. 무속이라 명명된 덩어리 안에 다양한 표상들과 출몰, 되기 혹은 생성의 사건이 존재했다. 그것은 유동하는 흐름으로 존재해왔으며 고착된 정체성을 갖지 않는다. 수용과 행동으로 존재한다는 점에서 그것은 주체이자 현상이다. 그렇다면 문제는 일정하고도 구체적인 어떤 자리를 부여하여 그것을 대상화하는 데 있다. 형태의 변화와 이접적 생성을 연관 지어볼 때 무속은 형태적 차원에서 고유하고 안정적인 패턴을 유지하려고도 하고 변화 속에서 현재의 형태가 교체되어 미래의 형태를 형성할 수 있다. 즉 무속 현상은 고정적인 것이 아니라 과거·현재·미래에 대한 역동적이고 가역적인 성격까지 함축한다.

테크노에틱 아트technoetic art[23]는 창조적 의식과 인공생명을 접속시키려는 예술적 경향으로 테크노에틱 아티스트들은 의식의 테크놀로지가 새로운 예술이 발생할 수 있는 기반을 제공한다고 생각한다. 로이 애스콧Roy Ascott은 과학과 기술의 혁명으로 가장 많은 영향을 받게 되는 것은 우리의 의식이며 과학과 예술이 추구해야 할 공동의 목표는 의식의 탐험과 재구성이라고 말한다. 테크놀로지와 인식론이 통합된 '테크노에틱스'가 지금보다 더 철저하게 의식을 탐구하게 해주며 인식과 지각의 새로운 형식으로 나아가게 한다고 그는 주장한다. 그는 사이버네틱스와 샤머니즘의 행복한 동거를 꿈꾼다. 가장 보편적인 코드를 기반으로 한 정보공학의 산물이 인간의 내면으로 침투하면서 정신적·영적 세계로 통하는 지평[24]을 열고자 노력한다. 요컨대 그는 신인합일로부터 문화로 이어지는 의미의 패턴을 발견코자 하며 주-객의 분리 또는 배우-관객의 분리가 없는 합일의 세계를 기술과 의식 혹은, 과학과 무속의 이접을 통해 이루고자 한다. 이와 같이 "형태의 행동이 아닌 행동의 형태"에 주목할 때 무속은 테크노에틱 아트(또는 미디어 아트)와 상동적 관계(혹은 인접 예술)로 만날 수 있다. 대상의 자리에 있던 사물이나 도구의 자리에 있던 기술이 인간과 새로운 관계를 맺는 것과 같이 새로운 체제가 도래하는 길목에서 그것과 새로운 관계를 맺을 수 있다.

3. 민속 주체의 변환, 다중 혹은 '미디어-다중'

촛불행동은 부패한 권력에 대한 주권자인 시민들의 저항이다. 국가 권력의 설립 목적에 반해 공권력을 행사함으로써 신의信義 계약을 위반한 국가 권력에 시민들이 저항권을 행사[25]한 것이다. 촛불행동은 문화적 저항이다. '촛불축제' 혹은 '신명정치'[26]로도 표현되듯이 촛불행동은 그 조직 형태가 유연하고 다양하며 온/오프라인의 경계를 넘어선다. 그 행위자들은 공론장에 적극적으로 개입하고 정치·문화·놀이를 연결시킨다.[27] 다양한 세대들이 온/오프라인의 연결망 속에서 촛불행동을 하는 까닭에 그 행동이 집약되는 광장 즉 촛불행동이 생성하는 권력장의 구조 속에는 행위자들의 문화적 성향에 따른 행동의 형태들이 다양하게 출현한다. 따라서 그것은 단일한 세대의 감정구조를 넘어서 있으며 한국 현대문화의 지형을 대유代喩적으로 보여준다.

주목되는 것은 촛불행동이 부패한 권력에 대한 주권자의 저항 의지가 만들어낸 사건의 형식이라고 할 때, 때때로 민속은 촛불행동이 겨냥하는 부패한 권력의 표상으로 나타난다는 점이다. 이는 민속의 문화적 위치와 관련되어 있다. 민속은 여전히 잔여적·봉건적인 것으로 이해되고 있는데, 촛불행동을 촉발시킨 요인들이 민속적인 이미지로 재현되고 있는 것이 그러한 점을 증명한다. 예를 들어 팝아티스트 이하의 풍자 작품 속에서 무속은 적폐의 표상이 되고 있다. 그 작품 중에 굿을 통해 이루고자 하는 목적이 위안부 협상·사드·개성공단이라는 글자로 표현된 부분이 있다. 이는 국가의 중요한 정책이 무당의 살풀이 굿판에 의해 좌우되고 있다는 정치 현실 즉, 주술에 사로잡힌 정치권력을 풍자하고 있는 것이다. 그렇다면 우리는 풍자의 비판적 취지와 무관한 무속을 대중과 함께 생각할 수 있을까? 그렇게 주장한다고 하더라도 무속에 대한 이러한 지배적인 이미지의 각인을 지워낼 수 있을까?

풍자를 통해 비판된 무속의 표상은 현재 민속의 지배적인 이해 방식을 재현하고 있다. 그러한 표상과 이해 방식은 역사적으로 고착되어왔다. 이 풍자는 고대의 신화적 세계에나 가능한 무왕巫王의 통치가 현대 한국에 재현되고 있는 아이러니를 보여주고 있다. 거기에는 고종 당대에 민비의 총애를 받고 국정에 깊이 관여했던 진령군의 부패와 농단에 대한 기억도 중첩되어 있다. 주요 외신들은 '박근혜─최순실 게이트'를 보도하면서 '샤머니즘적 숭배가 연관된 스캔들', '샤머니즘 통치'라는 말로 이 사건을 묘사하기도 했다. 대중들은 사건의 전말을 알아가면서 대한민국의 현재가 '샤머니즘 국가'의 수준에 처해 있다고 자조하면서도 그에 대한 대항의 언표로서 대한민국은 '민주주의 국가'라고 천명하기도 했다. 대중의 현실 속에서 무속의 표상은 구습 또는 적폐와 같은 부정적인 뉘앙스와 함께 광기나 언어도단의 의미를 지닌 것으로 통용되고 있다.

한편 재현된 민속적인 것의 형태들은 저항의 소재로 활용되기도 한다. 그러나 그것은 전승 맥락을 떠나 있는 일시적 퍼포먼스가 대부분이다. 세 가지 사례를 통해 이를 검토할 수 있다. 첫째 2016년 11월 12일 서울 남대문 앞에서 열린 '전국농민대회'에 참석한 3만여 명의 농민들이 시청광장에서 열리는 민중총궐기에 참석하기 위해 대형 상여를 앞세우고 행진한 사례가 있다. 둘째 2017년 2월 18일 16차 촛불집회에서 진행된 '광화문미술행동'의 여덟 번째 프로젝트로 기획·공연된 한국민족춤협회 소속 장순향·이삼헌·김경수의 퍼포먼스가 있다. 이 퍼포먼스에서는 100미터나 되는 베 가르기에 앞서 세월호와 함께 수몰된 혼을 불러내는 이덕인 만신의 공수가 있었다. 셋째 2017년 2월 18일 16차 촛불집회에서 '민주도둑잽이수요모임회'가 공연한 사례가 있다. 이 사례 속에서는 풍물과 함께하는 삼색 줄다리기와 같은 퍼포먼스도 있었다. 그런데 민속을 소재로 한 퍼포먼스들은 다양한 대중적인 문화형식들과 함께 공연되었다. 아니 그보다는 현대적인 문화형식들 속에서 그 형식들과 유사한 방식과 성격을 지니고 공연되었다. 즉 시민들과 작가가 함께하는 바다 글쓰기, 여태명의 손 글씨 이름 써 주기, 촛불시민 인증샷 찍기, '궁립현대미술광장'의 판화 찍어주기, '광장오픈에어갤러리' 전시, '지하철 퍼레이드', 대형 걸개그림 설치 등과 같은 다양한 예술행동들이 광화문광장에서 연행되었다. 민속적 문화행동들은, 이와 같은 다양한 현대적인 예술행동들과, 소재의 활용에 있어서 다를 뿐, 같은 계열의 퍼포먼스였다.

그렇다면 촛불행동에서 볼 수 있는 민속은 소재적인 차원에 머물고 만 것인가? 그것도 일시적인 퍼포먼스에 불과할까? 촛불행동에서 출현한 민속적인 행동의 형태들은 일시적인 것이지만, 그것은 사건적이다.

그것이 퍼포먼스로 나타나 있는 그 시간에 혹은 그 이후에 이전의 형태와 다른 의미들이 만들어지고 전파·공유된다. 또한 일시적인, 다시 말해 단 한 번뿐이라는 의미에서 비정기적인 주기성을 갖고 출현한다. 이를테면 상여 행렬이 현대사의 주요 고비마다 우발적인 죽음과 함께 출현했듯이 그것들은 사건적인 반복성과 주기성을 지니면서 계속되고 있다. 현대문화에서 민속의 재현이 소재의 활용 정도에 그치고 있는가와 같은 질문은 그 경향이 지배적인 것인가, 민속을 소재로 활용한 문화행동이 하위문화로서 촛불행동을 구성하는 요소에 불과한 것인가와 같은 질문으로 변용될 수 있다. 이 물음은 촛불행동이 표현하는 문화 형식의 작인으로 혹은 그것이 의미를 만들어내는 권력의 작용과 저항 서사의 심층에서 사회적 연대를 수행하는 소스 코드로 포크 모더니티 혹은 그 주체로서 다중의 함의를 해석할 순 없는가와 같은 문제의식을 담고 있다.

1) 사회적 연대의 소스 코드와 다중의 함의

세시풍속은 시간의 형식 속에 집단의 기억을 저장하고 있는 집합적인 연대 행동의 문화적인 표현 형태라고 정의할 수 있다. 세시풍속은 1년이라는 주기 혹은 그 주기의 반복된 세월 속에서, 층층이 쌓이고 겹친 지배와 저항, 통합과 대립의 특징을 보여준다. 다리밟기踏橋[28]를 사례로 생각해 보면 다음과 같다. 다리밟기는 낮과 밤, 세속과 신성, 문화와 자연, 금기와 해방, 지배와 저항, 선과 악 등으로 배당되는 시간의 경계를 넘나들었던 행동의 형태를 예시하고 있다. 통행이 금지된 시간의 틈 속에서 계층·성별·연령의 구별 없이 사람들은 이동의 금지령이 이완되는 의례의 시간 속에서 이동의 자유를 선언한다. 양반의 다리밟기는 수많은 사람들로 붐비는 정월대보름날을 피하여 미리 그 전날에 행해지기도 했고 부녀자의 다리밟기는 사람들을 피해 보름 이후인 그 다음 날에 행해지기도

영산 31예술제 원다리밟기 풍물놀이(1980)

했다. 다리밟기의 행위에 신분과 성적 분류 체계가 작동하고 있지만, 위반과 전복의 성격은 유지된다. 단지 정도의 차이가 존재할 뿐이다. 물론 정도의 차이는 권력의 작용에 의해서 발생한다. 일상 속에서 작동하는 지배권력은 다리밟기와 같은 의례적 소요를 풍기문란으로 규정하였다. 그럼에도 불구하고 일부 부녀자들은 장옷으로 얼굴을 가리면서까지 다리밟기에 참여하기도 하였다. 이는 다리밟기가 수행되는 권력장의 구조가 규율과 일탈 또는 지배와 저항의 긴장 속에 있음을 보여준다.

일제강점기에 신문에 기록되었던 편싸움의 양상[29] 이 그러한 긴장을 잘 보여준다. 1924년 2월 27일자 『매일신보』의 기사 「누백년폐습인 석전 엄금」은 경성 신문밖(신문로) 동막東幕 편쌈의 상황을 전하고 있다. 당시 경찰은 이 동막 편쌈을 예의주시하면서 경계했다. 그러나 2월 22일에 발진부사가 발생했고 호구별 검역조사로 인해 허술해진 경찰의 감시를 뚫고 1백여 명의 아이들이 돌싸움을 시작했다. 경찰은 23일에 이 사건을 조사했다. 그 와중에 용산과 연희 방면에서 사람들이 모여들면서 다시 돌싸움이 시작되었다. 사람들은 높은 지대에 진을 치고 척후를 보내는 등 경찰의 감시를 피해 다니며 이 싸움을 결행했다. 당황한 경찰은 급히 출동하여 사람들을 해산시키려고 했으나 형세는 더욱 험악해졌다. 기사는 당시 음력 정월대보름 풍속인 편싸움의 정황을 보도하고 있는데, 다음날 상황에 대비하여 지원 병력을 요청해 두었고 주모자를 검거하여 일망타진할 것이라는 경찰의 의지를 타전하고 있다. 이와 같이 세시풍속은 식민지배 세력의 편에서 보면 통제·관리되어 제국의 통치에 민중이 복종하도록 규율·동원해야 할 위험자원이었다. 때문에 지배 세력은 세시풍속이 지닌 집단성과 역동성을 집단폭력이나 야만적인 악습으로 매도하고 불법화하여 집중적으로 단속하였던 것이다.

한편 당시 조선 민중의 저항은 거세었다. 주목되는 점은 경찰의 감시를 따돌리기 위해 척후대를 보내 정찰을 하고 계획적으로 장소를 이동하는 등 격렬함과 집요함, 게릴라 전투의 양상을 보였다는 것이다. 이 시기 편싸움은 양력 정월이나 여름, 한식일 등에 벌어지기도 했고 다른 민속놀이(줄다리기 등)와 병행되기도 했다. 즉 외부의 침탈에 의해 권력장의 구조에 변경이 가해지면서 형태의 행동에도 일정한 변형이 가해진 것이다. 더욱이 근대적인 것이 사회 구조 전반에 걸쳐 지배적인 것이 되어감에 따라 세시풍속이 기반하고 있던 권력장의 구조 변동과 함께 그 형태가 붕괴되어 갔다. 형태의 붕괴와 변형은 사회의 안정을 흔드는 불안으로부터 기인하지만, 그로 인한 변화의 작인은 불안정의 안정화이다. 그것은 의례적인 예시와 선취를 통해 매번 현시되길 욕망했던 민중의 이상이다. 그러므로 변화와 단절을 함축하는 행동의 형태는 사건적이다. 왜냐하면 사건은 기존의 필연성의 장 내에 완전히 새로운 일련의 가능성이 현시되는 일이기 때문이다. 기존의 권력장은 특정한 질서 또는 구조에 따라 그 기준에 부합하는 것과 그렇지 않은 것을 구분하여 자신에 속하도록 강제한다. 반면 사건은 기존 질서에 의해 현시된 가능성들을 넘어서는 완전히 새로운 가능성들이 현시되는 일이 벌어지는 사태[30]이다.

세시풍속은 사회의 지속을 위한 풍요와 안녕의 도모에 그 행동의 목적이 있었다. 전통사회에서 세시풍속은 자연력에 구속된 생산력의 한계 속에서 집단의 영속을 도모해야 했으므로 자연력에 내재한 풍요를 주술적으로 상상하는 의례문화를 형성하고 지속시켜 왔다. 그 상상적 예축을 생산력의 순환적인 리듬 속에서 점진적으로 실현하고자 하였다. 전통사회는 자연과 사회의 상호적인 영향력이 생산의 순환 주기 속에서 일정한 패턴으로 세력화하고 그 세력이 조응한 결과를 일정하게 의미화한 관습, 즉 주술적으로 패턴화된 생산/재생산 시스템을 갖추어왔다. 세시풍속은 민중이 신분적 배제와 주술에 구속된 집합적 행동 속에서 권력의 지배를 당연시했던 습속의 체계였지만, 그 경계 지대를 횡단하는 위반과 전복의 의례 전통까지 흡수했다. 그 위반과 전복의 전통은 아이온Aion의 시간을 내속시켜 왔고 외부의 침탈과 내부의 붕괴 속에서 새로운 행동의 형태를 모색해왔다. 이러한 의미에서 촛불행동은 위반과 전복의 전통이 새롭게 도래한 아이온의 시간 속에서 미래를 예시하고 선취한 사회적 연대 행동의 형태로 민속이 현대 사회의 문제 영역과 마주치면서 변환되는 대표적인 사례이다.

2) '미디어-다중'의 존재 방식과 성격

촛불행동은 전통사회의 민중이 세시풍속을 통해 실천해왔던 위반과 전복의 의례 전통이 형태를 달리하여 지속되고 있다는 점에서 민속의 재현이다. 그것은 행동의 형태로 지속되고 있는 저항의 전통 즉 민속적인 것의 새로운 배치로서 변환과 생성이다. 그 새로운 배치 속에서 몰개성적 민중 즉 개별적인 존재로 기억될 권리를 박탈당한 존재들이 그들의 존재에 의미를 부여한다. 반면 세시풍속 그 자체는 담론과 실제 속에서 저항의 전통을 구현하지 못한다. 오히려 기억 속에서 상실될 위기에 처해 있고 담론 속에서조차 재현되지 못하고 있다. 의례적 행동이 담아내었던 예시와 선취 그리고 사건의 시간은 존재하지 않는다.

그렇다면 그러한 전통을 어디에서 발견할 수 있을까? 2017년 2월 11일, 정월대보름의 촛불집회에서 그 예를 찾아볼 수 있다. 15차 촛불집회를 예고하는 포스터에는 정월대보름을 맞아 대보름달을 보고 박근혜 대통령 퇴진을 위한 소원 빌기, 행진 시 '소원지 태우기', 대동 놀이 퍼포먼스 등이 예고되어 있다.[31] 실제로 집회 말미에서 '퇴진'이라고 쓴 라이트 벌룬을 공중에 띄워 소원을 비는 퍼포먼스가 있었고 행진 중에 퇴진을 비는 소원지 태우기, 대동놀이 등이 있었다. 반면 덕수궁 대한문과 서울 시청 인근에서는 맞불집회가 있었는데, 촛불집회를 비하해왔던 한 인사는 촛불행동에 참여하는 시민들을 가리켜 '어둠의 자식들'이라고 했고 그들이 "밤이면 바퀴벌레처럼 나와서 굿판을 벌이고 있다"고 발언했다. 다음으로 양력으로 세밑이었던 2016년 12월 31일 밤, 전남 진도군 동거차도 인근에서 미수습자 수습과 세월호 인양을 기원한 의례에서 그 전통을 발견할 수 있다. 양력으로 2017년 1월 1일 새벽, 전라남도 진도군 동거차도 산꼭대기 막사에 차례상이 차려졌고 미수습자 숫자에 맞춰 떡국 9그릇이 차례상에 올려졌다. 차례를 마친 세월호 유가족과 시민들은 진도 앞바다를 향해 미수습자 9명의 이름을 하나씩 불렀다. 유가족들은 "촛불 항쟁에 나서준 국민께 진심으로 감사드립니다. 2017년은 국민의 힘으로 세월호 인양과 진상 규명을 실현하는 한 해가 될 것입니다. 세월호 참사의 진실을 낱낱이 수사하고 박근혜와 공범 세력들을 전원 처벌해야 합니다"라는 '새해 기원문'을 읽었다.[32]

　2016년 12월 10일, 전남 여수시 삼산면 거문도 주민들이 삼치잡이 어선 10여 척을 몰고 '박근혜 즉각 구속'을 촉구하는 해상시위를 벌였다. 주민들은 "용왕님이 박근혜 대통령의 즉각 구속 수사를 지시하셨다"라면서 시국 해상시위를 벌였다. '박근혜를 즉각 구속 수사하라'라는 깃발을 어선에 달고 거문도 앞바다의 6개 마을을 한 바퀴 돌아오는 방식이었다. 어선들마다 '용왕님이 노하셨다 당장 퇴진하라', '김기춘을 언능 구속하라', '계속 그러면 확 조사분다', '헌재, 우리가 째려보고 있다' 등이 적힌 깃발을 달았다.[33] 또 한 사례로 2017년 3월 11일, 20차 촛불집회가 열린 광화문광장에서 '혼자 온 사람들' 회원들의 회합이 있었다. 혼밥과 혼술로 지칭되는 고립된 개인들이었던 이들은 2016년 11월 12일에 처음 '혼자 온 사람들'의 깃발을 올렸다. 그로부터 이들은 2017년 3월 11일 20차 촛불집회까지 한주도 빠지지 않고 광화문광장의 한 자리를 차지했다. 광장에서 이름을 획득하고 '혼자'라는 정체성으로 집단을 구성한 이들은 하루에 카카오톡 900개를 주고받으며 함께 여행도 하고 다큐멘터리도 만들었다. '혼자들' 중 한 '혼자'는 이와 같은 '함께'를 '이상한 연대

감'이라고 표현하기도 했다.[34]

　촛불집회와 세시 절기는 직접적으로 상관되지 않는다. 그믐이나 정초, 대보름의 시간이 촛불집회의 필요성과 연관되고 있는 것은 우발성이 강하다. 그럼에도 불구하고 그곳들에서 의례의 시간이 출현하고 있다. 이 시간 속에서 체제의 권력과 규범에 대한 위반과 전복의 행동이 이루어지고 있는 것이다. 그런 점에서 촛불행동은 그믐·정초·정월대보름 등의 시간 속에서 펼쳐졌던 의례이고 풍속이다. 그 행위들에 의해 아이온의 시간이 생성되고 그곳에서 이루어지는 사건적인 의례를 통해 참여자들의 소망이 예시되고 선취되고 있는 것이다. 새로운 시간의 생생력으로 어둠을 극복하고 안전하고 풍요로운 세상의 도래를 일련의 행동의 형태 속에서 담아내고 그것을 통해 그들의 소망을 이루고자 한 것이다. 역설적으로 맞불집회에서 나온 발언에서 보듯, 촛불행동은 체제의 '낮'에 대항하는 '밤'의 시간이고 일상의 질서를 전복하는 굿판인 것이다.

　거문도 해상시위는 민속의 고유한 형식과 관념에 바탕하고 있다. 일종의 용왕굿이 정치성을 강하게 띠면서 연행되고 있는 것이다. 소재적 또는 형태적으로 그 행동은 촛불과 관계가 없다. 민속의 형태가 일련의 정치적 상황 속에서 사건적으로 변형되고 있다. 즉 형태의 행동에 의해 촛불행동의 동기와 목적이 구현되고 있는 것이다. 그럼에도 불구하고 거문도 해상시위는 촛불행동의 존재 양식을 보여준다. 그것은 촛불행동이 만들어낸 권력장의 구조 속에 연관되어 있다. 광장의 저항 의례가 시간과 공간의 차이를 가로지르며 거문도의 해상시위와 접속되어 있는 것이다. 해상시위와 촛불행동은 동시대적인 조건을 살아가는 개인과 공동체의 동일한 문제의식과 저항임에 분명하지만, 동시에 서로 다른 표현이기도 하다. 서로 다른 공간은 시간의 차이 속에서 현실태와 잠재태로 연결되고 있다. 서로 다른 형태는 사건적으로 접속하여 확장해가고 있다. 이러한 의미에서 해상시위는 촛불행동의 존재양식을 보여 주고 있는 것이다.

'혼자 온 사람들'은 촛불행동에 참여하는 주체의 특징을 보여주며 그 연결망의 구조가 지닌 특이성을 드러내고 있다. 자발성에 기초한 참여 의지가 주권자로서 시민의 윤리에 맞닿으면서 당위성을 확장해간다는 점을 촛불행동의 진행 과정은 잘 보여주었다. 그에 따라 촛불행동의 시간은 국면적인 의미에서 반복성을 획득하면서 일련의 주기로 순환해갔다. 이와 같은 의례의 주기성과 확장성은 참여자들의 층위도 넓혀 갔다. 세시풍속은 규모가 다른 집단의 연결망을 마을공동체 단위로 모아내는 구조 속에서 연행된다. 그 연행 집단은 물리적·지역적으로 상호 변별되는 경계를 지니고 있지만, 시간 구조를 공유하고 있다는 점에서 단일한 시간체제에 포섭된다. 체제 속에서 또는 역사 속에서 개별적 존재들은 그 이름을 획득하지 못하지만, 의례가 수행되는 현장에서는 구체적인 욕망의 주체로 의례가 예시하고 선취하는 세계를 개별적 행동의 차원에서 구현해간다. 촛불행동의 '혼자 온 사람들'은 이와 같은 의미에서 개별성·주체성·집단성을 획득한다.

그들의 연결망은 민속적인 형태의 행동은 아니다. 컴퓨터로 연결되는 가상의 연결망 속에서 그 행동의 형태가 현실성을 확보한다. 가상의 연결망이 개입하여 만들어내는 동시적인 시간의 지평 속에서 그들의 접속이 이루어진다. 그 가상의 접속은 촛불행동이라는 사건의 지평 속에서 물리적 현존을 얻는다. 이렇게 해서 확보된 그들의 '이상한 연대감'은 사건의 지평이 열어준 새로운 관계와 행동의 형태들을 끊임없이 만들어 간다. 그들은 '혼자 온 사람들'의 깃발 아래 제각각의 공간을 점유하여, "민주노총을 패러디한 '민주묘총', '전교조' 깃발을 참조한 '전고조'(전국 고양이노조), 텔레비전 프로그램 무한도전에서 착안한 '무한상사 노동조합'"[35]이라는 다중을 구성한다. 개체적인 특이성이 살아 있는 집단으로서 고유한 주체성을 지닌 사건 공동체라는 점에서 그들은 다중이며, 가상의 연결망에 의해 생성의 계기를 획득한 다중이라는 의미에서 그들은

'미디어-다중'이다. 그들은 이후, 아이온의 시간과 일상의 시간을 연결해간다. '미디어-다중'으로서 우발성의 시간을 살아간다. 그들은 "정동진으로 불쑥 '번개여행'을 다녀왔고, 만우절엔 엠티를 간다. '혼자' 중 어떤 이는 '혼자들의 촛불'을 담은 다큐멘터리"[36]를 구상한다. "혼자인 듯 혼자이지 않은 혼자들. 각자의 생각을 인정하는 이들의 느슨한 연대"[37] 속에서 잠재태로서 예시와 선취의 저항 전통 그리고 '미디어-다중'의 진보적 미래가 현시된다.

세시풍속은 존재들이 속한 권력장 속에서 의례가 함축하고 있는 저항의 전통을 실천함으로써 가능하다고 믿게 되는 안정적인 체계이다. 존재들이 공유하는 기억은 이 체계가 있어야, 이 체계가 영속되어 안정성을 재생산할 수 있어야, 영원히 존재할 수 있다는 집단적인 믿음에 의해 유지된다. 그러나 권력의 공인과 그 세계의 재생산은, 권력 효과에 저항하는 기제를 그 안에 포섭·배치해 두고 체제 내부에서 저항 행동을 발산하게 하고 다시 가둠으로써 가능해진다. 의식의 영역에 무의식의 출현을 보장해 줌으로써 가능하다. 따라서 세시풍속은 한편으로 권력이 지배의 공공성을 획득하는 무대이자, 다른 한편으로 그 무대 위에서 억압된 것을 풀어놓거나 저항을 촉발함으로써 저항 또는 무의식의 힘을 차단하는 권력 효과다. 이러한 안정성의 영속으로서 권력 효과가 일그러질 때 다중의 봉기가 출현한다. 그 정당성은 일순간 집단에 공유된다. 그것이 안정성을 다시 획득할 때 다중의 직접 행동은 불안정성의 순간, 그 저항의 영토에서 효과를 발휘하는 권력으로서 지위를 획득한다. 따라서 세시풍속은 그 시간의 구조 내부에 선-부상의 계기를 끊임없이 내포하고 있는 것으로 코드화할 수 있다.

물론 근대 이전의 사회와 근대 사회 그리고 근대 이후의 사회는 구조적으로 너무 다르고 행동의 동기와 유형 역시 이질적이다. 그러나 욕망의 본질에 있어 근본적인 차이가 없다면 역사적으로 형성된 서로 다른 사회구조는 욕망의 충족을 위해 국면적으로 짜인 행동의 형태에 다름 아니다. 문제는 어떤 행동인가, 어떤 행동을 어떻게 연결하여 욕망의 본질을 구현하는가이다. 촛불행동은 선-부상의 국면을 연다. 그 열린 국면을 지속하기 위해 다양한 행동의 형태들을 활용한다. 이전의 국면에 조성된 배치와 구도를 횡단하면서 새로운 행동의 형태와 연결망을 디자인한다.

촛불행동은 광장을 통해 거대한 사건적 존재를 현시한다. 현시된 존재는 미디어-다중의 방식으로 연결되어 있다. 거대한 군중이 개체적 특이성을 근간으로 광장에 다중으로 현시될 수 있는 것은 미디어를 통해서 공간을 분할하고 군중을 블록화하여 연결하기 때문이다. 표면적으로 동일한 시간과 공간 속에서 함께 있는 것처럼 보이지만, 촛불행동은 다층적인 시간과 공간의 연결망에 의해 비로소 하나의 형태를 만든다. 세월호 침몰 사건의 희생자의 혼건지기굿, 마른 멸치를 다듬는 일상의 한 풍경과 정치적 구호가 적힌 손팻말, 컴퓨터에 연결된 사적 공간의 한 개인, 집회가 열린 광장과 그 바깥의 경계에서 스마트폰으로 촛불행동에 연결된 한 개인, 디지털 이미지로 촛불을 켠 사람, 촛불광장의 군중 등은 촛불행동을 구성하고 만드는 요소이자 촛불행동 그 자체이다.

촛불행동은 미디어에 매개된 다중의 운동이다. 그것은 물리적 간극을 미디어로 연결하면서 공동체를 출현시킨다. 익명의 개인들은 미디어를 통해 전해지는 메시지·이미지·정동 등에 의해 하나로 연결된다. 그곳에서 개인이나 모둠들은 따로 존재하면서도 일정한 덩어리를 이루며 현시된다. 물리적·현실적 친숙함 또는 낯섦의 경계가 따로따로 존재하면서도 배타성이나 두려움을 완화시킨다. 처음 본 타인들을 잘 알지 못하지만 신뢰하게 되고, 연대와 공감이 당연한 것으로 기대된다. 그런 점에서 촛불행동은 다중의 직접 행동이며 개개인의 이름과 권리가 집단성에 의해 함몰되지 않는 세계를 현시한다.

그러나 사후에 이 순간이 기록될 때, 기록 불가능한 사태로서 그 무수한 동시적인 자기 권리화는 그것을 국민/시민으로 환원시키려는 권력효과에 의해 몇몇 특권을 얻은 개인으로 치환될 수도 있다. 그러나 그것은 이미 촛불행동이 아니다. 그것은 선-부상의 국면 속에서 아직 어느 것으로도 환원되거나 치환될 수 있는 것이 아니다. 촛불행동은 한국 사회의 시공간 속에서 불규칙하게 반복적으로 출현한, 사회적 연대로서 다중의 집합행동이다. 이 행동에 의해 창출된 공간 속에서 권력은 공유되고욕망은 분출한다. 공생공락의 선체험이 이루어지고 그 의례적 선취의 집단적 공감 속에서 새로운 실험, 새로운 세상이 가져야 할 비전·윤리·관계·태도·질서·규칙 등이 생성되고 그 의례적 선취의 잠정적 공간이 활성화된다. 그러한 의미에서 그것은 사건적 민속이다. 대동이 대동의 욕망을 구현할 세계로 의례를 선택하여 함께 행동하고 즐기는 공생공락의세계와 같다.

민속은 그 존재의 선험적 조건인 시간의 구조 속에서 이전과 다른 세계, 즉 풍요와 안전이 반복·축적·확장되는 세계를 욕망하는 행동의 형태이다. 그러한 세계가 사회구조적 모순의 심화로 인해 기존의 의례로는 예시조차 할 수 없을 때 권력장의 구조를 흔들어 아이온의 시간을 생성하고 형태의 변용에 의해 갈등과 위기를 해소하여 충족되지 못한 욕망을 구현한다. 이와 같이 민속을 정의한다면 촛불행동은 현 시기의 민속이고 민속학의 주요한 사유 대상이 될 수 있다. 권력과 저항의 힘이 맞부딪치거나 교섭했던 사건을 민속이 담고 있다면 시간과 공간의 역사적 변화 속에서 존재해온 것이 민속이라면 현재의 시공을 살아가는 민속은 어떤 사회적 행동 속에서 어떤 연대 형태를 구성하며 그 지식의 존재 방식으로 기억을 갱신하면서 존재하는가? 민속이 반드시 사회적 연대 혹은잘못된 지배권력에 대한 저항의 전통만을 현재의 시공 속에 재현해내야할 당위성은 없다. 하지만 민속이 민중의 고통을 해결하고 그 욕망을 충

대통령 탄핵 광화문 촛불집회(2016)

족하려는 기대감을 중요한 속성으로 담지해온 것이라면 현재의 권력장의 구조적 변동을 만들어내고 있는 사회적 연대 행동의 형태들이 예시하고 있는 세계를 민속학적으로 사유하는 것도 필요한 일이다. 그 대표적인 현상으로 촛불행동을 통해서 민속적 원리·의미·가치 등을 해석하려는 담론 기획은 그러한 차원에서 의의를 부여받을 수 있을 것이다. 요컨대 촛불행동과 민속은 다중이 존재하는 방식이고 그 다중의 욕망이 충족되는 행동의 형태라는 것에 그 특이성이 있다. 거기에서 생성되고 있는 아이온의 시간은 권력과 저항의 긴장 속에서 그 특이성을 확보해간다. 아이온의 시간적 특이성은 한차례의 군중적 저항을 통해 현실화되지 않는다. 부정성의 내파와 혁신의 행동 또는 담론적인 쟁투의 지속 안에서 개체적 특이성의 존중과 복권을 지향해가는 다중적 블록들의 생성이 이루어지고 그 분할과 생성의 과정에서 겹겹이 쌓여가는 블록들의 연결을 활성화해가는 과정에서 그 시간적 특이성이 실현될 수 있을 것이다.

제 2 부

의미와 생성

제 1 장

사
건

사건은 의미 생성의 계기이자 의미론적 장을 조건 짓는 힘으로 작용한다. 그런데 이 사건에 대한 논의는 추상성이 높은 제재를 통해 수행될 때 오히려 효과적일 수 있다. 의미가 추상 그 자체로 현상될 수 없음을 가장 추상적인 제재인 '하늘'을 통해 보는 것이 유용할 수 있는 것이다. 그 하늘은 사건 속에서 또는 사건을 통해서 특정한 의미의 방향을 생성하고 구체화될 수 있다. 따라서 논의 범위를 좁혀 하늘이 민속이라는 특정한 담론 형식에서 어떤 의미로 현상하는지, 어떤 사건 속에서 그 의미가 복수적이고 다층적으로 생성되는지를 살펴보고자 한다.

하늘에 대한 사유는 역사적으로 조망할 때 다양한 스펙트럼을 보인다. 세계관적인 측면에서 보면 각각의 하늘 사유는 인식의 변화 속에서 하늘 존재의 속성을 다양하게 표현해왔다고 할 수 있다. 한편 하늘은 형상 철학적 사유 영역에 속하면서도 존재론적으로 보편적 일자로 표현되기도 한다. 관념론적인 형이상학에서 하늘은 초월론적 존재, 세상 만물이 근거하고 있는 전능자 또는 보편적 실재로서 그 존재론적 특징을 가진다. 재현의 공간에서 하늘은 미의 근거, 미를 선과 진리에 연결시키는 인식론적, 미학적 준거로 작용한다. 그런데 이 하늘의 인식론, 존재론,

미학은 매우 관념적이며 단성적인 결을 가지게 될 수도 있다. 이러한 인식론적/미학적 폭력이 사회화되었을 때 '종교전쟁'으로 비화되며 인종적 편견과 사회적 불평등성까지 함축하게 된다. 이를 극복하기 위해서는 초월자 혹은 초월세계를 표면이나 심층으로 끌어내리는 작업이 필요하다. 그 작업의 개념적/이론적 기반으로 후기 구조주의 사유의 핵심 개념인 '내재성'과 '가능세계' 등을 활용하고자 한다. 또 보편적 일자의 재현이 아닌, 복수적이고 다층적인 사건들의 접힘과 펼쳐짐, 즉 존재·속성·양태의 다중성을 담지한 다양체에 대한 이론적 관심 속에서 하늘 관련 논의를 수행하고자 한다. 이 작업은 궁극적으로 하늘을 지배자에게서 민중에게, 소수에서 다수에게, 독점에서 공유로 변환시켜 하늘을 긍정의 대상이나 사유하는 유쾌한 놀이의 대상으로 삼을 수 있다.

하늘에 대한 원초적 인식은 물리적인 의미의 하늘일 것이다. 다른 자연물들과 달리 하늘은 점점 그 자체가 신적인 존재로 인식되기 시작했는데, 동아시아 문명권에서는 대략 서주西周 초기에 해당하는 기원전 10세기경에 이르러 하늘이 지상신至上神적인 존재로 인식되기 시작한다. 또 주재자主宰者로서 하늘 개념도 존재했다. 이에 따라 하늘은 합리적이고 이성적인 차원에서 모든 세계를 지배하고 주재하는 존재로 표상된다. 즉 천도天道 또는 천리天理에 따라 우주 만물을 주재하는 것으로 인식된다. 주재자로서 하늘은 인간과 하늘이 서로 감응感應한다는 관념과 연결되는데, 하늘이 모든 자연현상들을 주재한다고 인식함으로써 자연현상은 하늘의 메시지를 담은 징표로 이해되었다. 이러한 이해는 인간들의 도덕적 정치적 행위들에 대한 하늘의 경고로 해석되면서 국가 권력의 안정에 기여했다. 이를테면 일식이나 월식과 같은 재이災異가 일어날 때마다 왕은 하늘이 내리는 경고의 메시지를 받든 대리자로서 의례를 통해 통치를 정당화했다.[1]

유교에서는 관상수시觀象授時 즉 하늘의 형상을 관찰하여 시간을 부여하는 것을 가장 중요한 제왕의 임무로 삼았다. 따라서 새로운 왕조가 수립될 때마다, 천명의 수수收受와 왕조 개창의 정당성을 이념적으로 뒷받침할 수 있는 천문학의 정비를 우선적으로 행했다. 즉 천문학의 정비와 천문의 역법을 발달시키는 것은 건국의 정당성을 정치적 사상적으로 뒷받침할 수 있는 수단으로 작용하였다. 조선 왕조 개국 초에 이루어진 태조 대의 천상열차분야지도 각석, 세종대의 간의대 설립과 『칠정산』 편찬 등이 그 예라 할 수 있다.[2] 다시 말해 '천상열차분야지도天象列次分野之圖'를 만든 가장 중요한 목적은 고대 제왕의 '하늘을 받드는 정치'를 본받기 위함이었다. 위로는 천시天時를 받들고, 아래로는 민사民事를 삼가고, 하늘의 형상을 관찰하여 백성들에게 시간을 준다는 것인데, 이는 하늘을 공경하고 백성들의 일을 부지런히 한다는 의미였다.

관상은 천상을 관찰한다는 것이다. 관상의 대상인 천상에는 일체의 천문현상과 기상현상도 포함되었다. 천상 또는 천문으로 표현되는 하늘의 뜻을 읽기 위한 행위의 배경에는 지상의 정치권력이 '천명'에서 유래한다는 생각이 자리하고 있다. 이 천명사상과 함께, 하늘의 뜻에 어긋나는 정치 행위가 벌어졌을 때 그에 대한 하늘의 경고로 천재지변이 발생한다는 재이론災異論도 생겨났다. 이처럼 전통사회의 천문 역산학은 하늘을 공경하고 재이를 삼가는 도리라는 정치적 이상에 복무하고 있었다. 즉 관상은 전근대 한국 사회의 국가 운영, 집권 체제의 사회 경제 운영을 위해서 필요했던 것이다. 전근대 사회에서는 토지와 사람(노동력)이 물적 토대라 할 수 있어서, 그 사회를 통치 운영하기 위해서 가장 중요한 것이 토지와 농민을 어떻게 안정적으로 확보할 것인가라는 점이었다. 이를 위해서는 농민층의 생활을 안정시키고 그들의 재생산 기반을 보장해줄 종교적/이념적 기반의 체계화가 요구되었다. 그러한 배경에서 일례로 농업 기상학이 요구되었고, 그것은 곧 하늘을 관장해야 할 이유도 되는 것이었다.[3]

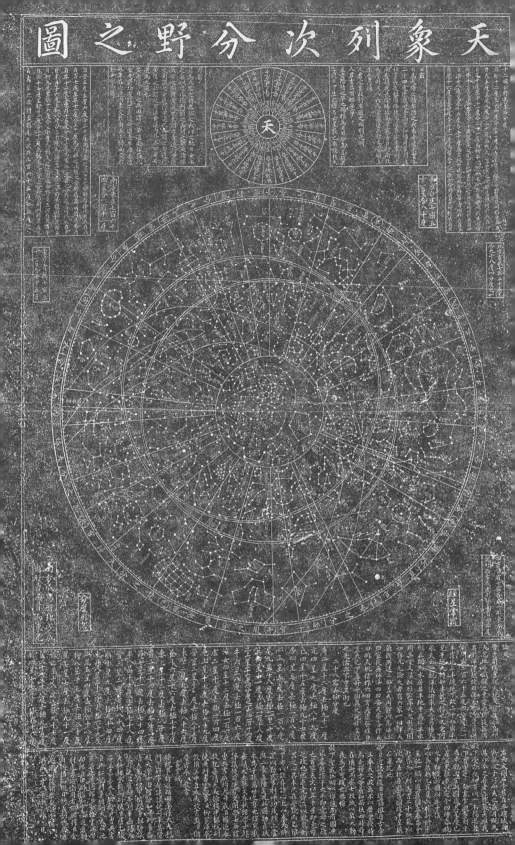

관상이 하늘의 현상을 관찰하는 것이라면 수시는 그러한 관찰을 통해 정확한 시간을 측정해서 백성들에게 알려주는 것이었다. 시간을 주는 자는 백성을 다스리는 지존의 위치에 있는 왕과 그 대리인이었고, 시간을 받는 자는 평범한 백성이었다. 이 수요와 공급의 관계는 일방적이었다. 왕과 그 대리인이 시간을 독점하였기 때문에, 백성은 수동적으로 공급받을 수밖에 없었다. 그러나 일반 백성은 시간을 몰라도 잘 살아갈 수 있었다. 그럼에도 불구하고 그러한 행위를 뒷받침했던 이념적 근거는 지상 세계를 지배하는 왕의 절대적 권력이 하늘에서 나온다는 믿음에 기인한 것이었다. 천명을 새로 부여받았음을 보여 주어 통치 권력의 교체를 스스로 정당화하는 방법이 시간의 측정과 보시報時였던 것이다. 즉 시간이란 우주를 주재하는 하늘이 주는 것으로 인식되었고 하늘의 명을 받아 세상을 통치하는 존재가 왕인 것이었다. 때문에 이전의 왕을 제거하고 새로운 권자에 오른 왕에게 매우 중요한 것이 시간을 독점하는 것이었다. 새롭게 권좌에 오른 왕이, 하늘이 준 시간을 독점한다는 것은, 천명을 부여한 하늘과 천명을 받은 왕 사이의 밀접한 연결을 보증하는 상징[4]인 셈이었다. 이러한 하늘에 대한 독점, 다시 말해 '하나의 하늘-됨'은 통치 권력에게 스스로 덕을 갖춘 존재 또는 천명을 부여받은 주체로 이해하게 했다. 그러나 그것은 통치 받는 백성에게는 고통스러운 현실을 운명이라는 개념으로 이해하게 하면서 스스로를 능동적 주체로 살아가지 못하게 한 이데올로기[5]로 작용하였다.

「천문도(천상열차분야지도)」(조선시대)

1. 하늘 세계 혹은 사건/의미 계열체의 특이성

'하나의 하늘' 세계 혹은 그 이해 방식이 존재한다는 것을 우리는 거꾸로 다른 하늘의 얼굴을 지시하는 근거로 생각할 수 있다. 이러한 생각을 확장시켜 보면 '하늘의 얼굴'이 지배하는 장 이면裏面에 복수 혹은 여럿으로 잠재되어 있는 하늘의 역동적인 얼굴들을 구성해볼 수 있다. 그러한 장 속에서 다양한 하늘의 얼굴들이 평행하거나 교차하고 있는 담론을 역사적 혹은 문화적으로 구성할 수 있다. 뿐만 아니라 한 얼굴의 드러남 밑에 다양한 방식으로 숨어 있는 얼굴의 구조를 생각할 수 있다. 이러한 하늘의 다양체를 접힘과 펼침의 패턴으로 이해할 수 있고 그 패턴으로부터 여러 계열을 이루는 역동성을 담지한 하늘의 얼굴들을 감지해볼 수도 있다.

하늘에는 인간의 과학적·추상적·이데올로기적 사유가 투영되어 있다. 특히 현실에서 이룰 수 없는 혹은 이루고자 하는 이상·꿈·소망 등이 하늘에 담겨 있다. 지배자들은 하늘의 뜻을 밝혀 피지배자들에게 보임으로써 혹은 나타냄으로써 혹은 대리 표상함으로써 자신의 이상 세계를 정당화하고 구현했으며 또 이를 영속시키고자 했다. 한편 민중들은 하늘의 뜻에 순응하고 그것을 경외했으며 무조건적으로 복종하는 양태를 보이기도 했다. 그러나 현실의 질곡 속에서 또 다른 하늘을 기대하고 염원하고 또 다른 하늘의 대리자를 기다리기도 했다. 이렇게 보면 하늘 인식은 정치적·계급적·역사적 성격을 지닌다. 역사를 매개로 하늘은 정치적 얼굴을 띠며 사회적·문화적 얼굴을 띠기도 한다. 다시 말해 시간 속에서 하늘은 그 고착화된 장소성을 탈각시키며 유동성을 드러낸다. 이 시간의 결절점에서 하늘은 이전의 형상을 접고 새롭게 요구된 하늘의 세계를 펼쳐 보인다. 일종의 하늘 세계의 특이성이라 할 수 있는 이러한 점이 정치·사회·문화적으로 또 다른 하늘의 얼굴성을 드러낸다.

그러나 역사를 매개로 하여 유동적인 혹은 변화하려는 하늘은 힘/권력들이 투쟁하는 갈등 국면을 거쳐 조정되면서 이전의 얼굴성이 탈각되는 대신, 몇 가지 요소를 접고 하늘을 향한 요구를 수렴하여 혹은 덧대어 그 혼종적 얼굴들을 펼쳐낸다. 이러한 패턴의 반복 속에서 하늘은 여러 표정을 지닌 공간적 속성을 드러낸다. 하늘에 대한 인식론적 차이들에 의해 하늘의 공간성 또는 의미론적 장의 결들이 분화되고 얽힌다고 할 수 있다.

그렇다면 하늘은 어떻게 존재하는가? 이상으로, 꿈으로, 이념으로, 봉기의 동력으로 존재하는가? 이 또한 역사를 매개로, 시간을 매개로, 그 존재성이 매번 변화한다. 이렇게 보면 하늘은 인간적·사회적·정치적인 국면들을 지니고 존재하는 그 무엇, 즉 무규정적인 것이 된다. 그것은 정체화된 것이라기보다는 유동적인 것이 된다. 전적 타자라기보다는 인간의 시간 속에 내재/잠재하는 욕동(慾動, drive)적인 힘으로 작동한다. 하늘은 시간이 멈춘 공간으로 표상되려는 의지와 만나 지배 체계를 구축하는 한편, 그 공간의 경계를 탈구축하려는 유동적인 시간 속에서 새로운 정치·사회체를 구현하려는 집단의지로 구현되기도 한다. 이 정치·사회적 운동 속에서 탈구된 의미들이 문화의 결을 이루고 의미론적 장을 구성한다. 이를테면 민속사회에서 굿문화도 하늘에 대한 문화적 숨결과 그 의미론적 장이 내재되어 있는 사회문화적 구성체인 것이다.

하늘은 누군가에게 나타난 무엇, 하늘이란 언제나 그것을 대면하고 있는 특정한 인식 주체의 조건들에 드러나 있는 존재[6]이다. 일정한 인식 조건들, 하나의 정합적인 틀을 형성하는 인식 조건들에 의해 드러나는 세계의 열림과 울림이 하늘의 한 얼굴로 우리에게 드러난다. 인식 조건들에는 여러 형태들이 있으며 그 각각은 하나의 담론을 구성하게 된다. 이 담론들의 복수성은 나타나고 숨겨진 세계의 얼굴들의 복수성과 맞물린다. 즉 담론들의 분절과 세계의 얼굴들의 드러남은 맞물린다. 각각의 인식틀에 각각의 얼굴(=존재 면)이 대응한다. 이 얼굴들은 그것이 표현되었을 때 존재하는 각각의 현실 세계들을 반영하고 있다. 때문에 현실 세계의 표현 즉 나타난 하나의 얼굴과 일정한 관련을 맺는다. 여기에서 현실 세계는 인간이라는 인식 주체가 거기에서 태어나 살다가 떠나야 하는 바로 그 면[7]이다.

하늘 세계의 다중성을 드러내기 위한 방편으로 가능세계를 생각할 수 있다. 현실 세계 외부에서 초월적으로 주어지는 가능세계가 아니라 내재적 가능세계를 생각할 수 있다. 여기서 가능세계는 세계의 얼굴이 표현되는 면이라고 할 수 있다. 세계의 전체상은 구체적으로 우리 앞에 드러나지 않는다. 그러므로 경험 주체의 한계가 그것과 맞물리는 세계의 한계가 된다. 각 가능세계들은 인식 주체들의 조건에 맞물려 형성된다. 총체적인 하늘이든 현실 세계의 주된 이념과 존재들을 담고 있는 하늘이든 본성상 하늘은 가능세계들의 입체로 상상할 수 있다. 하나의 가능세계는 그것이 표면에 드러날 수도 있고 드러나지 않을 수도 있지만, 특정한 인식 주체/담론에 맞물려 존재하게 된다. 그러나 현실의 세계와 구분되는 개념 혹은 세계의 표상이라는 점에서 그 세계는 항상 잠재적이다. 이 잠재성은 역사 속에서 각 계기마다 생성된 하늘에 대한 담론과 실천들의 분화와 발전에 따라 조금씩 현실에 모습을 드러낼 수 있다. 어떤 시점에 지배적인 한 담론의 현실 세계는 다른 담론의 가능세계일 수 있다. 그런 점에서 모든 담론들은 어떤 가능세계를 현실 세계로 각각 드러내는 것들이라고 할 수 있다. 그러나 한 담론에 보이는 것이 다른 담론에는 보이지 않을 수 있다. 현실 세계는 그 말을 하는 주체가 속해 있는 특정한 담론장을 전제하고 있기 때문이다. 따라서 담론들의 상보성을 통해서만 현실 세계의 경계선은 세계의 깊이로 조금씩 더 들어가서 숨어 있는 가능세계를 현실화할 수 있을 것이다.

문화는 세계의 독특한 한 단면의 표현일 수 있고 여러 가능한 세계들이 얽혀 있는 잠재성의 공간일 수 있다. 그것은 세계가 그곳에서 비약적으로 증식하게 되고 의미와 가치로 채색되는 어떤 곳이라고 표현할 수 있다. 그 세계의 표현은 '존재면의 드러남' 즉 드러난 하늘의 존재면일 수 있다. 그것은 외부의 세계=면이 드러나는 것과는 다른 드러남이다. 내면 세계의 대부분은 외면 세계에서 온다. 상상은 지각에 근거하는 것이고 지각된 것의 변형이다. 지각을 통해 형성된 이미지를 변형시키는 활동이 상상이고 이미지 작용이다. 우리의 신체는 지각의 무한에 가까운 뉘앙스를 잠재적으로 내장하고 있다. 하나의 선조차도 그것을 그리는 신체에 따라 다채로운 뉘앙스를 띤다. 지각과 그 지각에 근거하는 상상 그리고 그것을 표현하는 신체도 역동적이다. 하물며 하늘의 경우는 어떠할 것인가?

　하늘의 얼굴 즉 하늘을 담지하고 있는 문화는 생성 속의 매듭들이며 수많은 세계들의 파편들, 단면들, 굴곡들이 두껍게 주름 잡혀 있는 세계의 표현일 수 있다. 우리가 살아가고 있는 현실 세계는 의미에 대해 어느 정도 합의된 세계, 의미의 관점에서 볼 때 안정되고 규정된 세계라 할 수 있다. 달리 말해 우리는 여러 세계의 여러 얼굴 중 하나의 얼굴에 매우 친숙해 있으며 그 얼굴을 이론화한 존재론과 의미론에 입각해 삶을 살아간다. 사회는 일정한 의미 패러다임을 기반으로 존립하게 된다. 물론 사회에는 서로 상용되지 않는 무수한 존재론과 의미론이 존재한다. 그러나 존재론과 의미론이 안정되지 않을 때 그 사회는 인식론적 혼란에 빠지게 된다. 한 사회에 여러 세계들이 공존하게 될 것이며 때로 경합하고 파괴하고 화장化粧하고 생멸하는 과정을 반복할 것이다. 하늘에 대한 사유와 담론 그리고 거기에서 만들어지고 표현되고 확산되는 문화도 그와 같다. 본질적으로 의미가 끝없이 불안정하게 유동하고 정착하지 않는 세계지만 지배자의 하늘은 고착되어 나타나고, 민중의 하늘은 유동, 변화, 생성의 축으로 운동한다.

하늘은 초월적인 것으로 인식되면서 동시에 내면적인 것과 통할 수 있다. 바깥에 있을 것 같은데 내면으로부터 솟아오른 정신의 표상이 될 수도 있다. 달리 말해 외부의 초월과 내면이 맞닿는 지점에서 즉 사건의 생성과 그 의미의 계열들이 각축하는 장 속에 하늘이 현재화하거나 잠재화된다. 이 접힘과 펼침의 패턴이 문화를 이루고 습속이 된다. 따라서 굿 문화, 그곳에 펼쳐진 세계가 하늘의 얼굴이 드러난 장이 될 수 있다. 굿 문화의 하늘은 '숱한 상처들을 어루만지는 시간'[8]을 지향한다. 삶의 밑바닥에서 웅얼거리는 대중의 욕망을 담지한다. 국가와 이념의 주물이 찍어내기를 원했으나 결코 완전히 틀 지을 수 없었던 욕망과 저항의 몸짓들을 추구한다. 중심의 바깥에 서 있는 존재들, 그 중심의 빛 아래에 들어서지 못하는 그늘에 놓인 존재들을 감싸 안는다.

현실은 한편으로 사물들과 그 양태들이 존재하는 장이지만, 다른 한편으로 사건들이 나타났다가 사라지는 장이다. 현실이란 우리에게 드러나 있는 세계이며 우리에게 일정하게 힘을 가하는 세계이다. 나타남과 힘을 가함이 신체의 존재를 전제한다는 점에서 현실이란 우리의 몸이 살아가고 있는 장이다. 나아가 현실은 사건들이 명멸하는 장이자 사람들이 그것들에 의미를 부여하고 그와 관련해 가치 판단을 내리고 그것들을 둘러싸고 욕망과 권력의 놀이를 벌이는 장이기도 하다. 사건이 현 세계의 지평 위로 솟아오르는 순간, 그것은 의미의 장, 가치 판단의 장, 욕망과 권력의 장 속에 들어서는 것이라고 할 수 있다.

의미는 사건들의 계열화를 통해서 형성된다. 그러므로 의미는 사건들의 이어짐과 더불어 형성되는 탈물질적이고 사회적인 존재이다. 의미는 사건들로부터 형성되기보다는 사건들과 더불어 형성된다. 다시 말해 문화의 차원과 물질의 차원은 늘 공존하며 의미는 물질적 차원으로부터 생성하는 것이 아니라 문화적 차원에서 물질과 더불어 생성하는 것이다. 사건들의 계열화는 늘 일정한 사회·문화적 장 속에서 이루어지며 필연적으로 사회적이다. 사회는 다양하게 계열화되는 사건들 및 의미들의 장이다. 사건들에 의미가 부여되고 가치 판단이 부과되고 욕망과 권력의 놀이가 덧씌워지는 장이다. 이러한 현실과 거기에서 형성되는 의미는 하늘의 얼굴을 드러낸다. 왜냐하면 하늘은 사람들의 삶과 사유 속에 그 뿌리를 두고 있기 때문이다. 거기에서 하늘은 증식하고 분화하여 그 얼굴을 다중화한다. 따라서 드러난 하늘의 얼굴은 여러 가능세계들을 품어 안은 하나의 존재면이라 할 수 있다.

하늘의 의미장은 다양한 국면들 혹은 사건들의 계기를 가지고 있으며 시간 속에서 각각의 역사를 갖는다고 할 수 있다. 각각의 역사적 사건과 국면 속에서 일정하게 존속하는 의미장을 갖기도 한다. 민중의 하늘이 갖는 의미는 '하나의 하늘'에 대한 비판이고 또 다른 하늘의 얼굴을 구성하는 기반으로 작용할 수 있다. 즉 하늘에 대한 무반성적 계열화 또는 권력의 조작을 통한 계열화에 저항하는 것이 된다. 그 의미장으로 이해되는 굿문화는 하늘 이해의 다양한 국면을 기억하고 있는 것이 된다. 명증하고 인과적으로 드러나지 않더라도 그 기억이 완전히 소멸되는 경우는 없으며 우리 삶의 두터운 지층에 첩첩이 쌓여 있다. 무굿에 담긴 하늘의 기억, 무속의 하늘의 얼굴은, 어쩌면 우리 삶의 밑바닥에 숨어 들어간, 새로운 모순들이 그 위에 덧칠된 하늘의 존재면일 수 있다. 따라서 '하늘'이 아니라 '하늘들'로 사유하는 것이 필요하며 갖가지 모순들이 겹쳐 있는 다면적 존재로 하늘을 사유할 때 역사의 상흔들이라는 공통의 장 위에 공존하면서 복잡하게 분화되어 있고 또 얽혀 있는 하늘의 얼굴들을 마주할 수 있을 것이다.

이 점과 함께 하늘의 매체성을 생각하고자 한다. 무굿과 하늘을 연결 지을 때 하늘은 매체성을 띨 수 있다. 하늘을 매개로 무굿은 삶과 사회의 병리 현상을 반성하고 치유하는 문화장치로 기능할 수 있다. 무굿이 재현하는 세계는 하늘을 매개로 그 역량을 강화할 수 있다. 민중의 목소리가 하늘을 매개로 울림으로써 확산되는 굿이 될 수 있다. 그 굿은 그 안에 무수한 생명체들의 잠재력을 담고 있으며 시간이 흐르면서 그 잠재력을 현실화시키는 존재가 될 것이다. 그러나 잠재력이란 일정하게 규정된 잠재적 형상들이 아니라 일정한 형상으로 화할 수 있는 가능성의 장이다. 그것은 하늘을 감추는 것, 지배/통치하려는 것, 규칙/규범적 언어로 가두는 것 등으로 현실화할 수 있다. 그러므로 하늘의 얼굴들 혹은 그 세계들은 하늘의 뜻 그리고 그 상징의 해석들이고 사건/의미 계열체로서 그 특이성을 담지하고 있는 것이 된다.

2. 무속 수륙재, 잠재적 사건/의미 계열체

세계는 우발적인 것이 아니라 하늘의 뜻에 따라 이루어진 것으로 이해할 수 있다. 하늘은 명을 통해 인간에게 그 뜻을 전달하며, 명의 원초적인 뜻은 삶과 죽음, 행복과 불행이다. 인간은 자신의 마음대로 삶을 영위해서는 안 되는 혹은 영위할 수 없는 존재이며 하늘의 뜻에 따라 살아야 하는 존재일 수밖에 없다. 하늘이 그어준 테두리를 넘는 것은 악으로 간주될 수 있고 한 인간이 얼마나 하늘의 뜻에 따라 살고 있는가는 그의 덕을 통해 드러나게 된다.[9]

하늘은 인간에게 두 얼굴로 나타난다. 인간의 행위와 그 결과(행복과 불행)는 반드시 일치하지 않는다. 따라서 미래는 적어도 인간에게는 비결정론적인 모습으로 다가온다. 굿은 이 비결정성에 대응하기 위해 전승·연행된 것이라 할 수 있다. 인간은 굿을 통해 하늘의 뜻을 달갑게 받아들이고 자신에게 주어진 운명을 깨닫는다. 그렇게 해서 삶에 대한 근원적인 불안으로부터 벗어날 기회를 얻게 된다. 무굿의 하늘은 무굿의 기억

장치들 혹은 재현 장치들을 통해 표현된다.

무굿에 담긴 혹은 무굿을 통해 표현된 하늘은 무굿을 둘러싼 사회 생태의 변화로 인한 소멸 위기와 맞선다. 무굿에 담긴 하늘 세계와 현실 세계의 간극으로 인한 무굿의 연행은 매 순간 무너질 수 있지만, 새로운 관계 맺음을 통해 지속될 수 있다. 무속 수륙재(이하 수륙재)는 무굿의 그러한 특성 즉 잠재적 사건/의미 계열체의 속성을 잘 보여준다. 수륙재는 무굿 중에서도 비교적 규모가 크며 세계의 잔혹성에 대한 종교·문화적 대응으로 만들어져 무수히 많은 집합적 존재들을 감싸 안으면서 연행되고 집합적 존재에 의해 그리고 사회의 최저층이 중심이 되어 연행되었다. 그중에서도 부정풀이·제석굿·중천멕이는 하늘의 다중성을 그 구조와 연행 국면 속에서 다채롭게 해석될 수 있는 여지가 많다.

수륙재는 마을 곳곳에 산재해 있는 억울한 원혼들을 천도하여 마을의 재앙을 막고자 하는 공동체 의례로 몇 개의 마을이 연합하여 고을 단위로 이루어진다. 원혼들은 저승 질서에 편입되지 못한 채 구천을 떠도는 존재들로 볼 수 있다. 이를테면 수사水死한 자·전쟁터에서 죽은 자·질병으로 죽은 자·벼락 맞아 죽은 자·해산하다 죽은 자·기한飢寒으로 죽은 자·자살한 자 등 비정상적인 죽음을 맞이한 영혼들이 원혼이다.[10] 이 존재들은 비정상적인 존재로 인식되지만, 신적 존재로 인간들에게 무서운 재앙을 가져다주는 두려움의 대상이기도 하다. 수륙재는 이러한 상태에 처한 원혼들과 인간들이 교차하는 경계면에서 발생한 현실의 결여를 채움으로 충족시켜 안정되고 풍요로운 세계, 명과 복이 갖추어진 세계의 구현을 위해 마련된 것이라 할 수 있다.

수륙재는 총 18거리로 구성되는데, 이들 굿거리 가운데 비중 있게 다루어지는 굿은 용왕굿·배연신굿(뱃굿)·씻김굿·중천멕이다. 수륙재는 바다나 강을 공간으로 하는 공동체 의례이기 때문에 풍어를 기원하기 위한 용왕굿이나 배연신굿(뱃굿)이 중요하게 다루어지고 또 씻김굿도 수륙재

한강 수륙재(일제시대)

에 수렴되어 중요한 굿거리로 작용한다. 씻김굿은 보통 개인굿에서만 행해지지만, 수륙재의 목적이 억울하게 죽은 영혼들을 해원시켜 집안이나 마을의 제액을 물리치고 현세의 안녕과 복을 추구하는 데 있기 때문에 씻김굿이 자연스럽게 수렴·연행된다. 수륙재의 중요한 굿거리인 중천멕이와 씻김굿은 억울한 영혼을 천도시켜 마을의 안녕을 도모한다는 점에서 그 성격이 유사하다. 차이가 있다면 씻김굿은 망자와 재가집이 만나서 문제를 해결한다는 것이고 중천멕이는 무주고혼인 중천신과 마을 사람들이 만나서 문제를 해결한다는 것이다. 망자나 중천신은 모두 억울하게 죽은 자들이고 또 언제든지 마을에 재앙을 가져다줄 요소로 작용할 수 있기 때문에 망자를 위한 씻김굿이 수륙재에 결합되어 연행[11]되는 것이다. 수륙재는 인간 세계에 간섭한다고 여겨지는 공간, 현실적 삶이 기반하고 있는 선험적 공간에 존재하면서 현실적 삶에 간섭하는 모든 원혼들을, 서로 다르지만 간섭하며 공명하는 두 세계를 매개하는 존재인 무당을 통해, 비록 재현 공간으로 현실화될지언정 결핍을 충족시켜 명과 복을 도모하는 하늘 세계의 구현을 위해 원혼을 청배하여 해원시키는 의식이다. 이렇게 볼 때 수륙재는 현재성에 생긴 금/틈/결핍/장애로 인해 발생한 현실 세계의 빈칸을 비집고 들어오는 잠재성의 세계와 일상이 만나는 지점 즉 경계면에서 발생한다고 할 수 있다.

　수륙재는 연행되면서 현실 세계에 우발적으로 발생한 빈칸과 접속하는 잠재성의 공간 일부가 만나 이룬, 이질적인 세계의 일정하게 구획된 표면으로부터, 점진적으로 사건이 생성되는 얼굴=존재면이 형성된다. 그러한 이중의 존재면은 경계면이 융합·소통시킨다. 이 경계면에서 두 세계를 잇는 무당을 통해 굿판이 이루어지는데, 굿판에는 잠재적 세계로부터 펼쳐지는 의미들이 일상의 사물들의 표면을 감싸 안는다. 굿판에는 무수한 사물들이 본래의 맥락과 의미로부터 탈구되어 상징이 된다. 각각의 사물들은 18가지의 절차들 속에서 도래하는 잠재적 존재/신성한 존재/하늘 세계의 존재들과 맺는 관계 속에서 이전의 절차와 다음의 절차와 대조되는 유일무이한 신성한 사물, 주술적인 상징으로 화한다. 그러한 사물과 상징들로 구성된 굿판의 도구들=상징체는 무당의 말과 춤, 몸짓, 표정 등이 재현하는 또 다른 세계의 사물이 된다. 그 세계는 18가지의 절차 속에서 구현된 세계들이 점점 더 중첩되고 교차하면서 그 경계면을 더 넓히며 확장해간다. 요컨대 수륙재는 현실의 필요로부터 발생한 현실의 사건임과 동시에 굿의 본성으로부터 기인하는 잠재적인 차원의 존재들과 의미들이 펼쳐지고 점점 더 확장해가는 세계로, 신성한 사물과 존재 그리고 그 관계들로 충만한 하늘의 한 얼굴을 표상한다.

3. 접힘과 펼침, 사건/의미 계열체의 구조적 역동

수륙재는 일상과 현실 속에 존재하지 않는다. 일상과 현실에서 문제가 발생할 때 사건의 형식으로 존재한다. 우리가 사는 현실이 완전한 세계, 정지된 세계가 아니라 불완전하고 또 끊임없이 운동하는 세계이기 때문에 문제는 지속적으로 발생한다. 규칙적인 형태를 가지고 혹은 일정한 주기를 두고 문제가 발생하는 것은 아니다. 다만 그러한 문제에 대처하는 삶의 방식 속에서 문제를 해결하는 과정이 주기적인 규칙성을 띨 수는 있다. 이러한 의미에서 수륙재는 우발적인 마주침과 같은 사건들의 계열화 속에서 생성되는 시간을 지속적으로 살아간다. 그것은 잠재적인 차원에 놓여 있다. 현실 공간을 살아가는 무당의 기억 속에 혹은 공연 문법 속에 내재해 있는 방식으로 존속한다. 그러므로 현재적인 존재/사건/의미가 되기도 하고 잠재적인 차원 속에서 생명을 지속해간다고도 할 수 있다. 어쨌든 수륙재는 삶과 일상 그리고 현재와 메타적인 관계를 맺는다고 할 수 있으며 재현을 통해 잠재적인 차원을 현실화시킨다. 굿판/제장의 신대, 굿의 초두에 이루어지는 부정풀이 그리고 무가 등은 굿판에 재현되는 하늘 세계의 특이성을 드러내는 감성적 언표가 되기도 하고 굿판/제장의 경계를 이루며 잠재적인 공간들을 점진적으로 확장하고 교차 중첩시키는 핵심적인 기제들이다. 특히 굿의 결말부에 연행되는 중천메이는 다소 복잡하게 얽히는 공간과 존재들의 과정을 나타내며 하늘의 역동성을 담지한 공간과 존재들을 풀어내는 접힘과 펼침의 구조를 잘 보여 준다.

　신대는 신을 제장에 강림하게 하는 무구이다. 모든 신들은 단골의 청배 무가의 가창이라는 방식을 통해 강림하게 되는데, 전체 신들 가운데 특별히 중요하다고 인식되는 신들의 강림을 돕기 위해 제장에 신대를 설치한다. 즉 제장에 성주기·손님기(별상대)·제석기·산신기·오방기 등이 설치된다. 성주기는 성주를 위해, 손님기(별상대)는 손님을 위해, 제석기는 제석을 위해, 산신기는 산신을 위해, 오방기는 지신을 위해 설치되는 신간神竿이다.[12] 이 신대는 신의 길문을 열어 현실의 공간 속에 내재하는 신성 공간 혹은 하늘 공간을 재현 공간 또는 상징 공간으로 펼쳐 낸다. 이렇게 펼쳐진 굿판은 점점 더 잠재적인 차원을 강화해간다. 부정풀이는 무당이 무가를 가창하면서 소지 석 장을 불태우고 난 후 굿판 주변을 한 바퀴 돌며 소금과 함께 볶은 메밀을 주변에 뿌린다. 그 이유는 부정한 것(=신)이 범접하지 못하게 하려는 것인데 이 부정풀이를 통해 굿청이 마련된 그 공간은 정화된다. 여기서 중요한 상징물은 소금, 볶은 메밀이다. 이 주술적 상관물은 그 본래 속성으로부터 점진적으로 의미가 전화한다. 즉 부패를 방지하고 부정을 가시는 본래적 혹은 주술적 속성으로부터 존재를 지속하고자 하는 생물학적·문화적 꿈이 투사된다. 이러한 속성이 매개된 행위로부터 일상의 공간에 특이점이 발생한다. 즉 다른 계열화가 일어난다. 다시 말해 신이 깃든 공간, 하늘 공간이 생성된다. 이는 생활공간의 의미·기능·성격을 전복/전도시켜야 가능한데, 일상의 재료로부터 전화된 매개 행위를 통해 이루어진다는 점에서 일상 세계의 얼굴/표면을 구부려 신들의 공간/하늘 공간의 표면과 교차하는 것이라고 말할 수 있다.

　제석굿은 제석신을 청배하고 오신한 뒤 재가집의 번창과 풍요를 축원하는 굿이다.[13] 내림(치국잡이)의 과정에서 응축된 공간이 펼쳐지는데, 신성한 말 혹은 무당굿 특유의 감성적 언표에 접혀 있는 천지, 인세人世, 조선국이 발화/호명되면서 굿판의 시공 속에 펼쳐진다. 이후 제석풀이에서 제석신, 옥저부인, 옥황상제, 지신, 손님, 제석, 성주, 삼신, 칠성 등 여러 신들이 발화/호명되면서 제석을 중심으로 한, 하나의 세계가 펼쳐진다. 무가 속에 혹은 기억/순수한 언표장 속에서 존재하던 세계가 굿판의 발화를 통해 표현되는데, 그 세계는 층위가 다른 여러 존재와 공간들로 채워진다.

　제석이 옥저부인과 혼인하여 아들딸을 낳는 국면, 예닫이/아기다지의 자질과 용모가 빼어나 소문이 자자한 국면에서 공간은 제석이 존재하는 신성한 공간이고 그것은 인간 세상을 닮아있다. 굿이 현재적 차원과 교차하는 지점에서 신성한 존재와 공간을 재현·구축하는 점과 그 신성의 세계가 인간 세계와 닮아 있다는 그 중첩에 의해 잠재적 차원의 현실화는 깊어진다. 제석이 팔만 이천 봉 구암자에서 주야로 공부하다 유람에 나서는 국면에서 공간은 제석이 부재한 신성 공간 혹은 경계성의 공간으로 이중적인 차원에서 의미를 생성한다. 즉 제석이 부재한 공간은 빈칸으로 다른 세계가 틈입할 수 있는 유동적 공간으로 변환되어 깨기중의 세계가 접속할 여지를 남겨둔다. 제석이 수련한 공간은 경계성의 공간으로 이 경계면에서 인세人世의 공간이 분기한다. 인세의 공간은 제석의 이동을 통해 신성 공간/하늘 공간과 교차 중첩하는 혼종 공간이 된다. 따라서 이 장면은 여러 공간이 분기/생성하고 교차/중첩되는 특이점을 이룬다. 이 특이점을 따라 하나의 세계가 다른 세계에 틈입하여 새로운 세계로 계열화된다.

께기중/황금산 대사가 시주하러 다니다가 아기다지의 소문을 듣는 국면에서 제석의 부재와 자리 옮김은 께기중이 존재하는 신성 공간의 부재와 자리 옮김 그리고 '소문' 즉 우발적인 감성적 언표와 마주치는 계기를 표현하고 있다. 소문은 공간을 여러 겹으로 접으면서 퍼져나가 께기중의 유동적인 세계 즉 자리 옮김과 마주쳐 사건을 형성한다. 따라서 이 장면도 사건을 생성하는 하나의 특이점을 이룬다. 제석님의 딸인 '아기다지/당금애기'가 인물이 좋다는 소문을 듣고 제석님 문전에 찾아오는 국면, 가족이 출타하고 혼자 남아 있는 제석 집 열두 대문을 대사가 도술로 열고 들어가는 국면에서 제석의 문전은 께기중이 틈입한 공간으로 혹은 틈입할 수 있는 공간으로 이중적 경계성을 띤다. 이 문전을 돌파해야 경계면에서 께끼중의 공간이 자라날 수 있다. 또 그러한 과정은 겹으로 나타난다. 이 다층적으로 구조화되어 있는 전이 지대를 돌파하면서 다른 두 세계가 겹치거나 교차한다. 그 과정에서 아기다지와 께끼중의 만남이 이루어지는 사건의 공간이 생성된다.

갖은 트집 끝에 아기다지에게서 시주를 받아내는 국면, 대사가 아기다지의 팔목을 잡는 국면에서 아기다지의 공간은 제석의 신성 공간 혹은 부재 공간을 의미화하는 공간, 떠다니는 기표와 같은 빈칸으로 볼 수 있다. 제석의 세계에 틈입한 께끼중의 세계가 도달하여 새로운 공간을 생성하는 곳이 이 빈칸이다. 빈칸에 접속한 께끼중은 자신의 세계로 아기다지를 끌어 들인다. 께끼중의 공간성이 시주라는 감성적 언표 혹은 행위로 나타나며 이러한 시주의 수용은 아기다지의 세계와 황금산 대사 세계의 합일로 분기한다. 이 분기의 경계면에서 존재들의 신체는 접속하고 새로운 세계의 존재들을 잉태하게 된다. 아기다지가 잉태하여 집에서 쫓겨 나는 국면, 아기다지가 황금산 대사를 찾아가는 국면, 아기다지가 아들 셋을 낳는 국면에서 공간들의 교차와 중첩이 일어나는데, 그것은 분기점/경계면에서 새롭게 계열화된 세계를 형성한다. 신성한 공간들의 겹침과 분화는 여러 공간 계열들을 만들어내고 그러한 공간 계열들의 수렴과 발산이 아기다지와 황금산 대사가 살아갈 세계를 암시한다. 잉태는 새롭게 계열화된 관계들의 공간 속에서 또 다른 계열을 준비한다. 제석의 세계에 틈입하여 그 세계를 분할한 힘의 방향은 새로운 국면 속에서 황금산 대사의 공간을 지향해간다. 거기에서 새로운 존재들이 생성되고 이들이 다시 분할하거나 변형되는 세계가 나타난다. 이 세계는 아들 셋이라는 언표를 통해 인세로 향하게 됨을 암시한다.

대사가 중 생활을 청산하고 아기다지와 세속살림을 차리는 국면, 대사가 자기 제자들을 환속시키는 국면에서 두 세계의 만남이 초래한 새로운 존재들의 탄생은 그 성격이 아주 다른 공간을 만든다. 거기에서 이전의 세계는 사라지고 세속살림으로 언표된 세계가 나타난다. 대사의 세계에 딸린 존재들 혹은 그 세계에 중첩된 존재들의 세계도 황금산 대사의 계열로 재수렴된다. 그러나 세속과 환속으로 언표된 세계는 현실 공간이 아니다. 신성 공간, 다시 말해 하늘 공간은 인간 세계에 틈입하여 전혀 다른 공간을 만들어내는 것으로 보인다. 그 공간이 무당을 통해 매개된 혹은 재현된 굿판이라고 할 수 있으며 궁극적으로 잠재적 차원에 접힌 하늘 공간이 경계면에 솟아올라 현실화되었다고 할 수 있다. 그러한 세계/공간은 현실의 결여를 채우고 풍요와 행복을 지향하는 하늘 세계의 우발적이며 잠정적인 현실화라고 할 수 있다.

중천멕이는 거리에 떠도는 중천 손님, 특히 해산하다 죽거나 질병으로 고생하다 죽은 영혼들을 청배하여 그 억울한 한을 연극적으로 풀어주는 놀이이다. 이 놀이는 대개 신굿·수륙재·오구 씨끔굿 등과 같은 큰 굿에서만 공연된다. 중천멕이 놀이는 마당에서 이루어지며 중천 손님을 위한 중천 상과 무극巫劇을 연출하기 위한 각종 무구들이 별도로 갖추어진다. 중천멕이 놀이들을 위한 무구들로는 바가지·술병·막걸리·함박지·숟가락·지팡이·고춧물·향물·소금물·미역국·중천 손님을 위해 마련된 새 옷·갓·묵[14] 등이다. 결핍·억압·불구·질병·기아·단절의 상태는 삶과 분리됨으로 인해 발생한 영속적인 상태, 인간 외적 존재로 화한 현실 부재 상태의 존재들을 산 자(무당)의 존재를 매개로 하여 현실과 다른 공간을 생성하고 그 속에서 그 존재들의 욕망이 실현된, 풍성하고 충만한 세계를 재현한다. 즉 비움 혹은 부재의 세계를 채움 혹은 현존의 세계로 변화시켜 신과 인간이 무당을 매개로 함께 온전한 존재가 된다. 이는 결핍된 신들의 존재 세계가 무당의 재현 공간을 매개로 현실 세계와 만나 새로운 세계를 창출한다고 할 수 있다. 세 개의 다른 차원이 재현 공간 혹은 경계면에서 교차 중첩되어 완전한 세계 즉 하늘 공간을 펼쳐낸다.

수륙재에서 공간과 존재들의 상태와 행위가 변환된다. 그 변환은 점점 더 중첩되고 확장되는 특징을 보인다. 전체적인 구조 속에서도 그 변환은 결핍, 매개된 충족, 채움의 패턴을 보인다. 또한 불완전한 상태, 문턱, 완전한 상태의 단계로 나아간다. 이 또한 끊임없이 중첩되고 교차하면서 확장된다. 신성 세계는 재현 세계로 변환되어 그 신성을 현실 세계에 존속시키고 다소 약화된 그 속성을 교차와 중첩, 공간의 생성과 확장으로 보완해간다. 이를 접힌 공간-존재, 경계면, 솟아올라 펼쳐진 공간-존재의 변환 패턴으로 구조화할 수 있는데, 이는 다시 경계면을 통해 접히고 새롭게 생성된 공간들로 펼쳐진다고 할 수 있다. 잠재적 존재들과 공간들은 현실화되지 못한 국면에서 불완전한 상태로 존속하기에 위기의 상태에 있다. 이 상태는 현실 세계의 문제와 결합하여 거꾸로 위기에서 벗어나게 되고 이렇게 마련한 힘으로 현실의 문제를 치유한다. 물론 매개된 문턱이라고 할 수 있는 재현적 공간 속에서 존재들은 매개된 충족을 통해 현실화의 힘을 획득한다. 이러한 과정들을 통해 현실 세계의 공간과 존재들은 변화와 생성을 통해 완전한 세계를 일시적이나마 전유하게 되는 것이다.

이제까지 사건/의미 계열체로서 내재적 하늘의 의미망을 무속 수륙재의 속성과 구조를 통해 검토하였다. 이 속성·구조·기능에 대한 존재·의미론적 사유는 개념과 이론적 지평을 더욱 구체화하는 작업으로 확장될 필요가 있다. 다시 말해 하늘의 재현 혹은 표상에 숨은 권력의 징후들을 구체적으로 발견하고 분석하여 이를 역사화 또는 사회화하는 차원으로 나아가, 거기에서 얻은 결과를 통해 개념과 이론의 지평을 확장할 수 있다. 이를테면 굿문화의 이념성과 정치성과 연관된 사건으로 볼 수 있는 미륵하생사상과 정감록에 기반한 민중의 봉기와 위에서 수행한 논의를 연관 지을 수 있다. 또 굿문화와 관련된 사상의 근대적 전화 양상을 살펴볼 수 있는 동학과, 증산의 천지굿에서 포착될 수 있는 하늘의 내재성도 검토할 수 있다. 요컨대 사건의 생성과 그 계열들로 형성된 하늘의 내재적 의미장의 사례로 민속을 역사적·사회적으로 확장하여 논의할 필요가 있다. 달리 말해 역사/시간을 매개로 하여, 하늘의 문화적 표현을 둘러싼 여러 갈등과 조정 국면 그리고 그 국면들이 생성한 의미와 효과에 대한 분석/해석의 지평을 확장할 수 있는데, 이 논의는 그 계기를 마련한 것이라 할 수 있다.

좀 더 구체적인 논의를 위해 '하늘의 역사사회화'의 일면을 예시하면 다음과 같다. 이를테면, 조선시대 하층 부류로 재인과 화척이 있다. 지배층에게 재인과 화척은 교화의 대상이면서도 배제와 감시의 대상이었다. 조선시대 내내 이들은 엄격한 신분제도 하에 형성된 천민계층으로서 살아가게 되며, 신분제에 따른 사회의 운영은 양인과 천민 사이에도 신분의 벽을 쌓게 만든다. 그런데 자연재해에 따른 기근과 사회적인 차별에 의한 궁핍이 심화되는 국면에서 이들은 새로운 사회를 꿈꾸는 존재로 전화하게 된다. 물론 저항의 주체로 나타나기도 하지만, 그저 동력이나 수단에 그치는 경우도 많았다. 구체적인 예로, 중종 2년 6월 3일 기사는 중종반정에 가담하여 원종공신이 된 백정 출신 당래와 미륵 형제의 문제를 다루고 있다. 양반들은 이들이 비록 연산군을 몰아내고 중종을 왕으로 옹립시키는 데 일정한 역할을 하였음을 인정했지만, 그들의 본성이 본래 사납고 난폭하여 도둑과 강도나 다름없다고 인식하여 내치고 만다.

1507년(중종 2) 3월 28일자 실록의 기록은 미륵하생사상과 관련하여 중요한 표지가 된다. 본래 불가에 '미륵당래彌勒當來'라는 표현이 있다. 미륵이 곧 세상에 출현하기를 소망한다는 뜻이다. 위의 강도 형제는 이를 두 자씩 나누어 한 사람은 미륵, 또 다른 사람은 당래를 이름으로 삼았다. 도적들마저 이런 이름으로 불리고 있었다는 사실은, 미륵의 출현을 기다리고 있던 15~16세기의 시대적 분위기를 반영한다. 그런데 남의 물건을 함부로 빼앗는 강도들이 미륵을 자처하고 있었다는 것은, 그들이 자신들을 의적이라고 생각했기 때문이다. 이와 관련하여 1688년(숙종 14) 경기도 양주 지역을 중심으로 미륵신도들이 서울 공격을 계획하고 추진했던 사건이 있다. 승려 여환呂還은 미륵불을 자처했고 추종자들과 함께 왕조의 전복을 도모하다 사형을 당했다. 여환은 자기를 수중水中노인인 동시에 미륵삼존이라고도 하여 미륵불의 화신임을 내세웠다. 그는 영평의 지사 황회와 평민 정원태 등과 더불어 경기와 황해 지방에 소문을 퍼뜨리기를, 석가모니의 세상이 끝나고 미륵이 세상을 주관하게 된다고 하였다. 그는 또 스스로를 천불산인이라고 부르면서 바위에 영측盈仄이란 두 글자를 새겨두고, 이 세상이 머지않아 망하고 새 세상이 온다고 예언했다. 그때 나라를 이룰 사람이 있어야 할 것인데, 용이 아들을 낳아 그 나라를 맡게 할 것이라고 하였다. 그러나 결국 뜻을 이루지 못한 채 여환 등은 형장의 이슬로 사라졌다.

조선 후기에 들어와 체제 모순이 심화되고 사회변동이 촉진되면서 미륵신앙은 민중 사이에서 신봉자들이 더욱 많아졌다. 이때 미륵신앙은 고통 받는 개개인을 구원해주는 기복신앙의 기능과 함께 새로운 이상사회가 도래한다는 변혁사상으로 떠올랐다. 미륵신앙이 갖는 변혁의 논리는 민중의 이상사회 구현에 대한 희망과 맞물려 나타난다. 여환의 변란 사건에서도 미륵불이 하생할 조짐들이 민중을 하나로 묶을 수 있는 지배이념에 현실적으로 대응할 수 있는 대항 이념이었다. 이러한 미륵하생은 현실을 인정하는 데서 이루어지는 것이 아니라, 질곡의 세계인 현실을 완전히 부정하는 데서 비롯한다. 그러므로 미륵하생은 그 자체로 메시아의 출현이라는 혁명적 이념의 논리를 갖고 있는 것이다. 그리하여 조선 후기에는 미륵신앙의 논리를 내세워 민심을 이끌었던 사례가 적지 않았는데, 여환의 사건은 그 전형적인 사례였다.

끝으로 무속 수륙재를 통해 얻은 하늘 사유에 대한 구조적·기능적 분석들을, 굿문화의 다른 유형들로 볼 수 있는 마을굿, 풍물굿 등으로 확장해갈 수 있다. 굿문화에 나타난 하늘 상징, 그것의 공간적 구조와 성격 등을 광범위하게 분석하여, 거기에서 얻은 결과로 일반성을 도출할 수 있을 것이다. 또 그러한 상징이 기능하는 구체성을 역사사회화 또는 종교문화화란 두 계열 속에서 민중의 봉기에 연결하고, 그 신념 체계, 꿈의 구조와 성격으로부터 '하늘-신-인간-사회'의 꿈으로 연결하여 그 내재성, 영속성 및 구조적 역동성을 일관되게 접힘과 펼침의 구조로 설명할 수 있을 것이다. 요컨대 하늘(/사건)에 대한 사유가 그 존재론적 층위와 표현의 층위에서 역사적, 정치적, 사회문화적 의미망을 분석하는 방향으로 더욱 진척될 수 있기를 기대한다.

제 2 장

재
현

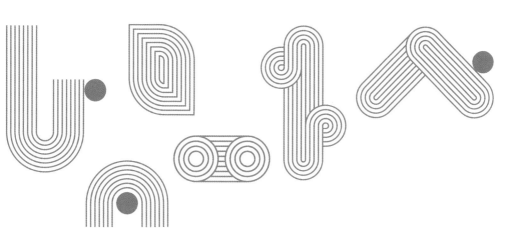

자본주의는 사회적 재생산의 물질적 실천 및 과정을 줄곧 변화시키는 혁
명적 생산양식으로 이해되기도 하고 지식(과학적·기술적·행정적·관료적·합리
적)의 진보가 자본주의적 생산과 소비의 발달에 필수적[1]이라고 파악되기
도 한다. 그러한 측면에서 자본주의 사회의 특정한 공간과 시간 속에서
재현되는 공연/문화 텍스트는 일상생활의 구체적·물질적 변화 속에서
(혹은 문화소비의 진작되는 패턴 속에서) 그 변화의 이전과 이후의 시간을 계기로
하여 공연 장소에 기대어 자기 공간을 단절·확장해간다고 말할 수 있다.
따라서 공연/문화 텍스트의 재현 속에서 수행되는 그 주체의 문화적 실
천은 시간과 공간의 변화에 매개되어 있으면서 이전의 전통적 재현의 고
정된 양식 속에 단순히 머물러 있지만은 않다. 오히려 이전에 재현된 텍
스트의 시간과 공간, 그 물질적 과정 속에서 새로운 의미들을 발견할 수
있다. 텍스트 재현의 경계는 양식적으로 결정되는 것이라기보다는 재현
시점의 이전과 이후 속에서 변화하는 사회문화적 조건들을 활용하여 구
획되는 것이다. 이전의 텍스트 재현의 조건을 단지 반복적으로 수용하
는 것을 통해서가 아니라 그것의 창조를 통해 그 재현의 경계가 설정되
는 것이다. 그에 따라 그 경계들은 유동적인 것이 될 수밖에 없다.

텍스트 재현의 경계 인식 혹은 설정에서 중요한 점은 재현 집단 혹은 주체의 규모와 이해관계에 따라 텍스트의 의미와 기능, 가치와 효과 등이 다양하게 변주될 수 있다는 것이다. 왜냐하면 공연/문화 텍스트를 전승하고 공유하는 사회구성원들은 그들의 문화적 실천(텍스트의 재현) 속에서 그 사회의 물질적 과정에 조응하고 실존적 조건의 변화(혹은 급변)를 겪으며 해석하고 행위하기 때문이다. 서구적 근대가 애국 계몽기를 거쳐 현재까지 복잡한 경로를 생성하며 구조화/혼종화/일상화된 조건 속에서 모든 전통적인 공연/문화 텍스트의 재현과정은 진리성을 견지할 수 없는 특정한 맥락적 산물로 유동성을 본성으로 삼아 진행되는 자본주의적 생산과 소비의 과정인 것이다.

전통적인 공연/문화 텍스트의 재현 속에서 견지되고 있는 진리성은 텍스트 재현의 진정한 경계를 설정하면서 재현의 물질적 기반의 급변과 전승의 단절(혹은 약화) 이후에 제도화된 최초의 텍스트가 지니는, 구조와 의미를 특화시킨 담론 체계(혹은 지형)를 지속적으로 반복하고 있다. 개개의 굿문화 양식들은 음악·무용·문학·연극 등의 예술적 구성 요소들과 제의·놀이의 종교적·축제적 구성 요소들이 연행 목적과 기능에 따라 다양하게 배치된 구조물들이다. 굿문화의 대표적 양식이라고 할 수 있는 마을굿·무당굿·풍물굿·탈놀이 등은 각 구성 요소들이 배치된 연행 절차·내용·표현 방식 등이 다르고 연행을 담당하는 주체들의 성격과 기능 등 여러 면에서 서로 구별되는 특징들을 가지고 있다. 이 양식들은 전통사회의 종교적·예술적·계층적·이념적 표지 혹은 상징적 형식들로 구성되어 있다. 이 양식들이 반영하고 표현하는 세계와 존재들은 근대 이전 사회의 성격들을 지니고 있는 것이다. 물론 각 양식들이 현재와 미래에도 지속 가능한 전승력과 전승 환경 및 구조를 지니고 있기 때문에 부분적으로 혹은 점진적으로 현재와 미래의 변화상에 조응하기도 한다. 그러나 대부분 전통사회의 문화적 형식을 고수하고 있으며 제도적으로나 미학적으로 전통적인 형식의 고수를 바람직한 것으로 보기 때문에 앞으로도 그러한 인식 경향과 추세는 계속될 것이다. 이러한 인식과 실천적 경향은 굿문화의 시공적 특징이 매번 연행될 때마다 크게 변화하는 것이라기보다는 문화의 변동 속에서도 변하지 않는 부분이 변하는 부분보다 많기 때문에 대체로 그 본질적 특징을 보유하고 있다는 전제에서 더욱 강화될 수 있다.

텍스트 재현에서 전통성의 경계 인식과 그에 부여된 진리성의 바깥을 근본적으로 사유할 필요가 있다. 고유성에 입각한 공연/문화 텍스트의 순차적인 절차에 따른 구조 분석과 재현성 고찰에서 벗어나 최초의 재현 형식과 내용 즉 매번 반복되는 재현의 고정된 의미 체계의 바깥을 서술하는 작업이 요청된다. 특히 텍스트 재현의 주체가 기반하고 있는 공동체가 해체될 위기의 사건에 대한 조응 속에서 그것이 지니는 의미와 그 재현 방식의 근원적인 모순을 다루어야 한다. 텍스트 재현을 통한 문화적 실천이 궁극적으로 공동체와 그 구성원들의 삶이 안정적으로 지속되는 세계를 지향하는 것이라고 할 때 텍스트 재현 체계 외부 혹은 현실적 조건과 맥락들이 요구하는 그 실천의 문제를 텍스트의 재현적 본성과 기능의 측면에서 보다 확장적으로 분석하고 기술해야 한다. 텍스트는 완결된 재현체로 현상하지 않는다. 그것은 의례적인 측면에서나 사회적인 현실의 차원에서 자기 자신을 "끊임없이 구성해나가는 역동적인 해방의 놀이 과정으로 대안적 삶을 지향하며 새로운 주체성을 집단적으로 형성해나가는 문화정치적 공생체"로 사유할 수 있어야 한다. 그랬을 때 "해방의 희열을 느끼며 제힘으로 자기 가치를 생산하면서 연대"[2]해나가는 주체들의 세계에 접근할 수 있을 것이다.

텍스트 재현에 대한 담론은 특정한 시점의 재현에 대한 서술과 분석을 통해 그 "당시 세대들의 미래에서 드러나는 측면, 간단히 말해서 지나간 미래로 이야기"[3]되는 특수한 국면에 대한 해석을 요구한다. 한 차례의 공연/문화 텍스트의 재현은 과거와 현재의 흐름 속에서 과거로 소급되는 행위이기도 하지만, 그 기억의 형식을 통해서 언제나 과거이면서도 현재가 늘 관여할 수밖에 없는 선험적 시간의 구조 속에 놓여 있다. 그러한 의미에서 매번 미래를 새로운 방식으로 호명하고 배치하는 '지나간 미래'의 시간성을 함축하고 있다. 따라서 위도 띠뱃굿 공연/문화 텍스트 재현의 동학을 그 재현의 흐름 혹은 패턴과 관련지어 분석할 필요가 있다. 또 재현 과정에서 그것의 선취 즉 사건의 재현 불/가능성에 대한 탐문도 필요하며 텍스트 재현을 규정하는 진리성의 바깥에서 생성되는 '비대칭적 재현'의 새로운 가능성을 탐구할 필요가 있다. 여기서 비대칭이라는 언표는 진리성을 담지한 재현 양식이 자기 자신을 규정하기 위해 마련해놓은 타자성을 함축한다. 그것은 배제될 수밖에 없으면서 동시에 진리성을 증명하는 관계성을 의미한다. 그러므로 비대칭적 재현은 텍스트 재현의 전통성과 고유성에 대한 대응 개념이 될 수 있다.

1. 공연/문화 텍스트 재현의 동학動學

위도 띠뱃굿은 매년 음력 정월 초사흗날에 위도면 대리마을에서 연행되는 마을공동체굿[4]이다. 원당제·작은 당제·주산돌기·용왕제·도제 등 다양한 제의 단위들로 구성되어 있으며 제의 방식도 유교식 독축·무당굿·풍물굿·민요 등이 다양하게 결합·연행되고 있다. 이 중 가장 핵심적인 단위는 원당제와 용왕제로 그 연행 방식은 무속적이다. 위도 띠뱃굿의 연행이 의례의 형식적인 재현에 그치지 않고 현실과 강렬하게 조응했던 시기는 위도를 둘러싼 칠산바다에 청어·조기·멸치(이 중에서도 특히 조기)가 흔했던 시절이었다. 당연히 위도 띠뱃굿은 풍어를 위한 공동체의

위도 띠뱃굿 용왕제(1985)

지속을 본질로 하는 의례였으며 그 기능도 그러했다. 모든 연행의 제차가 풍어에 대한 기원에 초점화되었으며 그 중에서도 원당제가 가장 중요한 의례였다. 왜냐하면 원당제는 선주들이 1년 동안 배에 모실 배서낭을 내림받고 풍어를 기원하는 과정이기 때문이었다. 연행 장소인 원당顧堂도 사람들의 소원을 잘 들어주는 당이라는 뜻을 지녔고 그 명망도 위도 지역 전체를 아우르는 것이었다. 이 원당의 영험성은 파시가 크게 열렸던 시절, 전국 각지에서 모여든 배들이 원당이 올려다보이는 당젯봉 밑에 배를 정박해 두고 풍어와 안녕을 비는 고사를 올리고 출항했다는 경험적 구술로도 강조되고 있다. 과거에는 원당제의 제관으로 선정되면 일정 기간 금기를 철저히 지켰으며 선주들도 좋은 서낭을 받기 위해 서로 경쟁적으로 신실하게 참여하였다.

현재는 어족 자원의 고갈, 기독교 유입으로 인한 가치관의 변화, 선박 기술의 발달로 인한 수사水死의 위험성 약화, 세습무의 단절 등과 같은 이유로 약화 일로에 있다. 현재 위도 띠뱃굿은 용왕제의 마지막 과정인 '띠배 띄우기' 의식을 중시하고 있으며 그 명칭도 원당제에서 '위도 띠뱃놀이'로 변경되었다. 이는 제의성보다는 놀이성을 요구하는 사회문화적인 구조적 변화의 반영이다. 가장 중요한 변화 중 하나는 의례를 연행하는 핵심 사제인 이 지역 세습무의 맥이 끊긴 것이다. 이 지역 세습무였던 조금례 사후, 육지의 강신무와 세습무 또는 학습무 그리고 서남해안의 세습무 등이 형편에 따라 초빙되어 무속 의례의 연행에 참여했다. 그런데 그 연행의 공식 절차는 언제나 현실의 변화와 무관하게 반복 가능한 형태로 구축·재현되었고 세부적인 내용에서 전통에 위배된다고 인식될 때 위도 띠뱃굿의 진리성을 훼손하는 부당한 것으로 취급·비판되었다. 진리성을 뒷받침하는 공식화되고 반복 가능한 재현 체계는 실제로 연행되지 않는 단위들이 있다 하더라도 부재하는 연행 단위를 포괄하는 인식 체계에 의거하여 실행된다.

위도 띠뱃굿은 그 자체로 독립된 공연/문화 텍스트가 아니다. 세시풍속의 순환적 한 단위 텍스트로 하루가 포함된 한 달, 그 한 달이 향해 가는 계절, 계절들이 엮어내는 한해의 반복적이고 순환적인 시간의 흐름 속에서 공동체적으로 수행되는 대동의례다. 그 시간의 반복적 연쇄 속에서 매번 제 차례에 찾아오는 변화에 대응하여 삶과 세계의 안정을 도모하고자 하는 집합적 수행 체계이다. 그 목적과 기능은 대체로 무탈과 풍어 즉 마을의 재앙을 소멸시키는 액막이 의식과 바다 농사를 잘 짓고자 하는 풍어 기원에 맞춰져 있다. 정월 초사흗날 굿이 당집에 모셔진 신격이나 용왕신 등의 마을공동체 신격을 위로하는 의례라면, 정월 초나흗날부터 정월대보름 전까지 연행되는 의례는 마을 구성원의 가택신을 위로하고 각 가정의 액살 제거와 재수를 기원한다. 정월 초사흗날부터 정월대보름 전까지 연행되는 의례가 놀이성보다는 제의성에 더 비중을 두는 것에 비해 정월대보름굿은 제의성보다는 신과 인간이 함께 어울려 노는 놀이적 성격에 더 비중이 있다. 정월대보름굿은 용신을 상징하는 용줄을 만들어 놓고 줄놀이, 줄다리기 등 유감 주술적 놀이를 수행하면서 마을의 제액소멸과 풍어를 기원하기도 했다. 그 근본적인 목적은 놀이를 통한 마을 사람들 간의 갈등 해소와 대동 화합에 있었다.

위도 띠뱃굿은 세시에 따라 각 절기에 적절한 행위를 하는 주체가 우주나 자연 또는 사회나 인생을 1년 단위로 분절하여 살아가는 과정에서 행한 주기적인 의례였다. 세시 절기에 따른 공연/문화 텍스트로서 위도 띠뱃굿은 그 재현 텍스트를 경험하는 사람들에게 의례의 연행이 만들어내는 집합적 리듬에 순응할 것을 요구한다. 그 형태와 구조가 "그 집단이 세계를 표현하는 방식을 구성할 뿐만 아니라 집단 스스로를 표현하기 때문"이고 "사회적 의미를 부여함으로써 사회적 질서를 모사하는 일련의 법규들"로 작용하기 때문이다. 자연에 구속되어 있음과 동시에 사회적으로 강제된 집합적 실천 의례는 "인식, 사고 및 행동에 관한 장기적인 도식"[5]으로 형식화되었으며 그 형태들은 필연적으로 그렇게 구성되고 수행되어야 하는 규범이 되었다. 그 인식을 근거 짓는 삶과 사회의 물질적 과정이 해체된 이후에 그 가치에 대한 믿음이 전통적 연행 문법을 재구성하였고 그렇게 부과된 진리성이 일련의 의례적 상징을 강제하면서 텍스트 재현의 경계를 반복적으로 구축하고 있다.

2. 의례적 선취의 불/가능성

위도 띠뱃굿이 세시풍속의 한 지역적 단위로 작동하였고 순환 주기의 첫 차례에 반복적으로 수행되었던 대동의례였기 때문에 그것은 기본적으로 새로운 시작의 분기점에서 이후에 차례차례 전개될 시간들과 거기에서 이루어질 경험들 혹은 사건들을 미리 예감하고 궁극적인 의례의 목적을 미리 달성하는 구조를 지녔다. 위도 띠뱃굿은 결핍과 충족의 계기들을 품고 있으며 그 계기들이 만들어 낼 결과들에 대한 기대지평이 접혀 있는데, 이 구조적 특이성을 '의례적 선취'로 개념화할 수 있다. 의례적 선취는 구조적으로 미리 와 있는 실재로 바꿔 말할 수 있다. 위도 띠뱃굿은 매번 제 차례에, 제 장소에서, 지정된 주체에 의해 필연성을 기반으로 수행되는 의례의 구조적 전개를 따라 미리 와 있는 실재를 의례적으로 선취한다. 그 후 시간의 계기에 따라 구체적인 물질적·사회적 과정이 전개되고 그 결과가 주어지는데, 미래가 먼저 현재하고 연기된 과거의 현재적 진행이 있으며 맨 뒤에 과거가 된 미래가 현재한다. 이 선취된 미래는 1년으로 분절된 시간의 체계를 생성하는, 그 시간체제를 존속시키고 기능하게 하는 '시간의 자기원인'이라 할 수 있다. 그 시간의 자기원인이 시간 흐름과 그에 대응한 의례들의 추이 속에서 자기를 표현한다. 따라서 시간의 배치는 선취된 미래(이상이나 목적)가 자연에 바탕한 절일이나 간지일에 배당되는 각종 의례들과 행동들의 기능이나 속성을 통해서 이루어진다고 할 수 있다.

구조적으로 작동하는 의례적 선취를 황해도 소놀이굿을 들어 생각해 보자. 황해도 소놀이굿[6]은 물질적이고 사회적인 과정으로부터 탈락되어 그것이 재현될 때 의거한 전통적인 형식이 끊임없이 되풀이되면서 존재하는 무속의 한 양식이다. 규범적으로 강제되는 그 전통성은 현재의 맥락이 아니라 과거 그것이 존재했던 농경사회의 망실된 맥락이라고 전제되는 이상화된 맥락을 반영·구현하면서 연행된다. 그러한 의미에서 그것은 물질적이고 사회적인 과정과 맞물려 있었다고 말할 수 있다. 그 정도의 수준에서 그것을 필요로 하는 현실로부터 자원과 역량을 총동원하여 펼쳐내는 세계는 현실 속에서 선취해야 할 매우 중요한 가치를 체현하고 있다. 그것이 펼쳐내는 세계는 가정법적 공간으로 현실의 결핍이나 모순의 극복이 이루어지는 풍요와 소망의 선취된 대안적 세계이다. 그 세계가 어떻게 구현되는지 분석해보면 다음과 같다.

소놀이굿은 상좌로부터 백편지(하얀 종이에 아무런 내용이 없는 편지)를 만신에게 건네주는 것으로부터 시작한다. 상좌에게 백편지를 받은 경관만신은 편지를 보고서 "이게 무엇이냐고 여쭈어보아라"라고 상좌에게 말을 전한다. 상좌는 마부에게 가 "경관만신이 무엇이냐고 여쭙니다"라고 전한다. 그러면 마부는 "삼십 삼천 도솔천에 계시는 아미타불님께서 이곳에 하늘이 아시는 영천도문에 지하가 아시는 신사발원 허신단 말씀을 듣고 명복을 많이 싣고 가서 주고 오라 하여 왔다고 여쭈어라"라고 상좌에게 전하고 상좌는 다시 경관만신에게 전한다. 이러한 과정이 연행이 계속되는 동안 반복된다. 상좌를 사이에 두고 마부와 경관만신이 주고받는 말은 신의 말이라는 점에서 신의 명령이다. 따라서 그것은 당위이고 수행성이 선행한다. 이 말의 전달이 행위의 계기를 만들어내고 그 계기

가 모여 의례의 형태를 구성한다. 곧 말이 전부이고 그러한 점에서 말은 행동의 선취이고 의례적 선취이다. 마부는 신이 되기도 하고 신이 보낸 소를 이끄는 전령이다. 상좌는 이 전령의 말을 무당에게 전해주는 전령이자 무당의 질문 그리고 그 질문이 이끌어내는 소망의 구현을 마부에게 전하여 신으로부터 다시 무당에게로 구현한다. 무당은 상좌를 매개로 마부를 거쳐 신에게서 현실의 필요를 의례적으로 선취하는 실질적인 존재이다. 이러한 이중적 매개를 통한 다중적 소통의 방식은 그 전개 과정 속에서 현재의 순간을 구부려 미래로 혹은 과거로 이동하며 매번 소망을 구현하면서 소놀이굿의 필요에 부응한다. 마부를 통해 발화된 신의 말은 '미래적 언표'이다. 상좌가 전하여 주는 신의 전언은 당위와 명령으로 반복될 때 그것은 이미 한번 말해진 과거이다. 이 미래적 언표이자 이미 말해진 과거의 언표는 무당이 의례를 통해 달성하고자 하는 미래이자 의례의 과정 속에서 매번 이루어지는 현재 진행형이다. 그런데 이 현재는 의례의 차원에서 달성되었다는 점에서 이미 선취된 미래 즉 과거적 미래이다. 소놀이굿의 다중적 시간의 구현은 현실의 결핍과 모순을 해소하고자 하는 의례의 전략으로 실제의 그 어떤 형식과도 구별되는 형태를 구현한다. 그러나 그 형태는 가정법적 완료라는 점에서 잠정적이고 가변적이다.

시간적으로는 세시주기의 첫머리에서 매번 반복되는 의례적 선취 속에서 공동체의 영속을 확장해나가는 반면, 공간적으로는 세시주기와 그에 따른 의례의 문법을 공유하는 인접한 지역 또는 위도 띠뱃굿을 중심점으로 하여 임의적으로 구획한 공유 영역의 주변부 각각에서 수행되는 반복과 선취가 있다. 의례적 선취는 위도 띠뱃굿에만 한정되지 않는다. 그것은 세시주기라는 시간 구조를 공유하는 공동체들의 의례들이 가진 구조적 특이성인 것이다. 지구의 자전과 공전의 반복적인 궤도 속에서 태양이 매번 뜨고 지는 현상과 같다. 다만 그 궤도를 움직이는 지구의 표

황해도 평산 소놀이굿(1988)

면 어느 위치에 자리하고 있느냐의 차이가 있을 뿐이다. 그 위치의 차이 속에서 태양을 바라보는 각각의 시점이 지니는 위치 가치가 유사하거나 다르게 표현될 뿐인 것이다. 그런 점에서 위도 띠뱃굿은 공간적인 확장성을 지닌다. 물론 이 공간적인 확장성은 시간의 주기가 매번 반복되는 가운데 공동체나 그 구성원이 생멸하면서 만들어내는 시간적 확장성과 대응한다. 시간의 흐름은 연속되지만 직선적이거나 인과적이라기보다는 순환적이고 반복적이다. 다시 말해 과거·현재·미래가 서로 불가역적인 관계로 인식되거나 구성되지 않고 중첩·재생산되고 순환 속에서 통합된다. 그러므로 과거·현재·미래는 가역적인 관계로 인식되어 순환의 주기에 따른 의례 속에서 구성된다. 공간적인 확장성도 이와 같다. 즉 위도 대리마을 띠뱃굿, 그 인접 마을인 치도리·진리·식도 당제 등은 서로 다름과 동시에 독자적으로 작동하는 체계이지만, 구조적으로 그것은 세시의 주기를 공유하며 공동체의 영속과 안정을 도모하는 구조·기능적인 체계를 지니고 있다.

현재 위도 띠배굿은 문화재 지정과 담론 형성의 과정에서 구성된 최초의 텍스트가 외부에서 부과되는 진리성에 긴박된 채 반복적으로 재현되고 있다. 위도 띠뱃굿의 의례적 선취가 가능했던 현실적 기반이 붕괴함에 따라 의례의 세계는 신과 자연과 인간을 긴밀하게 연결했던 관계성을 상실하였다. 공연/문화 텍스트 재현의 현재적 조건은 자연 자원의 약탈적 채취에 골몰하는 사회를 영속화하려는 자본의 기획이 지배적이다. 자본의 씨줄에 의해 묶여 짜인 체계와 생활세계의 단속적 리듬 속에서 현실 대응력과 포용력을 상실한 채 재현되고 있다. 그럼에도 불구하고 다른 한편에서 이 구조와 관계를 역전시키고자 하는 문화적 실천으로서 의례의 확장적 기능이 요청되고 있다. 그것은 자연과 공생하는 삶의 리듬을 씨줄로 문명·기술·정보 등을 묶어 짜는 세계의 상상과 구축에 대한 것이라고 말할 수 있다.

위도 띠뱃굿에 부과된 진리성의 형태/구조가 매년 정월 초사흗날에 대리마을에서 여전히 재현되고 있는 반면, 그 공연/문화 텍스트가 선취했던 미래에 대한 기대는 재현 체계의 외부에서 현실의 위기에 대응하여 공간적으로 확장되고 형태적으로 전환되고 있다. 그 확장과 전환이 일어나는 구조적인 이유는 실제와 재현의 균열 때문이다. 의례의 형태가 현실의 변화에 조응하면서 연행의 지속성을 확보하기보다는 형태의 완고한 재현에 의해 반복되고 있기 때문에 의례의 재현은 실제를 반영하지 못하고 갈수록 공식화됨과 동시에 그 전승·연행력이 약화되고 있다. 의례를 통하여 수행 주체는 사회구성원으로 자격을 공인받고 그 속에서 자신의 정체성을 구성·유지해가기 때문에 의례는 수행 주체에게 자신과 세계 및 사회를 사유하는 틀을 제시한다. 거꾸로 사유의 틀이 바뀐다면 의례 또한 그 형태와 내용 및 목적과 기능 등이 변화할 수밖에 없다.

전통(과거)의 세계가 지닌 시간의 속성이 '지속·순환·지연'이라면 근현대(현재)의 세계는 '현혹·불안정·교호·전진·폭발'[7]의 시간성을 가진다. 위도 띠뱃굿은 이처럼 상이한 속성의 시간들이 가르는 이질적인 세계들을 겪으며 존속해왔다. 그 과정에서 '지속·순환·지연'의 시간이 지배적인 재현의 세계를 형식화했고 '현혹·불안정·교호·전진·폭발'의 시간이 지배적인 현실 세계에 대한 대응력을 상실해왔다. 그런데 현대 사회에서 지배적·주기적으로 나타나는 폭발·불안정의 시간 속에서 지속의 시간 감각을 유지하려는 일종의 시간 감각의 혼합 현상이 관찰되고 있다. 그것은 사회체제의 이행 과정 속에서 서서히 변화하는 물질적 과정의 한 반영으로 생각된다. 이 이행의 과정 속에서 실제와 재현의 균열은 두 가지 경향으로 나타났던 것으로 보인다. 하나는 생업 환경의 변화와 기술의 발전에 필연적으로 수반되는 대형참사와 관련된 실제와 재현 세계의 균열이고 둘은 지속적으로 기획될 수밖에 없는 개발과 그로 인한 생존 조건의 근본적인 위기가 야기하는 실제와 재현 세계의 균열이다.

전자는 의례를 통하여 사후에 부분적으로 대응 가능한 균열이며 의례의 형태 속에서 수렴 가능한 것이고 후자는 의례 형태 속에 수렴 불가능한 것으로, 오히려 사건 속에서 의례 형태가 끊임없이 변화하고 새롭게 생성된다. 기존의 의례 형태 혹은 재현 세계가 후자와 불화하며 접속하지 못하는 양상으로 나타남에 따라 그에 따른 재현의 새로운 기획과 실천이 요구된다.

위도 주민들은 생업 공간인 바다와 관계하면서 위기와 공포, 풍요와 안전과 같은 상반된 경험들을 축적해왔다. 그 경험의 문화적 표현이 바로 위도 띠뱃굿인 셈이다. 위기와 공포는 생명과 생활의 차원에서 작동하고 풍요와 안전은 상징/재현과 생업의 차원에서 구현된다. 따라서 바다에 대한 위도 주민들의 감수성은 양가적이며 의례 속에서 재현되는 그 감수성의 표현들도 양가적으로 구축되어 있다. 『동아일보』1931년 2월 10일 기사는, 1930년의 혹독한 불어不漁와 그 뒤를 이은 경제공황으로 인한 파국적 삶의 단편을 전하고 있다. 700여 명의 어민이 완전한 기아 상태에서 고통 받고 있다는 것이다. 이와 달리 『동아일보』1938년 4월 22일 기사는 위도의 파시를 묘사하고 있다. 그에 따르면 위도에 몰려든 조기잡이 어선이 2백여 척이고 승조원도 1천 300여 명이며, 요리점 9개소, 음식점 11개소가 들어서서, 당국에서는 무선전화를 준비하여 목포 무선전화국과 교신하도록 하였다고 전하고 있다. "조기 판 돈 세다가 말캉 무너졌다."와 같이 위도 주민들 사이에 회자되는 우스개 소리는 돈을 많이 벌어 돈을 세다가 마루가 무너졌다는 의미로 그만큼 흥청거렸던 위도 파시의 풍요로움을 전하고 있는 것이다. 이와 같이 위기와 공포, 풍요와 안전이라는 가치는 위도 어민들에게 선택적인 것이라기보다는 필수적이고 일상적인 것이었다.

한때 파시가 들어섰던 위도 치도리에는 '조난어업자조령기념비'가 세워져 있다. 치도리 주민들은 매년 당제 후에 이곳에 와 의례를 행한다.

이 기념비는 1931년 참사에 대한 기억의 상징물이다. 당시 위도면 치도리 앞 칠산어장에는 조업 중인 어선 500여 척이 있었다. 태풍이 세 차례에 걸쳐 불어닥치면서 어선 500여 척은 전복되었고 그 결과 어부 600여명이 익사하고 말았다. 이때 희생된 어민들은 평안도·함경도·경기도 등 전국 각지에서 조기를 따라 몰려든 어부들이었다. 그 넋을 위로하기 위해 1932년 3월 전라남도 수산 당국이 이 기념비를 건립하였다. 대형참사는 주기적으로 발생했다. 1959년 4월 22일에는 곰소-위도 간 여객선 통도호가 침몰했다. 그 결과 조난자 총 36명 중 4명이 생환했을 뿐 사망자와 행방불명자를 합쳐 총 32명이 피해를 입었다. 1993년에는 위도-격포 간 서해훼리호가 임수도 부근에서 침몰하였다. 본래 서해훼리호 승선정원은 221명이었는데, 승선한 인원은 362명으로 141명이 초과되었다. 이 사건으로 말미암아 총 292명이 목숨을 잃었고 생존자는 70명에 불과했다. 위도 주민들의 경우 61명 승선하여 58명이 익사하고 3명이 생존했을 뿐이다. 사고 후 1년 동안 가족을 잃은 25가구 중 13가구가 위도를 떠났고 참사 이후 위도 진리에는 '서해훼리호참사위령탑'이 세워졌다. 대형참사는 의례 수행의 현실적인 계기를 제공한다. 위도 띠뱃굿의 경우에도 그 기능이 수사水死자를 해원하고 그 사건을 상징적인 말과 행동 및 노래, 음악, 춤 등으로 재현하여 의례를 통하여 공동체의 안전을 선취하고자 하는 것이기 때문에 재현의 공식을 구현하는 주체의 의식과 감성 속에서 부분적으로 현실의 맥락을 반영하여 그 기능성을 유지한다. 그러한 까닭이 현재에도 어업에 종사하는 주민들의 참여를 유도하는 기제가 된다.

문제는 현실과 재현 세계의 균열이 공동체 자체를 붕괴시키는 현상에 있다. 이 현상은 위도 띠뱃굿 공연-문화 텍스트가 재현의 과정에서 담아낼 수 없는 것이 되고 있다. 오히려 그 재현 자체를 불가능한 것으로 만드는 구조적인 요인으로 작동하고 있다. 1986년부터 가동되기 시작한 영

띠뱃굿 중 띠배 끌고 나가는 모선(1985)

광원자력발전소에서 방출되는 온배수로 인해 어족 자원이 급격히 고갈
되고 있다. 어로작업이 먼바다에서 수행됨에 따라 규모가 큰 배가 요구
되었고 그에 따라 지출 규모도 커져 갔고 그만큼 부채도 증가하였다. 뿐
만 아니라 1991년부터 시작된 새만금 방조제 공사는 갯벌을 점진적으로
황폐화시키고 있다. 그로 인해 위도 주민들은 생업에 막대한 피해를 입
고 있지만, 이렇다 할 해결책은 제시되고 있지 못하다. 위도 띠뱃굿이 의
례적으로 선취했던 풍요의 바다는 불모의 바다가 되어가고 있는 것이다.
1960년대만 해도 위도의 인구는 5,000여 명에 달했고 1990년대 초반까
지만 해도 3,000여 명이 거주하고 있었다. 그러나 2015년 10월 말을 기준
으로 1,296명(남 691명, 여 605명)이 거주하고 있고 그마저도 고령의 노인들
이 대부분이다. 그에 따라 섬의 공동화는 더욱 가속화될 것으로 전망되
고 있다. 이러한 상황 속에서 위도 띠뱃굿의 존속 역시 불투명하다.

　새롭게 전개되고 있는 현실의 사태를 의례의 형태가 담아내지 못하고
있고 그 재현 형태마저도 존속 기반을 상실한다고 할 때 담론은 무엇을
예측하고 기대해야 할까? 위도 띠뱃굿이 예시했던 미래적 경향을 현실
속에서 이끌어내고 그 물질적·사회적 맥락으로부터 대안 세계를 생성
하는 사건적 경험에 주목하는 것이 그 물음에 대한 대답이 될 수 있다. 다
시 말해 위도 띠뱃굿의 재현 형식이 포용할 수 없는 불가능한 시간과 공
간에서 분출되는 사건적 경험과 그 경험 속에서 생성되는 의례를 통하여
위도 띠뱃굿 공연/문화 텍스트 재현의 새로운 방향을 제시받을 수 있다.
예시적으로 위도 공동체가 위기의 끝에서 선택했던 '핵폐기장 건립'과
그에 대립했던 이른바 '부안항쟁'의 사건 속에서 실제와 재현의 균열이
야기한 비대칭적 재현의 새로운 가능성을 논의할 수 있다.

3. 비대칭적 재현의 새로운 가능성

2003년 2월 정부가 핵폐기장 후보지로 영광과 고창을 지목함에 따라 군산시는 위도 인근 신시도에 핵폐기장을 유치하겠다고 나섰다. 이 무렵 위도에도 핵폐기장 유치 청원을 위한 사전 작업이 시작되고 있었다. 당시 총리실 산하 과학기술정책연구원의 부연구위원이었던 박ㅇㅇ은 그 무렵 낚시를 하러 위도에 드나들며 위도 주민들과 친하게 지내던 중 핵폐기장이 고창이나 군산 신시도에 유치되면 피해만 보고 보상도 못 받는다며 그럴 바에 차라리 핵폐기장을 위도에 유치하자고 주민들을 설득했다. 핵폐기장을 유치하면 위도는 물론 부안을 발전시킬 수 있는 새로운 기회를 만들 수 있다고 강조했다. 2003년 5월 9일에는 주민 80여 명과 함께 관광차를 대절하여 대덕 원자력환경기술연구원을 견학하였고 그 과정에서 3,000억 원 규모의 현금 보상과 위도-격포 간 다리 건설에 대한 소문이 만들어지고 유포되었다. 그 결과 바로 다음날 주민들은 주민총회를 열어 서명을 받았고 위도방폐장유치위원회는 불과 3일 만에 주민 90% 이상의 서명을 받아 7월 1일경 부안군 의회에 핵폐기장 유치를 청원하게 되었다. 이로 인해 위도 주민들은 핵폐기장을 반대하는 대다수 육지 사람들과 갈등·대립하게 되었다.

핵폐기장 유치를 둘러싸고 전개된 이 사건은 그 전개 과정 속에서 정부와 지역주민, 지역주민과 지방정부, 유치찬성 주민들과 반대 주민들, 위도 주민들과 육지 주민들 간 다층적인 갈등과 대립을 수반하였다. 이 갈등과 대립의 과정에서 공동체는 분열했고 위기에 빠졌다. 그러나 그 위기는 핵이 유발하는 공멸의 근본적인 공포와 위기로 전화했고 그에 따라 지역민 대다수는 경제적 유인 기제를 거부하고 생태적 가치 지향을 통해 공동체의 영속을 위한 집합 행동에 나섰다. 그 결과 점진적으로 지역공동체 내부의 위기는 교정되어 통합되어 갔고 그 통합된 내부의 동력이 항쟁의 형태로 전화되면서 위도 핵폐기장 유치 자체가 무산됨으로써 지역공동체와 정부의 위기 상황도 교정되어 통합 국면으로 전개되었다. 그와 동시에 지역 내부에서는 찬성과 반대로 양분되었던 주민들 간의 전체적인 통합이 부분적으로 실패함에 따라 새로운 분열 양상이 나타나게 되었다. 이를테면 "농사나 생업도 팽개치고 자식들 학교 등교도 거부하며 싸워 수천 명의 진압 경찰들로부터 머리가 터지고 갈비뼈가 부러졌으며 구속, 투옥되는 등 온갖 인권의 유린과 박해, 회유를 감내하면서 처절한 항쟁이 벌어졌는데, 이로 인하여 관민 간, 군민 간의 갈등과 상처의 골이 깊어져 그 앙금은 아직도 다 아물지 않"[8]았다. 이후의 사태 속에서 빚어진 갈등과 위기의 양상은 중층적이었다. 이 중층적인 교정과 통합 혹은 분열의 지점에서 이 사건에 대한 기억·기념의 상징이 요구되며 의례의 필요성이 제기되었다. 다양한 사회문화적 차원의 실천 의례가 주기적으로 수행되고 『부안이야기』와 같은 공동체 내부의 월간지를 통해 담론적 통합 실천도 지속되고 있다. 문제는 위도 띠뱃굿과 관련하여 이 현대 사회의 의례적 재현 형식이 어떠한 의미 연관을 가질 수 있는가 하는 점이다.

이 의미 연관과 관련하여 사건의 전개 과정 속에서 주목되는 행동들이 있다. 2003년 7월 31일, 격포-위도 간 해상 시위가 벌어져 200여 척의 어선이 결집한 사건이 있었다. 2003년 12월 31일에는 1만여 명의 부안군민들이 격포항에 모여 반핵 행사의 하나로 해넘이 축제를 벌이며 띠뱃굿을 재현하였다. 주민들은 부안군수를 비롯한 '반핵 5적' 허수아비를 띠배에 싣고 불에 태워 바다로 떠나보냈다. 항쟁의 과정 속에서 실천된 저항 의례에서 깃발은 마치 '신대'처럼 기능했으며 어김없이 '신대'가 놓였던 전통적인 자리를 차지하고 있었다. 이를테면 뱃머리에 핵 없는 세상이라는 표어가 쓰인 대나무 깃발이 의례의 공간 속에서 펄럭였으며 부안군 13개 읍면의 가게마다 집집마다 차량마다 길거리마다 내걸린 '핵폐기장 반대', '핵 없는 세상'이라는 구호가 쓰인 깃발들이 일상의 공간 속에서 의례가 선취하고자 한 세계를 상징적으로 구현하고 있었다. 뿐만 아니라 '핵반대대장부'와 '핵반대여장부'의 글씨가 새겨진 장승이 촛불집회 100일째 되는 날을 기념하여 이른바 '반핵민주광장'에 세워져, 과정 속에 있는 행동의 목적을 미리 와 있는 실재로 만들어 갔다. 좀 더 주목되는 것은 2003년 12월 31일의 저항 의례이다. 이 의례의 중심에 위도 띠뱃굿의 재현이 있었다. 액을 방지할 목적으로 제작되어 띠배에 담아 먼바다로 떠나보냈던 '허재비'가 사건의 맥락을 반영하면서 '반핵 5적'으로 재구성되었다. 띠배 역시 의례적 현재로 재구성한 상징적 공간, 즉 핵폐기장이 들어설 부안의 미래가 되어 먼바다로 보내졌다. 그것은 핵의 공포를 의례를 통하여 제거함으로써 반핵의 생태적 미래를 선취하고자 한 행동으로 해석될 수 있으며 시간적인 차원에서는 다가올 불안한 미래를 이미 지나간 과거의 시간으로 치환함으로써 공동체의 안정과 지속을 도모하고자 한 것이었다. 따라서 저항의례로서 수행된 '격포항 띠뱃굿'의 재현은 위도 띠뱃굿 공연/문화 텍스트의 시간적·공간적 확장으로 고려할 수 있다.

그것은 라인하르트 코젤렉의 시간 인식의 맥락에서 예언과 예측의 차이로 해석될 수 있다. 예언의 지평에서 보았을 때 사건들은 이미 알고 있었던 것의 상징일 뿐이다. 예언이 틀렸다고 해도 예언가는 자신의 예언에 대해 회의할 수 없다. 예언이란 유동적인 것이기에 항상 유예될 수 있는 것이다. 더욱이 예언에 대한 기대가 무너질수록 예언이 이루어진다는 확실함은 더 커진다. 따라서 예언은 경험의 계산가능성이라는 지평을 넘어서는 것이다. 반면 예측은 정치적 상황을 고려한다는 것을 의미한다. 예측과 정치적 상황의 관계는 너무도 긴밀한 것이어서 예측을 한다는 것은 이미 상황을 변화시킨다는 것을 뜻한다. 예측은 정치적 행동의 의식적 계기이다. 그것은 사건과 관계하면서 새로움을 창출한다. 그러므로 예측은 가능하면서도 불확실한 시간을 만들어낸다. 예측은 시간을 생산하며 그 시간으로부터 그리고 그 시간 속으로 자신을 투사한다.[9] 요컨대 예언은 종교적이고 묵시록적인 경험의 축적인 반면, 예측은 정치적이고 미래에 대한 정확한 계산가능성 속에서 기대되는 지평인 것이다. 따라서 격포항 띠뱃굿은 위도 띠뱃굿의 단순한 모사나 활용이 아니다. 이러한 텍스트의 재현에서 "유사한 것을 유사하지 않은 것으로 만드는 것은 과거가 아니라 역사적 시간의 미래이다."[10] 문화유산으로서 위도 띠뱃굿 공연/문화 텍스트는 과거의 시간 속에서 자연에 구속되어 반복적으로 체험된 경험의 재생산으로 근대적 시간체제 속에서 오히려 배제되는 주변부 근대의 시간성을 함축하고 있다. 반면 격포항 띠뱃굿은 사건의 현재 속에서 의미를 획득하며 당면한 갈등과 위기를 해소하기 위해 전략적으로 채택된 정치적 의례이다. 비록 의례 전통의 요소가 부분적으로 활용되고 있지만, 그것은 단순한 전통의 차용이 아니라 예상되는 미래의 전복임과 동시에 현재의 위험과 공포에 맞서서 대안 세계를 이루어내는 새로운 주체의 구성과 관련되어 있다. 그러므로 격포항 띠뱃굿은 전통적 요소의 부분적 절합이라는 측면에서 상이한 시간 층위들을 포함하고 있다. 말하자면 아직 일어나지 않은 사건을 의례를 통해 이미 경험한 사건으로 만들면서 선취한다.

위도 띠뱃굿의 공연/문화 텍스트는 시각적 증인이나 청각적 증인이 전한 기억에 의존하여 재현된 것이다. 그런데 역설적으로 시각적·청각적 증인의 말을 옮겨 놓은 문자가 정통이 되었고 진리성을 획득하였다. 그것이 문화유산이 될 수 있었던 것은 "구전이 문자를 통한 전래보다 우선한다"[11]라는 문화 인식이 강하게 작용했기 때문이었다. 그러나 역으로 문자의 우선성이 텍스트 재현의 지속 가능성을 보장하고 있다. 반면 격포항 띠뱃굿에는 문자의 우선성 혹은 진리성이 존재하지 않는다. 그것은 재현의 차원에 존재하기보다는 생성의 차원에 존재한다. 오히려 위도 띠뱃굿의 전통성을 보장하는 구술성이 격포항 띠뱃굿에 더욱 강하다. 그러므로 위도 띠뱃굿과 격포항 띠뱃굿은 서로 대응하는 개념들로 정의될 수 있으며 그것은 비대칭적이다. 비대칭성이 대응 개념 간 힘의 위계 혹은 진리성의 정도를 함축한다고 할 때 위도 띠뱃굿은 격포항 띠뱃굿을 억압하고 배제하는 인식 작용을 근거 짓는다. 현실영역과 수렴 가능 영역에서 생성하는 사건으로서 격포항 띠뱃굿은 문화유산의 재현 영역에 의해 제도적으로 배제당할 수밖에 없다. 그런 점에서 위도 띠뱃굿을 재현하는 주체는 제도인 반면, 격포항 띠뱃굿을 통해 사건의 의미를 기억하고 존속시키는 주체는 부안의 주민들이다. 세시의례가 구조적인 위기에 대한 대응 방식이었다고 한다면 위도 띠뱃굿은 현대 사회의 구조적 위기에 대한 대응력을 가지고 있지 못하다. 현대 사회에서 주기적으로 발생하는 위기의 성격을 부안항쟁에서 예시할 수 있다면 즉 개발과 진보의 가치가 자본에 의해 전유되는 구조 자체에서 위기가 주기적으로 발생한다면 그것은 대규모 이주와 집단적 저항 그리고 대참사와 같은 구조적인 죽음 등으로 결과된다. 세시의례의 위기에 대한 대응 방식이 폭력적이지 않은 것이라면 현대 사회의 구조적인 불안정성을 해소하는 방식도 민주적이며 생태적이어야 할 것이다. 그런 점에서 격포항 띠뱃굿은 비대칭적 재현의 새로운 가능성을 예시하고 있는 것이다.

4. 민속의 재현과 혼종적 구성/배치

1) 재현의 우발성과 국면성

일반적으로 재현은 과거의 기억으로 현재를 판단하고 현재 속에서 아직

오지 않은 미래를 근심하는 것과 같은 방식으로 이해된다. 재현은 과거에 완료된 어떤 사물이나 존재를 지금 이 자리에 다시 현전presence시키는 것이다. 따라서 그것은 끊임없이 과거로 소급되고 진리성 또한 그 과거의 규준에 의해 판단된다. 이 재현의 메커니즘은 보수적이어서 지금이 자리에서 일고 있는 혁명성을 의심하고 파괴하는 데 기여한다고 이해된다. 즉 재현은 동일성의 사유이고, 중심을 열망하고 규범과 척도를 매우 중시하는 것으로 규정된다. 늘 과거 또는 제자리로 돌아오는 세계일뿐만 아니라 새롭지 않고 변화를 거부하는 주어진 구조에서 언제나 출발하는 것으로 인식된다.[12]

한편 재현은 문화의 순환을 구성하는 중요한 하나의 계기이자 구성요소[13]이다. 재현은 문화 즉 의미의 공유 또는 실천 문제와 깊이 연관되며 사상과 이념, 느낌 등이 언어(또는 기호와 상징 등)를 매개로 구현되는 것이다. 그것은 일시적이고 국면적인 것이며 환경 또는 조건의 우발적인 변화 속에서 연결되는 것으로 파악된다. 재현 과정 속에 절합articulation이 작용하는데, 이 절합이 재현의 우발성과 국면성 또는 차이를 발생시킨다.[14] 따라서 재현의 문제는 절합 속에서 정체성과 규칙/조건, 생산과 소비 등이 상호 접속하면서 구성하는 의미 즉 이데올로기와 관련된 문제로 생각할 수 있다. 재현이 하나의 체제를 제시한다고 할 때 재현에서 중요한 점은 그것이 유일하지 않음 즉 하나의 체제system가 아니라 여러 체제를 제시한다는 것이다. 재현은 언제나 이데올로기와 관련되어 있기 때문에 재현 체제를 이데올로기 재현 체제로 생각하고 그 특징을 기술할 수 있다. 이데올로기는 단일한 관념을 통해 작동되지 않는다. 이데올로기는 담론의 연쇄를 이루며 무리를 지어 여러 의미의 장에서 여러 담론 구성체에서 작동한다. 어떤 이데올로기의 장에 들어가서 어떤 한 부분의 재현이나 관념을 고르고 나면 즉시 함축적 의미 연상의 전체 연쇄가 하나 새로 시작하게 된다. 이데올로기적 재현은 서로 함축, 즉 호출한다.

이들은 서로 투쟁하기도 하고 흔히 공통적으로 공유하는 개념의 레퍼토리에 의존하며 차이나 동일성의 다양한 체제 안에서 이 개념들을 재접합하고 해체하기도 한다.[15]

이데올로기 재현 체제는 인간이 들어가서 체험하고 사는 세계이다. 그 세계에서 이루어지는 삶은 문화·의미·재현 내에서 이루어진다. 중요한 것은 이데올로기를 없애 버리고 단지 현실만 체험하는 것은 불가능하다는 점이다. 우리 자신과 다른 사람에게 현실을 재현하는 체제는 늘 필요하다. 또 우리는 우리 자신의 존재 조건을 경험하고 해석하고 의미를 깨치기 위해 다양한 재현 체제를 사용하고 있다. 그 결과 이데올로기는 똑같은 현실 세계의 대상이나 객관적 조건을 다르게 정의하게 된다. 따라서 사회관계나 실천의 여건과 그것이 재현하는 다양한 방식의 숫자는 필연적으로 상응하지 않을뿐더러 사회관계와 실천은 재현 장치와 다양한 방식으로 절합되어 존재할 수밖에 없다. 세계를 경험하는 것은 문화의 재현 체제 속에서이고, 이 체제를 통해서 가능하다. 경험은 이해의 의미 규칙과 해석틀의 산물이기 때문에 어떤 특정한 사회의 현실적 관계를 그 사회의 문화적·이데올로기적 범주 내에서 경험할 수밖에 없다.[16]

민속의 재현도 마찬가지이다. 민속의 재현은 심성사의 장기 지속적인 층위에서 끊임없이 과거로 소급되거나 특정 관습 또는 주어진 조건에서 출발하는 것이 아니다. 그보다는 우발성과 국면성에 의해 규칙 또는 조건이 성립 또는 변경되고 생산의 계기와 소비/수용의 계기가 분리되지 않고 상호 계기를 자신의 국면 속에서 생성하는 방식 그리고 다양한 정체성들의 우발적인 조우에서 비롯되어 그 과정 속에서 형태를 갖추어 가는 일련의 텍스트나 형식으로 제시된다. 이러한 재현의 세계 속에서 정체성은 단일하고 고유하게 이해되기보다는 생동하는 문화들 속에서 다양한 사회관계들에 의해 야기되어 우발적·국면적·사건적 변환들로 지속되고 있는 무리들을 표시한다. 특히 정체성적 요소, 규칙이나 조건,

생산과 소비의 계기들이 특정한 국면 속에서 우발적으로 절합되어 제시되는 재현의 세계는 어떤 식으로든지 이데올로기의 쟁투를 함축하고 그로부터 생성되는 의미의 공유나 실천과 관계되어 있다. 그러므로 민속의 재현을 다루어왔던 기존의 방식 즉 형태의 재현에 구속되었던 시각에서 벗어나 의미의 공유와 그 실천과 관계된 이데올로기의 재현 양식으로 민속의 현재성을 생각할 필요가 있다. 특히 이데올로기의 쟁투가 함의된 재현의 문제를 존재 능력의 증가와 감소에 따른 잠정적인 결과로 출현하는 정서들 즉 욕망·기쁨·슬픔 등과 관련하여 주목할 필요가 있다. 왜냐하면 이 정서들이 절합되어 이루어 가는 그 체제의 변환이 문제적이기 때문이다.

2) 민속의 한 재현, 도둑잽이의 경우

도둑잽이는 풍물굿 잡색놀음 중에서 판굿의 한 절차로 진행되는 민속연희의 한 종류이다. 잡색놀음은 풍물굿에 편성된 잡색들에 의해 연행되는 극적인 놀이이다. 당산굿·마당밟이·판굿 등에서 잡색놀음이 연행되는데, 각 공연 단위에서 제의적·놀이적·연극적 성격을 띠고 전개된다. 당산굿에서는 제사를 중심으로 풍물패의 역할이 규정되기에 당산굿을 위한 풍물패에 잡색을 편성할 경우 잡색은 제사를 보조하는 역할을 주로 수행한다. 마당밟이에서는 각 집을 돌며 제액초복의 고사를 중심으로 풍물굿이 연행되기 때문에 잡색은 풍물패를 각 집으로 인도하거나 고사가 원활하게 진행되도록 풍물패를 보조하는 역할을 한다. 판굿에서는 놀이적 성격이 한층 강화되는 가운데 도둑잽이 연희가 전개된다. 예를 들어 임실 필봉 풍물굿 판굿 초반부('채굿'~'풍류굿')에서 풍물잽이들은 가락·동작·진을 조율하고 잡색들은 각자가 가장한 인물의 성격에 따라 그 역할을 수행할 준비를 하며 굿판에 재미와 신명을 불어넣는다. 이후

'호허굿'이나 '미지기진' 등의 절차에서는 진법을 위주로 한 집단적인 공연 국면이 부각된다. '노래굿'이나 '돌굿', '수박치기' 등에서는 노래가 따르기도 하는데, 수박치기라는 놀이 형태가 공연 요소에 포함되어 연행된다. '구정놀이'에서는 치배 각 개인의 기량을 한껏 발휘하는 예능적 구조가 두드러지고 이후 전개되는 '도둑잽이'에서는 잡색들에 의해 연행되는 극적인 구조를 통해 공동체 서사를 구현한다. 이 과정에 이르면 굿판은 연극성이 강화되는데, 극적인 연희를 통해 사회적인 의미가 공유된다.

잡색들은 각자에게 구현된 성격을 바탕으로 풍물굿 공연 속에서 '이야기'를 구성하여 관중과 소통한다. 예를 들어 양반으로 가장한 잡색/양반광대는 양반의 행동과 표정과 분위기를 재구성하여 풍물굿 공연 속에서 재현한다. 잡색들은 연극적·놀이적 요소의 구현을 통해서 풍물굿 공연에 사건을 도입하고 배치하여 그 공연을 사회적·문화적 의미를 담지한 집단적이고 공적인 문화적 공연물로 만든다. 잡색들은 지역에 따라 차이가 있지만, 관습적으로 약호화된 인물(혹은 동물)의 유형과 성격에 따라 상징적인 행동과 놀이를 한다. 풍농·벽사진경의 의례적 층위에서 잡색들은 가장놀이를 펼치기도 하고 마당밟이 공연 과정 속에서 즉흥적으로 희극적 놀이를 벌이기도 한다. 또한 잡색들은 제의적인 층위와 놀이적/연극적인 층위를 오가기도 하면서 특정한 인물들로 성격화되어 일종의 사회적 부류를 표현하고 공적 권위와 공공의 질서를 확립하는 공적인 권력 의지를 표현하기도 한다.

풍물굿패가 공연을 하고 있을 때, 그 판을 재미있게 만들기 위해서 '잡색이 아닌 잡색'을 꾸며 가지고 나오기도[17] 했다. 즉 관습적으로 편성된 잡색에 더하여 누구나 쉽게 꾸밀 수 있고 연기할 수 있는 배역이 공연 과정에서 만들어진 것이다. 이 현상은 풍물굿이 대동적인 놀이로 연행된 과거의 굿판에서는 흔히 볼 수 있는 것으로 공연에 참여하는 관중들의 우발적인 행위에 의해 출현했다. 풍물굿이 전승·공연되어온 어느 시점에서 '신명'이 오른 몇몇 관중들이 우발적으로 새로운 극의 구조를 생성한 것이다. 이를 '공연사건'으로 표현할 수 있다. 이 우발적인 공연사건은 풍물굿 공연·전승 집단의 행위 방식 속에 저장되었다가 반복될 때 하나의 관습으로 채택되어 그 우발성·즉흥성이 그 자체로 양식성을 획득하게 되는 계기가 된다. 잡색의 인물 유형과 그 성격이 공동체 구성원들에 의해 창조되고 채택되어 전승되는 원리가 발휘된 것이다. 잡색으로 편성되는 인물 유형들은 이와 같은 성격 창조와 전승의 원리에 의해 공연 체계 속에 자리 잡은, 우발적인 공연사건들의 재현물이다. 하나의 인물은 일상적인 시간과 공간의 무수한 반복과 축적 속에서 형성된 기호이다. 대포수라는 기호는 무속·수렵·유목·장군·무력·전쟁 등으로 계열화되는 의미 대상들의 기호들과 교차하면서 그 의미 범주들을 횡단하다가 그 기호가 지시할 수 없는 대상들에 이르면 다른 기호와 접속하여 연합한다. 이러한 방식으로 할미·영감·양반·각시·기생·노비·칼 찬 순경·신사·대학생 등의 기호들이 잡색의 인물 유형 체계 속에 자리 잡은 것이다.

　잡색의 인물형들은 시공이 다른 사회문화적 맥락들을 함축하고 있으며 다양한 의미들을 내포하고 있다. 과거에 생성된 인물형들이 어느 시점에서 폐기 처분되는 것이 아니라 그 기능과 의미를 달리 하여 현재적인 맥락을 새롭게 추가하면서 존속하다가 또 다른 시점에서 사회문화적인 맥락들이 근본적으로 변화하면서 그들에게 새로운 기능과 의미를 요구할 때 새로운 인물형들의 창조와 수용을 통해 그 체계를 확장하는 것이다. 이러한 확장을 통해 잡색들은 잡색놀음의 형식과 내용을 지속적으로 변화시킨다. 근본적으로 새로운 형식과 내용을 창안하는 것이 아니라 이전의 형식과 내용을 근간으로 하여 그 기능과 의미에 변화를 주어 현재적 맥락들에 적합한 양식으로 고쳐나가는 것이다. 잡색놀음의 공연 형식과 내용은 마을공동체의 일상생활과 밀접한 관련을 가질 수밖에 없다. 잡색놀음이 표현하는 서사 세계가 출산·성적 유희 혹은 계급적 갈등·투전·도둑·전쟁 등의 모티프를 채택하여 전개되는 것도 이와 같은 이유 때문이다. 풍물굿은 공공의례로서 공동체의 공적인 삶의 문제를 담아내고 공공의 이상적 삶을 기원하는 기능을 담당한다. 이와 같은 의미의 실천이 구체적인 언어와 행동을 매개로 재현되는 것은 도둑잽이를 통해서이다. 도둑잽이는 공동체의 여러 문제와 조응하면서 재현되는 행위 양식이다.

공연은 사건에 대한 단일한 재현이 아니다. 일상생활의 경험과 사건은 물론 비일상적인 경험과 사건에 걸쳐 있는 연속체이다. 그 연속체는 공공의식에서 제의와 놀이 그리고 잔치의 주인과 1인 시위에 이르기까지 일련의 연속된 계열체를 이루고 있다.[18] 공연은 한번 상연되고 마는 것이 아니라 그 규모가 작거나 크거나 간에 거듭 반복되어 구성되는 행동들의 집합이다.[19] 개인의 일상적인 행동에서부터 정치적 저항과 혁명 같은 사회적인 행동에 이르기까지 모든 인간의 행동들이 공연에서 재현되며 어떤 형태의 공연이든 그것은 궁극적으로 현상을 유지하거나 세계를 변화시키려는 대규모의 집단적 노력으로 나타난다. 잡색놀음은 개별적 존재에 대한 정체성을 표시하기보다는 그 연합으로 집단의 정체성을 중시하며 끊임없이 과거의 공연이 현재 텍스트의 일부가 되어 콘텍스트와 함께 미래의 공연에 투영된다. 도둑잽이는 공연 집단과 공동체의 반성적 행위를 형상적으로 반영하고 그 사회의 작동 방식과 관련된 이데올로기를 비추는 거울로서 작용한다. 이는 최소한 두 번 반복되어 공연된 집단 서사의 재현물이다. 한 번은 일상적인 차원에서 경험한 사건 속에서 갈등과 위기의 국면을 거쳐 교정되거나 잠재적인 저항의 요소와 계기를 남겨둔 채 봉합되는 방식으로 작용하고 두 번은 그러한 사건에 대한 경험이 공연의 모티프를 제공하여 모방되는 차원에서 작용한다. 하나의 공연은 이러한 이중 반복을 하나의 패턴으로 조직하는 공연 연속체이다. 잡색놀음은 이중 반복을 통해 공연 집단과 공동체에 새겨진 기억을 기본 모티프로 하여 거듭 반복되는 모방 행동의 연속체 즉 사회극[20]적인 형태로서 공동체 사회와 조응한다.

도둑잽이는 내부의 적이나 외적의 침입으로부터 발생한 불안·공포와 그로 인한 공동체 사회의 분열과 그 구성원들의 병적 상태를 치유하고자 하는 집합적 의지가 대동굿으로 공연되는 풍물굿에 투영되어 그 전체 구조가 도둑을 잡는 굿거리를 중심으로 재현되고 있다. 즉 연극적으로 성격화된 잡색들의 유희에 그치는 것이 아니라 사회구성원 모두가 공유하고 있는 사고·신념·소망 등을 자신들의 현존 상태와 인식틀에 의거하여 잡색의 편성과 그 성격적 특성과 놀이 내용 등에 투사하여 재현한 것이다. 도둑잽이는 포적 즉 도적을 잡아 징치하는 놀이로 외부의 적을 징치하고 공동체의 위기를 극복하여 내적 결속을 높이거나 내부에서 발생한 공동체 내의 갈등과 위기를 몰아내어 공동체 구성원의 삶과 의식을 새롭게 한다. 표면적으로 도둑잽이는 도둑의 문제를 다룬다. 사행심을 조장하고 일확천금을 노리며 성실과 근면의 지속적인 삶보다는 일회적인 운에 모든 것을 거는 투전놀이와 함께 도둑의 문제를 사유한다. 상징적으로 도둑잽이는 공동체의 영속적인 안정을 파괴하는 외적의 침투와 그에 대한 방어로 전개되는 전쟁의 서사를 도둑과 연관 지어 집단의 화두로 삼는다.

도둑잽이는 국면에 따라 도둑의 의미를 다르게 재현할 수 있다. 어떤 국면에서 도둑은 현실적이고 인간적인 존재라기보다는 주술적이고 신적인 존재일 수 있다. 즉 잡색의 인물형들은 풍물굿이 세속화되기 전 주술적인 힘과 치유력을 가진 신성한 존재이거나 사제자 혹은 지도자의 권위를 가진 존재로 성격화되기도 했다. 대포수는 굿판을 지도하는 사제자 혹은 악귀를 축출하는 무속의 장군 등으로 그 존재가 규정되었고 영

영광농악 잡색탈 대포수

감·할미·각시 등은 공동체의 존속을 위해 기능하고 각각의 인물들이 성적인 상징으로 표상되어 풍요와 다산을 가져다주는 선신善神으로 인식되었다. 또 다른 국면에서 도둑은 무리를 지어 공적 권력과 질서에 저항하는 반항적·이질적 집단임과 동시에 공동체에 반하거나 섞이지 못하는 반항적·부정적 존재거나 광인 혹은 유목적 존재이다. 공적 권력과 질서의 측면에서 보면 도둑은 제거되어야 하는 부정적 존재지만, 공적 권력과 질서에 저항하는, 중심으로부터 끊임없이 배척당하는 주변부에서 볼 때 도둑은 저항적 존재다. 정상正常과 정주定住의 의미를 제도와 규율 면에서 사회구성원들을 훈육하고 통제하는 이데올로기로 생각할 때 도둑은 정상적 위계질서에 저항하는 광인이거나 정주적 가치에 도전하는 유목적 존재이다. 대포수·양반·각시·할미·비리쇠·말뚝이·홍적삼 등이 도둑으로 재현될 때 이러한 특성을 갖는다. 그들이 도둑으로 재현되지 않을 때도 사회적 부류를 표현하여 풍자와 비판을 일삼거나 모방주술이든 현기증적인 놀이든 유쾌한 제의적 반란이든 잡색의 성격이 표현되는 굿판은 일상의 질서와 이념으로부터 멀어진다.

도둑잽이는 희생을 통해서 집단의 안녕과 공적 질서의 확립을 재현하는 사회극이기도 하다. 희생양은 사회적 위기를 초래한 악한 존재일 뿐만 아니라 폭력으로부터 사회를 건져 올린 선한 구원자이기도 하다. 희생양은 폭력에 대한 기억과 경고의 의미를 가지고 있다. 이러한 의미에서 대포수 재생 메커니즘도 희생양에 대한 폭력의 메커니즘을 재생의 모티프를 통해 성화하는 것으로 볼 수 있다. 사회적 갈등이 첨예하게 드러날 때 갈등의 원인을 희생양에게 돌림으로써 공동체의 분열 상태를 교정하고 위기로부터 구해내면서 새로운 사회적 통합과 구성원들의 내적 결속을 다지는 메커니즘이라고 할 수 있다. 그런데 대포수의 재생 국면은 현실적인 차원에서 대포수가 상징하는 사회 세력의 약화 이후의 상황을 반영하고 있다. 대포수의 재생은 지배 서사에 숨겨진 저항 세력의 온존과 그 생명력을 상징한다. 환상적인 차원에서는 민중 혹은 주변 집단의 저항 의지가 대포수의 의지와 행동으로 재현되었다고 할 때 그 좌절 이후 대포수로 응축되어 표출된 민중/주변 집단의 꿈이 대포수 재생의 서사로 구현되어 있는 것이다.

임실 필봉의 도둑잽이는 대포수의 재생 국면이 도둑잽이의 서사 전개에서 중요한 부분을 이루고 있다. 이 재생 국면에서 투전행위는 공동체의 질서를 흐리고 안정적 체제 유지를 흔드는 제거되어야 할 악행으로 인식되어 있다고 보기 어렵다. 투전행위는 품팔이·매품팔이·동냥·화적질 등으로 계열화된다고 할 수 있다. 이러한 행위는 그 자체로 볼 때 불행하고 비루하며 비정상적인 행위들로 공동체의 혼란과 분열, 위기를 반영하는 지표들이다. 이러한 행위들이 공동체에 만연해 있다는 것은 그 사회의 모순과 갈등이 심화되었다는 것을 뜻한다. 그러므로 공동체를 지휘하고 규율하는 권력은 이러한 현상에 대해 적극적인 의지를 행사하게 되는데, 그 권력의 행사가 공동체 구성원들의 동의에 기반하지 않거나 강압적인 현상 제거의 국면으로 전개될 때 그에 대한 저항이 따르게 된다. 도둑잽이의 대포수 처벌과 재생의 서사적 전개는 이러한 사회 상황이 투영되어 상징적이고 단순화된 행위의 심층에서 작용했던 것이다.

그런데 도둑처벌의 이데올로기적 재현 체제를 둘러싸고 있는 정치·사회적 규칙/조건과 그 집단 구성원의 정체성 그리고 공연자와 공연 현장의 불확실한 문화적 생산·소비의 관계 속에서 모티프 전개에서 확정되어야 할 기호들의 지시 대상(도둑)이 불안정해지면서 그 연행의 의미는 닻을 내리지 못하고 표류[21]할 수 있다. 예를 들어 식민 강점 또는 독재적 상황은 도적이 주인이 된 상태를 의미한다. 이러한 상황 속에서 도둑잽이는 어떠한 의미로 실천될 수 있을까? 한편으로 도둑잽이에 표현된 도둑행위/질병은 사회체계의 정상적인 유지와 그 재생산에 심각한 위협으로 작용할 수 있다. 그러므로 도둑잽이는 특정한 질서의 유지 및 그 재생산을 추구하는 권력 작용에 의해서 그 질서를 벗어나려는 일탈의 움직임을 제어하는 수단으로 활용될 수 있다. 다른 한편으로 현실의 영역과 상상/무의식의 영역 사이에 존재하면서 지배 서사에 의해 상상/무의식의 영역 속으로 침잠한 문화집단의 무의식적 욕망을 일깨울 수 있다. 그러나 그 일깨움은 지배 서사의 검열에 의해 억압되거나 굴절된 상징으로 재현될 수 있다. 이러한 재현은 그 언표 내에 저항의 서사를 감춘 도둑잽이의 재현으로 현실의 문제 영역과 조응할 수 있다.

3) 민속 재현 방식의 변환과 전유

민속의 재현은 최근 변화된 조건이나 상황과 조우하면서 새로운 국면에 접어들고 있다. 다양한 행동·장르·사건 속에서 생산·소비/향유되면서 새로운 정체성을 구성하고 있다. 산업사회의 국면에서 민중 또는 노동 현실과 조우하면서 저항적 정체성을 중심으로 재현되었던 민속은 후기 산업사회의 국면 속에서 문화상품으로 생산/소비되는 조건과 조응하고 있다. 물론 민족·국가의 정체성을 표상하는 국민적·민족적 전통으로서 여전히 재현되고 있기도 하다. 민속의 상품화된 재현은 현재 지배적인 재현 방식이 되고 있다. 이를테면 축제나 공연 상품 또는 대중문화 상품(영화나 웹툰 등)의 소재적 재현 등과 같은 방식으로 생산/소비되고 있다. 이는 전통의 상품 미학 또는 욕망 가치 형태로 자본에 의해 전유되었다는 점에서 보면 동일성 또는 과거 규준으로 소급되는 재현에 다름 아니다. 새로운 정체성을 획득하는 재현 방식은 민속의 사건적인 재현에서 이루어지고 있다. 이는 민속 재현 방식의 새로운 국면을 열고 있다.

2016년 10월 31일 오후 서울 성북구 한국예술종합학교(이하 한예종) 학생 500여 명의 '시국선언'[22]이 있었다. 시국선언은 한예종 학생들이 박근혜 대통령 하야를 촉구하는 기자회견을 하면서 최순실의 국정농단을 풍자한 굿판이었다. 시국선언문을 낭독하고 굿판을 벌린 것이다. 한예종 전통예술원 소속 학생들은 무속인 차림을 하거나 문둥이 탈을 쓰고 경기도당굿 부정놀이, 통영오광대 문둥춤, 동해안 오구굿을 연행했다. 이 사건은 시국선언에 굿 형식을 절합한 사례로 당시의 사회정치적인 계기 또는 조건 속에서 야기된 문제 상황에 한예종 학생들이 동참하면서 그들 특유의 정체성을 정치와 굿의 절합 속에서 구성한 새로운 형식의 문화적 실천이었다. 이들은 경기도당굿 부정놀이, 통영오광대 문둥춤, 동해안 오구굿 등이 재현된 이 '시+굿'판에서 촛불을 든 시민들과 함께 그 의미를 새롭게 공유하고 실천하였다. 시굿선언이라는 방식으로 변환된 민속의 재현은 "문화예술 유산인 전통문화가 사이비종교와 엮여 부정적으로 다뤄지는 현실"과 대응한다. 즉 "이해하기 어려운 박근혜 정권의 반민주, 반인권, 반노동, 몰상식과 미치광이 같은 독선과 불통의 정치 뒤편에 어처구니없게도 미친 굿판이 있었다"라는 〈노동인권실현을 위한 노무사모임〉의 선언문에 담긴 의미와 절합하여 그 정체성을 새롭게 구성하면서 생산/공유되고 있다. 이는 전통의 변환을 통해 새로운 의미로 그 전통을 전유한 결과를 낳은 것이며 전통의 의미를 둘러싸고 전개되어 온 특정한 경향의 문화 실천과 의미의 공유를, 부정의 부정을 통해 혁신하려 했던 정치 사회적 특징(민주주의와 세대 특성)이 발현된 것이다. 특정 국면 속에서 이루어진 이와 같은 문화 실천은 민속의 재현을 일련의 행동들에 연결시켜 새로운 이념과 정체성이 발산되는 경관을 창출하고 미디어 또는 테크노적 요소들과 접속하면서 이전에 없던 전혀 새로운 복합적인 풍경을 조성한다. 물론 이러한 복합 경관은 기본적으로 자본의 흐름 위에 기초해 있다.[23] 전통의 민중적 재현이 민중적 또는 계급적 정체성을 강조하고 과거의 이념형적 민속에 기반한 재현이었던 것과는 달리 이 시굿선언과 같은 민속적 재현은 세대 특성에 따른 정체성이 구현되었다는 점에서 이전 시대의 재현 형식과 구별된다. 미디어 또는 실시간 미디어에 의해 반복적·동시적으로 생산·향유되는 민속적 재현의 이미지와 의미는 유사한 성격의 다른 형태로 실천되는 문화 생산과 소비 행태와 절합되어 공유된다. '밀레니얼 세대' 특성이 반영된 저항·비판·참여의 재현 형식들, 즉 시국선언문을 영어·중국어·힌디어 등 9개 언어로 발표(한국외국어대), 장지연의 논설 '시일야방성대곡'을 패러디(성균관대), 경찰 대치 상황에서 걸그룹 소녀시대의 노래를 합창거나 '#하야해 박근혜'처럼 사회관계망서비스SNS 해시태그에 운율을 맞춘 문구(이화여대), 고전소설이나 고전시에 빗대 '공주전'(연세대) 등과 같은 '시위+놀이' 형식의 문화적 실천과 그 경관들과, '시굿선언'과 같은 민속적 재현은 우발적·국면적으로 절합되어 소통된다.

2016년 12월 3일 6차 촛불집회에서 벌어진 시국풍물굿판과 전국풍물인 시국선언[24]도 민속적 재현 방식의 대표적인 변환 사례에 해당한다. 여기에서도 정치적인 언표와 행동이 강화된 도깨비굿, 비나리, 정화수의 례굿, 탄핵 강강술래 등과 같은 민속적 재현이 있었다. 이때 재현된 민속들은 부정이나 액을 퇴치하고 정화된 세상의 도래를 예축하는 의례가 정치적으로 변환된 것들이다. 특히 도깨비굿은 진도의 여성민속으로 월경피가 묻은 속적삼을 간지대에 매달아 앞세우고 깨진 꽹매기나 솥뚜껑, 주발 등을 두드리며 부정·액·질병 등 삶과 사회에 위해를 가하는 주술적 상징으로 도깨비를 쫓는 액맥이 의례이다. 이 도깨비굿은 매주 다양한 상황 속에서 연행되었다. 이를테면 '블랙리스트 버스'(블랙리스트 시국선언 및 적폐청산 문화예술인 버스)를 타고 문화부장관 조윤선을 잡으러 세종시까지 달려가 판을 벌이기도 했다. 이와 같이 현실의 문제 상황에 깊이 개입하면서 재현된 민속의 변환 형식들은 "오랜 역사적 질곡을 풀어내고 다원적으로 모색·통섭되는 사회적 실천"[25]으로 의미화되기도 했다. 시굿선언과 마찬가지로 이 사례에서도 다양한 재현 형식들과 절합되는 방식으로 민속적 재현이 이루어졌다. 즉 재벌 범죄 전시회, 장애인권을 위한 시위, 청소년·대학생들의 시국연설회 등과 함께 사전집회 형식으로 이루어졌고 지역·세대·정파를 가로지르는 동시다발적인 행동의 한 형식으로서 풍물굿판이 재현되었다. 이때 이루어진 시국풍물굿판은 이전에 이루어진 재현 행동들과 연속체를 이루고 있다. 그러나 이 연속체 속에서 시국풍물굿판은 이전의 관련 행동들을 단순히 모방하거나 반복하는 것이 아니라 변환의 과정에서 연속체의 범위를 확장해가면서 다양한 경관들과 절합하며 새로운 의미를 구현한다.

2016년 11월 4일, 7,550명 블랙리스트 문화예술인 시국선언 후 형성된 이른바 광화문 텐트촌[26]의 풍경들은 국정농단을 둘러싼 일련의 정치적 사건 속에서 출현한 '마을'을 구현했다. 그 마을을 구성하는 텐트(집)들은 다양한 사회구성원과 그 연결망을 재현했다. 쌍용차 해고자 텐트, 콜트콜텍 텐트, 유성기업 한광호 열사 텐트, 기아차비정규직 텐트, 현대차비정규직 텐트, 여성영화인모임 텐트, 연극인 텐트, 한국작가회의 텐트, 어린이책작가모임 텐트, 문화연대 텐트, 민예총 텐트 등과 함께 풍물패 텐트가 들어섰고 공동의 공간인 마을창고 텐트, 마을회관 텐트도 만들어졌다. 이 텐트촌을 기반으로 각 부문이나 장르를 대표하는 선언과 퍼포먼스들이 협업 또는 연대의 틀 속에서 수행되었다. 예를 들어 광화문 텐트촌의 '파견미술팀'과 유성기업 노동자들이 밤샘 작업을 해서 '박근혜 퇴진호'를 게스트 텐트에 머물고 있는 조선하청비정규직 노동자들을 위해 제작하기도 했다. 풍물텐트는 2015년 4월 11일에 개최된 '전국풍물 단체 대표자 간담회'와 그들이 연대해 벌인 풍물굿판 '세월아, 아무정한 세월아'와 연동된다. 이 간담회와 풍물굿판은 세월호 사건 이후 풍물운동 활동 방향을 논의하고 연대의 틀을 형성하기 위해 조직된 것이었다. 이들이 벌인 풍물굿판에서는 진혼굿, 소고와 북놀이, 설장구놀이, 판굿, 사물놀이와 비나리 등이 연행되었다. 재현된 민속은 세월호를 둘러싼 슬픔과 아픔, 고통과 울분 등과 같은 재난 이후 한국 사회를 둘러싸

고 있는 정서들을, 민속의 공동체적 감수성이 발현된 위로와 공감[27] 등과 같은 연대의 정동으로 변환시킨 것이었다. 마찬가지로 풍물텐트를 거점으로 하여 광화문 광장에 펼쳐진 풍물굿판은 연이은 한국 사회의 재난 속에서 울고 아파하고 분노하는 사람들의 정서 즉 그 존재들의 활력을 감소시키는 정서들의 고착된 상태를 변환시키려는 연대와 공감의 정동을 민속의 재현을 통해 해원과 신명으로 전유하고자 한 것이었다.

2017년 2월 18일 16차 촛불집회[28]에서 생산/향유된 민속의 재현이 있다. 일련의 정치적·문화적 퍼포먼스와 함께 세월호를 소재로 또 국정농단을 소재로 씻김굿의 길베 닦음과 임실 필봉 풍물굿의 도둑잽이가 재현되었다. 레드카드 시위와 결의문 낭독, 보수집단에 전유된 태극기의 상징을 재전유하기 위한 퍼포먼스, 광화문미술행동의 다양한 퍼포먼스와 함께 100미터나 되는 길베 닦음이 광장의 시민들에 의해 전유되었다. 풍물굿은 이와 같은 광장의 다중적인 행동을 이어주고 한데 어울리게 하는 촉매이기도 했다. 특히 다양한 재현의 형식들과 민속적인 요소가 절합되는 과정에서 도둑잽이가 연행되었다. 이 도둑잽이는 도둑의 의미가 시대 상황과 조응하여 새로운 극적 서사를 생성하고 그 서사의 정체성이 어떻게 변환되는지를 보여준다. '민주도둑잽이수요모임회'가 기획·각색한 도둑잽이는 필봉 풍물굿 도둑잽이의 새로운 버전을 보여준다. 주요 장면들을 예시하면 다음과 같다. 창부 복색의 잡색이 당시 핵심 이슈(탄핵, 수사, 처벌 등)였던 구호를 외치고 있다. 그러한 창부의 시위를, 가면을 쓴 치배 중 한 명이 달려들어 제압한다. 도둑잽이의 결말부에서는 국정농단 세력으로 가장하고 등장한 잡색들이 징치되어 벌을 서고 있다. 즉 하회의 양반탈을 변형시킨 탈을 쓴 잡색과 대포수, 양반 잡색이 무릎을 꿇은 채 손을 들고 서 있다. 그 가운데로 창부가 손팻말을 들고 있다. 광화문 광장에서 연행된 도둑잽이에는 필봉 풍물굿 도둑잽이에 등장하는 잡색 유형이 있는가 하면 광장의 촛불집회와 부합하는 변형된 캐릭터가 있다. 변형된 잡색으로는 치복에 하회탈춤의 양반탈을 쓰고 몸에는 태극기를 두른 유형이 있는가 하면, 양반 가장 형태에 문고리 3인방의 표식이 있는 망토를 두른 유형, 대포수 가장 형태에 '박그네'의 표식이 있는 망토를 두른 유형이 있다. 이 유형들이 도둑으로 재현되었다. 즉 '박그네'와 '문고리 3인방' 그리고 태극기와 양반탈이 뜻하는 보수/적폐 세력이 도둑으로 재현된 것이다.

고 양순용은 잡색의 가장 방식과 관련하여 "… 흥이 나다 보면 부엌에 가서 솥 밑바닥 검댕이도 얼굴에 바르고 오고, 자기 각시 치마도 뒤집어 쓰고 나오고, 꼽추도 기어 나오고 해서 즉흥적으로 재담도 나오고 웃기는 몸짓도 나오고 …"[29]와 같이 말한 바 있다. 이 말은 잡색의 유형이 특정 유형으로 고정되어 굿판에 재현되기보다는 굿판의 상황과 어울려 우발적으로 재현되는 것임을 의미한다. 흥겨움을 바탕으로 즉흥성과 우발성이 굿판에 작용하여 관중의 공감을 유발시켜 잡색을 출현시킨다는 것이다. 이는 굿판 또는 연희전통이 특정 유형의 잡색을 재현하여 관중에게 그 연희를 소비하게 하는 것이 아니라 관중의 공감을 바탕으로 하여 관중 사이에서 또는 관중으로부터 출현한다는 점을, 한국 사회가 급속하게 근대화되는 과정에서도 지향한 민속연희의 재현 방식이라고 말해주고 있다는 점에서 주목된다. 이처럼 도둑잽이의 재현도 잡색의 재현과 유사하게 도둑을 재현한다. 도둑의 의미가 고정되어 관중에게 주어지는 것이 아니라 관중으로부터, 관중의 사이에서 생성되는 공감을 바탕으로 도둑의 의미를 재현하고 현실 상황에 대한 관중의 체험에 기초하여 강탈의 주체를 도둑으로 재현한다. 특히 광장에 집결한 다중이 도둑잽이를 통해 재현한 도둑은 도둑잽이 연희전통이 지배 이데올로기의 재현 체제 내에서 공동체의 결속과 통합을 도모하며 반복적으로 재현했던 타자를 의미하지 않는다. 그것은 이데올로기 재현 체제에 의해 억눌리고 굴절된 의미로 재현되는 것을 멈추고 그 체제의 영속을 도모하기 위하여 다중의 욕망과 권리를 억압하고 삶의 자원을 강탈해가는 부패한 권력을 직접적으로 문제 삼는다. 그러므로 광장의 도둑잡이는 "서로 다른 수많은 욕망의 주체가 뿜어내는 힘"을 재현의 동력으로 삼아 "야만을 벗어던진 개별화된 윤리적 인간"[30]을 욕망한 것이라고 하겠다.

4) 지배적 재현 비판과 정동의 배치

민속이 재현되는 지배적인 양상이 있다. 그 양상 속에서 민속에 대한 대중의 상식 즉 이데올로기 체제가 작동하는 동일성의 지대를 볼 수 있다. 그것은 문화의 순환으로서 특정한 규칙/조건 속에서 동일한 정체성으로 재현되고 있다. 그것은 역사적 구조로서 반복·순환·축적·확장되고 있는 재현의 양상이고 특정하게 계열화된 의미 실천이다. 특히 최근의 국정농단 사태와 촛불집회의 과정에서 미디어에 의해 증폭되어 대중의 상식을 더욱 강화하고 있다. 대표적으로 '샤머니즘에 빠진 대통령', '초현실적 스캔들'과 같은 워싱턴포스트와 AP 등 외신들의 표현을 반복해서 재현하고 있는 사례에서 이러한 점을 확인할 수 있다. 기사들이 쓰고 있는 사이비, 교주, 의혹, 국정농단, 현혹 등과 같은 부정적인 어휘들은 특정한 이미지를 재현하고 있다. 이 특정한 이미지 즉 민속의 재현적 특질은 영화와 드라마에서도 당연한 듯 재현되어 그 부정적 의미를 정상적인 것으로 만들고 있다. '주술로 국정을 흔들거나 사람들을 현혹시킨 무당'들을 다룬 재현 텍스트들은 모두 대중의 인기를 얻어 사람들 사이에서 회자되었다. 회자된 의미들은 소비/수용 과정에서 생산된 또는 생산되고 생산될 것인 이데올로기적 재현의 계기들을 포함하고 있다.

　　시청률 40%를 웃돌며 인기를 끈 MBC 드라마 〈해를 품은 달〉(2012)에서 배우 전미선이 연기한 무녀 녹영은 흑주술로 사람을 해친다. 성수청은 달이 뜨면 무녀가 찾아드는 음산한 곳으로 재현되고 그곳에서 국무國

대통령 탄핵 광화문 촛불집회(2016)

巫는 부적을 써 나라의 기운을 다스린다. 이와 같이 흑주술로 대변되는 무속적 판타지와 그를 통한 정치적 음모가 시청자의 관심을 끈 요인이었다. 600만 넘는 관객이 본 영화 〈곡성〉(2016)에서도 유사하게 한국과 일본의 샤머니즘이 재현되었다. 무당 일광(황정민 분)이 굿을 하는 장면, 외지인(구니무라 준 분)이 검은색 닭을 방에 매달아 놓고 굿하는 장면, 종구(곽도원 분)의 딸 효진(김환희 분)을 미끼로 지역의 수호신인 무명(천우희 분)을 공격하려는 일광의 섬뜩한 장면 등은 근거 없는 소문과 의심(민속의 지배 이데올로기적 재현 특질)이 사람들을 현혹하여 죽음으로 내모는 세계(민속적 지배 이데올로기 재현 체제)를 비극적으로 그려냈다. 영화 〈전우치〉(2009)에서도 사정은 마찬가지이다. 무녀 역을 주로 연기한 배우 이용녀는 실성한 상태에서 신들린 듯한 눈빛과 서늘한 말투로 악귀가 든 선비의 미래를 예언한다. 배우 이용녀는 드라마 〈주군의 태양〉(2013)에서도 영매 역을 연기했는데, 영화가 아닌 현실에서도 그녀가 지나가면 사람들이 무섭다고 피할 정도로 영화 또는 드라마 속의 민속적 재현은 현실 속에 또 하나의 무속적 판타지를 중첩시킨다. 특히 MBC 드라마 〈옥중화〉(2016)에 재현된 민속은 현실과 더욱 적극적으로 교차한다. 배우 유지연이 연기한 무녀는 "간절히 바라면 천지의 기운이 마님을 도울 것"이란 대사에서 현실정치를 패러디한다. 또한 '오방낭'을 저주의 부적으로 쓰는데, 이 또한 현실정치의 음울한 풍경을 오방낭을 통해 반영하고 있다. 드라마에 재현된 민속의 의미는 현실정치의 지평을 넘어 역사적 무대로 소급되어 민속의 이데올로기적 재현 체제를 강화한다. 즉 현실정치의 국정 농단 사태는 드라마의 시대적 배경이 되는 조선시대 명종 대의 문정왕후와 정난정의 국정 문란으로 소급된다. 문정왕후와 정난정이 무당에 의지하고 무속을 정치적 수단으로 활용했던 역사적 국면이 현재 국면과 중첩되면서 반복되고 있다.

민속의 이와 같은 재현은 한국 사회 대중의 지배적인 정서에 각인되어 있는 것의 재현임과 동시에 그 정서를 강화한다. 경계 바깥으로 내몰릴 위기에 처한 사람들은 불안에 잠식당한다. 그 불안은 역사적 경험을 통해 고착된다. 일제강점기 제국의 판타지와 서구적 근대화의 판타지가 교착되면서 강화된 불안의 정서는 사회적 약자들을 생존의 노예로 만든다. 이러한 의미에서 한국 사회의 지배적인 정서 유형으로서 불안은 파시즘적 징후[31]를 내포하고 있다. 문화와 사상의 자유가 결여된 존재 상태로서 불안은 접경지대의 히스테리[32]를 불러 일으킨다. 왜냐하면 불안을 경험하는 주체는 건고한 경계 안에서 자신의 정체성을 형성하기를 욕망하기 때문이다. 따라서 사회는 불안을 전가하거나 고착할 대상 또는 이데올로기를 필요로 한다. 민속의 지배 이데올로기적 재현 체제는 우리 사회의 이러한 필요의 지점에서 되돌릴 수 없는 과거 즉, 역사적으로 결정된 숙명 또는 전통으로 소비되면서 현실의 질곡을 역사화하거나 망각하게 한다.

그런데 민속의 지배 이데올로기 재현 체제를 변환시키는 사례들이 있다. 슬픔, 두려움, 좌절 등과 같은 부정적 정서를, 분노와 애도 또는 공감을 경유하여 변환시키고 있는 사례들이 출현하고 있다. 이는 민속의 재현을 통하여 일정한 흐름을 형성하면서 민속의 지배 이데올로기 재현 체제와 다른, 욕망 혹은 정동의 배치로 나타나고 있다. 그 사례들은 특정한 국면 속에서 우발적 상황과 조우 또는 연대하면서 이전과 다른 민속의 재현으로 생산/향유되고 있다. 이를테면 2007년 12월 7일, 삼성중공업 해상 크레인이 충남 태안군 만리포 북서쪽 5마일 해상에 정박해 있던 유조선 허베이스피리트호를 들이받으면서 바다로 흘러든 1만 900톤의 원유로 인하여 삶터인 갯벌을 잃었던 충남 태안군 이원면 만대마을(내2리)이 있다. 만대마을은 서해안 유류 유출사고 발생 위치에서 직선으로 약 20㎞ 떨어져 있는 곳이다. 이 마을에서 2011년부터 특별한 '강강술래'[33]가 재현되고 있다. 사고 이후 갯벌을 파면 만대마을의 주요 수입원이었던 굴 대신 기름덩이만 나와 빚만 늘어 절망한 현실을 극복하고 보상액의 차이 때문에 서로 싸우고 분열된 공동체의 상처를 치유하기 위해 '만대 강강술래'가 재현되고 있다. 강강술래가 재현되어온 그 사이에 만대 마을은 상처를 회복하고 있고 2016년에는 강강술래로 전국 행복마을콘테스트에서 대통령상을 수상하기도 했다.

만대마을 강강술래의 재현에 있어 마을주민이기도 한 도예가 양승호와 한국 무용가 최화정[34] 부부가 중심 역할을 했다. 이들은 지역 아이들을 모아 문화예술 교육을 시작했고 도자기를 만들고 시도 짓고 춤도 추었다. 이 과정에서 이장과 개발위원장 등이 적극적으로 함께 했고 이후 주민들의 참여 속에서 만대 강강술래가 재현되었다. 2014년 10월에는 강강술래에 연극과 행위 예술을 절합하여 '솔향기 바닷바람 한마당'이라는 이름으로 무대에 올렸다. 이 공연은 10~80대 24명 주민이 참여한 만대마을 강강술래의 첫 공연이었다. 이것이 계기가 되어 매년 '나오리 생태예술축제'가 개최되고 있는데, 2017년에 11회를 맞고 있다. 2017년에는 참여 대상을 이원면까지 확장하여 '이원 강강술래'라는 이름으로 무대에 올렸다. 만대마을 강강술래는 2017년 9월 '서해안 유류 피해 극복 10주년 행사'의 개막 공연으로 초청되기도 했다. 민속 재현의 이와 같은 사례는 외부의 침탈로부터 내부의 붕괴에 직면하여 야기된 불안에 대응한 의례 혹은 퍼포먼스이다. 이 의례/퍼포먼스에서 재현된 민속은 의미의 공유와 그 실천과 관계된 이데올로기의 재현 양식으로 이데올로기의 쟁투를 함축하고 있다. 국가적 재난이 야기한 죽음과 붕괴(개인 또는 사회)에 직면하여 자신들의 존재 능력이 심각하게 근본에서부터 감소되는 국면에서 그 능력을 증대/활성화시키기 위한 실천으로서 민속의 재현을 선택한 것이다. 그 방식은 비민속적 재현 형식들과 민속이 절합되는 특징이 있는데, 이러한 혼종적 구성을 통해 민속의 현재성을 표현하고 있다. 이와 같은 민속의 현재적 재현은 존재 능력의 감소로 말미암은 불안

·절망·슬픔 등의 부정적 정서를 안정·희망·기쁨의 긍정적 정서로 변환하고자 하는 욕망의 배치이다. 그러한 배치를 통해 생성된 국면적인 정동의 흐름은 민속의 재현 체제를 변환시킨다.

정동은 감정·지식·정보·소통에 의한 정서의 흐름을 통해 사람들을 움직이게 만드는 능력이다. 정동은 행위하는 능력과 행위를 받는 능력의 한가운데서 발생한다. 그래서 정동은 순간적이긴 하지만 좀 더 지속적인 관계의 충돌이나 분출임과 동시에 힘들과 강도들intensities의 이행이거나 그 지속이고, 정서 너머에 있기를 고집하는 생명력에 우리가 부여하는 이름35이다. 정동은 관계 맺음과 관계의 단절 모두에 걸쳐 축적되면서 몸이 마주침의 세계에 속함을 표시하거나 세계가 마주침들로 이루어진 몸에 속함을 표시한다. 또한 속하지 않음 속에서 그 속하지 않음을 유지하는 모든 작용을 통과하는 세계, 즉 속함으로 나아가는 세계를 표시하기도 한다. 또한 인식이 몸에 체화된다고 하는 뜻에서 정동은 인식의 방향에 영향을 미친다. 정동과 함께 몸은 몸 안에 있는 것만큼 몸 외부 즉 관계의 그물망 속에 있으며, 궁극에는 그런 고정된 구별마저도 의미가 없어진다.36 정동은 우선 정서의 형태로 표현되는 것으로 이해되기 때문에 개념적으로도 정서 개념에 기초하여 정동의 이해가 가능하다. 그런데 정서의 흐름을 만들어내는 원천으로 감정·지식·정보·소통을 이야기하므로 정서는 감정·지식·정보·소통의 작용에 의해 정서의 형식(욕망·기쁨·슬픔 등)이 다양하게 산출(개인·가족·계급·젠더·인종·국가 혹은 민속·근대·현대 등의 층위에서 산출되는 욕망·기쁨·슬픔 등)되는 계기를 포함한다. 이와 같이 산출된 정서의 흐름이 곧 들뢰즈에 의해 표현된 '정서의 흐름'으로 이해된다. 정서의 흐름은 그 계기가 다양한 정서 형식의 생산을 함축하기에, 일정한 흐름 또는 다양한 흐름으로 이해할 수 있다. 또한 그 흐름 속에 있는 사람들을, 그것을 통해 움직이게 즉 변화(변화를 거부하는 움직임도 포함)하게 하는 능력이 정동이므로 정동은 '끊임없이 수많은 요소·계기·형식들을 횡단하고 그것들과 절합해가는 힘'이다. 왜냐하면 정동은 분명한 지시 대상을 알 수도 없고 어떤 의미 경계를 가지지도 않으며, 물질·몸·인간·이성·관념 등에서 출발했으나 그것을 자신의 기원이나 척도 또는 정체성으로 삼지 않기 때문이다.

정동은 쉽게 그 개념적 형상이나 의미를 드러내지 않는다. 아니, 그럴 수도, 그렇게 의도하지도 않는다. 오히려 정동의 이해 가능 영역을 축소시키고 그 불가능 영역을 더욱 확장하는 방식으로 정동의 개념적 형상이 묘사될 수 있다. 즉 행위를 둘러싸고 벌어지는 수동과 능동의 상태, 순간과 지속의 상태, 관계의 충돌과 분출, 이행 자체와 이행의 지속, 연속과 단절, 속함과 벗어남 등 경계 설정이 가능한 영역이나 상태와, 그렇지 않은 영역이나 상태 그리고 그렇지 않은 영역이나 상태의 지속이나 이행에 의해 잠정적으로 설정되는 그 힘의 경계가, 정동이 자신을 드러내는 지점이자 방식인 것이다. 그 지점이나 방식에 새겨진 흔적을 통해 정동이 인식의 방향에 영향을 미친다. 그런데 궁극적으로 고정된 구별의 의미가 없어진다는 차원에서 보면 정동 역시 민속의 재현과 마찬가지로 상황이나 조건, 우발성과 국면성, 존재 능력 등과 관련하여 잠정적·유동적·상황적으로 접근할 수 있게 된다. 그렇다면 정동의 배치로서 민속적 재현의 특이성은 무엇일까? 정동에 대한 사유로부터 우리는 정동이 연대를, 그 자신을 드러내는 중요한 속성으로 삼는다고 말할 수 있다. 즉 정동이 횡단하고 서식하고 거느리고 통합하고 확장하는 요소들, 계기들, 영역들, 관계들 속에 또는 그 사이나 경계, 아니면 그 외부에서, 힘으로서, 생명력으로서 출현하는 것으로 인식되기 때문에 정동은 정의상, 의미상, 존재상, 속성상 연대일 수밖에 없다. 다시 말해 정동은 그 실체를 상정할 수 없기 때문에 관계 안에서 관계를 이루는 요소들 또는 그 요소들이 만드는 관계를 횡단하고 확장하기 때문에 정동은 연대 그 자체이거나 연대를 지향한다고 말할 수 있다.

민속 또한 재현을 통해 좀 더 정확하게는 이데올로기의 재현이나 재현에 작용하는 이데올로기의 또 다른 재현에 의해 포착하거나 이해할 수 있다. 이는 정동에 대한 이론적 사유가 기초하고 있거나 그러한 사유를 하게 하는 국면(이를테면 세계의 복잡성 또는 그 이해의 복잡성) 속에 민속의 재현도 놓여 있다는 것을 의미한다. 좀 더 단순화시켜 기술하면 민속은 하나이자 여럿인 지식의 형태로 재현되어왔다고 말할 수 있다. 즉 근대 이전 국면에서는 민중지식으로 재현되었고 식민지 시기와 해방 이후 근대화의 국면에서는 근대지식으로 재현되어왔다. 또한 포스트 근대의 국면에서는 지식 자본 또는 대안 지식으로 재현되어왔다. 특정 국면 속에서 '-이즘'이나 자본, 대안 등과 관련하여 재현되어 오면서 그 의미가 공유되고 실천되어왔다. 민속에 대한 이와 같은 이해로부터 또 다른 재현이 가능하다. 즉 정동은 민속으로 재현될 수 있고 그것이 가능하다면 민속의 재현은 정동에 의해 연대를 자신의 속성으로 삼는다고 말할 수 있다.

제 3 장

정
동

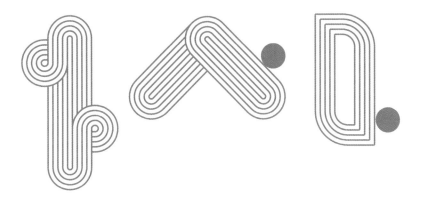

불안…슬픔…분노…. 원인을 제대로 알 수 없는 이 복합적인 감정들이 우리의 신체와 정신의 능력을 갉아먹고 있는 현재. 이 감성적 현재는 어디에서 비롯되었으며, 어떤 모양으로 우리의 삶과 존재 능력을 결정짓고 있을까? 더욱이 이 감정들을 매개로 자본이 노동을 전유해가는 강도 intensity가 우리의 물질적 존재 조건을 근본에서부터 붕괴시켜 가는 체제 속에서 우리가 살고 있다고 생각할 때 우리를 지배하고 있는 정념passion 은 어떤 것이며 그것은 우리에게 어떤 의미가 있을까? 기쁨보다 슬픔이, 사랑보다 미움이, 희망보다 두려움이 우리의 감성 세계를 지배하는 정념 인 것일까? 한편 정동(情動, affect)[1]은 무엇이고 그것을 어떻게 이해하고 접근할 수 있을까? 더욱이 왜 정동의 문제를 중요하게 인식해야 하는가? 이 물음에 응답하기 위해 먼저 정동의 문제설정을 통해 세계와 인간 존재의 필연성을 정초한 스피노자의 윤리학에 의거하여 정동의 문제를 힘의 문제로 혹은 인간을 예속시키기도 하는 윤리적 지반으로 사유하고자 한다. 정동을 사유하는 방식의 문제를 검토하되 궁극적으로 그 문제가 공동의 덕과 개인의 자유에 연결되어 있음에 주목하고자 한다. 이는 한국 사회의 '슬픔…분노…불안…공포…증오…'의 수동적 정념들의 구조적 원인을 파악하는 일과도 관계된다. 특히 국부적인 슬픔의 기쁨으로의 이행 가능성에 주목하여 '슬픔' 계열의 수동적 정념들에 봉인된 욕망의 탈주 가능성을 「만선」의 정동 읽기를 통해 모색하고자 한다. 「만선」은 '토속성'을 기반으로 수동적 정념들의 체제를 구축하고 있는 텍스트[2]로 파악된다. 그 토속성의 체제는 민속의 재현 방식과 관계가 깊다. 따라서 그 체제가 생성·유지되는 원인을 분석하여 '민속적인 것'들의 재현체에 투사된 부정성을 숙고하고자 하는 것이다.

스피노자는 『에티카』 3부 정리 9·11에서 인간의 기본 정동을 욕망·기쁨·슬픔으로 정리하고 이 정동들이 인간의 자기 보존 능력과 그 존재 상태의 변화를 의미한다고 설명했다. 즉 욕망desire이란 인간의 본질이 주어진 정동에 따라 어떤 것을 행할 수 있도록 결정된다고 파악되는 한에서 인간의 본질 자체라고 규정하면서 욕망이라는 명칭을 인간의 모든 노력·본능·충동 그리고 의지 작용[3]으로 이해했다. 주목되는 것은 주어진 어떤 정동과 그것을 '의식'하는 정신 그리고 그 정신이 파악하는 그 의식의 '원인'이다. 왜냐하면 욕망은 대상과 신체 또는 정신의 우연한 마주침 속에서 상상된(혹은 상기된) 정동을 의식하는 충동으로 정의되기 때문이다. 그 의식된 충동은 그 신체(혹은 정신)의 자기 보존과 관계되는 인간의 본질 자체이다. 기본적으로 주어진 정동은 기쁨이나 슬픔의 관념으로 정리되는데, 기쁨pleasure은 인간의 더 작은 완전성에서 더 큰 완전성으로 이행하는 것으로 정의되고 슬픔pain은 인간의 더 큰 완전성에서 더 작은 완전성으로 이행하는 것[4]으로 정의된다. 그런데 기쁨이나 슬픔은 과잉이나 결핍을 의미하지 않는다. 왜냐하면 그것은 욕망이 추동하는 인간의 활동 능력과 관계되면서 그 이행을 함축하는 관념[5]이기 때문이다. 다시 말해 기쁨의 정동은 더 큰 완전성으로 이행하는 인간의 활동이고 슬픔의 정동은 더 작은 완전성으로 이행하는 활동 즉 인간의 활동 능력을 감소하거나 방해하는 활동일 뿐이다.[6]

정동은 신체의 존재 상태를 상상하는 관념이다. 주어진 조건 속에서 생명의 지속이 수반하는 대상과의 우연한 마주침 속에서 생성되는 작용의 흔적 혹은 이미지이다. 정동은 어떤 주체가 대상과 마주칠 때 생성되는 관념의 효과라고 할 수 있다. 물론 그것을 야기한 원인의 관점에서 주체의 자기 보존 욕구와 결부된 관념의 종류와 성격은 다양할 수 있다. 즉 대상과의 관계 지평에서 주체의 능력을 증가시키거나 감소시키는 타당한 관념과 그렇지 못한 관념의 충돌과 선택의 문제가 발생한다. 따라서 정동을 생성하거나 파악하는 힘들을 사유하는 일은 정동과 관념의 차이를 인식하는 것에서 출발할 수밖에 없다. 들뢰즈는 관념은 무언가를 재현(표상)하는 사유의 양식 혹은 사유의 재현적인 양식[7]이라고 정의했다. 그리고 관념이 무언가를 재현하는 한 하나의 객관적 실재를 갖는다고 했다. 관념은 그것의 재현적 특징에 의해 규정된 사유 양식이다. 이 관념에 대한 정의가 그것과 정동의 차이를 구별하기 위한 첫 번째 출발점을 제공한다고 했고 정동을 어떤 것도 재현하지 않는 사유 양식이라고 규정하기도 했다. 즉 사람들이 정동 혹은 감정feeling으로 부르는 것들, 어떤 희망·어떤 고통·어떤 사랑, 이것들은 재현적이지 않다. 분명 사랑을 받는 것이라는 관념은 존재한다. 희망하는 어떤 것이라는 관념은 존재한다. 그렇지만 희망 그 자체나 사랑 그 자체는 아무것도 재현하지 않는다.[8] 그러므로 비재현적인 모든 사유 양식은 정동이다.

　관념은 우리가 지각을 통해 파악하는 표상들의 계열로 존재한다. '폴 또는 삐에르'와 관계된 우연한 마주침의 사례를 자주 기론하면서 들뢰즈는 연속들의 계열·관념들의 실존들의 계열·관념들의 연속들의 계열[9] 속에서 마치 '자동기계automaton'와 같이 우리가 존재하고 활동함을 강조한다. 그런데 대상과 연속적인 마주침 속에서 우리 안에 표상되는 관념들의 연속체는 그 자체로 존재하지만, 그것이 우리 안에 어떤 흔적들을 남기면서 관념과는 다른 무엇이 존재하게 된다. 이를 들뢰즈는 내 안의 어떤 것은 결코 변이를 멈추지 않는다. 관념들 자체들의 연속과 동일하지 않은 변이의 체제regime가 존재한다. 무언가 다른 것, 하나의 변이가 내 안에서 작동한다고 말한다. 이는 곧 내 존재 능력의 변이[10]를 말한다. 누군가의 마주침 또는 어떤 사물과의 접촉은 유쾌할 수도 있고 불쾌할 수도 있다. 어떤 사람이나 사물로부터 오는 자극을 지각하면서 경험에 의해 자기 안에 정립된 쾌 혹은 불쾌의 관념이 표상되고 작용하기 시작한다. 이러한 관념은 주체의 활동 속에서 대상에 따라 또는 대상이 표상하는 관념에 따라 쾌에서 불쾌로 혹은 불쾌에서 쾌로 변화한다. 이 변이는 주체의 마음에 특정한 관념을 형성하고 대상을 판단하게 하면서 존재 능력의 어떤 상태를 욕망하게 한다. 즉 누군가 가지고 있는 관념들에 따라 그의 행동 능력 혹은 존재 능력은 '증대-감소-증대-감소'의 연속적인 형태로 변화한다. 우리는 정말 이러한 종류의 연속적인 변이로서의 실존을 경험한다고 말할 수 있다. 하나의 관념이 다른 관념을 대체하는 만큼, 우리는 절대로 완전성의 어떤 정도에서 다른 정도로 통과하는 것을 멈추지 않는다. 그 차이가 아무리 사소하다 할지라도 이러한 종류의 연속적인 변이의 선율은 관념들과의 상호 관계 속에서, 동시에 관념들과의 본성상의 차이 속에서 정동affectus을 규정하게 된다.[11] 따라서 정동은 존재 능력의 연속적인 변이로서 그것은 재현적인 사유 양식이 아니라 그 사유 양식을 가로지르며 운동하는 비재현적인 사유 양식이다.

1. 힘의 출처와 슬픈 정념

각 정동의 힘은 우리의 능력과 비교된 외적 원인의 힘에 의해서 정의되고 정신의 힘은 오직 인식에 의해서만 정의된다. 그런데 정신의 무능력이나 수동은 오직 인식의 결핍에 의해서 즉 타당하지 못한 관념을 타당하지 못하다고 일컫는 것에 의해서 평가[12]된다. 정신의 힘은 정동이 정신으로 하여금 자기의 신체에 대하여 이전보다 크거나 적은 존재력을 긍정하도록 하는 관념[13]인 한에서 정동과 연관된다. 이렇게 볼 때 그 힘의 출처는 외적 원인에 있거나 정신의 능력이나 능동에 이르는 인식에 있다. 또한 정동의 힘이 주체와 대상의 무한한 부분들 혹은 개체들의 속성과 양태들의 교차에서 생성된다고 할 때, 또 그것이 변이의 무한한 연속인 한에서 다양한 방향성들을 갖는다. 그렇다면 우리의 능력과 비교된 외적 원인의 힘으로부터 정향된 정동은 우리로 하여금 그 존재 능력을 상실케 하고 자기 인식의 힘으로 고양되지 못하게 할 것이다. 정동의 양태로서 슬픔과 기쁨은 그것들이 외적인 원인에 포섭될 때 존재 능력의 감소와 증대 둘 다를 포함하는 수동(정념)이 될 것이다. 무엇보다 힘 pouvoir을 갖고 있는 사람들 또는 힘의 출처로서 강제되는 외적 원인들은 필수적인 것으로서 슬픈 수동(정념)들을 필요로 할 것이다. 이를테면 폭군과 사제는 백성들subjects의 슬픔 혹은 신도들의 슬픔을 필요로 한다.[14] 즉 지배는 슬픈 정념으로부터 자양분을 얻으며 슬픈 정념의 계열인 불안과 분노 혹은 두려움과 절망을 강화·증식한다. 때로 그것이 기쁨을 동반한다고 해도 그 힘의 출처가 외부에 있는 한 긍정의 정동으로 도약하지 못한다.

천승세의 희곡 「만선」은 부서 떼의 출몰이라는 외적 원인에 의해 주인공의 존재 능력이 증대되는 정동적 사건으로부터 시작된다. 주인공의 존재 능력의 증대는 만선으로 귀결된다. 증폭된 만선의 기대감은 빈곤에서 풍요로 이어지는 존재 상태의 이행으로 추동된다. 그러나 첫 만선의 결과물을 고스란히 선주에게 빼앗김으로써 기쁨의 정동은 슬픔의 정동으로 이행하고 외부에서 부과되는 장애 요소가 갈수록 증폭되면서 그 존재 능력은 점점 더 감소한다. 슬픈 정념은 국부적인 기대감 속에서 광기로 변해가고 주인공의 삶은 파국으로 치달아 간다. 「만선」에 묘사된 이러한 정동의 힘은 한국 사회가 근대화되는 첫 길목에서 관습과 제도, 이성과 광기, 미신과 합리성 등이 충돌하면서 발생했던 혼란과 동요를 잘 보여주고 있다. 그러한 의미에서 「만선」의 정동을 규정하는 외적인 힘의 강제는 역사성을 내포하면서 현재 우리 사회의 슬픈 정념의 초기 조건을 함축하고 있다. 그런데 이러한 초기 조건과 관련하여 민속의 근대적 배치와 그 연속적인 재현이 한국 사회의 압축적 근대화 과정 속에서 세대의 감정구조를 틀짓는 데 지대한 영향력을 행사했다. 이 민속의 재현과 관련하여 「만선」은 중요하게 분석될 수 있는 텍스트이다.

천승세[15]는 1960년대 리얼리즘 희곡의 대표적인 작가[16]로 농어촌 민중의 삶을 사실적으로 다루었다고 평가[17]받고 있다. 즉 농어촌의 현실에 단단히 뿌리박고 당대 민중의 삶을 치열한 리얼리즘 정신으로 형상화하여 현대 리얼리즘의 한 전형[18]을 창출했다. 희곡 작품으로는 「물꼬」, 「봇물이 터졌어라우」, 「만선」 등이 있다. 「물꼬」와 「봇물이 터졌어라우」는 가뭄과 물꼬 싸움을 소재로 하여 처녀와 총각, 홀어미와 홀아비의 순박한 연정을 희극적으로 다루고 있다. 「만선」은 어촌사회 군상과 어민의 근본적인 생존 문제를 다루었다. 그가 그려낸 작품 세계는 토속적인 풍미가 강렬한데 이를 통해 근대 문명과 국가조직으로부터 소외된 민중적 삶의 실감을 잘 포착[19]했다.

천승세 희곡에 대한 연구는 많지 않다. 희곡사 혹은 연극사를 기술하는 과정에서 그 의의를 평가하거나 작품 해설 속에서 간단한 비평적 언급을 하는 정도였는데, 그 대강을 정리하면 다음과 같다. 서연호는 현실과 이상의 갈등, 꿈의 좌절 등의 주제가 상투적인 것에 머물지 않고 인물의 성격을 견실하게 떠받들고 있다고 평가[20]했는데, 작가의 극작이 서구의 전통적인 비극적 방법론에 토대하고 있지만, 그것이 한국적 현실 속에 잘 융화되었음을 이식과 동화의 관점[21]에서 풀이하였다. 즉 서양 비극을 수용한 이후 그 방법을 통해서 토착화된 최고 수준의 작품을 생산했다는 것인데, 대자연의 위력 앞에 도전하는 완고한 어부의 성격과 가족 상실, 정신적 방황, 존재 의미의 혼돈을 통하여 비극의 구조를 치밀하게 전개[22]했다는 것이다. 김방옥은 인물의 성격 면에서 「만선」의 곰치가 사실주의 희곡에서 최초로 성격다운 성격을 부여받은 인물이라고 평했다. 또 거대하게 솟았다가 쓰러지는 비극적 인간상을 적절하게 구현[23]했다고 보았다. 최원식도 곰치가 가난에 대한 불만을 토로하지도 않고 자신과 가족을 착취하는 선주에 대한 분노를 표출하지도 않는다고 했는데, 이 점이 천승세의 작품 세계를 수월하게 분석할 수 없는 이유[24]라고 하였다. 유민영의 경우는 향토성[25]에 주목하여 이를 1960년대 희곡의 중요한 경향성[26]으로 해석했다.

최근 들어 좀 더 본격적으로 천승세 희곡에 대한 논의가 이루어지고 있다. 작품 세계의 토속성을 강조하고 당대 사회의 비극적 현실을 재현했다는 것에 그치지 않고 새로운 시각으로 천승세 희곡 작품이 지니는 극적 성격과 미적 특징을 해석하고 있다. 심상교는 현실의 물질적 조건과 설화적 운명 공간 안에서 벗어날 수 없는 주인공의 비극성에 주목하였다. 「만선」의 비극적 구조가 경제적인 환경과 원형적인 환경이라는 두 층위에서 발현되는 것으로 분석하여 그것을 한국적 비극[27]의 추구라고 규정했다. 윤진현은 천승세 희곡 연구사를 종합하여 희곡사에서 그의 작품이 지니는 위상을 정립하고자 하였다. 즉 1960년대 희곡의 주류는 급속한 산업화에 기초한 다양한 모더니티의 발현이라고 하면서 천승세 희곡이 근대화의 기획 단계에서부터 소외된 구조를 드러내고 있다고 보았으며 근대 문명 자체에 내재된 수탈과 폭력을 문제 삼아 기층민중의 삶을 소재로 반근대적 입장을 드러내었다고 분석했다. 파국을 두려워하지 않는 민중의 잠재적인 에너지를 확인하고 곤궁한 현실에서도 힘을 잃지 않고 솟아오르는 민중의 형상을 창출한 천승세의 희곡이 1960년대 변방에서 당대 사회의 시대적 조류로부터 거리를 유지하면서 견고한 민중문학의 영역을 구축하였고 토속적 현실 속에 소외된 민중의 중요성을 일깨웠다[28]고 평가했다. 최상민은 로컬/로컬리티에 주목하였다. 인간 존재의 인간적/사회적 삶 혹은 인간다운 삶을 가능하게 하는 자율적인 공간 혹은 장소(장소성)로 로컬/로컬리티를 정의하고 인간 삶의 근원적이고 구체적인 공간/장소(공간성/장소성)[29]로서 그것을 천승세의 작품에서 발견하고자 하였다. 그 결과 천승세의 희곡이 개발 시대 도시와 농촌 관계의 공간구획에서 재현된 차별과 배제 혹은 통합의 문제를 드러냈다고 평가했다. 즉 로컬적 존재로서 인간에 대한 천착, 근대의 동일성 이데올로기의 위반 등을 보여준다는 것이다. 특히 천승세가 보여준 현실 인식의 지향은 중심에 대한 주변의 열망이라기보다는 새로운 로컬리티 즉 대안적 로컬리티 또는 로컬의 자율성에 있다고 평가했다.

「만선」에 대한 연구에서 공통적인 것은 토속성·향토성·비극성·민중성 등이다. 토속적인 세계에 가해진 근대성의 충격이 일으킨 비극성에 그 초점이 있다. 이를 두고 어떤 이는 서구 비극 양식의 토착화라 했고 어떤 이는 소외된 민중적 삶의 비극이라고 했다. 또 어떤 이는 자연과 사회 즉 전통적인 습속의 세계와 근대적인 경제 환경의 변화 속에서 갈등하는 민중의 운명적 비극이라 했고 다른 이는 근대 세계의 수탈과 폭력을 문제 삼은 민중의 반근대성을 그 비극의 전개에서 보았다. 또 다른 이는 작품의 시대적 배경을 고려하여 어촌의 근대화 과정이 야기한 차별과 배제 혹은 통합의 문제를 주목하고 거기에서 근대의 동일성 이데올로기를 위반하는 변경의 자율성을 강조했다. 「만선」은 시대의 변화에 적응하지 못하고 옛 관습에 젖어 때때로 주어지던 자연의 기회에 만족하여 현재를 살거나, 과거에 주어졌던 그 기회에 기대어 미래를 살고자 하는 운명적 삶의 군상이 표현되어 있다. 그런데 「만선」의 세계에서 비극성은 그것이 리얼한 현실의 반영으로 초점화되든 아니면 반근대적 토속성의 상징적 저항으로 초점화되든 혹은 로컬의 자율성으로 해석되든 여전히 풀리지 않는 문제가 남아 있다. 즉 가난에 대한 불만도, 자신과 가족을 착취하는 선주에 대한 분노도 없는 완고한 어부와 그 가족 또는 이웃이 겪는 슬픔과 고통, 상실과 방황, 혼돈과 비극의 실체와 그 원인이 해명되지 못했다. 어쩌면 비극성을 당연시하고 그것을 본질화함으로써「만선」에 드리운 토속적인 세계의 부정성을 간과했는지도 모른다. 따라서 과제는 비극성이 발현되는 정동의 출처와 그 양상에 주목하여 궁극적으로 파국에 이르게 하는 광기의 실체에 접근함으로써 문제를 새롭게 하는 것에 있을 것이다.

「만선」의 시대적 배경은 현대, 계절은 여름으로 제시되어 있다. 사건이 전개되는 극중 시간은 몇 십 년 만에 부서 떼가 찾아온 날로부터 4일 동안이다. 즉 극중 시간은 부서 떼가 몰려 만선을 이룬 첫 사건으로부터 흐른다. 1막 1장은 첫 만선 날 저녁이며 1막 2장과 2막 1장은 그 이튿날 아침과 밤이다. 2막 2장과 2막 3장은 첫 만선으로부터 3일째 되는 이른 새벽과 초저녁이고 3막은 4일째 되는 날이다. 마을지명은 구체적으로 언명되어 있지 않다. 단지 남해안 어촌이라고 지시되어 있다. 그러나 칠산 바다·범섬 앞바다·동구섬·뭍 등의 언표를 미루어볼 때 섬마을로 짐작된다. 사건의 중심이 되는 극중 공간은 곰치네 집이다. 물론 희곡은 상연될 연극이므로 극중 장소는 재현된 무대의 장소에 구속되어 있다. 사건의 전개·등장인물의 행동 등이 곰치네 집을 중심으로 벌어지며 인물들의 대사를 통해 연접해 있는 시간 속의 사건 경험이 언표되어 관객에게 혹은 독자에게 전해진다. 만선·중선배의 전복·도삼과 연철의 죽음·곰치의 구출 등의 사건들은 곰치네 집을 중심으로 전개되는 공간 전개 속에서 등장인물들의 대사에 의해 전해지는 비가시적 사태들이다.

「만선」은 대대로 바다를 생명줄로 고기잡이하는 어부 곰치를 주인공으로 하여 가난한 어부의 일상과 그 노동의 현실을 그려내고 있다. 곰치는 배 한 척도 소유하고 있지 못한 가난한 어부로 아들 셋이 수사水死한 기구한 삶을 살고 있다. 그는 이 숙명적 가난 속에서 어느 날 칠산바다에 출몰한 부서 떼를 통해 예속/세습된 빈곤의 사슬을 벗어나고자 한다. 이것이 「만선」의 주된 서사이다. 그의 욕망은 선주 임제순의 무리한 빚 청산에 의해 제동이 걸린다. 즉 곰치는 배를 빌려주지 않겠다는 선주의 위협에 노동의 대가도 온전히 지불받지 못하는 불평등 계약을 하고 만다. 그로 인해 무리한 조업을 하게 되고 그 과정에서 만선에 이르지만, 풍랑을 만나 혼자만 간신히 살아남는다. 그런데도 끝내 미련을 버리지 못한다. 이처럼 배 즉 생산수단을 아무것도 갖지 못한 어촌 노동자의 자기 파멸이라는 비극이 「만선」의 주요한 극적 서사이다. 주목되는 것은 암울한 비극의 현실이 열악한 당대의 어촌 상황을 그대로 보여준다는 점이다.

근해 어업을 중심으로 1970년 1차로 시행되었던 어업조사의 결과를 담은 『총어업조사보고』(농수산부, 1982)에 의하면, 그 당시 총 149,107인 어업 가구의 47.1%가 어선을 사용하지 않고 자연 상태의 해조류나 조개류를 채취하며 살아가고 있었고 30.2%가 양식업에 종사하며 살아가고 있었다. 배를 이용하는 경우는 19.8%로 소규모 무동력선 이용 가구가 대부분이며 동력선 이용 가구는 전체의 6.4%에 불과했다. 그나마 이 어선 이용 가구에는 자기 소유의 어선 이용자뿐만 아니라 자기 책임 아래 빌린 어선을 이용하는 경우와 배가 없이 자기 소유의 어망·어구를 가지고 타인의 배에 승선하여 어획물을 자기가 처리하는 경우까지 포함되어 있었다. 2톤 이상의 중대형 배는 선주가 따로 있으면서 선장 등을 고용하는 경우가 있었다. 당시 현황 조사에 「만선」의 곰치나 연철, 도삼 그리고 성삼의 경우까지 포함해서 보면 실제 상황은 수치가 보여주는 것보다 더 열악한 상황이었을 것으로 짐작된다. 특히 배를 빌리는 임대료를 두고 곰치가 겪는 상황은 어민의 실제 삶이 처한 수탈의 현실을 적나라하게 보여준다. 출어 비용이 곧 빚이 되는 일이 다반사였고 만선을 하더라도 어획물의 가격 조작을 통한 이중 삼중의 수탈을 겪을 수밖에 없는 것이 현실이었다.

「만선」에 표상된 세계의 구조적 모순은 중층적이다. 자연에 구속된 습속과 해소되지 못한 봉건적 신분의 구속 그리고 근대화의 과정 속에서 주변화된 변방의 노자勞資 갈등이 그것이다. 자연에 구속된 습속에서 오는 모순은 문제의 해결을 운명이나 주술적 행위에 맡겨버리는 행태나 세대를 이어 고수되어온 전통적인 방식의 생활과 생업의 방식 등에서 발생한다. 해소되지 못한 봉건적 신분의 구속이라는 모순은 근대적인 의미에서 계약이라는 방식을 취하지만, 그 근저에 자리 잡은 신분적 예속이 선주와 어부, 부자와 빈자 등의 사회관계를 규정하고 있다는 것을 의미한다. 근대화의 과정 속에서 주변화된 변방의 노자 갈등이라는 모순은 자본 대 노동 간의 역사적·구조적 관계를 인식하고 자유로운 개인으로서 노동의 정당성을 확보하는 데로 그 갈등에서 오는 모순을 해소하지 못하고 인정에 호소하거나 불만의 토로 및 감정적 분노의 표출에 그치고 마는 행태를 의미한다. 이 모든 모순에서 공통적인 것은 습속의 고수·운명적 사고·주술적 행태 등으로 표현되는 부정적 비근대성 또는 봉건성이다.

갈등은 네 가지 층위에서 전개된다. 첫 번째 자연과 인간의 갈등이다. 바다에 출몰한 부서 떼 즉 자연이 허락한, 한정된 이 자원을 인간이 채취하는 과정에서 행사하는 생산력에 내포된 갈등이다. 곰치에게 전해진 가문의 기술 즉 '부서맷돌질' 또는 '쌍돛' 조업 등으로 표현되는 전통적인 어로 작업기술이 지닌 위험성과 만선의 욕망 사이의 갈등에서 삶과 죽음이 결정된다. 두 번째 인간과 인간 사이에서 발생하는 갈등이다. 이 갈등은 선주 임제순과 곰치와 같은 어부 사이에서 생산수단의 독점과 그로 인해 발생한 이익의 전유를 핵심으로 한다. 이는 사회적 신분과 계급의 문제에서 발생하는 착취와 억압으로 구체화된다. 세 번째 갈등은 두 번째 갈등에서 파생되어 갈라지는 것으로 슬슬이·범쇠·연철 사이에서 발생한다. 이 갈등은 구포댁과 범쇠, 범쇠와 곰치, 곰치와 구포댁의 갈등을 수반한다. 슬슬이를 두고 벌어지는 이 갈등은 여성에게 가해진 봉건적 속박으로 빈곤의 문제와 인신매매의 문제가 얽혀 있다. 즉 슬슬이와 연철의 애절한 사랑 이야기에는 인간의 존엄성과 자유의 문제가 함축되어 있다. 네 번째는 곰치와 구포댁 사이에서 발생하는 갈등으로 이는 전통적 세계와 근대적 세계 사이에서 발생하는 갈등이 함축되어 있다. 곰치는 전통적 세계에서 한사코 머물고자 한다. 반면 구포댁은 바다의 상시적인 위험과 사회의 신분/계급적인 차별의 세계로부터 벗어나고자 한다. 다시 말해 정주하고자 하는 의지와 이동하고자 하는 의지가 충돌하고 있다. 이 갈등은 곰치와 연철의 세대 갈등까지 포함하고 있다. 두 부자의 이 갈등은 습속·전통·주술의 세계와 과학기술·근대의 대립으로 표면화되고 있다.

모순과 갈등이 형성되는 대상이나 그 관계의 연속에서 표상되는 관념들로부터 정동이 출현한다. 그 정동은 세 종류로 나타난다. 즉 세 가지 힘의 방향을 가진다. 첫 번째는 기쁨인데 정신에 의해 타당한 관념으로 인식/평가되지 못하는, 외적인 원인에 의해 규정되는 수동 정념이다. 이를테면 발단부에서 발견되는 기쁨·환희·명예·동경 등은 부서 떼의 출몰이라는 외적인 원인에 의해 그 사건과 마주한 곰치·성삼·도삼·연철·구포댁·슬슬이·마을주민들 사이에 표상되는 정동의 양태들이다. 두 번째는 슬픔으로 첫 만선의 어획물 전부를 빚 탕감으로 빼앗긴 데서 곰치 가족과 그 뱃동무들 사이에서 강렬하게 퍼지는 수동 정념이다. 이 슬픈 정념은 「만선」에 지배적인 정념으로 극적 사건의 전개 속에서 다양하게 나타나고 인물들의 존재 능력을 점차적으로 감소하게 만든다. 마지막으로 기쁨과 슬픔 둘 다에 속하면서도 어디에도 속하지 않는 어떤 극한에서 출몰하는 광기가 있다. 광기의 출몰은 지배적인 정념인 슬픔 수동의 확산·강화 속에서 국부적인 기쁨 수동들이 소멸되는 그 극한에 이르러 개시되는 정동으로, 표면적으로는 타당하지 못한 관념으로 묘사된 채 슬픈 정념 속에 봉인되어 있다.

2. 정동의 구성과 이행의 효과

변이 혹은 이행은 정동을 구성한다. 들뢰즈에 의하면 살아 있는lived 추이 즉 어떤 정도의 완전성에서 또 다른 정도의 완전성으로의 살아 있는 이행이 바로 정동을 구성한다. 이행은 관념들에 의해 결정되는데, 하나의 관념 안에서가 아니라 하나의 관념에서 다른 관념으로 이행할 때 정동이 구성된다. 한 대상에 의해 상상되는 관념에서 다른 대상에 의해 상상되는 관념으로 그 이행 사이에 정동은 존재한다. 이때 그 이행의 방향에 따라 대상의 관념을 상상하는 주체의 행동 능력이 증대하거나 감소한다. 우리가 누군가를 만날 때 슬픔에 정동될 수 있고 또 다른 누군가를 만날 때 기쁨에 정동될 수 있다. 정동에 의해 구성된 이러한 연속적인 변이의 선율 위에서 기쁨 혹은 슬픔의 양극이 할당될 것이다. 스피노자(혹은 들뢰즈)를 따르면 이것들은 근본적인 수동(정념)들passions[30]이다. 정동이 누군가의 존재 능력의 연속적인 변이이고 누군가 가지고 있는 관념들에 의해 결정된다면 중요한 것은 어떤 관념들이 정동들을 결정하는 관념들인가를 아는 것이다.[31] 이 관념들은 '정서affectio 관념', '통념notions', '본질 essence 관념'으로 구분[32]된다. 즉 의견(또는 표상), 이성 그리고 직관지[33], 이 세 가지가 우리가 대상을 인식하는 또는 대상에 대해 감각적 인상을 경유하여 파악하는 관념들이다.

「만선」의 정동 분석에 핵심이 되는 관념은 감각을 통하여 손상되고 혼란스럽고 무질서하게 지성에 나타나는 개물個物들로부터 형성되는 지각 또는 막연한 경험에 의한 인식과 사물 자체가 우리에게 부여하는 관념과 유사한 관념[34]이다. 이러한 관념을 들뢰즈는 '정서 관념'으로 정리한다. 정서는 정동에 대립되는 관념으로 하나의 신체가 다른 신체 위에 생산하는 행위, 다른 신체의 행위에 종속하는 한에서 한 신체의 상태로서 그 효과[35]라고 정의된다. 신체들의 혼합인 정서 속에서 우리는 작용하고 작용받는 관계를 알 수 있고 그 흔적을 파악할 수 있다. 따라서 정서는 변경된 신체의 성질을 가리키게 되는데, 그것을 통해 우리는 변경을 가하는 신체의 성질에 접근할 수 있다. 즉 변경된 신체에 봉인된, 변경을 가한 신체의 성질을. 그러므로 정서 관념은 신체의 정서를 재현하는 모든 사유 양식[36]이다. 들뢰즈는 하나의 신체가 다른 무언가가 아닌 다른 신체 위에 특별한 효과를 낳는 것과 같은 이러한 두 신체들 사이의 관계를 아는 것이 중요[37]하다면서 자기의 원인들을 갖지 않는 효과들의 재현물, 따라서 타당하지 못한 정서 관념에 봉인된 그 혼합물의 원인들, 우연한 마주침 속에서 효과를 발휘하는 오류의 원인을 분석할 것을 제안한다. 즉 어떤 방식으로 정동이 구성되는지 이행과 변이들의 체제인 정동이 정서 관념들에 의해 어떻게 봉인되는지 알기를 요구한다. 그것은 인간의 무능력 상태 즉 예속의 상태를 드러내는 작업일 수 있고 더 나쁜 것을 따르도록 강제하는 운명의 힘 안에 있는 인간을 해방하는 것일 수 있다.

왜 곰치의 행동, 선주와 범쇠의 행동은 그들이 속한 세계를 붕괴시키는가? 서로 다른 행동의 주체들이 어떠한 지점에서 정서 관념에 의해 봉인된 정동에 지배당하는가? 왜 공동의 덕을 이루기 위해 자신의 유를 유지하기를 등한시[38]하고 무력해지는가? 자기 본성의 필연성에 의해 살아가려는 슬슬이를 자살에 이르게 하는 외적 원인들이 은폐하고 있는 것은 무엇인가? 왜 구포댁은 그렇게 거부하던 범쇠의 요구에 부응하게 되고 갓난아이를 바다에 유기遺棄하는가? 이러한 물음들은 「만선」의 정동이 슬픔의 정동으로 이행해가는 과정을 분석하기 위한 것임과 동시에 「만선」에 재현된 정서가 봉인하고 있는 정동의 실체에 접근하기 위한 것이다.

「만선」에 수용된 민속은 '만선풍장굿'으로 이는 어로 민속의 핵심에 해당한다. 만선풍장굿은 이른바 뱃굿의 하나로 뱃굿은 뱃고사·뱃노래·뱃놀이에서 풍어제·배연신굿·용왕제·배선굿[39]까지를 포괄한다. 뱃굿은 풍어豐漁라는 어로적 사건과 결부되어 어로의 전 과정에서 계기적으로 수행된 의례였다. 즉 뱃굿은 어촌이나 반농반어의 생계 구조를 가진 마을에서 연행되었던 '일-(제의)-놀이'의 구조를 지닌 예능 형식이다. 이를테면 어업이라는 생계 구조 속에서 섣달그믐날의 뱃고사, 열나흗날의 고사 그리고 배가 그물을 싣고 나갈 무렵에 날을 받아 하는 큰 고사, 어업 중에 서너 번 고사들이 수행되고 고기잡이 노동을 수행하는 과정에서 노래와 풍장이 수반된다. 특히 만선이 되었을 때 치는 풍장은 노동을 통한 생산물의 풍족한 획득에 대한 자축의 의미를 지닐 뿐만 아니라 가득 잡은 고기들로 인해 오도 가도 못하는 배를 포구까지 끌어줄 상고선을 부르는 신호가 되기도 하고 잡은 조기를 처분하는 매매의 행위가 되기도 하는 일련의 생계 활동이 만들어낸, '생계-예능'으로 규정할 수 있다. 현재는 어로 환경의 변화로 뱃굿의 전승이 단절되었지만, 과거에는 배마다 농악기가 있었고 어부마다 각자 특기대로 굿패를 이루었으며 뱃고사를 시작으로 풍장을 울리고 바다로 나아가 만선하여 마을로 돌아오는 이 뱃굿의 과정은 어로 작업에 필수적이었다. 뱃굿은 어업이라는 생계 구조와 분리될 수 없는 것이기 때문에 실제로 어업의 준비와 실행의 전 과정에 걸쳐 주요한 각 계기마다 작용했다. 뱃굿은 풍어를 기원하고 뱃사람의 안전을 희구하는 제의성을 기본 속성으로 하여 노동의 필요와 놀이적 욕구를 충족시키는 노동성과 유희성이 결합된 예능 구조를 지니고 있다.

만선 깃발 단 어선(1976)

민속사회에서는 바다에서 수행하는 노동의 위험성이 컸기 때문에 그로 인한 불안 심리를 풍요의 기대로 변화시키기 위해 만들어지고 전승되었던 습속이었다.

「만선」에는 출어하기 전 행했던 뱃고사가 묘사되어 극적 사건의 주요한 계기로 작용하고 있으며 만선한 배가 뱃풍장을 치며 항구로 들어오는 만선풍장굿이 사건의 전개에서 중요한 역할을 하고 있다. 사건은 '별안간 울려 퍼지는 징소리, 꽹과리 소리'와 함께 개시된다. 만선의 풍요에 대한 기쁨과 그 기대감이 온 마을을 흔들고 있다. 생선이 가득 찬 소쿠리는 어부 개인은 물론 각 가정과 마을 전체의 풍요에 대한 열망을 함축하고 있는 표상이 된다. 공동체 전체의 열망 속에서 곰치를 비롯해서 도삼·성삼·연철·구포댁·슬슬이 등 주요 인물들이 등장하여 몇십 년 만에 그들의 삶 속에 도래한 자연의 축복을 만끽한다. 즉 등장인물들은 모두 기쁨의 정동 속에서 자신들의 존재 능력의 증대를 도모하고 있으며 그러한 기대감이 곰치를 축으로 하여 과도하게 응집되고 있다. 그런데 부서 떼의 출몰이 선사한 만선의 풍요는 곰치네에게 일회적 사건으로 끝나고 만다. 그러나 만선을 향한 곰치의 집념은 그칠 줄 모른다. 이 과정에서 만선풍장굿을 통해 퍼지던 기쁨의 정동은 분열되고 만다. 그들의 존재 능력은 급속도로 감소되어 가고 그들의 정동은 슬픔 수동으로 이행하여 타당하지 못한 관념 속에서 희망과 공포가 뒤섞인 욕망으로 전화해간다.

극적 사건이 전개해 감에 따라 만선풍장굿은 곰치네의 신체와 혼합되어 그들의 신체에 변경을 가한다. 최초에 기쁨의 정동으로 구성되어 그들의 존재 능력의 변이를 도모하던 만선풍장굿이 미움과 증오로 바뀌어 간다. 다른 사람들과 자신을 비교하면서 그 정동은 이행하는데, 곰치의 정서는 절망으로 치달아 간다. 미움과 증오, 절망으로 향한 정동의 이행은 '부서맷돌질'을 통하여 부서 떼를 그들의 어장에 묶어두고 공동체 전체가 함께 그 풍요를 공유하게 만든 곰치의 자부심을 경쟁심으로 급변시킨다. 풍장소리와 고사는 곰치가 그 경쟁심에 사로잡혀 선주의 횡포와 무리한 요구에 굴종한 채 다시 바다로 나가는 상황, 그 불안과 희망이 착종된 상태를 보여준다. 이는 선주 임제순의 착취와 범쇠의 위협에 의해 그들의 신체에 가해진 효과임과 동시에 곰치의 욕망이 슬픔으로 치달아 가 결국 파멸에 이를 수밖에 없음을 암시하고 있다. 그 불행과 파멸은 무엇보다도 곰치에게 가해진 외적인 강제에 대한 그 자신의 굴종과 순응, 즉 선주 임제순과 범쇠의 폭력에 분노하지도 저항하지도 않고 모든 것을 자신의 운명 탓으로 돌림과 동시에 이기면 된다는 무한경쟁·우승열패의 논리에 집착하는 인식의 오류에 그 원인이 있다.

곰치와 도삼은 고기잡이 기술에 대해 논쟁한다. 그것은 세대 간 갈등의 표출이면서 좋은 것과 나쁜 것을 서로 다르게 파악하고 구별하는 감정구조의 충돌이다. 습속의 세계와 과학의 세계, 민속적 가치와 근대적 가치, 좋은 삶의 지향에 대한 타당한 관념의 인식 등이 이 세대 간 논쟁에 함축되어 있다. 곰치는 관습에 충실한 뱃사람으로 세대를 이어 전승해온 전통적 기술 감각을 최선으로 생각한다. 반면 도삼은 뱃일이 삶의 존속을 위해 존재하는 것이지 그 자체가 본질이 될 수 없다는 인식 속에서 늘 죽음의 위험이 도사린 습속의 세계이자 민속적 생업의 질서 자체를 회의한다. 결국 텍스트 질서 내에서 곰치는 텍스트 외부의 변화를 거부하고, 그 변화를 담지하고 있는 아들 도삼의 인식을 부적실한 것으로 만들면서 타당한 인식으로 향하는 세대의 정동을 자기 신체에서 효과를 발휘하는 정서 관념의 수준 속에 봉인하고 만다. 그 인식의 오류에서 강화된 욕망은 마을 사람 모두가 공유하고 있는 자원을 가능한 한 사적으로 소유하려는 탐욕으로 변화해간다. 이는 근대적 가치 혹은 자본의 질서를 곰치가 윤리적으로 옳다고 확신하는 습속의 세계 내부에 포섭한 결과다. 자신에게 닥친 불행의 원인을 경쟁의 문제로 치환함으로써 자신에게 작용하는 외적 원인의 실체를 파악하지 못하고 만다. 그리하여 그는 선조로부터 내려오는 만선의 기술을 맹신하게 되고 폭풍의 전조를 만선의 기회로 오인함으로써 습속의 질서에 내재된 죽음의 위험을 간과하게 된다.

곰치가 욕망하는 세계는 습속의 질서가 강렬하게 작용하는 세계이다. 그는 이 습속의 세계 속에서 그 질서를 유지·강화하는 존재로 선주 임제순과 범쇠를 동경하고 있다. 이 동경은 때로 질시와 증오의 감정으로 나타나기도 하지만, 그 세계의 질곡을 당연시하며 그들을 모방하려고 한다. 이는 스피노자가 말한 '악으로서의 경탄'에 대응하는 것으로 생각되는데, 그 악을 피하기 위한 다른 것을 사유할 수 없을 정도로 인간을 오로지 그 자신의 악을 고찰하는 포로[40]로 만드는 세계에서 곰치가 자신에게 주어진 문제를 해결하기 위해 선택할 수 있는 유일한 것인지도 모른다. 왜냐하면 선주 임제순과 범쇠의 폭력에 고통당하면서도 그들을 상기할 때 주어지는 관념이 자신에게 현실적으로 존재하지 않을지라도 곧 그것을 현존하는 것으로 고찰하며 신체도 동일한 방식으로 자극되어 마치 그것이 현존하는 것[41]인양 오인하게 만드는 상태를 벗어날 능력이 그에게는 현저하게 감소되어 있기 때문이다. 그러므로 곰치는 비통 속에서 자신이 처한 현실 너머를 희망한다. 그 희망은 두려움을 전제하고 있다. 인식의 결핍이나 정신의 무능력 속에서 희망과 공포 사이를 오가며 안도와 환희의 상태를 열망한다. 습속의 질서가 마련해준 경험의 토대 위에서 곰치네의 삶은 절망을 운명으로 고착시키면서 안도할 수 있는 미래를 꿈꾼다. 그러나 그는 운명의 질서에 순응하고 종속되어 있기 때문에 자신과 그 가족을 불안과 두려움으로부터 벗어나게 할 수 없다. 도삼으로 대표되는 새로운 세대의 요구가 좌초된, 그 청산되지 못한 절망의 과거는 끊임없이 상기되는 슬픔 속에서 희망이라는 허상을 통해 그들의 예속을 강화할 뿐이다.

3. 봉인된 정동의 파국과 행방

슬픔 계열의 수동적 정념들에 봉인된 욕망의 탈주 가능성은 우리의 감성적 현재가 비롯된 습속의 질서(혹은 부정적 비근대성)로부터 우리의 삶과 존재 능력의 구성을 새롭게 할 인식의 방향과 관련된다. 또한 정동을 사유하는 방식의 문제가 공동의 덕과 개인의 자유에 연결되어 있다는 것과 관련되고 능동적인 정동이 생성되는 특이점, 즉 강도의 문턱을 사유하는 일과도 관계되어 있다. 선과 악의 관점에서 「만선」의 각 사람들의 행동에 주목해보면 한편으로 선주 임제순과 범쇠의 축이 있고 다른 한편으로 곰치를 중심으로 하는 뱃사람의 축이 있으며 정동의 관점에서 변이의 체제에 속한 축이 있다. 물론 여기서 선과 악은 자신의 본성의 법칙에서 필연적으로 욕구하거나 또는 피[42]하는 것으로 우리가 그것을 의식하는 한 기쁨이나 슬픔의 정서 자체이다. 특히 선은 자기를 보존하려는 노력으로 스피노자에 의하면 덕의 첫째가는 유일한 기초이다.[43] 물론 악은 그 반대이다. 그런 점에서 선과 악의 윤리는 개체의 이익에 복무하는 것이 아니라 공공의 덕에 기초하는 것이다. 왜냐하면 자기 보존의 노력이 사물 자체와 인간 자신의 본질이기 때문이다.

임제순과 범쇠는 독점 계층을 대변한다. 임제순은 고리대를 통해 부를 증식해가는 착취자로 탐욕스럽다. 그는 자신의 탐욕을 가능하게 하는 봉건성의 울타리에서 자기만을 위한 이익의 추구에 골몰한다. 주목되는 것은 자신의 배가 풍랑에 좌초될 위기에 처하자 무당을 불러 굿을 하고 그 굿 비용을 후하게 지불한다는 점이다. 그의 탐욕은 주술과 미신이라고 터부시되는 근대적 시선조차도 포획하여 굿의 효과까지 독점해버릴 수 있는 세계 속에서 자신의 안온만을 추구한다. 범쇠도 욕정에 사로잡힌 비열한 인물로 역시 탐욕을 상징하는 인물이다. 이들의 욕망이 자신들의 능력을 증대시키는 것처럼 보이지만, 곰치네를 파멸시키는 것을 넘어서 그들이 탐하는 욕망의 대상까지 소멸시키기 때문에 궁극적으로 존재 자체의 기반을 붕괴시키고 만다. 곰치는 전통의 세계를 추구하고 습속을 고수하려 하는 인물이다. 이는 더 이상의 설명이 필요 없을 것이다. 주목되는 점은 곰치와 비슷하지만 오히려 다른 구포댁의 국부적인 행동에 있다. 구포댁은 존재의 기반이 해체될 위기 속에서 욕망의 변화를 겪는다. 즉 외적인 힘에 의해 포획된 채 곰치의 경우와 결이 다른 수동 정념을 드러낸다. 그것은 슬픈 정념이다. 그렇지만 적어도 곰치의 한계 바깥을 향해 간다. 운명이 허락한 뱃사람의 세계를 돌파하려 한다. 그렇기 때문에 그녀는 만선을 열망한다. 만선을 통해서 빚을 청산하고 갓난애를 제외한 자식 모두를 수장시킨 운명의 굴레를 벗어나고자 한다. 비록 만선의 좌절 속에서 아들 도삼마저 잃고 말지만, 그 죽음을 거부하고 오히려 범쇠의 제안을 수용하려고 한다. 왜냐하면 범쇠는 악의 표상임과 동시에 힘과 부 그리고 안전한 삶의 표상이기 때문이다. 그럼에도 불구하고 그 욕망은 습속의 질서에 포획된 선택이라는 점은 분명하다.

슬슬이와 연철의 변화도 주목된다. 비록 「만선」의 서사에서 부차적인 인물로 등장하지만, 그들의 관계는 정동의 관점에서 새로운 변이를 만들어낸다. 슬슬이가 겪는 정동의 부침은 수동적이고 위태롭다. 슬픔의 정동이 슬슬이의 존재 능력을 끊임없이 감소해가는 과정에서 국부적인 기쁨의 정동을 연철과 공유한다. 슬슬이의 사랑은 범쇠의 욕정에 의해 위협받아 움츠러들지만, 그녀는 끝내 습속의 질서가 강제하는 데로 이끌려가지 않고 사랑과 자유, 인간의 존엄을 획득한다. 비록 그것이 슬픔의 극한에서 선택한 것이라 할지라도 그 절망과 그로 인한 자살은 공포와 희망 속에서 증식해가는 슬픈 정념을 좌초시킨다. 연철에게서 주목되는 것은 사랑의 기쁨 정동을 경쟁과 우승열패의 질서 속에 봉인한다는 점이다. 그가 사는 현재는 과거의 경험 속에서 상기되어 현존한다고 믿는 허구의 세계로 근대적 질서에 포섭된 욕망의 굴절을 보여준다. 도삼은 삶

의 근원적 위기를 벗어날 수 있는 능력으로 과학기술을 동경하나 그가
속한 현실의 세계와 그 욕망의 간극이 자신의 힘으로 해소할 수 없는 것
이라 인식하고 자기 존재 능력에 부합하는 소소한 삶을 지향한다. 물론
그 소소한 삶조차도 「만선」의 세계는 용납하지 않는다. 그럼에도 불구하

영화 《만선》 스틸커트(1967)

고 그의 욕망이 문제적인 것은 '뜰망배'로 상징되는, 자기 보존을 위한 적정한 생산수단을 가진, 예속으로부터 자유로운 근대적 개인을 추구한다고 해석되기 때문이다.

성삼이라는 인물도 주목을 요한다. 배를 소유한 선주에게 일시적으로 고용되어 생계를 유지하는 인물로 곰치의 뱃동무이다. 그는 곰치가 빌려 탄 임제순의 배가 난파되는 날, 뜸막이네 배를 탐으로써 비극에서 빗겨난다. 그는 여러 면에서 곰치와 비교되는 인물이다. 고집스럽고 자기의 능력을 과신하는 곰치와 달리, 곰치의 곁에서 그 어려움을 함께 겪으며 동무의 슬픔에 공감하고 그 아픔을 위로하는 존재이다. 때로는 곰치의 집착과 자만을 경계하고 용기를 북돋우며 연민을 느끼고 우애할 줄 아는 이웃이다. 어쩌면 그는 스피노자가 말한 타인의 미움을 사랑, 즉 관용으로 보상하려고 노력[44]하는 통념의 소유자인지도 모른다. 그가 파국에 이르러 곰치나 구포댁도 알아채지 못한 슬슬이의 죽음을 발견하게 되는 것도 그가 지닌 정동의 힘을 예시하는 것이다. 그러나 타인의 고통 속에서 마지막까지 공공의 덕을 발휘하는 그의 능력은 국부적이다. 그 정신의 능력은 전체로서 살아 있는 정동을 구성하지 못하고 임박한 파국을 저지하지 못한다. 그런 점에서 그의 통념은 본질 관념으로 도약하지 못한다. 즉 수동(정념)의 세계로부터 일종의 탈출의 경로를 예시하지만, 절대적인 불능impotence의 세계에 완전히 휩싸여 봉인되고 말며, 그의 행동 능력이 증대할 때조차도 그것은 변이의 한 단편 위에[45] 머물고 만다.

파국에 이르러 하나의 단절이 드러난다. 슬픔 계열의 수동적 정념들에 봉인된 욕망의 탈주 가능성이 개시된다. 그것은 구포댁의 광기 어린 행동에 이르러 그 윤곽을 드러낸다. 곰치가 갓난 아들을 두고 "열 살만 되면 그물을 손질할 놈"이라고 발화하는 순간, 구포댁은 재현적 사유 양식을 거부하고 하나의 변이를 작동시킨다. 그녀의 광기는 어쩌면 이성의 명령에 따라서 더 작은 현재의 선보다는 더 큰 미래의 선을 그리고 더 큰 미래의 악보다는 더 작은 현재의 악[46]을 선택하려는 의지에서 비롯되었는지도 모른다. 그녀의 선택은 그녀 자신의 정동들의 원인이 아니기[47]를 그만두고 다른 무언가의 효과를 물리치기 위하여 능력의 감소를 지나쳐 그 말소를 지향한 하나의 도약인지도 모른다. 슬픔들만 존재했었다면 결코 넘어설 수 없었을 '강도의 문턱'[48] 즉 '기쁜 한계'[49] 위에서 정동된 가장 아름다운 능력의 생성인지도 모른다.

만선이 아니면 노를 잡지 말라던 조부의 가르침과 만선될 고기 떼는 파도가 집채 같아도 쌍돛 달고 쫓으라는 부친의 교훈은 생사를 초월한 달관의 정동을 구성하는 것이라기보다는 항상적인 죽음의 위협 속에서 벗어날 수 없는 두려움을 영속적으로 재현하는 부적실한 관념에 불과하다. 그 부적실한 관념에 붙들린 곰치의 정동은 쓸쓸하고 허탈한 슬픔 수동(정념) 속에서 존재 능력의 감소, 그 극한에서 파국을 맞게 된다. 곰치의 능력을 봉인하는 이 주어진 정동은 그 부적실한 관념의 연속을 가로질러 변이의 체제를 구성하려는 힘을 부정하며 존재하려는 슬픔이다. 그것은 타당한 인식으로 향하는 세대의 정동을 정서 관념의 수준 속에 봉인해왔던 역사적인 권력으로 폭군과 사제의 부정한 힘에 불과하다. 역사적인 경험 속에서 새로운 세대가 구성하는 정동의 힘에 의해 그것이 해체되지 않는 한 우리는 슬픔 속에서 비참해져서 권력pouvoirs이 필요로 하는 슬픈 백성들의 삶[50]을 지속해 갈 것이다. 그로부터 벗어나기 위해서는 구포댁의 광기에 비친 자유로운 삶을 향한 욕망 즉 새로운 정동을 생성하는 공동의 기획으로 재현의 사유 양식을 넘어선 정동의 사유 양식을 정립할 필요가 있을 것이다.

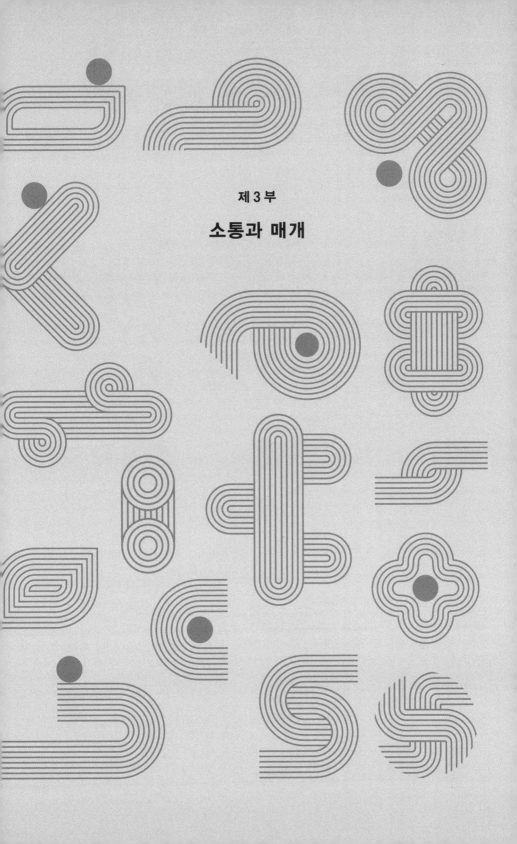

제 3 부

소통과 매개

제 1 장

구
술
기
억

구술기억은 회상에 의거하여 사라지거나 변화된 과거를 현재(혹은 미래)에 투사하는 문화적 구성 형식(혹은 생애사적 언술 형식)이다. 구술기억을 통해 우리는 기억담지자 혹은 발화자의 생애, 현재의 시점에서 그가 증언하는 사건이나 현상 등의 의미와 가치를 파악할 수 있다. 또 과거의 한 시대, 한 지역의 특정한 문화현상을 내부자의 시각에서 어느 정도 드러낼 수 있다. 그것은 개인의 회상으로부터 시작하지만, 그 회상이 모인 집합기억collective memory이고 정신의 지도mental map가 문화마다 다른 것[1]처럼, 그 기억도 문화와 경험에 따라 달라진다. 마찬가지로 구술기억이 단편적 기억 혹은 개체적 기억이라 할지라도 그 기억은 지역적 범주뿐만 아니라 사회문화적 의미망 속에서 다룰 수 있다.

구술기억은 그것이 문화적으로 재현될 때 특정한 지역과 결속되어 있기 때문에 '문화전통으로서 그 교양기억'에 해당하며 '구두로 전승된 회상들의 소통적 기억'[2]이다. 이 기억은 사회문화적 변동 속에서 그 정통성이 끊어지고 소비사회 혹은 탈근대 사회의 도래로 수많은 전통, 권위와 금기들이 사라지면서 함께 소멸되거나 위기에 처한다. 공동 지식의 특정한 토대의 상실 혹은 변형으로 말미암고 세대와 세대의 소통 불능과 관계되기 때문에 그 기억은 역사적 시간 속에서 유의미한 지표로 존재하는 데 매우 제한적일 수 있다. 또한 시간은 기억이 저장되는 체제임과 동시에 기억이 왜곡되고 망실되는 요인으로 작용하기 때문에 지나간 시간 속에서 오래된 기억의 유형인 구술문화의 복원은 언제나 한계에 직면할 수밖에 없다.

구술기억은 재현되고 있는 문화적 기억[3]이다. 그 기억들에는 분리와 이행, 변형과 창조, 갈등/경쟁과 통합 등의 현상이 함축되어 있다. 전승집단과 공간의 분리와 이행이 나타나며 연행 텍스트의 변형과 창조가 수반된다. 그럼에도 불구하고 현실의 생동하는 기억의 장은 미시적이고 일상적인 삶의 시간과 공간 속에서 구성된다. 대부분 조각들로 흩어져 있지만 민중들의 삶 속에 그 흔적들을 남긴다. 구술기억에는 경험적 진실·사후적 해석과 회상·증폭된 의미·의미의 고착 등 다소 모순적이고 대립적인 현상도 보인다. 한편 기억의 장소가 지닌 물리적인 특성은 장소적 사실성과 그에 뿌리를 둔 경험적 진실성을 확보해준다. 때로는 사실성 혹은 진실성에 기초한 허구의 세계가 출현하기도 한다. 구술기억이 담고 있는 최초의 의미가 사라진 사회문화적 조건에서 경험적 진실에 토대를 둔 사후적 해석과 회상 과정에서 그 의미가 증폭되기도 하고 일정한 방향으로 그 의미가 고착되어 때로는 다른 해석이나 새로운 해석이 배제되거나 묵살되기도 한다. 이 역동적인 과정에서 구술기억은 사회의 규범적인 담론 권력과 경쟁하고 갈등하면서 전복적인 간극을 형성할 가능성을 낳기도 한다.

구술기억은 지나간 과거에 현재의 관심을 투사하여 재구성한 것이다. 이때 과거는 고정된 실체로 존재하는 것이 아니라 현재의 생각으로 끊임없이 재기록·재구성된다. 이처럼 과거의 현재적 의미를 캐내는[4] 사후적인 기억은 특정한 방향으로 미래를 틀지어 현재에 그 과거를 출현시킨다. 즉 '존재하고 있는 것으로서 존재해온 것'(현재로서의 과거)이며 혼란스럽고도 영향 받기 쉬운 과거(유동적이고 변형 가능한 것)로서 미지의 미래[5]인 것이다. 그것은 시간 속에서 살아가고 있는 우리 존재의 중추적 기능이고 과거와 현재 간의 협상[6]이다. 그래서 기억은 우리의 개인적 자아를 형성하고 규정하고 집단적인 정체성을 규정한다. 기억은 개인이 간직하는 것이긴 하지만 개인의 가장 원초적인 기억조차 사회적으로 형성되기 때문인데, 집단 존재의 단순한 부산물이 아니라 바로 집단을 존재하게 하는 생명줄[7]인 것이다.

구술기억은 때로 망자 추모의 의례적 행위와도 관련된다. 기억의 최초 의미가 잠정적으로 '낡고 천한' 유산으로 밀려나 망각될 수도 있지만, 사회문화적 상황의 변화에 기억 주체들이 반응하면서 다시금 망자의 이름을 되살리고 후세에 전해주는 것이 소임으로 자리 잡게 되면 소생된 기억은 망자 숭배의 신성성으로 나타난다. 즉 문화적 기억의 기념비로서 전승력을 확보하려는 노력으로 나타난다. 망자 추모 혹은 망자 숭배를 통한 문화적 기억의 복원과 전승 그리고 그 확장성은 그 과정에서 변형·증폭된다. 체험하거나 관찰된 사건이 증언에 의해 사실성을 확보하고 풍문을 통해 대중적 공감과 지지가 획득되면 신화화된 기억으로 회상되기도 한다. 그것은 특정 개인에 대한 것이기도 하지만, 문화적 권위를 확보하려는 집합적 주체에 의해 복원된 어떤 지역의 문화상징에 대한 것이기도 하다. 후자는 전통적 습속의 장과 문화상징이 효과를 발휘하는 문화정치의 장을 오가는 기억이 될 수 있다. 이때 그 기억은 하나의 특별한 독점적 특권을 가지게 된다. 또 기억하고 망각하는 것을 통해 자신을 정의하고 그 과정에서 기존의 정체성을 재구성하기도 하는데, 그 정체성의 개조는 곧 기억의 개조다. 이는 기억을 두고 벌이는 투쟁이며 현실의 해석을 두고 벌이는 투쟁이다. 그런 점에서 기억된 과거는 정체성 확보의 문제이자 현실의 해석이며 가치의 정당화로 연결된다.

기억의 장소들은 기억이 함축하고 있는 신념과 이데올로기 및 정념

등이 야기한 욕망들이 각축하는 장이다. 또한 지식 권력과 연합하여 문화적 헤게모니를 획득하고자 하는 기억들 간 경쟁이 있는 장(혹은 체계)이다. 기억의 장소는 문화적 제도의 공간에서 문화재를 욕망하거나 문화정치적 기획으로 나타날 수 있고 망각된 기억을 건져 올려 재구성하는 기념의 정치학이기도 하다. 그 기억은 망각을 불가분한 것으로 연결하는 이중의 기호로서 흔적이며 한 시대의 양식화되지 않는 기억 또는 지나간 한 사회의 무의도적 기억이다. 기억의 문화정치적 의례는 기존 공간에 균열을 일으켜 어떤 상태에 머물러 고착화되지 않는 새로운 관계를 형성함으로써 이전과는 다른 의미와 가치를 생성하는 어떤 배치[8]를 짜는 재구조화다. 이 과정에서 망각되거나 억압된 문화 정체성을 재확립하여 특정한 권력을 구성하고 배분[9]해간다. 이 문화정치성의 발현인 '되기'의 과정에서 기존 문화공간의 체계에 이질적인 내용을 구성하여 일종의 권위와 규범으로 작용하는 계보들을 단절시키고 기억의 조각들을 자유롭게 배열하여 단절된 문화적 무의식을 복원한다.

우리는 상이한 기억들이 확산되는 가운데 살고 있다. 통일적인 역사의 유산은 사회적 풍경 속에 흩어져 있는 잔재에 불과할 뿐이다. 비근대 사회들이 연속적인 과거 속에서 살았다면 현대 사회들은 사회적 재생산의 연속성에서 기억을 분리시켰다. 어쩌면 기억은 현재적으로 경험할 수 없는 것을 표현하고 만들어내는 것일 수 있다. 기억 행위는 사회적 회상이라는 일정한 틀 속에서 이루어지는 이데올로기적 기획과 행위자들의 실천 행동이다. 사람들은 혼자서든 함께든 회상하고 상기하며 기념한다. 행위자들은 기억을 지지하고 정의하고 그것을 통해 소유하고 싶어 하는 것에 대해 말한다. 따라서 기억은 결코 통일적이지 않다. 기억 자체가 역사를 갖고 있으며 특정한 기억들만 변화하는 것이 아니라 모든 시대에 걸쳐 기억의 기능 자체도 변한다. 즉 사회관계 속에서 기억이 차지하는 위상과 기억이 취하는 형식들도 변한다. 이렇게 보면 본래의 기억이란 존재하지 않는다. 기억들을 판단하기 위해 견주어볼 수 있는 본래의 사건도 존재하지 않는다. 기억에 보존된 사건은 회상된 사건이며 문화적 기억으로 구성된 사건이다. 따라서 기억은 진실의 운반체나 이해관계를 반영하는 거울로서 기억이 아니라 의미들이 생성되는, 과정적 존재인 것이다.

기억은 의미를 발생시키고 의미는 기억을 고정한다. 의미는 항상 구성의 문제이자 나중에 부과된 해석물이다. 기억의 해석적 특징에서 주요한 측면은 정통성과 관련된 문제이다. 정통성의 문제는 공식적이거나 정치적인 기억이 첨예하게 관심을 끄는 부분이다. 기억 투쟁의 승리자들은 과거뿐만 아니라 미래까지도 찬탈해간다. 그들은 기억에 자신을 남기고 싶어 하고 그런 목적으로 기념비를 세운다. 그 기억은 그것을 지탱해주는 권력이 유지되는 동안만 지속된다. 때문에 공적 기억은 비판적으로 전복되어 그 기억에 대항하는 비공식적 반대 기억을 만들어낸다. 그것은 빼앗긴 시간을 거슬러 정통성을 회복하고자 하는 기념비적 노력이기에 기존의 정당화된 기억을 전복하는 탈정당화 작업이다. 즉 기억의 과거적 기반을 재구성함으로써 현재의 기반이 아니라 미래의 기반을 구축하려는 것이다. 그런 점에서 기억연구는 '침묵하는 기억의 터'[10]가 망각된 기억에게 말을 걸어 집단적 회상과 지지를 자극하려는 문화적 기획이며, 유령화된 기억에 장소성과 정체성을 부여함으로써 그 기억을 실체화하려는 정치적 실천이다.

정치적 목적을 실현하려면 비전이 필요하고 설득력 있는 신화가 필요하므로 강신 의례를 통해 기억의 소생이라는 영역으로 진입하는 서사는 효과적이다. 이는 지나간 시대의 강력한 소생 방식이 될 수 있는데, 그것은 시간이라는 심연을 넘어 후세가 태고를 깨우고 새것이 옛것을 깨우며 살아 있는 자가 죽은 자를 깨우는 것이라 할 수 있다. 즉 소생과 환생의 문화적 유토피아라고 비유할 수 있다. 기억이 보관된 망각에 머물 수 없고 억압에 의해 의식에서 배제되어야만 했던 잠재적 감정을 포함하고 있다면 기억의 회귀는 주술적 사건으로 형상화될 수 있는 것이다. 이렇게 보면 부정적인 현재는 위대한 과거와 위대한 미래의 과도기이며 기억은 현재를 과거와 연결해주고 희망은 현재를 미래와 연결해준다. 더불어 기억은 현재에 반대되는 규범을 세우는 정치적 힘[11]이 될 수 있다.

기억에 관해 이토록 이야기를 많이 하는 것은 바로 기억이 더 이상 존재하지 않기 때문이다. 과거와 단절되었다는 의식과 기억이 찢겨 나갔다는 자각이 혼재된 지금, 기억의 장소들이 존재한다는 것은 바로 살아 있는 기억이 더 이상 존재하지 않기 때문이다.[12] 사회구성원들의 인식과 문화적 취향이 변화하면서 기억들이 사라지는 까닭에, 현재에 재현되는 그 기억들은 다소 굴절되고 파편화된 기억의 조각들로 망각과 재구성의 사이를 떠다니고 있다. 구술기억들은 근대화의 과정에서 주변화되면서 의미와 가치의 측면에서 모순적이고 양가적인 시선에 의해 담론적·예술적·산업적·정치적 특성들이 조망되어왔다. 그러나 그것은 분리되고 고립된 시각과 방법들로 다루어져 왔다. 또한 각각의 특성들이 지닌 의미의 모호함과 혼종성이 제대로 포착되지 못했으며 시간적인 지연과 공간적인 분할이 야기한 다층적인 의미들에 대해서도 대체로 무관심했다. 기억연구는 이러한 한계를 극복하려는 필요성에서 문제의 전형적인 대상으로 판단되는 근대화 과정 속에서 매우 유동적으로 존재했던 기억들의 정치성에 주목하기도 한다. 기억들의 배치와 그 배치를 통한 삶의 궤적이 기억되는 방식을 조명하면서 그 왜곡과 저항, 경쟁과 갈등의 양상을 통해 획득되기도 하고 망실되기도 하는 문화적 위치의 문제들을 다루게 된다. 이를 통해 기억의 배후에서 작동하는 욕망의 실체가 드러나고 그것이 지니는 의미가 파악된다. 요컨대 사건의 의미들이 저장되고 고착되는 그 복합적인 과정에 대한 연구는 구술기억이 망각되고 굴절된 국면들에 대한 담론적 기록의 구성으로서 의미를 지닐 수 있다.

기억들은 실행되고 있지 않은 기억들과 실행되고 있는 기억들이 교차 중첩되면서 시간상으로 현재보다는 과거에 그 무게 중심을 두고 있다. 실행되고 있는 기억이 구술자의 경험의 주관성과 재현·분석·해석됨으로써 발화되는 경험의 구조적 주관성을 문제 삼고 있는 반면, 실행되고 있지 않은 기억은 과거 체험의 단편들이 저장되어 있다가 발화의 계기에 의해 기억된다는 점이 문제적이다. 이 경우 단편적인 기억들의 플롯이 통일적인 해석과 이해를 거스르며 그 플롯을 하나로 결속시키는 시간은 구술된 담화 내에 있다기보다는 그 담화의 밖에 있다. 다시 말해 기억이 회상되고 발화되는 현장의 구술자와 내담자가 공유하는 그 현재의 시간을 제외하고는 복수의 시간의 결이 기억과 회상 그리고 구술 속에서 작동하고 있다. 공통적인 것은 그것들 각각이 지니는 의미 지향일 수 있다. 따라서 구술기억의 연구는 기억과 망각의 함수를 문제 삼는 기억의 역사학이라기보다는 바로 기억자 혹은 구술자의 파편적이고 망실된 기억들에 공통적인 의미 지향을 문제 삼아 다루게 된다.

　과거의 경험과 현재의 경험들이 혼합되면서 구조화되는 시간, 즉 '현재와 미래의 사이'에 구술기억이 존재한다고 할 때 구술자들의 의식은 이 '현재-미래의 사이'에 위치해 있다. 거기에서 구술기억은 마치 원근법과도 같이 과거와 현재를 엮어가면서 구술자로 하여금 그들의 기억과 경험의 이미지를 구술언어로 재현하게 한다. 그러한 재현의 공간 속에서 구술자들의 경험이 구술언어를 통해 형상화된다. 그 기억의 이미지/표상은 일종의 회화성을 드러낸다고 생각되는데, 그 시간적 친밀성의 '멈과 가까움' 혹은 그것이 놓인 구조적인 체계를 일정 정도 가시화하여 거기에 담긴 구술자들의 의미 지향과 특성이 묘사된다. 요컨대 구술기억은 우리가 그것을 의지해 구성해가는 세계들을 근거 짓는 "하나의 틀이며, 언제나 가변적인 쟁점이고, 전략들의 집합이며, 존재하는 것으로서보다는 만들어지는 것으로서 더욱 가치가 있는 어떤 실재"[13]인 것이다.

1. 마을민속 놀이와 여가에 대한 기억

안동 내앞마을은 유서 깊은 반촌으로 의리와 명분, 청렴과 강직, 체면과 예를 중시하는 유풍이 사회정치적 삶과 일상생활을 영위하는 데 있어 핵심 가치로 숭앙되었던 공동체였다. 백하 김대락과 월송 김형식 부자 그리고 일송 김동삼과 김동만 형제 등의 경우에서 보듯, 망국의 현실 앞에서 만주로 망명하여 독립운동에 전력을 다한 공동체였다. 내앞마을에는 이러한 역사와 문화에 대한 지극히 높은 자부심을 가진 주민들이 있다. 그들은 조상들의 업적이 국가적으로 올곧게 평가되지 못한 것에 대한 박탈감과 비판의식을 표출하기도 한다. 이를테면 선조들이 독립운동을 하면서 재산을 없애고 자제들을 교육하지 못해 마을에 큰 인물이 나지 못한다고 이야기하거나 독립운동을 위해 헌신한 마을 어른들이 제대로 인정받지 못하고 있다고 이야기한다. 이 이야기들에는 내앞마을의 현재 사회경제적 처지에서 오는 불편한 심정과 조상의 업적에 대한 자부심이 양립해 있다. 또한 선비문화에 대한 자긍심과 민속문화의 빈곤에 대한 아쉬움이 섞인 이야기를 하기도 한다. 이 유교풍이 반영된 이야기는 민속문화에 담긴 신명과 흥, 유쾌한 저항과 충만한 성적 상상력을 제한하는 방향으로 작용한다. 한편으로 내부의 일체감을 더욱 공고히 하는 데는 유익하지만, 다른 한편으로 엄격한 위계 서열적 기풍의 확립에 따른 구별짓기를 일상화하게 된다. 이 유풍이 확고한 것으로 문화화되는 과정에서 민속놀이의 다양성과 개방성을 제한하는 구실을 하게 되는 것이다. 반면 내앞마을 공동체 내에서 성별의 제한이 없는 자유로운 놀이문화의 기풍이 존재한다. 그런데 이러한 개방성과 친밀성은 성姓과 성性의 간극으로 변주되기도 하고 신분과 부의 위계성과 교차되기도 하며 위계와 서열의 가치가 투사된 놀이문화의 양상으로 나타나기도 한다. 그럼에도 불구하고 그러한 놀이적 제한성은 예禮·희戲·연宴의 향연 속에서 일정하게 조율된 놀이문화 속에서 코뮤니타스의 지향을 나타낸다.

이 마을은 의성 김가가 오래도록 뿌리를 내리고 살아온 터전인지라 마을의 여가문화에도 그러한 문중 의식이 반영되었던 기억의 편린이 존재한다. 그것은 구술기억 속에서 편윷, 널뛰기와 그네뛰기 그리고 화전 놀이에 대한 기억으로 회상되고 있다. 그 놀이 기억들에 반영된 내앞마을의 문화적 특징은 일종의 구별짓기로 동성과 타성, 남성과 여성 또는 여성 속의 타성 사이에 존재하는 간극이다.

편윷놀이는 마을을 동서로 나누어 행해졌는데, 새댁들은 같이 놀 수가 없었다. 그러나 마을에 살고 있는 처녀들이나 친정에 온 시집간 딸들은 나이 차이를 떠나 청년들과 함께 편윷을 즐길 수 있었다. 새댁들의 경우는 시댁 식구의 한 사람으로 살러 온 것이기 때문에 와자지껄한 놀이판에 섞여 놀 수 없었다. 이는 반촌에서 있을 수 없는 일로 기억되고 있다. 그뿐 아니라 남자들은 새댁들과 앉아서 같이 얘기할 수 없었다. 물론 이러한 구별의식은 기본적으로 남녀 구별의 윤리 의식을 기초로 하고 있다. 주민 중 한 사람이 초등학교 다닐 때를 회상한 기억을 보면 일정 말엽 내앞마을 여성들은 학교에 갈 수 없었다. 혹 여성을 학교에 보내 공부를 시키더라도 초등학교까지만 보내는 것이 일반적인 일이었다. 그래서 마을의 처녀들은 집에 있는 경우가 많았고 주로 밤에 종가 대청에 모여 촛불을 켜놓고 건궁윷을 놀았다. 건궁윷도 양반 의식이 반영된 문화적 기억이다. 즉 윷판을 써서 윷놀이를 하는 것은 격에 맞지 않았다.

널뛰기와 화전놀이도 마찬가지이다. 널뛰기는 양반마을에서 하기에는 다소 경박한 놀이였던 것으로 회상되고 있다. 혹 널뛰기를 하게 되는 경우에도 아이들이나 처녀들만 놀았다. 기혼 여성들은 함께 놀 수 없었다. 다만 단옷날 그네를 뛰는 것은 바깥나들이를 겸해 일상의 고단함을 푸는 놀이로 행해졌다. 한편 여성들의 민속인 화전놀이에 대한 기억은 없다. 다만 남녀평등 의식이 확산되면서 버스를 빌려 화전놀이 삼아 놀

널뛰기(일제시대)

러 갔다 오는 여가문화가 생겼다. 내앞마을 여성들은 민속놀이보다는 서書나 가사를 짓고 읽어 함께 즐기는 규방 놀이문화를 즐겨왔다. 이처럼 내앞마을의 윷놀이와 널뛰기 그리고 화전놀이의 기억에는 양반으로서의 사회의식을 기본으로 하여 거기에 동성마을의 정체감이 한 층위를 이루고 있고 남녀의 구별과 타성의 여성에 대한 구별의식이 반영되어 있다.

남자 아이들의 놀이문화에도 집성촌으로 모듬살이를 했던 특성이 반영되어 있다. 그것은 힘겨루기를 통한 위계 서열의 확인과 유지로 나타나는데, 거기에 마을 사회의 위계성이 투사되어 있다. 기억 속에서 고상받기, 씨름, 기마전 같은 놀이가 그 특징을 잘 보여준다. 고상받기는 아이들 사이에서 이루어지는 힘겨루기 놀이로 레슬링과 유사하다. 고상은 일본말로 항복이라는 뜻인데 일제강점기에 생겨난 것으로 보인다. 단순하게는 두 명이 서로 겨루는데, 사람이 많을 경우 두 명씩 편을 갈라 놀기도 했다. 일 대 일로 맞붙어 상대편을 쓰러뜨리거나 팔을 비틀고 짓누르기도 한다. 상대가 놀이 과정에서 견디지 못하고 고상이라고 외치면 승부가 난다. 여럿이 편을 짜서 하는 경우에는 두 명씩 붙어 이긴 숫자가 많은 편이 승리하게 된다. 아이들이 벌인 씨름은 대개 샅바를 갖추지도 않았고 특별한 기술을 부리지도 않는 단순한 놀이 형태였다. 씨름은 주로 강변에서 이루어졌으며 상대방을 넘어뜨리면 이기는 방식이었다. 여럿이 하는 경우도 편을 나눈 뒤 나이와 체격이 비슷한 아이끼리 씨름을 하여 상대편 마지막 사람까지 넘어뜨리면 승부가 났다. 기마놀이는 다소 위험한 놀이기 때문에 강변의 모래톱에서 하지 않고 무릎 정도 높이의 얕은 물속에서 이루어졌는데, 자주 즐기는 놀이는 아니었다. 그 이유는 고상받기와 씨름처럼 힘의 위계가 한 번 정해지면 약한 사람이 강한 사람을 덮쳐누르지 못했기 때문이다. 기마는 총 네 사람이 각각 역할을 맡아 구성하는데, 세 사람이 한 틀을 잡고 한 사람이 말 위로 올라탄다.

즉 말, 앞장군, 뒷장군, 기수 등으로 구성된다. 사람이 적을 경우 세 명으로도 하는데, 말과 기수 그리고 앞장군으로 구성한다. 기마를 구성할 때 기수가 중요하지만, 앞장군이 크게 역할을 할 때도 있어 건장하고 힘 센 사람을 앞장군으로 배치했다. 기마가 구성되면 양편이 싸우는데, 먼저 넘어뜨리거나 기수가 떨어지면 승부가 났다.

그런데 내앞마을에서 고상받기나 씨름 혹은 기마놀이가 그렇게 자주 행해지지는 않았다. 왜냐하면 모두 힘을 겨루어 위계를 형성·확인하는 놀이문화였기 때문이다. 즉 결과에 따라 현실에서 힘의 위계 관계가 흔들릴 수 있는 것이기 때문이었다. 따라서 힘의 위계가 높은 사람의 경우 이러한 힘겨루기 놀이에 직접 참여하기보다는 주로 심판을 보았다. 기마놀이의 경우 학교 운동회에서 공식적으로 하는 경우도 있었으며 외지에서 누군가 들어와 살 경우 힘의 위계를 확인하기 위해 행해진 경우도 있었다. 구술자의 말을 빌리면 예컨대 100마리의 닭이 있을 때 거기에는 이미 힘겨루기를 통한 힘의 위계가 서 있다. 마을 사회도 이와 마찬가지로 씨름이나 고상받기, 기마놀이는 힘의 위계를 전복할 수 있는 놀이문화였기 때문에 특별한 경우가 아니고는 행하지 않았다. 서로 대립된 두 성씨들이 살거나 타성들이 살면 힘의 위계가 적당히 조정될 텐데 내앞마을의 경우는 집성촌이기 때문에 그 질서를 흔드는 그와 같은 놀이는 즐기기에 적당하지 않았다.

마을의 놀이 혹은 여가는 의례와 잔치 속에 그 문화적 성격과 지향이 잘 갈무리되어 있다. 특히 통과의례 시 행해진 잔치 문화가 대표적이다. 혼례 잔치는 마을 공동체 혹은 가족의 새로운 구성원을 받아들이는 의미가 있고 상례 잔치는 죽은 자를 기념하고 애상하며 산자를 위로하고 죽음이 불러온 위기 앞에 겸허하게 대응하면서 공동체의 결손을 치유하는 의미가 있다. 이러한 잔치 문화에 대한 주민들의 기억에서 과거 내앞마을 사람들의 놀이와 여가문화에 투영된 관념과 그 지향을 엿볼 수 있다.

과거에는 대개 집에서 개를 잡아 개장국을 만들거나 닭과 돼지를 잡아 이웃·친척·친구를 초청하여 잔치를 벌였다. 혼례의 과정에서는 일상생활에서 맛보기 어려운 음식들을 장만하여 보기에도 화려하고 먹음직스럽게 괴어 올린 큰상 잔치가 있었고 부모의 회갑 잔치에서는 아무리 어려워도 그냥 지나치지 않고 동네 사람들을 모아 먹고 노는 문화가 있었다. 이 공동체문화가 가능한 것은 상호부조의 습속이 있었기 때문이다. 형편에 맞게 몸·음식·물건으로 이루어진 부조가 마을 사람 모두가 즐기는 잔치공동체를 이룬 것이다. 이때는 일가친척뿐만 아니라 타성들도 다 초청하여 모두 다 먹고 즐기도록 했다. 다시 말해 신분이 높고 낮음에 따라 대접을 달리하는 법이 이 마을의 잔치 문화에는 없었다.

상례에서는 우선 흉사기 때문에 조금의 실수도 없이 최고의 예를 다하기 위해 노력했다. 그렇지 않으면 상을 당한 자손의 흉이 되었고 집안의 큰 허물이 되었으며 양반의 체면을 구기는 것이었다. 또 상을 치르는 과정에서 자신의 주장을 내세우지 않고 마을 어른의 조언에 귀를 기울였다. 특히 상여를 메고 장지로 가는 과정에서 이루어지는 상여 소리의 연행에서 독특하게 전하는 문화적 기억이 있다. 옛날에 임동의 해바우라는 사람이 주로 상여 소리를 담당했다. 그는 매우 해학적이고 아이디어가 특출하다는 평가를 받았다. 예를 들면 그는 소리 속에 상황을 담는다. 즉 죽은 이의 인생 역정과 그 가정의 특수한 상황을 소리에 담아 슬픔의 정서 위에 해학의 감성을 싣는다. 또 시대적인 상황과 문제를 간파하여 죽음의 정서가 만연한 상례의 현장에 비판과 풍자의 감성을 피워 내어 삶의 의지를 일구어냈다. 이는 풍자나 해학을 죽음을 치르는 상례의 과정에서 용인했던, 내앞마을 의례/잔치 문화 감성의 특이성이라고 생각해도 좋을 것이다.

내앞마을 구술기억에서 상주의 슬픔까지도 상호 부조하는 정신을 엿볼 수 있다. 육체와 영혼이 분리되어 각각 그 거처로 돌아가는 혹은 돌려

보내는 상례의 과정에서 상을 당한 일가친척·친구·이웃이 겪는 육신의 고통과 마음의 아픔을 온전히 하나로 받아 안아, 삶과 죽음의 분리, 죽은 자와 산자의 분리, 죽음의 균열이 내는 가족·마을·사회의 위기를 통합시키고자 했던 정신을 볼 수 있다. 예컨대 상례의 현장에서 벌인 해학적인 연회에서 그 정신을 찾아볼 수 있다. 상주도 슬퍼하고만 있지 말고 마음속으로 슬픔을 그쳐달라는 의미가 그 연회에 담겨 있는데, 상주의 친구들이 모여 슬픔에 잠겨 있는 상주를 웃게 하는 즉흥적인 연회를 벌였던 것이다. 이는 형식적인 예의 수준을 넘어 마음과 정서 혹은 정신 속에서 해학과 웃음으로 그 예를 완성하는 의미로 풀이된다.

구술기억이 전해주는 내앞마을의 예禮와 희戱와 연宴의 향연이 지향하는 바를 코뮤니타스로 정리할 수 있다. 이는 내앞마을 놀이문화의 특징이라고도 하겠는데, 거기에는 체면과 예를 중시하는 기풍이 있고 슬픔의 공유와 인생의 진리에 대한 깨침의 지혜가 있다고 운위된다. 또한 웃음과 해학 그리고 잔치로 곤란을 극복하고 삶의 의지를 북돋는, 함께 함의 기쁨이 있다. 즉 일상의 필요와 노동의 수고를 뛰어넘어 인생과 삶에 대한 깨달음의 경지를 역설적인 놀이적 행동으로 표현했던 것이다. 일상의 소소한 풍자 혹은 반어를 통해 삶과 죽음, 노동과 쉼 사이를 자연스럽게 넘나들고자 했던 지혜를 추구했고 삶의 관조를 통해 모순적인 일상과 삶을 풍자했던 놀이 감성이 그 속에 담겨 있다. 특히 잔치를 통해 신분이나 위계, 부와 가난 등에서 오는 차별을 무화시켰던 나눔과 공유의 지향이 충만하다. 식욕 혹은 식食문화에서 차별을 두지 않고자 했던, 오히려 사회의 신분적 위계와 차별적 제도조차 일차원적 욕망 앞에서 무너뜨리고자 했던 코뮤니타스에 대한 근원적 지향이 체면과 예에 결부된 놀이문화 속에 함축되어 있다.

내앞마을 놀이문화는 마을 경제의 구조적 특성에 의해 일정하게 제한되거나 생업 환경에 조응하여 행해진 양상을 보이기도 한다. 물론 민속사회의 놀이 양식이 독립적으로 분화되어 경제적 영역과 분리된 독자성을 지닌 것으로 생각할 수 없겠지만, 마을 사회의 생업과 경제력에 구속된 성격이 두드러지게 나타나고 있다. 즉 그 구술기억에서 과거 내앞마을의 토지 상태와 생산 구조 그리고 생산력의 정도가 놀이와 여가에 상당히 많은 영향을 끼친 것으로 보인다. 이를테면 내앞마을이 놓인 시대적인 상황과 거기에 대응하면서 생긴 여러 경제적인 난관들은 생존에 긴박된 생활 양상을 낳고 그러한 생활 조건은 놀이의 문화적 성격을 규정했다. 그 구체적인 사례로 서리, 모둠, 풋구, 노달기, 머슴 그리고 노름 등을 거론할 수 있다. 여느 전통적인 마을의 놀이문화에서 보듯 일과 놀이는 분리되지 않고 함께 가지만, 그 정도에 있어서 내앞마을의 놀이문화는 일성과 놀이성이 강하게 통합되어 일성이 놀이성을 압도하는 양상으로 나타난다. 아이들 혹은 청년들의 서리는 일상화된 허기를 조절하는 문화적 기제로 작동하는 듯하고 풋구와 모둠에서도 마찬가지로 생산력의 제한을 조율하여 삶의 여유를 회복하고자 하는 집합의지가 반영되어 있다. 또한 성姓의 구별이 마을 사회의 기본 구조를 형성·유지하는, 중요한 경제적 관계가 된 조건에서 놀이문화 또한 그러한 생산관계에 대응되어 있음을 확인할 수 있다.

예전에 서리는 허락되지 않은, 다른 사람의 소유물을 들키지 않고 몰래 훔치는 긴장감 넘치고 재미있는 놀이였다. 내앞마을에서 서리는 많이 행해졌는데, 놀이 주체는 청년이었다. 서리의 대상은 닭, 사과, 외, 곶감이었다. 이웃 마을로 원정을 가 서리를 해오는 일도 있었다. 그때는 서리하다 들켜도 혼이 나면 그만이었다. 이처럼 서리는 공동체적 인정을 기반으로 행해진 긴장감 넘치는 놀이였다. 농촌사회와 문화가 해체되는 지점에서 서리 행위는 개인의 재산을 침범하는 단속의 대상이 된다. 하지만 고의성이 매우 강한 경우가 아니고서는 지서에 고변하는 일까지 확대되지 않았다. 서리하다가 잡힐 경우에 타이르는 정도로 그쳤고 또 값을 물러 주면 그만이었다. 서리 원정은 강 건너 임하나 추월 그리고 재 너머까지 가 일어나기도 했다. 재 너머에는 타성들이 살지만 임하나 추월에는 일가들이 많이 살았기 때문에 서리꾼들은 주로 일가들이 사는 마을에 가서 일을 벌였다. 이처럼 서리는 마을에서 혹은 일가들 사이에서 어느 정도는 암묵적으로 동의해준 아이들 혹은 청년들의 놀이였다. 서리의 목적이 놀이의 재미와 함께 일상화된 허기를 서리를 통해 해결하려는 것이기도 했기 때문에 아이들이 적당히 먹을 정도의 서리는 용인되었던 것이다. 여유가 있는 집에서는 서리의 기회를 만들어주기도 했다. 예를 들어 계모임의 정회원이 10명이라고 할 때 10명 회원 중 한 집을 선택하여 서리를 하면 문제가 생기지 않았다. 그래서 계모임을 하면 닭이든, 곶감이든, 감자든, 고구마든 먹을 만큼만 서리를 해와 함께 음식을 만들어 먹었다.

내앞마을에서는 마을 전체가 모둠을 하기도 하고 또래별 혹은 성별로 모둠을 하기도 한다. 모둠을 한다 했을 때 모둠을 구성하는 사람들이 각자 함께 모여 먹을 음식 재료를 가져 와 요리하여 먹고 그 뒤풀이로 윷놀이를 하거나 노래하고 춤을 추면서 즐거운 시간을 보낸다. 한 공기씩 쌀을 모으고 혹 누구는 장에 가서 고기를 사 가져온다. 이렇게 추렴하여 마련된 음식을 함께 조리해서 나누어 먹고 대중가요를 함께 부르거나 윷을 놀기도 하고 간단한 게임으로 혹따기를 즐기기도 했다. 혹따기는 번호를 정하고 손뼉을 치면서 상대방의 번호를 부르는데, 이 과정에서 실수를 유발하여 벌칙을 매기며 노는 놀이이다. 모둠은 농사일이 없는 겨울에 주로 이루어졌다. 모둠의 인원은 대략 15~20명 정도이다. 주민 모두가 일가붙이들인 만큼 남녀 구분이 별로 없고 마을 어른들의 허락을 받아 모둠을 이룬다. 또한 모둠을 하려면 나이가 많은 한두 사람이 주선을 했고 제사나 기일이 없는 날을 정해 자루를 가지고 다니면서 쌀을 추렴했다. 예전에는 일가끼리 남녀가 한 데 모여 같이 놀았을 때 어른들이 알면 난리가 났다. 그래서 어른들 몰래 나가 모여 놀았다고도 하고 여자들끼리의 모둠도 따로 있었다고도 한다. 이처럼 내앞마을에서 모둠이 활성화된 까닭은 동네에 논이 귀하고 쌀밥 한 그릇도 제대로 먹기 어려웠기 때문이다. 그래서 먹을거리를 모아 저녁 식사를 하고 함께 즐기는 모둠이 활발했다. 또 모둠은 어려움을 함께 해결하면서 우의를 다지는 의미가 있었다. 모둠을 조직해서 집안 간, 친구 간 갹출을 해 한 자리에 모여 먹는 것은 동질감을 생생하게 느끼는 의미가 있었던 것이다. 요컨대 일가친척 간에 결속을 다져 생산력이 제한된 데서 오는 공동체의 곤궁을 해소하는 삶의 지혜로 모둠이 작용했다.

내앞마을에는 쌀 한 말을 채 못 먹고 시집을 간다는 말이 있다. 이전에 내앞마을 토지는 좁은 데다가 수리 안전답이 만들어진 1960년대 후반 이전까지는 거의 전부가 밭이었다. 작물도 좁쌀이 주로 재배되었다. 또 비가 많이 오면 당연히 농사가 잘 되었지만, 비가 조금이라도 오지 않으면 수확량이 보잘것없었다. 이와 같은 생산력의 한계 때문에 이 마을에는 농사와 관련된 풍물이라든가 그 풍습이 많지 않았다. 농사와 관련된 일꾼들의 민속인 풋구에 대한 구술기억에서 이러한 점이 잘 나타나 있다. 풋구는 생산력의 중요한 요소인 노동력을 적절하게 관리하는 풍속이면서 동시에 타성의 민속으로 내앞마을의 생산관계에 일정하게 대응하는 놀이민속이었다. 내앞마을 풋구는 음력 칠월 칠석에 농사일이 어느 정도 마무리되면 풍물계의 주도로 행해졌다. 풋구를 주도하던 풍물계는 70년대까지 존속했으나 80년대에 사라졌다. 현재는 일종의 계 모임으로 풍물계가 유지되고 있는 정도이다. 풋구를 주관하던 과거의 풍물계는 김매기를 마치거나 집마다 풀을 베어 썰어 모아 거름을 해놓는 등 농사의 큰일을 다 마치고 일꾼들이 놀 수 있도록 잔치를 벌였다. 풋구 먹을 때 집마다 떡을 굽고 적을 부쳤다. 이를테면 호박적·찬호치·수시떡·꼬치떡 등 7~8가지 음식을 장만하였다. 일꾼들은 술 한 버지기씩 걸러 내어 집마다 풍물을 치고 돌아다녔다. 풍물을 치고 들어간 집에서는 술 한 버지기·돈·쌀 등을 내왔다. 그러면 풍물패는 그 집의 지신을 눌러 주었다. 풍물 악기는 꽹과리와 징, 북 등으로 간소하게 구성했는데, 악기 중 장구는 드물었다. 이전에 풋구를 먹을 때는 농사를 많이 짓는 사람들이 돈이나 술을 풍족하게 내놓았다. 주로 일가들이었고 그렇기 때문에 풋구는 일 하는 사람들을 위해 일가들이 주도한 것이라는 인식이 있다. 또 일가들이나 일꾼들 모두 한 해 농사일을 다 마쳤으니 흥겹게 이야기하고 같이 놀 수 있었다고 기억하기도 한다. 양반 상놈의 구분이 없었으며 일가들이 함께 했다고 기억하지만, 그럼에도 불구하고 풋구는 일꾼들의 몫이라는 인식도 있다. 즉 풋구는 일하는 사람들이었던 타성들이 중심이 되어 치러졌다. 타성들은 일가들의 집에 '드난'하면서 온갖 일을 도맡아 하면서 생계를 이었다. 그래서 예전에는 차별적인 대우가 많았다. 일상에서 의논의 상대가 아니었고 함께 놀이를 한다는 것도 생각할 수 없었다. 그러한 조건 속에서 풋구는 동네가 다 먹는 동시에 노동에 지친 일꾼들을 그날 하루 즐겁게 해주는 위로의 잔치로 기능하고 존속했다.

드난살이를 했던 내앞마을의 타성씨 일꾼들은 음력설부터 이월 초하루까지 '노달기'를 즐겼다. 노달기는 일꾼들만 함께 모여 노는 달을 의미한다. 1970년대 통일벼를 재배하고 생산력이 증가하여 먹고 사는 문제가 해결되기 전까지 내앞마을에서 드난살이하는 일꾼들은 꽤 많았다. 한집에 식구가 10명 정도이면 드난살이하는 일꾼은 그 식솔까지 합하여 15명 이상이었다. 일가들과 일꾼들은 마을에서 그 지위가 확연하게 구분되었다. 이를테면 내앞마을 일가들은 농토를 소유했고 들에 나가도 버선을 신고 두루마기를 입고 갓을 쓰고 나가 일꾼들을 관리 감독했다. 일꾼들은 드난살이하는 주인집 덕에 먹고 산다는 인식이 강했다. 그 집 머슴 일을 해도 그 집 덕으로 먹고산다고 생각했다. 그들은 의성 김씨 테두리에 들지 못하는, 그 집 덕으로 일해주고 먹고사는 사람으로 분류되어 괄시를 받았고 옛날 자기 조상들부터 살던 터를 떠나지 못했다. 그런 그들이 노달기에 '쪼이'라는 노름을 즐겼다. 노름을 하면서 1년 벌이를 하루 저녁에 다 날려버린 경우가 많았다. 1년 동안 일을 해주는 값을 선불로 받아 노름에 탕진하고 주인집 그릇도 닦아주고 청소와 빨래도 해주며 밥과 옷을 받아 한 해를 버텼다. 그러던 것이 70년대 이후에 아침저녁으로 밥을 얻어먹으러 다녔던 '거럿'이 없어졌고 일꾼도 귀해지기 시작했다. 그전까지는 하루 일 품값이 쌀 두세 되, 좁쌀 서너 되였는데, 품값이 급속하게 올랐다. 일꾼들이 대도시 혹은 공장으로 옮겨가면서 내앞마을에서 머슴들이 사라져 갔다.

여가문화는 산업사회의 전개와 맞물려 도시를 중심으로 형성된 대중문화이자 소비문화이고 대중매체를 근간으로 산업화·상품화된 놀이문화이다. 한국 근대의 여가문화는 1880년대에 서구의 미디어가 보급된 후 텔레비전 수신기의 국내 생산이 이루어지는 1960년대에 그 물질적 조건이 확보된다. 그로부터 1980년대 전반에 걸쳐 미디어의 대중화가 진척[14]되었다. 이 과정에서 전래의 민속놀이와 근대적 여가문화가 양립하는 양상이 오래 지속되었는데, 그러한 과도기적 상태는 역으로 민속놀이가 지속할 수 있는 기반이 되기도 했다. 이 기간 동안 서로 상이한 놀이문화가 서로 양립하며 섞이고 변용되는 양상이 나타나게 되는데, 내앞마을의 놀이와 여가에 대한 기억에서도 그러한 양상을 엿볼 수 있다.

초기 미디어 접촉은 집단적 향유의 양상으로 나타났다. 물론 수상기의 보급과 전파 범위의 한계 때문이었고 전국적으로 일반화된 현상이기도 했지만, 그러한 양상은 상당 기간(1970년대 중반) 동안 지속되었다. 이는 산업사회 대중의 형성과 대중문화의 발전이 매우 제한적으로 더디게 진행된 결과인데 텔레비전 수상기의 경우 1970년 가구당 보급률이 6.3%였고 75년까지만 해도 24.2%에 불과했다. 그러던 것이 수출주도의 경제성장 정책이 일정한 성과를 내면서 1977년 텔레비전 가구당 보급률이 54.3%로 증가했고 1979년에 이르러서는 79.1%로 급격하게 증가[15]했다. 이 변화의 과정에서 내앞마을의 경우도 전통적인 놀이문화와는 다른 근대 여가문화의 양상이 나타났는데, 대표적인 것으로 대중가요와 국치가, 가설극장, 대중매체, 소리꾼에서 엠프촌, 라디오, 손전화, 운동회, 축제와 관광 등을 들 수 있다.

내앞마을에는 대중가요를 배우고 익혔던 구술기억과 '국치가'라는 항일가요에 대한 특별한 기억이 있다. 1942~43년 무렵 마을에는 풍금을 다룰 줄 알고 대중가요를 잘 알고 즐겨 부르던 사람이 있었다. 그 사람은 일가 중 한 사람으로 아명은 욱이다. 저녁을 먹고 밤이 되면 일가의 처녀 총각들이 강변에 모여 그 사람에게 노래를 배우고 함께 따라 불렀던 기억을 가지고 있다. 욱은 한국전쟁 이전에 일본으로 가서 소식을 알 수 없게 되었지만 황성옛터와 같은 당시의 대중가요를 곧잘 불렀으며, 그러한 대중가요를 아이들에게 가르쳐주었다. 그는 동네에서뿐만 아니라 안동 콩쿨대회 같은 데서 1등을 할 정도로 노래 실력이 출중했다. 음을 알려주고 따라 부르라고 하면서 잘못된 부분을 고쳐 부르게 하는 방식으로 노래를 지도했다. 그 노래 학습 덕분에 아이들은 노래를 곧잘 했으며 누군가는 군에 입대하여 제주도에서 군사교육을 받을 당시 오락 시간에 노래를 불러 인기를 얻었다는 일화도 전한다. 이러한 대중가요의 전승은 유성기를 통해 습득한 대중가요를 일상의 여가 공간에서 구비전승의 방식을 따라 전파했다는 점에서 대중매체의 접촉이 제한되었던 여가문화 상황의 과도기적 단계를 보여주고 있다.

국치가는 창가 곡조에 가사를 지어 붙인 노래로 김형식이 지은 것이다. 나라 잃은 슬픔과 한이 절절히 배어 있고 빼앗긴 나라를 회복하고자 하는 의지와 그러한 소망이 강한 어조와 의연한 기개로 표현되어 있다. 특히 나라를 빼앗기고 흘린 동포의 눈물이 끊임없는 비로 내려 그것이 쌓이고 쌓여 큰 산을 이루었다는 표현이 압도적이다. 그 빼앗김과 한은 반복되는 후렴구에서 아픔을 넘어 잊지 못할 또는 늘 상기하여 극복해야 할 전 조선적 과제로 전환된다. 그러면서 산과 같은 아픔과 한 그리고 시련을 딛고 땀이 피가 되는 주체적인 각고의 노력을 통해 독립을 쟁취하자고 호소하고 있다. 이처럼 나라 잃은 한과 항일의 의지 그리고 독립의 열망이 절절히 표현되어 있는 국치가, 즉 내앞마을 일가 어른이 항일투쟁을 나서며 지은 항일가요가 잃어서는 안 되는 소중한 문화적 기억으로 영원히 기념되길 몇몇 주민들은 소망하고 있다.

　1960년대 이전 도시 이외의 지역에서는 상설극장이 많지 않았다. 행정 소재지에 국한되어 상설극장이 개관했으며 영화 상영 횟수도 그렇게 많지 않았다. 더군다나 마을은 물론 읍면 단위의 교통도 발달하지 않았다. 이러한 시기에 등장한 것이 '이동영사'라는 일종의 찾아가는 극장 혹은 영화관이었다. 대부분이 16mm 영화 필름들로 도시의 상설극장에서 흥행을 한 35mm 영화의 축소 혹은 복제판[16]이었다. 내앞마을에도 이동영사의 방문이 있었다. 1950년대 무렵 마을 공터 혹은 강변 백사장에 가설극장이 들어섰다. 주민들은 그때 북이나 장구 등 풍물을 쳐 이동영사의 영화 상영을 알리는 풍물패의 홍보 공연도 기억하고 있고 소형 촬영기를 가지고 마을 공터에 와 천막을 치고 그 안에서 영화를 상영했던 이동영사를 기억하고 있다. 그 기억에 따르면 이동영사의 영화는 화질이 좋지 않았고 음성과 화면이 일치되지 않는 일이 많았다. 화면보다 음성이 늦게 나오는 일이 다반사였다. 그만큼 당시 기술적인 사정이 여의치 않았다. 상영된 영화는 〈십이인의 야도〉, 〈춘향전〉과 같이 신파극이나 고전극풍의 작품들이었다. 영화 입장료는 현재의 시세로 1~2천 원 정도였다. 그 정도의 입장료도 마을 안에서는 매우 큰 부담이었다. 가설극장이 마을에 들어서면 아이들은 영화를 보기 위해 부모들을 졸랐고 어른들은 속곳에 두어 푼 감추어놨던 돈을 꺼내주었다. 입장료를 구하지 못한

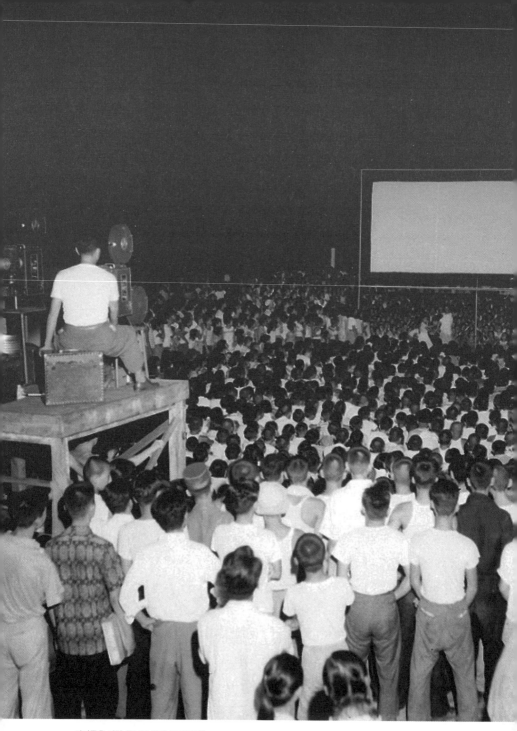

시민들을 위한 공보부 영화 상영(1961)

아이들은 가설극장 천막의 틈새로 몰래 들어가 영화를 관람하기도 했으며 그러다가 잡혀 쫓겨나오기도 했다. 내앞마을 이동영사의 풍경은 대중매체의 기반이 확대되고 그 기술적 조건과 문화적 수준이 향상되면서 자연스럽게 사라져갔다.

한국 최초의 유성기는 1897년 미국 공사 알렌이 들여온 것으로 각부 대신들 앞에서 시연했다는 설이 가장 유력하다. 그 당시 신문에서도 유성기 관련 광고와 기사가 보이는데, 『황성신문』 1899년 3월 11일자 광고, 『독립신문』 1899년 4월 20일자 기사 등이 그 예이다. 이후 일반인들을 대상으로 한 유성기 시청회에 많은 구경꾼이 몰렸다고 하며 1900년을 전후해 창가 교재, 오르간, 유성기 등을 판매하는 상점이 창업하기도 했다[17]고 한다. 일제강점기 1920~30년 사이 유성기 생산이 활발[18]해졌다고는 하나 대중의 문화생활은 그와 괴리가 있었다. 도시에서는 서민 대중들을 대상으로 하여 찻집에서 유성기를 들려주는 일이 있었듯이 농촌에서는 유성기를 가진 집으로 주민들이 모여 그 속에서 흘러나오는 신민요나 잡가 그리고 대중가요 등을 집단적으로 청취하였다. 내앞마을에서도 유성기가 있는 집에 주민들이 노래를 들으러 많이 몰렸다. 유성기가 언제 이 마을에 들어왔는지 기억하지는 못하나 예전에 낚시 가게 옆집이 부잣집으로 유성기를 처음으로 들여놨다고 전한다. 일제강점기에 유성기가 몇 집에 있었다는 기억도 있다. 마을 안에 몇 대 되지 않는 이 유성기로부터 주민들은 1932년 빅터 레코드사에서 발매되고 이애리수가 불렀던 〈황성옛터〉와 1935년 오케이 레코드사에서 발매되고 이난영이 부른 〈목포의 눈물〉 등을 자주 듣고 따라 부르며 익혔다. 그러다가 해방 후 10년이 지난 1950년대 후반 무렵 유성기는 마을에서 사라졌다.

1971~72년 사이 내앞마을에 전기가 들어왔다. 전기가 들어오고부터 텔레비전도 들어오고 전화, 냉장고 등 기타 가전제품들이 서서히 들어오기 시작했다. 한 주민의 말과 같이 "그 사이 모든 것이 자꾸 다 바뀌니까

옛날같이 밤에 길쌈하던 여자들의 풍속도 시들해지고 옷이 귀한 시절에 옷이 떨어지도록 입던” 삶의 일상도 상품 관계의 편리한 생활 속으로 서서히 진입해갔다. 라디오는 이러한 변화를 예비하는 가전제품이자 대중 매체 기기였다. 전기가 들어오기 전에 건전지로 작동시키는 라디오가 마을에 드물게 존재했다. 주민들은 라디오가 있는 집에서 함께 연속극 청취를 즐겼으며 낮 12시 방송 뉴스도 듣고 대중가요도 즐겨 들었다. 그때 인기가 있었던 대중가수로 손인호와 이미자, 조미미 등이 있었다. 손인호의 노래는 〈이별의 부산항〉(1957년), 이미자의 노래는 〈섬마을 선생님〉(1967년), 조미미의 노래는 〈바다가 육지라면〉(1970) 등이 있었고 일상에서 자주 불렀다. 이처럼 라디오가 들어와 놀이와 여가의 풍속이 변화했고 라디오가 마을의 중요한 대중매체가 되었을 때 녹음기도 서서히 들어오기 시작했다.

라디오를 통한 대중문화의 접촉이 이루어지던 초기에 발생했던 중요한 사회문화적 현상이 있다. 그것은 엠프촌이라는 비도시지역의 문화조성사업이었다. 정부는 1957년 라디오가 없는 농어촌에서 유선방송 시설(스피커)을 통해 라디오 수신이 가능하도록 하는 정책을 추진하였다. 공식적인 명칭은 ‘엠프촌 조성사업’이다. 이 엠프촌의 첫 시범지역은 경기도 광주의 역리마을로 1957년 12월에 시작되었으며 그에 따라 118가구의 613명이 스피커를 통해 라디오방송[19]을 듣게 되었다. 당시 라디오의 대중화 정도를 보면 1957년과 1958년 삼양전기와 금성사가 라디오 수신기 제작에 들어가긴 했지만, 국산 라디오는 나오지 않은 상태였다. 그러던 것이 1959년 11월 15일 금성사에서 국산 라디오(골드스타 A-501)가 처음으로 출고[20]되었다. 라디오의 국산화는 라디오의 대중화를 낳았다. 1959년과 1960년 사이에 라디오 수신기 보급은 10만 대 이상 늘어 1960년대 42만 대에 이르렀다. 정부는 1957년 이후 유선방송 지원 정책을 펴 5·16 쿠데타 이전까지 전국에 약 400여 곳의 엠프촌을 설치해 농어민 40만여 명이 무료로 방송을 들을 수 있게 하였다.[21] 1959년 말 전국의 라디오 보급률은 20.8%, 농촌의 보급률은 7%, 서울지역 보급률은 61.5%[22]로 도시에 비해 아직 농촌의 보급률이 높지 않았지만, 앰프촌의 확대를 통해 농촌지역 주민들의 놀이와 여가 생활이 근대화되는 계기를 제공했다.

1960년대 초반 라디오는 내앞마을에 많지 않았다. 라디오라고 하기보다는 스피커라고 할 수 있는데, 엠프에 선을 연결해 집마다 달아놓고 한 달에 일정한 금액을 지불하면서 라디오방송을 청취하였다. 면 단위로 유선 즉 BP선이 설치되어 각 집마다 스피커를 달아 방송을 들었던 것이다. 방송은 다양하지 못했고 일률적이었다고 기억한다. 그때 엠프를 통해서 최신 유행가나 흘러간 옛노래, 뉴스 그리고 온갖 잡다한 정보가 흘러 나왔다. 일종의 중계 라디오방송이었다. 그런데 마을의 모든 집에 의무적으로 달았다기보다는 희망하는 사람에게 선택적으로 설치해주었다. 라디오의 종류는 예전에 진공관을 쓰고 축전기를 다는 라디오가 있었고 그 다음에 트랜지스터라 하는 라디오가 나오면서 건전지를 쓰게 되었다. 트랜지스터라디오는 이승만 정부 시절 마을마다 한 대씩 보급하였다고 하는데, 전파가 잘 잡히지 않았다. 그래서 빨래 장대에다가 철사줄로 공중에 늘여 거미줄처럼 전파를 받으려고 했던 기억이 있다. 그래도 전파가 잘 잡히지 않아 이미자 노래가 들리다 끊기고 했던 기억이 있다. 그 라디오는 동장 집에 보급되어 여름에 주민들이 모여 라디오를 청취하곤 했다 한다.

텔레비전 수상기는 1968년부터 국내 조립생산이 가능해졌다. 수상기의 보급은 1966년에 4만 3천여 대 정도이던 것이 1967년 7만 3천여 대, 1968년 11만 8천여 대, 1969년 22만 3천여 대, 1970년 37만 9천여 대로 확대되었다. 당시 텔레비전은 집안의 경제적 수준과 문화적 근대화의 수준을 가늠하는 척도가 되었다. 내앞마을에 텔레비전이 한두 대 보급된 것은 70년대 초중반으로 당시 텔레비전을 구경하기 위해 주민들은 텔레비전을 소유한 집으로 몰려들었다. 텔레비전이 있는 집은 모여드는 사람들을 귀찮아하지 않았다. 그것은 일종의 자부심으로 텔레비전을 소유하고 있다는 재력의 과시와 함께 남보다 앞선 문화 체험을 사람들에게 베푸는 선심으로 기억되고 있다. 다음과 같은 일화도 기억되고 있다. 즉 마을 노인 한 분이 타 도시의 아들 집을 방문하니 며느리가 벽에 탁하니 꼽아놓은 것이 있었는데, 보니까 그것이 텔레비전이었다. 신기하고 재미가 있어 그 노인이 며칠 지내다가 며느리에게 말하길 "야야 저거 싸라" 했다. 며느리가 "아버님은 그거 가갖고 왔단 말이껴." 하니 시아버지가 "왜기는 뭐 나도 벽에 꼽으면 뭐 나오지." 했다. 그러니까 그 원리나 메커니즘은 생각하지 못하고 집에 가져가 벽에 꼽으면 그것을 볼 수 있을 것으로 생각했다는 것이다. 그만큼 당시 텔레비전은 신기하고 탐 나는 물건이었던 것이다. 그러나 그러한 기간이 오래 지속된 것은 아니다. 대중매체 접촉 혹은 풍경의 변화는 압축성장 속에서 매체 수명이 짧았고 시간의 급속한 변화 속에서 과도기적 현상 혹은 혼종적 문화 상황을 낳았던 것이다.

주민들이 집단적으로 텔레비전을 시청했던 주요 프로그램은 연속극이었다. 대표적인 연속극으로는 〈아씨〉와 〈여로〉 등이 있었다. 연속극이 방영되는 그 시간만 되면 주민들은 하던 일을 멈추고 텔레비전을 소유한 집으로 모여들었다. 〈아씨〉(TBC 방송, 1970년 3월 2일 첫 방영, 총 253회 방영)는 그 당시 전국적으로 엄청난 인기를 누렸다. 그 대중적 인기를 엿볼 수 있는 지표는 텔레비전 수상기 증가이다. 전년 대비 텔레비전 수상기 증가율이 매우 높았던 3년간, 즉 1969년(89.2%), 1970년(69.7%), 1971년(62.4%)은 일일연속극의 인기 상승률이 가장 높았던[23] 시기였다. 1930~50년대에 이르는 30년간을 시대적 배경으로 삼은 〈아씨〉는 지체가 높고 체통을 내세우는 양반댁으로 시집온 아씨가 남편의 무절제한 외도와 냉대 속에서 기막힌 운명의 시련을 겪으면서도 인내와 순종으로 시부모를 봉양하고 지아비를 섬긴다는 내용이다. 이 〈아씨〉가 대중들의 많은 관심을 받을 수 있었던 이유는 가족에 대한 자기희생의 정신이 일으킨 대중적 연민과 공감, 즉 전형적인 한국 여성의 운명에 대한 동정과 공감이었다. 〈여로〉(KBS 방송, 1972년 4월 2일 첫 방영, 총 211회 방영)도 〈아씨〉만큼 대중들의 폭발적 반응을 몰고 왔다. 바보 남편 장욱제와 그를 섬기는 아내 태현실의 연기를 보기 위해 그 시간만 되면 텔레비전 앞으로 몰려들었다. 이 시간에 도둑맞는 집과 밥 태우는 집이 많았다는 소문으로도 가히 그 인기를 가늠할 수 있다.

라디오 청취로부터 텔레비전 시청까지의 매체 접촉 양상에서 보이는 문화적인 감각의 변화는 다음과 같은 말로 기억되고 있다. "텔레비전이 나오고부터는 인물을 봤지." 70년대 초 텔레비전 나오고부터는 청각에서 시각으로 문화적 감각이 변화했다는 말이다. 당시 유명한 인물로 배삼룡·구봉서·이기봉·이대성 등과 같은 코미디언을 주로 기억하기도 했다. 1972년 마을에 텔레비전은 두세 대 정도였다. 당시 텔레비전 가격은 큰 소 한 마리 값 즉 현재 시세로 5~6백만 원 정도였다. 한 주민은 급속하게 발달하는 세상을 따라가기 위해 아주 큰마음을 먹고 텔레비전을 구입했다. 그 뒤 이웃에서 자주 구경하러 왔고 함께 텔레비전을 시청했다. 그 기억에서 주목되는 것은 1974년 8월 15일, 육영수 여사의 죽음과 그 장례식 장면이었다. 당시 이웃들이 텔레비전이 있는 집에 모여 서울에서 거행한 장례식을 보고 모두 다 울었다. 마을주민들이 집단으로 모여 텔레비전을 시청하던 양상은 분화되어 또래별로 행해지기도 했고 집안끼리 이루어지기도 했다. 동네 사람 중 그 집에 텔레비전이 있다고 하면 또래들이 가서 구경하기도 했고 자기 집안에 누가 텔레비전을 구입했다고 하면 집안끼리 모여 시청했던 것이다.

예전에 내앞마을에 '소리꾼'이 있었다. 동네의 전달 사항 즉 마을회의 일정이라든가, 부역 등에 대한 마을의 중요한 사항을 동민들에게 알리는 동네의 소리꾼이 있었다. 그 소리꾼은 동네에서 마련한 토지를 부쳐 먹는 조건으로 방천둑길을 다니면서 "동네 모이소, 동네 모이소" 하며 모임 정보를 전했다. 이러한 소통방식은 대중매체의 변화와 함께 사라져 갔다. 예전에는 창호지로 방문이나 창문을 쌌기 때문에 동네 소리꾼이 여러 가정에서 들을 수 있도록 방천둑의 제일 높은 곳을 걸어 다니면서 "내일 부역 나오이소, 부역 나오이소" 하는 일이 가능했지만, 양옥집이 대부분인 현재는 문을 꼭꼭 닫아 놓으면 스피커 소리도 잘 들리지 않게 되었다. 동네 소리꾼의 시기가 지나고 근대화가 진척되면서 라디오가 나오고 엠프가 나왔다. 엠프는 집마다 나무 케이스에 스피커 하나를 벽에 달아놓고 유선을 연결하여 동장 집에서 조절했다. 당시에는 라디오도 집마다 없었기 때문에 심심할 때는 라디오를 틀어 음악이나 뉴스 그리고 동네 전달 사항 등을 방송으로 전했다. 이 시기를 지나 현재는 서울에 가 있어도 동네의 전달 사항을 공지할 수 있게 되었다. 이를테면 손전화를 내앞마을 스피커에 연결하여 서울에서 각 집에 "내일 어느 집 결혼식이니까 모두 참여해주시기 바랍니다"라고 방송할 수 있게 되었다. 이 일화는 매체가 단순히 정보를 전달하는 도구를 넘어 사회를 구성하는 성격을 지니고 있음을 함축하고 있다. 다시 말해 매체는 떨어져 존재하기에 의식되지 않았던 타자들과 관계를 맺게 하면서 소통 불가능 속에서 응고되어 있던 공간들을 연결하여 공간을 재구성한다. 그것은 흩어져 있는 사람과 공간을 한데 모아 하나의 공간으로 하나의 사회를 구성[24]한다. 이처럼 내앞마을 매체의 풍경 혹은 소통 시스템은 근대 사회의 급속한 변화에 대응하여 압축적으로 변화해왔다.

운동회는 개화기 때 시작한 근대의 여가 형태이다. 1896년 5월 2일 동소문 밖 삼선평(현 삼선교)에서 열린 화류회를 우리나라 최초의 운동회로 본다. 당시 운동회의 참석자는 조정의 대신들과 각국 공사 등 내외 고관

제25회 어린이날기념 어린이운동회(1954)

등이었고 경기 종목으로는 매스게임을 비롯하여 3백보 경주, 대포알 던지기, 멀리뛰기, 높이뛰기 등이 있었다. 또 예전에 운동회가 동네잔치였다. 과거 천전국민학교에서 임하면민들이 다 모여 운동회를 벌였다. 그 당시 운동회는 면민 축제로 여겨졌기 때문에 학교의 예산만으로 감당할 수 없었다. 그래서 찬조를 받았는데, 그 찬조가 마을의 경쟁심을 부추겼다. 이를테면 찬조를 한 사람들의 명단을 걸어 두면 이장들이 그것을 확인하면서 다른 마을과 견주어 적을 경우 주민들에게 찬조금 내기를 독려했다. 이러한 마을끼리의 경쟁 속에서 운동 경기는 과열되기 일쑤였고 경기를 하다가 시비가 붙어 싸움판이 되기도 했다. 운동 경기의 종목은 동 대항 달리기, 백 미터 달리기, 남녀 달리기, 계주, 줄다리기, 쪼쭈바리(일종의 장거리 달리기), 엿 따먹기 등이 있었다. 단순히 스포츠만 하는 것은 아니었고 거기에 오락을 가미했다. 즉 달리면서 엿을 먹는다든가, 함정을 파 놓는다든가 하는 식으로 스포츠와 오락 또는 여흥이 가미되었다. 정상적으로 경기에 참여해서 이길 확률이 높지 않을 경우 편법이 동원되기도 했다. 예를 들어 정해진 코스를 달리지 않고 운동장을 가로질러 우승을 차지하기도 했다. 그럴 경우 그 사람은 스타가 되었을 정도로 동네끼리 기세 싸움이 격렬했다. 쪼쭈바리의 경우에도 중간에 달리지도 않고 결승점에 골인하여 우승하기도 하는 경우가 있었다. 그러한 일이 벌어지면 그만 싸움판이 벌어졌다. 이 경우 운동회의 주최 측인 학교에서 조정하려 들면 패싸움이 더 커지기 일쑤였다. 동네와 주민들을 잘 아는 면장 정도 되는 사람이 나와 조정을 해야 진정이 되었다.

　내앞마을의 축제 혹은 잔치문화의 전통은 세시풍속을 따라 공동체가 벌인 제사와 일생의례가 중요한 축을 이룬다. 그 중에서도 환갑이나 칠순을 맞아 벌인 수연례의 잔치 풍경이 기억 속에 뚜렷하다. 요즘은 보통 안동으로 나가 소문난 맛집에 가서 환갑이나 칠순을 너무도 간편하게 치르지만, 예전에는 온 동네 사람들이 모여 개나 닭을 잡아 축하의 잔치를 벌였다. 또래별 모둠의 경우에도 마을에 사는 한 동갑 전체, 대개 모이면 20여 명 정도가 모여 집에서 잔치를 했다. 현재는 공식화된 축제가 지배적이다. 이를테면 면민의 날에 이장협의회 주관으로 탈곡시연회와 같은 것들을 한다. 이러한 행사의 경우 자발적인 참여보다는 이장 주도로 마을 사람들이 동원된다. 동민들을 많이 동원해야 이장도 면이 선다고 하며 그날 이장은 동네 사람들을 챙겨 먹이느라 애를 쓴다고 한다. 10일 동안 열리는 안동국제탈춤페스티벌의 경우도 마찬가지이다. 이장은 이장대로 면장은 면장대로 주민들이나 면민들을 동원하기 위해 많은 노력을 기울인다.

농촌에서 관광은 매우 일반화된 놀이 현상 혹은 여가 유형의 대표적인 한 가지이다. 대개 부녀회나 노인회 혹은 청년회 등의 마을 조직이 주도하여 효도 관광이나 친목 관광이 농사일이 바쁘지 않은 시기를 이용하여 치러진다. 주로 관광버스를 대절하여 명승지나 특별한 이벤트가 벌어지는 장소를 찾아 구경 가는 것인데 마을주민들의 여가 생활에서 상당한 비중을 차지하고 있다. 내앞마을에서도 관광이 다른 놀이와 여가문화를 대체해가고 있다. 관광은 노인회와 청년회 그리고 부인회별로 다녀온다. 예전에 마을금고 주도로 관광버스를 대절하여 갔다 오기도 했으나 지금은 그렇게 가지 않는다. 주로 회장단이 장소를 결정하여 다녀오는데, 동해안에 가서 회를 먹거나 온천에 가서 목욕을 하고 오는 정도다. 관광의 즐거움은 모처럼의 외유에서 오기도 하지만, 오며 가며 차 안에서 춤추고 노래 부르는 것이 최고로 재미있다고 한다. 노인회에서 갈 때는 소정의 회비를 걷기도 하지만, 관에서 지급되는 노인회 운영비나 출향 인사들이 내놓는 후원금을 모아 두었다가 경비로 사용한다.

내앞마을은 제일 젊은 사람이 65세일 정도로 고령화되어 있다. 그래서 이렇다 할 여가 생활이 없다. 영화를 보는 경우는 매우 드물고 흘러간 과거의 향수를 맛볼 수 있는, 이를테면 '패티 김 고별 콘서트'를 예약해서 다녀오는 것도 흔하지 않은 사례이다. 대구에서 〈맘마미아〉를 한다고 하면 정말 큰마음을 먹고 가는 경우가 매우 드물게 있기도 하다. 나이든 사람은 건강을 위해 산책을 하거나 간단한 운동을 한다. 오락을 좋아하는 경우에는 정자에 앉아 고스톱을 친다. 그렇지 않은 경우는 집에서 책을 보거나 텔레비전을 보면서 휴식을 취한다. 텔레비전 시청도 드라마는 삼가고 뉴스를 중심으로 보거나 아예 뉴스도 꺼리는 경우도 있다. 연속극은 인간관계의 문제를 발생시킬 수 있다고 생각되기도 한다. 즉 사람이 모여 앉아있으면 대화하면서 서로 간에 우의를 다져야 하는데, 연속극을 보기 시작하면 거기에 정신이 팔려 사람에게 소홀하게 된다는 것이다. 또 "뭐 되잖은 정상 모리배들 나와 가지고" 텔레비전을 꺼버리기도 한다. 그래야 속이 편해지고 건강을 영위할 수 있다고 말한다. 농촌의 현재 놀이와 여가문화가 이렇게 된 데에는 고령화와 청년의 부재 문제가 크다. 보통 60대 이하가 손에 꼽을 정도이고 대개 60대 중후반, 70대 이상의 고령이 많다 보니 요즘 유행하는 대중문화에 대한 접근성이 약하다. 한 주민의 표현처럼 나이 들면 몸을 움직이기가 불편해지고 또 귀찮아지는 습성이 놀이와 여가문화의 향유를 회피하게 한다. 요컨대 내 앞마을 민속놀이와 여가문화에 대한 기억들은 실행되고 있지 않은 기억들과 실행되고 있는 기억들이 교차 중첩되면서 현재보다는 과거에 무게중심을 두고 있다. 과거의 경험과 현재의 경험들이 혼합되면서 구조화되는 시간 즉 현재와 미래의 사이에서 내앞마을의 민속놀이와 근대적 여가문화의 풍경은 존재하고 있다.

2. 단절 이후 복원된 문화적 기억

하회 선유줄불놀이는 특정한 지역과 결속되어 있다는 점에서 알라이다 아스만Aleida Assmann이 구분한 '문화전통으로서 교양기억'에 해당하며 '구두로 전승된 회상들의 소통적 기억'[25]이라 할 수 있다. 이러한 문화적 기억은 사회문화적 변동 속에서 그 정통성이 끊어지고 소비사회 혹은 탈근대 사회의 도래로 수많은 전통, 권위와 금기들이 사라지면서 함께 소멸되거나 위기에 처한다. 그것은 공동 지식의 특정한 토대의 상실 혹은 변형으로 말미암은 것이고 세대와 세대의 소통 불능과 관계된다. 따라서 그 기억은 역사적 시간 속에서 유의미한 지표로 존재하는 데 매우 제한적이다. 시간은 기억이 저장되는 체제임과 동시에 기억이 왜곡되고 망실되는 요인으로 작용한다. 지나간 시간 속에서 오래된 기억의 유형인 구술문화의 복원은 언제나 한계에 직면할 수밖에 없다. 그럼에도 불구하고 현실의 생동하는 기억의 장은 미시적이고 일상적인 삶의 시간과 공간 속에서 구성되고 대부분 조각들로 흩어져 있지만, 민중들의 삶 속에 또렷한 흔적들을 남기고 있기도 하다. 구술자들의 기억은 재현적 기억으로 다룰 수 있는데, 그 기억은 다양한 형태와 기능을 함축하며 기억들 상호 간의 권력관계를 드러내고 있다. 또한 구술과 기억의 주관성은 장애물이 아니라 현재와 과거를 연결하면서 과거가 현재에 어떻게 작동하는지, 현재가 과거의 재현에 어떻게 영향을 주는지를 알려주는 적극적인 장치로 분석될 수 있다. 하회 선유줄불놀이 전승·연행·향유 공동체는 해체되었다고 할 수 있다. 이러한 해체는 그 집합 기억의 해체에 영향을 주고 기억의 선택과 착오를 설명해주는 것일 수 있다. 구술기억을 통해 하회 선유줄불놀이가 총체적으로 재구성될 수 없기 때문에 거기에는 빈 공간들, 즉 기억의 틈이 발생한다. 그러한 틈에서 복원된 문화적 기억으로서 선유줄불놀이는 갈등/경쟁의 국면들을 함축하면서 그 문화적 의미

선유줄불놀이(2015)

와 가능성을 확장해가고 있다.

안동 하회마을은 전형적인 반촌이면서도 하회별신굿탈놀이를 비롯한 민중문화가 양반문화와 조화를 이루면서 전승된 곳이다. 특히 양반의 놀이문화인 하회 선유줄불놀이는 이 지역의 역사·문화적 특징을 고스란히 지니고 있다. 이 불꽃놀이는 다음과 같이 연행된다. 먼저 화천을 향해 깎아 지른 듯 서 있는 부용대와 마을 수구의 비보 숲인 만송정松 사이에 긴 줄을 걸어 놓는다. 거기에 뽕나무 숯봉지를 매달아 불을 붙인 다음 그 불꽃을 감상한다. 이러한 방식의 불꽃놀이를 줄불놀이라고 한다. 또한 부용대 절벽 위에서는 불을 붙인 숫갑단(솔개비)를 던지고 그 산개 과정을 완상하는 불꽃놀이가 연행된다. 이를 낙화놀이라 부른다. 이 외에도 화천의 상류에서 기름 담은 '박바가지' 조각 또는 '달걀불蓮火' 등으로 불리는 불놀이가 연행된다.

이 불꽃놀이의 현재 양태는 복원된 문화적 기억의 재현체라 할 수 있는데, 재현 과정에서 주목되는 것은 전승 및 연행 주체의 분리와 이행이 수반되면서 그 복원이 이루어졌다는 것이다. 이는 하회마을 내부에서 외부로 그 연행 주체가 변화하는 복잡한 과정 속에서 전개되었고 여러 단계를 거친 실험과 모색의 과정에서 변형을 겪을 수밖에 없었다. 즉 재현 과정에서 선유줄불놀이의 전승 환경이 급변하게 되었고 그에 따라 새로운 전승력이 확보·강화되면서 전승 주체 또한 바뀌지 않을 수 없었다.

선유줄불놀이의 복원은 하회마을이 아닌 인근의 소산리에 거주하는 김시진에 의해 주도되었다. 김시진은 풍산중학교 교사로 재직한 인연으로 하회 선유줄불놀이의 복원에 관여하게 되고 풍산중학교에 약 35년간 근무하면서 줄불놀이 복원에 관여했다. 한편 하회마을 주민들 중 과거에 실제로 혹은 직접적으로 선유줄불놀이를 경험했던 사람은 거의 없다. 하회마을 자체에서 선유줄불놀이를 연행했던 사람들은 다 작고한 옛사람들뿐이다. 선유줄불놀이의 전승 기반은 이미 상실되었으며 전승과 연행 주체도 부재하기 때문에 외부의 기획과 노력에 의해 선유줄불놀이의 복원이 이루어질 수밖에 없었다. 따라서 선유줄불놀이가 하회마을을 떠나 안동공업고등학교(현 경북하이텍고등학교)에서 재현되었다는 것은 선유줄불놀이 전승의 단절과 연행 주체의 교체를 의미하는 사건으로 기록될 수 있다.

초창기 복원은 안동공고 교장 김용을에 의해 주도되어 안동댐에서 시연을 하였고 그 다음에 풍산종합고등학교(현 풍산고등학교)장 김재구를 중심으로 선유줄불놀이가 연행되었다. 김시진은 김재구 교장이 중학교 은사가 되었던 인연으로 선유줄불놀이 복원 과정에 참여하게 된다. 그가 담당한 것은 선유줄불놀이 연행의 중요한 요소인 숯봉지의 제작과 이 행사의 기획 및 실무였다. 이를 실행하면서 그는 하회마을에서 전승되는 구전을 수집하였고 안동공고의 시연도 참조·종합해가면서 하회마을에서 선유줄불놀이를 연행하게 된다. 이러한 연행 주체의 교체는 비록 장소의 특이성에 의해 선유줄불놀이가 연행되고 있다고 하더라도 단절된 문화적 기억의 복원 과정에서 일어날 수밖에 없는 그 "기억의 위기를 말하며 이는 과거로부터 현재가 분리되는 현상"[26]이다.

선유줄불놀이 재현 과정에서 가장 문제가 되었던 것은 숯봉지 제작이었다. 먼저 숯을 만드는 재료의 선정에 문제가 있었다. 구전에 따르면 뽕나무 뿌리와 소나무·참나무 껍질을 사용했는데, 이것이 실제 재현 과정에서 문제가 있는 것으로 드러났다. 그래서 뽕나무 뿌리만으로 숯을 만들게 되었다. 또 다른 문제는 화약의 사용이었다. 처음에는 행사에 급급해서 화약을 사용하였지만, 전통 고유의 놀이로 그 위상을 고민하게 된다. 이 과정에서 약품을 섞는 것도 고려하게 된다. 풍산금속이나 한국화약을 찾아가 조언을 구하기도 했지만, 결국 하회마을의 고유한 불꽃놀이의 원리를 찾기 위해 노력하게 된다. 숯의 제작과 숯가루 공정 그리고 숯봉지 제작에서 견지하려고 한 것은 하회마을 불꽃놀이의 고유한 원리를 밝혀 이를 계승하면서도 현대적인 감각에 적합한 불꽃을 만들어내는 것이었다. 무엇보다 중요하게 고려한 것은 심지의 제작이었다. 그 결과 내놓은 것이 쑥으로 만든 심지였다. 이는 불꽃을 발생시키고 숯봉지가 다 탈 때까지 지속적으로 유지하기 위해 고안된 것이었다. 그 다음 문제는 숯봉지가 습기에 취약하다는 것이었다. 문제를 해소하는 과정에서 두 가지 핵심 사항을 발견한다. 첫째는 숯 제작의 원리이고 둘째는 점화력 문제였다. 이 두 가지를 관통하는 것이 습기의 제거였다.

숯가루의 제작 공정에서 습기 제거와 그 효율성도 고민하게 된다. 숯을 만들어 가루로 빻는 과정에서 처음에는 절구를 사용하다가 콩 빻는 기계를 사용하게 된다. 물론 그대로 사용한 것이 아니라 철공소에 의뢰하여 기계를 개조하여 사용하게 된다. 이 도구 개조 과정에서 안동시립화장장을 찾아가기도 하고 왕겨탄 공장에 가서 빻기도 하다가 좀 더 개선된 도구를 만들기 위해 고민한다. 그 결과 풍산 정부도정공장에서 숯을 빻아 숯가루를 대량으로 만들게 되고 거기에 보관하게 된다. 이 보관 과정은 습기를 제거하는 건조과정이기도 했는데, 현재는 자연 건조 방식을 사용하고 있다. 점화력 문제는 숯봉지 밑에 쑥으로 만든 짓을 넣는 대신에 쑥을 잘 건조시키고 비벼 심지 형태로 만듦으로써 해소한다. 이 과정에서 담뱃잎을 말려 썰어 마는 방식이 도입되고 굵기도 보강된다. 굵기는 30mm로 보강되어 화력을 강화하게 된다. 숯봉지의 화력을 강화하기 위한 과정에서 태국을 방문하기도 했고 태국 불꽃놀이를 달걀불놀이에 접목시키려고도 했으나 환경의 차이와 위험성 때문에 부적절한 것으로 결론짓게 된다.

선유줄불놀이 연행 인력도 점차 변화하게 된다. 처음에는 숯봉지 제작을 풍산중학교 학생들을 동원하여 해결하였고 행사 시연에 필요한 인력은 고등학생들을 동원하였다. 그 뒤 숯봉지 제작의 문제를 해결하는 과정에서 좀 더 숙련도가 높은 인력으로 풍산읍에 사는 아주머니들을 쓰게 된다. 또 행사 인력은 사고의 위험을 예방하기 위해 풍천면 자율방범대원으로 대체하였다. 이러한 인력의 대체 과정에서 경험과 전문성을 강화하는 방향으로 나아가게 된다. 즉 숯갑단 던지는 사람을 고정시키고 달걀불 담당 인력도 고정시키게 된다. 이렇게 함으로써 행사 진행의 효율성과 숙련도를 기할 수 있게 되고 결합력을 높이게 된다.

화약은 초창기에 사용하고 그 뒤로 사용하지 않게 되었다고 했지만, 주민들의 경우 아직까지 선유줄불놀이에서 화약을 사용한다고 인식하고 있다. 대체 방식으로 번개탄이나 초를 쓰기도 했지만, 결국 도화선을 도입하여 문제를 해결해갔다. 즉 도화선 끝부분에 화약을 묻혀 점화시키는 방식으로 약간의 개량을 하게 된다. 이러한 방식은 선유줄불놀이의 고유한 특성을 최대한 살리면서 현대적인 감각에 맞는 불꽃놀이로 변화시킨 것으로 볼 수 있다. 선유줄불놀이 복원 과정에서 소금은 처음부터 사용하지 않았다. 소금은 같은 계통의 타 지역 낙화놀이에서 숯가루를 폭발시키는 촉매제로 활용되기도 한다. 실제 하회마을의 고로들로부터 소금을 사용하였다는 구전도 있다. 그럼에도 불구하고 소금을 사용하지 않은 것은 첫째 줄불놀이의 환경 속에서 소금의 폭발력이 미미하기 때문이다. 둘째 흡습성을 제거하는 것이 관건인데 더운 날씨에 오히려 소금이 녹아 숯봉지의 발화력을 감소시키기 때문이다. 이러한 이유로 인해 소금의 사용은 아예 처음부터 배제되었다.

이와 같이 줄불놀이 복원 과정에서 나타난 변형과 창조는 전통적인 기억 혹은 공연 문법으로부터 벗어나 현재적인 문화적 기억을 만들게 되고, 그로 인한 갈등을 무마하면서 새로운 권위를 확보하게 된다. 주민들 몇몇이 또 하나의 복원을 시도하는 경쟁적 국면이 발생했지만, 이미 확보된 연행력에 의한 문화적 헤게모니는 흔들리지 않았고 복원 주체의 권위는 공고해진다. 그 권위는 마을주민의 동의와 학문적인 권위에 의해 지지된다. 하회 선유줄불놀이 복원 과정의 세세한 오류와 장애를 실천적으로 극복할 뿐만 아니라 놀이를 지속시키는 문화적 지식으로서 권위를 확보하게 된다. 제도적·학문적 장에서 공식화됨에 따라 그 주체는 복원된 문화적 기억의 제도화에 대한 강한 의지를 표명한다. 즉 조속히 보존회를 만들어 역할을 분담하고 그 문화적 기억을 체계적으로 재현하고자 했다.

선유줄불놀이가 복원되어 점차적으로 진척되는 단계에서 많은 우여곡절이 있었다. 행사의 성패, 연행 집단 내/외부의 갈등 그리고 복원 주체의 내적 고민 등 다양한 문제가 산재했다. 연행의 제작과 기획 및 실행을 전담하는 핵심 주체는 기질, 성공 의지, 기대 등을 가지고 여러 문제를 해소하고자 했다. 사람에게서 생긴 문제는 사람과의 관계에서 풀어내고 기술적인 문제는 조사와 연구로 대응해왔다. 외부 초청 공연도 선유줄불놀이가 일정 정도 본격적인 궤도에 오른 시점에서 문제가 되었다. 초청 공연에 응하려면 놀이의 무대화 혹은 상품화가 수반되는데, 지역 고유문화에 대한 긍지와 온존한 보존이라는 입장에서 외부 초청 행사에 응하지 않았던 것이다. 하회마을 내부 갈등도 여러 갈래로 전개된 것으로 보인다. 복원 초창기에 하회마을 내부에서는 관심이 적었고 방관자적 태도를 보였다. 복원 이후 줄불놀이가 활성화되면서 갈등이 생기기 시작했다. 실행 주체는 전통문화의 계승과 지역문화의 발전이라는 측면에서 마을 내부의 동의와 협조를 이끌어내 내부 갈등을 해소하고자 했다. 이처럼 복원과 그 이후 과정에서 생긴 문제들의 해결을 마을 안 전승 주체보다 외부 실행 주체들이 주도하였다. 그 까닭은 그만큼 놀이 전승 기반이 해체되고 그 놀이 역량이 약화되었기 때문이다. 마찬가지로 주민들이 가진 줄불놀이에 대한 기억도 단절되거나 파편화된 양상을 보인다. 마을 내부의 위계를 반영했던 놀이의 기억은 타성들에게는 회상하고 싶지 않은 불편한 기억으로 남아 있는 것이다.

전통적인 선유줄불놀이는 하회별신굿탈놀이와 짝을 이루며 마을 사회의 안정과 통합을 유지하는 데 유용했다. 선유줄불놀이는 마을 사회를 구성하고 있는 상하층이 협력해서 이룬 놀이로 상층의 문화적 취향이 중요하게 반영됨과 동시에 하층의 노동력이 생산해낸 '상부상조'의 놀이문화로 표상되고 있다. 그 표상의 이면에는 상층과 하층의 문화적 위계와 모순, 즉 생산 주체와 향유 주체의 불일치가 내재해 있다. 이러한 불일치는 사회구조의 변동에 따른 전승 기반의 해체와 함께 점차 사라져 갔는데, 어쩌면 이 위계와 불일치가 놀이 전승의 기반과 얽혀 있는 것인지 모른다. 특히 줄불놀이와 결합되어 있는 선유의 연행 구조가 이를 보여주고 있다. 선유는 일상에서 이루어진 배의 운행이 놀이의 시공간에서 특별하게 재현된 것이다. 즉 하회나루에서 사람들이나 소들을 건네주었던 통배/큰배, 주막과 주모 그리고 기생으로 이어지는 여성, 한시를 읊으며 유유자적했던 양반 등의 존재가 선유의 물질적·사회적 기반이었다. 주민들의 기억 속에서도 선유는 신선놀음으로 인식되고 부유한 양반들의 여유로운 삶 속에서 빚어졌던 놀이로 규정되고 있다. 그러한 놀이가 토지분배 이후 그 전승 기반이 해체됨으로써 선유줄불놀이의 전승력도 약화되거나 변모할 수밖에 없었다.

선유줄불놀이는 일제강점기인 1910~20년대 무렵 두세 번 정도 연행되었고 해방 이후 복원 이전까지 몇 차례 연행되었을 뿐이다. 즉 일제강점기 하회마을에서 선유줄불놀이의 전승은 단절되었고 해방 직후와 1948년에 특별하게 연행되었을 뿐이다. 그러다가 1968년 안동민속축제의 전신인 안동풍년제에서 재현되었고 그 후 1974년, 1981년, 1990년의 재현 행사를 거쳐 현재의 선유줄불놀이가 연행되고 있다. 1945년과 48년의 연행에서 특징적인 것은 숯봉지를 제작하는 과정에서 소금을 사용했다는 것이다. 소금은 타들어 가는 숯가루를 퍼뜨리는 기폭제로 사용되었던 것이다. 그 이후부터는 숯봉지 제작에서 쑥의 점화력과 뽕나무 숯의 폭발성은 강조되지만, 소금은 언급되지 않는다. 심지어 소금은 들어가지 않는다고 기억할 정도다. 한편 주민들의 기억 속에 줄불놀이는 선유의 지속을 위한 일종의 '시간의 놀이'로 인지되고 있다. 그 놀이 연행에서 이루어지는 노역의 고통에 대한 인식도 제시되어 있다. 본래 하회마을 주민들 스스로 향유하기 위한 놀이인 점이 기억 속에서 현재 문화행사와 비교되어 강조되기도 한다. 이와 같은 놀이 전통에 대한 기억들은 현재 연행되는 놀이에 대한 비판 즉 전통성의 상실에 대한 비판을 담고 있다. 이를테면 부용대에 서치라이트를 비추고 팝송을 틀어놓는 방식이 비록 젊은 세대들을 위한 것이라 할지라도 줄불놀이와 어울리지 않는다고 비판한다. 이러한 비판은 전통적인 놀이에 대한 추억과 회한 그리고 자긍심을 강화한다. 그러나 현재의 국면에서 전통적인 방식을 유지하고 그 문화적 가치를 지켜내는 것은 만만치 않다. 그것은 재현 불가능한 문화적 기억이 되고 있다.

　주민들의 기억이 한편으로 재현 불가능한 차원에 놓여 있는 것이라면 다른 한편으로 갈등과 배제의 숨은 기억이 징후적으로 돌출된다. 그것은 과거 상인 즉 타성의 구술기억으로 존재하고 있는데, 연행 국면에서 주변화된 선유의 구성 요소인 기생과 사공에 대한 문화적 기억으로 나타난다. 그 기억의 발화자는 하회마을에서 4대째 살고 있는 현지 주민으로 선유줄불놀이의 재현과정에서 사공의 역할을 담당했다. 열일곱 살 무렵부터 10여 년 동안 하회마을 나룻배의 사공을 맡기도 했다. 그 기억의 세계 속에서 주민들에 의해 연행된 선유줄불놀이는 없다. 선유줄불놀이가 복원·재현되는 과정에서 함께 했던 경험이 있을 뿐이다. 그 경험은 선유줄불놀이 연행에서 실질적인 노동력을 제공했던 존재들을 증언하고 있는데, 사공의 존재가 주목된다. 사공은 배를 움직이는 것 이외에 특별한 역할이 없는 것으로 인식되고 있다. 그러나 강과 나루, 배로 이어지는 일상생활 속에 선유가 기반한다고 했을 때 사공의 존재는 중요하다. 사공은 마을의 일상생활 속에서 교통수단을 제공하는 역할도 했지만, 여름

밤 마을주민들에게 선유의 흥취를 제공하기도 했다. 선유줄불놀이를 연행할 때는 양반·기생과 함께 뱃놀이를 구성하는 연행자가 되기도 했다. 그러나 사공은 현재 선유줄불놀이 연행의 환경 속에서 그 존재감이 상실되고 있다. 또한 놀이 방식이 갈수록 현대적으로 변용되면서 타성이 수행하던 그 역할마저 사라지고 말았다. 표면으로 뚜렷이 부각되어 대립과 갈등이 첨예화된 상태는 아니지만, 이는 불만을 간직한 채 숨은 목소리로 존재하면서도 다소 격화된 감정으로 내재해 있다.

3. 배제/망실된 무풍속에 대한 기억

전라 윗녘 무가巫家의 마지막 잽이꾼 최병호는 일제강점기를 무업巫業이 가장 성할 때로 기억하고 있다. 어린 시절 일제가 당집을 허물고 미신을 타파한 것을 기억한다고도 했지만, 파출소 순사들이나 면장은 무속을 무시하지 않았으며 존중했다고 말한다. 그의 기억 속에서 모친 성화춘은 면장 부인과 파출소 순사들의 부인들과 친했으며 그들을 대상으로 무업을 행했다. 한편 최병호는 무의 근본을 지니고 있으면서 그것을 시대의 흐름에 따라 변화시킨 것으로 보인다. 악기 용어의 사용에서 일본어의 영향이 남아 있는 것처럼 일제강점기 서양 악기를 접한 경험은 그 이후 그의 예술 활동에 영향을 미쳤다. 전추산의 아들 전인섭의 경우도 그러했는데, 이와 같이 최병호는 당대의 잽이꾼들과 비슷한 인생 여정을 겪은 것으로 보인다. 그는 매형인 전인섭이 경찰 악대에 들어간 것을 인연으로 경찰 악대에서 색소폰을 부는 아르바이트를 하게 되고 이러한 경력으로 군대에서는 군악대 활동을 하게 된다. 이 기간 동안 악보에 능통하게 되고 이 능력이 삼현육각을 복원하는 데 큰 도움이 된다. 즉 그는 사라진 전주 민삼현육각을 악보로 재구하여 이를 연주하게 되는데, 그 시절의 경험이 유용한 자산이 되었던 것이다.

서양악기를 다룬 것과 구음으로 전수되었던 삼현육각의 악보화가 일제강점기를 경유하면서 이루어진 근대성의 혼종적 경험이라면 최병호의 삶과 생업 혹은 예술 활동에도 그러한 근대와의 접촉은 계속 강화되었던 것으로 보인다. 그는 우리 고유의 혼례인 반친영半親迎의 방식으로 처가인 함열에 가서 구식 혼례를 올리고 다시 전주의 봉래예식장에서 서양식으로 결혼식을 올렸다. 이는 세대 간 문화 취향의 차이가 반영된 문화적 실천으로 시대 변화에 민감하게 대응했던 당대 청춘들의 감수성이 발현된 것으로 생각할 수 있다. 뿐만 아니라 무속 집안과 반가의 결합이라는 상징적 사건 그리고 그의 다양한 직업 활동에서 전통 사회와 근대 사회의 갈등과 통합의 양상이 투영되어 있다.

전주 민삼현육각 연주자들은 모두 친인척으로 연결되어 있고 그 예능은 그들 간 구전심수에 의해 전승되어왔다. 이는 삼현육각이 무속음악에서 파생되어 나온 것임을 암시한다. 삼현육각은 무풍속의 한 갈래로 무속음악보다 갈래적으로 좀 더 정식화된 음악적 장르에 해당한다. 최병호의 윗세대인 삼현육각 연주의 명인들은 성관용, 백완용, 김상호, 전계문, 전용선, 최장복, 편재준, 신달용, 이영채, 강백천, 신쾌동 등이다. 이들은 현재의 한국음악을 있게 한 대표적인 명연주자들로 기억되고 있다. 대금 명인인 성관용, 백완용, 농악 설장구의 귀재인 신기남, 거문고 산조로 유명한 신쾌동 등은 외가 친척이고 단소 명인 전추산, 농악 명인 전사섭, 전라북도 무형문화재로 지정되었던 전금순 등은 최병호와 사돈 지간이다. 이처럼 이들은 전부 친인척으로 연결되어 있는 것이다. 이는 단골가의 신분내혼이 전문성을 강화한 사회적 네트워크임을 확인하게 해준다. 그러나 이들 친척들 대부분은 고향을 떠나 다른 지역으로 이주하였고 실제로 무굿을 수행했던 이는 백완용과 성화춘이다. 주목되는 것은 그가 외가를 무속 집안으로 인정하고 있다는 점이다. 반면 친가는 무속과 일정 정도 거리를 두고 경기도 수원에 거주했음을 명시하고 있다. 이러한 점은 아버지에 대한 기억으로 이어지고 있는데, "평소 관직에 계심서도 시조"를 했고 "가야금을 좋아허서 갖고 풍류를", "향풍류를 했"다는 발화로 이어지면서 "음악에 소질이 있었"고 "어머니 만남서부터 처갓집에 빠져갖고"라는 발화로 귀결된다.

한국전쟁 와중에 무업 전승자들은 뿔뿔이 흩어졌다. 한국전쟁은 무속의 전승과 연행에 많은 영향을 끼쳤고 그에 따라 무업의 기반이 약화되었다. 이를테면 전시의 피난과 이주, 토지개혁으로 상징되는 경제 변화 속에서 약화된 봉건 의식, 전쟁의 주도권이 뒤바뀌는 과정에서 빚어진 좌우 대립과 그로 인한 학살 등이 무업의 기반이 되었던 전통적인 사회적 관계와 물적 토대를 침식했던 것이다. 전라 삼현육각의 맥은 현재 고령의 최병호에 의해 전승되고 있을 뿐 그 현실 기반은 상실되었다. 왜냐하면 삼현육각의 기능을 보유했던 옛 명인들의 뛰어난 기능이 전수되지 못했으며 삼현육각이 연행될 수 있었던 현장과 그 제도적 기반이 상실되었기 때문이다. 무엇보다도 삼현육각의 전승과 연행을 가능하게 했던 전라 무풍속의 인적 기반이 무너졌다는 점이 가장 큰 이유이다. 한편 전라 삼현육각과 무풍속의 단절 혹은 약화의 과정 속에서 전라 삼현육각과 다른 계통의 유형이 출현하게 된다. 그것은 현재 농삼현으로 일컬어지는데, 이 농삼현도 민삼현과 마찬가지로 1997년 10월 전주시립국악단 창단연주회에서 복원 연주되었다. 이 농삼현은 정형인에 의해서 만들어진다. 전주농고 교장이 국악을 좋아해 춤 선생으로 정형인을 초빙했다. 그는 서울 대풍류를 기준으로 국악에 소질이 있는 학생들을 가르쳤다. 그것이 계기가 되어 현재 농삼현으로 이어지고 있는데, 농고에서 생겼기 때문에 농삼현이라 했다. 최병호는 농삼현에 대해 역사가 없으며 전라 삼현육각의 전통과 상관없다고 평가한다.

전라 삼현육각은 종교적이자 문학적이고 연극적인 종합예술적 총체극으로 무당굿과, 제례악·예악·연회악인 삼현육각 그리고 잽이꾼들에 의해 연행되는 시나위악과 밀접하게 관련된 우리 고유의 연행예술이다. 삼현육각은 궁중음악과 달리 지방의 악樂으로 조선시대 신분적 위계성에 의해 구별되어 전승 연행되었던 특징을 지니고 있다. 위로는 중앙과 지방의 위계성 혹은 왕과 양반의 신분적/권력적 차이가 반영되어 있어서 향토적/지방적 음악으로 특화된 것이고, 아래로는 지방의 상층과 하층의 계급적 구별을 담지한 악으로 존재했다. 삼현육각은 전승과 연행의 핵심 기반이 무속 집안의 잽이꾼들이었지만, 전승의 확장된 범주 속에서 관과 양반가의 제례와 연회의 악으로 존속했다. 이와 달리 시나위는 무굿의 현장에서 민중과 더불어 그 애환과 소망을 담아 전승·연행되었던 민중의 악이었다. 민간에서 연행되었던 "한스럽고 슬픈" 음악이었다. 이를테면 단소 산조의 창시자이기도 한 전추산의 시나위가 전설처럼 최병호의 기억과 구술 속에 맴돌고 있다. 서울의 한강 다리에서 시나위를 연주하는 방랑객으로서 잽이꾼의 구슬픈 정한과 화창한 달밤의 정경 그리고 마침 한강 다리로 나온 그만한 사연을 간직한 한 여인, 그러한 풍경 속에서 피어나는 죽음의 향연과 전설적인 전추산 명인의 객사 등은 시나위의 음악적 특징을 잘 표현해주고 있으며 이 기억 속의 장면이 무당굿과 삼현육각 그리고 시나위의 현재를 잘 드러내주고 있다.

최병호는 전통 민속음악의 근본이 무에서 나왔다고 강조한다. 즉 그는 무에서 전통 민속음악이 파생되었다고 인식하고 있다. 특히 그는 세습무에 대한 강조를 잊지 않는다. 세습무는 어렸을 때부터 환경이 갖추어졌기 때문에 저절로 굿에 스며든다. 뿌리 없는 발전은 없다. 모든 예술이 무에서 뿌리가 뻗어나갔기 때문에 무는 소중한 문화유산이다. 무속에서 기생이 나오고 명창이 나오고 민속음악이 나왔기 때문에 무는 그 근원인 것이다. 이를테면 기생의 홍타령은 신굿 뒤풀이에서 행한 홍푸리에서 비롯되었고 세습무굿이 재인청, 농악 등 민속예능의 기반이 되었다. 무풍속의 근본적인 특징은 일상생활의 운영 및 전개와 매우 밀접하다는 데 있다. 특히 재인이나 무당의 경우에는 그것이 그들의 생계를 유지하게 하는 종교적 직능이자 예술적 직능이다. 그들은 평생을 전문적으로 무굿을 담당해왔기 때문에 일가를 넘어 대가를 이룰 수 있었다. 전라 윗녘의 세습무굿은 신굿이 가장 중요한데 강신무적 요소도 배제하지 않는다. 이를테면 세습무에게도 신당[27]이 존재하며 영적 능력이 강조되고 강신무도 세습무의 관리 하에 놓여 있다. 최병호는 윗녘굿과 아랫녘굿의 차이를 신굿과 씻김굿으로 대별하여 인식한다. 무당과 기생의 종교적·사회적 차이를 인식하면서도 예술적·문화적 근본도 무에서 나왔다고 하며 그 대표적인 예로 흥푸리와 흥타령[28]을 들기도 한다. 흥푸리는 신굿의 모든 절차가 다 끝나고 무지내들과 악사들이 굿판에 참여한 모든 이들과 함께 하는 뒤풀이 과정에서 연행된 것이고 흥타령은 기생들의 자탄이 반영된 남도민요이다. 흥타령 또한 기생의 연회 뒤풀이 과정에서 악사들과 함께 불렀다고도 하는데, 이러한 흥타령이 흥푸리에서 비롯되었다는 것이다. 뿐만 아니라 재인청도 무에서 나왔지만, 무당굿판의 남자 잽이꾼들에 의해 운영되었다. 이러한 재인청은 전라 윗녘 문화의 확장과 발전을 도모한 조직이었다. 농악 또한 무속의 액맥이에서 나온 것으로 불교와 습합 혹은 상전의 과정에서 형성된 것이며 무풍속의 한 계열로 인식되고 있다.

최병호는 단골의 유래에 대해 설명하면서 '1묘 3당'을 강조한다. 1묘는 하나의 묘를 말하고 3당은 서낭당, 사직당, 여당을 말한다. 여당은 제주도 돌하루방 같이 그 신을 모시는 곳이고 서낭당은 서낭신을 모시는 곳이며 사직당은 풍농을 기원하는 제단을 말한다. 마을마다 공동 제단이 존재하는데, 세습무는 이러한 제단을 관할하는 전문적인 사제자를 뜻한다. 단골, 무당, 무지내는 무당을 구분하는 말이다. 단골은 자기 구역 내에서만 움직이는 사람을 보고 단골이라고 하고 그 단골을 원래 무당이라고 해야 하며 가장 뛰어난 무당을 무지내라고 한다. 그는 단골보다는 무당이라는 말을 나아가서 무지내라는 말을 선호한다. 세습무들은 모두 신당을 모셔놓았다. 신당은 신단지로 존재하는 것이 일반적이다. 단지에다 매년 쌀을 갈아주고 백지로 덮어 묶어놓는다. 그것은 조상단지로 언급되며 무당의 조상을 모셔놓은 것이 된다. 조선 후기 백성들에게 일반화된 4대 봉사가 고부 관계의 계보로 구현된다. 즉 무당 조상은 시어머니, 시할머니 등 4대까지만 모신다. 굿을 할 때는 조상이면 조상, 제석이면 제석 등을 써 붙여놓기도 한다. 그런데 제석 등은 신당에 거하지 않고 굿할 때만 온다. 조상을 달래는 이유는 그래야 다른 신들이 오기 때문으로 인식된다. 즉 성주하고 조상을 달래놓아야 비로소 다른 신들과 대면할 수 있게 된다. 단지는 쌀을 갈아주기 전에는 열지 않는다. 명절 때도 단지는 열지 않고 상을 차려놓고 제사를 드린다. 그런데 이 신단지의 쌀은 다른 의미가 있다. 그것은 신당에 쌀을 시주한 집안을 상징한다. 그래서 지성으로 굿을 하면 무당의 몸에 일시적으로 실릴 수도 있다. 이는 곡식으로 시주를 받았던 집안을 무당을 통해 보살펴준다는 의미를 가진다. 이러한 영험함이 있어야 굿이 연행될 수 있고 무당이 존재할 수 있는 것이다. 최병호는 이러한 방식이 세습무의 기본이라고 강조한다.

세습무는 정쇠, 무가책, 신수책, 방울 등의 무구를 대대로 물려받으며 강신제를 통해서 강신무에게 직능을 준다. 세습무에게도 영적 능력이 있는데, 이는 생존권이 걸려 있는 문제 즉 세습무의 기본 요건이 되는 셈이다. 무지내는 내림받은 무당으로, 지혜로 미래를 점지하는 자 혹은 다가올 일을 점지하는 지혜로운 예지자로 규정된다. 무지내들은 신의 옷 즉 신입성을 입었다. 주로 큰굿을 할 때 입었으며 쾌자같이 만들었고 고깔을 접어서 썼다. 물론 작은 굿을 할 때는 평상복 즉 소복을 입었다. 최병호에 따르면 성화춘은 신입성을 많이 입었고 가사까지 걸쳤다. 그는 굿

무신도

의 연행에서 신입성을 입는 제차도 설명하는데, 성주굿 끝나고 조상굿을 하면서 신입성을 입었고 성주굿과 제석굿, 칠성풀이 할 때는 입지 않았으며 바리데기, 사마장자풀이, 팔대장삼풀이, 내전을 집전할 때도 입었다. 이러한 점이 남도굿과 다른 점이라고도 했다. 신입성은 무지내 즉 큰무당을 의미하는 상징이기도 한 것이다. 단골들의 구간도 무당의 능력에 의해 형성되는 것으로, 같은 무당이라도 그 질은 모두 다르다. 즉 같은 세습무라고 할지라도 제대로 배워 행세하는 것이 중요했다는 것인데 그 말은 무당에도 등급이 있으며 유독 차별적인 무당, 굿 잘하는 사람이 존재했다. 이러한 무당이 무지내이다. 성화춘의 경우 그러한 능력을 갖추었는데, 이 무지내의 굿을 그 아들인 최병호가 전라북도 우전면 쌍좌리와 용진면 녹동마을에서 보고 즉석에서 기록했다.

최병호는 1948년과 1954년 무지내 성화춘과 최복순 등이 연행한 신굿을 보고 현장에서 기록하였고, 이것을 나중에 성화춘이 한문으로 기록해서 만들어놓은 책자와 대조해서 정리했다. 신굿은 실력 있는 무지내만이 할 수 있는 큰 굿으로 적어도 사흘 동안 연행된 굿이었다. 이 굿을 모친뿐만 아니라 김제, 부안, 정읍의 무지내들이 역할 분담하여 굿을 진행하였다. 이들은 모두 친인척이었다. 신굿은 시주를 받아 연행하며 위패를 두고 축원을 하는데, 시주한 집안의 대주나 아들의 명복을 기원하는 축원문을 쓴다. 시주한 모든 사람들을 기록하고 신당에 기원하기 때문에 신굿에는 마을주민 수백 명이 모인다. 무지내들도 기량을 최대한 발휘한 굿이기에 굉장한 구경거리였고 모인 주민들을 울고 웃기는 신명과 애원성이 충만한 굿판이 신굿이었다.

신굿은 전라 윗녘과 아랫녘을 구분해준다. 특히 다른 굿에서 볼 수 없는 특정한 제차에 따라 특별한 무가가 가창된다. 굿을 하기 전 조래를 앉혀 굿의 필요와 효험을 증대시키며 무지내가 자신의 몸주신/조상을 해원시켜 마을 사람들에게 복을 기원한다. 신굿을 연행할 때는 단골판 신도들이 무당집에 찾아와 자신의 가족을 위한 축원을 무당에게 부탁하곤 했다. 절차는 '조왕굿-성주굿-당산굿-조상굿-칠성푸리-삼아장자푸리-팔대장삼푸리-봉장춘-해원굿-내전'의 순서로 진행된다. 여기서 가창되는 무가 중 독특한 것은 〈봉장춘〉〈팔대장삼푸리〉〈삼아장자푸리〉〈칠성푸리〉〈조상굿(조상푸리)〉이다.

〈봉장춘〉은 '죄를 짓지 마라, 미물이라도 함부로 해치지 마라, 베푼 것은 반드시 보답 받는다'는 교훈적 의미를 담고 있는 서사무가이다. 〈봉장춘〉은 무당 집안 출신인 장포수 부부가 노루에게 은혜를 베풀었는데, 은혜를 입은 노루가 나중에 장포수 부부에게 보은했다는 내용을 담고 있다. 〈팔대장삼푸리〉는 중이 시주하러 산에서 내려오는 과정·지성님의 만딸아기가 인물이 좋다는 소문을 듣고 만딸아기 집을 찾아가는 과정·갖은 트집 끝에 만딸아기에게서 시주를 받아내는 과정·만딸아기의 팔목을 잡는 과정·만딸아기가 집에서 쫓겨나는 과정·만딸아기가 중을 찾아가는 과정·만딸아기가 아이를 낳자 중이 세속살림을 차리는 과정 등으로 이야기가 구성되어 있다. 〈삼아장자푸리〉는 저승사자를 달래고 집안의 액을 물리치는 무가인데, 이 무가에는 저승사자가 주인공이 아니라 평범한 인간인 삼아장자가 주인공으로 등장한다. 이 무가는 삼아장자의 죄목이 나열되는 과정·삼아장자의 조상이 열시왕에게 탄원하는 과정·진상조사를 위해 열시왕이 대사를 보내는 과정·삼아장자가 시주하러 온 대사에게 행패를 부리는 과정·며느리가 시주하는 과정·삼아장자가 꿈을 꾸는 과정·마누라, 딸, 며느리가 해몽하는 과정·삼아장자가 명두를 찾아가 점을 보는 과정·저승사자를 위한 굿상을 차려놓고 굿을 하는 과정·뇌물을 받은 저승사자가 말을 대신 잡아가는 과정·말을 해원시켜 주기 위해 말 씻김굿을 하는 과정 등으로 구성되어 있다. 〈칠성푸리〉는 칠성님과 매화부인의 혼례 과정·기자치성 과정·칠형제의 출산 과정·매화부인과 칠형제가 버림받는 과정·칠성님이 천상으로 올라가 후실 장가드는 과정·칠형제가 부친을 찾아가는 과정·칠형제가 계모로부터 시련을 받는 과정·계모가 벌 받는 과정·칠성님과 칠형제가 매화부인을 살려내는 과정·칠형제가 칠성신으로 좌정되는 과정 등으로 구성되어 있다. 〈조상굿(조상풀이)〉은 선대先代의 여러 조상들을 청배하여 가족의 안녕과 재수를 기원하는 굿이다. 조상은 자손들을 직접적으로 도와주는 매우 중요한 신이기 때문에, 다른 굿과는 달리 조상굿은 매우 비중 있게 다루어진다. 큰굿일 경우에는 8대 직계 조상까지 청배되며, 아들 자손이 없을 경우에는 처가나 외가의 조상도 청배될 수 있다.[29]

최병호는 1954년 10월 3일 신굿의 뒤풀이 과정에서 연행된 〈홍푸리〉를 기록해놓았다. 〈홍푸리〉는 신굿과 같은 큰굿을 마친 뒤 뒤풀이 과정에서 무당이 악사의 장단에 맞춰 신세를 한탄하며 부르는 노래이다. 당시 〈홍푸리〉를 가창했던 사람은 최병호의 모친인 성화춘이었다. 〈홍푸리〉는 무가처럼 무당에 의해 애원성으로 가창되지만, 무가는 아니고 무당으로서 신세타령하는 민요라 할 수 있다. 이러한 신세타령조의 〈홍푸리〉 민요는 다른 굿에서는 거의 가창되지 않고 자신의 몸주신을 해원하는 큰 규모의 신굿에서 주로 가창되곤 했다. 신굿은 다른 굿과는 달리 3일 동안 연속되는 대규모의 굿이었기 때문에 피로에 지친 무당들은 구경꾼과 뒤풀이판을 벌이면서 이 같은 민요를 불렀다. 〈홍푸리〉 사설의 구성은 화자인 무당이 구경꾼들에게 직접적으로 하소연하는 방식으로 엮어진 것이 아니라 비슷한 처지에 놓여 있는 무계 출신의 고인들에게 자신의 고달픈 신세를 토로하는 간접적인 방식을 취하고 있으며 구경꾼들과 함께 어우러지기도 한다.

〈홍푸리〉는 ① 인생살이의 고달픔 토로 ② 무당이 고인들에게 서로의 한을 풀어보자고 권유 ③ 무당이 고인들의 징소리, 장고소리, 너름새가 좋다고 칭찬하는 내용 ④ 함께 자주 어울려 굿을 하다 보니 고인의 장단도 좋아졌다는 내용 ⑤ 고인의 장고소리가 좋지 않아 무당이 굿 소리를 잘 못 내면 고인이 추임새로 무당의 기를 북돋아준다는 내용 ⑥ 연주를 자주 하다 보니 고인의 잔꾀만 늘어 무당의 맵시만 보고 추임새를 하거나 장고 끈 잘 매는 것도 게을러져 장고소리가 좋지 않다는 내용 ⑦ 고인의 서툰 장단에 무당의 소리가 늘어지면 고인이 추임새를 하여 무당이 소리를 잘하도록 유도한다는 내용 ⑧ 단골네 딸로 태어나 어미의 빈 젖만 먹고 자란 무당이 어미의 길을 따라 힘겨운 굿 생활을 한다는 내용 ⑨ 무당이 굿을 끝내고 피로에 지쳐 잠깐 눈을 붙이다 새벽녘에 귀가한다는 내용 ⑩ 조리중이 무당의 안방을 차지하고 산다는 내용 ⑪ 무당이 중과 산다는 동네 사람들의 욕설 때문에 둘이 몰래 산속으로 도망가서 산다는 내용 ⑫ 한밤중에 굿을 하는 무당의 신세가 고달프다는 내용 ⑬ 단단히 맺혀 있는 칠성, 지신, 성주, 조상, 조왕, 당산신의 한을 풀어주고 나면 재가집 뿐만 아니라 고인이나 무당의 마음도 후련해진다는 내용 ⑭ 굿을 잘하면 재가집에서 돈, 옷, 쌀 등이 많이 나와 기분이 좋아진다는 내용 ⑮ 멋 가운데 무당이 하는 굿이 가장 좋다는 내용 ⑯ 새벽에서야 굿을 끝내고 나면 무당의 옷이 행주 걸레처럼 땀으로 젖는다는 내용 ⑰ 굿을 하기 전에 조례를 앉히는 과정 설명 ⑱ 신의 영험으로 굿을 해주고 나면 재가집으로부터 칭찬도 듣고 보수를 받는다는 내용 ⑲ 굿이 파할 때 무당이 고인들에게 보수를 나누어주며 다음번 굿판에서는 실수하지 말고 장단을 잘 연주해달라고 부탁하는 내용 ⑳ 굿이 끝난 후에 다시 굿판이 그리워진다는 내용[30]으로 구성 전개된다.

　　최병호에 의하면 그의 집에 재인청이 있었다. 재인청은 잽이꾼들의 계와 같은 예능 조직이다. 잽이꾼들은 재능에 따라 등급이 나누어졌다. 선율악기를 다루는 능력을 중시했으며 그것을 하지 못하는 사람들이 타악기를 했다. 그래서 잽이꾼들은 농악을 "하찮게 알았"고 "어린애 장난으로" 알았다. 그러니까 재인청의 주 종목은 삼현육각이었고 주로 관청의 행사에서 연행했다. 잽이꾼들은 부잣집의 환갑잔치에 불려 가기도 했고 큰굿이 벌어질 때 굿판의 악사로 활동하기도 했다. 그렇다고 재인들만 재인청에 소속되었던 것은 아니다. 예능이 출중하고 잽이꾼들과 서로 교류할 수 있는 관계가 맺어진 비갑이들과 한량들도 재인청을 드나들었다. 무속 집안 출신이라고 해서 모두 재인청에 들어간 것도 아니었다. 예능에 자질이 없는 무 집안 출신들은 잽이꾼들로 활동하지 못했다. 그런데 재인청에 예능 전수를 위한 별도의 교육 프로그램이 있었던 것은 아니다. 잽이꾼들의 기예는 주로 자식에게 전수되었는데, 구전심수 즉 상전에 의해 그 기예가 전해졌다. 부친 최장복은 당시 재인청 수장으로 잽이꾼들을 관리하고 재인청을 운영했다. 최장복은 잽이꾼들에게 선생님으로 대접받았고 재인들을 모아 풍류를 벌이기도 했다. 행사가 있을 경우 그를 통해 연락이 되면 삼현육각을 잡고 요청받은 곳으로 갔다. 대개 부잣집 환갑잔치에 가 연행하거나 서원·향교·경기전 등에서 제례악을 연행했다. 사흘이 멀다 하고 초청 공연이 쇄도했기 때문에 잽이꾼들은 재인청에 모여 대기하곤 했다.

전주 재인청은 최병호의 외가와 연관된 재인들로 구성되었다. 장인의 권한은 막강해서 눈 밖에 나면 쫓겨나거나 잘못된 행위를 했을 경우 그에 응당한 벌을 받았고 장인의 승낙이 있어야 초청한 곳에 가서 연주를 할 수 있었다. 또 행사의 수익금 일부는 재인청에 납부했으며 그렇게 모인 재물은 재인청 공동자금으로 쓰였다. 공동자금은 화채 즉 경치 좋은 곳으로 구성원들이 나들이 가는 데 혹은 집안 사정이 좋지 않은 재인들을 돕는 데 쓰였다. 재인청은 판소리꾼의 광대청, 근대적 공연 단체인 협률사, 포장걸립패, 여성농악단 등과는 다른 종류의 예능 집단이면서 그 이전의 전통적인 예인조직으로 위상을 이어왔고 근대적 예능 집단과 동시대에 비슷한 역할을 담당하였다. 판소리 광대와 기생들과 함께 교류하고 공연하면서 상부상조했다. 이후에 그러한 조직은 최장복의 경우 '전주국악사'로 전환되었고 재인청의 주요 기능이 삼현육각의 연주임에도 불구하고 풍류나 시조를 주로 연주했다. 주목되는 것은 시조를 부를 때 반주로 피리, 해금, 대금, 양금 등의 현악기가 사용되었다는 점이다.

최병호는 부친 최장복이 수원 남창동 태생으로 일제강점기 수원농고를 졸업하여 군산 세관으로 와 살다가 그곳에서 정년퇴직을 하였다고 말한다. 또 모친과 인연을 맺게 된 연유도, 모친이 무당 집안이었으나 부농이었고 그런 까닭에 독선생을 하나 두고 한문을 배워 명심보감까지 배웠으며 자작으로 난蘭도 칠 정도로 소양을 갖추었기 때문으로 기억한다. 부친은 모친과의 인연으로 피리를 배우게 되고 무업 활동을 하게 되었다고 한다. 최병호의 어린 시절은 부유했다. 즉 "큰 지와집을 사고 행랑채 짓고 그리갖고 농사를 광작"했다고 한다. 이러한 살림은 세습무 집안에서 갖출 수 없는 것으로, 부친이 일제강점기 고등학교를 나온 지식인으로 관직을 살았고 또 인격도 좋았기 때문이라고 그는 말하고 있다. 부친이 재인활동을 하게 된 것도 다음과 같이 기억되고 있다. 즉 "마누래 하나 잘 얻것다고 처갓집으로 뛰어들어갖고 재인이 되었어. 어차피 이렇게 될 바에는 내가 주권을 잡어야것다"는 이유에서였다. 다시 말해 "먹고사는 것도 넉넉허지, 아 그때 논 삼십 필지를 가지고 있으믄 솔찬히 많잖여… 우전면 한쪽을, 상금하에서 하금하 있는 논 한쪽이 전부 우리얀디? 그리갖고 전부 세를 내서, 소작을 다 줬"을 정도였기 때문에 부친은 "눈만 뜨면 가야금 허지, 해금 허지. 아주 풍류에만 빠져 있었"던 것이 가능했다는 것이다. 따라서 과거에 대부분의 무당 집안이 하대를 당했음에도 불구하고 "우리 아버지 어머니한테는 여간 혀서 하대를 못 혀. 나이가 높으면 자네자네 혀도 그란으면 하댈 못"했다고 한다. 또 최장복은 동네의 인심도 얻었다. 그 이유인즉슨 한약방을 운영하는 최병호의 외삼촌 성관용으로부터 침술을 배워 마을사람들을 치료했기 때문이었다. 즉 "일반 동네, 그 근방으서는 인자 체만 힛다허믄 아버지를 데려오라고 그려. 그리갖고는 침 놔주믄 용케 낫어. 밤중이고 언지고 침 놔주면 횃불들고 가서 놔주고 그릿어." 그래서 6·25 전쟁 중에도 그의 집안은 별 탈이 없었다고 한다. 재산은 일부 뺏겼을지언정 부친에게 신세를 진 마을주민들이 부친을 변호해주어 무사하게 되었다는 것이다.

그런데 1970년대 이루어진 최길성의 조사 자료에는 이와 다른 내용이 보고되어 있다. 굳이 이러한 차이를 논의하려는 이유는 사실을 확인하여 옳고 그름을 바로잡으려는 것이 아니라, 최길성의 기록과 최병호의 기억이 달리 나타나는 까닭, 즉 기억의 재현 과정에 미친 구술자의 자의식을 조금이나마 밝혀 보려는 의도에서다. 분명 기억 속에 비친 어린 시절 부모와 집안에 대한 발화에는 서사적 혹은 담화적 진실이 담겨 있을 것으로 생각된다. 또 그러한 접근이 기억의 독해에서 중요한 방식이라 할 수 있을 것이다.

최길성의 조사[31]에 의하면 성화춘은 대대로 이어온 전주 세습무계 출신으로 조부와 부친 모두 각각 거문고와 해금의 명수였다. 조모와 모친 역시 전주 일대에 유명한 세습무였다. 이 세습무계에서 이름난 잽이꾼과 판소리 광대가 배출되었다는 사실도 최길성의 조사에서 확인되고 있다. 최장복의 가계도 당골가로 소개되고 있다. 8대조부터 무업을 시작하게 되었고 땅재주와 줄타기에서 두각을 나타낸 세습무계 집안으로 소개되고 있다. 성화춘으로 이어지는 세습무계는 주로 악기연주와 판소리에 능한 걸로 보이고 최장복으로 이어지는 세습무계는 땅재주와 줄타기와 같은 곡예에 능했다. 이러한 가계의 혼합이 최장복에 이르러 삼현육각을 연주하는 잽이꾼의 맥을 형성한 것으로 보인다. 최씨가의 정체성에 다소 혼란이 있지만, 최장복은 처가의 잽이꾼들과 교류하면서 피리나 해금 또는 대금의 기예능을 향상시켰다. 한편 최병호는 최길성에 의해 소개된 굿의 제차와 무가 사설이 정확하지 않다고 지적한다. 매우 형식적으로 내담자에게 관련 정보를 제공하게 된 맥락도 설명한다. 이를테면 짧은 시간의 형식적인 면담 과정에서 실제 사흘이 걸리는 굿의 규모가

30분이나 한 시간 정도로 축소되었다는 것이다. 그런 과정에서 보고된 내용은 전체적인 것이 아니라 부분적임을 지적하고 있다. 또 문화재위원에 의한 조사 보고와 자신의 기록을 대비하면서 무가의 자손으로 직접 경험하고 체득하고 들은 내용을 기록한 좀 더 이른 과거의 무풍속에 대한 강한 자의식을 표출한다. 현재 존재하는 무당들은 최병호의 부모가 굿을 할 때 함께 할 수 없는 사람들로 "마지막 판에 한 두어 번이나, 그 사람들 오면은 우리 밑에서 심부름이나" 해주었으며 어쩌다 칠성풀이 같은 것을 하게 되기도 했는데, 이때도 잘못했을 경우에 부모로부터 핀잔을 듣는 등 인정받지 못했음을 강조한다. 특히 제석굿과 씻김굿과 관련하여 그것과 무지내 굿의 차별성을 강조한다. 이러한 주장은 마지막 남은 전라 윗녘 잽이꾼의 강한 자의식이 투영된 것으로 과거의 전통적인 굿에 대한 자부심과 회한이 담겨 있는 것이라 하겠다.

　그 자의식의 근저에는 무를 천시하는 사회적인 풍토에 대한 반감이나 체념 혹은 회피적인 정서가 깔려 있다. 이러한 정서는 부친과의 갈등과 대립으로 나타나기도 했고 변화를 요구하는 의지로 표출되기도 했다. 부친은 고인들의 장인長人으로 규칙에 벗어나는 일이 벌어질 때 규칙 위반자를 데려놓고 곤장을 치기도 했는데, 최병호는 이에 반대하기도 했다. 최병호의 주장은 예술이 인간의 감정을 표현하고 시대적 요건에 조응해서 그것을 대변해주는 것이기 때문에 잽이꾼들의 예능 활동을 구속하지 말아야 한다는 것이었다. 이 무업에 대한 예술적인 인식과 사회적 평등의식은 최병호의 삶에서 매우 중요하게 작용했다. 한 번은 종친회를 갔는데, 거기에서 머리가 하얀 노인이 심부름하는 것을 보았다. 그는 70대 노인으로 산지기였다. 그런데 젊은 사람이 그 노인을 하대하고 실수했을 때 심하게 욕하는 것을 보았다. 관습적으로 당연하게 통용되는 풍토였지만, 그에게 이 풍토는 화나고 고통스러운 것이었다. 그는 이러한 풍토가 무풍속의 전승을 가로막은 중요한 요인이라고 인식하고 있다. 이러한 그의 사회의식은 그의 예술론과 전통문화론으로 이어지기도 한다. 인간은 평등하고 그 사람들이 예술을 하는 사람들인데 하대가 가당치 않다는 것이다. 전통문화의 근본이 무에서 나왔기 때문에 무는 소중한 것이며 또 근대까지 시대를 대변해주었기 때문에 절대 무시될 수 없다는 것이다.

최병호는 전라 윗녘 무풍속가의 마지막 남은 잽이꾼이자 자기 세대의 자리에서 부모를 비롯하여 친인척들의 무풍속을 직접 보고 듣고 습득한 것을 적은 기록자 혹은 연구자이다. 비록 제도적 학문 내에서 체계적인 지식과 이론을 정립하면서 무풍속을 연구하지는 않았지만, 독학으로 문학과 음악, 심리학 관련 책들을 공부하면서 그 세대의 끝자리에서 마지막 빛을 발하던 무풍속의 현상들을 기억하고 재구하여 기록해놓았다. 뿐만 아니라 장타령을 비롯해서 남도 민요, 경기 민요도 지속적으로 관심을 가지고 채보해놓기도 했고 무굿이나 무가 사설에 보이는 특정한 용어들의 의미를 숙고하여 그것을 한자어로 표기해놓기도 했다. 또 시나위를 애원성으로 특성화하여 그것의 이론화를 시도하기도 했으며 전라북도 무주에서 초란이패를 조사하여 정리해놓기도 했다. 사멸해가는 전라 윗녘 무풍속의 실상을 전하기 위해 삼현육각을 보존하려고 애씀과 동시에 무풍속을 기록으로 정립하려고 노력해왔다. 그가 지닌 기억과 기록은 대부분 잊혀져 찾아볼 수 없는 것들에 대한 문화적 기억들이라 할 수 있다.

신분적으로, 경제적으로, 어려운 조건 속에서 일상을 견디며 아니 끊임없이 축원하며 상생과 복락의 세상을 만들어 가던 생활 속에서 정교해지고 세련된 문화가 무풍속이다. 현재 존재하는 전통문화라는 것이 거기에서 비롯되었으므로 존중해야 마땅하고 과거의 "계급적인 입장"을 떠나 "예술적으로 체계적으로 발전"시켜야 한다. 그것이 생활적이었으므로 그 전승은 생활 속에서 자연스럽게 이루어졌다. 또한 그것이 신분으로 울타리 쳐놓은 계층적 집단에서 혈연과 혼맥의 네트워크를 흐르며 존재해왔으므로 민중성을 띠면서 가족적/혈연적 전통 속에서 구전심수 되어왔다. 무당이 되기 위해서는 학습이 중요했다. 왜냐하면 무당이 수행하는 굿은 매우 복합적인 요소가 결합된 총체적인 공연예술이기 때문이다. 그래서 선대의 무당이 후대의 무당을 학습시킬 때 매우 엄하게 교육시켰다. 그런데 이보다 선차적인 전승(혹은 학습)의 요소는 유전적인 데 있다. 즉 내림으로 그 바탕이 형성된다는 것이다. 최병호가 무엇보다 강조하는 것은 바로 애원성이다. 애원성은 개인적인 정서에서 우러나오는 것이었다기보다 그것은 집단적이고 계급적인 것이어서 사회역사성을 갖는 감수성이었다. 그런데 그러한 감수성은 사회적인 환경을 울타리로 한 생물학적인 소인을 바탕으로 해서 시작되는 것이므로 유전적이고 계통적인 것이라고 할 수 있다. 따라서 그것의 전승은 그 계통의 사람이 아니고서는 이루어질 수 없는 것으로 정리된다.

전승의 바탕이 유전적임과 동시에 계층적이라면 그 방식은 구전심수와 상전 그리고 풍류라는 말로 정리할 수 있다. 문자의 소유가 엘리트나 지식인, 그러니까 사회적 상층부의 전유물이었기 때문에 기록의 대상이 될지언정 기록의 주체가 될 수 없었던 사람들의 기록은 구비전승의 방식을 취하기 마련이다. 그런데 구전심수는 말과 그 말에 포함된 다양한 수행적 요소들까지 포함한 전승이 가능하다. 문자의 기록은 문자 이외의 다양한 수행적 요소들과 조건들을 사상시키지만, 구전심수는 마치 현재의 디지털 영상 매체와 같이 생생하고 총체적인 학습을 통한 재생산을 가능하게 한다. 물론 그 과정에서 수정과 생략 또는 탈락과 삽입 등의 다양한 변화 양상이 일어나게 되지만, 구전심수는 사회적 인적 기반이 붕괴되지 않는 한, 그것이 전승시키고자 하는 전체 즉 전승 대상의 체계와 구조, 내용과 표현 형식 등을 포함해, 그것을 수행하는 사람의 인성과 마음까지도 전승시킬 수 있다. 이러한 구전심수를 중심으로 하여 서로 다른 개성과 취향 그리고 지역적 특성이 혼합되어 그것을 새로운 형태로 변화시키고 양식적으로 발전시키는 것이 상전과 풍류라 할 수 있다. 상전은 전승 집단 내에서도 이루어지지만, 전승 집단 간에도 이루어지며 지역 내에서 또는 지역 간 교류와 전파 및 변화를 가능하게 한다. 따라서 구전심수, 상전, 풍류는 전승의 방법이면서 동시에 변화와 창조의 요인으로 작용한다 하겠다.

최병호는 요즈음 이루어지는 민속예술의 전수나 학습이 과거와 판이하게 달라졌다고 말한다. 생활과 대우는 과거와 비교할 수 없을 정도로 나아졌지만, 연행의 조건과 내용을 비롯하여 그것이 전수되는 체계와 구조는 오히려 전승 기반을 붕괴시키는 방향으로 작동되어나간다고 인식한다. 그것을 "원형을 보존할 수 없다", "원형이 변질 되었다"고 표현한다. 또한 원형이 보존되지 않으니 발전이 될 수 없다고 말한다. 그것의 원인을 '시간의 계산'에서 비롯되는 '공연의 단축'에서 찾는다. 즉 "노상 시계 봐갖고 좋은 소리 나올만 허면 딱 끊어버"리는 것이 문제로 간주된다. 여기에서 음미할 점은 원형의 의미, 전승의 의미라는 것이 근본적으로 시간과 공간의 특성을 반영하는 것이라는 점이다. 즉 과거의 원형은 그 시절의 시간 인식 체제의 산물이었다. 그래서 그것은 완만한 시간의 리듬, 순환적이고 주기적이며 생태적인 시간 인식의 체계 내에서 형성·변화하는 것이었다. 그러나 시간의 합리적 계산, 시간의 경제적 인식이 지배하는 근현대 자본주의 사회에서 그것은 필요에 따라 잘리고 생략되고 축소되어야 했다. 그러므로 "원형대로 하면 기가 막히지"라는 발화에는 근대적 시공간성과 배치될 수밖에 없는 미적 취향과 인식 체계가 작동하고 있다고 말할 수 있다. 다시 말해 원형에 대한 강조는 구태를 고수하고 반복하려는 퇴행적 의지라기보다는 현재적이고 대안적인 의미에서 탈근대적 또는 반자본적 감수성이 함축된 소망의 표현이라 하겠다.

"과거는 먹통 속"에서 지내왔지만, 지금은 "좋은 시대"이다. 그렇다고 '이 좋은 시대'의 "TV땜에 이것이 달라질 수"는 없다. 왜냐하면 "그 시대의 사람은 그 시대의 연령이 있기" 때문에 그것을 좋아하던 세대가 다 사라질 때까지 그 현실적 효용성은 존재할 것이다. 그럼에도 불구하고 '시간을 재는 TV'라는 메커니즘은 "중요헌 대목은 길게 이어서 이렇게 나가는 대목을 중간중간으서 다 빼고 중요한 것만 는다고 히갖고 느서허"기 때문에 의미의 온전한 전달이 불가능해진다. 그래서 그는 "옛날식으로 내 주장대로 해서는 도저히 안 된다"고 인식한다. 그렇게 "세상을 지내야 맘이 편"하다고 하면서 현재까지 자기가 살아온 시대를 술회한다. 그럼에도 불구하고 무풍속은 우리 전통문화의 근간이며 거기에서 현재의 모든 민속예술이 갈래를 터 나왔다고 하면서 거기에 속한 무당이랄지 재인이랄지 광대랄지 기생이랄지 이 모든 사람들을 괄시해서는 안 된다고 강조한다. 그 사람들을 괄시하는 것은 사람이 자기의 근본을 괄시하는 것이고 자기 집안의 시조를 반대하는 것이나 다름없다고 말한다. 특히 국악을 하고 민속악을 연구하는 사람들은 더더욱 그렇게 해서는 안 된다고 경계한다. 한평생을 그 속에서 살아오면서 끊임없이 그 의미와 가치를 되새겨 온 그는 창조보다는 원형 그대로 기록되길 당부하기도 한다. 그러나 현 시점에서 전라 윗녘 무풍속은 지속적인 전승과 연행이 불가능하다. 그것은 오직 기억 속에, 그 기록의 흔적 속에 남아 있게 될 것이다. 다시 말해 기억의 복원만이 가능하며 그 복원된 기억의 음미를 다양한 방식으로 수행할 수 있을 것이다.

4. 잊혀진 풍물예인에 대한 파편화된 기억의 쟁투

구술성이 지배하는 사회에서 커뮤니케이션의 양상은 소문에 크게 의존하는 경향이 있다. 소문은 익명성anonymity·즉흥성improvisation·이행성 transitivity의 유동적인 역학에 따라 작동한다. 소문은 전달 방식과 그것이 전달하는 특별한 진실효과의 측면에서 구술성과 공동체 구조들에 의존한다. 소문이 상당히 유용한 정보를 담은 진정한 기록이었다는 주장은 그것이 공적인 담론[32]으로 그것과 관련된 민중적 행동을 촉발시켰음을 함축한다. 이러한 점에서 소문에 담겨진 사건성이 비록 증폭된 의미들로 발산된다 할지라도, 소문은 민중의 공통의지로부터 나온 행동과 상응[33]하며 민중의 지혜와 욕망이 투사된 하나의 담론 형식이라 할 수 있다.

표인주는 무속 연구의 외연을 확대시킬 목적으로 무당 생애담의 서사 구조와 의미·신화적 기능·정체성 등을 분석하였다. 이 과정에서 문화적 기억으로서 생애담의 담론적 위상과 담화적 진실을 검토[34]하였다. 그런데 생애담의 서사적 구성과 진실성이 기반하는 담론적 기초가 소문이다. 왜냐하면 이경화의 구술 속에서 신화화되는 아버지 이주완의 명성과 평판은 당대 대중 사이에서 떠돌던 풍문에 기초하고 있기 때문이다. 그 소문은 그녀의 경험과 중첩되어 풍물예인으로서 아버지 이주완을 신화화하고 있다. 특히 아버지 이주완은 이경화의 몸주신으로 좌정하는 과정에서 신격화된다. 이른바 '무당-되기'의 통과의례로 체험되는 신화적 진실성은 기억의 문화적 형식인 망자숭배와 결합해 효과를 발휘한다. 이는 과장된 실제적인 사건에 허구적인 내용을 가미하여 청자로 하여금 그 사실을 신뢰하도록 하는 구술전략으로 평가된다.

공식적인 기억의 층위에서 탈각된 존재가 흔적을 남긴 소문이라는 담론이 언제나 허구일 수는 없다. 소문의 진실성은 듣는 사람의 시각에 따라 높기도 하고 낮기도 하다. 글에 의한 것이든 말에 의한 것이든 모든 소문은 우선 일종의 전달임을 알 수 있다. 소문의 핵심에는 사실에 대한 주장이 자리 잡고 있다. 이런 주장이 어떤 의견 표명의 옷을 입고 나타나거나 물음표를 달고 등장하는 것이다. 하지만 무엇보다도 소문은 불확실한 진실성에도 불구하고 믿음이라는 옷을 입고 유포[35]되는 담론이다. 풍물예인으로서 이주완의 명성과 평판은 이러한 측면에서 민중들 사이에 떠도는 주장 혹은 믿음이 내포된 담론으로서 소문이다. 소문은 그 최초의 생성지가 불분명할 수 있고 생성 주체의 불특정성으로 인하여 그 내용의 사실성이 의문에 붙여질 수 있다. 그럼에도 불구하고 소문은 그것을 공유하는 사람들 사이에서 증언을 만들고 믿음을 확립한다. 따라서 소문은 본질적으로 유동적인 성격을 가지고 있지만, 그것을 공유하는 사람들 사이에서 고착화된다.

소문이 전달하는 대상 혹은 사건은 양가적일 수 있다. 소문이 떠다니는 공간 즉 담론 공간의 지정학적 관계 속에서 그 문화적 성격을 달리할 수 있다. 한편으로 소문이 고착화되어 규범화되는 경우 그것은 그 공간 속에서 문화적 권위를 담지하고 그것이 제도화될 때 소문의 대상이나 사건은 그 담론 공간을 지배하는 문화적 권력이나 정전이 된다. 다른 한편으로 소문의 대상이나 사건이 기념의 형식이나 회상의 형식을 담보하지 못하고 파편화될 때, 또 그것이 망각되지 않는 잠재성을 담론 공간의 틈새에 저장하거나 재생할 때 그것은 문화적 쟁투의 진지가 된다. 그것은 일종의 대항 기억이 되고 소문의 담론적 진실성을 확보하여, 그 문화적 형식(기념이나 회상 등)을 확립해 갈 수 있다. 이것이 소문의 담론적 위상과 성격이라 하겠다.

이주완의 소문은 후자의 경우에 해당된다. 전자의 경우는 호남지역 무형문화재로서 지정된 풍물굿의 시조로 기념되는 전판이(호남좌도), 김도삼(호남우도) 등과 같은 뜬쇠들에 관련된 소문들이다. 이들 중 몇몇은 출생지와 활동지가 부분적으로 밝혀지기도 했지만, 그들이 지닌 기예능의 구체적인 정보는 언제나 미궁에 빠져있다. 다만 현재의 공연 형식과 내용을 중심으로 계보도가 작성되면서 공인된 문화적 기억이 되어 있을 뿐이다. 이와 달리 후자의 대표적인 경우에 해당하는 이주완과 관련된 소문은 출생지와 활동지 및 공연의 구체적인 양상이 밝혀지고 있는데도 불구하고 그것은 비공식적인 기억의 틈새를 떠도는 소문의 자리에 머물러 있다. 현재 접할 수 있는 이주완에 대한 집합 기억은 구술문화에서 담론 형식으로 작동하는 소문에 기초해 있다. 소문의 담론 형식은 그것이 사실로 확인 불가능한 '최초 사건'을 토대로 입에서 입으로 전해지는 구술성에 의해 확장된다. 또 그것은 이러한 구술적인 커뮤니케이션의 회로를 통해 사건에 대해 집단적인 서술 행위를 한다. 따라서 소문은 그 담론 형식 속에 의미의 퇴적층을 형성하고 있으며 집합적인 성격을 지니고 있다. 이러한 소문의 담론 형식은 그 전승 혹은 소통 및 회상 과정에서 양가적인 특징을 지닌다. 즉 고착되거나 끊임없이 재구성된다.

소문은 사람들의 입에 자주 오르내리는 사이 불변적 사실처럼 화석화될 수 있다. 더욱이 그것이 문자언어에 의해 고착될 때 공식적인 담론으로 그 지위를 확보해간다. 확인되지 않은 말의 형식으로 소문은 반복적으로 통용되면서 사실로 받아들여지게 되는 것이다. 그럼에도 불구하고 소문의 사실성은 중요하지 않으며 사실에 기초한 탐문이 진정으로 의미 있는 작업이 될 수 없다. 왜냐하면 최초 사건에 대한 사실이 확인된다 할지라도 그 사건이 전파·확산되면서 덧붙여진 내용에 대한 우리의 인식에서 집합적으로 각인된 '비사실'의 흔적을 지워낼 수 없기 때문이다.

소문의 담론에서 화자는 집합적이며 특정할 수 없는 존재이고 소문을 접한 누구나 그것에 감염 혹은 공감되기 때문에 화자의 위치에서 발화를 경험할 수 있다. 다시 말해 우리는 우리 자신도 알지 못하는 사이에 소문을 인용하는 불특정한 다수의 대열 속에 동참하게 되며 무수한 화자들은 연대하면서 거대한 힘을 발휘하여 알게 모르게 우리를 다시 지배[36]할 수 있다. 중요하게 생각할 것은 소문의 담론 형식이 전달하고자 하는 대상 혹은 사건과 관련된 의미·가치 등일 것이다. 요컨대 소문의 담론 형식은 사회적 통념이 소문에 소문을 거듭하면서 사회 담론에 의해 정해진 이미 준비되어 있는 말, 이미 준비되어 있는 생각, 이미 준비되어 있는 행동이 덧붙여짐[37]으로써 서사화된 것이라 할 수 있다.

이주완과 관련된 소문의 해석으로부터 우리는 소문을 집단기억이 숨어 있는 담론으로 규정할 수 있다. 또 그것은 과거와 현실을 매개하며 공유 집단 또는 공명 관계의 에너지를 증폭시켜 그 기억이 지향하는 욕망을 생성하는 유동적인 담론장으로 생각할 수 있다. 따라서 소문의 숨은 층위에 잠재하는 집단기억과 그 욕망에 대한 검토가 필요하다. 그것은 사회의 규범적인 담론 권력과 경쟁하고 갈등하는 개별 담론의 잠재성, 즉 사회적 담론 공간의 투쟁적 역동성과 관련되어 있다. 규범적 담론 권력에 대항하여 특정한 개별 담론들로 커뮤니케이션하는 집단을 담론적 공동체라 할 수 있는데, 이 공동체의 성립 근거는 성원들이 살고 대화하며 공유하게 되는 역사적·사회적·정치적·문화적 경험들이 된다. 중심으로부터 주변에까지 펼쳐지는 다양한 스펙트럼 안에서 상호투쟁적인 관계, 전복적인 간극을 형성할 가능성이 소문의 담론 형식에 내재해 있다. 다시 말해 소문 속에 퇴적된 개별 담론은 지배적 담론 권력에 완전히 복속되지 않고 사회공론의 장으로부터 추방되지 않으면서 대항 담론을 계속적으로 형성할 수 있는 위치[38]를 가진다.

이주완에 대한 기억은 개인적 차원에 머물지 않고 기억의 매체인 풍물 문화와 함께 회상되고 소통되는 기억으로 아직은 역사화되지 않거나 망각되지 않은 문화적 기억으로 존재한다. 이주완에 대한 기억이 풍물 문화를 매개로 소통하는 문화적 기억이라면 그것은 문화적 정체성을 형성하는 요소가 되며, 그 정체성의 안과 밖에서 경쟁과 갈등이 일어난다.

다시 말해 그 기억들은 이주완에 대한 문화적 기억 형식 즉 풍물 문화를 매개로 보존되며 특정한 문화 상황 속에서 갈등하고 타협한다. 왜냐하면 기억 주체 혹은 전승 주체의 다양한 문화적 실천을 통해 그 기억이 구성되기 때문이다. 실제로 이주완의 딸 이경화를 중심으로 한 기억 행위자들은 그 대척점에 있거나 이미 제도적으로 공식화된 지역의 풍물 연행자들과 대립한다. 그 대립은 풍물 문화의 전통과 권위를 두고 벌이는 정체성의 갈등으로 나타난다. 그 대립은 특정한 장소와 연결되어 전개된다. 이주완이 활동했던 나주·광주 등지는 제의적·역사적·개인적 혹은 문화적으로 의미 있는 사건(풍물의 연행)을 통해 기억의 장소가 된 현장들이다. 그 현장들은 외부적 기억의 매체이다. 왜냐하면 장소는 집단적 망각의 단계를 넘어 기억을 확인하고 보존할 수 있는 곳이기 때문이다. 전승의 단절이 발생했을지라도, 그 기억의 담지자요 복원을 열망하는 자들에게 그 장소는 기억의 소생을 일으키고 그 소생된 기억은 장소를 되살리는 것이다. 이를테면 복원의 과정에 있는 나주 진동농악은 이주완의 기억을 되살리고 그 문화적 정체성과 전통적 권위를 그 장소에 부여한다.

이주완에 대한 문화적 기억은 망자 추모에 그 인간학적 본질이 있다. 그의 사후에 잠정적으로 '낡고 천한' 유산을 청산하려고 가족들이 관련 자료를 소각하는, 망각의 의지에 의해 그 기억들이 묻히는 듯했지만, 사회문화적 상황의 변화에 기억의 주체들이 반응하면서 다시금 망자의 이름을 되살리고 후세에 전해주는 것이 소임으로 자리 잡는다. 이주완에 대한 기억의 소생은 일종의 망자추모로 그것은 종교적인 차원과 세속적인 차원으로 나누어진다. 전자는 그의 딸 이경화의 몸에 신병의 징후로 나타나고 새겨지면서 몸주신으로 좌정하여 숭배되는 신성성으로 나타난다. 후자는 일종의 송덕으로 문화적 기억의 기념비로 전승력을 확보하려는 노력으로 나타난다. 그리고 이러한 망자추모의 문화적 기억은 살아 있는 자와 망자를 서로 연결해주는 가장 본질적이고 널리 알려진 문화적 형식으로서 망자숭배에 해당한다.

망자추모 혹은 망자숭배를 통한 문화적 기억의 복원과 전승 그리고 그 확장성은 그 과정에서 변형과 증폭의 궤적을 그린다. 체험하거나 관찰된 사건이 목격과 증언에 의해 사실성을 확보하고, 풍문을 통해 대중적 공감과 지지에 따라 신화화된 기억으로 회상된다. 그것은 특정 개인이기도 하지만, 풍물 명인 이주완에 대한 기억을 지역의 문화상징으로 복원해 문화적 권위를 확보하려는 집합적 주체이기도 한 그의 딸 이경화의 몸에 신으로 자리 잡아 전통적인 습속의 장과 문화상징이 효과를 발휘하며 문화정치의 장을 오가는 기억이 된다. 따라서 이주완의 이름을 기억하는 행위는 하나의 특별한 독점적 특권을 가진다. 또 기억하고 망각하는 것을 통해 자신을 정의하고 그 과정에서 기존의 정체성을 재구성하기도 하는데, 이러한 정체성의 개조는 곧 기억의 개조라 할 수 있다. 이는 또 기억을 두고 벌이는 투쟁이며, 현실의 해석을 두고 벌인 투쟁이다. 그런 점에서 기억된 과거는 정체성 확보의 문제이자 현실의 해석이며 가치의 정당화로 연결된다.

신으로 만난 아버지는, 기억의 현재화이고 육화된 신성성이자 그것을 통해 정체성 혹은 정당성을 확보하고자 하는 무의식적 전략이다. 여기서 몸은 이주완에 대한 기억의 매체가 된다. 몸주신으로 좌정한 존재 자체가 기억의 보증이 된다. 이는 이주완에 대한 다른 기억의 매체들, 즉 이주완을 기억하고 있는 제한적인 지역 대중들 사이에 회자되는 풍문, 문화재로 지정된 영광이나 담양 혹은 광산 농악의 계보 구성에서 주변화된 회상기억, 나주라는 장소성을 근간으로 풍물 문화의 복원과 확장을 꾀하면서 회상되는 기억 등과는 다른 배치의 산물이다. 그것은 이주완과의 직접성을 혈연적으로 지지하는 사후적 기억이고 그 기억의 중요한 담지자로서 정당성을 강화한다. 현재의 시점에서 풍물꾼 이주완에 대한 기억에는 역사적(혹은 경험적) 사건들과 신화적 사건이 섞여 있다. 그것은 역사적으로 덧쓰인 기억이라 할 수 있으며, 기억이 지니고 있는 유동성을 보여주는 것이다. 한편 기억이 지닌 공통점은 마을 농악을 벗어나 있는 이주완 농악의 예능성·대중성·활동성 등을 증언하고 있다. 함께 활동했던 체험을 토대로 이주완에 대한 기억에 신빙성을 가미하고 있다. 그런데 이 기억들에서 이주완의 풍물 예능을, 마을이나 지역을 넘어서 활동한, 전통적인 문맥에서 벗어나 있는 대중적 풍물 예능으로 규정하고자 하는 의도를 읽을 수 있다. 이는 특정한 지역의 문화적 유산으로 지정되는 과정에서 장애가 되는 기억으로 효과를 발휘할 수 있는 기억의 배치이다. 기억을 토대로 이주완 풍물 예능의 성격을 다음과 같이 정리할 수 있다. 즉 이주완 풍물의 공연 방식은 다소 유동적이다. 그가 주로 활약한 공연 공간은 마을의 세시의례 공간, 장터가 열려 난장이 트인 공간, 경연대회로 시간 제약이 있는 공연 공간 등이다. 마을의 공간에서는 당산제나 마당밟이의 공연 형태가 이루어졌고, 장터의 난장이나 약장수에 팔려 연행한 공연은 전통적인 공연 형식이라기보다는 호객 행위를 위한 부수적인 공연 행위였다. 이외에 창극단과 함께 한 공연 형식으로 '마찌마리'라 불리는 공연 선전 활동 즉 길놀이 형식이 있었다. 이러한 이주완 풍물 연행에 대한 기억은 판소리·창극·민요 등의 공연 레퍼토리와 서양악기 연주가 결합된, 당대 대중의 기호에 부응하여 각색된 문화적으로 혼종적인 풍물 연행의 조각들로 배치된 기억들이다.

이주완에 대한 문화적 기억은 그 기억을 보존하고 있는 담화 주체들 간에 서로 다른 차이의 궤적을 그리고 있다. 그 차이는 구체적으로 가족과 동료 혹은 후배 그리고 제자 사이에 나타나고 가족 중에서도 망각의 례를 행한 가족과, 예능을 어떤 식으로든지 계속하면서 이주완의 계보를 잇고 그 전승 조직을 가지고 기반을 다지며 복원에 열중하고 있는 가족 사이에서도 발생하고 있다. 즉 아버지를 몸주신으로 받은 무속인이

자 풍물 예능인인 딸, 스스로 설장고 명인으로 지칭하면서 공연을 하고 있는 딸 이경화의 기억은 다른 가족들이 지닌 기억보다 더 구체적이고 완결적인 서사를 구축하고 있다. 또 이주완의 후배들로 그를 따라다니며 그와 함께 공연했던, 현재 남도 농악에서 중요한 위치를 점하고 있는 풍물예능인들과, 직접 이주완 풍물 예능을 사사 받고 수제자로서 풍물 현장에 함께 했던 박남기 사이에서도, 이주완을 공통분모로 하는 문화적 기억을 지니고 있지만, 각각의 위치와 상황에 따라 다른 궤적을 보인다. 이는 현재의 위치에서 자신의 위치를 부각시키기 위해 그 기억을 재구하여 자기 자신의 기억을 좀 더 정당화시켜 입지를 강화하고자 하는 기억의 배치에 다름 아니다. 이러한 기억의 궤적과 배치는 서로 공유하는 부분이 있음에도 불구하고 전승과 복원의 현실적인 문제 앞에서 갈등하고 대립할 수 있는 잠재성을 지니고 있으며 그 기억들은 상징 투쟁의 자원이 되고 정치적인 효과 또한 지니고 있다. 소문과 기억, 다시 말해 이주완에 대한 지역 대중 혹은 당대 대중의 기억을 담은 풍문들, 그러한 소문의 담론에 진실성과 정당성을 부여하는 각각의 기억들이 덧씌워진 이주완에 대한 소문과 기억의 담론들은 이러한 점에서 문화정치적 성격을 드러낸다.

잊혀진 기억이 다시 활성화되는 문화정치적 환경을 보면 정치적으로는 1987년 6월 항쟁의 성과로 나타난 형식적 민주주의의 도입으로 유연 국면이 조성됨에 따라 시민의 자율적 영역이 활성화되었고 새로운 사회를 지향하는 문화적 흐름이 나타났다. 이 시기 문화적으로 새로운 일간·주간 신문의 창간, 지면 증면, 공중파 방송 추가, 케이블 TV 도입 등 대중매체의 급속한 팽창이 일어났고 대중음악·영화·애니메이션·컴퓨터 게임 등 대중문화 장르의 확산[39]이 있었다. 이러한 문화정치적 국면들 속에서 대중의 문화 향유와 문화 실천의 욕망이 자극되고 소비자본주의의 진척으로 인하여 여가 문화가 활성화되면서 문화의 생산·유통·소비의 관계망이 사회 공간 속에서 독자적인 구조와 흐름을 가지고 전개되었던 것이다. 이주완에 대한 문화적 기억의 활성화가 유의미한 것으로 힘을 얻게 되어 전망을 가질 수 있는 기대감이 커지는 것도 바로 이러한 문화정치적 환경의 변화와 깊은 관련을 가진 것이라 하겠다. 그런데 주목할 필요가 있는 것은 이러한 기억의 활성화 과정에서 일어나는 문화와 권력, 기억 혹은 그에 바탕한 전승지식과 권력의 작용이다. 이것 없이는 이미 형성된 제도적 풍물 문화장의 구조에 틈입할 수 있는 조건을 비활성적인 기억이 마련할 수 없다.

소문과 기억의 형성 내지 진원지는 개인의 차원에서 시작되겠지만, 그 활동 무대는 개인을 넘어선다. 문화적 기억으로 이주완의 경우 개인에서 가족 그리고 마을에서 지역으로 기억의 생성과 반복 및 확장이 일어났다. 그런데 그러한 기억이 활동을 멈춘 지점에서 그 기억들은 각각 개인·가족·마을·지역으로 분산되고 파편화되었다. 또 그 기억은 지역에서 마을로, 또 가족으로 축소되고 개인에 이르러서도 소멸되거나 침잠했다. 어쩌면 몇몇 개인의 기억이 그 문화적 기억의 장소가 되어 개인의 내부에 활성적인 기억이 아닌 비활성적 기억이 되어 그 외부에 자리 잡아간 것으로 보인다. 이렇게 개인의 바깥에 비활성적 기억으로 머물던 기억이 다시 활성화되는 계기를 맞아 개인 내부에서 활성된 기억으로 재구성되고 좀 더 폭넓은 외부와의 교차를 통해 그 기억이 일반적 기억으로 재생·확장되고 있는 기억이 되었다. 이러한 기억의 생성과 소멸·망각과 부정 이후 다시 일어나는 회상과 긍정·재생과 확장의 과정을 보면 활성적 기억과 비활성적 기억 또는 활성 중인 기억의 층위들이 감지된다. 그것은 이주완의 행적에 대한 주변인들의 기억들로 설명될 수 있다. 당대 대중의 기억의 축소판인 마을 노인들의 기억 즉 풍문이 기억의 발굴 혹은 채취에 의해 활성화되었고 마을 농악의 축제적 복원 활동 속에서 이주완에게 전수 받은 경험을 지닌 마을 일원에 의해 역동성을 띠게 된 것으로 보인다. 한편 가족들의 기억도 활성화되어 전승 조직을 가동하여 복원 기반을 마련하고 망각으로부터 기억의 재생을 공연 활동, 자료조사와 확보 및 축적을 통해 강화해나가고 있다. 이에 비해 이미 공적으로 풍물 명인으로 성장한 주변 경쟁자들의 기억은 이주완의 풍물 예능의 수준과 평판 및 대중적 명성을 확인해주고 있지만, 전승과 복원의 불가능성을 강조한다는 점에서 비활성적인 기억이다. 더욱이 가족이 중심이 되어 풍물 문화의 제도적인 장에서 그것을 복원·전승할 수 있도록 다각도의 노력을 기울이고 있지만, 그것은 아직 지역 농악으로 활성화되지 못한 활성 중에 있는 기억이다. 이처럼 이주완에 대한 문화적 기억은 활성적 기억에서 비활성적 기억으로 억압 국면을 거쳐 잠재적 기억으로 존속 국면에 머물다가 비활성기억에서 활성적 기억으로 전이 국면에 도달해 있다. 그러한 국면들이 다선적으로 전개되고 있다는 점에서 비활성적 기억이면서 동시에 활성화된 기억이자 활성 중에 있는 기억이다.

소문과 기억의 문화정치성은 소문과 기억을 매개로 형성된 신념과 이데올로기 및 정념이 야기한 욕망이 지식 권력과 만나 문화적 헤게모니를 획득하고자 하는 힘들 간의 작용 그리고 그것이 존재하거나 형성하는 장(혹은 체계)으로 규정할 수 있다. 그것은 문화적 제도의 공간에서 문화재를 욕망하거나 문화정치적 기획으로 나주농악의 재건을 시도하는 문화 실천으로 나타난다. 이는 이주완에 대한 소문과 기억을 망각에서 건져 올려 재구성하는 기념의 정치학이다. 그 기억은 망각을 불가분한 것으로 연결하는 이중의 기호로서 흔적이며 한 시대의 양식화되지 않는 기억 또는 지나간 한 사회의 무의도적 기억이다. 그 기억의 문화정치적 의례는 기존 공간에 균열을 일으켜 어떤 상태에 머물러 고착화되지 않는, 새로운 관계를 형성함으로써 이전과는 다른 의미와 가치를 생성하는 배치를 짜는 재구조화이다. 이 과정에서 망각되거나 억압된 문화 정체성을 재확립하여 특정한 권력을 구성하고 배분해간다. 이 문화정치성의 발현인 '되기'의 과정에서 이주완에 대한 문화적 기억은 상기되는 문화적 능력으로 작용하고 기존 문화공간의 체계에 이질적인 내용을 구성하여 일종의 권위와 규범으로 작용하는 계보들을 단절시키고 기억의 조각들을 자유롭게 배열하여 단절된 문화적 무의식을 복원한다.

제도화·규범화된 문화적 기억에 순응하여, 잊혀진 문화적 기억의 복원과 그 과정에서 만들어지는 문화 창조를 부정하는 태도에는 "자신의 가치가 은폐된 형태로 투영되는 허구"[40] 즉 객관성의 위험 혹은 기만이 도사리고 있다. 제도적으로 보면 현재 남도 풍물 문화장의 구조는 어느 정도 안정된 체계를 갖추고 자기 활동을 해나가고 있으며 적정한 재생산 구조를 지니고 상호 인정과 경쟁에 의해 문화적 권위를 확보하고 있다. 그러나 몇몇 살아남은 풍물 예능의 안정화가 새로운 풍물 문화의 실천을 억압하게 될 때 그것은 고착될 수밖에 없다. 따라서 좀 더 역동적인 풍물 문화장의 형성을 위해서는 기억의 선별과 공인 과정에서 내친 것들, 어쩌면 현재의 구도에서 부적합함을 넘어 불온하다고 여겨지는 것들에 주목할 필요가 있다. 그런 점에서 보면 이주완의 신적 자리매김은 숭고의 범주에서 이해 가능할지 모른다. 숭고란 칸트의 미적 용어로 정상적 재현과 표현의 영역을 넘어서는 것이고 상상까지도 넘어서는 어떤 것으로 규범적 영역에서 수용하기 어려운 것으로 이해할 수 있다. 때론 너무 끔찍하여 생각할 수도 없는 것이고, 너무 크든지 작든지 해서 제대로 인지할 수 없는 것이며, 너무 높거나 너무 낮아서 절대로 한눈에 들어오지 않는 것 등을 의미한다. 이주완에 대한 기억의 복원 과정에서 이루어지는 무속적 신성화 과정을 이러한 숭고미로 볼 때, 그에 따른 풍물 문화의 실천 행동들은 안정화된 제도의 규범들에 의해 꼭 규제될 필요가 없을 것이다. 그것이 설령 문화적 삶의 과정에서 이경화의 풍물 예능이 야기한 변칙적이고 비표준적인 것의 오염이 규범적 시각에서 판정된다 할지라도 현재의 시점에서 하나의 풍물 문화의 새로운 경향으로 이해해도 좋을 것이다. 그것은 민속의 축제 전통이 지닌 속성, 즉 카니발적 세계의 성격을 생각할 때 충분히 용인될 수 있는 것이다. 카니발적 세계에서는 "지배자가 사전에 정해놓은 위계가 제대로 지켜지지 않고, 선과 악, 삶과 죽음 우리 편과 적, 미와 추가 뒤섞여 구별이 되지 않아서 규범적 삶에 익숙하고 그것을 지키려는 사람이 감당하기 어려운 혼돈"[41]이 용인된다. 이는 어쩌면 민속의 정치적 태도로 타자와의 공존을 열망하는 것인지도 모른다. 타자와의 공존은 차이를 용인하고 함께 할 때 가능한 것이다. 즉 현재의 풍물 문화장에서 타자로 간주되는 사람들, 공식적인 제도 장에서 주변으로 내몰린 소수자·낙오자 등을 품어 안는 것일 것이다.

나주지역을 중심으로 활동하면서 광주와 여수 등지에서 활약한 이주완에 대한 사실적인 기록은 거의 찾아볼 수 없다. 지역사회 구성원들의 인식과 문화적 취향이 변화하면서 기록들은 정리되지 않고 분실되거나 불태워진 까닭에 남도의 풍물 명인 이주완의 면모는 다소 굴절되고 파편화된 기억의 조각들로 망각과 재구성의 사이를 떠다니고 있다. 이러한 현상의 중심에 문화정치적 사건들이 존재한다. 무형문화 유산의 지정과 그를 둘러싼 경쟁과 갈등의 국면이 존재하고 이주완의 후계자가 성장하는 과정에서 잊혀진 기억들을 문화정치의 장에 되살리려 하면서 또 다른 경쟁과 갈등의 국면이 조성·진행되고 있다. 이 국면들에서 풍물이라는 문화적 사건/공연이 주요한 매개로 작동하고 있다. 전통적인 문화사건/공연은 근대화의 과정에서 주변화되면서 의미와 가치의 측면에서 모순적이고 양가적인 시선에 의해 담론적·예술적·산업적·정치적 특성들이 조율되어왔다. 그러나 그것은 분리되고 고립된 시각과 방법들로 다루어져 왔다. 또한 각각의 특성들이 지닌 의미의 모호함과 혼종성이 제대로 포착되지 못했으며 시간적인 지연과 공간적인 분할이 야기한 다층적인 의미들에 대해서도 무관심했다. 이러한 한계를 극복하려는 필요성에서 문제의 전형적인 대상으로 판단되는, 근대화 과정 속에서 매우 유동적으로 존재했던 풍물예인에 대한 소문과 기억의 정치성에 주목하였다. 기억들의 배치와 그 배치를 통한 삶의 궤적이 기억되는 방식을 조명하면서 그 왜곡과 저항, 경쟁과 갈등의 양상을 통해 획득되기도 하고 망실되기도 하는 문화적 위치의 문제들을 다루어보았다. 이를 통해 소문과 기억의 배후에서 작동하는 욕망의 실체를 드러내고 그것이 지니는 의미를 성찰하고자 했다. 요컨대 사건의 의미들이 저장되고 고착되는 그 복합적인 과정을 소문과 기억 그리고 욕망과 권력이라는 테마로 접근하는 방식은 전통연희사 혹은 문화사의 망각되고 굴절된 국면들에 대한 하나의 담론적 기록의 구성으로서 의미를 지닐 수 있을 것이다.

5. 기억의 확장과 변형 혹은 의례화된 기억의 정치

조탑마을은 권정생에 대한 기억들을 품고 있는 기억의 장소이다. 이 기억의 장소 속에서 권정생에 대한 기억들은 "집단적인 것과 개인적인 것, 진부한 것과 성스러운 것, 불변의 것과 끊임없이 변하는 것이 나선을 이루며 뫼비우스의 끈처럼 하나가 되어 있"[42]다. 때론 물질적이고 기능적이며 상징적인 이 기억의 장소에서 권정생에 대한 직접적인 기억들은 간접적인 기억으로 이행하기도 하며 지역주민들의 범위를 넘어 민족적 유산으로 확장되는 과정 속에서 그 기억의 자본화, 정치화가 가능해지기도 한다. 다시 말해 권정생에 대한 기억은 외부에서 민족 작가의 위상이 부여되고 혹은 민중성이 부여된 기억으로 형성되어 공동체 내부로 전이된 기억의 이동을 보여주고 있다. 조상의 부재 혹은 단절 속에서 조상들의 공동체를 근대와 길항하는 기억으로 재구성하는 한편, 고통 받는 민중의 기억, 고난 받은 예수의 기억으로 계급화, 역사화, 종교화한 기억으로 구성되기도 한다. 이 과정에서 그것은 더 이상의 사회적 실천이 상실된 역사화된 기억으로 기념되기도 한다.

1927년 '돌움바우골'에 살던 아버지가 일본으로 돈 벌러 떠나고, 1936년 어머니는 아버지를 찾아가면서 할머니에게 목생을 맡기고 떠난다. 이 목생을 권정생은 평생 그리워하게 된다. 목생에 대한 그리움은 한국 근현대사의 굴곡 속에서 한 민족이 그리고 한 가족이 겪은 수난과 인고, 이별과 죽음 등을 함축한다. 권정생에게 조탑마을은 그러한 목생 형님이 살다 죽은 곳이다. 권정생이 평생 목생 형님을 그리워한 것에서 알 수 있듯, 조탑마을은 그렇게 애달프고 그리운 사랑의 공간이다. 또한 해방 이후 귀국길에 올라 1년 반 남짓 어머니와 함께 청송 외가에 머물렀지만, 1947년 뿔뿔이 흩어진 가족들이 다시 모인 결속의 공간이다. 그 뒤로 일어난 한국전쟁으로 인해 다시 가족들은 각지로 흩어져 생사조차 확인할 수 없었고 부산에서 재봉일을 하던 정생이 병을 얻어 돌아와 어머니의 극진한 보살핌 속에서 조금이나마 생명을 부지할 힘을 회복한 곳이기도 하다. 어머니가 돌아가신 뒤, 다시 방랑의 길에서 거지가 되어 다시 귀환한 재생의 공간이기도 하며, 또다시 아버지의 죽음을 목도한 이별의 공간이기도 하다.

조탑마을은 권정생에게 이산離散과 해후, 병마와 죽음으로 인한 헤어짐, 가진 것이 없어 소작으로 생계를 잇던 가난과 궁핍의 체험이 켜켜이 쌓인 불안한 공간이기도 하다. 조탑마을은 목생 형님과 어머니, 아버지에 대한 간절한 그리움이 곳곳에 스민, 병마와 싸우며 죽음으로부터 생명을 이어간 치유의 공간이기도 하며, 그 누구로부터도 자유로운 존재로 자연의 온갖 생명과 함께 한 공생의 공간이기도 하다. 특히 일직교회 문간방에서 시작되어 빌뱅이언덕 아래에서 숙성된 동화를 지어낸 고뇌와 창작의 산실이 바로 조탑마을이다. 그런데 권정생에 대한 조탑마을 주민들의 기억은 그다지 각별하지 않다. 그 까닭은 병마로 인해 타인과의 접촉이 제한되었기 때문이고 생업을 포함한 농촌의 일상과 다른, 작가의 삶을 살았기 때문이다. 그는 오랫동안 일직교회 종지기로 문간방에 기거하였기 때문에 교회 신자들과는 어느 정도 교류가 있었고, 주일학교 교사로 교회 아이들과 함께 했다. 특히 아이들은 권정생을 동네 아저씨 혹은 할아버지, 가르침을 받는 스승, 걱정과 근심을 토로하는 상담자, 편하게 찾아와 대화할 수 있는 친구로 여겼다.

주민들에게 권정생은 검정 고무신에 볼품없는 옷을 입고 오줌주머니를 차고 외롭게 살아가는 궁핍하고 병마에 시달리는 불쌍한 존재로 기억된다. 이러한 기억이 권정생에 대한 마을주민들의 일반적인 기억이며 그들에게 권정생은 그저 그런 존재로 별다른 교류 없이 곳집 옆 음습한 공간에 유폐되어 살았던 보잘것없는 사람이었다. 그러나 동화작가로 알려지면서 신문에 나고 텔레비전에도 나오게 되면서, 그 일반적인 기억 위에 동화작가 권정생이라는 기억이 덧붙게 된다. 하지만 이조차도 주민들의 일상에서 먼 존재로서의 기억을 강화할 뿐이다. 그런데 권정생 사후 다른 국면들이 조성된다. 그의 장례를 목도한 마을주민들은 동화작가로서 권정생의 위상을 실감하게 된다. 이러한 망자숭배의 기념비적 죽음의례를 통해서 마을주민들은 권정생에 대한 또 하나의 기억을 갖게 되는데, 이 기억은 권정생 생전, 그에 대한 주민들의 기억을 재구성했다. 그가 남긴 유산을 처리하는 과정에서 그의 유지를 받들고 그의 정신을 기념하기 위해 권정생어린이문화재단이 설립되고 고통 받는 아동들을 위한 각종 사업들을 통해 권정생은 하나의 문화상징으로 표상된다. 이러한 기억의 재구성 과정은 마을주민들과는 상관없이 권정생의 작가적 혹은 문학적 삶을 공유했던 마을 외부에 의해서 진행되고 확장되어 가고 있다.

권정생에 대한 마을 사람들의 기억들은 대체로 그가 주민들과 별로 어울린 적이 없으며 현대적인 것과는 거리가 먼, 세상의 유행이나 지향과는 거리가 먼 생활 존재로 반복된다. 그는 일본에서 태어나 고향으로 돌아온 소년으로 기억되고 있으며 성장 과정에서 고생을 많이 한 존재로 회상된다. 마을주민들과 같은 공간에 살았지만 서로 친밀하지 못한 존재, 마을주민들의 일상 주변에 존재했던 사람으로 기억되고 있다. 어쩌면 문둥병이나 기타 불치병 환자, 마을 안 비정상적인 존재로 마을주민들의 집합심성에 비추어지고 있는지 모른다. 그것은 동제 기간에 부정을 타지 않기 위해 금기를 정해놓고 그 금기에 저촉되는 존재들은 마을 바깥으로 이동시키거나 추방했던 마을 사회의 오랜 문화적 소산, 즉 해막처럼 표상되는 원형기억인 셈이다.

마을주민들은 그를 보통 '권 집사'로 불렀으며, 교회 문간방에 살면서 교회의 예배 일정을 알리는 종지기로 기억하고 있다. 또 그는 가난한 병자, 의지할 데 없이 홀로 살아가는, 보살펴야 할 존재였다고 회상되고 있다. 반면에 자신보다 어려운 사람을 늘 배려했던 따뜻한 존재로 기억되기도 한다. 즉 홀로 살아가는 듯 보이지만, 그 홀로인 삶의 자리 속에서 공동체의 이상을 실천한 존재로도 기억되고 있다. 배고픈 삶·고생·검정 고무신·검은 윗도리·교회·책 등의 언표는 주민들이 권정생에 대해 지니고 있는 기억들에서 공통적으로 발견된다. 글을 배우지 못한 마을주민들은 편지가 오면 그를 찾아가서 읽어달라고 하거나 답장을 써달라는 부탁을 하기도 했다. 가끔은 그에게 음식을 해서 가져다주기도 했다. 마을주민들은 그를 질병으로 인해 혼인하지 못한 무언가 결핍된 존재로 여기면서도 무슨 일이 생기면 찾아가 지혜를 얻을 수 있는 존재로 기억하고 있다. 이와 같은 주민들의 구술기억 속에서 권정생에 대한 주민들의 공통적인 원형의 기억을 발견할 수 있다. 즉 "그가 어렵게 살았다, 거지였던 적도 있었다, 오줌통을 달고 살았다, 그러니 장가를 갈 수 없었다, 늘 공부만 하고 어린이 소설집도 내고 아동문학가로 살았다, 다른 이들을 도와주고 살았다, 교회에서 종지기로 일하면서 생계를 이어갔다, 가난해서 이웃들과 잘 어울리지 못했다, 그래서 아는 게 별로 없다, 죽은 다음에야 그에 대한 이야기를 조금 알게 되었을 뿐이다" 등이 그것이다.

권정생에 대한 마을주민들의 구술기억은 원형기억으로 좀처럼 변하지 않는 심층기억이다. 이 기억에는 '가난하고 아프고 외로운 사람인 줄로만 알았는데'라는 전제가 항상 따라붙는다. 그래서 마을 사회에 그다지 영향력도 없었다. 그를 통해 심리적이든, 경제적이든, 신앙적이든, 교육적이든 여러 가지 차원에서 도움을 받은 사람들의 기억에서조차 그는 보통 이하의 수준에서 삶을 살았던 사람에 불과했다. 글을 다루고 동화를 쓰고 외부에서 찾아오는 손님이 많았다는 기억들 이면에도 마을 사람들과는 많이 다른 존재로 그에 대한 주민들의 일반적인 생각이 담겨 있다. 그 기억이 이행하고 변화하게 된 계기는 망자에 대한 숭배의 의례를 거행하면서부터이다. 살았을 적에 글을 쓴다는 것, 「강아지똥」과 『몽실언니』와 같이 널리 알려진 작품에 대해 조금은 알고 있었으나 그렇게까지 대단한 일이라고는 생각하지 못했다는 것이 권정생 사후 마을 사람들의 대다수 기억이다. 특히 남긴 유산으로 가족과 마을 그리고 교회를 돕고 가난하고 불우한 세계의 아이들과 이북의 아이들을 돕게 한 그 정신은 높게 평가되고 있다. 마을 사람들은 빈한하고 초라하게 살다 간 권정생이 죽고 나서 그 족적을 뚜렷하게 남기게 될 줄은 그의 생전에 짐작할 수 없는 것이었다. 그것은 기적적인 일이라고까지 언표되고 있다.

2007년 5월 17일, 오후 2시 17분 대구 가톨릭병원에서 권정생이 영면한 뒤 안동병원에 이송되고 장례위원회가 발족되어 5월 20일 오전부터 일직면 조탑리 5층 전탑 경내에서 민족문학인장으로 거행된 영결식의 경험은 마을주민들에게 매우 놀라운 사건으로 기억되고 있다. 그 이후 마을 사람들의 기억으로는 해마다 동화 얘기도 하고 살아온 이야기를 하면서 권정생을 추도하는 일이 마을의 한 일상이 되어갔다. 한국 아동문학계의 한 획을 그은 걸출한 작가로 평가받는 권정생의 동화에 대해서도 마을주민들 사이에서 사후 그가 유언으로 남긴 사회적 헌납의 공적 행위와 함께 재조명되어 운위되기도 한다. 그가 남긴 아동문학이 바로 마을 사람들이 어렵게 살아가는 삶의 일상에서 길어 올린 것이었음을 새삼 확인하고 높이 평가한다. 이를테면 『몽실언니』는 안동시 일직면 망호리 노루실에 살던 몽실이와 같이 마을의 일상 속에서 누구나 공감할 수 있는 그런 인물에 대한 이야기로 인식된다. 특히 권정생 사후 망자 숭배 의례를 거쳐 형성되고 있는 마을주민들의 사후 기억은 그들이 동정했던 그 가난과 질병의 고통까지도 재조명되고 번지 없는 집에 거주한 사실도 일종의 성스러운 기억으로 재현되고 있다. 그가 살았던 빌뱅이언덕 아래 번지 없는 작은 집도 '고인돌과 곳집 그리고 꽃산만데'가 의미하는 '으시시하고 죽음을 상징하는 곳'에서 병마와 싸우며 위대한 아동문학 작품이 창출된 산실 혹은 희망이나 생명, 돌봄과 배려, 존경과 겸손 등의 성스러운 가치가 샘솟는 장소로 재인식되고 있다.

권정생이 마을에 살면서 마을주민들의 공동체적 삶에 참여한 정도는 미미하다. 마을 공동행사에 부조를 하거나 주민들 중 경제적으로 어려운 사람들의 삶을, 관심을 가지고 지켜보면서 때때로 원조해주었고 교인 그것도 여권사나 여집사 그리고 주일학교나 중고등부 학생들 그리고 청년들과 교류했던 정도로 보인다. 주로 권정생은 교회를 나와 살기 전까지 신앙생활에 집중하였고 영성을 지닌 신실한 기독교도로 생을 지속했으며 동화 창작과 글쓰기에 몰두하여 그가 꿈꾸고 하고 싶은 이야기를 그것을 통해 펼쳐내고 세상과 소통하였다. 이 과정에서 마을 사회 바깥의 외부 활동에도 몸이 허락하는 한 전력하게 된다. 이를테면 80년대에 민주화운동이 한참 고조되고 있을 때 안동문화회관에서 독일 신부를 통해 당시 한국에 상영 금지된 영화들을 관람하고 토론하는 모임이 있었다. 주로 리얼리즘 계통의 영화들로 예를 들면, 채플린 영화 혹은 이탈리아의 리얼리즘 계열의 영화인 〈길〉, 〈무방비도시〉 등을 보았는데, 이 행사에 권정생이 참가했다. 또 1986년 『어머니 사시는 그 나라에』 시집이 나왔을 때 농민회관에서 출판 기념회를 하는 등 문학인들을 비롯하여 지역 시민들과 함께 당시 한국 사회의 민주화 활동에 참여했다. 이러한 권정생의 이력은 사후 그가 남긴 유지와 유산을 정리하는 작업에서도 작용하게 된다. 권정생 자신 또한 마을 외부 즉 정호경 신부·박연철 변호사·최완택 목사 등에게 자신의 유지와 유산을 맡겼다. 그에 따라 장례위원회도 외부에서 구성되어 영결식이 조탑마을에서 치러지게 된다. 그런데 중요한 점은 권정생의 유지와 유산을 해석하고 집행하는 주체가 이 영결식의 과정에서 결정되었다는 점이다.

그 이후 2007년 7월 6일, 49제 빈소를 철상하면서 정호경·최완택·박연철 상속유권자 삼자 합의로 재단설립을 발표하고 생가를 보존하기로 결정한다. 2008년 5월 6일에는 유품정리위원회가 해산하고 5월 16일 권정생선생유품전시관이 완성된다. 또 권정생어린이문화재단을 설립하게 되는데, 2009년 3월 19일 현판식 및 개소식을 하게 된다. 이렇게 설립된 권정생어린이문화재단을 통하여 권정생의 유지를 받드는 구호활동과 추모 사업을 비롯한 기념 활동이 전개되고 있다. 주된 내용은 권정생 기일에 추도식을 거행하고 그 과정에서 소외지역 공부방에 도서를 지원하고 있으며 일직초등학교에 급식비를 지급하거나 북한어린이에게 급식을 지원하고 있고 권정생문학기행과 문학해설사 교육양성사업 등을 전개하고 있다. 특히 2010년 12월 8일, 권정생의 문학적 업적을 기리기 위해 2013년 12월 개관을 목표로 하는 권정생어린이문학관 '강아지똥 동화나라' 사업이 확정되었다. 권정생어린이문학관은 안동시 일직면 망호리 구 일직남부초등학교 1만여㎡의 부지에, 도서관, 시청각실, 유품전시관, 동화 읽기·쓰기·구연연구소 등으로 구성되었는데, 실제 개관은 2014년 8월 29일에 이루어졌다.

주민들은 권정생어린이문학관이 일직남부초등학교 부지로 간 것에 대해 아쉬움이 많다. 주민들의 기억에 의하면 애초에는 마을에 시설을 두려 했지만, 땅 임자가 땅을 팔지 않아 일이 그렇게 되었다고 말한다. 교회에서는 교회대로 아쉬움을 표현한다. 빌뱅이언덕 아래 집을 지을 때 교회 청년들이 교회 마당에서 흙벽돌을 만들어 집을 지었고 교회 지붕을 뜯어 가기도 하는 등 교회가 주축이 되어 그 집을 지었는데, 교회 입장에서 보면 섭섭한 것이다. 그러면서 '권정생 집사님이 교회를 신뢰하지 못한 거는 틀림없'지만, 비판한 배경에는 교회를 사랑하는 마음이 근본적으로 담겨 있는 것인데 그것을 왜곡해서 이야기한다고 안타까워했다. 그러나 재단 측의 입장은 명확하다. 권정생의 유지가 사후 자신의 삶을 기념하는 것을 원치 않았고 자기가 살았던 흔적조차 지우기를 원했으며 동화를 통해 얻은 인세 또한 어린이들에게서 나온 것이므로 어린이를 위해 쓰이기를 원했기 때문에 마을 안에서 권정생을 기념하는 사업을 벌이는 것에 대해 분명한 반대 입장을 취하고 있다. 그런데 권정생에 대한 마을 주민들의 기억과 교인들의 기억 그리고 그와 관계되었던 기타 사람들의 기억을 종합적으로 살피고 또 권정생의 삶의 지향과 동화적 추구를 생각할 때 두 가지 면이 두드러진다. 즉 신앙공동체와 마을공동체의 양 측면이 복합적으로 어우러져 있다. 권정생 사후 현 단계에서 그를 기념하고 이를 통해 이 지역의 이미지를 새롭게 창출하고자 하는 문학관 사업이 본격적으로 시행되고 있다는 점을 염두에 둘 때 어떤 식으로든 권정생에 대한 기억은 문화적 재현의 문제와 문화자본화의 문제에 봉착하게 된다. 이때 여러 가지 문제를 해결할 수 있는 기본 실마리는 권정생이 보여주었던 삶과 신앙, 마을과 교회 및 지역사회에 대한 가치 지향을 중시하는 일이 될 것이다.

제 2 장

감성―미디어

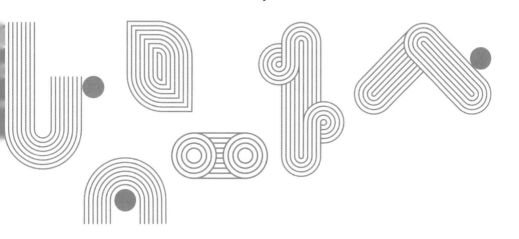

감성이란 무엇인가 혹은 감성을 매개하여 표현하는 감성적 언표로서 미디어 즉 감성-미디어는 어떻게 사유될 수 있는가? 특히 포크 모더니티 즉 민속의 근대적 존재 양상과 그 특이성 속에서 감성과 미디어의 문제설정은 어떻게 기획·구성될 수 있는가? 이러한 물음에 응답하는 방식은 매우 다양할 수 있지만, 한 가지 가능한 방식으로 포크 모더니티의 맥락 속에서 민속현상이 어떤 코드 형식으로 소통·매개되는가와 관련해서 감성-미디어라는 포크 모더니티의 분석 코드를 상정할 수 있다. 이 감성-미디어라는 코드를 중심으로 민속현상이 소통·매개되어 존속하는 방식이 포크 모더니티가 존재하는 방식이라고 이해할 수 있다. 순차적으로 먼저 감성과 미디어의 개념을 각각 논의하고 감성 또는 미디어 각각이 어떻게 민속과 절합될 수 있을지를 생각해보고자 한다. 여기에서 민속은 매우 포괄적인 현상일 수 있기에 분석 사례에서는 그 대표적인 현상으로 '굿 문화' 또는 포크 모더니티의 핵심적인 담지자로서 복합적인 성격을 지니고 있는 '기생'으로 그 범위를 좁혀 그 절합 방식 혹은 절합 가능한 양태를 논의해 갈 것이다. 그 이후에 감성-미디어라는 분석 코드를 어떻게 문제설정할 수 있을지 생각해보고자 한다. 이러한 논의를 통해 궁극적으로 감성-미디어라는 분석 코드가 어떻게 포크 모더니티의 중요한 언표로 자리매김될 수 있을지 가늠할 수 있을 것이다.

감성이라는 말은 18·19세기 이른바 마음의 능력faculty에 대한 철학과 심리학에서 사용되던 용어이다. 통상 유럽 철학적인 문맥에서 감성 Sinnlichkeit이라는 용어는 일반적으로 감각을 매개로 하여 받아들이는 능력으로 정의된다.[1] 다시 말해 감성은 감정의 능력faculty of feeling으로, 특정 감정 예컨대 통증·쾌감·공포감 등의 감정을 느낄 수 있는 우리 마음의 능력을 뜻한다. 감성이라는 마음의 능력은 정의상 감정 즉 의식적으로 느껴진 경험의 성질을 가능하게 하는 마음의 소산이다.[2] 인식론적인 관점에서 이러한 감성은 중요하게 취급되어왔는데, 감성이라는 용어가 감각적 현상들뿐만 아니라, 수치심이나 연민 등과 같은 비교적 복잡한 정서적 반응에 이르기까지 다양한 인간의 정신 현상을 표현하고 있기 때문이다. 따라서 감성은 감정·감각·정서 등의 다른 용어들과 상호 밀접한 관련이 있긴 하지만, 주로 감정이나 정서로 대상화되어온 것으로 보인다.

정서는 인지적 요소·감정적 요소·신체적 동요·신체적 감각의 요소·행태적 성향 등 적어도 다섯 가지의 상이한 요소를 내포하는 복합적인 상태로 규정[3]되기도 하지만, 여기에 특정 정서를 유발하는 경험적 요소와 그 경험이 유의미한 것으로 구조화되고 축적되는, 구조적/체제적 조건과 맥락 그리고 정서 담지자의 학습과 선 이해 등을 포함시켜야 될 것이다. 이러한 정서에 대한 규정은 그것이 감성이라는 용어로 변경된다 할지라도 크게 달라지지는 않는다. 어쨌든 정서에 대한 논의는 감정론과 인지론으로 대별되어왔다고 할 수 있다. 정서에 대한 감정론과 인지론은 대립각을 세워왔지만, 상호 전제와 보완의 패턴 속에서 논의가 전개되어왔다. 이를 절충하고자 하는 시도도 이루어졌지만, 어느 쪽도 만족스러운 결과를 내놓지는 못했다고 평가된다. 사정이 이러하지만 보다 중요하게 인식되어야 하는 점은 왜 우리가 정서의 개념 해명에 관심을 갖는가 하는 것이다. 그 주된 까닭은 인간의 지향적 행위 일반, 즉 타인의 행위와 자신의 행위 자체의 이해에 정서가 핵심적인 요소의 하나이기 때문이다. 우리는 격한 분노가 행복한 가정을, 때로는 평생의 명예와 지위마저 파괴할 수 있다는 것을 안다. 또한 우리는 정서적인 안정과 조화가 없는 행복한 삶이 무슨 의미가 있겠느냐고 생각한다. 이 모든 정서와 관련된 인간 행위의 합리성/비합리성 또는 그 명암은 기본적으로 인지적 요소를 통해 이해될 수 있다는 것이 인지주의 일반의 근본 통찰이다.

서구에서는 감성이라는 용어가 주로 정서emotion에 의해 포섭되어 그 인식론적 지위와 의미들이 탐구되어왔다고 할 수 있다. 그러나 우리에게는 감정과 정서 그리고 감성이라는 용어가 별개로 존재한다. 용어가 별개로 존재한다 함은 그것들에 관한 우리의 사고가 있다는 것을 뜻하고 우리가 우리말을 통해 우리의 마음 상태를 살펴왔다는 것[4]을 의미한다. 이는 감성의 서구적 개념사에 매몰되지 않고 필요한 만큼 그 개념적 규정을 참조하면서도 한국 감성의 특수성 혹은 개별성에 관심을 가지고 개념의 창조를 통해 새로운 사유를 펼치는 데 유용하다.

감성은 가부장적인 맥락에서 부정적 이미지를 가지고 있는 것으로 고려되었다. 즉 가부장적 전통이 강한 동양에서 여성과 남성을 음과 양으로 나누고, 이에 따라 그 역할도 안과 밖의 공간적 질서에 의하여 구분하였다. 즉 안의 일은 사적이고 밖의 일은 공적인 것이다. 이와 마찬가지로 서양에서도 칸트를 위시하여 많은 철학자들은 '남자는 이성, 여자는 감성'이라고 규정하여 왔으며, 성욕은 본능적이거나 동물적이고 성적 쾌감은 생리적이거나 감각적인 것이라고 믿어왔다. 전통적으로 이성은 천상의 수정 같은 원리이고 감성은 신체의 용광로 같은 분출이라는 이미지로 그려져 왔다. 감성은 인간이 환경과 작용하면서 맺은 오관에 의한 감각적 관계를 의미하고, 이에서 결과되는 경험과 정서를 지칭한다. 반면

이성은 그러한 내용에 대한 경험·파악·이해·설명·해석의 기능이나 구조로 규정된다.[5]

동양적 사유 속에서 감성 지위는 강조되기도 한다. 동양적 사유는 일상적인 삶의 세계 혹은 직접적 체험의 세계를 대상으로 한다. 그 사유는 우리를 생활세계에서 이간시키려는 지나치게 추상적인 선험적 사변에 의한 이념화를 경계한다. 우리가 일상적인 삶을 살아가는 생활세계 안에서는 몸과 마음의 이분법, 정신과 물질의 이분법이란 존재하지 않는다. 이 관점에서 본다면 신체 없는 의식, 감성과 격절된 이성, 신체로부터 유리된 자아란 광기 어린 이성주의자의 독백에 불과하다. 생활세계적 체험에서 본다면 이성과 감성 역시 각기 다른 대상에 관여하는 본질적으로 다른 능력이 아니라 오히려 상호침투적이고 연속적이며 분화될 수 없는 한 가지 능력인 것이다. 만약 이들 사이에 어떠한 차별이 있다면 그것은 본질적 혹은 범주적 차이라기보다, 구체/추상 혹은 직접/간접 등의 차이에서 연유하는 정도의 차로 이해된다.

이성이 감성에 비해 절대적 우위를 차지하는 칸트의 '이성 > 오성 > 감성'이라는 높낮이는 동양에서는 오히려 감성을 모든 인식의 기반에 두려는 '감성 > 오성 > 이성'의 역순으로 바뀐다. 동양의 지적 전통은 몸에서 분리된 의식이나 감성에 기반을 두지 않은 이성을, 애당초 존재하지 않는 것[6]으로 본다. 이와 같은 감성에 대한 긍정적/적극적 사유를 주목해볼 수 있을 것이다. 왜냐하면 도구적 합리성의 폐해를 극복하고 이성과 감성을 통합하는 전략적 혹은 치유적 개념으로 감성을 고려하고 있기 때문이다. 그런데 감성의 개념이나 현상을 명확하게 규정하려고 하면 할수록 그것은 추상화되고 관념화됨과 동시에, 감성의 다양한 발현과 효과를 재단하여 결국 이성에 복속시키게 된다. 그렇게 되면 결국 감성에 다시 수동적/부정적 이미지를 덧씌우게 될 수 있다. 어쩌면 우리가 '무너진 이성의 집'을 보수하여, 영혼 혹은 마음이 좀 더 온전하게 '머물 수 있는 집'을 마련하려는 시도보다는 영혼 혹은 마음이 거처하는 몸을 좀 더 자유롭게 하는 것이 유익할지 모른다.

감성이 이성 또는 오성과 함께 인간의 인식능력이라고 한 사전적 정의를 고려할 때, 그와 유사한 말들과 더불어 인간이 세계와 자신을 이해하는 일종의 격자들로 감성이 파악될 수 있다. 감성은 주변 세계의 자극을 수용하는 감각기관으로부터 지각의 과정을 거쳐 해석의 단계에 이르기까지 마주친 세계와 작용하면서 마음·정신·신체를 담는 통합적 존재의 그릇인 '몸'이 발산하는 모든 징후들을 끌어안는 것처럼 보인다. 이를테면 감각(感覺, sensation), 감수성(感受性, sensitivity), 감정(感情, feeling), 정서(情緖, emotion), 정취(情趣, mood), 정념(情念, pathos)과 같은 징후적 작용들이 그 지시적 의미와 관계를 고려할 때 순서대로 쌓이면서 감성(感性, sensibility)에 다다르는 것처럼 보인다. 이 감성의 다양체 혹은 감성 계열체는 인간에 대한 이해와 인간의 인식능력과 관련하여 이웃해 있다고 말할 수 있다. 이 중에서 가장 원초적인 것이 감각일 것이다. 감각을 뜻하는 그리스어 'aisthêsis'는 오늘날 'athlete(운동선수)', 'aesthetics(감성론, 미학)' 같은 말에 남아 있다. 이 말의 라틴어 번역어가 'sensus'이고 오늘날의 'sense'에 해당한다. 'aisthêsis'는 감수성을 뜻하기도 하고 감성(작용)/감각(작용)을 뜻하기도 한다. 즉 오늘날의 'sensitivity'와 'sensibility'를 함께 뜻하는 것이다. 두 개념은 본래 같은 뿌리에서 나온 것이지만, 전자가 한 인간의 성격에 주안점을 둔 개념이라면, 후자는 보다 인식론적 개념이라고 할 수 있다.[7] 'pathos'는 '감(感)'에 해당하는 그리스어이다. 이 말에는 여러 뜻이 있는데, 능동에 대립하는 수동 즉 'passion'에 해당하고, '겪음'이라고도 할 수 있는데, '내적 겪음'으로서 감정변화를 의미한다. 감정변화는 기분의 변화와도 통한다.[8]

감성은 세계와 상호작용하면서 생성·발산하는 욕망의 징후들이 켜켜이 쌓인 지층의 표면으로 생각해볼 수 있다. 이러한 감성은 때로는 이성적 사고를 위한 감각적 소재를 제공하고, 때로는 이성의 지배와 통솔을 받기도 하며, 미적 대상에 대한 인식의 측면에서 그 순수한 모습을 드러내기도 한다. 이 '욕망의 징후들이 켜켜이 쌓인 지층의 표면' 위에서 감성은 그 존재 혹은 의미를 획득해 갈 수 있다. 감성을 이렇게 사유하는 까닭은 그것이 외부 자극에 대한 몸의 생리적인 반응에서부터 인지적인 성찰에 이르기까지 그 실체에 대한 개념적 이해와 규정이 명확하지 않기 때문이고 실제로 감성과 유사한 몸의 현상/징후들이 그 이해와 해석의 복잡성을 가중시키기 때문이다. 더욱 중요한 이유는 감성의 이러한 속성이 '의미의 표면'이라는 사건의 존재론 혹은 의미의 논리와 교섭하고 접촉할 수 있는 지점이라고 생각하기 때문이다.

들뢰즈의 '사건의 존재론', '의미의 논리'는 보편적 실재와 도구적 이성에 의해 무시되거나 주변화되고 타자화된 존재들의 복권을 위한 기획이라고 정리할 수 있다. 들뢰즈의 '사건의 존재론'은 플라톤의 이데아·데카르트의 코기토로 대표되는 보편적 실재·이성에 의해 배제된 시뮬라크르·판타스마와 같은 현상·순간·환영·양태·표현·과정·감성·욕망과 같은 무규정적이고 비실체적이며 순간적인 것들을 복권시키는 전혀 새로운 존재론이다. 사건은 이러한 존재론의 주요 테마인데, 사건은 의미가 생성되고 다양하게 계열화되어 발산하게 하는 '표면 혹은 과정적 존재'로 사유된다. 즉 사건은 의미의 표면으로, 사건이 발생하는 물리적인 차원과 의미론적 차원의 교차점이자 접속점이다. 들뢰즈의 이러한 사건의 존재론 혹은 의미의 논리에 따르면, 하나의 사건은 물리적인 차원의 표면·바깥·위에서 다양한 의미 계열을 생성시키는데, 그 사건이 우발적으로 발생하는 시점의 정치·경제·사회·문화·이념적인 관련항들로부터 파생·분화되는 의미의 계열체가 만들어지게 된다. 이러한 들뢰즈의 기획을 감성 이해에 적용하여, 감성의 존재론, 감성의 의미론이라고 바꿔 말해도 좋을 것이다.

이와 관련하여 민속의 감성적 언표로 우선 '한'·'정한'과 같은 수동적인 정서적 언표들과 '풍류'·'신명'·'흥'이라고 하는 긍정적인 감성적 언표들을 생각해보자. 이 감성적 언표들의 의미는 추상적이고 보편적이며, 고착된 것이 아니다. 이와 같은 언표들이 형성된 사회사적 맥락·정치 경제적인 배경 등에 대한 다층적인 접근을 고려해야 한다. 다시 말해 하나의 언표들이 담고 있는 의미의 표면과 심층, 감성의 표면과 심층을 염두에 두어야 한다. 사실 이러한 감성적 언표들은 다층적인 시공의 결을 그안에 접고 있으며, 때때로 그 언표들이 유통되는 장의 요구에 반응하며 그 언표들에 다층적으로 접혀 있는 의미의 조각들을 펼쳐낸다. 또한 언표의 맥락에 대한 고려는 단순히 그 언표가 자리한 텍스트 혹은 언어 구조물 내에서 이루어지기보다는, 그 언표가 생성되고 발화된 장의 여러 맥락들이 이전과 이후의 시간성 속에서 이웃한 장의 맥락들과 함께 이루어져야 한다.

감성의 표면은 새로운 의미의 계열을 형성하거나 새로운 사건을 생성하여, 새로운 장으로 진입할 수 있는 특이점이라고 할 수 있다. 이 특이점은 위계적이거나 선형적이지 않은 하나의 중심으로 작용하여, 표면 아래와 위 또는 그 둘레에 의미의 영역, 해석의 영역, 가치의 영역을 생성한다. 감성의 이러한 작용은 감성을, 롤랑 바르트가 신화적 분석에서 제안한 바 있는, 매번 달라지는 '의미의 최종항'을 갖는 기호들의 의미작용에 연관 지을 수 있게 한다. 이를테면 한이라는 정서 즉 감성의 양태가 발현되는 감성 주체의 조건과 의지, 객관적 정황과 압력, 한이라는 감성의 양태와 불공가능한 것들 즉 잠재적인 감성의 양태를 고려해서, 그 감성적 양태의 속성과 실체를 분석할 수 있다. 이는 감성의 기능·의미·해석·가치 연구로 확장하여 감성 연구에 체계를 부여하고, 감성의 양태·속성·실체를 어느 정도 밝힐 수 있을 것이다.

한편 미디어는 인식과 대상 사이의 관계, 사물 간 관계, 인간 간 관계를 성립시켜 주는 사물이나 기제를 의미한다. 따라서 미디어는 특정한 메시지를 전달하거나 유통시킨다는 일차적 기능만 갖는 것이 아니라, 의미를 창출하고 기호 환경을 형성함으로써 우리(해독자)와 메시지(텍스트) 그리고 더 나아가 우리와 실재적(물리적) 환경 사이의 관계를 구성하는 보다 포괄적인 기능을 수행하게 된다. 그리고 인간은 미디어적 존재이다. 즉 미디어를 통해 세계를 인식하고 자기 정체성을 확보한다. 모든 감각기관에 투사되는 감각 대상들이 미디어로서 또는 미디어를 통해 지각됨으로써 세계가 구성되고 존재가 확인된다.[9]

이와 같은 시각에서 민속 그 자체도 넓은 의미에서 미디어로 이해될 수 있다. 민속은 그것을 구성하는 여러 미디어들을 그 안에 접고 있다. 즉 민속을 생산·연행·창조·변용하기 위해 연행자나 전승자들이 필요로 하는 미디어들과 그것을 향유하기 위해 수용자들이 필요로 하는 미디어들이 민속을 구성하고 존속하게 한다. 또 민속은 그것이 연행하는 사회 세계와 그 구성원들이 의미들을 소통하는 미디어 자체이기도 하다. 민속은 언어와 비언어적인 기호들로 구성되어 있으며, 상상과 소망을 실어 날라 사회구성원들이 원치 않는 사회 세계의 어떤 구조들에 문제를 제기하고 개조·변화시키는 상징이기도 하다. 다시 말해 인식 저편에 있는 실체에 대한 상상적 해석을 현실 세계에 소통시키는 상징들로 기능한다. 이러한 점에서 민속을 미디어로 이해하고 그것을 사람과 사물, 사회의 관계를 형성하고 의미를 창출하여 문화를 유지해온 다중의 역능으로 생각하고자 한다.

민속에는 사건이 중첩되어 있다. 그것을 향유한 사람들이 경험한 사건들이 투영되어 있다. 그 사건들은 발생지점에서 현재까지 그것을 경험하고 해석한 사람들의 다양한 반응과 의미 전달의 갈등·투쟁을 그 안에 접고 있다. 그래서 민속은 적층적 의미구성체이고 공시적인 차원 속에 통시적인 차원을 접고 있는 것이 된다. 그 다양한 반응과 의미 해석의 구조 속에, 대상에 대한 인식·해석 주체의 경험·기억·회상 등이 감성적인 언표나 행위의 조각들로 담겨 있다. 그러나 그것들은 그 자체로 재해석되지 못할 수 있다. 이를테면 미디어로서 민속이 전개되어온 궤적을 민속 자체의 구조 속에서 해석할 수 없다. 그것은 그 반영적이고 경쟁적인 대상을 통해서 적층화된 의미의 조각들의 잘려진 부분들을 채움으로써 상상해볼 수 있다.

　이상의 논의를 통해서 우리는 민속이 미디어와 감성으로 소통·매개되면서 존속해온 것에 주목할 수 있다. 따라서 민속의 소통과 매개의 분석 코드로 감성과 미디어의 복합 계열 즉 감성-미디어를 개념화하여 사용할 수 있다. 어찌 보면 이는 이질적인 것들을 교차·중첩시켜 그 특징과 관계를 조명하여, 민속연구의 다른 차원을 열고자 하는 것과 연관된다. 이와 같은 일은 서구 근대에 의해 배제·주변화한 민속의 역능을 현재에 되살려보는 일이라고 할 수 있고 그 가치와 역능의 성격 및 방향을 재고하는 것일 수도 있다. 그런데 미디어는 자본/권력에 포섭될 수도 있고, 길항 관계 속에서 긴장을 유지할 수도 있다. 감성의 경우도 마찬가지이다. 대중을 무비판적인 소비 주체로 규율하고 그것도 대량으로 양산하여 자본/권력의 이윤 시스템을 강화해 자본축적을 용이하게 하려는데 감성은 활용될 수 있다. 그렇기에 감성-미디어를 연결하는 공통의 축으로 자생적인 문화 역능, 자율적인 다중, 긍정적·진보적 감성을 설정하고 사회세계 내에 존재하는 여러 간극을 이어주는 소통과 매개의 분석 코드로 그것들을 다룰 필요가 있을 것이다.

1. 굿이라는 매체 혹은 감성적 언표

굿이라는 말은 외래종교 즉 시베리아 샤머니즘의 전파와 영향에 의해 그것을 파악하는 비주체적 태도를 비판할 뿐만 아니라 그것을 무속 혹은 무교라고 부르면서 청산·타파해야 할 문화로 간주한 식민적 태도로부터 벗어나기 위해 의도적으로 재개념화된 용어이다. 임재해에 따르면[10] 굿을 샤머니즘이라고 보면 그것은 시베리아 지역 소수민족 토착 종교의 전파나 영향에 의한 한갓 아류로 인식되기 쉽다. 또한 굿을 무속 또는 무교라고 보면 그것은 한갓 민속이거나 토속적인 종교로 한정되기 쉽다. 실제로 굿을 무속이라 한 일제강점기 식민지 학자들은 이를 미신으로 간주하고 타파의 대상으로 삼았다. 실제로 일제강점기 이전 문헌에는 무속이라는 말이 없었다. 더욱이 굿을 종교학적 테두리 속에 가두어서는 우리 민족의 토착 종교라는 선입견 때문에 굿의 문화적 현상을 다양하게 포착하기 어렵다. 그러므로 종교학적 관점에서 벗어나 우리 문화의 한 양식으로 주목하기 위해 그것을 굿이라고 명명할 필요가 있는 것이다.

굿문화라는 용어는 그것을 한국 전통문화의 원천으로 자리매김하기 위해 개념화한 용어이다. 즉 굿을 둘러싸고 전개되는 문화복합 현상들을 두루 일컫고자 하는 말로 굿이 연행·전승·복원되는 과정 속에서 나타난 여러 문화현상들을 지칭하는 말이라고 할 수 있다. 일상의 여러 모순과 삶의 양상을 종교적인 틀을 중심으로 하여 문화적으로 양식화한 구조물이 굿이라고 한다면 그것은 전통 사회의 제의양식이자 놀이/연희양식인 종교적·미학적 표현물인 셈이다. 그렇게 보면 굿을 전통 시대의 특정한 예술 형식이라고도 할 수 있어서 그 구성 요소·형식·내용·구조·의미·이념·목적·기능 등이 다양하게 변주되어 나타나는 여러 문화적 양상들을 포괄하지 못할 수 있다. 이를테면 굿이 전승되는 과정 속에서

타살굿(일제시대)

새롭게 변화하는 문화적 상황을 반영하여 과거 양태들을 극복하고 여러 형태의 새로운 굿 양식들이 생성·공존·분화한 사정을 개념적으로 담아 내지 못할 수 있다. 문화가 굿과 같은 여러 현상들을 둘러싸고 형성되는 일상적인 생활양식을 포괄하는 것이라면 굿과 문화를 조합한 굿문화란 개념은 우리 민족의 원형·심성·사고 구조를 구성하고 규정하는 문화적 문법의 다른 표현이라고 할 수 있다. 요컨대 굿문화는 굿을 연행하는 데 관계된 모든 존재들이 굿을 통해 울고 웃으며 소통하고 관계 맺은 다양한 활동의 기록으로 볼 수 있다. 여기에 일정하게 미학적으로 구조화되었을 뿐만 아니라 시대적·지역적 문화 변이형을 내포한 양식이라는 개념을 결부시킨 것이 굿문화 양식이라는 개념인 것이다.

굿문화 양식은 굿의 형식과 내용, 연행·전승·향유의 주체, 이념과 사상, 목적과 기능 등을 시대와 지역에 따라 다양하게 변주하여 온 굿문화의 역사를 포괄하면서 원형성·미분화성·총체성 등이 내포한 과거 지향적 이해를 극복하고 문화의 생성·창조·변화를 긍정하고 지향한다. 따라서 굿문화 양식이라는 개념의 조합은 통시적으로 단군신화에서부터 현재의 마당굿까지 아우를 수 있을 뿐만 아니라 앞으로 만들어지게 될 새로운 민족굿의 양식까지 포괄할 수 있고 공간적으로 개인굿에서 마을굿·고을굿·나라굿까지 민족공동체의 다양한 신명풀이 문화 양식들을 다룰 수 있는 범주를 구성한다. 개개의 굿문화 양식들은 음악·무용·문학·연극 등의 예술적 구성 요소들과 제의·놀이의 종교적·축제적 구성 요소들이 연행 목적과 기능에 따라 다양하게 배치된 구조물들이다. 이를테면 굿문화의 대표적 양식이라고 할 수 있는 마을굿·무당굿·풍물굿·탈놀이 등은 각 구성 요소들이 배치된 연행 절차·내용·표현 방식 등이 다르고 연행을 담당하는 주체들의 성격과 기능 등 여러 면에서 서로 구별되는 특징들을 가지고 있다. 그런데 이 양식들은 전통 사회의 종교적·예술적·계층적·이념적 표지 혹은 상징적 형식들로 구성되어 있다. 따라서 이것들이 반영하고 표현하는 세계와 존재들은 근대 이전 사회의 성격들을 지니고 있다. 물론 각 양식들이 현재뿐만 아니라 미래에도 지속 가능한 전승력과 전승 환경 및 전승 구조를 지니고 있기 때문에 부분적으로 혹은 점진적으로 현재와 미래의 변화상에 조응하기도 한다. 그러나 대체적으로 전통 사회의 문화적 형식을 고수하고 있으며 제도적으로나 미학적으로 전통적인 형식의 고수를 바람직한 것으로 보기 때문에 앞으로도 그러한 추세는 계속될 것이다.

굿문화 양식들의 문화적 형식이 전통 사회의 기준을 충족한다는 점에서 전승과 연행을 담당한 주체와 그것을 향유하는 주체 그리고 연행의 구조물 속에서 담긴 이야기와 그 속의 등장인물들이 표현하는 감성은 전통 사회의 문화적 형식들에 의해 조직되어 있다. 따라서 그것은 과거적 양태라 할 수 있고 현재에도 그러한 양태를 고수한다는 점에서 도식화되었다. 그러나 그러한 감성의 양태들이 굿문화 양식이 담고 있는 시공의 층위를 횡단한다는 점에서 보편성을 지닌 것으로 판단할 수 있다. 더욱이 근대 이전의 삶과 사회의 여러 사건들과 관습을 담고 있고 자연과 사회를 상대로 한 여러 갈등과 투쟁, 화해와 통합의 양상들 속에서 살아온 개체·집단·계급적 감성을 담고 있다는 점에서 일종의 '원천적/원형적 감성'이라고 할 수 있다. 뿐만 아니라 고래로부터 여러 외래적 종교·사상·문화를 흡수하면서 그 의미와 기능 및 효력을 변화·확장해온 굿의 감성은 비록 그것이 주변화된 측면이 있다고 하더라도 한국 사회와 문화 및 사고 구조에 깊이 새겨진 감성의 양태라는 점에서 심층적이고 한국적인(그래서 특수적인) 성격을 내포하고 있다.

굿문화 속 감성의 특성은 그 양식의 구성 요소와 배치 구도 그리고 연행 절차와 내용 속에 접혀 있다가 공연의 시공간에서 펼쳐진다. 그런데 굿문화의 시공적 특징은 매번 연행될 때마다 크게 변화하는 것이라기보다는 문화의 변동 속에서도 변하지 않는 부분이 변하는 부분보다 많기 때문에 대체로 그 본질적 특징을 보유하고 있다. 분석 사례인 위도 띠뱃굿도 사회·경제·종교 구조의 급격한 변동 속에서 그 위상이 변화하고 있지만, 감성을 담고 있는 그릇으로 위도 띠뱃굿의 연행 형식과 내용은 대체로 지속되고 있다. 따라서 위도 띠뱃굿의 문화적 위상과 기능 및 효과의 변수들을 가급적 고려하면서도 그 원천적 감성의 양태와 속성을 파악하기 위해 통시적인 변화상에 주목하기보다는 위도 띠뱃굿 연행의 공시적인 양태에 집중하고자 한다. 띠뱃굿의 연행 절차와 그 성격을 보면 정월 초사흗날에서부터 정월대보름날 전까지의 굿이 제의적 성격이 강한 앞굿에 해당되고 정월대보름날의 대동의례는 놀이적 성격이 강한 뒷굿에 해당된다. 정월 초사흗날의 띠뱃놀이에서는 마을공동체 신격을 위로하는 다양한 제의들이 연행된다. 그리고 정월 초나흗날부터 정월 보름 전까지 이루어지는 제의/놀이(연희)에서는 마을 구성원 각 가정의 액살 제거와 재수를 기원하는 마당밟이가 연행되었고 정월대보름날에는 마을 구성원들 간의 갈등을 해소하고 결속을 다지는 줄다리기와 대동판굿이 중심이 되는 대동놀이가 연행되었다.

정월 초사흗날부터 정월대보름까지 이어지는 띠뱃굿의 모든 구성 단위에는 마을의 재앙을 소멸시키는 액막이 의식과 바다 농사를 잘 짓고자 하는 풍어 기원 의식이 내재되어 있다. 그러나 정월 초사흗날굿, 정월 초나흗날에서부터 정월대보름 전까지의 제의 그리고 정월대보름굿이 그 대상 신격을 달리하며 시기별로 분절되어 연행되었다는 점을 감안한다면 이들 굿은 그 특징을 달리한다. 다시 말해 정월 초사흗날굿은 당집에 모셔진 신격이나 용왕신 등 마을공동체의 신격을 위로하는 굿이고 정월 초나흗날부터 정월대보름 전까지의 제의는 마을 구성원의 가택신을 위로하고 각 가정의 액살 제거와 재수를 기원하는 의례이다. 마을의 모든 액을 물리치기 위해서는 각 가정에 깃든 액마저도 소멸되어야 한다고 보기 때문에 정월 초나흗날부터 정월대보름 전까지 연행되는 풍물패와 무당의 액막이 의식도 정월 초사흗날 제의 못지않게 매우 중요한 의례로 작용하였다. 정월대보름굿은 제의성보다는 신과 인간이 함께 어울려 노는 놀이적 성격에 더 비중을 두고 연행되었다. 마을 사람들은 정월대보름굿에 다양한 놀이적 장치들을 배치해놓고 사람들의 신명을 자극하여 마을 구성원 간의 결속을 다지는 놀이를 연행하였다. 예를 들어 마을 사람들은 용신을 상징하는 용줄을 만들어 놓고 줄놀이·줄다리기 등의 유감주술 놀이를 행하면서 마을의 제액소멸과 풍어를 기원하기도 했지만, 근본적인 목적은 이러한 놀이를 통해 마을 사람들 간의 갈등 해소와 대동 화합에 있었다.[11]

감성적 창은 인간이 환경 혹은 인간 외적 존재와 마주칠 때 열리며 궁극적으로 환경에 적응하거나 인간 외적 존재를 수용함으로써 그 결과로 감성적 언표들이 표현된다. 이때 감성적 언표는 이러한 우발적 마주침에 대한 분석 혹은 의미의 추출 이전에 이성의 틀이 풀리고 그 망이 느슨한 감성의 체계/구조로 마주친 세계를 수용한다. 이러한 감성적 사건 속에서 그 의미와 가치가 추출되고 경험적 지식의 형태든 분석적/해석적 지식의 형태든 마주친 세계에 대한 기억을 재료로 하여 문화적 공연으로 가공하는 일은 사건 이후의 일이다. 이를 좀 더 정식화하면 다음과 같다. 외부 세계는 자극의 원천으로 작용하고 감성적 언표가 생성되는 표면인 감성 주체의 몸은 자극의 정체를 감지(감각)한다. 이후 먼저 오는 인식 작용은 감성적 인식이며 이를 통해 파악된 사건의 의미는 세계관·기질·심성 구조·사회 구조 등의 차이에 따라 해석되어 문화적 의미를 만든다. 이는 외부 세계가 신체에 의해 혹은 신체가 외부 세계를 자극·감지·인식·해석하는 경로를 따라 파악/경험하여 상호 적응·변화해가는 과정을 낳는다. 이러한 과정은 문화적 관습 속에서 주기적으로 반복되는 특성을 보인다.

띠뱃굿은 우발적 마주침에 의해 생성된 감성적 사건이자 그러한 경험이 주기적으로 반복되어 형성되고 전승·연행되는 문화적 사건이다. 태초의 사건 즉 띠뱃굿의 감성적 기원과 문화적 기원을 파악하는 일이 언제나 불가능한 것이지만, 주술/종교적 상징 장치와 제의/의례 형식 그리고 연행의 요소(무가, 민요, 풍물, 놀이, 제의 도구 등)에 새겨진 감성적 언표들은 태초의 사건을 통해 마주친 세계에 대한 원초적 혹은 반복의 원천이 되는 감성적 징후들을 함축하고 있다. 이 감성적 언표들은 인간 존재의 생존을 위해서는 필수적인 경험과 지식의 첫 계기들을 담고 있고 언제나 우발적 마주침 속에서 생성된다고 할 수 있다. 그것들은 애초에 달성되지 못한 그래서 끊임없이 지속되어야 하는 욕망의 징후들이다. 인간이 마주친 세계는 항상 잔혹했으므로 혹은 굶주리고 결핍되었으므로 함께하면서 관계하고 나누지 않고는 공멸할 수밖에 없었는지도 모른다. 띠뱃굿에 담긴 감성적 전언은 나눔과 공생 그리고 관계적 지향(보살핌/의지함, 협동과 단결, 화합과 우애/사랑 등)을 담고 있음과 동시에 그 기저에서 감성적 언표들의 작용 원인이 되는 배고픔과 질병, 죽음 등에 대한 공포의 감정 혹은 정서를 내포하고 있다. 또한 이상적 공동체로서 코뮤니타스의 지향이 띠뱃굿의 공통 이념 혹은 공통 감각을 구성하고 있으며 그 과정의 분열과 갈등, 경쟁과 고립, 실패와 좌절의 감성적 언표들이 담고 있는 비극적 사건이 띠뱃굿의 연행 구조 속에 자리하고 있다. 공동체의 사건적 경험들이 사회적인 조건과 계기들에 의해 형성되는 집단적 산물이므로 공동체를 구성하는 개인과 개인, 개인들과 집단, 집단과 그 집단을 통할하는 사제자 혹은 선주/마을 유지와 같은 권력자 간 지배와 저항의 다중적 쟁투의 사건들이 띠뱃굿에 중첩되어 있다. 그 사건들을 감싸 안으면서 띠뱃굿은 불화와 분열의 세계상 혹은 인간상을 경계하고 극복하고자 하는 비판의 공적 전언을 의례를 통해 표명하면서 해원·상생·신명·대동의 감성적 언표 혹은 상징들을 반복적으로 실어 나르고 있다.

띠뱃굿의 상징체계는 사람과 공간을 매개로 시간을 정지 혹은 굴절시키면서 주기적으로 구성되고 반복적으로 확장된다. 사람을 매개로 한다는 것은 제관의 선정과 금기의 준수를 통한 신성성의 확보와 무당에 의한 신적 세계의 구현을 뜻한다. 공간을 매개로 한다는 것은 제의 공간들 즉 원당·작은당·동서편 당산·동서편 용왕바위·용왕굿 연행 장소·띠배와 모선 그리고 바다 등에 신을 위한 제기와 제물, 각종 상징 도구와 신악을 울리는 악기 그리고 무가와 민요, 풍농과 풍어 및 제액초복을 갈구하는 신적/주술적 언어·상징·음악·몸짓 등을 빼곡히 채워 코뮤니타스 혹은 미리 체험된 신성한 세계를 구현한다는 의미이다. 시간을 정지 혹은 굴절시킨다는 것은 일상의 시간을 정지시키고 신과 인간이 접촉하는 신성한 시간이 생성된다는 의미이고 주기적으로 구성되고 반복적으로 확장된다는 것은 1년을 주기로 절기를 따라 그 상징체계가 구성된다는 것이며 이러한 주기적 반복 속에서 그 경험의 폭이 확장되고 일상과의 접촉을 통해 마주치는 희비喜悲의 사건들 속에서 욕망이 강화되고 감성적 언표의 외연과 내포가 확장된다는 것을 의미한다.

띠뱃굿의 감성적 언표들은 해원과 신명, 제액과 초복, 금기와 해방, 분리와 통합, 경쟁과 협동 등 이항적 대립 체계를 구축하는 듯 보이지만, 대립항의 무화를 통한 일원적인 다층 체계를 구축하고 있다. 해원과 신명은 서로 대립하는 두 축이 아닌 것처럼 보이지만, 원통하게 죽은 수사자 혹은 병사자의 원혼이 해원 행위의 동기가 된다는 점에서 제액·금기·분리·경쟁 등과 한 계열을 이룬다. 해원 행위가 유왕굿이라는 무당굿의 과정 속에서 주기적으로 연행된다는 점에서 해원은 양가적인 감성적 언표이다. 신명·초복·해방·통합·협동의 계열축은 일상을 구부리고 마련한 신성한 현재의 시간 속에 도래하는 미래적 사건으로 경험된다. 신명은 풍어/풍농의 선 체험을 욕망하는 감성적 언표이고 초복은 개인·가족·공동체의 무병장수와 행복을 의미한다. 해방은 금기를 통해 구축한 신성한 세계 속에서 일상의 해방을 경험하는 것임과 동시에 제의의 목적을 달성한 이후에 금기에 의해 축소/억압된 인간성을 다시 찾는 것을 뜻한다. 또한 분리·전이·통합의 제의 메커니즘에 따른 제의 전개 과정 속에서 통합을 달성한다. 원당굿에서 쌀점을 쳐서 풍어와 만선을 보장하는 서낭신을 누구보다도 먼저 차지하려는 화장들의 경쟁으로부터 대보름날 암수의 경쟁을 통한 풍농/풍어의 모의적 행위인 줄다리기는 대립을 넘어 궁극적 협동으로 나아간다. 이처럼 대립항들은 제의와 놀이의 궁극적 목적을 달성하는 과정에서 그 대립적 자질은 사라지고 긍정적인 감성적 언표들로 일원화된 다층 체계를 구축한다.

　띠뱃굿은 시간적으로 다층적인 감성 언표들을 연행 구조 안에 포섭하고 있다. 다만 그 구체적인 사건의 증표들은 불연속적이고 파편화된 언술과 행위의 조각들로 흩어져 있다. 이를테면 띠배와 제웅은 조기를 잡는 주벅배와 그 선원을 뜻하는데, 한때 중선배와 그 선원을 뜻하기도 했다. 주벅배(혹은 중선배)를 본떠 만든 띠배에 태운 제웅은 조기잡이를 생계로 삼아 살아갔던 선원들을 상징한다. 물론 제웅은 음양오행 사상이 투영된 상징물로 마을의 동서남북 중앙을 지키는 일종의 신상들로써 온갖 잡신과 재액災厄을 거두어 가는 주술적 상징물이기도 하다. 띠배는 1년을 주기로 만들어지고 바다에 띄워지며 먼 바다로 나가 가라앉기를 반복한다. 이는 침몰과 난파를 미리 체험하여 무사 만선을 희구하는 욕망의 징후들이고 실제로 늘 있었던 비극적 사건의 경험이 투사된 감성적 언표/상징들이다. 이러한 시간의 다층적 감성은 무당의 무가에서도 드러난다. 성주·산신·손님·지신·원당-본당 서낭·애기씨 서낭·장군 서낭·문지기 굿 등으로 전개되는 무가의 사설 속에는 알 수 없는 기원으로부터 현재까지 끊임없이 반복되는 청신·오신·송신의 주술적 과정을 통한 제액초복의 구현이라는, 시간의 결이 무화된 원환적 사건의 재현이 계속되지만, 1983년의 구체적인 상황이 주술적 사건으로 전화되어 나타나기도 한다. 1983년 국립민속박물관 조사팀에 의해 연행된 원당굿에서 무당은 서낭굿 과정에서 갑자기 실신하여 서낭신으로 화한 뒤 마을 사람들을 질책한다. 그동안 당집을 찾지 않은 점, 당집 청소를 소홀히 한 점, 정성이 부족한 점 등을 들어 마을 사람들을 질책했다. 조기 파시의 소멸, 위도의 경제적 궁핍, 띠뱃굿에 대한 마을 사람들의 태도 변화 등이 이러한 연행 상황에 함축되어 있는데, 이는 근대적 변화상을 그 안에 접고 있는 한 사례로 생각할 수 있다. 그 접힘의 층위들 속에 이성 중심 혹은 과학적인 근대적 가치에 내몰린 무당의 한과 무巫 문화의 주변적 처지가 새겨져 있다.

띠뱃굿의 전체 연행 구조를 도식화하면, 분할→절합→통합→동일화/집합화한 분산 혹은 개체화로 나타낼 수 있다. 이는 복원의 복잡성 즉 잠재적 층위와 현실적 층위의 교섭·재구성·복잡화, 다시 말해 그 접힘과 펼침의 나선형적 구조를 염두에 둘 때 선택/배제·변화·연속의 원리에 의해 반복된다고 할 수 있다. 분할은 일상적 시공과 제의적 시공을 가르는 행위로 분리·전이·통합 혹은 위반·위기·교정·재통합/분열의 과정을 겪으면서 나아간다. 절합은 공연의 구성 요소들이 연행의 시간과 장소, 계기와 목적/기능에 따라 분절되고 접합되는 과정을 의미하는데, 띠뱃굿을 구성하는 무당굿·풍물·민요·연희·대동놀이 등이 시간과 장소를 달리하고 그 연행 목적을 달리 하며 따로따로 연행되다가 점차적으로 합류하는 단계로 나아가는 것을 이른다. 통합은 연행의 요소들이 합류하는 절합의 토대 위에서 매 계기마다 대립하는 행/불행, 비극/희극, 제액초복 등의 대립항들이 무화되고 공동체 구성원들의 욕망이 개별적인 데서 대동적인 데로 나아감을 의미한다. 이 과정에서 띠뱃굿의 절차는 대보름날의 줄다리기와 대동판굿에 이르는데, 이 통합의 과정은 새로운 일상을 여는 계기가 된다. 그런데 새로운 일상을 마주하게 되는 공동체 구성원 개개인은 띠뱃굿 공연의 연행과 향유를 계기로 미래적 사건 즉 풍어풍농·무병장수·제액초복의 이상적 상태를 함께 체험하여 집합화한 개체들로 변환된 존재들이다.

특징적인 것은 풍물의 배치와 그 작용인데, 풍물은 이러한 띠뱃굿의 전체 구조 속에서 각 절차/연행 단위들을 해체·절합(분절과 융합)하는 핵심 기제가 된다. 풍물의 연행은 굿의 시작이면서 동시에 끝이다. 또한 그 시작과 끝은 매번 반복된다. 어떤 때 즉 원당굿의 연행에서는 마을에 굿의 진행을 알리는 신호의 구실을 하기도 하고 무당굿 연행에 휴지를 가져오기도 한다. 풍물의 연행은 반복·축적·순환의 패턴 속에서 그 악음을 축적하면서 점차적으로 고조되는 리듬을 생성한다. 또한 함께 한 굿판의 관중을 몰입/동화시켜 굿판을 역동적으로 만든다. 이러한 작용을 고려할 때 풍물 연행은 굿판의 모든 존재들(신과 인간)을 신명의 감성으로 충만하게 한다.

굿판은 굶주림과 병듦에서 오는 불안, 자연 상태의 원초적인 위험과 계급적 구별에서 오는 사회적 위험 등을 위무하고 다스려 풍요·안정·건강·행복감으로 충만해진다. 이러한 정서적 변화는 띠뱃굿 연행의 구조적 배치에 의해 특화된다고 할 수 있다. 일상을 전복하는 축제적 감성의 상태에 도달하기 위해서 최소한의 통제와 금기로 일상적 존재와 시공을 구획·분할하고 굿이 시작되는 장소인 전수관 마당에서 동편 당산과 작은당 그리고 원당을 거친 후 주산을 중심으로 대리와 전막리 마을을 감싸 안은 뒤, 용왕굿 제장과 주변 해안을 품고 띠배가 띄워지는 바다에 이른다. 띠뱃굿은 이 모든 과정에서 위험을 다스린다. 이러한 구획과 분할선이 각 가정을 분할/통합하는 마당밟이로 이어지고 공동체 전체를 통합하는 대동판굿을 거쳐 신명이 충만한 세계로 나아간다. 즉 모방과 재현, 의사 체험을 통해 위험의 조절과 안정의 희구로 나아가 신명·해원·상생의 경지에 다다른다. 이 굿판의 세계는 필연적이기도 한 나눔의 자연적 조건 속에서 모든 존재들이 공명하고 공생/상생하는 세계이며 분배의 평등 구조를 구현하려는 집합적 욕망으로 충만한 세계이다.

굿은 마을주민 혹은 개인들이 꿈꾸고, 광란할 수 있는 특권적 장소이다. "지배 질서가 바로 꼭 무질서만큼이라는 것을 보여주기 위해 혼란한 형태를 선택"[12]한, 일상의 정상 상태/지배 구조가 해체·전치·전복된 체제를 꿈꾸는, 민중의 꿈이 투사된 의례이자 예능이다. 같은 맥락에서 굿판에 작용하는 통합의 효과는 문화적인 규율-권력의 작용이라고는 생각되지 않는다. 굿판에 충만한 신명에 의한 대동단결의 본질적 의미와 효과는 "수천 명의 몸들을 하나의 스펙터클로 조직하는 원-파시즘적 작용이 아니라, 오히려 나쁜 몸을 기율"[13]하는 생산하는 긍정적 욕망이라고 할 수 있다. 굿판의 신명은 욕망/감성이 차별적 방식으로 표출되는 일상으로부터 탈주하여 그 무차별적 표현 방식을 창출하는 동력이다. 굿판은 또한 축제적 유희·연희·문화적 공연 양식이 생성·구축·변형되는 장소이자 그 원천이다.

2. 개념의 매개와 중첩의 한 방식: '서발턴-감성'

서발턴은 재현된 자신을 통해 권력을 드러내고 그 권력의 숨은 의도와 실체를 드러낸다. 재현은 사실을 바탕으로 이루어지지만, 그렇다고 사실이 실체(여기서 핵심은 권력 혹은 권력관계)를 드러내주지 않는다. 다시 말해 사실은 재현을 통해 은폐된 실체를 만들면서 동시에 재현에 객관성을 부여한다. 그러나 재현은 은폐된 실체를 사실을 통해 함축하며, 재현 당시의 혹은 이전과 이후의 맥락을 지시하면서, 그 너머의 실체를 파편적으로나마 드러낸다. 서발턴은 재현의 대상 혹은 통치의 대상으로 전락하지만, 풍요로운 해석의 결과들을 기다리는 의미의 씨앗 혹은 저장고일 수 있다. 서발턴을 재현하는 매체가 무엇이든지 간에 거기에 담긴 파편적인 정보의 조각들은 매 순간 기록되지 못하고 사라지는 그들의 정체성과 욕망을 징후적으로 드러낼 수 있다. 즉 "보다 뿌리 깊고 전형적으로 근대적인 경향에 의해 생산된 부정의 징후, 의사소통적 합리성을 능가하는, 인지적인 것을 포함한, 도구적 이성에 대한 관심들이 지배적인 것이 되는 징후, 상호주관적으로 고안되고 소통된 의미들— 발견된 의미들은 전통, 욕망, 믿음, 이상 그리고 가치가 공존하는 생활세계에 확고하게 닻을 내리고 정확하게 문화로 표현된다— 의 영역으로부터 경제, 과학, 일상생활의 물질적 조건을 포함하는 기술 발전으로 인해 기술 영역이 분리되는 징후"[14] 등을 드러낸다.

　　제국은 세계체제로서의 자본주의의 확장을 드러내는 가시적 실체이다. 그러나 제국에 의해 지배되는 영토의 민중들 즉 서발턴은 가시적일 수도 있고 비가시적일 수도 있다. 가시적인 측면에서 순응과 종속의 기호로서 작동하지만, 그것은 저항이라는 새로운 기의를 기다리는 비가시적 기표로서 잠재된 여분의 욕망을 함축한다. 즉 문화는 현재 새롭고 이론화할 수 없는 방식들로 사회를 가로지른다.[15] 실로 그러한 것으로서 사회는 하나의 '기표(記表, signifiant/signifier) 효과'로 보이게 된다. 즉 존재론적인 필수 조건이라기보다는 문화적 재현에 대한 투쟁들의 결과인 것이다. 근대성의 서로 다른 영역들 사이의 경계를 허무는 일의 결과를 기록하는 것은 새로운 인지 지도의 형식을 요구한다. 서발턴 연구는 이러한 인지 지도의 새로운 형식들 중 하나로 이해될 수 있을 것이다. 또 혼종성은 식민권력의 한 효과로 이해된다. 즉 그것은 식민 주체 혹은 서발턴적 주체가 식민 기획에 의해 강제된 이분법을 고치고 풀 수 있는 공간이다.[16] 어떤 식으로든 혼종적이지 않은 정체성은 존재하지 않는다. 정체성은 분산적이고 복수적이며 우발적이고 잠정적이고 수행적이다. 모든 의미는 부재 혹은 결핍에 기초해 있다. 서발턴 연구가 보여주려는 것은 정확하게 민족 서사의 균열된 성격이고 다른 역사들과 다른 생산방식들 그리고 다른 가치들과 정체성들에 의해 교차되는 방식이다. 그러므로 감성을 단일한 방식으로 도식화할 수 없으며 대표성을 띠는 일반화된 감성의 규명도 가능하지 않다. 우리가 할 수 있는 것은 감성의 결들을 드러내는 일과 함께 그 결들 속에 숨은 의미들과 욕망들을 감지하는 것이며 이를 통해 은폐된 권력관계 속에서 여러 감성적 표현들로 숨 쉬며 살아가는 적어도 한 무리의 공통적 감성을 상상하는 일일 것이다.

역사의 추론은 기생의 서발턴화를 피정복민의 정치적 수모와 경제적 수탈을 이겨낼 수 있도록 하기 위해 어쩔 수 없이 유인·정착시킨 노예제도의 결과로 보게 한다. 즉 포로에 대한 정복자의 통치 프로그램이 구체화될 때 천민(/기생)은 늘어나기 시작했다. 또 그것은 변란을 주도한 도발 주체의 정치적 실패가 신체적·사회적 속박으로 귀결되는 대가 지불 방식으로 볼 수 있다. 요컨대 기생의 서발턴화는 전쟁 포로와 정치적 반역자에게 부과된 천역賤役의 생산·유지·관리의 결과[17]라 할 수 있다.

전통 사회의 기생은 지배계급의 전유물로 육체를 권력처럼 소유하고 육체 그 자체로 소비하는 또 하나의 극적 주체(이자 대상)이었다. 그럼에도 불구하고 지배계급과 독특한 관계를 이룬 기생은 문화적 개성을 읽을 수 있는 집단임과 동시에 호의호식하는 존재들로 천민 집단들에게 선망의 대상으로 비추어지기도 했다. 권력과의 관계에서 기생들은 지배계층의 성적 요구에 대한 육체의 제공과 그 지속적 담보를 통한 긴밀한 상호의존 관계에 있었지만, 그러한 관계 여부를 떠나 문화적 매력과 당당함[18]을 발휘한 문화 생산의 한 주체이기도 했다.

전통 사회의 기생은 관기로 존재했다. 관기의 기록은 고려시대부터 있어왔지만, 그 기록이 많지 않아 상세히 알 수는 없다. 다만 이들이 관아의 노비로 또는 여악을 담당한 가척歌尺이나 무척舞尺의 형태로 연회에 나가 활동했음은 분명하다. 고려의 관기제도는 그대로 조선에 이어졌다. 유교 윤리를 내세운 조선왕조였음에도 불구하고 기생을 없애기보다

관기(1920)

는 더욱 세분화하고 조직화했다. 조선시대 기생은 각 지방마다 뽑혀 올려졌는데, 장악원에 소속되어 노래와 춤을 교육받았고 이후에는 궁중에서 주관하는 여러 잔치에 동원되었다. 뿐만 아니라 변방의 위안부, 관아에서 여흥을 돋우는 여악, 지방 관원들의 수청에 이르기까지 다양한 역할을 수행했다. 관기들이 기녀명부 즉 기안妓案에 이름이 오르는 나이는 대략 15세이다. 기안에 오르면 기녀 교육을 담당하는 교방敎坊이란 곳에 들어가 기녀로 자질을 갖추기 위한 언어·동작·서화 등을 익혔다. 교방에서 교육을 받는 기간은 15세부터 20세까지이고 1년 중 6달 정도 기예를 학습 받아야 했다. 주로 가야금·비파·해금·대금 등 각종 악기 연주법을 비롯하여 노래와 춤을 배웠다. 자질을 갖추기 위해 가혹할 정도로 매를 맞아가며 수년간의 피나는 수련을 쌓은 후 관기의 일원으로 활동하였다.[19]

18세기 말의 가사 「순창가」[20]에서 관기로서의 기생의 처지를 살펴볼 수 있다. 지방 관아 소속 기생들의 힘겨운 일상이 이 가사에 담겨 있는데, 아전과 기생들의 법적 소송 사건을 소재로 했다. 이 작품의 특징은 기녀의 처지와 힘겨운 현실이 소개되고 피해자로서 기생이 낸 집단적 목소리를 제시하고 있다는 점이다. 담양에서 한 지방관을 대동한 산행길에서 실수로 낙마한 아전이 자신의 사고를 그 뒤를 따르던 기생의 탓이라고 돌려 관아에 고발했다. 관아에 끌려간 기생들은 자신들의 억울함을 직접적으로 토로하면서 아전의 횡포에 강하게 대응한다. 당시 지방 관아의 호장은 교방의 관기를 직접적으로 관장하면서 실질적인 권력을 행사했던 존재였는데, 이러한 기생의 저항은 그들에게 오랫동안 억눌려온 것에 대한 항변이라고 할 수 있다. 「순창가」에 그려진 지방 관기들은 관가 교방에서 5일마다 한 번씩 음악 수업에 참가해 기예 훈련을 받고 누비·바느질 등의 직역을 수행했다. 게으름을 피우거나 잘못하면 태형을 당하고 차모 역할이나 수청기로 관리들을 응대하고 성적 봉사를 해야 했다.[21]

전통 사회에서 기생은 천역을 수행해야 하는 열악한 처지에 있으면서
도 그 역을 수행하기 위한 교육도 받았다. 즉 양반을 상대로 해야 했기에
오랜 시간 동안 기예를 연마하고 품격을 유지하기 위한 교육도 받았다.
그러한 의미에서 기생의 존재는 양가적이며 기생을 보는 양반들의 시선
또한 이중적이다. 양반에게 기생은 풍류 속에서 '말을 나눌 만한 존재'[22]
이면서도 신분제의 틀 속에서 잉여적 쾌락을 제공하는 천민에 불과했다.
반면 기생들에게 양반이란 그 첩이 되어서라도 기생 신분에서 벗어날 수
있는 유일한 탈출구였다. 그것이 원칙적으로는 불가능했을지라도, 완전
한 신분 해방이 아니었을지라도 그러했다.

1894년 갑오개혁으로 궁중과 지방관에 속한 기안妓案이 혁파되고 약
300명의 관기가 해고된다. 1905년에는 여악女樂이 폐지되고 1907년에는
내의원(태의원)의 의녀醫女와 상의원(상의사)의 침선비針線婢가 폐지된다. 즉
조선시대까지 이어져 오던 관기제도는 일제 통감부 하에서 완전히 폐지
된다. 한편 1908년 경시청령으로 발포發布된 '기생단속령'에 따라 모든
기생들이 조합에 가입해야 영업인가를 받을 수 있게 된다. 그에 따라 갑
오개혁 이후 흩어졌던 관기 출신의 기생들이 모여 기생조합을 설립하기
에 이른다. 이렇게 만들어진 기생조합은 다시 1914년 권번이라는 이름
으로 바뀌게 된다. 『조선미인보감』에서도 확인할 수 있듯이[23] 기생의 기
적을 많이 올렸던 한성권번·대정권번·한남권번·경화권번(조선권번의 전
신) 등을 가리켜 경성의 사권번이라 부르기도 했다. 이러한 권번은 기생
들이 요릿집 및 음식점 출입(놀음)을 지휘하고 화대(놀음차)를 받아주는 중
간 역할을 담당하였을 뿐만 아니라, 기생을 관장하고 교육을 맡아보던
과거의 교방과 기생청의 역할까지 담당한 일종의 연예기획사였다.[24]

권번제도의 실시는 일제의 식민통치 차원에서 여러 가지 의미를 내포
하고 있다. 우선 기부妓夫로부터 기생을 해방시킨다는 명분 아래 기부를
제거함으로써 기생을 국가가 직접 관리를 할 수 있게 된 것이다. 이는 일

대 일로 붙어 있던 기부 때문에 정확하게 파악되지 않았던 기생을 권번으로 묶어 가시화시킴으로써 감시의 시선 아래 놓게 되었음을 의미한다. 또한 국가적 관리를 통해 기업妓業하는 자에게서 세금을 바로 챙길 수 있게 되었으며 밀매음 단속을 이유로 한 경찰력 투입을 통해 제도에 순응하게 하고 영업허가 결정권을 쥐고 있던 경찰에게 항일운동에 대한 정보를 제공하는 창고로 삼게 되었다. 기업을 하는 장소는 요릿집이나 극장처럼 조선인들이 많이 모이는 곳이고 조선 지식인들의 회합 장소가 되었기에 일제로서는 치안 대책을 세울 수밖에 없었고 이때 권번을 경찰의 말단조직으로 적극 활용한 것이다. 한편 권번을 통한 기생의 조직적인 관리와 집단 거주화는 공창제도의 일환으로 시행된 매춘 종사자들의 집창화와 검미(매독검사)의 실시와 맞물려 나타난 것으로 이 과정에서 기생은 잠재적 창기로 전락하게 된다. 일제에 의해 실시된 공창제도는 성병 방지의 효과보다는 조선 사회에 매춘 문화를 이식하고 그 안에 기생을 끼어 넣는 결과를 가져온 것이다. 성병 검사의 궁극적인 목적은 잠재적 창기인 기생으로부터 조선에 주둔한 일본군들을 보호하거나 품질 관리된 성의 제공에 있었다.[25]

기생 관리와 식민통치의 관련성은 다음과 같은 주장에서 분명하게 파악할 수 있다. "조선왕조 오백 년은 '기생 정치', '기생 외교'에 의해 평화가 유지될 수 있었다고 해도 과언은 아닐 것이다. 조선왕조는 기생 없이는 성립될 수 없는 국가 체제를 계속 유지해가면서 하나의 커다란 '유곽 국가'를 만들고자 했지만, 1910년 '경술국치庚戌國恥' 이후 대일본제국의 식민 지배에 의해 총독부 정치가 시작되고 말았다." 혹은 "술과 마약에 빠지는 일이 적지 않았던 기생…천녀天女처럼 아름답고, 여학생처럼 청초하고 청결한 기생으로 일본인들이 그리려고 했던 이미지 중에는 결코 비치지 않았던 기생의 비참함과 애처로운 모습"이 있고 "식민지 체제, 군사독재 체제, 민주정치에 따른 국가나 사회체제가 대폭적으로 전환되었다고는 해도 각가지 형태로 기생을 생산하는 매매춘 제도는 여전히 남아 있는 상태이고 또한 그것은 어떤 형태로든 계속 표상되고 표현되어왔다."[26] 이는 봉건적 신분제도 속에서도 때론 수준 높은 기예와 문학을 생산하였고 때론 비록 그것이 본질적 모순을 겨냥한 행동은 아니었다 하더라도 저항적 행동을 표출했으며 때론 신분 상승의 불완전한 꿈일망정 그 욕망을 실현하기 위해 분투했던 기생의 존재를, 한순간에 매춘과 결부시켜 관리하고 통제한 제국의 논리가 여전히 살아 있음을 보여준다.

제국 일본이 그린 기생의 초상은 경시청에 의해 관리되는 상품으로 '어느 정도 교양을 갖춘 유녀'이기도 했지만, 식민통치를 뒷받침하는 은유로 적극 활용되기도 했다. 일제의 '기생 단속령'은 기생에 대한 일제의 시선을 잘 보여준다. 일제강점기 일본인의 권번은 예기 중심의 권번이 아니라 유곽의 공창인 예창기라고 할 수 있다.[27] 1900년대 초 일본인 예창기가 수입되어 당시 남대문과 태평로에 5·6호의 애미옥曖昧屋이 있어서 어요리御料理의 간판을 붙이고 10여 명의 매춘부가 비밀 영업을 하였다. 러일전쟁 때 일본인이 격증하여 예창기가 증가되면서 예기의 권번도 생기고 창녀의 유곽도 생겼다. 일본의 유곽 제도는 집창제集娼制로 매음업자를 일정한 곳에 모아 사창私娼이 일반주거지역으로 침투·난립하는 것을 단속한다는 취지에서 생겨난 것이다. 1924년 당시 일본에 생겨난 유곽은 544개소에 이르렀다. 일제강점기 서울에는 중구 묵정동 일부 지역이 신마치新町 유곽의 소재지가 되어 여기에서만 매음이 허용되었다가 그 뒤 개항지에는 예외 없이 먼저 생겼고 이어 내륙 도시들로 번져갔다.[28] 일제의 '기생단속령'은 이러한 그들의 인식 속에서 기생과 창기, 유녀를 등질화시키면서 조선에 공창으로서의 집장촌을 만들어 갔다.

일제의 기생을 보는 시선은 사진엽서에서 더욱 확장되어 나타난다. 사진과 사진엽서는 사실적인 이미지를 통해 대중들에게 다른 민족들의 풍속과 문화를 한눈에 보고 소유할 수 있는 기회를 제공했다.[29] 특히 식민지의 문화와 풍속을 담은 관광용 우편엽서는 그것을 만든 제국 일본의 일방적인 시각과 관광산업의 전략들을 드러낸다는 점에서 '인류학에 대한 축소된 경험'을 뜻했다.[30] 사진엽서 속의 기생 이미지는 그녀가 입은 한복을 통해 두드러진다. 그것은 조선의 전통 혹은 전통적 여성상을 표상한다. 이는 조선을 타자화하려는 식민통치의 전략적 과정 속에서 배치된 이미지라 할 수 있다. 또한 남성적 시선에 의해 대상화된 여성성이라는 측면이 더해지면서 기생의 이미지는 이중적인 질곡을 지니게 된다.[31]

권번의 기생은 일정 기간의 엄격한 훈육이 필요했다. 달리 말해 '기생되기'의 조건, 즉 교육과정들이 있었다. 이 조건들은 일정 정도 조선시대 관기의 전통을 이은 것이면서 일제의 의도와 요구에 부합하는 방향으로 재편된 것들이었다. 대표적인 사례로 평양의 기생학교가 있다. 평양기생학교는 본래 명칭이 '평양 기성권번 기생양성소'이며 일제강점기의 엽서들에는 이 양성소를 조선 유일의 기생학교라고 했다. 연 60명이 입학하였고 3년제로 총 180~200명 정도였는데, 210명으로 늘어나기도 했다. 평양기생학교의 직원은 소장 1명, 학과 교사 1명, 가무 교사 1명, 잡가 교사 1명, 음악 교사 1명, 서화 교사 1명, 일본 창 교사 1명, 사무원 1~2명 등이었다. 입학금은 2원으로 당시 1원 50전이 1930년경 쌀 1가마의 가격이었다. 학비는 1학년(1개월 단위) 2원, 2학년(1개월 단위) 2원 50전, 3학년(1개월 단위) 3원이었다. 또한 학기는 1년에 3학기로 1학기(4. 1~8. 31), 2학기(9. 1~12. 31), 3학기(1. 1~3. 21)로 구분되었으며 매년 3월에 학기말 시험을 통과해야 했다.

기생학교 학생은 3년 동안의 업을 마치고 평양, 서울, 대구, 의주 등지로 흩어져갔다. 기생학교가 평양의 명물이 되면서 상해, 남경 등지로 오는 서양사람, 도쿄, 오사카 등지로 오는 일본 사람 그리고 서울 기타 각처로 구경 오는 손님들이 그칠 새 없이 구경하러 찾아왔다. 일제강점기에 학교는 보안경찰의 감독 하에 있었다. 일제 황국신민의 맹세를 하고 여자들은 국방부인회원이 되었다. 그런 시대 상황에서 술자리의 꽃이 되어 웃음을 파는 기생을 양성하는 학교는 기생/학생을 대대로 내려오는 직업 부인으로 내세웠다. 이를 위해 필요한 직업 교육을 행한다고 학교는 그 설립 취지를 설명하기도 했다. 기생학교에서 가르치는 것은 기예妓藝, 기술妓術, 더 나아가서 기학妓學이라고까지 주장하기도 했다. 당시 기생학교의 무용은 검무와 승무로 상당히 유명하였다. 1930년 후반부터는 손님들 사이에 고전적인 취향이 엷어져 가는 경향을 반영해서 명목만으로 가르쳤다. 일본의 춤도 있었지만 그보다 더 즐거운 것은 레뷰식 춤과 사교댄스였다. 일본 춤은 어떤 행사가 있을 때 나오는 것이었고 사교댄스는 일 년에 몇 번 일본에서 교사를 초빙해 2, 3학년 학생들끼리 서로 껴안게 하고 맹연습을 시키는 과외 과목이었는데, 졸업 후 과정에서 춤을 추지 못하면 안 된다는 고시가 있었다.[32]

일제강점기 기생들의 유일한 수입원은 놀음채였다. 첫 시간에 대한 놀음채는 1원 95전이고 그 다음부터는 1원 40전이었다. 그 중에서 자기 소속 조합에서 1할을 떼고 요릿집에서 1할 5부를 떼었다. 그리고 사랑 놀음(혹은 외출)이라고 가면 한 시간 놀아도 또는 하루 종일 놀아도 10원이었다. 이 수입만으로도 건강하고 이름 있는 기생이면 매달 3~400원 이상이 되었지만, 일반적으로는 200원 정도였다. 그 외에도 각 방면으로 수입이 있어 단단히 마음만 먹으면 착실히 돈을 모을 수가 있었다. 그렇지만 월수입 50원에 불과한 기생도 많았다. 기생들은 돈을 벌자면 밤잠을 도무지 자지 못하게 되어 그것이 무엇보다도 고통이었다고 토로했다. 그녀들은 오래 그 생활을 계속하는 동안 습관이 되어 남이 상상하기보다는 덜 괴롭지마는 밤을 거의 다 새고 몸을 인력거에 싣고 집으로 돌아갈 때 그 직업을 저주하지 않을 수 없었다. 돈을 모아서 장차 무엇을 하겠는가에 대한 질문의 답변은 다음과 같이 다양하였다. "무엇을 하던지 모아 놓

검무 추는 기생(1930)

고 보겠습니다.""이 황금만능의 세상에 돈 많이 있으면 무엇을 못하겠
습니까. 돈 모아서 잘 살아보겠습니다.""돈을 모아서 화류계를 떠나는
날 순진한 남성을 돈으로 사서 일생을 살려고 합니다.""23세까지만 기
생 노릇을 하고 그 다음에는 공부한 후에 상당한 남자와 결혼하여 나도
사회의 일을 해보겠습니다." 이처럼 일제강점기 기생들은 자신들의 정
체성에 대한 고민의 흔적을 여기저기에서 드러내고 있다. 꽃다운 나이
에 뭇 남성에게 웃음을 파는 시간만큼 적지 않은 수입을 얻을 수 있었지
만, 흔들리는 인력거 안에서 새벽녘 집으로 돌아가면서 흘리는 눈물도
그녀들만 갖는 회한이었다.[33]

　　제국 일본의 조선에 대한 식민통치의 정당성과 효율성을 강화한 것
중의 하나가 사진엽서였다. 이 사진엽서가 출현하게 된 배경에는 인쇄
자본주의의 탄생이 있었다. 제국주의가 번성했던 19세기 말은 산업화와
자본주의가 발달하고 대중문화가 출현했으며 국민국가가 전 세계적으
로 형성된 시대였다. 신문과 같은 인쇄물의 대량 생산은 문자언어를 공
유하는 집단이 민족이라는 상상된 공동체를 형성할 수 있게 한 동력이었
다.[34] 인쇄기술이 발달하면서 시각 이미지를 담은 인쇄물이 대량 생산
되었으며 신문과 잡지, 서적 등에 다양한 형태로 복제되어 실렸다. 인쇄
자본주의의 진전 속에서 제국주의는 인쇄된 매체를 통해 개인의 상상과
대중의 무의식의 영역까지 점령하였다. 그 강력한 기제, 대중의 적극적
인 호응을 통해 번성한 시각 매체가 바로 사진엽서였던 것이다.

　　사진엽서는 1890년대를 기점으로 1900년을 전후해 전 세계적으로 유
행했다. 여행이 새로운 소비문화로 자리 잡아가면서 여행지에서 사진엽
서를 기념품으로 사고파는 행위가 일반화되었다. 사진엽서의 생산량이
증가함에 따라 엽서에 실린 이미지들 역시 근대의 새로운 문화를 반영하
는 다양한 형태로 만들어지고 소비되었다. 주로 지배자 혹은 정복자의
시선으로 식민지나 그 원주민들을 바라보게 하였다. 사진엽서는 제국주

의가 정복한 세계 곳곳의 현장을 자국민들에게 소개함으로써 서구 문화의 우월성을 주장하고 각인시키는 계몽적 역할을 담당하였다. 서구인들은 피부색을 기준으로 인종적 우열, 즉 서구 문화의 우월함과 비서구인의 열등함을 구별하고 그 우열을 극단적으로 비교하는 방식으로 이미지를 생산했다. 흑인을 찍은 사진엽서는 그 인종적 특징이 드러나도록 인물의 정면과 측면을 동시에 보여주었고 두상을 통해 인종적 특징이 의도적으로 보이도록 연출했다.[35]

사진엽서에 재현된 식민지 조선은 다양한 이미지로 기획되었다. 주로 성性이나 계층 또는 생업, 의례와 신앙 등 일정한 분류 체계에 따라 나누어졌다. 그 중 상당량을 차지하는 것 중의 하나가 식민지 여성을 시각화하는 것 즉 성적으로 대상화된 이미지들이었다. 조선 기생의 사진엽서는 은유적으로 조선의 식민통치의 정당성을 설파하는 이데올로기적인 기능을 효과적으로 수행했다. 1900년 초반에서 1910년까지 나온 기생 엽서들은 관기 복장을 한 초상이나 기예를 보여주는 장면이 많았다. 화려한 색과 현란한 무늬의 복장을 하고 족두리를 쓴 기생의 이미지는 성적인 이미지보다는 풍속적인 이미지를 더 강하게 풍겼다. 그러나 1910년대 후반부터 기생의 이미지는 변화했다. 점차 외모와 복장, 자세 등으로 초점이 옮겨갔다. 1920~30년대 기생 이미지는 조선 여성의 청순함이 강조되고 전신사진이나 얼굴이 클로즈업되어 있는 이미지가 대다수였다.[36] 사진엽서를 통해 성적 만족을 얻으려는 당시 남성들의 욕구와 시선이 제국, 자본과 공모했던 것인데, 청순하고 가련한 기생의 수동적이고 애처로운 이미지는 일본에 보호받아야 하는 식민지 조선을 표상했다. 예를 들어 아리랑 엽서는 기생의 이미지가 조선으로 치환된 매우 강력하고 대표적인 경우이다. 이 엽서에는 기생이라는 가련한 식민지 여성이 느낄 비애감과 아리랑이라는 조선인의 한의 정서가 결합되어 있다. 즉 "쓸쓸한 이 세상 외로운 이 내 몸 누구를 믿고서 한 백년 살가"라는 구절은 누군가를 기다리거나 애상에 젖은 기생의 이미지와 함께 어울려 식민지 조선인의 숙명적 비애와 한을 한껏 고조시키고 있다. 비애에 젖은 연약한 기생의 이미지를 통해 지배받을 수밖에 없는 민족적 슬픔을 적극 전파했던 것이다.[37]

재현된 이미지가 만들어진 배경과 그 의도를 읽어 그 파편적 진실을 재구성하는 기획은 불완전하다. 기생의 이미지가 창출하는 제국과 자본의 확장된 영토와 증식된 자본, 즉 그 이미지의 목적과 효과를 드러내는 일만으로는 불안정하다. 편집증적 권력에 대한 자기 분열적 인식의 저항은 결국 현상에 대한 서글픈 인식에 다름 아니다. 사진엽서를 보는 대중에게 여행의 욕구를 자극하고 그에 따라 창출하는 관광의 수요는 그 대상의 수탈을 초래함으로써 자본을 증식한다. 이러한 증식으로 집중되는, 그러나 이데올로기적으로 은폐된 제국과 그 공모자들의 음험한 수사를 걷어내고 그들의 명백한 의도를 드러내는 일만으로는 가속화된 기생의 서발턴화를 전복할 수 없다. 기생의 감성이 식민지 민중의 한을 표상하면 할수록 그 중심은 견고해지고 더욱 확장된다. 따라서 타자화된 기생의 수동적 감성에 주목할 것이 아니라 절절한 자기 인식과 각성을 통해 스스로 그 견고하고 배타적인 중심으로부터 탈주하여 스스로 주변화되는 주체화의 길, 즉 서발턴적 주체화의 길을 모색할 필요가 있다. 다시 말해 식민적/서발턴적 감성의 자기부정을 통해 대상화/타자화된 그 문화적 위치로부터 탈주하여 새로운 '존재되기'를 통해 발산하는 감성에 주목할 필요가 있다.

당대 민중은 기생에 대해 이중적인 태도를 보였다. 기생은 조선 민중의 욕망이 투사된 존재로 문화적 영웅으로 인식되기도 한 반면, 철저하게 내면화된 여성성을 배타적으로 독점하고 향유하고자 하는 남성의 일그러진 욕망은 기생을 천시하고 낙인찍었다. 전통 사회와 일제강점기 그리고 현재적 시간을 그 공시적 연행 패턴 속에 담고 있는 민속연희의 경우 기생에 대한 인식은 자기 부정적이다. 탈놀이에서 혹은 풍물굿 잡색 놀음에서 소무와 각시로 등장하는 인물군이 기생을 유형적으로 성격화한 재현체라고 할 수 있는데, 그 연행 구조 속에서 기생은 신분제 사회에서 혹은 계급/계층적 사회에서 신분 상승을 욕망한다. 그러한 욕망은 민속연희 연행 주체/전승 주체에게 이중적인 것이 된다. 즉 처첩의 갈등이라는 모티프에 사로잡혀 결국 민중이 비판하는 세계에 다시 포섭되고 할미로 대표되는 기생 아닌 평범한 여성들의 한과 슬픔을 제 것으로 수용한다. 이는 민속연희를 축제적 반란이라는 형태로 자신을 지배하는 체제를 용인한 조건 속에서 그 모순을 비판하는 반응적/수동적 감성의 표현물로 만드는 이유이기도 하다. 어쩌면 중세적 감성과 근대적 감성이 착종된, 지배가 영속할 토대를 제공하는 문화적 기제로 작용하는 것일 수 있다. 따라서 시선과 욕망들이 중첩된 관계망을 파악하고 그 다중성을 검토하는 일이 필요할 것이다. 즉 각각의 욕망은 각각의 욕망대로 긍정하고 그 구현 양태의 갈등적 요소의 성격을 독해하고 형상 너머의 시선과 형상의 실체인 계급/계층의 진실한 욕망을 발견해야 할 것이다.

민중은 기생을 동경하였다. 성적 욕망의 대상이 아닌, 가난을 벗어날 수 있는 가능성으로 기생을 선망했다. 1930년대 인력거는 '극히 좁은 범위의 계급', 즉 '요릿집에 불려 가는 기생'이나 '왕진을 나가는 의사' 등의 전용물이 되었다.[38] 대부분 인력거를 타면 휘장을 내리지만, 기생들은 자신을 선전하고 과시하는 목적으로 휘장을 치지 않고 다녔다. 그래서 인력거꾼들은 손님으로 모시는 기생들을 요릿집으로 나르면서 수입이 좋다는 것을 알고서는 자신의 딸을 키워 어린 기생 '동기童妓'로 입적을 시키는 일이 많았다.[39] 이처럼 기생이라는 존재와 그 이미지는 제국·남성·민중 등이 필요에 따라 이미지를 생산하고 욕망하고 소비하고 타자화하는 파편적 존재로 고착화될 위험이 존재한다. 그래서 그 위험으로부터 벗어나 있는 사례의 발견이 필요하다. 아래의 사례들은 기생의 감성을 사랑의 발견 혹은 욕망의 발산, 대중의 문화적 영웅 되기, 사상기 思想妓의 주체 되기로 해석할 수 있는 사례들이다. 즉 사례로 제시하는 세 기생의 이야기는 타자화된 자기로부터 탈주하고 스스로 주변화되어 새로운 존재되기를 꿈꾼다. 결과가 아무리 비극적이라고 할지라도 이전의 기생되기가 타자 혹은 가난이나 운명에 이끌린 것이라면 세 기생은 그러한 운명을 벗어나기 위해 너무도 결과가 뻔한 그 길을, 아직 가지 않은 그 길을 스스로 헤쳐나갔다.

강명화[40]는 평양 출신으로 11세에 기생이 되었고 17세에 상경하여 대정권번에 들어갔다. 특기는 서도잡가와 시조였으며 대정권번 내에서 교제 방법이 능란하고 유순하였다. 그녀는 돈보다 사랑, 목숨보다 사랑을 인생의 슬로건으로 내걸고 마침내 만난 운명의 사랑인 장병천을 공부시키는 것이 소원이었다. 그 소원을 이루기 위해 금비녀와 은가락지를 판 돈 300원으로 동경 유학길에 올랐다. 둘은 동경 아사쿠사에 있는 집을 빌려 함께 지냈다. 장병천은 대학의 예비과에 다녔고 그녀는 그녀대로 동경 우에노 음악학교에 입학하기 위해 영어를 배웠다. 하루는 동경의 조선인 유학생이 찾아와 그들을 비난하며 폭행하려 했다. 그때 그녀는 칼을 들어 제 손가락을 잘라 피를 흘리며 "여러분 우리도 고생하면서 여러분과 같이 학문을 닦는 중입니다"라고 말하여 위기를 모면하였다. 그러나 그녀는 병천 부모의 반대와 세상의 몰이해와 비난으로 말미암아 결국 자살하고 말았다. "나만 없으면 그 사람은 부모의 사랑을 다시 받을 수 있고 넉넉한 가산으로 학문도 충분히 닦아 사회에 윗사람이 될 수 있으리라." 생각하고 독약을 마시고 자살했다. 아이러니하게도 그녀가 자살한 후에 비로소 장씨 일가는 그녀를 인정하였고 만고의 열녀라고까지 상찬하였다. 병천의 아버지 길상은 그녀를 친척으로 대우하여 제사를 지내 한 많고 외로운 고혼을 위로하기까지 하였다.

복혜숙[41]은 이화여자고보를 3년까지 마치고 일본 요코하마의 고등여 자기예학교를 졸업하였다. 그녀는 〈토월회〉에서 10년간 신극 운동을 하다가 영화배우로도 활동한 경력을 가지고 있다. 충남 보령 출신이며 목사의 딸로 태어나 기예보다는 연극·영화·무용에 더 관심을 갖고 동경에 있는 사와모리무용연구소에서 춤을 배웠으나 완고한 아버지 손에 이끌려 귀국하였다. 아버지가 세운 강원도 금성학교 교원으로 잠시 근무하였고 못내 연극의 꿈을 버릴 수 없어 가출하기에 이른다. 서울로 올라와 당시 신파극을 공연하던 단성사를 찾아와 밥 짓는 일부터 시작하여 1922년 조선배우학교를 졸업하고 〈극단 토월회〉의 단원이 되었다. 그러나 토월회가 쇠락해지면서 인천권번의 기생이 되었다. 그녀는 다른 권번의 기생들, 또 영화배우 몇 명 등과 함께 경무국장에게 '서울에 댄스홀을 허락하라'는 장문의 탄원서를 내기도 하여 개방적이고 활동적인 신여성의 면모를 보여주기도 하였다. 광복 후에는 최인규 감독의 「자유만세」에 출연한 것을 시작으로 1982년 세상을 떠날 때까지 20여 편의 영화에 출현하였다.

정칠성[42]은 7살에 기생이 되어 고된 훈련 과정을 거쳐 18살 때 상경해 남도 출신 기생들이 모여 있던 대정권번에 들어갔다. 남중잡가南中雜歌, 가야금 산조, 병창, 입창, 좌창, 정재 12종무 등의 기예에 탁월했고 바둑을 잘 두었다. 22세 때 3·1운동이 일어나자 민족주의자가 되었고 일본 유학 이후에 사회주의 여성운동의 수호자가 되었다. 그녀는 사회주의 여성운동이 싹트던 25세에 일본 유학을 다녀오면서 사상적 변화를 겪는다. 고향에서 대구여자청년회를 조직한 이후 그의 삶은 사회주의 여성운동의 역사와 함께 한다. 여성동우회·삼월회·근우회 등 사회주의 여성단체의 주요 간부를 맡는가 하면 독학으로 쌓은 사상을 기반으로 무산 계급 운동의 필요성을 역설하기도 했다. 그녀에게 진정한 신여성은 어디까지나 모든 불합리한 환경을 부인하는 강렬한 계급의식을 가진 무산 여성이었다. 1929년 광주학생사건으로 검거 투옥되기도 했다. 8·15광복 이후에는 조선부녀총동맹을 결성해 부위원장을 맡았다. 그녀는 1948년 8월 해주 남조선인민대표자대회에 참가하면서 월북했다가 그곳에 머물렀고 이때 남조선을 대표한 제1기 최고인민회의 대의원으로 선출되었다. 1948년 10월 조선민주여성동맹 중앙위원을 지냈으며 1956년 4월에는 조선노동당 중앙위원회 후보위원이 되었고 1957년 8월 제2기 최고인민회의 대의원으로까지 활약했다.

기생은 그 명칭에 축적된 의미만큼이나 복잡한 존재로 근대로 향한 역사의 흐름 속에서 더욱 더 서발턴화된 존재이다. 전통 사회에서는 신분제의 사슬 속에서, 일제강점기에는 매춘과 동일어로 식민지 조선을 표상하기까지 했으며 그 감성조차 제국과 남성, 민족과 식민의 시선에 포섭되어 제국과 자본의 이익을 극대화하기 위한 궤도 속에서 작동하였다. 그럼에도 불구하고 기생은 세 기생의 이야기를 통해 알 수 있듯이 타자화된 자기를 뚜렷하게 인식하고 스스로 서발턴화되는 새로운 길목에서 스스로의 감성과 욕망을 생산하는 새로운 존재되기를 꿈꾸었다.

3. 감성-미디어, 개념적 매개와 중첩

굿문화의 전승과 연행의 현장 속에서 생성되는 '두런거림'은 신문이나 라디오와 같은 근대적 미디어 기기 이상으로 시대 상황의 핵심에 다가서는 커뮤니케이션 회로라고 할 수 있다. 고양되는 신체와 그 신체에서 발산되는 감성과 집단적 경험이 충만한 굿문화는 "깊숙이 들어 있는 고대의 힘이며 훨씬 먼 과거, 오랫동안 잊고 있던 태고의 경험을 현재와 연결하는 시간의 유대이다." 애국계몽기로부터 일제강점기를 거치는 동안 보급된 "활자 미디어는 경험을 연속체로서 선형으로 파악해가는" 습관을 형성하였고 그러한 습관이 반복되면서 "시각에 의한 경험의 균질화가 오감이 짜낸 복잡한 감각 복합을 배후로 밀어내 버렸다."[43] 굿문화는 문자로 쓰인 텍스트가 사람들을 자신의 내면으로 향하게 하는 것과는 반대로 몸에 기입된 전승의 원리와 연행의 문법을 매개로 주기적인 시간 속에서 사람들을 집단성으로 향하게 한다. 이러한 굿문화의 매개성과 이를 통해 효과를 발휘하는 집단성은 근대 미디어 경험과 탈근대에 도래한 새로운 미디어의 현상을 새롭게 인식할 수 있는 지평이 될 수 있다. 다시 말해 굿문화가 지니고 있는 특성이 근대 미디어의 도래와 확산 속에서 배제된 가치였다면 대중의 커뮤니케이션 양상을 혁신하고 가상과 실재의 경계를 넘어 존재들의 관계를 다중화하는 새로운 미디어 환경의 조성 속에서 긍정될 수 있는 가치일 수 있다.

굿문화는 민중들의 삶과 애환을 담아내고 있으며 그들이 인식하고 상호작용한 세계를 질서 잡히지 않은 또는 질서 잡힐 수 없는 무수한 감각적 소리와 몸짓과 말과 사물의 리듬으로 그려내고 있다. 당대 지배층에게 천박한 것으로 인식되었다 할지라도 그것은 다수의 문화적 체험이 녹아든 끊임없이 변화하고 창조되는 생명체였다. 그러나 굿문화는 근대 과학기술과 자본주의 정신(프로테스탄트 윤리와 도구적 합리성)에 의해 그 존속과 향유의 근거를 뿌리 뽑혔다. 근대는 모든 전통을 전도하고 행위와 관조의 전통적 지위뿐만 아니라 활동적 삶 내의 전통적 위계 구조를 전도하며 모든 가치의 원천인 노동(자연의 리듬을 따르는 노동이 아닌 공학에 의해 계산된 노동)을 예찬하고 전통적으로 이성적 동물이 차지했던 지위로 노동의 동물을 상승시켰다.[44] 근대적 금욕주의는 시간 경제학과 결합하여 시간에 대한 독특한 근대적 태도를 규정한다. 게으름은 용납될 수 없는 것이었다. 노동을 위해 소비되지 않고 게으름을 통해 소비되는 시간은 악이 되었다.[45] 오락은 합리적 목적, 즉 육체적 활동력을 위해 필요한 기분 풀이를 위해서만 사용되어야 했다. 무절제한 충동의 방자한 충족 수단으로

관덕정 마당의 입춘 굿놀이(일제시대)

서 오락은 위험한 것이었으며 오락이 순수한 향락 수단이 되거나 비합리적인 본능을 위한 욕구 등을 일으킨다면 분명 거부되어야 할 것이었다. 직업노동과 신앙에서 벗어나는 충동적 삶의 향락은 그것이 귀족의 스포츠건 아니면 평민들의 무도장이나 술집 출입이건 간에 그 자체가 합리적 금욕의 적이었다.[46] 이러한 프로테스탄트적 노동윤리가 확산됨에 따라 사적 영역에 대한 공적 관심이 증대했다. 공적 담론의 대상이 아니었던 사생활은 이제 노동윤리에 따라 통제되고 규제되어야 하는 공적 영역으로 변화되었다. 쾌락은 금욕주의의 윤리와 어긋날 뿐만 아니라 효과적인 자본주의적 재생산 과정에 배치되는 행위였기에 쾌락에 대한 사회적 조절과 통제는 매우 중요했다.

합리주의와 금욕주의가 비록 서구적 맥락에서 전근대적 비효율성을 전복시킨 이념적·가치적 지향이었다고 할 수 있지만, 19세기 말 조선을 강타한 서구 제국의 과학기술과 자본 및 문화 등은 당시 조선 사회의 자연적·신체적·유희적/축제적 문화를 전복시키는 강력한 이념적 도구가 되었다. 이른바 애국계몽운동으로 표출된 일련의 정치적·이념적 운동과 사상적·문화적 흐름이 이에 해당되는데, 국가주의·문명개화·애국주의 담론의 설파와 확장에 의해 굿문화의 자동성/자생성은 무너졌다. 굿문화의 담당층은 근대적·기독교적 평등 이념의 도래와 위로부터의 제도적 실천을 통해 천민적 상태로부터 벗어날 수 있는 기회를 얻었지만, 아래로부터 혹은 안으로부터 자율적 주체에 의한 해방의 체험을 할 수 없었다. 그렇기에 그 담당층은 무수한 인연의 끈으로 맺어져 굿문화의 예능적 실천을 담당하던 단골집단으로부터 탈주하고자 했다.

자율이 아닌 타율적 해방의 추구는 굿문화의 기반을 해체하고 주변화시키는 주요한 원인으로 작용하면서 그 연행 주체들이 신분적 예속의 영역으로부터 또 다른 내부의 식민지들로 이주하게 만들었다. 이 예속과 탈주의 선분들은 여러 경로를 그리면서 굿문화의 분화 혹은 해체를 가속화시키는 요인으로 작용했다. 이를테면 일부는 단골판에 그대로 남아 운명에 순응했지만, 여러 예능의 총합에 의해서만 온전한 굿판을 축조해낼 수 있는 상태로부터 이탈된 생계 수준의 활동에 머물게 된다. 또 다른 일부는 그 예능의 수준에 따라 판소리 창자로, 줄타기 예인으로, 풍물잽이 등으로 전문화했다. 또한 새롭게 변화된 문화 환경 속에서 연극인으로, 가수로, 기생 등으로 진출했다. 이도 저도 아닌 부류는 자신의 신분을 숨긴 채, 농사를 짓거나 노동자가 되는 등, 그 이전과는 다른 존재되기를 욕망하였다.

여러 경로로 분산된 굿문화의 역능은 또 다른 의미에서 굿문화의 연행 양식을 전문화하는 계기가 되었고 식민지기를 거쳐 근대화의 과정을 거치는 동안 발생한 사회적·정치적 통합과 산업적·예술적 필요에 의해 호명되어 새롭게 의미화되기도 했다. 문화의 산업적 가치에 대한 관심이 늘어나고 과학기술의 발전에 따른 디지털 혁명이 가속화되는 조건 속에서는 문화원형을 찾아 이를 문화콘텐츠로 변환시켜 활용하려는 문화산업에 대한 관심이 증대되어 잠재적인 산업적 가치로 굿문화에 대한 인식이 전환되고 있다. 특히 재현 체계 혹은 재현 모델로 특징화되는 근대 (예술)성의 패러다임이 균열되고 체험적·수행적·창조적 모델이 각광 받는 디지털 혁명·미디어융합·유비쿼터스[47] 시대에 굿문화가 연행·향유·전승되는 과정에서 체현한 원리와 속성들이 새롭게 조명·재해석될 여지가 높아지고 있다.

디지털 혁명으로 운위되는 과학기술상의 새로운 진전과 인터넷으로 표상되는 정보화 사회의 가장 큰 특징은 인터랙션의 강화, 가상과 현실의 교섭을 통한 다중 주체의 탄생, 다중의 플랫폼 상에서 동일한 내용의 콘텐츠가 매체를 바꿔가면서 손쉽게 전달되는 융합 환경의 도래 즉 OSMU(원소스 멀티유즈)가 일상화된 유비쿼터스 컨버전스 현상의 강화 등이다. 특히 유비쿼터스 융합 현상은 정보통신 기술이 발달해서 사회적으로 전면화되어 언제 어디서나 자기가 원할 때 접속해서 네트워킹할 수 있는 하부구조가 깔린 세계를 지시한다. 사회적 표층이라고 할 일상생활의 측면에서 보면 유비쿼터스 도시화가 피부로 절감되는 새로운 기술 문화의 특징으로 부상하고 있고 그 심층에서는 과학기술과 경제와 지식 문화 전반에서 자동화된 과학기술이 사회 전반으로 퍼져나가는 현상, 즉 유비쿼터스 컴퓨터-센서-칩이 사회의 심층 구조 전반 속으로 스며들어 지식생산과 산업생산과 사회적 소통 전반을 모두 연결시켜 버리는 시대로 전환이 가속화되고 있다.[48]

인간에게는 상황 속에서 일어나는, 사회적 공간에 대한 취향이 있다. 그 취향은 서로 다른 감각적 특질들·몸짓들·목소리들·시선·움직임 등과 더불어 풍부하고 복잡하다. 또한 소통하고 지성을 공유하면서 함께 하는 특질이 있다. 이러한 특질은 현실 세계에 존재하는 인간 실존의 고유성이라고 할 수 있다. 그런데 1990년대 말 특정한 인터페이스 기술(모바일 기술)이 실행되어 컴퓨터 비전이 마침내 커다란 상업적 성공을 거둔 결과 가상적인 것과 현실적인 것의 경계는 모호해졌다. 모바일 미디어가 가상적인 것과 사회적 체험의 경계선을 허물고 있다. 가상과 현실이 교섭하는 세계에서 인간은 시간적으로나 공간적으로 체험의 한가운데에 놓이게 된다. 행동과 지각 사이에 분리가 없게 된다. 둘 사이에는 끊임없이 고리loop가 존재하여 고정되는 것을 최대한 흐트러뜨리는 경험을 창조한다. 그 사이에는 모종의 역동성이 있고 신체와 공간과 사물 사이의 교섭이 있다. 거기에서 우리는 재현의 미학보다는 행동의 미학을 추구하게 된다.[49]

현재의 미디어 커뮤니케이션 환경 변화의 핵심은 미디어와 수용자 간의 관계가 질적으로 변화하고 있다는 점이다. 즉 수용자에게 미디어는 이제 기존의 매스미디어만이 아니고 그와 동시에 수용자 스스로도 기존의 수용자로만 머물지 않는다. 수용자들이 미디어에 의견을 개진하거나 미디어에 대한 권리(알 권리, 볼 권리 등)를 주장하는 차원을 넘어 미디어 생산물의 제작자가 되기도 하고 공동 소유 및 운영 주체(공동체 라디오 방송 등)로 나서고 있기까지 하다. 그런데 이렇게 미디어 주체의 대중화가 이루어지는 동시에 정보·지식·콘텐츠의 상품화와 미디어의 시장 종속이 가속화되고 있고 글로벌 미디어 자본의 신자유주의적 세계화에 따라 탈규제·기업 인수합병·독점과 불균등한 발전의 전 지구적 확산이라는 현실도 엄연하다. 미디어는 더욱 국가적 차원의 통제와 수단이자 기업의 상품화 논리를 선전하는 수단으로 고착되고 있다. 따라서 미디어와 새로운 관계 맺기를 추구할 필요가 있으며 그 핵심 과제는 소수자의 목소리를 사회문화적으로 커뮤니케이션할 수 있게 하는 것이다.[50]

원근법적 시각 중심주의의 세계에서 복합 감각적인 촉각-청각 중심 세계로 이행하는 것에는 묵독하는 내면적 개인주의에서 구어로 대화하는 다중적 공동체주의로 그 전환을 촉진하는 감각과 지식의 사회화라는 적극적 계기가 내포되어 있다.[51] 개인은 타자와의 공동 관계, 관계적 사이/중간에서만 비로소 자신의 소질을 제대로 발전시킬 수 있게 된다. 즉 공동체에서만 인격의 자유를 획득할 수 있다. 특수한 이익을 공통된 이익으로 위장하는 환상적 공동체와 달리 참된 공동체는 진정한 공동이익을 기초로 개인을 소외의 상태로부터 구원해 일정한 연합 속에서 자유를 부여한다. 이 자율과 민주, 개방과 협동의 연합체(들), 사회와 커뮤니케이션은 별개가 아니다. 참된 공동체의 조건, 연합 속 자유 혹은 자율 속 연대를 실현시키는 조건은 커뮤니케이션인 것이다. 따라서 커뮤니케이션 없는 공동체의 구상은 불가능하고 커뮤니케이션 없는 사회의 상상도 불가능하다.[52]

유비쿼터스는 접근 조건으로 시공간의 보편성 및 소통 가능성으로 인간관계의 개방성을 무제한 확대하는 것을 지향한다. 그런데 유비쿼터스적 삶의 상상은 인간과 인간이 서로 투명하게 열려 있지 않을 뿐만 아니라 그 사이에 이질적인 세계들이 자리 잡고 있어서 투명한 관계 맺음의 밀도와 방향이 변질되기 쉽다. 또 세계가 결코 어느 시공간에나 공평하고 호혜적이지 않다는 점을 간과할 수 있다. 인간에게 매체가 필요한 까닭은 세계를 감각하여 이해하고 소통하기 위해서이다. 그러나 유비쿼터스의 구현체 중 하나인 디지털 모바일의 감각 체제는 이미 우리의 육체를 특정한 방향으로 훈육시키고 있다. 예컨대 현존과 가상의 존재 간 교섭이 '나'를 매개로 실행된다. 모바일 미디어로 장착된 모바일 주체는 광범한 스펙터클의 세계에서 소리와 이미지들을 끊임없이 창출한다. 개인이 일상 세계의 복제 이미지 창조자가 되는 것이다. 모바일 테크놀로지는 세계의 감각과 기억의 즉각성을 가져왔고 이 과정에서 인간과 세계의 고유한 거리는 주체와 대상이 맞닿아 섞임으로써 경계가 사라지게 된다. 이는 세계의 주관적 소유가 이루어진다는 점에서 개인성의 극대화를 꾀할 수도 있지만, 동시에 모바일 테크놀로지 체제의 장력의 극대화 즉 자본/권력에 의한 과학·기술의 포섭을 강화할 수 있다.[53]

미디어·테크놀로지의 발전은 인간과 세계의 만남을 복잡하게 만든다. 환경이 기술 속에 포개지고 기술이 몸속에 포개지며 몸이 두뇌 속에 포개지고 역으로 두뇌가 몸속으로 펼쳐지며 몸이 기술 속으로 펼쳐진다. 이처럼 기술이 환경 속으로 펼쳐지는 역동적 과정 속에서 집단지성의 형태로 전환된 오늘날의 지식생산 시스템이 권력에 의한 지식의 착취와 통제라는 통제사회(자동화된 기계가 자본에 적합하게 된 사회)의 강화에 기여하게 될 것인지, 아니면 권력에 대한 민주적 통제와 문화적 향유의 증대(로봇에 의한 노동시간 단축과 사회적 보장소득 및 여가시간의 문화적 향유의 증대)라는 문화사회(자동화된 기계에 적합한 사회)의 길로 나아가게 될 것인지 장담할 수 없다. 따라서 관료화된 사회의 억압적 이성과 그에 순응하는 감성이 이음새 없이 밀착되어버린 현대 자본주의 사회로부터 벗어나기 위해서는 무엇보다 감성과 이성의 새로운 관계를 정립하는 일이 중요하다. 사회가 예술과 상상력에 역동적 역할을 부여하는 일을 등한시할 경우 감성을 결여한 공허한 지성과 지성을 결여한 맹목적인 감정, 법칙을 결여한 공허한 자유와 자유를 배제한 맹목적 법칙만이 활개를 치는 기술 공학적 통제사회의 디스토피아로 나아가게 될 가능성이 높다. 유비쿼터스 혁명에 내재한 부정적 가능성, 즉 과학기술의 파괴적 힘과 자본/권력 간의 일방적 결합을 억제하고 그 반대의 가능성인 해방적 힘을, 분리되어 있는 개인과 사회와 자연을 재연결하여 공진화하는 데 이용되도록 하기 위해서는 뇌와 마음, 몸과 미디어, 문화와 장치를 적극적으로 통섭할 수 있는 자유가 예술과 상상력에게 그 어느 때보다 더 많이 부여되어야만 한다. 이런 적극적 자유만이 자율적 개인들의 사회적 연대의 초석이 될 수 있을 것이다.[54]

유비쿼터스 융합 현상의 특이성은 첫째 인간의 상상력이 컴퓨팅에 의해 고도로 구현되어 가상과 현실이 뒤섞여 현실 세계를 확장한다는 점, 둘째 국가나 자본에 포섭되지 않으면서 가상과 현실이 뒤섞이는 시공 속에서 다중 자아를 구현하고 자율 속 연대의 관계망 속에서 자본과 국가로부터 포섭되지 않을 자유를 누리는 다중의 출현과 진화가 가능하다는 점, 셋째 시간과 공간의 경계를 뛰어넘어 무한하게 개방적인 관계를 구축할 수 있다는 점이다. 그런데 이러한 특이성이 굿문화의 속성과 닮아 있다는 점이 이채롭다. 물론 과학기술에 기반한 문명 진화의 산물이라는 점과 그것이 존재하고 소통하며 활동하는 영역이 매우 광대하는 점 등에서 확실히 구별되는 측면이 존재한다. 또한 그 어느 때보다 막강한 권력을 행사하고 있는 지구 자본에 관련되어 있다는 점에서도 다르다. 자본은 컴퓨터화·원격통신·유전공학 등에 막대한 투자를 하여 기술에 의한 대량실업, 문화와 지식의 상품화, 인간의 복리와 생존에 필요한 지식의 사유화를 가속화하고 있고 국가권력을 자신의 대리인으로 부리면서 신자유주의 세계화를 완성해가려 하고 있다.[55] 그렇지만 인간 본성의 완전한 구현 가능성 그리고 개체적 존재의 물리적 한계를 넘어 지구적인 범위에서 자율과 창조, 연대와 소통의 참다운 공동체에 대한 기대를 높이고 있다. 그러한 기대 속에서 굿문화와 교섭할 수 있는 가능성은 얼마든지 열려 있을 수 있다. 굿문화는 현실의 장면과 종교적 환상이 공존하는, 모종의 사이 공간적 특성이 있다. 비록 그 빈틈 혹은 사이 공간이 작고 주변적인 것이라 할지라도 굿문화 속에서 모든 존재는 충만한 생명력과 소통력을 지니며 존재할 수 있다.

굿문화의 본성은 신과 자연 그리고 인간의 관계 속에 내재해 있다. 과거·현재·미래의 시간 속에서 굿은 얼크러진 관계들을 제의적·사회적·놀이적 방식으로 치유하거나 교정·정화하고자 하는 개인 혹은 집단의 필요에 의해 수행된다. 굿의 연행 속에서 과거와 미래는 현재 속에 머문다. 현재의 결핍된 욕망을 충족하는 과정에서 과거를 표상하는 신들이 호명되고 결핍의 원인 혹은 그 제공자들이 현존하게 된다. 과거의 존재들이 현재 속에서 대접받고 그 원한을 풀음으로써 '과거-현재'의 복수적·혼종적 시공은 '미래-현재'로 화한다. 다시 말해 미래의 소망은 과거의 존재들을 현재에 만족시킴으로써 충족되어 그 현재가 미래를 감싸 안는다. 그러므로 굿문화는 다층적 시공의 결을 가진다고 할 수 있다. 그 시공의 층위 속에서 영속적인 행복을 추구하려는 개인적·집단적 욕망의 역사적 산물이 굿문화인 것이다. 굿문화의 연행 속에서 매번 신들과 세계 내 존재들의 정령들은 신체적 현존을 욕망한다. 그것이 의례를 주재하는 무巫의 신체 속에 깃들든, 특별한 제의를 통해 성화된 신대나 망자로 상징화된 영대에 깃들든, 현실 세계에서 인간이 지각하거나 접촉할 수 없는 신들과 정령들은 신체를 욕망하여 자신들의 실체를 드러내려 한다. 이들은 굿판에 현존하여 굿판의 모든 존재들과 소통하기를 욕망한다. 인간과 소통하고자 하며 제단의 음식들을 흠향하고 온갖 노래와 춤 등을 관람하고자 한다. 물론 이는 현실의 인간들이 인식할 수 없는 존재들을 현존케 하여 자신들의 힘만으로 달성할 수 없는 것들을 이루고자 하는 것이기도 하다. 다시 말해 현실의 시간과 공간을 신성한 시간과 공간, 즉 굿을 통하지 않고는 구축할 수 없는 세계를 접촉하는 것이라고 할 수 있다. 이렇게 생각할 때 굿문화는 현실과 가상이 뒤섞인 혼합 공간을 창조한다.

굿은 실제/물리적 현실이면서 동시에 허상/환상이다. 여기에서 현실과 환상의 경계는 사라진다. 현실이 환상을 밀어낼 때 존재는 물리적 현존을 느낀다. 그러나 현실이 무너진 곳에서 기존의 존재는 새로운 존재 즉 다중 존재로 거듭날 수 있다. 어쩌면 존재들의 물리적 현존이 위기에 처했을 때 굿을 통해 상상의 세계와 현실의 존재를 매개함으로써 존재들은 새롭게 자신을 정초하는지도 모른다. 이러한 굿문화의 세계 창조 방식은 다양하지만 일정한 패턴을 갖는다. 각각의 의례 절차가 일상으로부터 분리되어 전이지대를 창출하고 전이적 공간 속에서 굿의 목적을 달성한 뒤 일상 속으로 그러나 전혀 새롭다고 인식된 세계 속으로 통합된다. 이러한 방식은 일정한 수행적 문법을 갖는다. 금기와 터부의 수행에 의해 일상으로부터 분리가 시작되고 일상이 놓인 그 세계를 성화시키는 각종 주술적 장치들이 마련된다. 신들을 호명하고 좌정시켜 소통하는 각종 굿 절차들이 수행된 후 굿판에 모인 모든 존재들이 신명을 만끽하는 축제의 놀이가 벌어진다. 이러한 절차와 방식들은 일상적 존재들의 지각·행위방식을 뒤흔드는 일종의 카오스적 상태를 지향한다. 이를테면 굿판은 일상에서 결코 함부로 낼 수 없었던 풍물 소리로 충만해진다. 오직 종교적·사회적 의례의 시공 속에서만 허락되었던 풍물은 혼합박의 구현을 통해 일상적 리듬을 비튼다는 의미에서 새로운 세계를 창조한다. 그러므로 굿판의 특징은 재현적이라기보다는 수행적이라고 할 수 있다. 실재를 재현하는 모방적 행위이기보다는 굿판의 모든 존재들과의 적극적 교섭을 통해 결핍된 욕망이 충족된 새로운 세계를 여는 수행적인 문화 형식이다.

인간 주체는 내부에서 여러 자기들이 끊임없이 싸우고 있는 일종의 전쟁터라고 할 수 있다. 그만큼 인간 존재를 하나의 단일한 주체로 환원할 수 없다. 따라서 내적으로 여러 형태의 주체들 사이에서 그리고 외적으로 타자들 사이에서 균형을 잡고, 공생할 수 있는 일종의 줄타기와도 같은 주체화의 길을 찾아내는 작업이 필요하다. 다양한 감정으로 채색되어 있는 인간 주체는 한편으로 복종심과 불안과 공포와 향락에 매몰된 수동적·반동적 감정에 사로잡힐 수 있다. 역사적으로 볼 때 인간 주체는 이기적 생존과 향락을 위해 타자를 폭력적으로 배제하여 그 자신의 자율적 주체성도 상실하고 마는, 일종의 노예 상태에 처하곤 했다. 이와 달리 자유·평등·박애의 이념에 부합되는 능동적·진보적 감정으로 충만하여 자율적으로 행동하며 상호 연대하는 주체의 삶을 살아오기도 하였다.[56]

인간이 살아왔으며 살고 살게 될 사회 공간은 인간 주체들이 점유하는 위치에 따라 속성과 능력의 편차가 발생한다. 따라서 사회 공간은 사회적 위치에 의해 불균등하게 분할 점유되는 권력의 공간을 의미하기도 한다. 이렇게 분할된 사회 공간은 개인과 집단의 상호작용을 결정하는 '보이지 않는' 구조로 이해된다. 개인과 집단 그리고 이 보이지 않는 구조는 사회 공간 속에서 각자에 부여된 특성들에 따라 제한된 자원을 획득하기 위해 분투한다. 사회 세계는 이러한 구성원들의 상호작용 속에서 이중적으로 구조화된다. 즉 인간 주체와 그 행위가 사회를 구조화하고 행위와 지각에 대해 일정한 규정력을 행사하는 기제로서 아비투스에 의해 구조화된다. 이렇게 구조화된 사회 세계는 상징적 재화의 불균등한 분배와 다양한 세계관의 혼재 속에서 특정한 세계관의 정당화를 둘러싸고 일어나는 상징적 투쟁의 장이 된다. 이러한 장 속에서 개인이나 집단은 다양한 상징적 전략을 교차시키면서 상징적 권력 체계를 형성한다.

굿문화는 한편으로 이렇게 이중적으로 구조화된 사회 세계 속에서 개인이나 집단이 상상하는 바를 이루기 위해 양가적 인간 주체성이 서로 갈등하고 투쟁해온 흔적의 기록이라고 할 수 있다. 다른 한편으로 굿문화는 이러한 갈등과 투쟁을 조정하고 해소하는 의례로서 자신의 역능을 사회구성원들에게 배분하며 사회구성원과 사회 세계를 새로운 방향으로 구조화해온 상징적 기제일 수 있다. 상징적 기제로서 굿문화는 개인과 개인을 매개하고 개인과 집단을 매개하는 방식으로 자신의 위치를 사회 세계 내에 지정하고 이렇게 점유한 사회 공간의 상징적 투쟁의 장에서 굿문화의 이념을 정당화하는 상징적 권력 체계를 형성한다.

인간 존재의 정신적 메커니즘은 '신체적 변화와 직결된 정서', '신체 상태에 대한 지각으로서의 느낌', '신체 상태에 대한 지각과는 구별되는 생각'이라는 3가지 상호 구별되는 차원의 연동 관계를 통해 작동한다. 여기서 '느낌'은 신체 상태와 생각의 사이에 끼어 있다. 인간 주체는 이러한 느낌을 통해서 이러저러한 몸의 이미지뿐만 아니라 자신의 사유 양식에 대한 이미지를 갖게 된다. 따라서 느낌은 ① 느낌의 본질이자 느낌에 대한 독자적인 내용을 부여하는 신체의 상태, ② 이 필수적인 신체 상태의 지각에 수반되는 변화된 사고방식, ③ 그 주제와 관련해 느껴지는 정서와 합치하는 생각들을 모두 포함한다. 느낌은 신체의 외부로부터 발생하는 구체적인 자극과 정보, 신체의 내부 상태 그리고 신체 내에서 발생하지만, 신체 외부의 세계를 지시하는 상징체계들을 사용하는 추상적 사유의 세 차원들이 중첩되는 복잡한 심적 과정이다. 이러한 이유에서 느낌이 결여되거나 마비된다면 신체의 외부와 내부의 과정은 단절되고 외부에 대해 수동적 반응에 이끌리거나 반대로 외부의 상황이나 신체 상태와 무관한 망상에 빠지게 된다.[57]

느낌은 물리적 과정과 정신적 과정 사이에 벌어져 있는 간극을 매개하고 조절하는 독특한 위상을 가진다. 마찬가지로 인간 주체 내부가 아닌 인간 주체들이 다양한 방식으로 결합해 있으면서 관계하는 집합체(=집단적인 몸)도 자신의 내부와 외부를 조절하는 장치를 가진다. 이러한 의미에서 굿문화는 외부와 내부의 단절로 인해 발생한 망상을 조절·해소하는 작용을 하는 문화적 기제라 할 수 있다. 인간 주체가 본원적으로 혹은 구성적으로 지니게 되는 느낌의 복합적인 작용을 통해 형성된 문화적 영역 속에서 굿문화는 세계와 인간 사이의 여러 간극을 매개하는 감성적 존재로서 인간 주체의 느낌과 같은 위상을 갖는다. 즉 감성의 영역에서 살아가고 활동함으로써 사회 세계 내 존재들의 관계망에 생긴 여러 빈틈을 매우고 결여를 채우며 상처를 치유하는 작용을 하는 다중지성의 복합체로 이성의 영역 혹은 이데올로기의 영역과 교섭한다. 분리되어 있는 대상과 주체를 조금은 까다로운 규칙을 통해서 연결하고 새로운 차원의 세계를 연다. 이를테면 신성화 과정=씻김 과정=순화 과정=치유 과정을 통해 부정을 가시고 얻은 충만한 쉼터=놀이판=싸움판=술판=난장판 속에 모든 존재들을 자유롭게 풀어 놓는다. 굿판의 모든 존재들이 얼싸안고 함께 숨 쉬면서 대상과 주체의 충만한 합일 혹은 합생 상태의 집단적 이상/상상/꿈이 현실태나 상상태가 아니라 상징태로 구현된다. 이것이 굿문화에 작용하는 감성의 힘이다.

굿은 매개 곧 미디어다. 굿은 분리되어 있는 세계와 존재를 매개하여 소통의 길을 내고 그 길에서 존재들은 유희한다. 예를 들어 해남군 송지면 산정마을에서 행해지는 헌식굿은 일상의 길을 걸어 새로운 공간으로 가는 길을 낸다. 이 헌식굿은 매년 정월 열나흘날 밤에 미황사 스님을 모셔 와 행하는 도제를 마친 후 행해진다. 도제가 끝나면 이 마을 군고패들은 일상복 차림을 하고 굿을 일구어 마을의 외곽을 돈다. 그런 점에서 일종의 길굿/길놀이라고 할 수 있다. 군고패가 가는 길로 마을 사람들이 하나둘 따라가고 마을의 길목(출입구), 즉 '허기진 곳' 혹은 '위험한 곳' 등으로 인식되는 지점들에서 비손과 헌식과 소지 등이 행해진다. 또한 그 지점들에서 굿패와 마을 사람들은 음식을 나누며 군고 소리에 맞춰 놀기도 한다. 이때 헌식이 이루어지는 지점 인근의 가정에서 차려온 제물과 정성을 흠향하는 존재들도 함께 어울린다고 인식된다.

굿이 연행되는 밑바탕에는 존재들의 중첩된 관계망이 있다. 과거에는 마을 대동회의를 열어 엄격한 금기의 준수 속에서 도제를 모시는 관계망이 있었다. 그러나 현재에는 인근 절인 미황사 주지 스님을 모셔 도제를 수행한다. 또한 마을주민들 각각이 도제와 헌식굿 및 대보름 축제에 연결되는 관계망이 있으며, 군고를 전승하고 연행하는 마을 군고패의 전승과 연행의 관계망이 있다. 이러한 관계망 속에서 수행되는 굿판에서 개인과 개인, 개인과 집단이 중첩되고 이러한 존재들은 굿판이 진행되면서 호명되는 일상의 구조 밖 존재들과 또 한 번 중첩된다. 이를테면 헌식굿은 각 가정에서 준비한 음식을 마을 어귀에 차려놓고 자손이 끊어져 제삿밥을 먹지 못하는 귀신과 바다에서 조난을 당한 원혼에게 음식을 먹이는 의례이다. 이 상징적인 행위에 의해 굿패와 각 가정 그리고 마을공동체와 상상적 존재들은 중첩된 관계망을 형성한다. 이렇게 중첩된 존재들은 일상적인 관계망을 바탕으로 형성되어 계속 중첩되는 관계망 속에서 다양하게 소통하고 유희한다. 현재의 도제는 금줄과 황토 그리고 당산나무가 상징적으로 상호작용하여 창출하는, 마을 수호신이 현현하는 신성한 공간 안에 배치된 제장에서 미황사 주지 스님에 의해 비의적으로 연행된다. 따라서 그 제장에 마을주민들 누구도 범접할 수 없지만, 마을회관이나 집에서 저마다의 방식으로 금욕하고 조신하며 도제에 참여한다. 그 속에서 상상적 존재인 마을의 수호신은 당산나무를 중심으로 상징화된 신성 공간에 깃들고 군고패의 영기와 그 영기에 걸린 상징적인 신체인 영탈에 깃들어, 다음 날 이루어지는 마당밟이 즉 가가호호를 방문하여 집안 구석구석을 새롭게 하는 의례 절차를 통해 각 가정으로 연결된다. 이렇게 촘촘히 연결되어 확장되는 관계망 속에

서 마을·가정·개인은 이전과 다른 존재로 화하여 서로 연대하고 소통하게 된다.

마당밟이는 마을회관에서 군고패들이 굿을 일구어 각 집으로 길을 내면서 시작된다. 그 절차는 질굿→문굿→마당굿→샘굿→조왕굿→성주굿→철륭굿→우마굿→마당굿 순으로 전개된다. 물론 이 연행 절차는 유동적이다. 과거에는 집안에 우물이나 새암이 있을 때 샘굿을 쳤고 소나 말을 기르는 외양간이 있을 때 우마굿을 쳤다. 또한 집안 뒤뜰이나 장독대가 있을 때 철륭굿을 쳤다. 중요한 것은 마당밟이가 집안의 중요한 공간과 모든 존재들을 매개하는 굿이라는 점이다. 산정마을의 마당밟이는 현재에도 제의적인 성격이 강하다. 굿을 연행하는 주체들이 이를 매우 신성하게 여긴다. 즉 당산나무를 중심으로 그 연행의 목적·의미·기능을 연결한다. 마당밟이의 첫 길은 당맞이를 통해서 열린다. 이렇게 하는 이유는 영기에 매어 단 영탈의 신성성과 그 효과를 위해서이다. 당 아래에서 당맞이를 해야 영탈이 힘을 발휘한다고 생각한다. 이러한 관념은 마당밟이를 신과 인간의 정치 행위라고 인식하는 기초가 된다. 즉 당할머니를 모시고 각 집에 가서 굿을 하여 당할머니와 가신의 만남을 주선하는 행위가 마당밟이라고 굿의 연행 주체들은 인식하고 있다.

마당밟이 후에는 판굿이 연행된다. 판굿은 밤에 벌인다 하여 밤굿이라고도 불린다. 이 밤굿은 채굿(1~12채와 진풀이)→도둑잽이(영산다드래기→도둑청령→도둑잡기→상여띄우기)→호허굿→구정놀이→아궁(아군의 병사 확인)→등맞추기→파제굿의 순서로 연행된다. 먼저 12채를 치고 도둑잽이를 하는데, 도포수 1명은 도둑의 우두머리가 되기도 하고 모든 굿을 관할하는 지도자로 상정되기도 한다. 도포수에게는 창부 2명이 딸린다. 이 창부들은 도포수를 좌우에서 보좌하는 역할을 한다. 도둑잽이는 도포수가 알(쇠)를 훔치는 것으로 시작된다. 그러면 굿패들은 알을 훔친 도둑을

서낭당

잡기 위해 진을 펴서 삼진삼퇴를 하고 청령을 하여 도둑을 유인해서 잡는다. 그리고 도둑의 목을 치는 상징적인 행위로 영기의 삼지창에 도포수의 관을 꿰어 벗긴다. 이후 상여가 나간다. 상여가 나가는 행위는 군총이나 군중이 도포수를 들어 올리는 것으로 대신한다. 이때 도포수의 자식으로 역할이 설정되어 있는 무동에게 영탈을 씌운다. 무동 1명에게 두 개의 영기에 걸어 놓았던 영탈 2개를 포개서 씌운다. 그 다음에 구정놀이를 한다. 구정놀이는 출전굿과 승전굿의 성격을 동시에 가진다. 군총의 기량을 뽐내고 더욱 흥을 내는 공연 절차에 해당한다. 도둑잽이의 의미는 가장 귀한 것(인간의 생명)을 주고 무동을 통해서 신이 마을에 깃든다고 설명되기도 한다. 도포수의 관은 천신제와 관련해서 해석되기도 하는데, 이러한 맥락에서 도포수는 천신의 존재로 격상되기도 한다.

밤굿은 주요 연행자인 굿패와 앞잽이 그리고 참여자/주민들이 새납과 풍물악기로 연주되는 굿음악의 반복·지속·팽창 속에서 개별적이고 자율적인 존재 또는 굿판이 생성해낸 집합적 몸을 구성하는 기관들이 함께 소통하고 유희하는 공간이 된다. 또한 영기에 걸린 영탈로 상징되는 신성한 존재들과 함께 도둑놀이를 벌이면서 상징적인 방식으로 죽음을 체험하여 새로운 삶과 세계로 향한 길을 내면서 굿판의 여러 존재들의 관계를 새롭게 조정한다. 이러한 조정 속에서 존재들은 궁극적으로 일상의 억압을 해소하고 모든 감각이 열린 고양된 신체의 충만한 희열 속에서 새로운 관계를 맺게 된다.

판굿에서 벌어지는 앞잽이들의 놀이는 제의적인 맥락 외에 굿 공동체가 경험한 역사적 사건의 상징적 제시로 공동체의 집단적 서사가 연극적으로 표현된 것이라고 할 수 있다. 이때 앞잽이는 일종의 배우/공연자로 볼 수 있다. 그러나 도포수·창부(2)·무동(2)·농구·조리중의 성격과 관계는 정합적이지 않다. 특히 농구는 설쇠의 모방자이자 현실적인 공연자로 도둑잽이 서사의 등장인물에 포함되지 않는다. 이에 비해 도포수·창부·무동·조리중은 도둑의 무리로 역할이 배정되어 있으며 도포수를 중심으로 그 관계가 설정되어 있다. 그런데 도포수가 도둑이기도 하고 천신이기도 한 점에서 모두 다중적 인물이라고 할 수 있다. 굿판의 존재들이 모두 양가적인 존재인 점에서 이러한 다중성도 모순적이라고 할 수는 없다. 다시 말해 굿판의 존재들은 일상에서 분리되어 신성한 공간으로 점점 몰입되어 가는 존재라는 점에서 양가적이다. 그렇지만 도포수·창부·무동·조리중은 굿판의 다른 존재들보다 더 중첩되어 있는 존재들이다. 굿판의 다른 존재들이 갖는 양가성 외에, 인간과의 관계에서 악하거나 선한 혹은 부정하거나 신성한 존재로 설정되어 있다. 이러한 이중성은 도둑의 존재에 대해 서로 다른 해석이 있으며, 그 해석을 둘러싸고 벌어지는 경쟁이 있음을 의미한다. 도둑에 대한 긍정과 부정은 공동체 역사의 여러 시기에 갈등하고 투쟁한 흔적이다.

유토피아적 꿈꾸기는 당대의 지배 질서와 지배 이데올로기로부터 탈주를 꿈꾸며 이런 열망은 과학기술의 혁신을 추동한다. 반면 지배 이데올로기는 유토피아적 꿈꾸기의 진보적 성격을 두려워하며 모든 열망을 지식/권력의 복합체인 신화로 환원시키고자 노력한다. 자유롭고 평등한 생산자들의 연합이라는 대안을 현실화하려면 연합적 생산양식의 주체들에게 요청되는 자립성·자발성·연대의 역능을 강화해야 한다.[58] 바로 이 지점에서 굿문화의 역능이 현재적 의미를 갖는다. 굿을 연행하고 전승했던 공동체의 욕망의 기록이 굿문화이고 그 상징성이 상상적 세계와 현실 세계의 간극을 잇는 작용을 하는 것이라면, 또한 그것이 굿의 감성적 작동 방식이라고 한다면 굿문화를 합생의 세계를 생성하는 역능으로 사유할 필요가 있다. 굿은 일과 놀이, 삶과 죽음, 자연과 인간=신, 일상과 비일상이라는 이중 구조에서 발생하는 사회의 병리 현상을 치유하는 자발적인 연합 주체들의 자생적인 문화이다. 따라서 과학·기술의 거침없는 질주와 생산적인 역능의 주체가 소비하는 주체로 탈각되어 저항성과 비판성을 점점 더 상실해가는 위험 상황에 직면해서 전체가 나아가야 할 비전을 다양하게 모색하는 일을 위해서라도 굿문화의 역능을 노동의 연장이나 체제의 효율성을 강화하는 권력의 기제로 파악했던 관점을 수정하고 기껏해야 미분화된 사회구조의 조응물이라는 굿문화에 대한 담론의 적극적인 교정이 필요할 것이다.

요컨대 민속의 감성-미디어는 "수동적-반동적 감정으로 물든 주체와 능동적-진보적 감정으로 충만한 주체"의 생산을 두고 다투는 문화장 내에서 그 작용 방향을 두고 갈등하는 여러 세력들 사이에 존재하는 양가적인 계열체이다. "다양한 이데올로기적 장치를 통해 복종심과 무기력, 불안과 공포, 질투심과 향락의 욕망들로 점철된 예속적 감정"의 주체의 생산에 관여할지, 아니면 "자유와 독립심, 모험과 용기, 평화와 사랑에 대한 감정으로 충만한 새로운 주체"의 생산에 관여할지는 인간 주체의 선택과 실천에 달려 있다. 합일·소통·치유 등과 같은 인간 주체의 마음 바탕 위에서 자라난 "능동적-진보적 감정으로 충만한 주체"[59]가 신체와 사유의 영역을 횡단하여 그 바깥 세계를 변화·개조하는 계열체로서 민속의 감성-미디어를 사유하는 일은 중요하다고 할 것이다.

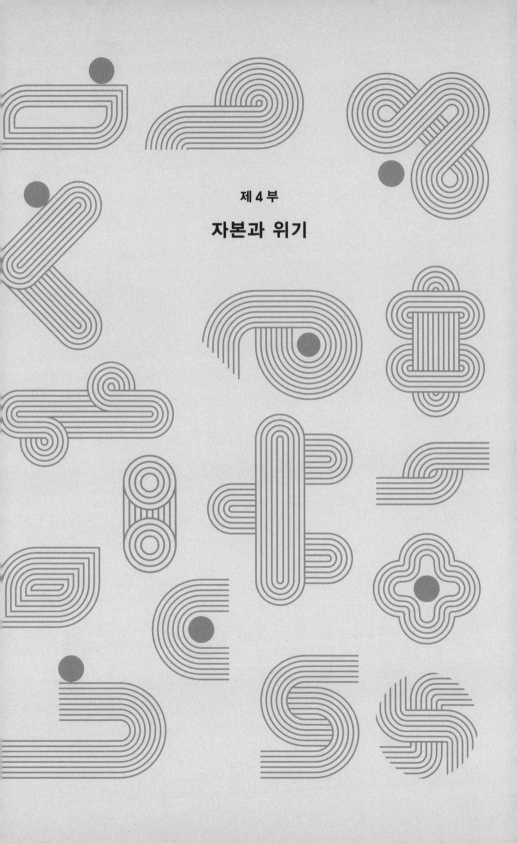

제 4 부

자본과 위기

제 1 장

문화자본

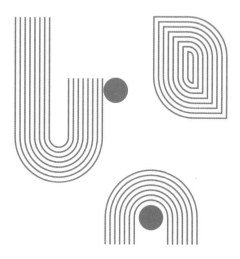

현재 우리 사회는 갈수록 시장의 논리가 확대되어 가는 추세에 놓여 있다. 그에 따라 공공영역이 민영화·기업화되어 자본의 지배가 심화되어 가고 있다. 이러한 조건 속에서 민속이 놓여 있고 다양한 방식으로 시대와 조응하면서 존속해나가고 있다. 주목되는 것은 시대와 조응하여 공통적인 것에 기반해 차이를 덧붙여 가면서 그 역사를 새롭게 써나가고 있는 현상이다. 여기에서 문제 삼고 있는 해남큰굿이 그 대표적 사례가 될 수 있다. 해남큰굿은 공공성과 문화의 자율성을 확보하려는 노력이 투사된, 다시 말해 과거 전통 사회의 삶과 문화의 궤적 속에서 자족성(=사용가치)이 강한 문화를 전승·향유하려는, 공동체의 가치를 중시하는 소수자의 노력이 투사된 문화의 재생산 과정으로 특이화할 수 있다. 왜냐하면 그것은 농촌이 공동화되는 추세 속에서 자율적이고 창조적인 문화생산/재생산 주체를 형성하려고 했고 상이한 문화들의 공존과 혁신이 가능한 장의 생성을 중요한 의제로 설정했기 때문이다. 이 점에 주목하여 마을굿 살리기 수행 주체 혹은 해남큰굿 연행 주체의 자율성을, 그들이 상속받은 문화자본의 성격과 문화적 아비투스와 연관 지어 생각해보고자 한다. 또한 상이한 문화자본이 공존하거나 경쟁하는 문화장의 구조적 성격과 그 구조의 횡단을 통해 새롭게 배치·전개되어야 할 사회 공간 형성의 문제를 굿문화 자본의 존속 전망과 관련하여 논의하고자 한다.

1. 굿문화 자본의 자율적 생성 프로젝트

해남 굿 살리기로 표현되기도 하는 마을굿 살리기 프로젝트는 2006년 덕흥마을, 2007년 이진마을, 2008년 동현마을에서 실시되었다. 이 프로젝트에서 "마을은…공동체 문화의 바탕을 이루는 조직…정치 종교 경제 예술을 아우르는…대안문화의 본래적 모습"[1]을 간직한 융합적인 공간으로 규정되고 있다. 마을굿 살리기는 마을주민들의 기억을 더듬고 망각된 부분을 집단적으로 상상하여 현재의 시공간에 펼쳐내는 것이라 인식된다. 이를 공동체의 상상이라고 표현할 수 있는데, 표명된 목적 속에서 그러한 집합적 상상이 지향하는 것을 파악할 수 있다. 목적을 관통하는 것은 과거의 전통에 대한 현재적·미래적 시각과 현재적 삶의 변혁이라고 할 수 있다. 이를 위해 굿문화 전통에 담긴 세계관을 행사의 전체 과정에 구현하고자 했다. 그것은 타자와 교감하고 소통하는 굿문화의 전통을 되살려 미래가 요구하는 현재의 문제를 해결하려는 것으로 나타난다. 요컨대 마을굿 복원 혹은 재생산의 효과는 마을주민들이 상속된 문화자본을 통해 삶을 영위하고 사회를 구성하는 주체로서 공동체의 현재와 미래를 풍요롭게 하는 것이고, 또 그것은 그러한 주체 혹은 공동체가 관계 맺은 자연 및 사회라는 구조물을 갈등이나 경쟁이 아닌 화해와 상생의 장으로 변화시키고자 하는 집합적 의지의 표현에 잘 나타난다.

　해남문화원 마을굿 살리기 프로젝트 사업의 하나로 2006년 11월 10일 연행된 해남큰굿은 해남군 현산면 고현마을, 덕흥리(봉림마을, 덕흥마을)

주민들의 주도하에 마을주민과 이 지역 문화굿패들의 자발적 참여로 진행되었다. 이 굿의 특징은 지역민들의 참여와 주도의 원칙 속에서 전승 기반이 약화된 굿문화를 이 지역의 문화지킴이들이 마을의 특성을 최대한 살리면서 마을주민들과 더불어 굿을 준비하고 실행시켰다는 점이다. 이를테면 현산면 덕흥리 덕흥 다원에서 7월부터 10월까지 4개월 동안 이 마을부녀회장을 중심으로 한 주민들에게 해남 산정군고패들이 다소 조각난 기억들을 토대로, 망각된 마을굿의 문법을 채록 정리하여 강습을 하였다. 이러한 준비 과정을 거쳐 구성된 1백여 명의 굿패들이 고현에서 봉림을 거쳐 덕흥마을까지 행진을 펼쳤다. 이들은 마을로 이르는 길이 좁고 멀어도 그 길을 굿패들과 어울려 걷는 것 자체가 땅을 딛고 하늘에 소망을 비는 중요한 굿 중 하나라고 인식하기도 했다. 덕흥마을까지 연행된 길굿의 과정에는 옛날 해남현이었던 고현마을의 위상을 상상하는 역사맞이 거리굿이 연행되었고 봉림마을에 이르러서는 마을과 마을 사이를 연결하는 다리에서 풍요와 건강 및 재수를 비는 다리굿이 연행되었다. 덕흥마을에 도착한 굿패들은 마을로 들어가기에 앞서 문굿을 쳤고 들당산에 이어 마당밟이(마실돌기)와 밤굿(판굿)을 연행하였다. 이 외에 부대행사로, 판소리 한마당, 마대 걸레 붓글씨 쓰기 퍼포먼스, 인근 초·중학생들의 천연염색 작품과 짚풀 등으로 무대 만들기 및 공간 꾸미기, 투호, 윷놀이, 제기차기, 박 터트리기, 마을주민들의 생애 사진전 등이 진행되었다.

2007년 11월 24일 지역주민들과 문화굿패의 연합은 해남군 북평면 이진리와 남창 일대에서 이진성 해남큰굿을 연행하였다. 이진성 해남큰굿은 이진마을 굿문화의 전통을 근간으로 진행되었다. 이진마을의 공동체 제의에는 음력 1월 2일 남문샘제, 1월 7일 도제, 1월 15일 북문샘제, 6월 1일 천제가 있었다. 이진마을은 반농반어 지역으로 물이 귀해서 천제와 샘제를 통해 마을의 풍요와 안녕을 희구했다. 남문샘제와 북문샘제는 대

개 군고를 치고 저녁에 제상을 차려 샘으로 가 축문과 소지를 올리고 거
레(고수레, 헌식)를 하는 방식으로 진행되었다. 남문샘제가 북문샘제보다
더 오래되었다고 하는데, 현재 마을에서는 남문샘제만 지내고 있다. 동
문인 선창에서 지내는 도제는 선창가 사람들이 제상을 내오고 음식을 장
만하여 축문과 소지를 올리는 형식으로 진행했는데, 현재까지 지속되고
있다. 천제는 음력 6월 초하룻날 새벽에 달마산에서 지낸다. 마을주민들
에 의하면 천제는 600여 년 동안 전승되어왔다. 천제터는 달마 산신께
제사를 모시는 곳으로 달마산 동북쪽에 있는 절벽 바위 밑에 자리하고
있다. 생기복덕에 따라 엄정하게 선출된 제관 다섯(화주, 축관, 집사, 그 외 일
꾼 2)은 부정을 피해 초하룻날 새벽에 달마산에 올라 밤을 지새며 정성을
드렸다. 현재는 오후 6시 혹은 7시에 달마산에 올라가 새벽녘에 내려온
다. 천제를 연행한 뒤 천제단 샘터 물을 병에 담아 온다. 솔잎으로 병마
개를 삼는데, 이 물병을 거꾸로 해서 물방울이 떨어지도록 하며 내려온
다. 이는 마을 샘에서 물이 잘 나오길 바라는 유감주술적인 행동이다. 또
천제와 샘제를 지낼 때 군고패를 꾸려 마당밟이도 하고 줄을 만들어 줄
다리기도 연행했다. 그러나 지금은 군고가 매우 약해졌고 옛 굿머리에
대한 기억도 소략하다.

　이진마을 해남큰굿 준비팀은 여름 동안 마을공동체 제의와 군고를 조
사하여 굿판을 준비했다. 행사 전 1주일 동안 마을 사람들이 수백 개의
소망기를 제작했고 행사 당일 이 소망기 행렬을 꾸려 마을길을 도는 길
굿을 연행하였다. 덕흥마을 해남큰굿과 마찬가지로 마을주민의 주도적
인 참여를 이끌어내고 되도록이면 이진마을 굿문화 전통에 입각해 이 지
역의 다양한 문화 조직과 인원이 연대하여 참여하는 굿판을 갖추어나갔
다. 3~4개월 동안 마을에 들어가 이진마을 군고의 옛 가락을 조사하고
채보 정리하여 산정군고패와 마을주민들이 함께 하는 연합 군고패를 구
성하는 등 협력과 연대에 기반하여 울림이 더 큰 굿판을 재현해나갔다.

구체적으로는 북평군고패가 구성되어 북평면 남창 일대에서 질굿을 쳤고 북문에서 문굿과 정화의식을 연행했다. 이때 마을주민들은 손님맞이를 했다. 마을회관 마당에서는 들당산굿과 기념 고사를 했고 이진군고패가 북문과 남문에서 샘굿을 쳤다. 그리고 이진군고패에 의해 마당밟이가 연행되었다. 또 이진부녀회가 준비한 저녁 식사를 한 후 남문샘터에서 밤굿을 했는데, 골목줄굿이라 하여 줄다리기도 연행하였다. 이후 남문 밖에서 달집태우기와 파작굿(파장굿)을 끝으로 행사는 마무리되었다. 이 외에 부대행사로 소망놀이, 의례 등에 공공미술을 접목시키는 등 새로운 시도를 했다. 이진성 남문터와 남문샘을 중심으로 해남지역 예술가들이 대거 참여해 돌담과 어우러진 공공미술이 볼거리를 창출했으며 이진마을을 주제로 한 시화전과 마을 생애사 사진전, 어구 어망 전시 등도 이루어졌다. 해남문화원 어르신 3색 실버놀이단이 진행하는 전래놀이마당에서는 연날리기, 쥐불놀이, 제기차기, 윷놀이 등이 연행되었고 동해리 마을의 협조로 떡 만들기 행사도 진행했다. 또 마당밟이의 과정에서 판소리가 함께 공연되었다.

동현마을 공동체 제의는 당제(천제)와 마당밟이 그리고 헌식(용왕제)이 있다. 당제(천제)는 매년 정월 초이튿날 마을의 평안과 질병 방지, 풍어 기원을 위해 행해졌다. 제를 지내는 제당은 마을 뒷산에 있는데, 상당은 산의 정상에 있고 하당은 산 중턱에 자리한다. 상당은 자연석 제단에 돌담으로 둘러 있으며 하당은 흙벽건물에 기와를 얹었다. 하당에서는 당제에 쓰일 음식을 장만한다. 음식을 요리할 물은 하당 앞 옹달샘에서 길어온다. 상당은 할머니당인데 천제당이라고도 하며 하당에서 준비해온 음식을 진설해놓고 제를 지내는 곳이다. 마을 사람들은 섣달그믐 무렵에 대동회의를 하여 제주를 뽑고 또 마을 청소를 하고 각 대문 앞에 정토(황토)를 깔아둔다. 정초가 되면 빨래를 하거나 소매통을 퍼내는 등의 부정한 행위를 하지 않는다. 당제를 지내는 날 밤에는 집집마다 외등을 밝혀

두고 정숙한 가운데 가정의 무탈과 풍요를 기원한다. 예전에는 천제를 유월 초이튿날에도 했으나 지금은 정월에만 지낸다. 정월 초사흗날부터 마을 사람들은 굿물을 매고 군고를 친다. 영기에 영탈을 매달아 당산할머니신이 깃들기를 바라는 의식을 한 다음 당산굿을 한다. 당산굿에서는 주로 일체와 삼채장단을 치게 되는데, 장단을 세 몰이(반복 횟수)씩 끊어서 바꾼다. 굿장단을 바꿀 때마다 장단을 어르면서 인사를 세 번한다. 당산굿을 마치면 마을 공동우물에 들러 샘굿을 치고 각 가정을 돌면서 마당밟이를 한다.

음력 정월 열나흘 날 오후에는 남쪽 바닷가 해안에서 헌식(獻食, 용왕제)을 한다. 헌식상은 각 가정에서 상을 내와 바닷가에 늘어놓는다. 많은 가구가 어업에 종사하기 때문에 대보름 헌식에서 주민들은 바다의 풍요를 기원하고 뱃일을 하는 사람들의 안전을 빈다. 헌식은 각 가정에서 준비한 음식을 마을 어귀에 차려놓고 자손이 끊어져 제삿밥을 먹지 못하는 귀신과 바다에서 조난당한 원혼에게 음식을 먹이는 의례이다. 헌식은 처음에는 보리도 밟아 줄 겸해서 현재의 제의 장소보다 조금 위쪽에 위치한 보리밭에서 했으나 그 밭에 보리 대신 마늘을 심게 되면서 바닷가 쪽으로 내려가 지내게 되었다. 이는 1990년대부터이며 김 양식 가구 수가 늘어나면서 용왕에게 풍어를 기원하는 의식이 더해졌다. 정월 열나흘날 오후 4시경이 되면 남성들로 이루어진 군고패는 상당 쪽을 향해 인사굿을 친 다음, 질굿을 치면서 헌식터로 향한다. 이때 여성들은 미리 헌식상과 상 밑에 놓을 짚을 준비해서 헌식터로 나아간다. 헌식상은 바다를 향해 가로로 놓이게 되며 군고패들이 도착하면 상보를 거두어 촛불을 밝힌다. 군고패가 삼채를 치면서 헌식상 주변을 세 바퀴 돌고 바다를 향하여 인사를 세 번하고 굿을 멈추면 어촌계장이 축문을 읽고 절을 세 번한다. 독축 후 헌식상 주인들은 음식의 일부를 짚 위에다 거레한다. 헌식을 마친 후 온 동네 사람들은 음식을 나누고 굿을 치면서 논다.

동현마을 해남큰굿의 준비기간은 약 5개월(2008. 6. 1~11. 24)이었다. 이 기간 동안 마을굿 자원조사, 마을굿패 조직과 굿 문화예술 교육이 이루어졌다. 마을굿 자원조사는 송지면사와 해남문화원 마을 유래지 조사 차원에서 이루어졌던 10여 년간의 내용을 토대로 마을굿 살리기 프로젝트에 맞추어 진행된 것이고 마을굿패의 조직과 굿문화 예술교육은 동현마을과 내장마을 굿패 50여 명을 모집하여 군고의 전승과 연행력을 강화하려 한 것이었다. 이러한 준비 과정을 바탕으로 하여 2008년 11월 24일 동현마을 해남큰굿이 연행되었다. 마을민이 주도하는 대동굿을 개최하여 문화적 생산자로서 자긍심을 고취하고 공동체 의식을 함양하는 데 행사 역량을 집중했다. 이와 같이 2008 마을굿 살리기 프로젝트는 동현마을 굿문화의 전승 기반을 토대로 하여 이루어졌다. 동현마을 해남큰굿에서는 동현마을 입구에서 이루어진 질굿을 시작으로 문굿 및 들당산, 기념고사, 샘굿 등이 연행되었다. 또 헌식과 밤굿, 줄굿과 강강술래 그리고 달집태우기 등이 다채롭게 벌어졌다.

마을굿 살리기는 굿문화의 재생산 과정이었다. 세 차례의 큰굿에서 주목되는 것은 현재의 시점에서 망각되거나 약화되었을지라도 마을문화의 문맥 내에 그 재생산의 준거를 두었다는 점이다. 그렇기 때문에 이 지역 굿문화의 표현형들이 보이는 자연적인 차이가 공간의 특수성으로 나타나고 마을민들의 자율적인 문화의 생성이라는 공통성이 두드러졌다고 할 수 있다. 특히 세 차례 모두 준비 과정의 특화가 이루어졌다. 즉 굿문화의 재생산에서 자율 주체 만들기 과정이 두드러졌는데, 두 가지 점에서 의의가 있다. 첫째 마을굿 문화자원 조사와 내용에 행사 진행 주체의 의지가 구현되었고 마을군고 전통의 복원과 마을굿패 만들기에서도 그 주체화 과정은 관철되었다. 둘째 거기에는 마을굿 살리기 행사의 주체 즉 외부 참여 인력이 마을의 굿문화 전통 속에 동화되는 과정과, 마을의 축제성이 현재적 맥락에서 작동하는 구조적인 메커니즘(이를테면 부대행사) 그리고 교육과 복원 주체의 주 동력인 산정군고패의 내적 공연 문법에 의해 작용하는 이화의 과정이 존재한다. 이러한 동화와 이화 과정 속에서 즉 안과 밖의 교차 혹은 겹침에 의해 주체의 거점과 역량이 확대되었다. 이는 과거 굿문화 전통의 걸궁 즉 마을과 마을의 상대적인 문화적 역량의 차이가 있을지라도 공유된 관습에 의해 굿이 연행되고 그에 따라 공명과 감응이 증폭되는 굿판의 재현이라는 점에서 마을주민들을 타자화하지 않는다. 그것은 외재적이지도 작위적이지도 않다.

　마을공동체의 역사와 문화적 특질에 따른 차이가 나타나는 것을 제외하고는 전개되는 공연 절차의 흐름은 공통적이다. 덕흥리에서는 길굿이 고현에서 봉림 그리고 덕흥마을로 이어지는 구조여서 '기굿-고현 역사 맞이굿-다리굿'으로 분화되어 있다. 이진성과 동현리에서도 사전 준비 과정에서 마을주민 및 기타 참여자들이 공동으로 기를 만들어 군고패를 앞세워 행진을 하는 길굿이 연행되었다. 즉 길굿은 사전에 마을주민들과 참여자들이 제작한 소망기의 행렬로 나타나는 공통적인 부분을 지니고 전개되었다. 덕흥리의 경우 해남지역 내에서 고현마을이 지니는 역사적 상징성이 길굿에 특화되었고 마을과 마을을 이어주는 교각이 지니는 관계적 상징성이 다리굿으로 특화되었을 뿐이다. 덕흥리와 이진성에서 이루어진 마당밟이와 동현리의 헌식굿은 그 형태와 내용 및 기능이 분명하게 다르지만, 또 해남큰굿에서 헌식 의례가 용왕제로 연행되었지만 마을과 외부, 연행자와 참여자, 제의 대상인 신과 인간 및 자연의 수평적 연계와 관계의 회복을 구축한다는 점에서 마당밟이와 닮아 있다. 마당밟이가 공간의 분할과 재구축의 방식으로 마을과 가정, 신과 인간, 연행자와 참여자의 관계를 새롭게 하는 것으로 인식되기 때문이다.

　굿의 구성과 진행에서 무엇보다 중요한 것은 문굿과 들당산굿이다. 이 의례 절차는 걸궁에서 반드시 거쳐야 하는 필수적인 부분이다. 문굿은 세 차례 진행된 해남큰굿이 걸궁굿의 전통적인 문맥 속에 닿아 있음을 알 수 있게 한다. 걸궁굿은 마을 내부의 경제적·사회적 필요에 의해 인접한 다른 마을로 가는 경우와, 좀 더 큰 규모의 굿이 요구되는 마을 내부의 필요성에 의해 기량이 좋은 굿패를 섭외하거나 유명한 상쇠를 데려와 마을굿패와 결합하여 굿을 연행하는 것을 말한다. 마을공동체가 유랑연예패들의 굿문화를 수용하는 과정에서 문굿과 그 이후에 들당산굿이 연행되었다. 걸궁에서 연행되는 문굿과 들당산굿은 문화의 횡단 혹은 교차가 이루어지게끔 배치된 것이며 마을문화의 생산·향유 주체와 마을 바깥 문화의 생산·향유 주체가 상호 주체성의 유지 속에서 문화적 공명을 증폭시키는 의례적 장치라고 할 수 있다. 다만 해남큰굿의 경우 마을문화의 약화 속에서 이러한 문화적 횡단을 통한 문화적 공명의 증폭이 이루어지기 위해서는 마을문화 주체의 자율성이 굿의 준비 과정 속에 그리고 굿의 형식과 내용 속에 담보되어야 했다. 이를 위해 실행된 것이 행사 주체들의 마을굿 문화자원 조사와 마을군고의 복원이었고 행사의 전 과정을 통해서 견지·관철된 중요한 사안이었다.

굿문화의 성격에서 강조되어야 할 점은 그것이 정주적이라기보다는 유목적이라는 점이다. 하나의 마을문화가 놓인 지리적 공간에 매몰될 경우 마을문화는 그것이 변화를 담지한다고 하더라도 선형적 시간 속에서 지속되는 것으로 오인될 수 있다. 그러나 시간의 흐름에 따른 변화가 단선적이지 않고 때론 변화에 따라 사회 공간의 모든 요소가 재배치된다는 점을 고려할 때 고정적인 것은 아무것도 없다. 특히 사회 공간의 근대적 재편에 따라 마을문화의 위상과 성격이 주변화·타자화되고 약화·소멸되는 현상 자체가 마을문화의 정주적 성격을 보증하지 않는다. 이러한 의미에서 마을굿을 장소적 특이성 속에서 그 정체성이 유지된다고 생각하기보다는 그 문화적 위상의 특이성 즉 중심에 대한 반대급부로 계열화될 수 있는 '주변성-타자성-저항성-대안성-유동성' 등을 통해서 매번 반복되는 것 같지만, 변주되는 패턴으로 생각할 수 있다. 이렇게 볼 때 해

해남 강강술래(1977)

남큰굿에서 진행된 밤굿의 구조나 부대행사의 전개를 자율 주체의 문화적 역능의 구현으로 생각할 여지를 마련할 수 있다. 세 차례 전개된 밤굿은 '판굿-깃발싸움-줄굿-강강술래-달집태우기'로 매번 연행 공간의 상황에 따라 변주되며 반복되었다. 이 과정 모두에서 재강화된 마을굿패와 산정군고패 그리고 다양한 지역 풍물패 등이 연합하여, 주민과 행사 관련자 및 기타 외부 참여자들과 함께 공연 과정을 이끄는 주체들로 전화되었다. 마찬가지로 부대행사로 진행된 '마을의 생애사, 어구, 짚공예 등 공공미술 프로젝트', '민속놀이와 민속 음식 체험', '국악 공연' 등은 마을주민들의 삶과 예술을 토대로 지역 문화활동가들의 참여 폭을 확장하는 효과를 가져왔다. 이를 통해 마을주민들의 내적 삶이 마을이 속한 지역의 공적인 문화적 삶으로 확대되었다.

2. 문화자본의 지형과 굿문화의 혼종적 이접

문화자본[2]은 계급을 재생산하는 기제로 작동한다. 계급은 객관적·물적 차이가 상징적으로 구분·차별·인지될 수 있는 생활양식으로 전화됨으로써 서로에게 인식되는 것으로 개념화된다. 권력의 사회적 관계로 기능하는 자원은 자본으로 정의되는데, 이때 자본은 경제적 영역에 한정되지 않으며 경제자본(재화 및 자산)뿐 아니라 문화자본(학위증을 포함한 문화적 산물 및 서비스), 사회자본(연결망 및 지인), 상징자본(정당화 기제) 등으로 확장되고 투쟁의 대상이 될 만큼 가치 있는 자원이 되면 자본이 될 수 있다. 문화자본은 상당히 광범위한 자원을 포괄한다. 즉 언어 능력, 일반적인 문화적 상식, 미적 취향, 학교 제도나 학벌이나 계급 지표에 대한 정보까지도 포함한다. 최초로 그것을 습득했던 상태가 좀처럼 변하지 않고 그대로 남아 있다는 점에서 경제자본과 다르다. 문화자본에 대한 정의가 갖는 강점은 자본의 형태가 개인 외부에 존재하는 것이 아니라 취향·학력·혈통의 형태로 개인의 기질 안에 내재화한다는 점이다. 이는 아비투스로 정의된다.

후기 자본주의 시대 문화자본은 자본의 잉여가치를 극대화하기 위해 존재한다. 문화자본의 독점논리는 현상적으로 보면 자본이 문화에 종속되는 것처럼 보이지만, 본질적으로 문화가 자본에 종속된 상태를 말한다. 문화자본의 독점은 최대한의 잉여가치를 만들기 위한 자본의 전략이다. 콘텐츠 기획의 우위성이나 감정노동의 시대, 창의적 산업과 토픽들은 문화와 예술이 시장에서 극단적으로 잉여가치를 창출해줄 수 있는 후기 자본주의의 새로운 조건을 설명해주는 것들이다. 문화자본은 멀티플랙스 영화관과 영화제작의 수직계열화, 대형 연예기획사의 합병, 뉴미디어 시장의 통합 사례 등에서 알 수 있듯이 자본의 힘을 바탕으로 제작·배급·소비의 과정들을 수직적으로 통합하고 단계별 시장의 영역을 수평적으로 독점한다. 문화의 독점은 겉으로 문화의 영역을 확대한다는 점에서 소비자들의 볼 권리를 넓히는 것처럼 보이지만, 실제로 상업적으로 잘 팔리는 상품만을 집중적으로 소비하도록 독점 장치들을 만들어 놓는다. 문화의 독점은 그런 점에서 문화의 종 다양성과 대립한다. 문화자본의 독점적인 생산은 문화를 수용하고 소비하는 개인들과 사회적 관계들의 재생산 없이는 불가능하다. 문화자본의 재생산은 교육과 학력의 체제 안에서 각 개인에게 구조화된 일상의 문화적 선호도와 취향을 통해서 미디어의 지속적 주입과 그 반복·강화를 통해서 이루어진다. 학교에서 교육하는 예술교육의 보편적인 가치들, 출세를 위해 학력에 집착하는 것을 자연스럽게 받아들이는 사회, TV에서 보여주는 드라마와 오락 프로그램들에 만족하면서 자신들의 욕망과 동일시하는 표상의 심리들, 아이돌 스타들의 경제 가치들을 최대한 많이 획득하려는 연예 제작사들, 미디어에서 지속적으로 보도되는 문화민족주의의 언어 등은 문화자본이 재생산되게 만들어주는 핵심 요소들이다. 문화자본은 자본의 독점과 문화 재생산의 원리에 의해 지배를 정당화하고 계급에 의한 지배의 타당성을 사회적으로 정당화한다.

문화자본의 개념은 후기 자본주의에서 자본의 성격을 지시함과 동시에 문화의 물질적 성격을 지시하기도 한다. 1990년대 초반 WTO 출범 이후 문화는 정신적 가치의 산물만이 아니라 상품과 무역의 대상으로 등장했다. 신자유주의 자본의 논리에서 문화는 이제 국가의 정신적 가치를 존중해야 하는 예외적 대상이 아니라 지적 재산권으로 존재하는 하나의 상품이 되었다. 물론 문화자본의 형태는 셈이 가능한 화폐자본의 형태로 존재하는 것은 아니다. 기술 능력과 제작 노하우는 오랫동안 축적된 교육체계와 문화해독 능력 그리고 시장에서 교환되는 비물질적인 사교계의 정보에 의해서 형성된 것이다. 특정한 예술가나 엔터테이너가 가진 상징적 힘과 권력, 특정한 개인들이 받아온 교육과 학력 그리고 문화와 예술의 장에서 발휘할 수 있는 잠재적 힘은 환원될 수 없는 문화자본의 고유한 성격이다. 그런데 문화자본의 대표적이고 경쟁력 있는 유형은 게임·영화·음악·출판·광고·방송·모바일 등이다. 이 유형들은 문화산업 혹은 문화콘텐츠산업에서 자본의 유연 축적의 중요한 터미널들이다.

재생산[3]이란 개인의 소유물을 영속화시킨다는 뜻으로 문화자본과 관련하여 문화의 재생산은 명예와 같은 상징적 재화의 유지 혹은 영속화에 관여하는 개념으로 생각할 수 있다. 그런데 이러한 문화의 재생산이 독점될 때 문화의 종 다양성은 위협받으며 상품성이 있는 문화의 재생산을 통해 문화의 획일화가 우세하게 된다. 이러한 문화 재생산의 구조 속에서 자본 친화적이지 않은 소수 문화 혹은 주변 문화는 어떤 식으로든 그러한 구조의 틈새를 공략하는 실천 전략이 필요할 것이다. 그런데 그 전략은 제도적 관행을 통하지 않고서는 실현될 수 없는 것이 현실이다. 개인의 선택으로 한정될 수 없는 사회적 요인이 깊숙이 관련된 행위가 재생산이기 때문이다.

대기업 미술관들은 문을 닫아걸고 화랑들은 안전한 상품이 확보된 작품 판매에만 주력하고 대안공간의 활동은 위축되어 있는 상황이 한국 문화자본 지형의 현재[4]이다. 한국은 어떤 분야이건 공공부문의 비중이 매우 큰 나라임에도 불구하고 그 사실은 그다지 강조되지 않는다. 정부와 지자체는 여전히 문화 부문에서 많은 자금을 동원하고 가장 큰 규모의 사업을 벌이는 주체이다. 그런데 갈수록 정부의 직접적 재정지원을 줄이고 지원금도 투자금의 형태로 투입하며 자체 수익사업이나 기부금으로 예산을 충당하고 조직 운영도 자율적·독립적으로 해나갈 수 있도록 변화하고 있다. 이에 따라 예술의 공공성이 훼손되고 수익성을 중시하게 되어 예술의 본질이 흐려졌다. 그런데 창의성과 자율성은 창의적이고 자율적인 사람을 존중하고 자유로운 정신노동의 가치를 인정하는 데서 출발하는 것이지 민영화하고 고용의 유연성(계약직 혹은 비정규직화)을 추구하는 데 있지 않다. 그런데도 갈수록 시장의 논리는 확대되고 공공 영역이 민영화·기업화되어 자본의 지배가 심화될 것으로 전망된다. 창의성과 자율성도 자본의 이윤 창출의 궤도 속에 포섭되고 있는 것이 현실인 것이다. 이러한 조건 속에서 공공성과 문화의 자율성을 확보하려는 노력, 더욱이 지나온 삶과 문화의 궤적 속에서 자족성(=사용가치)이 강한 문화를 전승하고 향유하며 공동체의 가치를 중시하는 소수자의 노력은 문화자본 지형의 현재 속에서 위축될 수밖에 없다. 그럼에도 불구하고 혹은 그렇기 때문에 지배적인 가치형태에 저항하는 대안 가능성을 생성할 수 있다.

마을굿 살리기 프로젝트도 문화자본 지형의 현재에 규정될 수밖에 없다. 제도적인 지원의 중단으로 인해 그 노력이 좌절될 수도 있지만,

마을굿 살리기의 주체적 조건이 지니는 구조적 한계에 대한 인식 속에서 틈새를 만들 구상과 실천이 가능할 수 있다. 재정적인 측면에서 시혜성이 강한 면도 있을 수 있고 일시적 지원이라는 한계가 있지만, 마을굿을 복원해야 하는 사회문화적 상황과 그 가치를 인정하는 사람들에 의해서 마을굿 살리기는 실행되었다. 즉 굿문화 자원의 주체적 운용 그리고 그것을 현실화시키기 위해 투여해야 하는 자본의 주체적 활용이 프로젝트 과정에서 강조되었다. 특히 과거적인 방식이 아니라 현재의 지형에서 그 가치를 생성하고자 한 것이 핵심 사안이었다. 물론 1970년대 중공업 위주의 근대화 정책을 거치면서 도시화의 비율이 높아지고 이촌향도의 인구 이동 속에서 농촌의 공동화 현상이 두드러져 간 것은 주지의 사실이지만, 민속문화가 1차 산업을 근간으로 한 생활 공동체 속에서 생성·향유·전승되었다는 것도 명확한 사실이다. 한국 사회의 구조적 재편 혹은 자본 구성의 비율이 달라진 현재의 조건 속에서, 더욱이 후기 자본주의 사회 혹은 신자유주의의 전 지구적 팽창 속에서 굿문화의 존속과 전망은 불투명할 수 있다. 그것이 문화산업에 포섭되거나 이데올로기(=문화민족주의)와 결합한 문화상품으로 전화하지 않고서는 시장 논리에 의해 더욱 소수화(=주변화)되거나 배제될 수도 있다. 그러나 역설적으로 이는 굿문화의 공공성과 대안성을 강화해야 할 필요성을 배태하는 것이기도 하다.

굿문화의 전승 기반이 마을 사회 내부에서조차 변별력 없이 인식되는 조건 속에서 구조적 재편은 굿문화의 존속과 향유의 근본적인 변화를 요구하고 있다. 공적 자본의 지속적이고 안정적인 투하(비록 그것이 전부는 아니더라도)가 필요한 것도 이러한 변화 때문이다. 현 단계 민속 혹은 굿문화의 위치와 전망으로 미루어볼 때 해남큰굿의 재원이 된 공공 자본의 지원은 그 활용의 측면에서 주체의 자율성과, 실천되는 문화의 공공성 및 대안성의 구체화를 통해 그 현실성을 높여 가야 할 것이다. 이를 위해서

유명한 마을굿인 제주 우도 영등굿(2021)

는 과거 굿문화의 존재 양태와 현재 문화장의 상태가 다양한 방식으로 접속하는 혼종적 이접의 전략적 실천이 필요할 것이다. 혼종성은 갈등·대립하는 두 항 중 선택의 논리에 의해 배제된 쪽을 복권시키는 것이라기보다는, 그러한 분리의 패러다임 자체를 문제시하고 패러다임 전복의 생산적 힘을 모색하는 개념이다. 이것 또는 저것의 선택이 발생하는 장은 사회적 적대의 공간을 유지·존속시키는 효과를 갖지만, 이것과 저것의 상호의존적 변증법이 적용5되는 사회생태적 선택6의 장은 기존의 구조적 배치를 문제 삼으면서 기존 요소의 새로운 배치를 통해 현재 문화장의 대안적 구조화를 마련할 수 있는 기회들을 제공할 것이다. 공적 자본이 주변 문화의 재생산의 기반이 될 수밖에 없는 현실 속에서 마을굿 살리기의 공공성 강화에 대한 제도적 지원을 강조하고 그것을 전유할 필요가 있다. 요컨대 농촌이 공동화되는 추세 속에서 자율적이고 창조적인 문화생산/재생산 주체의 형성과 사회 공간의 분할에 따른 상이한 문화들의 공존과 혁신이 가능한 장의 생성이 중요한 문제가 될 수 있다. 자율적 주체 구성의 문제는 마을굿 살리기 수행 주체로 해남큰굿 연행 주체의 자율성을 그들이 상속받은 문화자본의 성격과 그것을 유지 존속하고자 하는 그들의 문화적 아비투스와 관련된다. 대안 가능성 문제는 상이한 문화자본이 공존하거나 경쟁하는 문화장의 구조적 성격과 그 구조의 횡단을 통해 새롭게 배치·전개되어야 할 사회 공간의 형성과 관련된다. 이 문제들은 모두 굿문화의 전망과 관련된다.

3. 연행 주체의 문화자본과 실천 감각

문화는 정신적인 산물만이 아니라 자본의 형태를 가진다. 이때 자본은 화폐가치뿐 아니라 문화예술의 취향을 드러내는 심미적 가치, 학력과 혈통에서 축적된 사회적 자산을 포함한다. 문화자본[7]은 화폐경제와는 달리 계량적으로 환산할 수 있는 것이 아니라 자본의 물질성을 잠재적으로 보유하고 있는 개인과 집단의 상징적·정신적·심미적 능력과 그 축적 상태로 정의된다. 또 화폐나 재산과 마찬가지로 사회의 지배계급에 의해 결정되는 상징적 표현의 교환가치로 정의되기도 한다. 경제적 부를 결정하는 화폐자본보다 개인의 사회적 관계에 근본적인 것으로 개인의 라이프스타일과 한 사회의 문화적 표상과 수준을 결정하는 문화자본은 그것을 소유하고 있는 주체, 혹은 집단적 장과 그렇지 못한 주체, 혹은 집단적 장 사이를 분할한다. 즉 언어, 능력, 문화예술의 정보와 지식 습득 능력, 문화적 취향의 형성과 문화적 능력에 따른 자본의 취득으로 인해 계급의 불평등 관계를 유지하고 확산하는 데 기여한다. 문화자본의 세습을 보증함으로써 계급관계의 재생산이라는 사회적 기능을 수행함과 동시에 자신의 절대적 자율성에 대한 환상을 불어넣음으로써 그 사회적 기능을 은폐하는 이데올로기로 기능하기도 한다. 이데올로기의 힘은 부분적으로는 그것이 발생적 아비투스들의 협연을 통해 또 그 협연 안에서 실현된다는 사실에서 비롯된다. 발생적 아비투스들, 곧 독특하면서도 객관적으로 일치하는 성향들의 체계들은 그 각각이 산출한 생산물들의 만화경 같은 다양성을 통해 혹은 그 다양성 안에서 통일성을 확보한다.

마을굿 살리기의 수행 주체는 그것이 실행된 사회 공간의 문화장 속에서 다양한 세력들의 연합체 혹은 혼성체로 나타난다. 즉 기획 주체로서 해남 산정군고의 전승 주체와 해남문화원이라는 공적 기관으로 모인

이 지역 문화 활동가들과 귀농인 그리고 해남큰굿이 실행되는 사회 공간인 마을의 주민들과 이에 관심을 가지고 지속적으로 교류해온 타 지역의 문화향유자 등으로 정리된다. 이러한 다양한 주체들을 한데 묶어주는 것은 굿문화에 대한 관심과, 굿문화가 전승·연행되는 사회 공간에 형성된 문화자본 그리고 그 자본을 공유·지속시키고자 하는 아비투스라고 할 수 있다. 문화자본과 아비투스의 개념은 사회 공간의 위계와 지배-종속 관계를 재생산하는 메커니즘과 관련된다. 문화자본은 자본에 있어서 경제자본의 우위성 혹은 결정성에 문제를 제기하는 유효한 개념이고 아비투스는 사회 공간을 점유한 사회 세력들의 위치에서도 구조의 결정성을 와해시키고 유동하는 구조들의 생성을 통해 위치의 변동을 가능하게 하는 전복적 개념으로 그 생산성이 강하다. 예술의 오래된 것들을 다시 끌어와 즉 사업적으로 흡수하여 대중들이 소비하도록 만드는 문화산업의 포섭 논리에 대한 안티테제로서 해남큰굿 실행 주체의 성격과 그 실천 전략의 의미를 생각해보는 데 유용한 개념이다.

굿문화는 해남큰굿의 핵심 실행 주체에게 일종의 체화된 문화자본 embodied cultural capital으로 작용한다. 체화된 문화자본은 개인의 몸에 각인된 품위, 세련됨, 교양의 수준을 가늠할 수 있는 내적인 문화적 취향으로 그것은 주로 자신이 자라온 가족이 제공한 문화자본과 혈통적 힘에 의해 행사되는 것으로 정의된다. 그러나 굿문화 자본은 개인과 가족보다 더 큰 사회 단위인 공동체에 의해 행사된다. 물론 공동체의 연결망 내에 개인과 가족이 포함되는 것이지만, 굿문화의 연행 특히 마을굿과 같은 대동굿의 연행은 마을공동체를 최소 단위로 하여 연행되는 것이기에, 한 개인의 내적 성향이 아닌, 집합적 주체의 공통적 성향(=집합적 아비투스)으로 체화된 굿문화 자본은 공동체와의 관계 속에서 발생되고 축적되며 행사되는 것으로 정리할 수 있다. 그런데 굿문화 자본의 세습은 사회변동에 따른 마을공동체의 축소와 그 문화적 역능의 약화로 인해 이전과 다른 국면을 가지게 된다. 즉 공동체 속에서 문화자본의 전수는 상전相前 즉 이전의 것을, 관계를 통해 혹은 관계의 구현을 통해 습득하고 이를 발전시키는 것으로 나타나지만, 그 상전의 단절로 인해 초기 사회화 과정에서 이루어지는 문화자본 상속의 궤적에 균열을 야기했다. 해남큰굿의 현행 주체에게 이러한 체계의 단절이 그다지 큰 문제가 되지는 않지만, 이후 세대들에게 특히 현재 약화된 마을굿 연행주체들에게 이는 굿문화의 재생산에 있어서 심각한 문제가 된다. 여하튼 현행 해남큰굿 연행 주체는 초기의 사회화 과정에서 습득한 굿문화 자본을 이후 일종의 제도화된 시스템인 전수나 강습의 형태로 축적하게 된다. 이 문제는 삶 또는 관계 속에서 자연스럽게 터득하며 전수/전승된 문화적 실천 체계가 두 가지 변화 즉 사회구조의 분화로부터 직업적이고 제도적인 장들이 구성되는 근대화 기획과, 상전을 가능하게 한 계급 구조/신분제/계급 내혼 등에 대한 저항과 탈주를 낳게 한 근대적 주체의 출현 혹은 그 기획에 의해 소멸/약화되면서 나타날 수밖에 없는 현상으로 이해된다. 그것은 새로운 환경 속에서 새롭게 실행된 문화적 실천 전략의 본질과 효과 즉 굿문화의 기능과 가치를 구현·지속하고자 하는 아비투스의 발현이라는 점에서 구조적 상동성을 가진다.

아비투스[8]는 객관적으로 분류가 가능한 실천들의 발생 원리인 동시에 실천들의 분류체계이다. 아비투스는 분류가 가능한 작품과 실천을 생산할 수 있는 능력과 이 실천과 생산물들을 구별하고 평가할 수 있는 능력을 가진다. 이를테면 학력자본과 혈통자본의 차이에 따라 문화 향유의 대상이 달라지고 그 평가가 다른데 그러한 점은 개인의 아비투스가 각각의 문화적 성향의 차이를 분류해내려는 원리라는 것을 예증한다. 상이한 생활 조건은 상이한 아비투스를 생산하기 때문에 상이한 아비투스에 의해 생성된 실천은 차별적 분류체계의 형태로 생활 조건 안에 객관적으로 각인된다. 계급 조건에 내재해 있는 자유와 필요 그리고 위치를 구성하는 차이를 체계적으로 표현하는 실천·발생 체계로서 아비투스는 각 조건의 차이가 분류되는 동시에 그 차이를 분류하는 실천들 간의 차이의 형태로 포착·파악된다. 아비투스의 분류체계는 생활방식을 결정하는 개인의 취향을 통해서 이루어진다. 취향은 사물을 명확하고 구별적인 기호로 변화시키고 신체의 물리적 질서 안에 각인된 차이를 상징적 질서로 끌어올린다. 이 실천 속에서 한 계급의 조건은 각각의 실천을 사회적 분류 도식으로 파악함으로써 분류적 실천 즉 계급의 상징적 표현으로서 스스로 그 의미를 드러낸다. 이렇듯 개인의 취향이 계급대립의 상징적 표현으로 스스로 의미를 드러내면서 아비투스는 취향에 의한 구체적인 실천의 장을 형성하게 된다. 요컨대 취향을 재생산하는 것이 아비투스의 실천 과정이 된다.

실천들을 발생시키고 체계화하는 원리로서 아비투스는 사회 세계에 특정한 위치를 점유한 주체를 형성한다. 물론 체화한 자본에 따라 문화를 향유하는 대상이 달라지고 가치 평가를 달리하는 문화적 성향의 차이를 생성하기도 하지만, 공통의 실천 감각과 취향을 자본의 형태로 소유한 특정한 집합적 주체를 형성한다. 이러한 주체는 그들이 공유하고 있는 생활 조건에 의해 특정한 아비투스를 생산하고 실천하며 다시 차별적인 형태로 생활 조건 속에 각인시킨다. 즉 아비투스는 '구조화되고 구조화하는 변증법'적 양상으로 형성·존속한다. 구조화된다는 것은 아비투스의 형성과 발현이 한 사회가 공통적으로 인정하고 있는 세계관적 도식에 따라 결정된다는 것이다. 그러므로 한 개인이 아비투스를 습득한다는 것은 지식의 전수나 기억을 통해서라기보다는 무의식적인 과정을 통해서 가능하게 된다. 개인의 인식과 행동을 결정하는 것은 순수한 지식이 아니라 사회적으로 구성되고 전수되어온 도식인 것이다. 아비투스의 작동에 의해 사회 공간에 위치해 있는 주체들은 기존의 사회적 장에 편입되기도 하지만, 구조화하는, 즉 취향에 의해 구별되는 실천을 통해 장의 구조 즉 위치들의 관계를 변화시키기도 한다. 달리 말해 그들이 가진 공통의 취향과 그 취향에 내재한 공동체적 상상을 통해, 또 그것에 의한 구체적인 실천 행위를 통해 이전과 다른 문화적 양식을 구현하고 거기에 내재한 문화적 성향을 사회화시킨다.

해남큰굿의 주요한 실행 동력은 해남군고 보존회, 특히 해남군 송지면 산정마을에서 전승·연행되고 있는 산정군고 연행주체들이다. 이는 해남 송지면 산정마을 군고의 연장 혹은 확장이라고 할 수 있다. 이 지역 군고의 전승이 망실되어 가는 상황 속에서 지리적 인접성과 문화적 친연성을 담보하고 있는 산정군고는 해남큰굿의 실행에 중추적인 역할을 담당하고 있다. 이는 외삽의 방식이라고 하더라도 그 과정 속에서 균열 혹은 사이의 공간을 만들어내면서 굿문화가 전승되는 현재의 문화장 안과 밖을 새롭게 하는 창조적 과정을 산출한다. 즉 마을 내의 자생적 문화가 망각되어 가는 굿문화의 타자화가 증폭되고 있는 현실 속에서 외삽을 통해 회상된 문화적 기억은 현재 문화장의 구조에 굿문화 존속의 틈새를 마련하여 굿문화 주체들이 가진 공통의 취향과 그 취향에 내재한 공동체적 상상을 구현했던 것이다. 배제되고 주변화된 굿문화의 아비투스의 작동을 강화시키는 구체적인 실천 행위를 통해 이전과 구별되는 굿문화의 양태를 구현하고 거기에 내재한 문화적 성향을 사회화했다.

핵심 연행 주체는 중학교를 졸업하고 고향을 떠났지만, 1995년에 귀향하여 이전 세대들의 굿문화 자본을 상속받았고 해남 전역의 굿문화 전승 현장을 찾아 그 유산을 조사하고 채록·정리하면서 그 자신의 문화적 역량을 강화해왔다. 그는 이전 세대들이 사라지고 없는 현재에 이전의 굿문화 자본 혹은 그 집합적 아비투스를 체화한 주체로서 산정마을 군고의 전승은 물론, 해남군고의 전승을 위해 다각도로 노력하고 있다. 뿐만 아니라 해남의 무巫 문화 전승주체로서 이 지역 세습무인 안애임(2011. 7. 25. 작고)의 해남 내림굿 전승 및 연행자이기도 하다. 또한 이 지역 세습무계 악사들의 문화적 역량을 전승하여 무_巫 현장에서 악사로 활동하고 있으며 판소리 고법 전승과 강강술래의 교육 등 상속/획득한 굿문화 자본을 통해 그 장의 존속과 확장을 위해 실천하고 있다. 그의 아비투스는 이 지역 문화장의 일원들과 함께 공통의 실천 감각과 취향을 자본의 형태로 소유한 특정한 집합적 주체를 새롭게 형성해나가고 있다. 이러한 주체들의 형성과 실천은 그들이 공유하고 있는 생활 조건에 의해 특정한 아비투스를 생산하고 실천하는 것이며 다시 차별적인 형태로 그들의 생활 조건 속에 각인시키고 있는 것이다. 즉 그 사회가 공통적으로 인정하고 있는 세계관적 도식 즉 사회적으로 구성되고 전수되어온 도식의 무의식적 작용을 통해 그들의 아비투스를 체득하고 발현하고 있는 것이다.

주목되는 것은 굿문화의 장으로 수렴되는 아비투스의 횡단적 결합과 연대이다. 물론 예술/문화의 장 내에서 하위 장들 간에 나타나는 현상으로 귀결될 수 있지만, 장 내의 우세종이 아닌, 사회 공간 내 자본의 위계면에서 자본 총량이 가장 적은 굿문화의 잠재적 지점으로 다소 상이한 아비투스들이 접속하고 있다. 또 마을과 마을의 공간적 횡단과 연대뿐만 아니라 지역과 지역, 장르와 장르의 융합 현상이 나타나고 있다. 타 지역에서 참여한 연희자의 발화 즉 "해마다 보름이면 동현마을의 헌식굿 보러 옵니다. 부산에 금정산이라고 문화패들이 있는데, 거기랑 저희가 연대하고 지내고 있는데, 그렇게 해서 인연이 되어 가지고, 한 4년 정도 다녔습니다."에서 알 수 있듯이 헌식굿이 내포하고 있는 대안적 세계상, 그렇지만 잠재적이거나 주변화된 가치에 공명하고 실천하는 현상들이 지속적으로 재/생산되고 있다. 2007년 이진성 큰굿 행사 때 시화전을 열기 위해 '땅끝문학' 회원들에게 홍보하는 글 중에도 이러한 문화적 실천 양상이 두드러지고 있다. "마을굿은 거대 사회에서 잊혀 가는 마을의 다양한 가치를 되살리고 그 속에 내재한 상생의 정신을 일깨웁니다…그 속에서 행해지는 마을굿은 도시화 대량화 물질 만능 따위와 대체되는 이치가 담겨 있을 것입니다. 마을굿 살리기는 그러한 맥락에서 추진되는 것입니다…굿에는 주민이 주도하고 마을과 주민들의 역사가 시적으로 표현되는 축제의 본질이 담겨 있기 때문입니다. 회원 여러분이 쓴 시가 골목에 내걸리면 많은 사람들이 시심을 함께 할 것입니다…밤굿에서 그 깃발을 태우며 소망을 빌 때는 하늘과 땅과 사람이 한데 어우러지는 장관을 연출했습니다. 연중 달이 가장 큰 날에 수백 명의 소망이 모여 만든 가장 큰 불길 속으로 여러분의 시가 태워집니다. 그 시는 대기 중에 별처럼 박혀서 마음을 잃고 헤매는 사람들의 영혼을 어루 만져줄 수도 있을 것입니다." 이와 같이 굿문화의 장으로 수렴되는 아비투스의 횡단적 결합과 연대는 공통의 취향과 그 취향에 내재한 공동체적 상상을 통해, 또 그것에 의한 구체적인 실천 행위를 통해 이전과 다른 문화적 양식을 구현하고 거기에 내재한 문화적 성향을 구조화하며 굿문화를 문화장의 특수한 위치에 배치하고 있다.

한편 아비투스가 내포하고 있는 구별짓기의 속성도 나타난다. 이는 장의 정체성과 그 실천 성향의 차이 혹은 취향(미적 성향)의 차이를 드러내는 것이다. 그것은 이전의 굿문화가 한 시대를 통과하며 존속하고 있긴 하지만, 당대에 자기 존재를 스스로 분명하게 확인하지 못했던 것에 대한 비판임과 동시에 그것과 차이화하는 것을 통해 나타난다. 공공성/공익성에 대한 강조를 통해 공동체적 아비투스를 지향하는 집합적 주체 형성에 대한 중시가 뿌리, 정체성, 지역 등으로 표현되고 있는 것도 마찬가지다. 이는 사회 공간에서 개인들의 정체성이 어떻게 확정되는가를 보여준다. 또 미적 성향이 사회적 조건에 상응하는 것으로 개인들의 정체성은 결국 사회적 공간에 할당된 차별화의 속성 그 자체인 점을, 미적 속성이나 기능적 속성을 통해 결정되는 사회적 정체성은 상징적 형태를 띠게 된다는 점을 보여준다. 취향은 일종의 사회적 정향을 의미하며 아비투스가 곧 사회 세계에 대한 가치판단을 전제로 하는 육체적 도식이라는 점과 사회적 정체성은 상징적 투쟁이 드러나는 장소라는 점도 나타낸다. 이러한 구별짓기를 통해 해남큰굿의 지향과 그 집합적 주체들이 형성하는 특이성이 구조화된다.

　굿문화 주체와 그 상징체는 자기 존재의 정체성/자율성을 상실하고 타자화된 상황을 그 표현 속에 접고 있다. 그 상황은 자기 존재를 확인하고 자율 주체를 형성할 때 극복될 수 있다. 그러나 배제된 주체 혹은 타자화된 주체의 자율화는 매우 복잡하고 어렵다. 그것은 식민화와 근대화의 이중적 질곡으로 결과된 것이라 할 수 있으며 그러한 상태의 지속은 자기 응시의 결과로 나타나는 셀프오리엔탈리즘의 효과이기도 하다. 그것은 굿문화가 서유럽의 근대적 시선이나 일본을 경유해 효과를 발휘하게 된 제국적 시선의 권력과 부딪히면서 분열된 현상이다. 서유럽의 식민주의적 시선은 피식민지 혹은 이주민에게 오리엔탈리즘적인 정체성을 부여하려 한다. 그러나 피식민자의 진정한 정체성은 그런 시선에 의해 결코 보여질 수 없으며 실종된 인격이나 탈락된 정체성으로 남게 된다. 그 과정에서 살아남은 피식민자(타자)의 눈은 식민주의적 시선을 혼란시키는 응시로 되돌아온다. 식민주의적 시선은 타자를 동일화시키고 정체성을 부여하는 데 실패함으로써 양가적으로 분열될 수밖에 없게 된다.[9] 굿문화의 정체성은 1차적으로 서유럽에 의해 무력을 통해 그들의 경제적 이익을 위해 구성되었고 2차적으로 우리가 그것을 내면화했다. 후자는 몇 세대에 걸친 지식인, 학자, 정치가, 평론가, 작가라는 오리엔탈리즘에 꿰뚫린 사람들이 반복 재생산한 표상(=대리표출)에 의해 구성된 현상이다.[10] 굿문화의 현재 위상과 그 주체의 상태는 이러한 양가적으로 분열된 셀프오리엔탈리즘적인 시선에 의해 구축/재구축, 강화/재강화된 결과인 것이다. 자발적인 의지인 것처럼 문명개화라는 슬로건을 내걸고 서구를 모방하는 것에 내재하는 자기 식민지화를 은폐하고 망각함으로써 식민적 무의식이 구조화되는 과정[11] 속에서 굿문화의 문화적 위치가 지정되고 배제/망각의 영역으로 내몰린 것이다. 이러한 상황이 현재에도 지속되고 있음을 부정할 수 없다. 더욱이 지구적인 자본의 논리 앞에서 상품성이 있는 문화에 의해 공적 영역과 삶의 자율적 구조는 탈구되고 있다 해도 과언이 아니다.

주체의 자율성 혹은 자율 주체의 형성은 이러한 분열된 시선에 의해 분열된 정체성을 상징 투쟁의 장소인 사회적 정체성의 재창안reinvention을 통해 극복함으로써 이루어질 수 있다. 다시 말해 정체성을 역동적이고 혼종적이며 생성되고 변화하는 개념으로, 차이와 자기 반영과 맥락에 따라 달라질 수 있지만 끊임없이 작동 가능한 것[12]으로 인식해야 한다. 새로운 정체성은 기존의 것에 대해 저항적 성격을 가지게 된다. 저항으로 시작한 정체성이 기획(이를테면 해남큰굿)을 야기할 수 있고 역사의 경로를 따라 사회 공간에 정당화된 지배/종속의 상징들을 전복할 수도 있을 것이다. 그러므로 타자화된 굿문화 주체의 정체성도 재창안의 차원에서 새롭게 조직하는 것이 필수적이다. 주인이 아닌 상태에서 대항기억을 통해 주인이 되는 상태로 전화하는 과정은 현재와 과거가 부딪치는 사이의 시간 속에서 상이한 미래를 상정하고 있으며 현재 속의 주체는 과거와 미래를 넘나드는 두 개의 얼굴을 가질 수 있다. 즉 현재에 순응하는 주체는 일상 속에 파묻힌 일그러진 자아 혹은 습관에 물든 자아로 전락하지만, 현재를 거슬러 과거를 새롭게 하는 주체는 자신의 일상을 박차고 일어나 미래를 가능하게 하는 능동적인 자아[13]를 형성할 수 있다. 해남큰굿의 자율 주체 형성 과정은 공동체로 내향하거나 외부로 완전히 나아가지도 않는 공동체의 사이[14]에 있고자 하는 기획일 수 있다. 주체와 타자는 공동체와 공동체 사이에서 심각한 불안에 빠져 있지만, 그런데도 대화를 포기하지 않는 사이 주체의 기획일 수 있다. 이 사이 주체는 주체로서의 내적 확실성을 끝없는 아이러니에 의해 위기에 빠뜨리는 것에 스스로를 흔쾌하게 개방하는 주체이며 주체인 동시에 타자로 존재하고자 한다는 점에서 자타가 분리된 상황 속에서도 자타가 융합할 수 있는 믿음을 포기하지 않는 주체[15]이다. 사회적으로 버림받고 팽개쳐진 사람들을 통해 우리는 주체가 존재함을 본다. 주체를 만드는 것은 바로 거부하는 몸짓이며 저항하는 힘이기 때문이다. 제한된 것일망정, 주어진 사회적 역할로부터 거리를 두려는 힘이 바로 우리를 하나의 주체로 살아가게 만들고 있다. 그런 의미에서 주체화란 언제나 사회화·순응화에 반대되는 개념이다. 그러나 주체화는 반문화의 논리에 갇혀 있어서는 안 되며 주체를 파괴하는 세력에 대항[16]하는 실천을 지속시켜야 할 것이다.

4. 굿문화장의 생성 전략과 실천의 의의

과거의 굿문화는 그 연행 국면 속에서 종교적인 신성성을 근간으로 대동과 생태성을 지향했다. 이 특성들은 모두 일상으로부터 분리와 일상으로 재통합을 향해 있다. 그럼에도 불구하고 연행적인 측면에서 혹은 참가자partaker의 측면에서 그것은 해방적인 성격을 띠는 순례로 규정해볼 수 있다. 순례는 종교적인 책무와 휴식을 겸한, 일상생활로부터 유쾌한 해방[17]으로 정의되기 때문이다. 순례자 혹은 방랑자는 고정된 노선, 여정, 일정 없이 사회 공간을 자유롭게 움직여 가는 사람들이다. 감사한 마음으로 거기에 있는 존재를 형상한 순례자는 성자 같은 차원을 가진다. 그/녀는 지나가며 우연한 에피소드 속으로 들어가서 임시 방문객으로 지구에 거주하며 조용하게 걸어나간다.[18] 구경꾼들마저도 공연 환경들을 신성하다고 느끼고 하나의 장소에서 다른 장소로 공연자들을 뒤따름으로써 구경꾼들은 참가자/순례자로 변한다. 이러한 순례의 특징을 해남큰굿의 연행 국면에서 살필 수 있다. 길굿의 연행에 참여한 참가자들은 일상의 길로부터 벗어나 순례의 길로 접어든다. 신성한 현존의 대상을 상상함으로써 그들이 걷는 길은 신성한 존재와 더불어 있는 세계로 전화하거나 신성한 존재를 만나러 가는 세계의 길목으로 변한다. 이러한 순례의 행렬을 통해 도달하는 마을 입구나 거기에서 벌어지는 문굿, 마을 신의 좌정 장소인 당산나무 등도 해방의 정념과 상상을 확장하는 순례의 공간이 된다. 특히 순례를 통해 경험하게 되는 헌식의 상징적 공간은 사회화의 효과를 기대·실천하려는 의지와 만나 신과 자연과 인간의 중첩적 관계 맺기가 실현되는 상징의 공간으로부터 인간과 인간의 새로운 관계 맺기가 가능해지는 현실적 공간으로 전화한다. 헌식은 현실에서는 잘 일어나지 않는 정의의 실현을 가상으로라도 경험하고자 하는 염원의 공동체적 표현으로 해석할 수 있다. 그래서 거기에는 사적 이해관계로부터 벗어난 그 거리가 만들어내는 미학적 효과가 있다. 그러한 의미에서 그것은 자본과 권력이 만들어 놓은 소외와 분리를 넘어 사람과 사람, 사람과 자연을 다시 연결하여 서로 소통하고 감응하고자 하는 사회·문화적 실천 행위라고 할 수 있을 것이다.

　전통사회의 굿문화가 놓인 사회 공간과 해남큰굿의 기획이 기반하고 있는 사회 상황은 다르다. 과거에 비해 현재 취향의 구조는 세대별로 분화되어 있고 차이가 크다. 그에 따라 점유하고 있는 사회적 위치들의 관계도 복잡하다.[19] 굿문화의 전통적 세계는 농업생산력을 기반으로 형성되었고 세계를 과학적으로 분석·개조할 수 없는 단계의 사회여서 자연에 순응하고 기대지 않으면 생존이 위협받을 수 있는 세계이다. 신분제도와 직능에 따라 겹겹의 차별화 기제가 제도적으로 강제된 사회이기도 하다. 이와 달리 현재는 문명의 위기, 제도의 위기, 근대적 이성과 과학발전이 야기한 생존의 위기가 문제적인 사회이다. GNR 혁명으로 운위되는 첨단의 과학기술 사회 속에서 육체적 노동보다는 창조적 노동이, 자본의 착취와 축적에 기반하는 교환가치보다 자족적인 사용가치에 대한 요구가 증대하는 사회이다. 이러한 양가성이 지배와 종속의 구조 속에서 첨예하게 대립하고 갈등하는 상황이 해남큰굿이 기반하고 있는 사회적 조건을 형성하고 있다. 또 자본주의의 전개와 관련하여 2차 세계대전 이후 세계적 호황 국면과 냉전의 구도 속에서 복지국가의 구현이 가능했다면 1970년대 석유파동으로 촉발된 세계적 공황 국면 속에서 신자유주의의 유연 축적 국면이 확장되고 자본의 공세가 강화되고 있다. 그에 따라 취약계층의 보호망뿐만 아니라 중산층이 사라지고 있고 빈부의 격차가 심화되고 있다. 지구적인 차원에서 일어나고 있는 이러한 상황 속에서 굿문화 주체의 자율 운동의 기획은 이전의 굿문화 궤적 속에 축적된 공동체의 풍요와 안녕에 대한 희구를 기반으로 현재 상황에 대한 창조적·대안적 실천을 담아내지 않을 수 없다. 또한 문화의 장을 가로질러 정치의 장, 경제의 장과 접속해야 하며 각 장들 속에 위치한 주체들과 연대하는 실천 전략을 세워야 한다. 그런 점에서 해남큰굿의 기획은 문화장 내에서 벌이는 굿문화 주체들의 전략이며 세대의 차이를 가로질러 장에서 주도권을 얻고자 하는 전략적 실천 행동으로 볼 수 있다. 이를 상이한 문화자본이 공존하거나 경쟁하는 문화장의 구조적 성격과 그 구조의 횡단을 통해 새롭게 배치·전개되어야 할 사회 공간의 형성 문제로 생각할 수 있다.

객관적 대상의 세계를 구성하는 구조는 대상의 실천을 통해 구축된다. 객관적 세계를 통해서 태어나는 주체는 객관성에 대립하는 주체성으로 존재하는 것이 아니다. 객관적 세계는 대상으로부터 만들어지는데, 이러한 대상은 아비투스가 형성해놓은 구조에 따라 이루어진 객관화 작용이 만들어 놓은 결과물[20]로 이해된다. 아비투스와 장의 개념은 개인의 실천과 그 실천들이 생성한 사회적 세력 관계를 지칭한다. 장 개념이 사회적 세력 관계들을 지시하지만, 그것은 애초부터 대립을 미리 상정하는 단순한 양 진영의 세력 관계가 아닌 아주 다양하게 얽혀 있고 구조화되어 있는 세력 관계를 말한다. 장들 간의 관계는 모순/대립 관계만 있는 것이 아니라 차이의 관계 혹은 장들 간의 위상 관계가 함께 존재한다. 사회 세력들의 장은 정치의 장, 경제의 장, 문화의 장과 같은 사회적 심급으로 구조화되는가 하면 지배계급의 장, 피지배계급의 장처럼 계급적으로 구조화되어 있는 것이기도 하다. 그 장은 공시적으로 파악할 때 입장들의 구조화된 공간으로 드러난다. 장에는 장의 일반적인 법칙이 있다. 그 법칙은 장의 전유와 배제의 법칙으로 간주된다. 하나의 장이 가동되기 위해서는 게임의 목표와 그 게임을 행할 사람들, 다시 말해 게임의 내재적인 법칙과 목표 등에 대한 인식과 인정을 함축하는 아비투스를 지닌 사람들이 있어야 한다. 장의 구조는 투쟁에 참여한 주체자 혹은 제도들 사이의 역학 관계, 이전의 투쟁을 통해 축적되어 이후 그 전략의 방향을 결정짓는 특정 자본의 분배 관계 상태이다. 장에서 발생하는 투쟁들은 특정 자본의 분배구조의 전복 혹은 보존을 목표로 삼고 있다.[21] 권력의 장에 편입된 주체들의 궤도는 장의 힘들 사이의 관계와 그들에게 고유한 관성에 의해 결정된다. 그 관성은 그들의 성향 속에 유지되며 그들 자본의 상속에 기입된다.[22] 장에 편입된다는 것은 장의 역사에 편입된다는 것을 함축한다. 그 장에 실천적으로 제도화되어 있고 역사적으로 구성되어온 문제설정에 대한 인지와 인정을 매개로 바로 그 장의 역사가 지닌 기념비적 산물에 통합된다는 것을 함축한다.[23] 특정한 배치는 특정한 욕망을 작동시키고 그 특정한 욕망은 그것의 담지자 즉 특정한 주체성을 만들어낸다는 점에서 배치는 주체를 구성하는 주체 형성의 기제이다. 주체성이란 원자화된 개인의 합리적 판단이나 의지적 결단에 의해서 결정되는 것이 아니다. 그것은 개인들이 타자와 맺게 되는 관계 속에서, 그 관계로 인해 그 개인들의 신체에 일어나는 변용 속에서 탄생하는 것이다.[24]

굿문화가 전승·연행·향유되는 장도 그 입장들이 구조화된 공간이다.

사회 세력들은 굿문화에 대한 그들의 입장에 따라 그 장의 성격을 사회 공간 속에 구조화한다. 현재의 국면 속에서 굿문화의 장은 위계화된 사회 공간의 최하층에 전근대/근대, 옛것/새것, 감성/이성 등과 같은 이항 대립적 논리를 따라 주변적 위치에 구조화되어 있다. 핵심 문화가 대규모 기업에 의해 전 국민이나 혹은 여러 국가의 국민을 대상으로 양산되는 문화라면 주변 문화는 특정한 취향을 가진 사람들만이 향유할 수 있는 다양하게 분화된 문화를 말하기도 한다. 한 사회 내에서 보편적이며 지배적인 문화로서 인정받는 고급문화로 규정되는 것은 지배계급에 의해서 행사되는 일종의 상징적 폭력의 결과[25]이다. 상징폭력의 결과로 굿문화가 비록 주변화되어 있을지라도 그 장은 특정한 자본의 획득과 유지에 따라 다른 입장들을 배제하고 인접한 장들 속에서 굿문화에 대한 입장을 공유하는 아비투스를 지닌 사람들을 포함하여 존속한다. 또 그 장의 구조는 장의 생존을 위해 실천하는 주체와 제도의 역학 관계를 따라 변화하며 이전의 궤적 속에서 축적된 실천의 양상에 따라 달라진다. 따라서 굿문화의 장은 그 유지와 존속 및 확장을 위해서 위계화된 사회 공간 속에 할당된 특정 자본의 분배구조를 보존하려 하기보다는 그것을 전복하려는 실천에 적극적일 수 있다. 물론 체념의 정념이 강하게 확산되어 있는 사회 공간 속에서 주체들의 실천 방향은 왜곡될 수 있지만, 다시 말해 지배적인 권력의 장에 편입된 굿문화의 주체들은 장의 힘들 사이의 관계 속에서 그들에게 부여된 고유한 관성에 지배될 수 있지만, 장의 역사를 새롭게 쓰려는 굿문화 아비투스의 구현자들은 지배와 종속의 특정한 배치를 흔들고 연대와 공존의 실천 전략 속에서 새로운 전망을 수립하고자 할 것이다. 굿문화의 연행자는 경제적 장과 문화적 장에서 소외와 분리를 경험하는 주변부 존재이다. 그 아비투스의 발현은 문화 생산물이 놓인 구조적 장을 가로질러 위치들의 재변경을 시도하려는 횡단적 성격을 가진 것으로 나타나고 그 성패는 사회 공간을 분할하는 각 장들의 역동적인 변화와 전복에 달려 있다.

굿문화의 장은 근대 이전 사회에서 비록 핵심 문화가 생산/재생산되는 사회적 공간은 아니었지만, 소수의 핵심 문화 향유자를 제외하고 보면 굿문화장에 소속된 아비투스의 구현자들이 그 사회 공간의 대부분을 점유하였다. 그러나 일제강점기와 근대 이후 굿문화의 향유자들은 점진적으로 사회 공간의 하층으로 이동해갔다. 물론 일제강점기의 식민적 근대화 국면에서 굿문화는 단절되기보다는 변화를 수용하여 지속하려는 양상으로 나타났지만, 근대적 합리화에 대한 지배 엘리트들의 갈망에 의해 굿문화장의 변화는 불가피했다. 그러나 역설적으로 근대성이 야기하는 위기와 부정이 심화되는 최근 국면에서 굿문화장 속에 기입된 아비투스 즉 공동체에 근간한 집합적 아비투스는 저항성과 대안성을 구현할 실천 감각으로 재평가된다. 그러나 이 집합적 아비투스는 상속된 문화자본에 의해 이전 사회의 궤적을 포함하긴 하지만, 상이한 토대 즉 행위자들의 실천 전략이 기반하고 있는 사회 공간의 변동으로 말미암아 이전과 동일하지는 않다. 그 기능과 효과의 면에서 구조적 상동성을 띨 수 있지만, 이 구조적 상동성이 상이한 국면의 전개에도 불구하고 동일성이나 본질로 오인될 수는 없다. 중요한 것은 이전의 경험이나 문화를 재료로 하여 현재의 경험 조건에 입각해서 이루어지는 생산/재생산의 원리이다.

토지로부터 민중들이 분리됨으로써 산업화 시대 민중들은 단지 생산수단만을 상실한 것은 아니었다. 그들이 임금노동자로 전락된 것은 장구한 시간 동안 지속되었던 코뮨적 공감 능력의 상실을 의미했다. 산업화 이후 개인이 된다는 것은 부르주아들에게는 자기 통치의 주체인 동시에 치안의 주체가 되는 것이었다. 민중들은 끝없이 분쇄되고 분리되고 쪼개지고 산포되어 결국 잔해가 되어갔다. 민중들에게 토지는 단순한 거주나 공간 개념을 의미하는 것이 아니라 살아있음의 연속성과 그것의 시간적 연결 감각을 가능케 하는 기억 그 자체였다. 기억은 끝없는 상기의 과정을 통해서 그가 상실했던 공동체로 다시금 귀환하는 장치이다. 따라서 기억하기는 체제가 강요하는 가짜 기억에 맞서는 민중들의 대항 기억을 활성화하는 필사적인 투쟁[26]이기도 하다.

토지(=공동체)로부터 분리된 민중은 생산수단으로부터 자유로운 존재, 노동의 개별화·분업화로 인하여 생산과정에서 도구화되고 파편화된 존재, 자기 생산물로부터 소외된 존재가 된다. 토지는 공동체가 기반한 물적 토대이며 공동체적 관계에 의해 이루어지는 생산과정 속에서 생산물과 노동 주체가 서로 감응하게 하는 실재계로 생각할 수 있다. 이 분리는 자본에 의한 노동 주체의 도구화·타자화를 의미하기도 한다. 토지로 상징되는 코뮨적 공감의 세계에 대한 기억은 이전 장에서 상속된 공동체적 감성을 통해 주체에 기입된다는 점에서 근대적 사회 공간 속에서 그 기억은 장의 변화를 만들어내는 실천 행동으로 효과를 발휘할 수 있는 대항기억이 된다. 장의 변동이 중첩되고 좀 더 상이한 구조를 가짐에 따라 근대 이전의 굿문화 주체의 아비투스는 변화하는 사회 공간에서 더욱 주변화된 위치를 점유하거나 망각될 수도 있지만, 장의 구조적 모순이 야기하는 억압에 직면하여 장에 각인된 역사적 기억을 토대로 장의 변동을 추구하는 실천을 모색하게 할 수 있다. 다시 말해 육체적 도식으로 작용하는 구조화된 상태에서 장의 구조를 변동시키는, 구조화하는 상태로 나아갈 수 있다. 이러한 두 단계의 장의 구조는 상이한 배치와 국면들로 각각 존재하지만, 장의 변화를 추구하는 실천의 원천으로 작용한다는 점에서 구조적 상동성을 가졌다고 할 수 있다.

중세에는 인간이 공동체나 토지, 봉건적 연합체 또는 길드에 속해 있기 때문에 인격이 사회적 이해집단에 용해되어 있지만, 근대에 이르러서는 사물의 내재적인 법칙에 지배를 받으면서 그러한 관계가 해체되었다.[27] 화폐경제는 개인과 소유 사이의 관계를 일종의 매개된 관계로 만

들어버림으로써 이 둘 사이에 거리가 생기도록 한다. 이런 식으로 화폐
경제는 이전에 개인적 요소와 지역적 요소 사이에 존재하던 밀접한 관계
를 분리시켰다. 그 결과 오늘날에는 베를린에서도 미국 철도, 노르웨이
저당권 혹은 아프리카 금광으로부터 나온 수익을 받을 수 있게 되었
다.[28] 돈이란 매개체를 통하게 되면 다양하고 무궁무진한 인간의 인품
은 사라지게 되고 개개인이 가지고 있는 인간미 넘치는 인간 주체로서
그 특징, 즉 인품이 소멸되고 살아 숨 쉬는 인간의 영혼은 상실된다. 시
장의 수요와 공급의 맥락에서 보면 필요에 의한 교환가치에 의해서 인간
의 관계가 맺어진다. 즉 돈을 매개로 한 우유의 수요는 그 교환의 관계로
서 화폐를 매개로 한 우유 배달자와 소비자의 관계를 규정한다.[29] 요컨
대 화폐의 경제로 인해 인간관계는 분리되고 소외된다. 직접적인 거래
와 자연적인 공동체 형성을 통한 인간관계를 분리시키고 화폐로 매개되
지 않는 인간관계를 소외시킨다. 화폐로 살 수 있는 것이 많으면 많을수
록 화폐로 살 수 없는 것들에 대한 정서적·미학적 존재감은 분리와 소외
속에서 더욱 분명해진다.

　근대 이전 시기 사회 공간은 상이한 자본과 아비투스로 구조화된 장
들로 분화되지 않았다. 조선 후기에 상업자본의 형성과 축적을 통해 경
제적 장의 구조적 분화가 있었고, 화폐에 의한 상품의 교환이 확장되는
시장의 구조 속에서 문화적 장도 분화되기 시작했다고 할 수 있지만, 그
것이 기존 사회의 지배와 종속 관계 그리고 사회 위계 구조의 총체적 국
면에서 작용했다고 할 수 없다. 공동체에 근간한 집합적 아비투스는 이
러한 근대 이전의 조건을 염두에 둔 그 개념 원천의 표현적 변용이다. 굿
문화의 장도 이러한 시대의 조건 속에서 보면 지배와 종속의 권력/계급
구조 속에서 종속적 계층/피지배계급의 전반을 아우르는 분화되지 않은
총체성을 가진 것으로 볼 수 있다. 따라서 굿문화의 장은 일제강점기의
식민적 근대화로부터 시작된 권력 구조/사회계급의 분화 그리고 자본의

분화와 함께 사회 공간의 새로운 분할과 배치에 의해 형성된 것이라 할 수 있다. 그럼에도 불구하고 굿문화의 장은 이전 시기의 총체성을 그 안에 접고 있다고 할 수 있으며 굿문화장의 존속을 위한 실천의 전략을 담지하는 주체도 집합적 존재라 할 수 있다. 그렇기 때문에 굿문화의 장은 분리와 소외로부터 대항 기억을 형성하는 장소가 될 수 있으며 정서적·미학적 존재감으로 충만한 주체를 형성할 수 있고 그러한 문화를 만들어 갈 수 있는 가능성의 장이며 실천의 장이라 할 수 있다.

신자유주의는 1970년대 중반 이후 축적 위기를 맞은 세계자본주의가 국면 돌파를 위해 채택한 전략[30]이다. 세계자본주의는 1945년 이후 미국 헤게모니를 중심으로 발전해왔으나 1970년대 초부터 오일 쇼크 등을 겪으며 축적의 위기를 겪게 된다. 이 위기 극복을 위해 채택된 새로운 전략이 신자유주의인 것이다. 신자유주의는 자본 세력이 1945~70년의 수정 자유주의 시절에 펼치던 타협과 회유의 방법 대신 하향 이동한 부를 다시 자신들에게로 집중시키기 위해 전개한 계급 투쟁의 일환으로 자본의 세계화와 금융화, 자본 활동에 대한 탈규제, 공공 재산의 사유화(또는 민영화)와 같은 자본에 유리한 정책들을 가동해왔다. 그 정책은 1980년대 초 신자유주의 세력이 정권을 잡은 미국과 영국에서 집중적으로 펼쳐지기 시작했으며 현실사회주의가 붕괴된 1990년 초 이후 세계적으로 확산되어 세계 전역에서 사회 운영의 기조로 정착되었다. 한국 사회는 IMF 외환위기를 계기로 신자유주의적 삶이 전면화되었고 그러한 상황 속에서 한국인들은 자신의 생존을 가장 소중한 가치로 설정하라는 권력의 명령을 체화해야만 했다.[31] 즉 경제적 생존과 사회적 생존 그리고 생물학적 생존이 사회구성원들을 무한경쟁으로 내모는 신자유주의의 강화 기조 속에서 최대의 목표가 되고 있다. 이러한 생존은 사회적 정의나 공공성을 훼손하면서 성공지상주의와 같은 공격적인 형태로 나타나고 있다.[32]

IMF 외환위기 이후 전면화된 신자유주의의 국면 즉 97년 체제는 세 가지 생존의 형식을 보편적인 과제로 설정하였다. 첫째는 파괴적인 구조조정, 불황, 실업, 무한경쟁의 시장에서 살아남는 것을 의미하는 경제적 생존이다. 경제적 생존의 공격적 형태는 사회적 정의나 공공성을 훼손시키면서까지 추구되는 치부와 강박적 노동 형태이다. 그것은 경제행위의 건강성이 상실된 상태에서 불안을 동력으로 추진되는 병든 노동, 가령 일중독으로 귀결된다. 둘째는 사회의 도덕적 존엄성이 훼손되고 파괴된 상태에서 무차별적인 과시가 지배하는 왜곡된 인정투쟁의 공간에서 살아남는 것을 의미하는 사회적 생존이다. 사회적 생존의 공격적 형태는 성공지상주의 혹은 입신 출세주의 혹은 노골적인 속물주의snobbism라 할 수 있다. 셋째는 질병과 죽음을 넘어서 건강하게 오래 사는 것을 의미하는 생물학적 생존이다. 건강하고 장수하는 삶은 모두가 꿈꾸는 것이지만, 신자유주의적 생존주의는 이를 신성화하고 상품화함으로써 인간의 삶을 오직 육체적 조건으로 환원시키는 무차별적 건강주의를 조장한다. 이 세 가지 생존의 중첩(부유, 성공, 장수)이 만들어내는 이미지가 바로 97년 체제의 한국 사회가 전시하는 영웅적 판타지의 주인공들인 생존자들이다. 모든 개인들은 살아남기 게임에서 승리할 수 있다고 믿고 있거나 그러한 믿음 대신 공포를 내면화해 오래 살아남기 게임에 골몰하고 있다. 그러나 게임의 룰을 지배하지도 그것을 교정하지도 못하는 개별화된 주체들에게 체제에 대항하는 힘과 권능은 부재한다. 체제에 의해 애초에 배제된 존재이거나 앞으로 배제될 인간 모두는 그들의 열망과 절망을 포함한 기억 모두를 삭제당하게 될지도 모른다. 그러한 존재는 기억이 말소된 사물화된 존재[33]에 다름 아니다. 점점 더 확장되고 있는 이와 같은 사회 상황은 갈수록 기억이 말소된 사물화된 존재의 비중을 높여갈 것이다. 이 전도된 주체들은 그들이 속한 사회적 장의 자율성과 생산성 그리고 연대감의 말소를 초래할 것이고 이러한 장의 상태는 감정이

서울 마지막 달동네, 백사마을(2021)

입이나 공감 능력을 상실한 파편화된 주체를 더욱 양산할 것이다.

자본에 의한 공유지 및 사유지의 약탈은 지구적인 차원에서 그 생태 순환의 파괴를 감수하면서 진행되고 있다. 저개발국가에서 자행되는 토지 수탈은 여전히 본원적 축적의 형태를 띠고 있지만, 한국과 같은 후기 산업화 국가에서는 공유생태자원의 완전한 파괴와 함께 뉴타운과 도심 재개발과 같은 항상적인 도시 파괴를 통한 개발계획을 통해 착취의 결과로 집중된 대도시 민중들을 완전히 공기 중으로 배제시키는 메커니즘을 작동시키고 있다. 문제는 이렇게 배제되고 있는 민중들이 초기 산업화 과정의 민중들처럼 저임의 산업예비군으로 착취당할 수 있는 조건마저도 완전히 상실한 잉여적 사물로 전락하고 있다는 것이다. 이촌향도는 불가능할 뿐만 아니라 이도향촌도 봉쇄되어 있는 것이 현재 우리가 처한 딜레마다. 오늘도 배제되고 추방당하고 있는 이들은 일종의 경제난민에 해당이 되지만, 체제의 안과 밖 모두에서 정박할 항구를 찾지 못하고 있다. 헐벗은 생명으로 표현하는 것조차도 적당하지 않은 비인간들로 유령화된 삶을 살고 있는 것이다. 국가와 자본 동맹은 국민경제나 지구 경제 외부에서 자본 확대의 근거를 찾을 수 없게 되었다. 그 위기를 노동과 자연의 전면적 파괴를 통해 보충하거나 돌파하려고 한다. 이 기획은 한국적 상황인 동시에 세계사적 상황에 해당하는 무력의 거대한 분출로 이해할 수 있다.[34]

해남큰굿은 마을굿을 살리기 위해 기획·실행되었고 그 과정에서 마을의 역사 문화적인 전통이 중시되었다. 무엇보다도 마을주민이 주도적으로 참여하는 굿판을 도모하였다는 점에서 즉 자율 주체의 형성이라는 점에서 굿 문화장을 넘어 사회화되는 효과를 지닌다. 크든 작든 해남큰굿은 현재의 시점에서 신자유주의로 언표되는 자본의 행보에 대항하는 정치적 실천으로 그 효과를 낼 수 있다. 그러나 그것은 불완전한 것일 수 있다. 국가와 자본의 동맹이 노동과 자연의 전면적 파괴의 강도를 높여가고 있는 현재의 국면 속에서 배제되고 타자화된 굿문화 주체의 자율성을 회복하는 기획은 주변부 하위 장의 작은 울림에 머무르고 있으며 잠시적인 효과로 가능성의 공간에 주름을 만들고 있는 단계에 있기 때문이다. 그렇다면 "세계의 절박한 것들로부터의 해방된 자유로운 시간의 상황, 절박한 것들과 세계에 대해 해방되고 자유로운 관계를 가능하게 하는 시간",[35] 이러한 시간의 일상화/제도화가 필요한 것은 아닐까. 굿문화의 장을 가로질러 인접한 장뿐만 아니라 사회 공간 전체를 횡단하여 새로운 배치를 생성하는 주체의 형성과 실천으로 확장되어야 하지 않을까.

복권기금을 재원으로 실행한 해남큰굿의 기획은 끝이 났지만, 마을굿 살리기의 과정은 이중의 자율성이 생성된 굿문화의 장과 집합적 아비투스의 담지자들을 통해 지속되고 있다. 다시 말해 대항 기억의 주체로서 재창안되는 도상에 놓인 마을주민들의 실제와 자율적 주체화의 과정을 촉발하면서 굿문화장의 존속과 확장을 도모하는 창조적 문화생산자들의 상상이 융합하는 자율과 횡단의 창조적인 울림은 계속되고 있다. 이러한 실천 속에서 집단적 연대 의식과 공공성 그리고 소통은 강화될 것이다. 또 굿문화와 같은 공공성이 강한 문화양식을 노동의 재생산을 위한 여가로 향유하기보다는 과학기술의 발전에 따라 늘어난 자유시간의 창조적 활동으로 전유할 수 있을 것이다. 늘어난 자유시간을 자본주의적 자기 계발이나 소비주의에 함몰시키지 않고 자율적이고 연대적인 형태의 문화적 향유와 교통이 일어날 수 있는 계기를 확대하고 그러한 지점을 만들어 갈 수 있을 것이다.

굿문화의 전망은 곧 문화사회 형성의 실천으로 연결될 수 있다. 문화사회는 독일 좌파들이 노동사회[36]와 대비하여 사용한 사회의 대안적 형상[37]이다. 노동사회에서 개인들의 사회적 활동은 완전히 혹은 거의 전적으로 자본주의적 임금노동에 의해 규정되고 일상 자체가 임금노동과 그것을 위한 부수적 활동으로 이루어진다. 노동사회의 주요 활동은 상품의 생산과 소비에 얽매여 있다. 상품의 생산과 소비에 전유되고 나면 삶은 일그러진 일상으로 점철되고 노동시간 이후에는 특히 소비문화의 지배를 받게 된다. 소비문화는 상품이 약속하고 있는 것을 제공하지 않는다. 그런 점에서 소비문화는 우리의 욕망 충족을 차단함으로써 욕망의 갈증을 계속 갖게 만드는 욕망 창출 기제이다. 사람들의 다양한 복수적 꿈들은 사람들이 소비의 전사가 됨에 따라 상품 생산과 소비의 틀로부터 벗어나지 못하게 된다. 문화사회는 개인이 임금노동을 위해 바치는 시간이 최대한 줄어든 사회, 사회구성원에게 자유시간을 최대한 제공함으로써 임금노동과 무관한 자율적인 활동을 추구할 수 있게 하는 사회이다. 자유시간으로 구성되는 문화사회의 주요 특징은 그 속의 활동들이 이윤 창출보다는 윤리적/생태적으로 더 나은 삶을 창출하는 쪽으로 사회적 목표가 설정될 수 있고 시간 및 삶의 자율적 조직이 가능하다는 점이다. 이러한 사회에서는 생산능력의 발전뿐만 아니라 향유 능력의 발전이 중시된다. 문화사회에서 인간 활동은 필요성의 영역을 기반으로 하지만, 비임금 노동으로서 성격이 강한 활동, 즉 그 자체의 목적으로서 활동이 중심이 된다. 굿문화의 전망을 문화사회의 형성으로 연결하는 것은 문화적 활동이 가치창조의 중심이 되는 자족적·자율적인 삶 혹은 더 나은 삶의 비전을 그것이 제공하기 때문이다. 그러한 사회 속에서 굿문화 주체들은 그들의 공동체적 상상을 실제에 구현하고 그것을 통해 공생적 삶을 지속할 수 있을 것이다.

민속사회는 숙명론적인 세계관에 의해 주조되는 인고와 체념의 정념이 지배·종속의 사회적 위계 구조를 재생산하는 데 기여하는 사회였다. 하지만 그러한 체제의 한계 내에서 토지를 중심으로 한 공동체적 관계에 기초하여 자족(혹은 자율)과 나눔(=호혜적인 연대)의 집합적 감수성이 충만한 문화를 생성·지속시킨 사회였다. 굿문화는 이러한 민속사회에서 생성·

향유·전승되었다. 따라서 애국계몽기의 사회변화와 일제강점기 식민지적 근대화가 야기하기 시작한 굿문화의 배제 혹은 말소는 이 문화 주체의 타자화와 그 역능의 축소를 수반한다. 민속사회의 근대적 재편은 다양한 사회 세력들을 심급으로 혹은 계급적으로 구조화하는 장들의 위계화를 축조·심화시켰다. 이러한 과정 속에서 굿문화는 그 주체와 아비투스에 따라 사회 공간 혹은 문화장의 특정한 위치를 점유하게 되고 그럼으로써 문화자본의 형태로 굿문화의 상징적 행위들이 유통되는 장을 형성케 하였다. 그것은 장의 역사도 갖게 했는데, 그 역사적 과정은 연속적이라기보다는 단속적이고 혼종적인 서사를 갖는다. 따라서 굿문화의 장에 편입된 주체들의 문화적 실천은 상속과 순환 그리고 단절과 창조의 패턴으로 조직된다고 할 수 있다.

　이제까지 이러한 굿문화장의 구조적·역사적 특징과, 굿문화 주체의 아비투스와 그 궤적을 염두에 두고 마을굿 살리기로서 해남큰굿의 문화적 재생산의 전개 과정과 문화적 의미·효과 등을 검토하였다. 해남큰굿은 그 전개 과정에서 굿문화 전승과 연행주체의 자율성을, 마을주민, 행사 수행 주체 그리고 다양한 참가자들의 횡적 연대와 공감을 중심으로 형성하였다. 그것은 망실된 집합적 기억의 상기 과정을 통해 현재의 문화적 상황에 대한 대항적 기억을 산출하는 것이었으며 전승력의 확보를 통해 굿문화의 약화된 역능을 회복하고자 한 실천이었다고 평가할 수 있다. 특히 그것은 자본의 파국적 공세 앞에 말소·배제되는 민중의 문화를 자율과 연대에 기초하여 대안적 문화로 재구성하고자 한 기획이었다. 비록 이 해남큰굿의 기획이 불완전한 것일지라도 혹은 주변부 하위장의 작은 울림에 머무르고 있다고 하더라도, 그것은 국가와 자본의 동맹이 노동과 자연의 전면적 파괴의 강도를 높여가고 있는 현재의 국면에서 문화사회의 전망, 즉 문화적 활동이 가치창조의 중심이 되는 자족적·자율적인 삶과 사회의 비전을 제시하는 정치적·문화적 실천으로서 효과를 발휘했다.

문화현상은 논리적 이해의 저편에 있는 것인지도 모른다. 바라보는 자 혹은 해석하는 자의 시선에서 그것은 자의적으로 왜곡될 수도 있다. 이로부터 빗겨서기 위해서는 자기 확신보다는 자기 객관화 혹은 탈주관화 작업이 선행될 필요성이 있을 것이다. 문화현상이 궁극에 가서 이해 불가능한 타자로 드러나게 될지도 모르지만, "이론적으로는 타자를 이해할 수 있다는 믿음"을 가지고 "현상과의 거리를 미세하게 좁히려는 노력"으로 분석에 임해야 할 것이다. 문화현상의 분석은 "대상…위에 서는 게 아니라, 그 옆에 서"[38]서 그것이 지니는 가치를 객관적인 세계에 기입하는 것인지도 모른다. 해남큰굿의 문화적 실천(=재생산)의 양상은 드러낸 것보다 더 많은 의미와 효과 혹은 모순과 부정을 낳을지도 모른다. 더욱이 그것은 계속되고 있는 가짜 기억과 대항 기억의 길항 속에서 순응화와 주체화의 기로에 직면해 있을 수 있다. 그러나 분리와 소외의 극한에서 자타가 융합할 수 있는 믿음을 포기하지 않는 주체가 있는 한, 주체를 파괴하는 세력에 대항하는 문화적 실천은 지속될 수 있을 것이다.

제 2 장

인류세(／자본세)

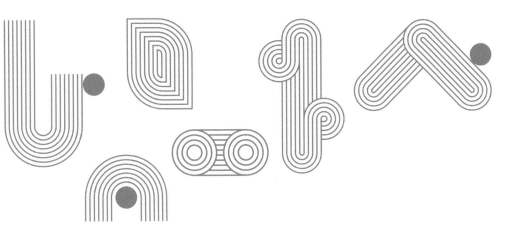

현대 자본주의 체제는 디지털 자본주의 체제[1]로 전환하여 착취와 수탈을 강화하고 계급·생태·성 모순의 해소를 지연·전유하면서 그 체제를 재생산하고 있다. 즉 자본은 디지털 전환을 통해 커뮤니케이션과 인간의 두뇌 노동을 상품화하여 생산에 참여시키고 있다. 인간의 커뮤니케이션 능력은 그 자체로 생산수단이자 노동수단이 되고 있으며 인간의 두뇌활동/노동은 상품으로 팔려나가 잉여가치를 창출하고 있다. 이를테면 페이스북이나 트위터와 같은 인터넷 플랫폼은 소프트웨어 액세스 또는 콘텐츠를 상품으로 판매하지 않는다. 커뮤니케이션 수단에 대한 액세스를 제공하지만, 외부의 상품 형태가 아니라 두뇌 노동의 결과인 사용자(수용자)의 데이터를 상품화한다. 즉 데이터의 상품화에 대한 대가로, 페이스북과 트위터는 공장에서 노동자에게 노동수단을 제공하듯이 사용자에게 커뮤니케이션 수단을 제공한다. 사용자와 플랫폼 간의 관계가 현대 임금 관계의 형태로 조직되어 있다면, 사용자들은 디지털 노동력을 제공한 대가로 돈을 받는 것이다. 이러한 방식으로 디지털 경제에서 사용자의 무급노동 즉 노동 외 시간의 수탈은 새로운 포섭 양식의 하나가 되고 있다. 이러한 포섭은 신자유주의 금융화를 통해 이자 수취 즉 임금

외 자산 형성에 대한 기대로 노동자들에 대한 금융적 포섭을 확대한 것과 같이 공유가치, 민주주의의 확대, 혁신적 참여라는 가치를 전면화하면서 이루어졌다. 물론 이 과정은 누군가의 협박과 강요에 의해 이루어지지 않고 자유의지에 따라 이루어진다. SNS를 통한 커뮤니케이션이 필수재로 구성되고 페이스북을 사용하지 않거나 접근하지 못하면 사회적으로 고립·소외될 수밖에 없다. 이와 같이 커뮤니케이션 수단을 수탈당한 사람들은 페이스북과 유튜브 사용자로 전환되고, 줄어든 임금을 보충하기 위해 카페나 블로그에 글을 올려 '좋아요'를 더 많이 받아 광고 수입에 의존하거나, 유튜브 크리에이터로 사실상의 임금노동자와 같은 처지로 재편되고 있다. 이제 노동시간에는 착취당하고 노동 외 시간에는 수탈당하며 살게 된 것이다.

디지털화된 상품생산(정보재) 또는 플랫폼 산업의 생산방식은 타인의 노동과 그 생산물 또는 생산수단(노동수단)을 자기 자산처럼 이용한다. 사용자들의 활동과 임금 자산에 대한 수탈은 자본에 대상화된 노동으로 투사되지만, 그 자체로 자산이 되어 자본의 생산성을 증가시켜 고용관계를 해체 또는 재구성하게 된다. 임금노동(계약노동)의 약화와 함께 여가 시간의 경계도 흐려지면 노동유연화에서 한 발 더 나아가 기존의 고용관계를 해체하며 생산과 소비의 경계도 허문다. 이를 통해 분배된 이윤에 대한 수탈(부채화), 계약된 노동력에 대한 착취 강화(노동유연화)는 물론, 계약의 유연화(노동관계의 변화)를 통한 착취도의 강화, 임금 자산에 대한 수탈을 확대해나가고 있다. 더욱 극단적으로 유연화된 형태의 노동은 강제 받고 있는데, 이는 활용 가능한 인력 풀을 확대함으로써 노동복지와 인건비를 낮추고자 하는 자본의 의도가 반영된 것이다. 이와 같은 상황에서 노동자 대부분은 상대적으로 낮은 임금을 받고 있으며 전통적인 고용 형태에서 노동자가 받는 권리를 누리지 못하고 있다.

새로운 자본주의의 전환은 생산성 회복(이윤율 회복)을 목표로 지식정

보재의 전면화, 산업의 디지털 전환(스마트화와 로봇 대체), 디지털 공유경제 (임금자산의 수탈) 및 고용관계의 해체를 통한 노동유연성 극대화로 구성되고 있다. 이와 같이 진행되고 있는 산업구조의 재편은 임금노동의 착취 강화와 더불어 타인(독립생산자, 사용자 등)의 노동수단이나 임금 자산을 수탈함으로써 자본의 이윤율 상승을 도모하는 체제로 이행을 의미한다. 신자유주의가 주로 금융화(부채화)로 금융적 수탈을 확대해 자본의 수익성을 회복하기 위한 체제였다면 이 새로운 체제는 분배된 이윤이나 계약된 노동력보다는 노동생산물 그 자체에 대한 수탈을 확대해나갈 것으로 예측되고 있다. 기술이 발전할수록 노동생산성은 하락하고 제조업이 축소된 만큼 서비스업의 생산성이 그에 따라가지 못한다면 생산성 위기도 더 고조되며 디지털 전환이 촉진될수록 일자리 이동과 함께 생산성

뉴욕 증권거래소 거래인(1963)

위기도 더 고조되며 일자리 이동과 함께 생산성 감소는 더욱 두드러질 전망이다. 새로운 자본축적의 경향은 신자유주의 금융 수탈을 넘어 노동자의 노동시간 이외의 시간을 수탈하고 노동관계의 약화 및 해체까지 몰아붙여 노동의 불안정성을 극대화하기 때문에 생산의 불안정성도 증폭될 것이다.

1. 삶 노동의 단자화와 위기의 일상화

현대 자본주의는 생산의 장에서 노동이 분리되는 것을 넘어 생산과정 자체와 자본이 분리되어 작동함으로써 우리 사회에 여러 형태의 배제와 공포를 낳고 있다. 특히 그러한 시스템의 정상적인 작동 과정에 내재한 붕괴 현상이 주기적으로 출현하고 있다. 노동의 차원에서 보면, 청소년 아르바이트 노동에서부터 노년의 임시직 생계 노동이 불안정한 상태에 놓여 있다. 노숙인, 이주노동자 외에도 사회 곳곳에서 밀려나 배제되는 존재들 즉 알바생, 비정규직 노동자, 해고자, 철거민, 장애인, 성 노동자 등을 볼 수 있다. 이들은 "체제의 잉여로서, 들어맞지 않는 부스러기 같은 존재로서 곳곳을 좀비처럼 배회하고 있다. 정규적인 삶과 배제된 삶 사이의 대조가 극적으로 커진 만큼이나 양자 사이의 거리는 무한히 가까워지고 있다. 언제든 한 발만 삐끗하면 돌아올 수 없는 심연으로 추락한다는 위협과 공포가 만연하다."[2] 한편 우리가 만든 복잡한 시스템이 운용자, 승객, 무고한 시민, 나아가 미래 세대에 대한 위험을 증가시키고 있다. 그러한 위험은 시스템의 복잡한 연계성과 다발적 장애의 상호작용에서 기인하는 것으로 필연적인 것이 되어가고 있다. 즉 고위험의 사용이 계속해서 늘고 있는 현대 사회에서 대형 사고는 정상적[3]이다. 기술 개선조차 다른 사고를 일으키는 원인이 되기도 하고 자동화된 시스템에 따른 대응은 창의적인 조치를 어렵게 하는 구조적인 요인이 되기도 한다.

우리의 삶은 파편들로 짜여 있고 노동과정은 의미 없는 산발적 행동의 재조합이다. 지구적 상상의 지형은 전 세계의 무수한 언표행위 수행자들이 서로 떨어진 상이한 곳에서 말하고 내보내는 모든 단어, 소리, 이미지를 포괄하며 끊임없이 팽창하는 언어적 랩소디rhapsody이다. 이 언어적 랩소디가 기반해 있는 기호자본주의 속에서 우리의 삶과 행위 그리고 소통은 불안정성에 기초해 있다. 삶과 노동의 불안정화를 야기하는 조건은 정보의 가속화[4]로, 이러한 세계에서 인간 존재는 네트워크화된 전 지구적 기계의 단자端子로 변형되고 있다. 금융자본 혹은 기호자본주의 세계의 불안정노동자는 하나의 집단성을 지닌 주체나 형상으로 존재하지 않는다. 국가의 통계나 각종 지표들은 적어도 기록에 남길 수 있을 만한 직종의 노동자만을 보여주고 소득이나 연령을 기준으로 분류하기 때문에 그들의 노동이나 삶을 지표로 측정할 수 없다. 설령 그들의 노동이 일시적으로나마 지표에 포함된다고 하더라도 대부분 불규칙적이고 불안정한 노동을 하기 때문에 누락되거나 배제되는 경우가 많다. 삶의 맥락이나 구조가 생략된 통계는 불안정노동자를 파편적인 형태로 분류할 뿐 그들이 어떤 역사와 삶의 흔적을 지니며 살아가는지 보여줄 수 없다. 그 노동자들은 우리의 일상 곳곳에 편재하고 있다. 그들은 편의점, 패스트푸드점, 학교, 아파트, 회사, 길거리 등에서 볼 수 있다. 그곳에서 아르바이트생이나 비정규직, 단기 계약 노동자, 프리랜서, 대학생 인턴, 콜센터 직원, 공공 근로, 이주노동자 등이 다양한 형태[5]로 일한다. 그들은 불안정하고 불규칙적인 노동 환경에서 일을 하기 때문에 상시적으로 실업을 경험하고 주로 시급이나 일당으로 노동의 대가를 지불받기 때문에 장기적인 삶의 전망을 갖지 못한다. 항상 그 자리를 대체할 인력이 상

위험한 노동

시 대기 중인 실업 사회에서 그들의 삶은 붕괴에 직면해 있다.

불안정성은 사회적 연대를 생성해낼 수 있는 가능성 자체를 위태롭게 하고 있다. 한때 공장에서 일하는 사람들은 말과 몸의 뒤섞임 속에서 사회성과 경험의 흐름을 공유하는 것이 가능했다. 이때 연대는 함께 존재함, 동일한 길과 관심과 운명을 공유하는 직접적 경험을 전달해주는 정치적 단어였다. 기실 불안정성은 이러한 집합적 인식의 불가능한 상태 속의 존재가 겪는 실존적 위기로서 접속의 경로에서 끊임없이 정신없도록 서로 마주침에도 불구하고 정작 서로를 피와 살을 지닌 인간으로서 발견하지 못하는 데서 오는 괴로움이다. 그래서 불안정한 시간이란 그 자체로 파편화되어 매 순간이 일체의 연속성을 결여한 채 끊임없이 분열된 상태로 모자이크처럼 되어버린 시간이다. 이러한 시간 속에서 의사소통은 점점 더 전자 스크린을 매개로 한 정신없는 접속이 되어가고 있고, 노동은 대도시나 지구의 접속점들 사이를 맹렬히 이동하면서 파편화되고 공감과 연대의 불능 상태에 처하게 된다. 노동자가 단칼에 정리해고되어도, 비정규직이라는 이유만으로 동일노동 동일임금을 받지 못해도, 노동자의 당연한 권리인 최저임금조차 받지 못해도, 자영업자라는 이유만으로 본사의 횡포에 속수무책인 상황이 되어도 그건 그저 세상이 그렇게 생겨 먹어서라고 받아들일 뿐 별다른 문제의식이 없다. KTX 비정규직의 요구에 차가운 태도를 보이고, 용산참사 희생자들을 동정은 했으되 그들의 주장을 비난하면서, 그렇게 된 것은 평소 자기계발을 통해 준비하지 않은 자의 당연한 운명일 뿐이다. 사회란 원래 그런 곳이기에 살아남기 위해서는 무엇이든 해야 한다. 각자 알아서 살아남아야 하는 각자도생의 세상이 깔아놓은 경쟁 시스템에서 그들의 공감과 연대의 감수성은 불능상태가 되어가고 있다. 이러한 상태가 우리 일상의 구조를 조건 짓고 있으며 우리가 처한 붕괴 시대의 초상이 되어가고 있다.

2. 인류세와 자본세, 위기 인식과 그 비판

현재의 위기와 그 진단은 매우 다층적으로 설계되어 나타난다. 비가시성과 인지불가능성까지도 고려한 위기의 범위와 특징들이 운위되고 있다. 생명의 층위에서는 생명종 다양성의 소멸로부터 생명과 몸이 파편화·상품화되고 있다는 진단이 있다. 질병 치유·출산·생명 연장 등과 같은 인간종의 기본적인 욕망 충족을 상품으로 구현하고 있고, 정자·난자·배(수정란)·여성의 출산 기능·세포·유전자 등 인체가 부분으로 파편화되어 판매 가능한 상품이 되고 있는 '생명의 시장화'가 문제로 지적되고 있다. 에이즈·암 같은 불치병과 각종 유전병 치유, 유전자 검사와 조작을 통한 완벽한 인간의 탄생, 장기 복제와 이식을 통한 생명 연장, 인간 전체의 복제를 통한 불로와 영생이 실현 가능해질 것이라는 기대가 시장의 영역으로 편입[6]되는 '생명의 자본화'가 심화되고 있다. 생태의 층위에서 홍수와 폭염 및 초미세먼지, 인간종의 생존 자체를 붕괴시키는 기후 위기가 증폭되고 있다. 이는 인간종에 의해 야기된 매우 근본적인 위기로 인식되고 있다. 발암물질, 방사능에 오염된 물, 일본의 후쿠시마 핵발전소 붕괴 등과 같은 현상들이 인간과 사회를 위기와 파국으로 몰아가는 원인들로 지목되고 있다. 사회적 생태 차원에서는 서귀포 해군기지 건설, 밀양과 청도의 송전탑 건설로 인한 갈등과 수탈이 위기를 증폭시키는 사례로 지적되고 있다. 그런데 이와 같은 사회 갈등과 위기의 지속적 생산은 근본적으로 자연 생태를 붕괴시키고 약탈하는 결과를 낳는 것으로 인식되고 있다.

위기의 문제화는 사회·경제적인 층위에서 다원적으로 전개되고 있다. 이를테면 여성의 비정규직화, 가정의 일터화, 노동과 휴식의 경계 소멸, 노동의 확대, 비용의 외부화 같은 문제가 지적되고 있다. 특히 이를 은폐시키는 생산과정의 자동화를 남성 정규직 노동자의 일자리 이데올로기와 관련짓는 젠더 문제가 위기의 근본 문제로 주장되고 있다. 신기술이 노동력의 감소와 탈노동시장의 도래로 이어진다는 주장[7]은 남성 정규직 노동자의 시각일 뿐[8]이라는 것이다. 뿐만 아니라 위험의 개인화가 구조적인 차원에서 문제시되고 있다. 휴게시간, 부가급여, 건강의 위험에 대처하는 비용까지 개별 노동자에게 부과하는 경향이 심화되고 있으며, 업무에 필요한 장비, 보험료, 프로그램 사용료, 수수료를 포함한 노동과정의 모든 처리 비용이 노동자에게 전가되는 현대 자본주의 체제의 구조적 모순이 위기의 근본 문제로 지적되고 있다. 이러한 문제는 각종 부대비용을 절감하고자 하는 자본의 이해가 노동으로부터 자유를 노동의 유연성으로 치환하여 착취와 수탈을 극단적인 수준으로까지 몰고 가는, 플랫폼 자본과 노동의 모순[9]이라고 이해되고 있다.

위기는 학살·파괴·희생·죽음과 같은 언표들과 함께 사회 붕괴 및 인간 절멸의 메타포로 사용되고 있으며, 인간에 의해 생산된 잔혹성의 흔적들과 기억들로 의미화되고 있다. 위기는 인간에 의해 야기된 지구 시스템 기능의 교란에 대한 문제 제기로까지 확장되고 있으며 가까운 미래에 문명과 생태계 전체가 절멸에 이를 수 있다는 근원적 공포를 절감케 하고 있다. 한편 위기에 대한 공포가 선용될 수 있다는 주장까지 운위되고 있다. 위기를 초래한 근대의 인식 체계를 극복하는 공통의 전선을 모색하게 하는 동력으로 그 공포가 작동할 수 있다는 것이다. 공포는 연대의 동기가 되고 모든 생명과 공유할 수 있는 미래를 준비하는 지지대가 될 가능성의 토대로 작용 가능[10]하다는 것이 이러한 주장의 요지이다. 그런데 위기에 대한 여러 가지 주장들이 실천적인 차원에서 얼마나 유효하게 인식될 수 있고 위기를 해소하기 위한 대중의 역량이 어느 수준에서 마련될 수 있을 것인가? 생존의 문턱에서 거의 가사 상태에 빠져 있는 한 사회적 존재가 지구 시스템에 가해진 근원적인 위기를 공유할 수 있을 것 같지 않다. 대다수 대중이 절박한 생존 투쟁에 몰두하고 있는 현재의 사회경제 시스템 속에서 본질적인 수준의 위기를 해결할 수 있는 근원적인 역량의 생성과 실천이 가능할 것 같지도 않다. 그렇다면 위기 진단과 설계는 결국 도래할 위기로서 묵시론적 디스토피아로 가시화되는 수준에 머물 수 있다. 또한 그것은 잠재적 공포로서 현실성을 확보할 수 없고 근본적으로 해소될 수 없는 위기의 실재로서 추상될 수밖에 없을지도 모른다.

　인류세Anthropocene는 인류 자신이 만들어낸 화석연료의 과도한 사용과 과학기술 문명의 폐해로 인해 온난화, 재난, 종 파괴와 멸종 등 지구 균열 상황 즉 지구 전체의 행성적이고 시스템적 위기 상황을 전제하고 있는 지질학의 개념이며 그 위기 상황에 대한 대안을 사유하기 위한 메타포로 활성화되고 있는 개념이기도 하다. 그 개념은 지구 인간 생명 자체가 절멸에 도래할 것이라는 상황 인식에서 나온 것으로 자연과 우주에 대한 예측이 불가능해지고 생태파괴가 지구를 비정상적으로 만들며 인간의 생태 흔적이 지구 곳곳에 남겨져 지질학적 전변을 야기해버린 정상성의 종말 상황을 지시하고 있다.[11] 인류세가 표현하고 있는 문제 상황은 "항공유가 얼마 남지 않았다는 사실을 알고 착륙 장소를 찾아 헤매는 비행기 속 지구인들, 전 지구적 위기에서 살아남겠다고 구명보트를 찾는 우리들, 집은 불에 타고 촌각을 다투는 가운데 소방서에 전화해야 하나 망설이는 부질없는 인간의 모습"[12]이다. 이 메타포는 지구 공동체, 즉 우리 모두가 함께 거주하고 있다는 지구 공동의 실존 상황을 함축하고 있다. 다시 말해 지구 그 자체를 주목하게 하고 지구의 모든 생명과 비생명 사이의 유기적 공존 관계를 강조하는 지구 행성주의적 관점을 추구하며 지구 안팎의 상호 동등하게 공존하는 계들, 행성들의 지형과 영향력을 살피게 한다.

　하지만 인류세의 지구 행성주의는 자본주의 인간형 안에서 생성된 자연 착취와 균열로 생긴 생태파괴와 배타적 적대의 논리를 봉합하는 효과가 있다는 비판에 직면해 있기도 하다. 지구 속 인간사회와 현실 자본주의, 정치 구도나 경제 모순 구조에 의해 생성되는 생태 결핍과 파괴 근원들을 설명하고 밝히는 데 취약하고 인간의 실존적 가치 또는 지역에서 벌어지는 생태의 미세한 결들과 국지적 변화들을 부차화한다고 비판받고 있다.[13] 지구 자본주의 체제가 인간·노동·가축·토양 사이의 물질대사에 균열을 야기하고 있는 책임, 자연이 부과한 지속 가능성의 조건을 파괴하고 있는 것에 대한 책임을 전 인류의 책임으로 전가하면서 이로부터 이익을 얻고 있는 지구적 자본 권력에 면죄부를 주고 있다는 비판이 제기되고 있는 것이다. 자본세Capitalocene가 이에 대한 대항/대체 개념으로 제시되기도 했다. 자본세는 생태위기의 근원을 자본주의 노동가치의 잉여 기제와 자연 수탈의 맥락에서 바라보는 생태맑스주의의 관점과 연계되어 있다. 자본세는 지구 표면이 생물권의 녹색 막이 아니라 자본의 흔적으로 뒤덮여 있으며 인간과 (비)유기체적 사물들의 동거와 합일되어 가는 지구 행성적 세계도 주요하게 인식해야 하지만, 무엇보다도 주요한 것은 자본 권력의 논리 기제가 그 아래 작동[14]하고 있다는 것을 중시한다.

툴루세Chthulucene도 인류세에 대한 또 다른 비유적 개념인데, 이 개념은 유기적인 종들과 무생물 행위자들의 집합이, 역사를 구성하고 진화하는 종류와 다른 종류를 생성한다[15]는 확장된 인식에 기초해 있다. 지구 행성 내 인간과 자연계를 무차별적으로 휩쓰는 물질적 힘들 사이에 생성된 평등주의적 비전이 읽는 것은 자연 층위에 전면화하는 인간 중심적 사물 설계와 비인간 종 탄생에 자본의 사물화된 질서를 삽입하고 자동 복제하는 힘이라고 인식한다. 이러한 인식은 인간중심주의를 겨냥하고 있으며 그 대안으로 '인간-사물-생명' 사이 공생과 연대의 정서를 통해 '새로운 친족kin'들과 평등주의적 관계를 생성하고자 한다. 즉 테크노 타자들과 새로운 사회적 접속 형식을 만들고 새로운 사회적 결합 관계를 창조하면서 인간의 인식론적 전환을 유도하고, 이를 통해 상호 생성적이고 종 횡단적인 실천론을 제시하려고 한다. 툴루세는 다종적으로 무수히 교차하고 접 붙는 (비)인간 종들의 시공간적으로 누적된 역사를 인정하는 한편, 유전·생명공학, 인공지능 등으로 인간 아닌 종들을 생성해 생명 질서와 자연을 아예 개조·사유화하는 자본주의의 문제를 제대로 평가하고자 한다. 특히 성차와 젠더, 인종과 성차, 인종과 민족, 계급과 인종, 젠더와 형태론, 성차와 재생산 그리고 재생산과 인간 구성 사이에 맺어진 것으로 가정된 본질적으로 불가피한 연결을 해체하고자 하며 계통과 친족, 친족과 종의 연결 모두를 끊어내기 위한 상상력, 이론 및 행동[16]에서 페미니즘적 리더십을 확보하고자 한다. 즉 인종차별적이지 않은 이민, 새로운 이주자와 토박이 모두를 위한 환경적·사회적 지원 정책을 포함하여 출산을 통하지 않은 친족을 확산시키는, '비출산주의적 친족 혁신'[17]을 도모하고자 한다.

1) 인류세 서사의 위기 인식과 경향

현 단계 인간과 사회는 비인간 생명체들의 멸종 위기는 물론 지구 시스템 전반에 걸쳐 전례 없는 위기를 야기한 문제적인 존재로 간주되고 있다. 그 증거로 거론되는 것들은 지구 시스템 전반과 인간 문명의 역사 전체에 걸쳐 있다. 즉 지구적 기후변화, 해양 산성화, 탄소나 질소 등 여러 원소의 지구적 순환주기 변화와 같은 지구 시스템 차원의 문제가 있고 숲 혹은 여타 자연 서식지가 농장이나 도시로 변환되어온 문명 차원의 문제도 있다. 이 외에도 광범위한 오염, 방사능 낙진, 플라스틱 축적, 하천 경로 변형, 대규모의 생물 멸종, 인간이 세계 각지로 운반해 도입한 종種 등이 야기하는 위기의 문제들이 있다. 이와 같은 문제 현상들은 암석에 그 흔적을 남길 가능성이 매우 크다. 그런 점에서 인류세가 새로운 지질서시대로 주장되고 있다.

인류세 서사[18]는 기본적으로 인간 존재를 '자연의 거대한 힘'으로 간주하는 경향이 있다. 실제로 인간은 매우 근본적인 수준에서 지구 생태 시스템을 전환시켜 왔다. 중요한 점은 인간이 초래한 지구 생태 시스템의 변화가 다차원적인 과정이라는 것이다. 구체적으로 인간은 지구의 지표면, 대기권(/생물지구화학적 순환), 수권, 생물권(/생물다양성) 등의 차원에서 자연적 변이를 넘는 급격한 변화를 초래하고 있다. 지구 지표면의 변화는 인간의 토지 이용과 관련된다. 특히 산업사회 이후 규모, 범위, 강도 면에서 그 변화 양상이 급속히 증가해왔다. 얼음으로 덮이지 않은 육지 표면 중 40~50% 정도가 농업, 임업, 주거지를 위해 사용되어 오고 있다. 그에 따라 육지 생물권의 4분의 3 정도가 인간의 토지 사용 때문에 변화해왔다.

토지 이용이 지구 환경에 미친 결과도 다층적이고 확산적인데 그 예로 온실가스 배출, 환경오염, 토양침식, 자연 서식지 소실, 생물 멸종, 외래종 도입 등을 들 수 있다. 특히 토지 교란, 경작, 습지 배수는 토지의 풍부한 유기물이 분해되도록 만든다. 이 과정에서 많은 양의 이산화탄소가 배출된다. 쌀을 생산하기 위해 토지에 물을 대는 행위는 많은 양의 메탄가스를 방출한다. 이 메탄가스가 지구 온도를 높이는 효과는 이산화탄소와 비교할 때 10배에 이른다. 또한 질소 함유량이 높은 비료(퇴비나 합성 비료 모두)를 사용하면 아산화질소가 배출된다. 아산화질소는 이산화탄소와 비교해 분자마다 온도 상승 잠재력이 100배나 더 높다. 또한 인간은 생물지구화학적 순환도 변화시켰다. 납에서 DDT에 이르기까지, 물을 통해 퍼진 독성 산업 오염물은 생물종에 직접 해를 끼쳤다. 먹이사슬을 거치며 축적된 독성물질 때문에 오염된 먹이를 포식자가 섭취하는 방식으로 간접적인 해를 끼치기도 했다.

1950년대부터 가동된 지구적 농업 체제(녹색혁명에 기초한 산업적 농업 체제)

는 단위 토지당 생산성을 획기적으로 증진시켰는데, 농지를 확대하지 않고도 작물 생산량을 증가시켰다. 그런데 20세기 전반에 걸쳐 농업토지 이용이 확대된 까닭은 가축을 더 많이 기르기 위해 사료용 작물을 생산해야 했기 때문이다. 이러한 농업토지 이용은 화학비료 사용의 과도한 증가와 결부되어 지하수 및 지표수를 오염시켰다. 그에 따라 사람들의 건강뿐만 아니라 생태계를 위협한다. 이를테면 해안 생태계가 오염되고 녹조현상이 심화되는 문제가 발생한다.

다양한 인간 압력이 결합하여 취약한 생물종이 멸종위기로 내몰리고 있다. 이는 급속한 지구적 생물다양성 상실로 이어지고 있다. 그런데 농업지대와 도시가 가져오는 지구적 충격은 온실가스 배출, 토양 변화, 수질오염, 토양오염, 대기오염에 그치지 않는다. 이 충격으로 인해 토착 서식지와 토착 생물종은 변화하고 대체되며 축출당하고 있다. 이와 같이 인간은 생물권도 바꿔놓았다. 산업형 대규모 어업, 즉 '공장식 선박' 함대가 온 바다로 확장되었다. 이 과정에서 모든 것이 변화했다. 1950년대 이후 인구가 증가하고 해산물에 대한 수요가 증가했다. 어업 역시 그 규모나 강도 면에서 성장하고 있다. 여기에는 해저를 훑고 지나가는 대규모 저인망의 사용도 포함된다.

20세기 후반에 지속 가능하지 않은 방식으로 급격하게 지하수를 추출해서 사용해왔다. 농업과 전력 생산을 위해 대규모 댐을 건설하는 프로젝트가 추진되어 오면서 전 대륙에 걸쳐 인간에 의한 수권의 변동이 가속화되고 있다. 산업용 화학물질과 부영양화로 인해 지표수와 지하수가 오염되고 사용할 수 있는 담수의 양도 감소했다. 결과적으로 1950년대 이후 육지의 수권, 즉 지구의 담수 체계는 인간의 활동으로 인해 심각하게 바뀌었다. 그래서 사용 가능한 담수를 확보하는 문제는 심각한 지구적 관심사가 되었다. 요컨대 인간이 지구 시스템 즉 지표면과 대기권 및 수권과 생물권 전체에 걸친 순환 체계를 변화시키는 규모와 강도가 증가하고 있다. 그에 따라 지구 시스템이 인류세 상태로 체제 변환을 할 위험성도 증가하고 있다. 지구적으로 강제되는 가속화된 변화의 증거들은 인류세를 새로운 지질시대로 정의해야 하는 근거가 된다.

인간이 자연의 거대한 힘으로 작용하면서 이른바 인류권anthroposphere의 문제가 대두한다. 이 용어는 인간이 생물권을 변화시켰을 뿐 아니라 특정 방향으로 형성하고 유지한다는 사실을 뜻한다. 즉 인간사회는 자연계를 교란하는 수준에 머무르지 않는다. 근대 자본주의 초기 유럽인들이 만든 교역로를 통해서 경제적 물품이 이동했다. 뿐만 아니라 사회적이고 생물학적으로 엄청난 변화를 초래한 문화적 관행, 기술, 가축, 질병도 같이 이동했다. 이를테면 아메리카에서 이동한 감자, 토마토, 고추, 옥수수는 유럽과 아시아, 아프리카를 포함한 전 세계의 경작 체계를 바꾸어 놓았다. 이러한 변화의 결과는 지구적 수준의 생물 균질화로 나타났다. 또한 천연두를 비롯한 각종 질병은 지구 전역으로 퍼져나갔다. 이처럼 인간의 사회 시스템은 지구 시스템 내에서 이미 행성 전체에 영향을 미치는 힘이 된 것이다. 실제로 인간사회의 연결망은 이제 다른 생명의 그물망과 지구적으로 얽혀 있다. 한 지역에서 내린 결정은 지구 반대편 멀리 떨어진 지역 혹은 지구 전체의 생태계를 바꾸어 놓을 수 있다. 인간의 시스템과 자연의 시스템이 지구적으로 원격 결합한 것이다.

인간이 행성 곳곳에 자신들만의 생태적 지위를 계속 구축함에 따라 지구는 점점 일종의 사회생태적 체계로 기능한다. 지구는 점점 더 원하는 것이 많아지는 인간을 부양해야 한다. 최근 인구 증가 속도가 더뎌지고는 있지만, 부유한 인구 집단이 더 많은 자원을 요구함에 따라 식량, 물, 에너지 등 자연 자원에 대한 수요는 계속 증가하고 있다. 현재 인류가 자신을 위해 사용하는 자원을 충당하려면 지구 1.6개가 더 있어야 한다고 말해진다. 많은 과학자들은 현재의 인구 및 자원 수요 수준만으로도 지구의 생명 유지 시스템에 손상을 가할 수 있다고 경고하고 있다. 왜

냐하면 미래에 파국적 결과를 초래할 가능성이 커지고 있기 때문이다.

인류세를 지구적 기후변화, 대멸종, 광범위한 오염으로만 정의하는 것으로는 충분하지 않다. 가속화되는 기후변화는 지구에서 일어날 수 있는 여러 파국 중 하나에 불과하다. 이미 8만 5천 종이 넘는 산업용 화학물질이 사용되고 있다. 그 생산 역시 가속화되고 있다. 이 화학물질 대부분은 생물종이나 지구 시스템 전체는 고사하고 인간에게 미치는 유해성 검사조차 거친 적이 없다. 더 우려스러운 점은 엄청나게 해로운 영향을 미치는 지구적 환경변화가 명백하게 드러나야 했음에도 불구하고 지난 수십 년 동안 제대로 감지되지 않았다는 점이다.

플라스틱 오염의 경우 그 심각성을 인식하기 시작한 것도 극히 최근의 일이다. 초극세사 옷에서 나오는 미세 플라스틱 입자, 화장품과 세안제에서 나오는 미세한 조각, 더 큰 플라스틱 제품에서 분해되어 나오는 물질 등이 미세 플랑크톤에서 물고기에 이르기까지 해양 생물 전반의 체내에 놀랄 만한 속도로 축적되고 있다. 도시, 도로, 석유 굴착 장치에서 시작하여 전기 제품 포장재, 플라스틱병 등에 의해 형성되는 물질들이 지질학적 흔적들을 남길 수 있다. 이 흔적들은 일종의 기술화석techno-fossil들이다. 기술화석 중에는 지구 주변을 돌고 있는 것도 있고 우주 공간에 도달한 것도 있다. 또한 문화적 인공물을 기술 종technospecies으로 분류하기도 한다. 예를 들어 전자기기, 가전제품, 산업 부품 등이 여기에 해당한다. 그 종류는 이미 수백만 종에 달한다.

인류세의 서사는 개개인의 삶보다 더 큰 것을 생각하라는 요구로 받아들일 수 있다. 즉 인간사회의 시간보다 더 긴 시간 단위 속에서 태초부터 종말까지 행성 전체의 작동과 변화를 상상하는 요구로 접근할 수 있다. 인간이라는 거대한 자연의 힘이 야기한 부정적 결과들과 그 위기가 나쁜 인류세에 대한 전망을 필연적인 것으로 만들 수도 있지만, 인류세 서사 안에서 좋은 인류세를 상상할 수 있을 뿐만 아니라 그 가능성을 현실화할 수 있는 기회도 얻을 수 있다. 즉 좋은 인류세의 서사 안에서 지구 시스템과 인간 문명의 위기는 좀 더 나은 미래 즉 우리 각자의 삶이 지속될 수 있는 여지로 전환될 수도 있다.

요컨대 인간사회가 현재와 미래에 무엇을 하느냐에 따라 인류세는 좋을 수도 있고 나쁠 수도 있다. 이를테면 DDT를 비롯한 여러 오염 물질 사용 금지 조치에서 시작하여 멸종 직전 위기의 야생 동물을 다시 돌아오게 한 보호 법령까지, 환경 재난을 막은 사회적 행동들은 매우 많다. 공원이나 보호지역 지정이 확산되는 일, 태양에너지나 전기차 같은 탄소중립적 에너지 체계와 기술에 대한 투자가 급증하는 일이 바로 그런 행동에 해당한다. '지속 가능한 해산물 인증' 표시부터 에너지와 자원을 효율적으로 이용하는 '친환경 건축물 인증제도LEED'에 이르기까지, 소비자가 주도하는 환경 보호 운동의 성장도 마찬가지이다. 그럼에도 불구하고 인류세 서사는 지구상 모든 인간을 구분되지 않는 하나의 덩어리로 뭉뚱그리는 경향이 있다. 그래서 그 서사는 지구를 변모시켰다는 비난을 인류 전체에 가하는 것처럼 이해될 수 있다. 그러나 모든 사람이 결코 동등한 정도로 지구를 변모시킨 것은 아니다. 급격한 지구적 기후변화에 주요 원인을 제공한 쪽은 부유한 사회의 부유한 사람들이다. 거기에는 사회적·정치적·경제적 과정에서 유래하는 불평등이 내재해 있다.

2) 저렴한 자연 전유의 궁극과 레퓨지아

지구 시스템은 이미 사회적 신진대사를 중심으로 하는 사회생태적 시스템으로 전환되고 그 안에서 자연 혹은 지구는 하나의 서비스로 기능한다. 그런데 이 신진대사의 과정이 자연스럽다고 인식되거나 순환적 과정으로 이해되는 것에 문제를 제기할 수 있다. 지구적 자본주의 생태체제의 역사적 과정에 대한 무관심과 그 과정의 폭력성이 은폐되어 있을 수 있다. 자본주의 세계생태 속에서 자연생태 시스템의 전유appropriation 와 훼손은 무한히 반복·순환된다. 마찬가지로 저렴한 자연으로 전유된 생태 시스템의 궁극적 소진과 자본화도 그 체제 내에서 무한히 반복·축적·순환된다. 이러한 역사적/지구적 흐름이 다원적인 지구적 위기를 야기하고 암석에 흔적을 남기고 있는 인류세 태동의 전말이며 그 서사가 생성된 근본적인 원인이다.

마데이라Madeira 섬 숲 생태 이야기는 자본세 서사의 생태 인식과 비전을 대유代喩적으로 보여준다. 이 이야기 속에서 자본화 이전 마데이라 섬 숲 생태 시스템은 온전한 세계로 표상되고 있다. 이와 대비하여 자본화된 이 섬의 손상된 생태 시스템은 자본세의 생태 인식과 비전을 보여주고 있다. 즉 자본주의 체제가 섬 숲의 생태를 저렴한 자연으로 전유해 온 역사적 과정 속에서 귀결되는 자본화의 생태 비전은 복원될 수 없는 훼손된 세계로 표상된다.

마데이라 숲의 파괴 과정은 초기 자본주의 체제의 역사적·폭력적 자연 전유 과정[19]을 대유한다. 초기 자본주의가 마데이라 섬에 도래하면서 이 섬의 커먼즈commons인 숲 생태계를 어떤 과정을 거쳐 전유하는가를 좀 더 분명히 하기 위해 이 마데이라 섬 이야기를 초기 자본주의가 전개되는 과정에 주목하여 국면별로 간략하게 고쳐 쓸 수 있다. 즉 첫 번째 국면에서 숲의 나무들은 배를 만들고 건물을 짓는 자재로 전유되었다. 두 번째 국면에서 숲은 설탕을 생산하는 연료로 활용되어 설탕 산업에 전유되었다. 세 번째 국면에서 자본은 섬 외부의 식민지 자연을 전유·이전시키고 노예의 저렴한 노동도 함께 전유하여 설탕 산업을 가동시켰다. 네 번째 국면에서 설탕 산업의 잿더미 위에 식민 무역과 노예 노동 체제를 근간으로 와인 산업이 가동되었다. 이와 같은 초기 자본주의 체제의 역사적 국면들을 뒤로 하고 최근 국면에서 사막화된 숲의 경관이 자본화된다. 즉 마데이라 숲 생태 파괴의 역사적 과정이 마지막 자본 전유의 단계로 진입하여 그 훼손된 자연경관이 관광 수입의 원천이 되었다.

마데이라 섬 숲 생태계의 사막화 과정은 자본주의 체제의 저렴한 자연의 소진 및 자본화 과정의 역사적 흐름을 따라 전개된다. 온전한 그 숲의 생태적 신진대사는 저렴한 자연으로 전유되어 상품이 된다. 자본 시장의 구조 속에서 이윤의 원천으로 작용하기 시작하면서 그 파괴의 서사가 시작된다. 인류세는 마데이라 섬 숲 생태의 자본화 과정이 낳은 위기들의 서사인 셈이다. 인류세의 위기는 이와 같은 다층적인 자연 전유 과정, 15세기부터 시작된 자본주의 체제의 지구화/식민화 과정 속에서 반복·축적·순환된 문제들의 다발로 이해된다. 6세기에 이르는 이 지구적 자본주의 세계생태의 역사적 과정이 남기는 흔적들은 마데이라 섬 숲이 사막화되고 상품화 과정에서 산출된 엔트로피/쓰레기들이거나 감가상각減價償却되지 않고 그 쓸모를 잃어 폐기된 것들 혹은 더는 작동하지 않고 텅 비어버린 시장의 잔해들로서 자본화된 경관들이다. 자본세의 서사가 표상하는 것이 바로 이러한 지구의 폐허, 손상된 세계생태이다.

자본세 또는 툴루세를 제외하고 보면 인류세 서사는 지구 생태의 순환적 인식에 기초해 있다. 그 순환 체계의 회복에 좋은 인류세의 전망이 부여되어 있다. 그러나 인류세 서사가 기초한 지구 생태 시스템의 위기는 순환에 있다기보다는 자본세 서사의 핵심에 놓여 있는 지구 생태 시스템의 저렴한 자연화 즉 전유에 있다. 자본세의 대표적인 주창자 제이슨 무어[20]는 자본주의 세계생태 체제의 가치 법칙이 저렴한 자연의 전유에 있다고 본다. 자본주의의 역사적 체제가 이윤율의 경향적 저하와 그로 인한 축적 위기를 해소할 수 있는 것 즉 잉여가치 또는 생태잉여의 원천은 근본적으로 역사적 자연/저렴한 자연에 있다는 것이다. 어쩌면 이는 잉여가치의 생산으로서 노동의 창조성과 노동착취/저항, 그로 인한 체제 변혁의 역사적 경로를 부차화하는 것으로 이해될 수도 있다. 생태체제는 생태혁명과 짝을 이루어 대별된다. 생태체제는 역사적으로 안정화된 축적의 확대 과정 및 조건을 의미하고 생태혁명은 잠정적으로 안정화된 이런 과정 및 조건의 격렬한 소멸과 갱신을 의미한다. 자본주의는 역사적으로 생태혁명에서 생태체제로의 변환을 끊임없이 추구 달성해 왔다. 그런 점에서 자본주의는 세계 생태체제로서 그 자신의 조건을 끊임없이 창출해오고 있는 역량이라고 할 수 있다.

자연에 대한 부르주아적 표상은 물자체로서 자원이다. 그러나 그 자원은 지질·생물학적 특성 자체라기보다는 오히려 관계들의 다발로 봐야 한다. 즉 석탄은 석탄일 뿐이다. 석탄은 특정 조건 아래서만 화석연료가 되면서 역사적 시대 전체를 형성[21]한다. 이것이 역사적 자연의 실체인 것이다. 이와 마찬가지로 무어의 자연은 인간 역사의 본질적 관계에 외생적이지 않다. 자연은 인간이 작용을 가하는 대상으로서 수도꼭지(원료)와 개수대(오염)에 불과한 것이 아니다. 자연은 인간 활동 전부를 포괄하는 생명의 그물로서 인간관계가 그것을 통해서 전개되는 것이다. 주목되는 것은 자연과 함께 근대성을 새롭게 인식하면서 그것을 '생명의 그물'의 생산자이자 생산물로 생각한다는 점이다. 즉 근대성 혹은 자본주의가 인간 자연과 비인간 자연이 다발로 묶이고 서로 침투하면서 형성하는 상호의존적 관계들이라는 것이다. 자연과 인간 그리고 자본주의/근대성은 오이케이오스oikeios [22] 또는 생명의 그물 속에서 엮이는 생명의 다발인 것이다. 여기서 오이케이오스는 인간 자연과 비인간 자연 사이에 맺어지는, 항상 이들 자연에 내재하는, 창조적이고 역사적이며 변증법적인 관계를 가리키고 있다.

오이케이오스 속에서 그리고 그것을 통해서, 인간이나 다른 종은 생활의 조건/특정한 생활양식을 창출하는 존재로 간주된다. 그 안에서 생명은 식물과 동물로 구성될 뿐만 아니라 지구의 다양한 지질학적/생물권적 배치와 순환 및 운동으로 구성된다. 또한 오이케이오스는 인류의 협동과 갈등의 모자이크(사회조직)를 창조하고 파괴하는 관계와 조건이

되고 인간을 포함한 지구의 모든 존재들은 오이케이오스를 통해서 형성
되고 개편된다. 따라서 자연이라기보다는 '오이케이오스-로서의-자연'
이 중요하다. 자연은 그 속에서 인간 활동이 전개되는 매트릭스, 그 위에
서 역사적 행위주체성[23]이 작동하는 장이 되는 것이다. 인간 문명도 자
원(또는 폐기물)으로서의 자연과 상호작용하지 않는다. 그것은 '매트릭스-
로서의-자연'을 통해서 전개되고 현존하는 기후 실재들을 내부화함으로
써 전개되며 제국이나 계급, 생명의 그물에서 분리되지 않는다. 기후 역
시 그 자체로 역사적 행위자가 아니다. 이처럼 '오이케이오스-로서의-
자연'에 관한 인식은 행위주체성 자체에 관한 근본적인 재고를 수반하
는데, 이때 자연(/기후)은 계급이나 제국[24]이 역사를 형성하는 것과 마찬
가지 방식으로 행위주체성을 갖추고 있는 것이 된다.

　　마찬가지로 자본주의도 지구적 자연 위에서 발달하기보다는 인간과
나머지 자연이 우발적으로 맺는 난잡한 관계들을 통해서 창발되는 것으
로 규정된다. 자본과 권력, 자연을 접합하는 세계생태이며 권력 추구 및
자본 축적과 자연의 공동생산을 통해서 형성된다. 여기에서 자본과 권
력 그리고 자연은 서로 스며들어서 역사적 자본주의를 형성한다. 이러
한 관점 속에서 자연은 다소 해방적인 방식으로, 다소 억압적인 방식으
로 재조정되는 것으로 이해된다. 협소하게 인간의 관점에서 제시되는 것
이 아니라 인간과 나머지 자연의 고동치고 진화하는 변증법, 즉 오이케
이오스를 통해서 제시되는 것이다. 따라서 위태로운 것은 인류 및 자연
의 관점에서 바라본 해방이나 억압이 아니라 '자연-속-인류' 그리고 '인
류-속-자연'의 시각에서 바라본 것 즉 자본주의 세계생태 체제이다.

　　'자연-속-인류' 그리고 '인류-속-자연' 혹은 '자연-속-자본주의'와
'자본주의-속-자연'은 오이케이오스의 이중내부성 또는 자본주의 세계
생태론적 체계의 이중내부성이라 말할 수 있다. 이 이중내부성은 인간
노동력의 착취와 인간 자연 및 나머지 자연의 약탈적 전유의 끊임없는

생산성 증강 그리고 자본 축적/증식이 자본주의 생태체제의 근본적 메커니즘임을 분명히 한다. 그로 인해 우리가 알 수 있는 것은, 이 체제의 증식과 영속의 프로젝트들이 인간 및 나머지 자연을 소진시키고 지역적 복합체 붕괴의 연쇄와 확장 즉 잇따른 프런티어의 개발과 확장 속에 붕괴되는 지역적 소진들의 범위를 지구적인 것이 되게 함으로써 맞게 되는 지구 시스템의 붕괴를 가속화한 근본 문제라는 것이다.

그런데 그러한 사태가 자본 중심 혹은 역사적 자본주의 세계체제 중심 속에서 논의되고 있기 때문에, 그 안에 갇혀, 그 체제가 야기한 모든 역사적 문명과 생명의 근본적 위기를 이를테면 발전적 위기와 획기적 위기[25]의 긴장 속에서 파악하게 된다. 물론 그 원인을 보다 복합적인 차원에서 파악하게 한다는 효과가 있지만, 그 효과는 실제 관심 밖에 있다. 중요한 것은 그 이중내부성의 연결/관계 고리를 자본 중심의 세계생태를 재생산하는 방향으로 인식하지 않고 그것과는 전혀 다른 방식으로 직조하거나 사유하는 것이라 할 수 있다. 이를테면 자본주의 세계생태 체제론과 다른 대안적 세계생태론의 체계를 구상하는 것이다. 이는 추상적인 사회적 노동, 추상적인 사회적 자연 그리고 본원적 축적이라는 이 자본주의 세계생태의 역사적 체제를 구성해온 핵심 과정을 비판·극복하고, 궁극적으로는 그로 인해 연결/관계 고리가 끊어진, 대안적 세계생태의 역사적 체제를 이론적으로 구상하고 체계화하는 일로 나아갈 수 있을 것이다.

자본주의 세계생태 체제의 모순은 전유되는 생태잉여가 저하하는 경향이다. 그 경향의 가장 명백한 지표는 4대 투입물의 가격 상승이다. 즉 노동과 식량, 에너지, 원료가 더욱더 비싸지게 되는 것이다. 생태잉여 즉 자본 축적 대비 무상 일의 기여분의 감소 이유는 근대 영토주의의 조건과 추상적인 사회적 자연이 확대하는 상황으로, 전 지구적 자본화와 식민화(전유)이다. 그런데 노동계급은, 재생산과 의료보험, 노령연금, 특수

교육의 비용을 사회가 부담할 것을 요구한다. 동시에 가족 임금을 요구하는 경향이 있다. 그 결과 자본은 더 높은 재생산 비용에 갇히게 된다. 특히 1970년대 이후로 지구적 북부에서 그러했다. 세계적 규모의 환경운동은 국가로 하여금 오염을 제한하고 이전에 발생한 오염의 비용을 청산하도록 압력을 가했다. 그 비용은 시간상으로는 다음 세대에게 미루고 공간적으로는 지구적 북부에서 남부로 이전하는 방식으로 처리되곤 하지만, 향후 수십 년 안에 가장 많이 급증할 것으로 예측되고 있다. 또한 농업은 단일재배와 같이 생태계에서 자양분을 제거하고 해충 친화적이고 잡초 친화적인 환경을 생산하는 급진적인 단순화 전략을 채택하는 경향이 있다. 이런 전략은 그 비용이 점점 더 증가하는 에너지와 독성 투입물을 증대시키는 경향이 있다. 생태잉여의 저하는 에너지와 광물 원천의 고갈에도 연루된다. 농업과 마찬가지로 그 비용과 독성이 점점 더 증가하는 투입물을 요구하는 경향이 있다. 이와 같이 저렴한 자연 전유의 감소가 문제라면 자본은 왜 재생산의 자본화를 용인하거나 강하게 부추기는가? 그것은 재생산의 과정을 자본의 회로 안에 편입함으로써 특정한 자본주의적 행위자(기업)가 세계 잉여가치 지분을 둘러싼 경쟁에서 단기적 이득을 얻을 수 있게 되기 때문이다. 자본화는 단일 기업/부문에서 노동생산성의 향상 효과가 있고 노동력의 상품화는 특히 경기 침체 시기에 상품소비를 증가시킨다. 상품소비는 유효수요의 유지/재생산에 효과가 있다.[26]

역사적 자본주의 세계생태 체제의 최근 국면에서 신자유주의적 프로젝트가 활성화되고 있다. 거기에는 5가지 주요 차원[27]이 있다. 첫째 임금 억제, 둘째 지구적 공장/가치사슬, 핵심부의 탈산업화, 지구적 남부의 빠른 산업화, 셋째 거대한 지구적 인클로저, 구조조정 계획과 시장 자유화, 넷째 여성 프롤레타리아 계급의 팽창, 유례없는 규모로 무상 일에 유상 일 추가, 그 결과로서 신자유주의적 반半프롤레타리아화, 다섯째 지구적 북부 임금 억제, 지구적 남부 전역의 복지 하락, 그 결과로서 강요된 과소소비의 새로운 체제, 저렴한 노동 가능 등이 그것이다. 그런데 2003년 무렵 신자유주의 체제 하에서 세계 생태잉여는 더는 증가하지 않고 감소하기 시작했다. 이는 자연을 조직하는 방법으로서 신자유주의가 드러낸 징후적 위기이다. 즉 생태잉여의 순환적 축소가 개시되었는데, 가장 명백한 지표는 금속과 에너지, 식량 상품의 가격 상승이다. 이는 신자유주의의 저렴한 자연 전략의 소진이고 저렴한 노동의 부식이다. 이를테면 중국의 경우 실질임금이 1990년과 2005년 사이에 30% 상승했다. 제조업 임금은 인플레이션율보다 여섯 배나 빨리 상승했고 단위노동비용은 2000년과 2011년 사이에 85% 증가했다. 캄보디아에서는 임금과 수당의 인상을 요구하는 파업의 압력이 높아지고 있다. 이러한 생태잉여 감소의 압력들은 기업이 캄보디아·미얀마·베트남·필리핀 등과 같이 저렴한 자연 전유가 가능한 지역으로 옮겨가는 것의 가치를 감소하게 한다.

자연의 자본화는 초기자본주의에서 사탕수수 플랜테이션과 같은 저렴한 자연의 전유를 뜻한다. 기본적으로 토지 수탈, 노예 노동, 물/수력 또는 석탄/증기력, 인간 자연(즉 재생산노동/여성 노동), 저렴한 식량 혹은 지불되지 않은 식량 등과 같이, 토지·자원·에너지·식량·인간 자연과 같은 저렴한 자연을 화폐 관계/자본 회로 바깥에 둠으로써 무상의 잉여가치를 획득하게 하여 자본 축적을 이루게 한다. 신자유주의적 지구 자본주의는 지구적 북부에서 사양화된 산업의 생산시설을 지구적 남부로 이전함으로써 저렴한 자연 전유를 위한 새로운 프런티어를 개척하여 축적 위기를 해소하려는 기획이다. 현재까지 지구 자본주의는 지구적 북부와 남부의 자본주의의 불균등한 발전 정도에 비례하여 축적 위기를 해소해가고 있다. 예를 들면 인도네시아·필리핀·방글라데시 등의 지역에 생산시설/공장(혹은 상품생산 국면 M-C)을 이전한 다국적/초국적 기업들은 값싼 노동력, 값싼 에너지와 자원 등을 전유하고 있다.

신자유주의 구조조정은 축적 체제의 재생산인데 이는 새로운 프런티어 개척에 기인한다. 신자유주의 축적 체제가 전유한 공공부문은 저렴한 자연의 전유와 관련되고 그 소진 또는 생태잉여의 저하를 공동체 활성화로 지연시키고 있다. 즉 공동체 활성화는 축적 체제의 전유와 소진, 재생산에 연루되어 있는 것이다. 공동체 활성화 지원 즉 제4섹터로 분화하고 있는 영역에 대한 투자는 미분화된 자연의 전유에 연루되어 있고 네 가지 저렴한 자원(노동·식량·에너지·자원)의 재생산에도 연루되어 있다. 그 사례들로 재생산노동/돌봄노동, 도시 텃밭과 같은 자족적 식량 채취, 대체에너지와 자원 활용 등을 열거할 수 있다. 이렇게 보면 계급투쟁(인간, 인간자연, 비인간자연), 대항정치(노동, 반/탈지구화, 커머닝, 페미니즘/성적 다양성/다채로움 공동체, 생태/다양성/농업부문의 커머닝)에서 탈구된 공동체 활성화는 생태잉여의 저하를 저지하기 위한 신자유주의적 자본화와 전유의 프로젝트라 할 수 있다.

마찬가지로 플랫폼 다중의 산 노동을 전유하는 방식이 새로운 전유 프런티어의 개척이라면 사회적 경제나 로컬푸드 운동 그리고 다기능농업/환경보전농업과 같은 대안적 공동체 경제 실천들도 새롭게 전유된 저렴한 자연으로서 전유 프런티어의 한 형태라 할 수 있다. 그렇다면 자본주의 체제는 현재까지도(어쩌면 앞으로도 계속) 축적의 경향적 저하로 인한 발전적 위기를 해소해가는 중이라고 말할 수 있다. 자본주의 체제의 착취와 전유에 저항하는 힘조차 위기 해소의 동력으로 포섭해간다고 할 수 있다. 즉 그러한 대안의 실천적 흐름들을 전유의 프런티어로 개조해가고 있다는 것이다. 사정이 이렇다면 획기적 전환의 전망 즉 자본주의 체제의 모순과 위기에 대한 대안은 불투명하다. 다만 자본주의 세계생태 체제를 최종적으로 지지하거나 자본주의의 순환과 위기의 역사적/특정적 국면 속에서 생성되는 역사적 자연의 바탕으로서, 지구 행성의 근본적인 손상만이 끝날 줄 모르는 전유와 축적의 패턴을 종식시킬 수 있다. 왜냐하면 일회적 사태로서 전유의 프런티어는 역사적 국면 속에서 특정적으로 현시되는 것이기 때문이다. 지구 행성의 시공간과 자본 축적의 시공간이 갖는 근본적 차이로 인해, 지구는 행성적 차원에서 그 종말이 현실화될 수밖에 없다. 결국 대안의 사유와 실천은 손상된 지구 행성에서 생태적 적소適所 또는 레퓨지아refugia를 생성해가는 것에서 가능할 수 있게 된다.

인류세가 자본세로 비판되는 것에 공감을 표명하면서 도나 해러웨이는 모든 종류의 인간과 비인간 노동자들을 쓸어버리는 노동 혁신, 크리터Critter들과 사물들의 재배치·재구성과 함께 설탕과 귀금속, 플랜테이션, 원주민 집단 학살, 노예제의 네트워크들을 이야기해야만 한다고 강조한다. 산업혁명이 매우 중요하기는 하지만, 그것(혹은 인간)은 지구를 변화시키고 역사적으로 어떤 상황에 처해지고 충분히 새로운 세계 만들기에 얽힌 관계들에서 단지 하나의 플레이어일 뿐이다. 따라서 인간 Anthropos 혹은 종으로서의 인간 혹은 사냥꾼으로서 인간의 배신을 한탄하는 것은 온당치 않다. 그 대신 가차 없이 관계적이고 '공-산'(sympoiesis, 共-産)[28]적이고 필연적인 것으로서 땅의 이야기를 새로 써야 한다고 주장한다. 그러면서 인간종들도 포함하는 생물다양성이 지질학적 최후를 맞는 시대 즉 자본세를 한탄할 필요 없이, 아직 하지 않은 이야기가 너무나 많이 있고 아직 짜지 않은 망태기가 너무나 많이 있는, 인간에게만 해당하는 것이 아닌[29] 툴루세chthulucene를 이야기한다.

해러웨이는 인류세 담론이 단지 본질적으로 방향이 잘못되었고 마음을 잘못 쓴 것만이 문제가 아니라고 하면서 그것이 다른 세계들을 상상하고 보살피는 우리의 능력을 차츰 약화시킨다고 비판한다. 여기서 다른 세계들이란 지금 불안정하게 존재하는 세계들과 여전히 회복 가능한 과거와 현재, 미래를 위해 우리가 다른 크리터들과 힘을 모아 만들어내야 하는 세계들[30]을 의미한다. 자본세 역시 관계성에 의해 만들어졌지, 세속의 신 같은 인간이나 역사의 법칙, 기계 자체 혹은 근대성이라 불리는 악마에 의해 만들어진 것이 아니라고 그는 비판한다. 따라서 자본세는 좀 더 살 만한 뭔가를 구성하기 위해 관계성에 의해 파괴되어야 한다. 자본세 담론에 핵심적인 진보의 약속은 마치 우리에게 복수종의 웰빙을 위해 함께 세계를 다시 만들고, 다시 상상하고, 다시 살고, 다시 연결하기 위한 다른 방법이 없는 것처럼 우리를 끝없는 지옥 같은 대안들에 단단히 묶는다.[31] 반면 땅 밑에 사는 것들은 사라진 과거에 갇히지 않는다. 인간 또한 그 부류에 속하지 별개의 존재가 아니다. 인간을 포함한 그 존재들은 부식토humus 즉 퇴비로서 지구의 생물다양성을 회복하는 힘이고 툴루세의 공-산적인 일이자 놀이를 하는 복수종의 공생체로 사유된다.

인류세나 자본세가 드리우는 디스토피아의 분위기와 달리 이 공-산의 세계 만들기에 함께 하는 복수종의 공생체는 아직 끝나지 않은 세계, 아직은 하늘이 무너지지 않은 불안정한 시대를 툴루세로 사유하면서 여전히 위태로운 시대 한복판에서 진행 중인 복수종의 함께 되기라는 이야기와 실천들로 구성되는 삶의 양식, 존재의 양식을 추구한다. 여기에서 인간 존재는 인류세와 자본세 담론의 지배적인 각본들과 달리, 단지 반응할 수 있을 뿐인 다른 모든 존재와 구별되는, 유일하게 중요한 행위자가 아니다. 이 세계(툴루세)에서 인간은, 지구와 함께 있고 지구의 존재이며, 이 지구의 생물적이고 비생물적인 힘들이 가장 중요한 이야기[32]로 선택되어 이야기되는 '공-산의 가치실천 양식'을 함께 써 내려간다.

3. 미래의 통찰로서 민속/지식의 재인식

민속이라는 말은 근대modern의 특성인 새로움과 합리성 및 직선적 시간성과는 매우 다른 세계를 표상한다. 즉 오래됨, 감성적 생활 세계 그리고 다선적 시간성을 함축하고 있다. 따라서 지식의 측면에서 볼 때 그것은 우리 앞에 재현되고 있는 세계의 복잡성을 비추는 거울로 작용할 수 있다. 이때 제기될 수 있는 중요한 질문은 그것이 어떤 지식인가 하는 점이다. 그렇다면 지식은 어떤 것인가로부터 민속/지식의 성격을 이야기할 수 있다. 지식은 단순한 앎이나 수행 주체로부터 떨어져 나온 독자적인 체계로 정태적인 성격을 지닌 것으로 규정되기 쉽다. 이러한 이해는 구체적인 현실이나 현상으로부터 거리를 둔 주체의 사유에 의해 구성된 앎으로서 타자화된 대상을 함축한다. 그뿐만 아니라 지식 자체가 대상적인 것으로 타자화되는 과정도 암시한다. 특히 그렇게 이해된 지식은 경험으로부터 추상되고 현장으로부터 격리된 도구적 앎으로서 생활세계의 현상이나 사건을 단순히 재현하는 체계가 되기 쉽다.

이러한 지식에 대한 이해로부터 벗어나는 길은 지식을 재현 체계로 제시하는 힘을 고려하여 특정한 사회 공간 속에서 주조되어 사회 전체의 체계 내에서 보편적으로 작용하는 인식 체계의 배치로 지식을 사유하는 것이다. 지식은 적어도 두 가지 차원을 갖는 것으로 이해할 수 있다. 즉 지혜와 능력이라는 두 차원 속에서 상호 교차하는 힘들에 의해 배치된 체계들로 구성된다고 말할 수 있다. 지혜의 차원에서 보면 지식은 경험을 통해 축적되는 존재의 기술(혹은 기능적 앎)이다. 그 지혜는 현재를 살아가는 사람들의 삶 속에서 그들에게 현실이 제기하는 어두운 문제를 풀이하는 정보(혹은 경험)를 제공해준다. 능력의 차원에서 보면 지식은 문제를 해결하는 힘으로 사유될 수 있고 부정을 긍정으로, 옛것을 다시 새것으로, 현재의 시간 속에서 과거를 미래로 되돌리는 역동적인 흐름이자 생동하는 힘이다. 따라서 민속/지식도 지혜와 능력의 구성적 배치로 나타나는 것이라고 생각할 수 있다. 즉 민속/지식은 그 주체들이 오랜 과거에서부터 역동적으로 현실과 조응하며 경험·축적한 활동들로 구체화되고 다양한 시간과 공간 속에서 제각각 제기된 문제들과 씨름하며 변화해온 혹은 변화하고 있는 유동적인 앎의 체계라 할 수 있다.

민속/지식은 모순된 두 항을 포함한 것으로 이해되기도 한다. 하나는 생활세계를 살아가는 민중이 체득하여 축적해가는 능력 혹은 활동을 포함한다. 다른 하나는 그러한 생동적인 지식을 어느 시점에서 민중과 관계 맺으면서 기록·관찰·보고되는 지식 혹은 그러한 지식을 일정하게 분석하고 해석한 체계를 포함한다. 두 항 중 후자의 민속/지식이 전자의 지식으로부터 분리되면 될수록 그것은 대상화되고 그렇게 만든 힘에 복속하는 도구적 지식이 되고 만다. 이렇게 민속/지식이 생동하는 세계와 분리된 재현 체계로서만 존속하면 그 특성을 잃게 된다. 민속/지식이 그 특성을 회복하려면 생동하는 현실 세계와 다시 결속되어야 한다.

민속/지식이 역사적으로 구성된 과정은 다음과 같이 세 가지로 정리될 수 있다. 이 정리는 지식 주체 혹은 근대적 지식체계에서 보면 민속이라는 타자가 재현되는 과정들을 반영한다. 첫째 조선 후기 이옥[33]이나 홍석모[34] 등과 같은 주변부 지식인들에게 소중화적 세계 속에서 주체적인 문화적 표상들로 구성되는 과정이 있다. 이는 당대의 조건과 특징을 생각할 때 다소 제한적인 의미에서 민족적인 생활문화로 재현된 것인데, 민중적인 습속의 실체는 감추어진 국면적 지식 재현의 과정이라 하겠다. 둘째 일제강점기 식민통치를 위한 제국적 이데올로기와 문화 민족주의적 이데올로기의 긴장 속에서 이중의 궤적을 그려왔던 국면적 지식 재현의 과정이 있다. 이는 식민지 근대화의 측면에서 민속이 서구 제국 혹은 지식체계의 타자로 구성되는 과정이었다. 셋째 해방 이후 국가 민족주의의 호출과 민족·민중주의적 재현의 대항적 국면을 거쳐 지구 자본주의 체제의 혼종적인 대중문화의 공간 속에서 하위문화적 위상을 지니게 되는 국면 등으로 민속이 재현되어온 과정이 있다. 민속/지식은 연대기적으로는 연속되는 것 같으나 그 성격 상 단절적인 국면들을 가로지르면서 혹은 그 국면들 속에서 굴절되면서 유동해온 것이라 하겠다. 따라서 민속/지식은 단일한 성격을 지닌 분명한 실체로 사유되기보다는 다중적 성격을 지닌 유동하는 사건적 존재로서 사유될 필요가 있다.

이 민속/지식의 재현 과정을 시간, 공간 그리고 위상을 기준으로 한 계열들로 정리하면 다음과 같다. 첫째 시간의 세 계기(혹은 층위) 속에서 과거·현재·미래 세계를 표상했으며 둘째 공간적으로 외부(국제)와 내부(국내) 그리고 그 경계에서 작동했던 지적 체계였다. 셋째 위상적으로는 상중하의 여러 관계적 요소들(정치·경제·사회·문화의 위계들) 속에서 작동해왔다. 따라서 민속/지식의 재구조화는 시간의 계기들과 공간적 위치들 그리고 위상적 관계들을 횡단함과 동시에 통합하는 민속/지식의 원리와 특징을 기반으로 수행되어야 할 것이다. 구체적으로 그것은 첫째 전근대와 근대 그리고 탈근대적 지식으로 변화되어 오면서 각각 민중성과 민족성 그리고 생태성과 같은 대안적 의미와 가치들을 창출해왔다. 둘째 세계화의 경향들 속에서 중심으로부터 거리를 둔 비교적 자율적인 소규모 공동체들의 다양한 생활세계의 지식, 세계체제의 변방에 편입되는 과정에서 타자화된 지식이나 제국의 지식체계에 도전하는 민족적 지식, 지구화의 새로운 전개 속에서 지역적 지식이나 지구화의 위기에 대응하는 대항 지식 등으로 형성되어왔다. 셋째 상층부의 지식에 영향을 받으면서 중하층의 삶과 욕망을 반영한 지식의 흐름을 만들어왔다. 요컨대 민속/지식은 근현대 지식과 구별되는 본래적 지식, 원초적인 의미에서 민족의 정체성을 표상하는 역사적·민족적·민중적 지식, 제국 통치의 기억을 담은 식민지 원주민의 토착적 지식, 중심의 선진적 지식과 차별화되는 지방적 지식, 과학기술 문명을 전복하는 생태적 지식, 이윤 창출을 목적으로 하는 교환적 지식과는 다른 호혜적이며 지속 가능한 무상 공유의 지식 등으로 존재해왔다. 이러한 민속/지식 재현의 복수적인 계열들을 관통하는 핵심 특징은 그것이 때때로 이데올로기 장치와 연루되면서도 언제나 통치의 언어로 번역될 수 없는 소수자의 목소리를 체현해온 지식이었다는 점이다.

현재 우리 삶과 사회는 특이점이라고도 불리는 중대한 전환점에 서 있다.[35] 이 전환점에서 민속/지식 또한 새롭게 배치·구성될 필요가 있는데, 무엇보다도 그 정의로부터 현실 세계와의 새로운 결속을 요청받고 있다고 생각하기 때문이다. 이를테면 민속/지식에 대한 재구조화의 요구는 과학기술과 정보통신 기술의 첨단화 혹은 가속화, 그로 인해 야기되는 사회 붕괴의 위기, 가속화하는 정보자본의 흐름이 만들어내는 시장·국가의 약탈적 구조재편, 그로 인한 국민 삶의 총제적 위기 속에서 제기되고 있다. 다시 말해 우리 삶과 사회의 근본적인 문제를 성찰할 수 있는 지식으로 배치·구성될 것을 요구받고 있다. 특히 지구화의 과정에서 국지적 문화현상이 혹은 부족적 네트워크 사회가 귀환하고 있으며 지구적 금융 자본주의 모순의 심화와 생태 위기가 대안적 생태공동체의 가치실현에 따른 미래 삶의 지속 가능성을 매우 긴급한 일로 인식할 것을 요청하고 있다.

한국 사회 또한 체계의 근본적인 재편 속에서 민속연구의 문제설정과 관련하여 매우 유의미한 흐름을 나타내고 있다. 첫째 계층적 갈등의 심화에 따른 상생과 조화의 사회적 인식/요구가 증대하고 있다. 둘째 상생과 조화의 모델로 공동체에 대한 관심이 증가하고 있다. 셋째 '도시 속 농부'로 상징되는 도시 경관의 생태화와 도농 교류가 증가하고 있다. 넷째 도시화 이후 '자연인' 지향의 탈도시화 경향이 나타나고 있다. 다섯째 귀농과 귀향에 대한 정책적 지원이 증가하고 있는 조건 속에서 사회구성원들의 감정구조와 문화적 감수성/취향이 변화하고 있다. 마찬가지로 지식체계 또한 재구조화의 분기점에 직면해 있다. 탈경계적인 지식 창출과 수요가 증대하면서 분과학문에 대한 재구조화가 진행되고 있고 근대지식/과학기술의 해결 능력 감소에 따른 탈근대 혹은 비근대 지식의 중요성과 문제 해결 능력에 대한 기대감이 점증하고 있다. 다시 말해 기능과 효율 중심의 도구적 지식에서 존재와 소통 및 관계 중심의 공동체 지식이 부상하고 있으며 인간 중심적 지배 패러다임을 극복하는 생태 중심의 공생 패러다임이 요청되고 있다.

주목되는 것은 새로운 패러다임을 견인하는 인식 혹은 관점의 전환이다. 어떤 사건의 지형을 파악하고 거기에서 새로운 실천과 대안을 모색한다고 할 때 중요한 점은 깨알 같은 현상의 산더미 같은 집적에 대한 강박이 아니라 현상이나 사건이 지니는 특이성을 미래의 통찰 속에서 파악하는 것이다. 미래의 통찰에서 핵심적인 것이 있다면 그것은 예시와 선취이다. 예시는 현재에서 미래의 맹아를 읽어내어 미래 그 자체를 그대로 현재 안으로 소환하는 행위이다. 선취는 현재 안으로 소환한 미래를 누구보다 앞서 자신의 것으로 삼는 행위를 뜻한다. 이를테면 제국(자본 아래로 사회 전체가 실질적으로 포섭당하는 글로벌 체제)이라는 미래 세계의 양상을 보여주는 다양한 징후를 현재 세계 안에서 진단하고 현재 자체를 이미 제국의 시대인 것처럼 그려 내는 것이 예시라면 그렇게 예시된 미래인 제국에 대항하기 위해 도래해야 할 대항 주체로서 다중을 현재 살아가는 우리의 이름으로 그려 내는 것이 선취이다. 이는 현재 안에서 미래 경향을 이끌어내는 것이고 그 경향에 대응하여 도래해야 할 대항 주체[36]를 구성하는 것으로 이해할 수 있다.

연대를 가로막는 불안정성의 구조는 정보-기계의 가속화가 일어나는 정보-자본의 공간과 그러한 공간에 대응하는 민속적 시간의 모순 관계에 의해 조건 지어져 있다. 정보-자본의 공간은 수많은 인간과 언표행위의 기계적 근원이 연결되어 있는 영역이자 인간의 정신과 기계가 연결되는 무한히 확장 중인 영역이다. 이 과정의 반대편에는 민속적 시간이 있다. 민속적 시간 즉 우리가 "주의를 기울이고 기억하고 상상하는 시간"[37]은 이 과정의 유기체적 측면이며 그래서 유기체적 요소에 의해 팽창을 제약 당한다. 왜냐하면 그 시간은 의식적 유기체들이 정보-자본의 공간으로부터 들어오는 정보를 정교화하는 데 투여하는 경험의 강도와 관련 있기 때문이다. 한계를 넘어서 경험이 가속화되면 자극에 대한 의식은 감소된다. 또한 감수성의 영역인 심미적 영역, 무엇보다 중요하게 윤리의 영역과 관련된 경험의 강도를 잃게 된다. 이렇게 되면 타인에 대한 경험은 진부한 것이 되고 타인은 무한하고 광적인 자극의 일부가 되어 그만의 특이성과 강도를, 그만의 아름다움을 잃게 된다. 그렇다면 더 이상 주의나 관심을 기울일 시간을 가지지 못하게 될 때 우리에게는 어떤 일이 발생할까? 우선 사물을 제대로 인식하지 못하게 될 것이다. 더 이상 합리적인 방식으로 결정을 내리지 못하게 되는 것이다. 바로 이런 상황이 정신의학자들이 공황이라고 진단하는 병리적 상태를 낳는 것이다. 사회는 공황, 정신병리의 확산, 둔감화, 탈정서화의 상태에 빠질 위험에 처해 있다. 따라서 우리의 정신에는 정교화할 시간의 느림, 정보를 정서적으로 특이화할 시간이 필요하다. 느린 감응성과 노동으로부터의 자유의 역동성을 재활성화함으로써만, 집합적 유기체는 감수성·합리성을 회복하고 평화롭게 서로 감응하며 연대할 수 있는 능력을 다시 얻을 수 있을 것이다.

민속/지식의 특이성은 그 감수성에 있다. 감수성은 언어로 말해질 수 없는 것을 소통하는 인간 존재의 능력[38]으로 정의된다. 따라서 그것은 단독적 실존으로서 타자에게 열려 있는 공감과 연대의 능력이다. 민속/지식이 집합적으로 체현하고 있는 감수성에는 그러한 공감과 연대의 능력이 잠재해 있다. 그것은 타자와 결속하여 이루는 목적 없는 끌림에서 생성되는 것으로 기존의 것에 고착되는 것이 아니라 새로운 의미를 창조하는 과정 즉 '타자-되기'를 통하여 확장해가는 생성의 과정이다. 뿐만 아니라 그러한 특이성을 창조하는 것이기도 하며 그 과정에서 결속에 의한 특이성의 배치를 이루는 일과도 관련된다. 이러한 맥락에서 민속/지식은 특수한 계급(지배계급)의 시선에 포착되어 배제/선별된 초상들과 결별(비판 혹은 극복을 통한 존재의 복권과 인식론적 전환)할 때 그 특이성을 발현할 수 있을 것이다.

4. 가치실천 양식의 전환과 함께 살기의 가능성

자본주의 체제에서 가치실천은 자본의 증식을 척도로 이루어지고 그 양식은 생산과정에서 산출된 잉여가치를 착취하는 것으로 짜인다. 그런 점에서 그 가치가 경제적인 것으로 환원되는 것이 일반적이다. 그런데 이러한 가치의 증식을 경제적인 차원만으로 환원하는 것은 자본주의 체제의 역사적 과정을 지나치게 단순화하는 것이라는 비판이 있다. 즉 가치가 경제적으로 환원된다고 보는 시각은 권력과 자본, 자연의 통일체로서 자본주의라는 역사적 체제를 보지 못하게 한다는 것이다. 제이슨 W. 무어에 의하면 역사적 자본주의의 가치실천 양식은 상품화 과정의 통제와 착취, 재생산 과정의 통제와 전유로 특징지어진다. 그에 따르면 16세기에 그러한 상품화와 전유의 혁명적 배치를 가능케 하는 일단의 과정이 나타났다. 그 시기 새로운 '실재의 척도'가 부상했다. 즉 회계, 시간의 계측, 공간 지도의 제작, 자연의 외부화에 동원된 척도는 핵심 상품 부문들의 새로운 기계화보다 자본주의 체제의 역사적 이행과정에서 핵심적인 요인이 되었다. 오히려 자본주의는 가끔은 상품화에서 비롯되었고 가끔은 제국 및 국가 기구에서 비롯되었으며 가끔은 지식생산의 새로운 양식

(추상적인 사회적 자연)에서 비롯되었다고 보는 것이 실제에 부합한다.[39]

　자본주의 체제의 가치실천 양식은 생명 활동을 개조하는 과정을 드러내는데, 자본 축적을 촉진하기 위해 자연을 표준화하고 기하학적으로 코드화하며 자연의 지도를 제작하는 것을 목표로 삼은 다양한 과정을 연행한다. 이런 시각에 따르면 '여성과 자연, 식민지'의 무상 일은 약탈당할 뿐만 아니라 상징적 실천과 정치권력, 자본 축적을 통해서 적극적으로 창출된다. 이런 적극적 창출 과정은 역사적 자연/추상적인 사회적 자연/추상적인 사회적 노동의 결합으로 표시된다. 이 과정은 노동생산성을 포괄적인 부의 척도로 코드화하여 전근대 문명에서 오랫동안 지속한 토지 생산성의 우위를 뒤집었고, 나머지 자연을 노동생산성에 이바지하도록 동원한다. 가치를 경제적인 것으로 환원하여 구상하는 것은 자본의 회로 바깥에서 이루어진 무상 일/에너지의 장기 동원을 설명하지 못한다. 국가와 과학 역시 자본 축적과 독립적인 외부 요소로 작용하지 않는다. 국가와 과학, 자본은 단일한 과정을 구성하는데, 그 과정은 이중 명령 즉 자연을 단순화하라는 명령과 전유 영역을 착취 구역보다 더 빨리 확대하라는 명령으로 실현된다. 요컨대 미자본화된 자연에 대한 자본주의의 왕성한 탐욕이 없었다면 자본의 노동생산성 혁명은 상상할 수 없는 일이 될 것이다.[40]

　생산성의 향상과 지속적인 성장은 자본주의 가치실천 양식의 파괴적 본성이 발현되어 이루는 결과로 파악될 수 있다. 그러한 가치의 실천과 추구는 무상/일 에너지를 인간 자연(여성, 제3세계, 소수인종 등)과 비인간 자연으로부터 수취·전유하는 일의 반복적 연행일 수 있다. 그 연행은 결국 인류세와 지방소멸을 낳고 있는 지구적 규모의 위기와 지역적 규모의 붕괴에 대해 우려하는 목소리를 내고 그 행동을 연출하더라도 문제의 핵심에 다다르지 못한다. 그렇다면 인류세의 지구적 위기를 야기하는 그 기저의 가치실천 양식의 전환이 필요하다. 자연과 인간사회를 분리하지 않고 그것을 생명의 과정 속에서 하나의 다발로 엮어 작동하게 하며, 그 실천들 속에서 함께 엮이고 역동하며 살아가는 생명의 가치실천 양식을 가늠해보는 일이 필요할 것이다. 한 지역의 사례를 통해 예시적으로 그 가치실천의 대안적 양식을 검토할 수 있다. 그렇다고 그 지역 사례에 담긴 것이 모든 것에 대응하는 대안을 생성하고 문제를 해소한다고 주장하지는 않는다. 그 예시 속에 잠재된 어떤 것 속에 함축된 새로운 가치실천 양식의 의의를 생각해보려고 하는 것이다.

충남 홍동지역은 인구가 감소하고 시장경제의 연결망이 훼손되어 있어서 기본적인 사회적 서비스가 제공되지 않는 '자본의 황무지'의 전형에 해당한다. 인구 감소의 추세를 귀농·귀촌의 새로운 인구층이 잠시 유예하고 있으며 시장경제의 훼손된 연결망을 협동의 문화적 경제 방식이 수선해가고 있다. 근대화 과정 속에서 끊임없이 유출되는 생명의 역동을 붙잡기 위해 혹은 협동 교육과 생태적 가치를 추구하는 삶의 바탕을 이루기 위해 1958년에 '풀무농업고등기술학교'를 설립하고 지역의 공동체문화 실천을 일구어왔다. 이 학교가 기반이 되어 산업화·공업화에 맞서서 지역 자립 경제를 추구했고 지역의 동량棟樑들을 자립적 농민으로 길러냈다. 또한 학교와 지역사회가 협동과 연대의 관계 속에서 공생하기 위한 실천들이 다양하게 추진되었다. 이 과정에서 지역사회와 다층적으로 매개된 공동체들이 생성·확장되어왔다. 이를테면 신용협동조합·생활협동조합·생산자회 등이 이 학교에서 이루어진 작은 실천에 그 뿌리를 두고 있다.

풀무학교는 생태교육을 중시하여 유기농업을 실천할 수 있는 농민을 양성해왔다. 1976년 정농회를 발족하여 최초의 유기농업 단체를 결성하였고 1990년 홍동면 문당마을에 오리농법에 의한 친환경농업을 도입, 생태마을을 조성하여 지역 발전을 견인해온 사례들이 있다. 이외에도 지역주민에 의한 언론과 출판, 지역주민을 위한 육아와 문화생활 등과 같은 실천 속에서 지역의 공동체문화를 만들고 확산시켰다. 이 같은 사례들은 풀무학교의 이념 및 그 실험들과 연계되어 있으며 지역사회 안에서 주민들과 협동·연대·공생하는 이 지역 공동체문화의 특성을 보여준다. 주목되는 사례로 만성정신질환자들의 치유와 돌봄 그리고 사회적 복귀를 목표로 2014년에 시작된 '협동조합 행복한 농장'을 들 수 있다. 이 행복농장은 치유농업프로그램에 참여하는 지역농장주를 비롯하여 농민을 대상으로 정신질환에 대한 교육과 월례세미나 및 포럼도 진행하면서 농장·전문집단·마을단체·마을 사람 간 네트워크를 형성하고자 하였다. 요컨대 행복농장은 농장이면서 만성정신질환자들을 위한 사회적 복귀 프로그램을 진행하는 대안 공동체이다.

또 하나의 사례로 2004년에 '풀무농업고등기술학교 환경농업전공부'에서 '결성농요結城農謠'(충청남도 무형문화재 제20호)를 농사일에 도입한 것을 들 수 있다. 학생들에게 결성농요를 가르치게 했고 경지 정리가 되지 않은 조건 불리 지역인 갓골 논에서 손으로 모를 심고 김을 매면서 농요를 부르게 했다. 일정 기간 동안 농요를 부르며 모를 심는 일이 전공부 농사에서 중요한 행사가 되었고 갓골 논 자체가 지역의 어린이들과 학생들에게 두레를 체험할 수 있는 학습 장소로 자리 잡았다.[41] 노동조직으로서 두레에서 파생된 민속 즉 소농 중심의 마을문화가 재생될 수 있는 환경을 조성하고 일정 기간 동안 그 재생의 가능성을 구현한 이 기획은 농촌에서 작은 규모의 땅을 일구며 소박하게 살며 '소농의 눈'으로 세상을 보고 이웃들과 함께 '공생공락'하고자 한 가치실천의 한 양식적 실험이다. 비록 한 지역에서 실천된 작은 예시적 사례에 불과할지라도 이 지역 가치실천 양식의 실험들은 소농적 삶의 국지적 실천을 통해 국면적으로 변혁적 대안 가능성을 탐색하는 것으로 가치실천 양식의 전환 가능성을 예시하고 있다. 특히 소농의 눈, 각성된 소농의 눈은 단수적 존재의 유한성을 자각하고 노동자라는 근대적 계급 주체 혹은 계급 연대의 한계 위에서 타자들과 함께 있는, 도래할 사건으로서 '공동-내-존재'를 예시하고 있다.

주목되는 것은 "나무는 나무 아닌 걸로 이루어져 있다"는 실천 주체의 관점이다. 이는 주체와 대상, 실체와 인식, 자연과 사회의 분리에 대한 명확한 거부이다. 나무·태양·산소 등이 우주라는 공동체와 공명하고 있고 그 속에서 함께 살고 있음이 예시되고 있다. 이 농적 삶의 공동성에는 인간과 비인간이 각자의 유한성을 넘어 외존[42]되어 함께 엮이는 차원이 접혀 있다. 편위clinamen로 인해 기울어져 교차하는 존재들의 생성을 상정하는 이 농적 삶의 공동성은 지배적 가치실천 양식에 대한 전환 가능성을 함축한다. 그것은 인류세 혹은 지방소멸이라는 모순적 사태 속에서 현시될 수 있는 하나의 가능태이다. 단지 과거의 유물 혹은 현재의 잔존물이 아니라 새로운 함께 살기의 대안적 가치실천 양식으로서 생성적 가능성을 음미할 수 있을 것이다. 요컨대 소농의 가치실천 양식의 변혁적 대안 가능성은 성장이 아닌 재생과 복원의 차원에 놓여 있는 것이며 함께 문제를 껴안고 살아가는 구체적·상황적 장소인 레퓨지아로 상상될 수 있다.

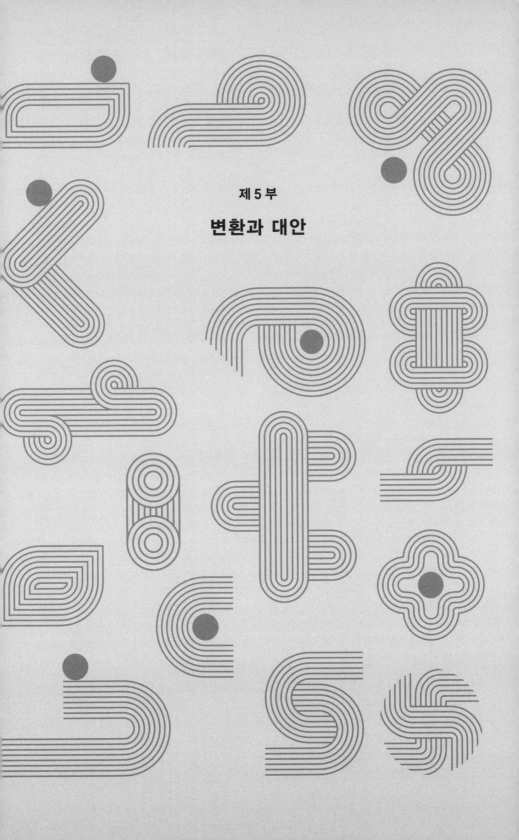

제 5 부

변환과 대안

제 1 장

하
이
브
리
드

민속학 연구 대다수는 마을민속의 현상적 보고에 머물러 있다고 해도 과언이 아니다. 대개 구비문학이나 무속·민속놀이·일생의례·세시풍속 등 일제강점기 식민적 근대화로부터 현재까지 사회문화적 변동 속에서 민속의 지속과 변화를 현상적으로 기록해왔다. 물론 한국 자본주의 형성과 전개 속에서 제기된 구조적 모순에 대한 80년대의 시평이나 민족 혹은 민중문화론에 양분을 제공했던 성과가 없는 것은 아니다. 그러나 90년대 이후 전개된 현대 한국 사회의 구조적 문제에 대해서는 많은 부분 간과해왔다. 그러한 까닭에 현대 한국 사회에서 전개되고 있는 민속적인 것들의 혼종적 배치에 관한 연구는 거의 없다. 다만 도시민속 연구가 현대 도시 공간에 잔존하는 민속현상에 주목해온 정도가 있을 뿐이다. 도시민속 연구의 경우에도 외국의 도시민속학의 경향을 소개하고 그 개념과 방법의 문제를 다루는 한편, 도시민의 생활 민속이나 상업화된 풍속을 조사하여 그 의미를 규명하는 데 집중되었다. 따라서 현재의 문화장 내에 존속하는 민속현상을 중시하고 그것이 놓인 구조의 역동적 변화상을 양태 그대로 읽어내면서 현대 한국 사회에서 민속의 성격과 위상을 논의하기 위한 기획이 필요하다. 기존 연구에서 지배적인 관점은 민속이 놓인 조건을 후경화하고 전통적인 요소를 전경화하는 것이었다. 민속적인 것의 변환과 생성 코드로서 주목하는 하이브리드는 후경화된 조건이나 구조의 의미와 가치를 복원하고 그 속에서 민속적인 것들의 존재 상태를 읽어내기 위해 전략적으로 선택된 분석 개념이다. 여기에서 중요한 점은 현재 민속현상이 근대성의 자장으로부터 벗어나 있는 예외적인 것이 될 수 없다는 것이다. 요컨대 현재의 지배적인 민속현상은 근대적 세계체제의 지구화 과정 속에서 혼종적 사태로 드러나고 있다. 문화산업의 확장 속에서 지배문화화한 대중문화의 하위 영역으로 포섭되어 주변화한 문화장 내에 구조화되어 있다.

한국 사회의 압축적 근대화에 기인한, 전통·포스트/모더니티의 계기들이 동시적으로 존재하는 혼종적 근대성의 구조 속에서 민속의 사회적·문화적 형식이 주조되고 있다. 특히 이전에는 별개의 형태로 존재하던 상이한 구조 및 실천들이 결합하여 새로운 구조·대상·실천들을 생성하는 사회문화적 과정이 급속히 전개되고 있고 그에 따라 민속 역시 형식적으로든 내용적으로든 복잡한 궤적을 그리며 변화해가고 있다. 이러한 점에 주목하여 민속의 현재적 성격을 혼종성과 감정구조를 중심으로 논의하고 그 잠재적 지평과 관련하여 구시대·잔여·지배·부상하는 것의 형태로 생성·소멸하는 문화의 역동적인 과정을 검토할 것이다. 특히 그 구체적인 사례 중 하나로 농악(또는 여성농악)에 비중을 두면서 민속 혹은 민속적인 것의 혼종적 구성과 배치에 대해 살펴볼 것이다.

한편 근대 이전 시기에 지知의 전통이 없지는 않았다. 혹자[1]는 덕성과 결합된 앎의 전통을 조선시대 지식 형식의 특징이라고도 하고 세계에 대한 객관적 지식과 마음의 수양을 통해 획득되는 지식이 본질적으로 동일하다고도 한다. 그에 따라 지식의 지배적 유형을 인격적 지식으로 규정하면서 조선 후기 그에 대한 반동으로 미학적 지식이나 경험적 지식[2]의 전통이 확립되었다고 강조하기도 한다. 그러나 여기에서 지식이라는 말은 특정한 계급에 의해 전유된, 특수한 지식으로 민중의 앎의 세계가 거세되거나 그에 무관심할 수밖에 없었던 세계의 특수한 언어에 불과했다.

근대의 산물로서 지식의 언어는 유적 존재로서 인간이 그 대상으로서 세계를 이해하고 분석해온 과정에서 이룬 결과라는 점에 그 역사적 인식의 대강을 엿볼 수 있다. 물론 그 대강은 근대적 역사 인식 또는 세계 인식을 함축하고 있다. 즉 앎의 보편적 주체로서 의식과 대상을 객체화해 분석·예측하는 근대적 이성에 대한 강조가 담겨 있다. 그에 비하면 지식의 언어를 채우고 있는 경험과 성찰, 실험과 추론, 도덕과 윤리 등과 같은 개념들은 오히려 부차적이다. 왜냐하면 이와 같은 지식에 대한 개념적 이미지들은 근대 세계를 기점으로 생산되었기 때문이다. 다시 말해 인류 역사에서 지식의 연속성이 운위된다고 할지라도 오늘날 우리가 지식에 부여하는 이미지 또는 힘의 작용과 그에 대한 강조는 근대 세계의 출현과 함께 의미를 가졌다고 생각하기 때문이다. 지식을 개념 짓고 그 유형을 나누는 작업 또한 마찬가지이다. 즉 광의의 지식은 인간의 사유 활동 전체와 관련되고 그 무의식적 부분 및 사유 활동의 결과물까지 연결된다. 협의의 지식은 인간의 경험 세계와 관련되고 학문적 검토와 토론이 가능한 영역으로 상정된다. 그에 따라 지식의 의미는 "인류가 인간과 자연(우주), 나아가 사회생활 및 그 파생물(제도 및 물질적 가공물)에 대해 알아내고 얻게 된 사실에 대한 이해 또는 통찰이 조직화된 것으로 인류에게 유용한 것"[3]으로 규정된다. 이 정의에는 인식과 실천의 양면성 그리고 그 긴장 관계가 내포되어 있다. 또한 주체가 인류라는 점에서 그 보편성이 강조되어 있다.

지식의 유형[4]은 특정한 기준에 의해 나누어지지만, 어느 정도 일반성의 차원에서 그 기준이 상정돼 논의된다. 즉 조직화·추상화의 수준에서 지식의 유형은 민속적·체험적 지식과 이론적·학문적 지식으로 나누어지기도 하고, 기능 또는 유용성의 기준에서는 공리적·실용적 지식과 교양적·도덕적 지식으로 분류되기도 한다. 민속적 지식은 인간의 생활 과정에서 자연스럽게 터득되고 실생활에 적용하면서 공유되는 특징을 띠는 것으로 정의되고 일반인의 생활 과정에서 다발적으로 획득이 가능하며 쉽게 전파되어 많은 사람들이 공유하는 것으로 규정된다. 이 같은 성격의 민속적 지식은 조직화되거나 그것에 대한 인간의 설명 욕구를 통해 이론적인 체계화에 이를 수 있는 것으로 상정된다. 이론적 지식은 소수 개인의 창의적 활동의 소산으로 정의되며 제한된 사람에게만 공유되는 경향을 가진다. 여기에는 지배 도구로써 계급적 함의가 있다. 지배 도구로써 지식은 권력의 행사 방식에서 그 사회구조를 반영하는 것으로 인식된다. 공리적 지식과 교양적 지식은 특정 시대, 특정 사회가 어떤 기능에 보다 높은 가치를 두고 있는가와 관련된 지식 유형으로 지식의 생산·분배·소비에 영향을 줄 뿐만 아니라 그 사회의 성격을 알 수 있게 해준다.

지식은 그 획득과 가치 부여를 둘러싸고 벌어지는 투쟁의 대상이 되기도 한다. 민속적 지식과 이론적 지식으로 나누는 분류체계에는 지식에 대한 위계가 작동하고 있고 공리적 지식과 교양적 지식의 분류에는 상호 경쟁하는 힘의 논리와 그에 따른 가변성이 함의되어 있다. 민속적 지식은 이와 같은 지식의 위계적 체계에서 종속성과 주변성을 지니고 있는 지식 유형으로 위치하면서 다른 지식의 유형과 상호 경쟁하며 그 가치를 생산하고 있는 것으로 이해된다. 그러나 민속이 지니는 함의에 따라 그 지식의 속성과 거기에 부여하는 가치는 달라질 수 있다. 민속이 지식으로서 재현되는 배경에는 지식 패러다임의 변동이 자리 잡고 있다. 물론 민중이 생활 속에서 체득·축적해온 지식으로 민속이 정의되기 때문에 그 개념에는 이미 지식이라는 뜻이 함축되어 있다. 그것은 역사성과 계급성을 매개하는 특수한 지식으로 규정되어왔다. 그럼에도 불구하고 민속이 지식으로 기술·인식되는 근저에는 단순한 동어반복이나 강조점을 넘어서는 이해 방식이 새겨져 있다.

민속이 지니는 함의는 그 개념 자체로는 파악될 수 없는 것으로 고려될 수 있다. 무엇이 민속인지에 대한 이해 방식은 항상 그것과 이웃하거나 경쟁·대립하는 다른 개념을 통해 성립·작동할 수 있다. 그런데 개념 체계 그 자체로는 그 의미에 접근할 수 없다. 왜냐하면 개념이 지시하는 대상적 지평 또는 실체의 지평(근원적으로 실체에 대한 이해가 불가능할지라도, 개념과 실체의 간극이 내포하고 있는 역사적 선험으로서 인식 조건)을 통해 파악되는 그 체계에 균열이 발생할 때 개념 체계는 설명력을 잃을 수밖에 없다. 따라서 그 체계는 새로운 개념을 생산함으로써 그 지평에 일정하게 조응하는 탄력성을 발휘하게 된다. 역사적 선험으로서 인식 조건은 개념이 지시하는 대상적 지평의 이해에 필수 불가결하다. 실제로 지식 개념으로 민속이 생산·전달·수용되어 자리 잡게 되는 과정에는 패러다임의 변동과 그 동인이 된 현실 세계의 급격한 변화가 선행하고 있다. 바꿔 말하면 근대 세계체제의 형성 과정 속에서 그 이전 세계의 민중적 지식 전통을 표상하는 개념으로 민속이 그 의미를 획득하게 되었다고 할 수 있다. 또한 근대 세계체제의 역사적 전개 속에서 지역적 특수성으로 말미암아 다양한 의미가 결부된 계열체로 변주되어왔다고 할지라도 그것은 일정한 국면 속에서 새롭게 형성된 체제에 구속되어 자기 역사를 전개해온 것으로 이해된다.

민속 개념에 지식 개념이 추가되어 민속 또는 민속지식으로 혼용되는 것도 이러한 인식 조건의 역사적·실천적 재구성과 연관되어 있다. 즉 체제의 변동에 따라 출현하는 새로운 경향을 해석하고 그에 조응하는 담론의 영역을 구획하기 위한 개념적 배치로 민속지식이 효과를 발휘하고 있는 것이다. 민속지식의 근대적 재현 문제는 위와 같이 정리된 지식의 의미와 민속지식의 함의에 기초하여 논의할 수 있다. 그것은 민속연구에서 지식생산의 층위와 변환의 문제로 바꿔 말할 수 있다. 민속연구는 민속현상을 둘러싸고 전개되는 관련 사람들 사이에서 이루어지는 의미와 상징의 교환 또는 생성과 소멸 그리고 변환이 이루어지는 하나의 지식장으로 이해할 수 있다. 그런 점에서 그것은 혼종적 구성물로 파악될 수 있다.

민속연구에서 지식생산의 층위와 변환에 대해 검토하는 이 작업은 선행한 연구 결과에 대한 이해나 평가와 같은 담론 비평을 수행한다는 것과는 차원이 다르다. 민속연구를 하나의 장적 배치가 이루어지는 의미의 공간으로 이해하고 그 개념의 외연과 내포가 어떤 방식으로 생산되었는지 또는 생산되는지를 생각해보고 또 어떻게 생산될 수 있는지를 가늠해보는 일이 될 것이다. 이는 지식생산의 층위와 성격을 논의하는 것과 관련된다. 지식의 생산 가능성과 관련해서는 연구 지평의 확장과 변환 가능성에 대한 논의로 이어질 것이다. 장적 배치는 장의 형성과 변화를 담지하는 계기적·국면적 성격을 지니고 있는 것으로 이해하고 접근할 것이다. 그 이해 속에서 민속 또는 민속지식 개념이 역사적으로 또는 이데올로기적으로 효과를 발휘하는 양상을 다룰 것이다. 이는 지식생산의 탈/식민성 또는 혼종성으로 바꿔 말할 수 있으며 민속지식 개념이 생성된 맥락으로 체제의 재구성과 관련될 수 있다. 특히 민속이 제국의 통치기술과 연관된 지식으로 개념화되는 양상 속에서 그 지식생산의 혼종적 구성에 대해 생각해볼 수 있을 것이다.

1. 민속사회와 문화의 혼종적 성격

현재의 순간을 경유한다고 이해되는 민속은 "이질적인 생산양식들의 공존과 혼합에서 비롯하는 다양한 가치와 계기들이 단일한 지배가치 중심으로 동질화되지 않고 중층적으로 혼종화"되어 있는 문화라고 말할 수 있다. 그것은 사회구조의 변화와 함께 현재에도 사회적으로 구성되고 있다고 말할 수 있는데, 지구적 차원에서, 지역적 차원에서, 국민국가 혹은 지방적 차원에서 진행되고 있는 사회적 변화 과정 속을 지나가고 있다. 그렇기 때문에 그것은 현실적 사회구조의 변화와 연결되어 사유되어야 한다. 그렇지 못하다면 지구화된 문화혼종의 사태 속에서 문화적 차이와 특수성만 강조하는 특수주의의 위험을 피할 수 없다. 실제로 "압축적 근대화의 과정 속에서 과거의 가치들은 점진적으로 동화되기보다는 급격히 소멸되거나, 현재화의 과정을 통과하지 못한 채 기억이나 무의식 속에 잔존"해왔으며 "다양한 가치와 계기들이 시간적·동질적 연속성으로 통합되지 못한 채 비동시적이고 비동질적으로 혼재"[5]해 있다. 바바의 혼종성에 대한 긍정적인 언표를 생각할 때, 이러한 혼종적인 문화 상황은 "현재와 과거, 과거의 서로 다른 시기, 현재의 서로 다른 사회·이념적 집단들, 기타 여러 유파나 학파, 소그룹 사이의 사회·이념적 모순의 구체적 공존"[6]을 함축하고 있으며, 새로운 현실 속에서 변형되고 적응되는 재전환의 과정을 표현하고 있다. 민속적인 것들과 근대적인 것들이 복합적으로 절합되는 혼종성, 이 혼종성은 개방적인 가치들과 가능성들이 존재하는 틈새이고, 이 틈새에서 누가 어떤 방식으로 무엇을 기획하고 실행해나가는가에 따라 대안적인 전망을 생성할 수도 있다.

　　스튜어트 홀은 "기호는 늘 새로운 악센트를 부여받게끔 되어 있으며 의미를 놓고 벌어지는 투쟁, 즉 언어 안에서 벌어지는 계급투쟁에 전적으로 뛰어든다"고 말했다. 문화의 현재 혹은 실행의 과정은 그 주체의 위치와 성향 그리고 입장에 따라 달라지는, 의미를 둘러싼 투쟁이라고 이해된다. 이러한 맥락에서 "생산자가 이미 구성한 기호는 잠재적으로 하나 이상의 함축적(내포적) 형태들로 변화"[7]한다고 말할 수 있다.

한편 민속사회는 고유한 역사를 간직하고 있는 것으로 이해되고 있다. 골골마다 펼쳐진 역사적 삶의 흔적이 지명 유래나 전설 등과 같은 민속지식의 형태로 전승되기도 하며, 유서 깊은 학식과 덕행을 저장하고 있는 다양한 문화유적들의 형태로 보존되기도 한다. 다른 한편으로 이러한 역사문화적인 기반 위를, 구조화된 근현대의 결들이 가로지르고 있다. 이를테면 중앙선 도로와 지방 도로와 같은 근현대 체제의 효율적이고 기능적인 구조적 연결망들이 각기 다른 역사와 문화를 간직하고 있는 마을들을 한데 묶고 있으며 이러한 국가적 연결망은 하나로 통합된 경험과 민족적 서사를 국민국가의 거시적인 차원에서 통합하기도 한다.

민속사회구성원들의 대부분은 자신들이 살아낸 과거의 삶을 '궁핍에서 풍요로'와 같은 경험적 서사로 풀어내기도 한다. 즉 "예전에는 소나무 껍질을 벗겨서 죽을 끓여 먹을 정도로 가난하였다. 그러나 1970년대부터 진행된 새마을운동으로 인해 엄청난 물질적·정신적 성과를 얻었다. 이전만 하더라도 보릿고개를 넘기 힘들었으나 통일벼가 보급이 되면서 마을의 식량문제는 점차 해결되었으며 밀가루·우유 등도 배고픔을 극복하는 데 도움이 되었다" 등과 같은 근대적 신화의 형태로 사회적 의식 속에 각인되어 있다. 각기 다른 고유성 위에 새겨진 이러한 통합의 서사는 어느 마을이든 공통적으로 내포하고 있는 민속사회와 역사 그리고 문화의 일반적 패턴이자 속성이기도 하다. 그러나 그것은 단일하게 흐르는 시간 속에서 보편적으로 확립된 것이라기보다는 현재를 살아가는 마을 사람들의 경험과 기억 속에 새겨져 현재의 시점에서 특수하게 재현되는 지식으로 사회구조를 가로지르는 장들의 역학 속에서 갈등하고 투쟁하고 있는 상징 형식으로 이해된다.

민속사회의 그 수많은 전통적 지식 혹은 민속적 지식들은 한국 사회의 근현대적 변화와 마주치면서 기억 속으로 저장되는 부분이 많아지고 있으며 이러한 추세는 가속되고 있다. "마을 제사의 전승이 1960년 즈음에 중단되었기 때문에" 마을 제사의 실상은 기억을 통해서 재구해야 할 지식으로 굳혀지고 있으며 그에 대한 지식 보유자의 수도 현저하게 감소되고 있는 추세에 있다. 대다수 마을들이 초/고령화 마을로 구조화되고 있기 때문이다. 그럼에도 불구하고 마을 사람들의 집합 기억 속에서 발산되는 지식에는 힘들고 가난했던 시절을 함께 겪으면서 극복하고 어려운 이웃에게 베풀고 나누었던 심성과 같은, 시대를 관통하는 한국 사람들의 역사문화적 감성이 진하게 배어 있다. 이러한 민속/지식의 속성은 우리가 물질적 풍요 속에서 잃어버린 가치들을 되살릴 수 있는 미래적이고 대안적인 특질을 지니고 있는 것이기도 하다.

1) 어촌사회의 혼종성

어촌의 시간[8]은 도시와 농촌의 고정된 육지의 시간 개념이 아니라 매우 유동적인 개념으로 간주된다. 특히 근대적 시간의 외부로 인식되며 현장적인 용어 즉 '물때'로 언표된다. 물때는 어민들의 독특한 어업력으로 조석 차이를 나타낸다. 한물부터 시작해 열세물, 조금, 목시 그리고 다시 한물로 반복되는 주기를 갖는다. 반복 주기는 보름이며 조금에서 물이 적게 들고 나며 사리에는 물이 많이 들고 많이 빠진다. 물때에 따라 어로 작업이 결정되기 때문에 물때는 생존의 문제를 둘러싸고 벌어진 자연과 사람의 투쟁과 갈등 그리고 협력했던 민속사회의 시간문화 체계로 표상된다. 그러나 물때는 갯벌어업이나 고기잡이 어업이 발달한 곳에서는 민감하지만, 양식어업이 발달한 곳에서는 물때 감이 약하다. 그럼에도 불구하고 이러한 물때의 고유성은 "양식어업이 활발하기 전에는"이라는 한정과 함께 체계와 다른 결을 가진 생활세계를 규정하는 근본적인 민속적 시간으로 구별되고 있다.

그러나 체계와 생활세계 혹은 구조와 행위를 가르는 시간의 구분선이 본질적인 것일까? 현재의 국면에서 어촌의 생업과 노동조건 및 그 구조를 민속적인 것들을 중심으로 고유하게 이해하는 것에 문제는 없을까?

한국 연근해에 잡히는 고등어의 95%(정치망·낚시 등 5%)가 부산공동어시장에 모인다. 고등어잡이 대형선망 어선들이 부산 남항으로 집결하는 까닭이다. 그 어선들은 일본 대마도와 대만, 중국 인근까지 조업을 나간다. 주요 어장은 제주도 주변 해역이다. 대형선망 어선들은 2013년 11만 8천 톤(1,970억 원어치)의 고등어를 잡았다. 공동어시장의 고등어 대부분이 중매인을 거쳐 서울 노량진시장으로 보내진다. 노량진에서 재경매를 통해 전국 각지로 유통된다.[9] 어떤 어종이든 현재 어촌의 생업 구조는 이와 같이 자본의 흐름을 따라 배치된 시간 구조에 포섭되어 있다. 그 심층에서 자연적인 바탕 시간이 근본적인 것으로 주장될 수 있다고 하더라도 어촌사회의 삶과 노동 그리고 사회의 작동 방식은 자본의 흐름을 중심으로 한 여러 시간의 계기들과 속성들을 포섭하여 이룬 근대적 시간체제의 자장 속에 놓여 있다.

주목되는 점은 지구적 노동 분업 체계 속에서 어촌의 생업 구조와 어로 방식 등이 작동하고 있다는 점이다. 뿐만 아니라 세계체제의 주변부 영역에서 반주변부 거점으로 위상이 변화한 한국 사회의 자본주의 경제의 구조적 변동 속에서 이른바 3D 업종을 담당하는 노동인구가 지구적 노동 분업 체계의 조정 속에서 투입되고 있다는 것이다. 그 구조 속으로 코리안 드림을 꿈꾸며 찾아오는 이주노동자의 수가 증가하고 있는데, 이러한 노동인구의 구조적 변화와 제도 혹은 문화의 조응 속에서 새로운 계급 즉 세계화된 프레카리아트(불안정노동자)가 출현하고 있으며 그러한 계급모순이 심화되고 있다. 이러한 문제들은 내부적으로 어촌에서 농촌

으로 혹은 농촌에서 어촌으로 연결되고 있는데, 자본과 시장을 중심으로 구조화된 지구적 시간에 포섭되어 있는 어촌의 현재 혹은 민속 현장의 현실을 보여주고 있다.

　어촌사회는 바다라는 특수한 환경에 적응하는 과정에서 형성된 정신적·사회경제적 특성이 체현되는 사회공동체로, 사회경제적 측면에서 어민사회의 특징은 자유성과 상품성에 있다고 말해진다. 본래 누구의 것도 아닌 고기는 잡는 자가 임자라는 자유의 논리가 어촌공동체의 다양한 관습 속에서 일관되게 발현되는 논리지만, 어촌사회의 경제활동은 어패류 위주의 자급자족 경제가 성립될 수 없다는 조건에서부터 필연적으로 교환과 상업화의 방향을 기축으로 전개되어왔다. 어촌사회는 바다와 육지로 분단되는 공간에서 전개되는 총유와 사유, 경합과 연대 등 해상의

삼천포어업시장(1964)

질서와 촌락을 중심으로 한 육상의 질서 사이에서 야기되는 모순이 복합적으로 구현되는 곳으로 인식되곤 한다. 그렇지만 변방의 해안가라 할지라도 대개의 경우 축항 작업이 이루어지면서 버스 길이 나 있기 마련이다. 이 길은 인근 지역과 연결로이자 어촌 주민들의 삶이 국가사회와 세계 경제라는 보다 큰 외부 세계에 연동하면서 변화한다는 점을 말해주는 지표이다. 뿐만 아니라 상당수가 자가 차량을 보유하고 있으며 자가 차량을 이용하여 대도시로 나가 해산물을 팔고 필요한 물건들을 구입하기도 하며 도시로 나간 아이들에게 식량과 생필품을 대어주는 생활을 한다. 더구나 대규모의 도로 항만 시설의 확충은 어느 정도 전통 혹은 민속적 삶이 구별되는 소농적 삶을 해체하고 구조적으로 국민국가의 시장경제를 넘어서는 세계시장의 연결망에 포섭되도록 만들고 있다. 이 과정에서 사회문화적으로 생활양식의 개별화 추세가 강화되어 공동체 의식은 약화되고 있으며 주민들의 다양한 이해관계와 요구에 따른 갈등과 조정의 양상이 복잡해지고 있다. 즉 시장체계 편입의 가속화 속에서 급속히 이익집단화하고 있다.[10]

2) 농촌사회의 혼종성

경북 안동시 남선면 외하리는 1970년대 초 마을 안길의 도로포장이 시작되었고 1988~89년 사이에 진입로를 깔았다. 버스는 1973년 도입되어 현재 21번 버스가 1시간에 한두 대씩 다니고 있다. 전기·라디오·텔레비전은 1970년대 초에 도입되었고 냉장고와 전화는 1980년대 중·후반에 보급되었다. 1977년부터 '농촌주택개량사업'이 진행되어 외하리 주거의 외양이 달라졌으며 '취락구조개선사업'으로 인하여 마을구조와 경관이 전면적으로 변화하였다. 1970년대 동력 경운기가 들어옴으로써 영농의 기계화가 시작되었고 그 뒤 1980년대에 이앙기를 도입하였다. 1981년에는 마을회관을 건립하였으며 1983년 원림에 보건진료소가 들어섰다. 인구는 대체로 1970~80년대부터 10년 단위로 급감하였는데, 2014년도 기준 행정상으로는 100세대, 240명, 실제로는 83가구, 166명이 거주하고 있다. 행정상 인구와 실제 거주민의 수가 다른 것은 농촌 거주민에게 주는 각종 혜택 즉 장학금 및 농촌 보조사업, 의료비 지원 때문이다. 주민들의 연령은 50세 이상이 절반 이상으로 한국 농촌 마을의 고령화 추세를 역시 반영하고 있다. 95개 가구 중 농가가 71가구로 약 70% 정도를 차지하며 이외에 가축사육 농가가 총 8가구로 한우 169두를 키우고 있다. 현재 벼·콩을 주 작물로 삼아 재배하고 있으며 부 작물로 마늘·생강·양파·고추 등의 환금작물을 재배하고 있다.

외하리는 다른 농촌과 마찬가지로 1950~60년대까지 소나무 피죽을 벗기고 속살을 뜯어내어 삶아 먹거나 '갈비' 즉 떨어진 소나무잎을 모아 솥에 찐 뒤 말려서 사용하는 화목을 모아 안동 시내에서 열리는 장에 내다 팔아 음식으로 교환해 먹고 살았다. 외하리는 강수량이 적어 천수답에 의존하여 농사를 지었다. 사토질의 땅은 물이 스며들기도 쉽지만 빠져 나가기도 쉬웠다. 마을의 중심을 물길이 가로지르고 있으나 좌우로 경사지게 펼쳐진 전답으로 물을 대기가 쉽지 않았다. 때문에 산에서 내려오는 작은 개울 옆에 구덩이를 파놓고 '파레'라는 물 푸는 도구로 물을 퍼담아 사용하기도 했고 마을 중심의 개천에서 물을 퍼다 밭으로 나르기도 했다. 이러한 환경들이 외하리의 농업 유지 혹은 발전을 저해했는데, 그러다가 1945년에 장수지, 1965년에 벽수지, 1977년에 도수로가 완공됨으로써 수원이 확보되었다.

세시풍속은 삶과 죽음, 여름과 겨울, 개화와 낙화, 풍요와 결핍이 짝을 이룬 이중 구조로 내재적 통합성을 특징으로 하는 시간문화이다. 제의적 시간, 생업적 시간, 놀이와 축제의 시간 등으로 자연과 마을, 인간의 관계를 총체적으로 합일시키는 시간문화의 형식으로 나타난다. 그런데 민속의 시간성은 자연에 밀착된 시간의 인지 체계와 그것을 생성했을 뿐만 아니라 그것을 지속시키는 물질적이고 사회적인 과정이 필수적이다. 그런데 사회·경제적 변화상에서 핵심적인 것은 그러한 물질적이고 사회적인 과정이 점진적으로(도시와 비교하여 볼 때) 해체되었다는 것이다. 다시 말해 민속사회의 물질적·사회적 과정에 의해 지지된 민속의 시간성은 근대적 시간체제와 충돌하거나 접속·중첩되면서 서서히 혹은 급속하게 변화해왔다. 이러한 현상은 1970년대에 이루어진 농촌 근대화 운동으로 가속화되었는데, 그 가치지향은 근대적 시간체제의 계산가능성에 기반한 생활 태도 혁신·환경개선·소득증대와 같은 개발 운동의 성격을 지닌 것이었다. 민속적 시간문화의 자리를 대체하고 들어선 것은 등질화된 양적 단위로 분절되어 일상적 삶을 규율하게 되는 시계적 시간이며 화폐적 가치로 손쉽게 등가화되는 자본주의적 시간체제이다. 이러한 근대적 시간 속에서 공간 또한 잘게 분할되고 이러한 공간은 인간의 행위를 미세하게 분할하여 효율적이고 기능적인 문화를 성립시킨다. 근대 세계는 민속의 세계와는 너무 이질적인 것이기 때문에 그 속에서 민속놀이는 전승이 중단되거나 보다 효율적이고 편리한 방식으로 변해야 했다. 삶과 사회 세계는 민속적 삶의 방식과 점점 더 멀어지고 있고 민속문화는, 현재의 시간을 살아가는 주민들의 연령과 그 경험에 따라 미세한 정도의 차이가 있을 수 있지만, 아직까지 전통적인 삶의 방식에 젖어있는 사람들에게도 지속적으로 행해지지 않는 것이 되고 있으며 간소화되거나 자본의 시간에 전유된 행위 양식이 되고 있다.

3) 놀이문화의 혼종성

민속놀이는 인위적인 시공간이 아닌 자연 친화적인 시공간의 체계 속에서 계절의 변화와 노동의 리듬에 결부되어 해마다 혹은 절기마다, 달마다 반복적으로 마을공동체 속에서 연행되었다. 이를테면 정초의 민속놀이, 대보름 민속놀이, 단오·추석 등의 민속놀이 그리고 줄다리기, 달맞이, 지신밟기, 화간, 모방고, 술멕이 혹은 풋구 등 농경 주술적인 풍요의 의례이자 놀이 등 세시의 주기와 농업노동에 결부되어 연행되었다. 즉 민속놀이는 시간의 변화에 따른 생업의 주기가 그 기초를 이루면서 민속사회의 일상과 의례 혹은 사회와 문화의 영역에서 소집단이 때론 마을 전체가 다양한 방식으로 여가를 즐겼던 생활의 한 양식이다. 그러나 현재는 농촌 마을에서조차 그것의 많은 부분이 소실되어 기억의 양식으로 존재하고 있다.

경상북도 안동시 북후면 신전1리에서도 민속놀이는 문화적 기억이 되고 있다. 그 기억 속에 정월의 지신밟기, 연날리기, 대보름의 달맞이와 쥐불놀이, 봄맞이로서 화전놀이, 단오의 그네뛰기 등과 같이 세시의 주기에 따라 수행된 대표적인 민속놀이 형식들이 간직되어 있다. 과거에는 '꼴'을 비던 과정에서 놀았던 꼴 던지기와 보리사리, 벼를 베고 난 논에서 틈틈이 놀았던 자치기, 여름에 물을 가두어 놀던 물놀이 혹은 고기잡이 등과 같이 소를 기르고 논일을 하는 노동의 틈새에서 놀이가 이루어졌다.

주목되는 것은 세월의 흐름 속에서 축적된 사회문화적 경험이 놀이의 양상 혹은 놀이의 기억에 반영되어 있다는 점이다. 즉 정월의 지신밟기는 '웃대 어른들' 또는 몇몇 특정한 주민의 소수적 활동 정도로 약화된 민속적 놀이문화의 경향을 반영하고 있다. 정월대보름 달맞이와 쥐불놀이도 조운산에 올라가 달을 보며 "달봤다!"라고 외치면서 총각의 장가가기를 빌었다는 전통이 그 모습을 드러내기도 하지만, 쥐불놀이의 재료인 깡통을 학가산에 주둔하고 있는 군부대에서 구했고 당시 마을에 주기적으로 방문하던 장사꾼에게 구입했던 솜을 불쏘시개로 깡통에 넣었으며 성냥을 사용하여 불을 붙였던 것 등에는 민속적인 놀이로 정체화되는 쥐

朝鮮旺元山港金俊根

端午鞦韆

「단오추천(端午鞦韆)」, 「기산풍속화첩」

불놀이의 연행에 있어 당대 놀이 환경의 특수성이 반영되어 있다. 다시 말해 풍농 기원의 유감주술과 속신 혹은 다산의 희구가 놀이의 전통으로 기억되고 있는 동시에 군부대, 깡통, 성냥 등에 대한 기억에는 상업적인 혹은 산업적인 당대의 특성이 함축되어 있다.

3월 말 무렵 산과 들에 봄꽃이 필 때 신전1리 부녀자들은 술 한 말을 장만하여 인근에 둘러선 산으로 봄맞이 나들이를 나갔다. 놀이 주체는 여성들로 말해지고 있으며 딸이나 친구같이 절친한 관계들로 짜인 소그룹들은 설렘 속에 날을 받고 먹을거리를 준비하여 하루 온전히 유희를 만끽하는 고래의 풍속을 생활 속에 구현했다. 그러나 기억 속에서 과거를 반추하는 현재의 시선은 '뭐 별 거 있나', '그걸 뭐하러', '하루 뭐 노는 거지', '술 먹으로 가는 거지' 등과 같이 소박한 생활의 한 반영 혹은 궁핍한 시절의 오락으로 회상되고 있다. 그러한 시선은 화전놀이의 전통이 사라진 삶의 전회轉回를 반영하고 있다고 생각되는데, 발전이라는 말의 의미와 함께 단양행의 한때 나들이 또는 노인회 중심으로 바뀌어 현재 이루어지는 관광으로 그 변화상을 함축하고 있다.

단오놀이의 기억도 다르지 않다. 그 기억은 그네뛰기를 통해 그 전통적인 면모를 드러내고 그날의 기대감 혹은 그 놀이를 수행했던 놀이 주체의 설렘을 단오빔으로 전경화한다. 그네뛰기는 자연마을 공동체가 놀이 수행의 기초 단위였다. 그네는 세줄 형태로 줄을 다렸으며 그네줄에 비가 맺혀야 풍년이 든다는 속신이 있었다. 그네를 뛰는 여성들은 새옷 혹은 깨끗한 옷을 정성스럽게 준비하여 차려 입었으며 궁궁이풀을 귀에 꽂는 고래의 풍속도 이어갔다. 이러한 단오놀이의 문화가 사라진 것도 전통이 약화된 시대의 격랑을 반영하고 있으며 그 전승과 연행주체가 믿고 의지했던 세계의 이상 그리고 그들이 지녔던 공동체적 감성이 달라진 저간의 상황을 함축하고 있다.

자치기는 대개 겨울에 행하던 민속놀이였다. 놀이의 특성상 넓은 공간을 확보해야 하기 때문에 보통 벼 수확을 마친 논에서 행했다. 이때 논은 노동의 공간이자 놀이의 공간 즉 행위의 특성에 따라 공간이 전화되는 민속 공간의 다중적 특징을 고스란히 가지고 있는 공간적 속성을 지닌 것으로 회상되고 있다. 노동의 공간이 계절과 생업의 긴밀한 주기적 조응 속에서 벼 벤 논 즉 전이적 공간으로 변화하고 그 전이적 공간 속에서 자치기를 수행하는 놀이적 공간으로 전화한 것이다. 이외에도 신전1리에서는 현재 다목적 공터 부근인 안채나 조산들에서 자치기가 행해지기도 했다. 특징적인 것은 기억하는 사람의 설명 방식인데 자치기 자체를 온전히 회상하여 설명하는 것이 아니라 야구에 빗대어 그 놀이 방식을 설명하고 있다. 이 또한 자치기 놀이의 약화된 전승력과 문화 환경을 반영하는 것으로 현재 시점에서 야구와 빗대어 이야기될 때 쉽게 이해될 수 있다는 기억 주체의 인식의 한 반영이다.

이웃과 정이 돈독했던 시절, 숟가락이 몇 개 있는지 알 정도로 살림살이의 내막까지 서로 공유하고 그러한 공동체적 심성의 기초 위에서 궁핍했던 시대를 겪어냈던 세대의 기억 속에서 서리 관행은 자연스레 체득된 관용의 미덕 위에 움텄던 재미있는 놀이로 회상되고 있다. 아이들이 무를 저장해 두었던 '무 구덩이'를 찾아다니며 한때의 허기를 달래면서 그 행위 자체를 즐겼던 서리는 많은 것을 서로 공유했던 감성, 즉 소유권의 배타적 경계가 느슨했던 민속사회의 원리와 정서 속에서 용인되었던 것이었다. 아이들의 무 서리는 그 과정에서 또 다른 재미있는 놀이를 파생시켰는데, '무 구덩이'에서 '똥 구덩이'로 변주되었다. 지금에 와서 보면 매우 비위생적인 것처럼 생각될 터이지만, '무'와 '똥(혹은 거름)'의 관계, 즉 무를 재배하는 데 필수적인 영양을 제공하는 거름이 되는 똥은 놀이 자체뿐만 아니라 그 놀이의 재미를 공유하고 그것을 가능하게 했던 시절의 통합적인 세계 인식을 보여주는 것일 수 있다. 먹을거리와 배설물이 생명의 순환 속에서 공생적 관계로 혹은 통합적인 관계로 간주되는 세계

속에서 위생과 비위생의 관념 즉 존재와 사물, 알맹이와 찌꺼기를 분리하여 보는 의식은 오히려 낯설게 느껴졌을 것이다.

신전1리 주민들의 놀이 공간은 논, 학교 운동장, 전방, 철탑이나 버스정류장, 마을회관 등으로 대표된다. 논은 일하는 장소로 농한기인 겨울 놀이의 장소가 되었다. 그곳에서 아이들은 썰매를 타거나 팽이를 쳤다. 학교는 배움의 장소로 생활의 틈새에서 놀이의 장소가 되었다. 역시 아이들은 그곳에서 팽이를 치거나 달리기·철봉·축구·가이셍 등을 하고 놀았으며 학교 앞 전방에서 군것질을 하면서 놀았다. 정례적으로 학교에서 개최한 가을운동회는 학생들이 사는 여러 마을 전체의 축제이기도 했다. 철탑이나 버스정류장에서 아이들은 연을 날리며 놀았고 연싸움도 했다. 특히 1999년 건립된 마을회관은 주민들의 회합 공간을 제공했으며 그곳에서 윷놀이가 자주 행해졌다. 이와 같이 놀이 공간도 민속적인 장소와 근대적인 공간이 중첩되고 있다. 그런데 생업 노동이 근대화된 경제적 기반 위에서 작동하는 것이라면 민속적인 장소로 관념되는 논도 그 성격이 약화되어 혼종화된 놀이 공간으로 이해될 수 있다.

학산초등학교에서 매년 가을마다 개최된 운동회도 민속사회의 대동 놀이를 대체한 것으로 이해되는데, 그것은 근대적인 형식과 민속적인 공동체적 감성이 혼종화된 양상으로 한 시기를 풍미하기도 했다. 이 운동회는 당시 일종의 마을 축제로 기능했다. 이때 행했던 종목은 줄다리기를 비롯해 씨름과 장애물 경주·기마전·손님 찾기·매스게임·힘자랑·마라톤·계주 달리기 등이었다. 종목들의 주체는 주로 학생들이었지만 힘자랑·손님 찾기·달리기 등 학부모가 주체가 되는 종목들도 있었다. 또한 청과 백으로 보통 편을 갈랐지만 당시 통학권을 형성하고 있던 마을들끼리 대항전을 펼치기도 했다. 당시 가을운동회는 마을 축제로 기능했을 뿐 아니라 마을 간의 경쟁 놀이가 펼쳐지는 장이기도 했던 것이다. 한편 학교 운동장에서는 일본식 놀이인 가이셍이 행해지기도 했으며 학교 앞 전방에서 각종 먹을거리를 사 먹는 것도 하나의 재미였다. 특히 가을운동회를 할 때면 웅천으로부터 노점상들이 마을에 들어와 번데기·음료수 등을 팔았던 기억 속의 한 풍경도 놀이문화의 혼종화된 양상을 전경화한다.

일과 놀이, 일상과 유희가 분리되지 않았던 민속놀이는 사회와 문화의 근대화 과정에서 서서히 분리되기 시작한다. 즉 놀이 연행자와 향유자가 분리되어 향유자가 구경꾼 혹은 관객이 되어 놀이문화를 수동적으로 소비하게 된다. 전통사회에서 마을로 찾아들었던 유랑예인의 공연조차도 마을주민들과 결합하는 문굿의 과정이 항시 있었다. 그 이후 마을의 문화 혹은 공간과 일체화되는 들당산굿과 지신밟기 등의 과정 등이 있었으며 마지막 판굿의 연행에서는 공연자와 구경꾼이 분명히 구분되지 않는 공연 문법이 작용했었다. 그러나 마을 사회가 근대적으로 변화되는 과정에서 놀이문화도 근대적인 형식을 띠게 되었다. 마을 정미소 앞에서 청년들이 상연했던 말광대놀이(신파)는 말광대(연극 배우)와 관객의 구분이 일정하게 이루어졌으며 4H 혹은 학교에서 이루어진 연극 관람 혹은 학예발표회도 그러한 구분선이 적용되었다. 또한 논이나 학산 쉼터에서 이루어진 마을청년회의 노래자랑과 학산초등학교 운동장에서 상영되었던 이동영사단의 영화에 대한 관람 행위는 그러한 구분을 전형적인 것으로 만들어나갔다. 뿐만 아니라 면 소재지로 가서 관람했던 약장수 연희와 서커스 구경은 수동적인 관객으로 놀이의 주체이자 향유자들이 변화해갔던 저간의 문화 상황을 보여준다. 이러한 놀이 주체의 위상 변화와 향유방식의 변화는 마을 놀이문화에 근대성이 구현되는 과정이자 결과로 생각되고 생산과 분리된 여가 생활이 자리 잡은 사회문화적 변화상의 반영이라 하겠다.

경상북도 안동시 임하면 내앞마을에는 예전에 '소리꾼'이 있었다. 소리꾼은 동네의 중요한 전달 사항 즉 마을회의 일정이라든가 부역 등을 동민들에게 알리는 일을 했다. 그 소리꾼은 동네에서 마련한 토지를 부쳐 먹는 조건으로 방천둑길을 다니면서 "동네 모이소. 동네 모이소." 하는 일을 했다. 예전에는 창호지로 방문이나 창문을 쌌기 때문에 동네 소리꾼이 여러 가정에서 들을 수 있도록 방천둑의 제일 높은 곳을 걸어 다니면서 "내일 부역 나오이소. 부역 나오이소." 소리치며 전달하는 일이 가능했다. 그러나 지금은 주거 형태도 근대화되었을 뿐만 아니라 그 공간을 살아가는 주거문화, 이를테면 문을 꼭꼭 닫아 놓고 사는 것과 같은 생활 양상의 변화로 인해 '소리꾼'을 통한 마을공동체의 공적인 소통 방식은 근대화된 미디어 기기의 도입과 함께 사라지게 되었다. 도입된 근대적 미디어 기기로 먼저 엠프가 있다. 집집마다 나무 케이스에 스피커 하나를 달아놓고 그 스피커와 엠프를 유선으로 연결하는 방식으로 공적 소통이 이루어졌다. 엠프는 동장집에 두고 필요한 경우 동장이 작동시켰다. 당시에는 라디오도 집집마다 없었기 때문에 엠프를 이용하여 라디오를 틀어 음악이나 뉴스를 함께 공유하기도 했다. 물론 동네 전달 사항이 있을 시 동장이 엠프를 켜고 마이크를 이용하여 동네에 방송하여 동민들에게 그 사항을 알렸다. 현재는 서울에 가 있어도 동네의 전달 사항을 공지할 수 있게 되었다. 이를테면 손전화를 내앞마을 스피커에 연결하여 서울에서 각 집에 "내일 어느 집 결혼식이니까 모두 참여해주시기 바랍니다"라고 방송할 수 있게 되었다. 이러한 사례는 현대 사회의 시간성이 공간을 단축하고 사회의 전 부문을 단일한 체제로 구조화하는 근대적 시간체제의 속성을 보여준다. 즉 "매체는 떨어져 존재하기에 의식되지 않았던 타자들과 관계를 맺게 하면서 소통 불가능 속에서 응고되어 있던 공간들을 연결하여 공간을 재구성한다. 그것은 흩어져 있는 사람과 공간을 한데 모아 하나의 공간으로, 하나의 사회로 구성"[11]한다. 이는 과거의 경험과 현재의 경험들이 혼합되면서 구조화되는 시간 속에 존재하고 있다.

2. 감정구조와 문화장의 혼종적 재구

한국 사회가 압축적인 근대화를 겪게 됨에 따라 세대 간 감정구조[12]가 사회관계와 문화의 생산·소비 차원에서 대립·갈등하는 요소로 작용하게 되었다. 세대 간 감정구조의 분화는 각기 다른 취향과 취향 집단의 분화를 낳게 되었다. 사회 변동과 그 분화에 조응하는 취향의 재구조화는 세대의 감정구조 혹은 세대 간 감정구조 사이에서 급격하게 진행되고 있다. 그런데 이와 관련하여 민속사회의 문화적 취향이 위치하고 있는 지점을 생각할 때 중요하게 생각되는 점이 있다. 그것은 근대화 과정 속에서 물질적 변화 과정의 속도와 그 정도에 따라 혹은 정치적인 필요에 따라 여전히 봉건성이 사회적 과정 속에서 문화적 기질과 의식의 주요한 작인으로 작용하고 있다는 점이다. 특히 사회 연결망과 경제 능력 그리고 문화 위치에 따라 복잡하게 층위화된 사회 공간의 역학은 문화적 감수성을 세대의 구분선을 따라 구조화하고 있다. 이 과정에서 문화들은 세대 간 감정구조와 연동되면서 문화장 속에서 이른바 '잔여적인 것, 지배적인 것, 부상하는 것'[13] 등으로 구분될 수 있다. 이러한 문화의 유형들은 그 가치와 계기들이 점진적이고 단계적인 순서를 통해 나타나기보다는 갈등/공존하며 혼종적인 양상으로 나타나고 있다.

　감정구조는 "모든 문화가 가지고 있는 특별한 삶의 감각, 즉 특수하고도 특징적인 색깔인데, 세대문화"라고 설명되기도 하고 "특정한 시대, 계급, 집단의 살아 있는 문화를 구성하는 전체적 삶에 의해 형성되거나 그것이 형성하는 정형화된 규칙성을 보이는 공유된 생각이나 감정의 집합"[14]으로 정의되기도 한다. 또 "특정한 집단이나 계급, 사회가 공유하는 가치 혹은 특정 집단에 의해서 공유되는 특정 시기의 생활철학"으로 규정되기도 한다. 이 감정구조라는 개념을 통해 문화를 물질적인 사회적 과정의 수준에 위치시키고 헤게모니·생산양식·총체성·매개와 같은 범주를 검토한 것은 레이먼드 윌리엄스이다. 그는 원래 산업주의가 초래하는 유해한 사회적 결과를 비판하며 노동계급에 깊은 동정심을 보이기도 했으나 사회적·정치적 참여에 거리를 두는 중간계급의 감정구조를 규명하였으며 모든 세대는 일반적인 문화유형으로 구성되는 사회적 성격 속에서 그 계승자를 양성하나 다음 세대는 그들 나름의 감정구조를 가질 것[15]이라고 주장하기도 했다.

한국 사회에서 감정구조는 매우 혼종적인 것으로 나타난다. 왜냐하면 그것이 근대 자본주의 사회의 분화와 그에 따른 도시형성 및 이촌향도離村向都 그리고 대중문화 생산과 소비 문제와 연관되어 있기 때문이다. 그래서 한국 사회의 세대 간 감정구조[16]는 매우 다양한 편차를 보인다. 이는 아주 짧은 기간에 달성한 한국 근대화의 압축적 경험과 관련된다. 이를테면 한 세대가 전산업화·산업화·정보화 시기를 한꺼번에 겪고있는 독특한 역사를 가지게 되면서 한 개인 안에 전근대적·근대적·탈근대적 감정구조가 섞여 있는 것이다. 전쟁과 기아의 경험으로부터 디지털화의 경험과 풍요로운 소비문화의 경험 그리고 독재정권에 항거한 대규모 민중항쟁의 기억에서 신자유주의 경찰국가에 대항한 촛불시위의기억에 이르는 다양한 체험의 스펙트럼이 중첩되어 있다. 이러한 점이한국 사회 세대 간 감정구조의 특이성이다. 그런데 압축적 근대화는 부정적으로 각 세대들에게 공동체의 해체, 핵가족화 또는 가족과 개인의파편화 및 변형·고립화를 겪게 했다. 이로 인해 형성된 세대 간 감정구조는 사회 구조의 여러 모순들의 누적과 함께 소통보다는 격렬한 사회적갈등을 야기하게 된다. 갈수록 세대 분화와 단절이 가속화됨에 따라 한국 문화장의 구조 내에는 농경·산업·정보사회의 문화적 변동의 궤적이다층적으로 누적되고 뒤틀린 구조를 형성하고 있다. 즉 봉건적인 정치적·문화적 감수성을 가진 60대 이상의 세대가 한편에 있고 민주적인 관계를 당연시하는 감정구조를 지닌 10~20대의 네티즌들이 다른 한편에 있으면서 서로 소통하지 못하고 갈등하는 부정적인 상황에 직면해 있는 것이다.

주목되는 것은 민속 및 산업사회의 과도기적 양가감정을 가진 세대와 소비/정보사회에 민감한 감정구조를 지닌 세대를 통해 볼 수 있는 민속적인 것의 뒤바꿈 현상이다. 이 두 세대들에게 민속문화는 매우 다른 의미를 형성하는 것으로 파악된다. 4·19세대에게 민속문화는 타기되어야 할 것임과 동시에 그들의 지배적인 문화적 취향을 형성한, 상속받은 상징자본으로 기능한다. 또 그것은 잔여적 문화이면서 동시에 부상하는 문화라고 할 수 있다. 왜냐하면 근대화 과정에서 타기되어야 할 문화임과 동시에, 이들 세대에 의해 민족적·민중적 문화로 재구성되어 지배적 문화의 안티테제로 작용하였기 때문이다. 반면 촛불세대에게 민속문화는 직접적으로 체험하지 않은 주변화된 문화에 해당한다. 그런데도 그들이 경험한 광장의 문화는 외형적으로 디지털문화 형식을 지니고 있지만, 그 내용 면에서 민속문화의 공동체성과 저항성을 담지한 것이라고 할 수 있다. 이처럼 민속문화는 세대 간 감정구조의 차이 속에서 의미화되는 양상이 다르고 그것이 놓인 문화장 내 좌표도 다르다. 즉 민속문화의 위상이 세대 간 차이를 통해 중층적으로 나타나며 동일한 시공 속에서 중첩되어 있는 것이다. 그 성격 또한 위상을 달리한 좌표 속에서 다른 성격을 지닌 것으로 분석되나 세대의 감정구조가 다층적 구조를 형성하는 문화장 내에서 다중적이며 혼종적인 특징을 가진 것으로 이해된다.

레이먼드 윌리엄스는 이러한 세대 간 감정구조의 변화를 "개인적인 체험이나 혹은 단순히 피상적이거나 부수적인 '소규모'의 사회 변화로 이해되기보다는 오히려 처음부터 사회적인 체험으로 간주되어야 한다"고 주장했다. 그러면서 두 가지 측면에서 그 의미를 강조했다. 즉 "첫째 그것은 현존재의 변화라는 점에서 구별된다. (그것이 현재 체험되고 있는 한 이 점은 명백하며, 이미 체험되고 난 다음에도 이 점은 여전히 그것의 실질적인 특성이 된다.)

둘째 비록 부상하거나 부상 준비 중인 성격을 띠긴 하지만, 확정적으로 규정되고, 분류되고, 합리화되기 이전에 이미 그것은 체험과 행위에 뚜렷한 압력과 효과적인 제약을 발휘한다"는 것이다. 이 감정구조는 "충동, 억제, 경향 등이 지닌 특징적인 요소, 특히 의식과 여러 관계가 지닌 특수한 정서적 요소인데, 이것은 생각과 대비되는 감정이 아니라 느껴진 생각thought as felt이고 생각된 느낌feeling as thought이다. 다시 말해서 이는 살아 있으면서 끊임없이 상호작용하는 연속적인 흐름 속에 놓여 있는, 현재적인 것a present kind에 대한 실천적 의식이다.""하나의 구조structure로서, 즉 서로 맞물려 있으면서 긴장 관계에 있는가 하면 동시에 또한 특수한 내적 관계를 맺는 하나의 세트"인 것이다. 따라서 이는 "특수한 연결, 특수한 강조나 억압의 특수한 구조이고 또 그것이 가끔 쉽게 인식되는 형태라고 할 수 있는, 심오한 출발점과 결론의 특수한 구조"[17]로 이해된다.

사회적인 체험의 축적이 과거형이 아니라 현재 진행형으로 미래 문화장의 구조를 변화시키는 힘으로 존속하면서 구조화되는 이 감정구조는 현재의 국면에서 실천되는 사회적 의식 형성의 계기와 특징을 설명하여 그 사회 혹은 문화의 성격을 이해하는 데 도움이 된다. 그렇다면 어떤 마을에서 특수하게 경험되는 민속사회의 일반적인 감정구조(특수하게 경험된다고 하는 것은 실존적 만남의 특수성이고 일반적이라는 말은 세대적·지역적 일반성을 함축한다)의 형식에는 어떤 것이 있을까? 내앞마을에서 그 형식의 한 예를 찾아볼 수 있다. 내앞마을에는 그 마을의 특수한 체험이 녹아 있다. 이 마을은 동성 반촌으로 신분의식이 물질적으로 해체되는 과정에도 불구하고 역사와 전통에 결부된 자부심으로 재구되어 여전히 존속하고 있다. 머슴 또는 타성에 대한 기억도 동성 반촌의 혈연적·지연적 유대감과 우월의식을 함축하고 있으며 특히 그러한 기억은 경제성장의 신화 혹은 마을 근대화의 국가적 위업 달성에 연결되고 있다. 주목되는 것은 텔레비전을 통해 그들의 감정구조에 각인된 어떤 국가적 장례의 스펙터클이 야기한 정서적 효과이다. 여기에서 비극적인 죽음의 시뮬라크르는 경제성장에 대한 직접적인 체험과 함께 정치적 영웅에 대한 믿음을 창출하고 지속시킨다. 한편 일제강점기 선조들의 독립운동은 선비 집안의 내력을 반추하며 현존의 의미를 되새김질하는 자긍심으로 상징자본화된다. 그런데 그들에게는 독재의 체험과 그에 대한 감정은 보이지 않는다. 그들의 역사의식 혹은 정치사회 의식은 그들의 실존적 체험의 맥락 속에서 '느껴진 생각이고 생각된 느낌'으로 지속되고 있다.

이 마을의 특수한 감정구조는 '박정희 신드롬'[18]이라는 일반화된 대중의 감정구조와 연결되어 있다. 한국 정치권이 민주화 국면에 들어서면서 본격적으로 시행된 개혁 정책에 반감을 가진 언론 권력들에 의해 인위적으로 조장된 박정희 신드롬은 당시 언론 권력들이 문민정부의 부실한 개혁 과정에 조금씩 환멸을 느끼기 시작한 대중들 앞에서 민주화운동의 지도자였던 김영삼 대통령의 무능과 취약함을 과거 박정희 대통령의 유능과 강력함에 선명하게 대비시킴으로써 민주주의의 공고화가 아니라 아예 민주적인 것 그 자체에 대한 근본적인 회의를 지지하고 확산시킨 문화정치적 기획이었다. 또한 박정희라는 인물을 주제로 한 이인화의 대하소설 『인간의 길』 1~3, 조갑제의 전기 『내 무덤에 침을 뱉어라』 1~4는 새로운 경지의 '박정희 신격화 담론'을 개발하였고 그에 따라 대중의 정치적 감정구조에 각인되고 확산되면서 1997년 대통령 후보 김대중으로 하여금 박정희 기념관 건립을 공약으로 제시하게 하였다. 이 신드롬의 분위기 속에서 박정희 대통령과 유영수 여사를 좋아하는 사람들의 모임이 생기고 인터넷에 박정희 홈페이지가 개설되기도 하였다.

박정희 신드롬은 단순히 과거 박정희가 이룩한 위업에 대한 복고적 향수가 아니라, 또는 민주화 시대의 박정희는 암실에서 은밀하게 제작된 것이 아니라, 수많은 독자들이 출입하는 공론장에서 공개적으로 논의된 각종 이데올로기 담론들이 시너지 효과를 일으키면서 창출한 문화적 합작품이었다. 그래서 '反박정희=反정부=反국가=反민족, 즉 박정희=국가'라는 대중 의식이 형성되었을 뿐만 아니라 신드롬 속 박정희는 비장한 혼을 가진 근대화의 혁명가로 자기 삶을 다해 한국 민중의 한을 대변하고자 서민적 반골 정신을 민족·자주정신으로 승화시킨 정의감의 화신이었으며 가장 신임하던 심복이 저지른 암살로 인한 그의 죽음도 일종의 혁명적 순교로 신성하게 미화되었다. 박정희 신드롬은 한국인의 무속적 세계관이 반영된 성격 특질로까지 해석[19]되기도 했는데, 무속의 현세주의와 밀접히 관련된 것으로 분석되기도 했다. 즉 박정희 시대의 경제적 발전은 동시대의 한국인들에게 지난 세대의 한스러운 가난에서 벗어남을 의미했기 때문에 가난의 해소는 곧 현실에서의 복을 의미하였고 군인으로서 카리스마적 리더십을 펼쳤던 박정희 전 대통령은 재복을 관장하는 신령 즉 장군신의 이미지로 한국인들의 무속적 세계관에 자리 잡았다는 것이다. 요컨대 현재 한국 사회 혹은 마을 사회를 살고 있는 한 세대의 감정구조는 정치경제적 혹은 문화정치적 차원에서 근대성과 봉건성의 혼종적 사태를 함축하고 있는 것으로 파악된다.

"어떤 시기에 하나의 새로운 감정의 구조가 부상하는 것은 하나의 계급이 형성되는 것과 가장 잘 결부된다. 또 어떤 시기에는 새로운 감정의 구조가 부상하는 것이 한 계급 내부의 모순이나 분열 또는 변화와 곧잘 연결된다…그 긴장 관계는 근본적으로 새로운 의미의 표상들을 통해 체험되고 또 접합된다…그것이 현존재를 명시화하고 접합한다…."[20] 바로 이러한 의미에서 한 극단에 대형 복합쇼핑몰에 가는 것이 일상이 된 청소년과 20~30대의 감정구조가 형성·접합되고 있다. 그들은 거대한 미로의 당혹감을 주는 공간 속에서 편안함과 즐거움을 얻고 여가를 쇼핑하면서 즐기는 문화를 만드는 '몰링족'[21]이라고 명명된다. 50대에게는 어린 시절 동네에 처음 아파트가 들어서고 아파트 1층에 손님이 물건을 마음대로 집어 입구의 계산대에 가져다 놓은 다음 돈을 지급하는 슈퍼마켓의 시스템이 신기했다. 그러나 몰링족에게는 대형 마트와 서점, 멀티플렉스(복합상영관), 각종 식당, 의류·신발·가방·화장품 등 온갖 종류의 상품을 다루는 매장이 모두 모여 있는 복합쇼핑몰이 신기한 일상이 되고 있다. 몰링족을 형성하고 그에 특화된 자본주의 상품 물신의 새로운 공간은 세대 간 감정구조의 차이를 극단화하면서 구매력이 있는 자와 그렇지 못한 자를 양분하기도 하는데, 이러한 구분선을 따라 세대와 계층을 접합시키면서 배제의 구분선을 확장시킨다.

세대 간 혹은 계층 간 감정구조의 형성과 접합 혹은 그 대립과 갈등은 경쟁과 공유(혹은 연대)라는 경제적·정치적·사회적·문화적·담론적인 장들을 가로지르면서 접합·탈구되며 구조화된다. 그것은 역사적인 차원을 지니기도 하는데, 서구 문명과 자본주의 그리고 시장을 횡단하고 통합하면서 변주되는 사회진화론적 경쟁 이데올로기와, 그에 대한 연대와 공감 혹은 공동체적 감성 사이에서 발생한(/하고 있는) 대립과 갈등, 접합과 혼종의 계보를 지니고 있다. 이 접합과 혼종은 매 시기 해당 국면의 대안적 혹은 부상하는 공유의 감정구조에 '종북, 경제성장 방해, 불온 세력 등'의 꼬리표를 붙이기도 하고 공유경제라는 새로운 자본의 흐름으로 나타나기도 한다. 특히 공유경제는 한 개인만 쓰기엔 활용도가 적은 자원을 발굴해 모두가 공유할 수 있게 만들어 새로운 가치를 창출하는 대안경제로 주장되기도 한다. 대표적인 사례로 '우버'(택시)와 '에어비앤비'(숙박)가 있는데, 우버의 기업 가치는 182억 달러(약 18조 원)이고 에어비앤비의 기업가치는 100억 달러로 평가되고 있다. 이러한 공유경제의 모델은 벤처캐피털 등 국제 금융자본의 투자를 받아 시장을 확대하고 있다는 점에서 공유가치의 사회적 형성과 확산보다 이윤의 확보를 위해 공유의 가치를 자본 친화적으로 접합시킨 사례에 해당한다.

바로 이 지점에 민속의 현재 상황을 인식하고 그 가능성의 지평을 사유하는 일의 복잡성이 있다. 민속은 근대의 외부에 자율적으로 존재하다가 서구 문명과 조우하면서 발견·재현된 성격을 지닌다. 제국의 시선에 의해 계몽·교화·문명화의 대상으로 표상되어 관리되고 재구성되어 왔기에 굴절과 변형의 과정을 겪을 수밖에 없었다. 한편 민속은 내부의 지식인들에 의해 재발견되어 민족적으로 구성되기도 했다. 따라서 그것은 양가적이고 혼종적인 성격을 지니게 되었는데, 식민지 내부 지식인의 실존은 주체(=서구 혹은 일본 제국)와 타자(=민속)의 경계에서 유동하기 때문이다. 이러한 경로 속에서 한국 사회의 근대적 분화가 심화됨에 따라 민속은 문화장 내에서 주변부에 위치하게 되었고 특정한 국면에서 지배 혹은 저항의 자원으로 호명되기도 했으며 대중문화의 하위문화로 포섭되기도 했다. 민속적인 것의 대다수가 근대화 과정을 거치면서 제도 속에 안착하고 그 무형의 가치조차 박물관의 시뮬라크르로 전시되고 상품화되며 담론적 형태로 이념화되거나 때론 축제적 형태로 스펙터클화하고 있다. 일제강점기에는 전쟁의 물자로 혹은 이데올로기 장치로 동원되기도 했는데, 이 과정에서 민속의 공동체성은 향토 오락의 수준에서 정체화되었고 그 쓰임새는 '전쟁-기계'의 유지와 동원에 있었다.

개발독재 시기 국가주의적 맥락에서 전통과 민족의 이름으로 호명된 민속적인 것의 대다수는 통치를 정당화하고 국가권력의 경계 내에서 단합과 결속을 강조하는 이데올로기 장치로 효과를 발휘했다. 물론 그에 대한 저항이 민속적인 것을 민중적인 것으로 특화시켰고 독재정권에 항거하는 문화 실천을 위한 동력으로 활용되기도 했다. 요컨대 이 시기 민속은 토착적인 향수와 전통 혹은 민족적 정체성으로 선분화된 감정구조와 계급적이고 민주적인 진보적 감정구조가 경합하는 장이었으며, 그러한 감정구조를 형성하고 재생산하는 문화로서 효과를 발휘했다. 즉 레이몬드 윌리엄스의 표현을 빌리면 '잔여적인 것으로서 민속'과 '부상하는 것으로서 민속'이 '지배적인 것으로서 민속'에 대립하거나 저항하기도 했고 접합되고 통합되기도 했다.

　1990년대 이후 한국 사회의 문화장이 문화정책의 확장과 문화산업의 급성장으로 말미암아 자본 혹은 시장 중심으로 재편되면서 민속적인 것은 화폐적 가치로 재환산되기에 이른다. 이 국면에서 민속적인 것은 체계와 생활세계를 통틀어 재구조화된 문화장 내에서 상품적 가치를 중심으로 주변부 또는 하위문화 영역으로 재배치되고 있다. 그에 따라 민속적인 것은 상품적 가치로 전화될 때 문화장 내에서 '부상하고 있는 것'이 될 수 있고 그렇지 못할 때는 '구시대적인 것' 혹은 상품화 가능한 자원으로 '잔여적인 것'에 머물게 된다. 민중문화로서 민속이 〈서편제〉로 번역되어 문화시장의 반향을 얻은 사건은 민속적인 것이 대중문화 혹은 문화산업의 영역으로 포섭되어 부상하고 있는 사례를 보여주고 있는 것이면서 새롭게 재편된 문화장 내에 민속에 대한 새로운 감정구조를 지닌 새로운 소비계층의 출현을 예시하고 있는 것이다.

3. 혼종화된 민속의 가능지대와 그 의미

1921년 2월 28일자 『동아일보』에 「해희蟹戱 끝에 석전石戰」이라는 기사가 실린다. 이 기사는 1921년 정월 보름 전남 광주에서 벌어진 줄다리기 혹은 편싸움[22]에 대한 것이다. 특징적인 것은 부락 대항 줄다리기로 시작되어 석전으로 끝났다는 점이다. 줄다리기는 광주군 내 두 부락의 아이들이 시작했고 수만 명의 구경꾼으로 인산인해를 이루었다고 한다. 오후 5시부터 줄다리기를 시작하여 다음 날 새벽까지도 승부를 내지 못하자 결국 석전으로 승부를 내려 했으나 실패했다. 그리하여 일단 해산하고 조반 후 다시 모여 줄다리기를 재개했으나 오후 4시까지도 승부를 내지 못하고 다시 석전으로 바꾸었는데, 다수 부상자가 발생했다.

1924년 2월 27일자 『매일신보』에 「누백년폐습인 석전 엄금」이라는 기사가 실린다. 이 기사는 구한말 명성이 자자했던 경성 신문밖(신문로) 동막東幕 편쌈에 대한 기사이다. 당시 경찰은 이 동막 편쌈을 예의주시하면서 경계했다. 그러나 2월 22일에 발진 부사가 발생하여 경찰이 호구별 검역 조사를 하느라 오후에는 그 경계가 허술해졌다. 그 틈을 타고 약 1백 명의 아이들이 돌쌈을 시작했다. 2월 23일에는 경찰이 이 사건을 조사하는 중에 용산과 연희면 방향에서 사람들이 삼삼오오 모여들어 높은 지대에 진을 치고 척후를 보내 경찰이 순회하는 지역은 피해 다니다가 대현리(신촌 이화여대 부근)에서 돌쌈을 시작했다. 이에 경찰 4명이 급히 출동하여 해산시켰으나 형세는 오히려 험악해졌고 경찰 4명으로 감당하지 못하여 소관 본서에 기마 경관과 도보 경관을 지원해달라고 요청하여 다음 날(24일)에 대비하였다. 기사는, 주모자 검거에 노력하고 있으나 현재 분위기로는 편쌈이 계속될 것으로 보이므로 경관이 대대적으로 출동하여 일거에 해산시키는 동시에 일망타진하여 검거할 예정이라고 전하고 있다.

편쌈은 근대 이전 시기에는 상무 정신의 고양을 위해 진작되기도 했고 제의와 놀이의 층위를 오가며 행해지기도 했으며 때로 그것은 민중봉기의 동력이 되기도 했다. 그러나 근대가 시작되면서 편쌈은 규율하고 동원해야 할 위험자원이 되었고 변형·조율되기 시작했다. 즉 1897년 대보름에는 편쌈 중 기물파손이나 약탈 행위자를 경무청에서 체포·구금했고 1899년 1월엔 내각 훈령으로 경무청에서 편쌈을 본격적으로 단속·금지한다. 그런데 물리적인 차원에서는 경찰력을 동원하여 편쌈을 단속했지만, 담론적인 차원에서는 주저하고 동요하는 태도를 보였다. 1897년 2월 말부터 4월 초까지 전개된 한성의 편싸움에 대해 『독립신문』은 금지 자체는 반대하지만, 일부 피해를 줄이고 '어디까지나 작란답게'하는 것이 옳다는 입장을 제시한다. 일관되게 편싸움의 폐해를 강조하면서도 아예 금지하기보다는 법률에 맞게 하도록 유도하고 있는데, 규칙과 법률의 경계를 벗어난 편쌈꾼에 대해서는 역시 불한당으로 규정했다. 주목되는 것은 소문에 근거하여 편쌈의 폐해를 강조했다는 점이다. 사람을 죽이고 백성의 집을 부수며 물건을 탈취하고 부녀자를 욕하는 실태를 소문에 의지하여 전하면서 그 폐악을 일소하고 법으로 다스릴 것을 주장하였다.

「금번에 편쌈 할 때에」, 『독립신문』(1897년 3월 6일자)

『독립신문』의 논자들로 대표되는 당시의 지배 엘리트들은 조선의 미개를 극복하고자 서구화를 지향했던 지식인들로 편쌈이 상징하는 조선문화 혹은 대중의 감정구조를 반근대적·반문명적 요소들이라고 공격하여 그 척결을 주장하였다. 그들은 근대 계몽주의에 추동되어 이분법적이고 적대적인 방식으로 전통을 인식했다. 마찬가지로 『매일신문』 1899년 2월 17일 논설도 조선의 습속 중에 급히 고칠 것이 허다하다고 하면서 대표적인 것으로 정월 보름에 전국 각지에서 벌어졌던 줄다리기·무동놀이·편싸움을 들었다. 논자는 이러한 습속을 야만적인 것으로 규정했고 조선의 습속을 미개한 것으로 보는 외국인의 시선을 정당화하면서 스스로 자국의 문화를 타자화했다.

당시 순검들의 편쌈 진압과 해산에 대한 조선 민중의 저항은 매우 거세었다. 심지어는 함께 출동한 구병정이 오히려 편싸움에 가담하여 순검의 진압을 방해하기도 하였다. 을사늑약(1905) 이후 편쌈 해산 시 저항하는 군중을 위협하려고 총을 발사하기도 했다. 『대한매일신보』의 1905년 3월 1일, 1908년 2월 14일, 1909년 1월 28일 기사에 이러한 정황이 잘 나타나 있다. 편쌈 군중과 경찰의 대치는 1910년 정월까지 계속되었다. 강제 합병(1910) 이후 일제는 '경찰범처벌령'에 따라 편쌈 근절을 시도하였다. 그러나 3·1운동 이후 식민정부의 통치 방식의 변경 속에서 편쌈은 재개되었다. 이 편쌈의 재개를 이끈 동력은 민족감정에 기반한 민중의 반일 정서로 보인다. 주목되는 점은 경찰의 감시를 따돌리기 위해 척후대를 보내 정찰을 하고 계획적으로 장소를 이동하는 등 격렬함과 집요함, 게릴라 전투의 양상을 보였다는 것이다. 이 시기 편쌈은 양력 정월이나 여름, 한식일 등에 벌어지기도 했고 다른 민속놀이(줄다리기 등)와 병행되기도 했다. 요컨대 편쌈은 식민화와 근대화의 중층적 억압에 직면하여 식민지 조선인의 감정구조를 담아냈다 하겠다.

새롭게 형성된 감정구조는 일제에 저항하는 새로운 대중을 형성·촉진하는 계기와 동력으로 작용했지만, 지배의 측면에서는 이러한 감정구조의 형성과 궤를 같이 하면서 대안적이고 저항적인 것으로 부상하는 민속을 새롭게 주조해내면서 지배적인 것 내부에 통합하거나 그렇지 못한 것은 배제하는 세련된 전략을 구사한다. 즉 식민지의 생활방식·문화·풍속과 관습을 열등하고 저급하며 야만적인 것으로 호명하는 것은 동일했지만, 호명의 방식과 기술은 이론·과학·학술의 문법을 따랐다. 일제가 인류학과 민속학을 동원하여 조선의 전통과 풍속, 생활방식을 조사한 것은 바로 이러한 새로운 전략의 구체적인 사례로 법과 제도의 정비를 통해 그 저항성을 체계적으로 관리하고자 한 것이다. 이 과정에서 편쌈을 둘러싸고 움트던 민속의 새로운 지평은 지배적인 것에 포섭되거나 구시대적인 것으로 고착되었다. 즉 전통이라는 이름으로 호출되면서 식민화 혹은 황국신민화의 이론적 기반이 되기도 했으며 거기에 부합하지 않는 민속은 일방적이고 폭력적으로 철폐되거나 일부 요소는 선별적으로 식민화에 동원되었다. 민속은 식민지 조선인들에게 한편으로 민족적 정체성을 구성하는 기반이 되기도 하고 다른 한편으로 생활세계의 존재 방식으로 자기의식의 기반이 되기 때문에 통치의 입장에서 그것은 식민 주체의 형성에 필요한 문화적 구성물로 대체되고 필요한 경우 선별적으로 재배치되어야 했다.

장의 역학을 따라 민속의 궤적은 구시대적인 것the archaic과 잔여적인 것the residual 그리고 부상하는 것the emergent으로서 유동하면서 지배적인 것the dominant과 유력한 것the effective 혹은 헤게모니적인 것과 조응해왔다고 할 수 있다. 그러나 이러한 문화유형이 명확하게 구분되는 것은 아니다. 그 안팎에서 각각의 문화들은 유형 혹은 요소들로 서로 대립·병치·배제·선별·중첩·통합되며 일정한 국면에 등장하고 사라진다. 따라서 어떤 문화든 그 자체에 유효한 과거적 요소들을 포함하게 마련이지만, 그 요소들이 당대의 문화적 과정 속에서 차지하는 위치는 무척 가변적이다. 레이먼드 윌리엄스가 의미하는 구시대적인 것이란 완전히 과거적 요소로 인정되어 관찰과 연구 대상이 될 뿐만 아니라 심지어 때에 따라서는 고의적으로 특수화하는 방식을 통해 의식적으로 부활되기도 하는 것을 가리킨다. 잔여적인 것의 의미는 이와 다르다. 정의상으로 보면 잔여적인 것은 과거에 효과적으로 형성되었지만, 문화적 과정 속에서 여전히 능동적으로 활동하면서 과거적 요소에 그치는 것이 아니라 현재를 이루는 유력한 요소로 존재하는 것을 가리킨다. 따라서 그것들은 전혀 과거적 요소가 아닌 것처럼 보일 때가 많다. 이런 까닭으로 지배문화의 견지에서는 표현될 수 없거나 내용적으로 입증될 수 없는 어떤 경험이나 의미·가치 등이 이전 시대의 어떤 사회적이고 문화적인 제도나 형성물의 잔여분을 바탕으로 살아나게 되고 또 실행되기도 한다. 따라서 잔여적인 것은 지배문화와 대립적인 관계에 놓일 수도 있다.

부상하는 것이라는 말은 새로운 의미 체계·가치관·관행 그리고 새로운 관계나 여러 가지 종류의 관계가 끊임없이 창조되고 있음을 뜻한다. 그러나 지배문화의 새로운 국면에 지나지 않는 것과, 그 지배문화에 대해 실질적으로 대안적 혹은 대립적 성향을 지닌 것으로서 부상하는 것을 구별하기 쉽지 않다. 그것은 언제나 문화적 과정 내의 관계이기 때문이다. 따라서 실제의 어떤 의미 체계나 가치관을 생겨나게 한 문화적 과정의 초기적인 사회적 형성물이나 그 국면과 연결되어 있는 잔여적인 것을 통하는 것이 필요하다. 왜냐하면 그것은 지배문화가 무시하고 과소평가하고 반대하고 억압하고 심지어는 제대로 인식조차 하지 못하는 인간의 경험과 열망과 업적의 영역들을 대변하기 때문이다. 사회 구조는 지배요소에 대한 대안적 혹은 대립적 성격을 지닌 문화적 과정을 생성시키는 사회적 기반을 항상 내포하고 있다. 새로운 계급은 항상 부상하는 문화적 관행의 원천이 되지만, 그 계급이 하나의 계급으로 종속적인 성격을 띠는 위치에 있는 한 그 관행은 항상 불규칙적인 면모를 드러낼 것이며 미완의 상태에 놓여 있을 것이다. 새로운 관계가 부상하면 부상할수록 특히 대립적인 성향을 띠면 띨수록 통합 작용은 본격적으로 시도된다. 이 통합 작용과 같이 지배문화의 재생산은 새로운 형식이나 그 형식의 새로운 응용 방식의 발견에 결정적으로 의존해 있다. 따라서 우리가 되풀이해서 고찰해야 하는 것은 사실상 부상을 준비하는 중인 '선先-부상' pre-emergence으로 그것은 능동적이고 급박한 움직임을 보이면서도 아직은 완전히 명시화되지 않는 상태를 가리킨다.

　현재 문화장의 구조 속에서 민속은 구시대적인 것과 잔여적인 것 그리고 부상하는 것의 위치들을 갖고 있다. 그 지배적인 형식은 지배적인 문화의 통합과 배제 혹은 선택과 접합의 작용에 의해 제도적인 영역과 대중의 상식 속에서 구시대적인 것으로 자리해 있고 대중문화 혹은 문화산업과의 접합을 통해 잔여적인 것으로 위치해 있다. 이 잔여적인 것으로서 민속은 때로는 새로운 민속문화의 형식(여성농악, 사물놀이, 창극, 창작판소리 등)을 창출하기도 하고 대중문화 상품(난타, 퓨전 장르 등)으로 재창조되기도 한다. 그러한 의미에서 윌리엄스가 말하는 잔여적인 것의 능동성이 지니는 소극적 대안성을 지니고 있다. 그런데 혼종화된 문화장 속에서 이루어지는 민속적인 것들의 전개를 '형태의 행위'에 초점을 맞출 때 그것들은 사회의 물질적 과정에서 탈락되어 박제화 혹은 관제화될 수밖에 없다. 자본 혹은 시장의 선택에서 배제된 민속이 자리할 수 있는 공간은 제도적인 차원이나 정치적인 차원에 있다고 밖에 볼 수 없으며 거기에서 재생산의 기회를 마련할 수밖에 없을 것이다.

　민속의 잔여적인 것의 형태가 시장적 가능성을 지닌 문화상품이라면 구시대적인 것의 형태를 재현하는 지배적인 것에 대립·저항하는, 부상하는 것으로서 민속은 어디에서 발견할 수 있을까? 민속의 형태를 온전히 간직하고 있는 것들 속에서 그 부상의 움직임을 감지할 수 있을까? 문화장의 구조를 가로지르고 그 관성을 흔드는 부상의 움직임 혹은 '선先-

부상'의 징후에 대해 지배문화는 항상적으로 통합하려 하고 부상의 징후가 뚜렷해질수록 그러한 통합 작용은 본격화된다. 이 과정에서 선-부상의 징후가 부상하는 것으로 대두될 때 실천의 문제를 넘어 새로운 형식을 만들거나 그 형식의 새로운 응용 방식을 발견하는 것에 결정적으로 의존해 있다는 말은 무슨 뜻일까? 그것은 지배문화에 포섭되는 계기에 의해 새로운 형태와 응용 방식을 부여받는다는 의미로 해석된다. 그러나 이러한 과정 즉 선-부상과 부상의 사이에서 발생하는 긴장과 그 긴장의 잠정적인 형식으로서 실천 행위가 발산하는 표현의 양태 속에서 부상하는 것으로서 민속의 잠재적인 지평을 생각할 수 있다. 그것은 정의상 다양한 형식으로 발현되기 때문에 그 형식은 행동하는 모든 방식으로 규정될 수 있다. 요컨대 '행동의 형태' 즉 민속적인 것들이 물질적 과정의 변화에 조응하여 행위하는 양태에 주목하여 그 양태 속에서 표현되는 속성에 주목할 때 현 시대 민속의 가능지대를 발견할 수 있을 것이다.

민속문화의 담지자들은 제도와 시장의 영역 속에서 무대화된 예능적 실천을 통해 자신들의 욕망을 구현하고 있다. 거기에는 관계 트기의 설렘과 공감, 즐거움과 행복보다는 피로감과 시각화된 스펙터클이 낳는 소외와 물신이 자리하고 있다. 그로부터 벗어나고자 하는 욕망의 흐름조차도 포획되어 무대화·상품화·자본화된 예능으로 다시 배치되고 그러한 배치에 최적화된 예능인의 욕망이 몰적 형태로 재순환되고 있다. 신과 자연과 인간이 서로를 존중했던 관계가 약화된 현재는 자연 자원의 약탈적 채취에 골몰하는 사회를 영속화하려는 자본의 기획 즉 자본의 씨줄에 의해 묶여 짜인 체계와 생활세계의 단속적 리듬이 지배하고 있다. 그 어느 때보다도 이 구조와 관계를 역전시키는 프레임이 당위적으로 요청되는 시대도 드물 것이다. 자연과 공생하는 삶의 리듬을 씨줄로 문명·기술·정보 등을 묶어 짜는 세계의 상상과 구축이 필요하다는 주장이 끊임없이 제기되고 있다. 한편에서는 교통이 발달하면서 일터와 삶터의 거리가 더욱 멀어짐으로써 도시의 비극이 심화되었다는 진단 속에서 이 분리된 상호 연결망을 잇기 위한 정치적 기획으로서 '마을운동'이 부상하고 있다. 물론 이 마을운동의 부상은 이미 지배적인 것에 의해 제도 속으로 통합되고 있기도 하다. 다른 한편에서 공동체적 감성의 강조 속에서 전개되는 지배적인 것에 맞서는 극한의 행동들이 있다.

제주 강정마을에는 태어난 지 3만 년이 된 구럼비 너럭바위가 있다. 길이 1.8킬로미터로 해안 단괴인 '구럼비바위'²³는 멸종위기종 붉은발말똥게·제주세뱅이·맹꽁이가 서식하는 바위습지였다. 이 구럼비바위가 상징하는 세계를 지켜내기 위해 강정마을 사람들은 제주해군기지 즉 지배적인 것에 맞서 잔여적인 것으로 존속하는 민속적인 것들을 새롭게 형성하고 있다. 설문대할망의 치마폭으로 언표되는 민속적인 상징자본을 중심으로, 강정마을회·강정 공소·강정마을밥상 '삼거리식당'·평화유랑단 '평화바람'·'가차길옆작은학교'·평화센터·강정평화상단협동조합·평화지킴이 '들꽃' 등 제주해군기지 건설을 반대하는 다양한 세력들이 연대하여 행동하고 있다. 이러한 행동들은 '강정생명평화마을 만들기'로 구체화되고 있는데, 이를 부상하는 것으로서 민속적 기획으로 예시할 수 있다. 이 행동들은 친환경농법 교육·평화인권 교육·주민복지와 의료 지원 등의 형태를 만들어 가고 있다. 주목되는 것은 '올림은어통'·'은어올리기'·'강정천은어올림축제' 등, 민속과 그것을 바탕으로 축제화된 잔여적인 문화들을, 즉 자연과 함께 살아가는 법을 알았던 강정마을 공동체의 아름다운 전통을, 생명과 평화의 대안으로, 다시 되살리는 실천을 모색하고 있다는 점이다. 그 성공 여부가 강정생명평화마을의 실존을 결정하겠지만, 그들은 그 과정 속에서 이전의 민속적 요소들을 현재적 맥락 혹은 현실의 물질적·사회적 과정과 맞물리게 하면서 '선-부상'의 한 예시로서 민속적인 것들의 대안 형태를 만들어나가고 있다. '행동의 형태'를 중시하는 관점에서 이 사건은 민속적인 것의 잠재성을

현실화하고 있는 사례로서 민속의 가능지대를 상상하게 하는 하나의 지평이 될 수 있을 것이다.

서구의 근대 문명은 비서구 사회의 문화와 지식들을 비합리적이고 미신적인 것으로 간주하고 계몽과 발전, 합리성을 바탕으로 배제·선택·통합하는 전략을 구사해왔다. "무수한 타자성의 문화들과 존재들이 무가치하고 무의미하고 하찮고 쓸모없는 것으로 폄하"되어 오는 과정에서 서구 문명을 보편적 문화 모델로 확산시켜 온 "근대적/식민적 세계체제는 돌이킬 수 없는 한계에 봉착"하게 되었다. 즉 지구적 규모에서 생태적 위기가 급속도로 확산되고 있고 인간성이 이윤 창출의 매개물로 전락했다. 이러한 한계 앞에서 "식민적 차이에 기반을 둔 인식론적 전환이 요구되고 있으며, 억압된 타자의 해방이 윤리적 기반으로 작용하는 연대의 정치학과 미래의 유토피아적 상상력이 요청되고 있다."[24] 이러한 맥락 속에서 세계체제 내 반주변부에 위치해 있으면서 문화적으로 혼종화된 반주변부 문화의 주변성으로만 환원될 수 없는 민속의 혼종적 의미와 가치는 현실문화의 물질적·사회적 과정에 기초해 민속의 잠재적 지평이자 현대 사회에서 민속의 가능지대가 될 수 있다.

혼종적 문화 상황이 부정적인 것으로 폄하되는 것을 그치고 긍정적인 가치를 가진 것으로 사유되기 시작한 배경은 사회주의권의 붕괴 이후 세계가 하나의 단일한 체제로 재편성되는 글로벌 자본주의의 출현과 관련이 깊다. 국가 간 경계를 넘어서는 초국적 기구들과 금융 및 정보 네트워크의 형성은 국민국가의 위기와 국민문화 간 경계 해체 그리고 그에 수반된 노동과 문화의 대대적인 이동[25]을 가속화하면서 혼종적인 것이 일상적인 것이 되는 세계를 구축하고 있다. 문화의 혼종적 사태는 세계체제의 (반)주변부에 위치해 있는 하나의 장소로서 민속이 지구 자본주의에 의해 잠식된 결과를 뜻하기도 하지만, 그것과 대립하기도 하고 그것에 대한 대안을 창출하기도 하는 행위자들의 수행성을 함축하고 있기도

해군기지건설반대운동 당시 강정마을(2009)

하다. "물론 혼종문화의 장소들을 낭만화하거나 이상화하는 것은 위험하다. 이 공간에서는 여전히 권력과 자본의 지배와 헤게모니가 발휘되고 있을 뿐만 아니라 상징적·물질적 의미를 둘러싼 투쟁과 경합이 항상 펼쳐지기"[26] 때문이다. 따라서 혼종성은 헤게모니 집단이든 민중이든, 다양한 집단들과 주체들에 의해 다양한 방식으로 전유될 수 있다. 즉 혼종성이 진보적으로 전유될 수도 있지만, 반대로 보수적이고 반동적으로 전유될 수도 있을 것이다.

4. 민속적인 것의 근대적 배치와 혼종화

민속의 혼종화를 포괄적으로 일컫는다면 민속적인 것과 민속 아닌 것이 섞여 이루고 있는 삶·사회·문화현상이라고 할 수 있다. 일반적으로 서구 근대의 수용 과정에서 일어나는 토착화 현상이라고 기술記述할 수도 있는데, 이는 단선적이거나 자연스러운 과정은 아니다. 역사적으로 볼 때 대체로 강제적·폭력적 과정이 수반되며 그렇기 때문에 저항도 낳게 된다. 이 또한 단순히 강제와 저항의 이원화 양상으로만 이해할 수 없고 대체로 대립하는 것들의 상호 침투와 혼합과 같은 역동적인 과정을 거쳐 토착화된다. 이 토착화 과정에서 이전과 다른 새로움이 발현되기 때문에 이를 생성과 창조의 과정이라고 간주할 수 있다. 그 사례들은 매우 다양하겠지만, 여기서는 민속의 매우 일반화된 양식으로 볼 수 있는 풍물/농악을 매개로 하여 민속적인 것과 그것 아닌 것이 역사적 과정에서 섞여 새롭게 창안/생성되는 포크 모더니티의 사례를 다루고자 한다.

풍물/농악은 매우 전국적인 분포를 보이고 있지만, 그 중에서도 호남지역에서 풍물/농악이 매우 풍요롭고 다채롭게 전승/연행되고 있다. 풍물 예능의 수준이 높은 뜬쇠들이 이곳에 많으며 그 전승의 맥도 분명하게 나타난다. 호남의 좌도에서는 임실·남원·진안·곡성 등지의 풍물이 잘 알려져 있고 이러한 지역에 연고가 있는 풍물 명인들의 계보도 잘 알려져 있다. 호남의 우도에서는 김제·익산·정읍·부안·고창·영광 등지의 풍물이 지역의 독특한 특성과 함께 독자적이면서도 인근 지역과 교류하면서 유사한 풍물 체제를 발전시켜 왔다. 이 지역에 연고를 두고 있는 명인들의 계보도 이미 잘 알려져 있으며 그 수가 매우 많다.

한국의 어느 마을이든 고유한 풍물이 마을 제의에 결부되어 전승/연행되어왔고 그 역사적 전개 과정에서 이른바 뜬쇠로서 그 계보와 예능이 구현된 다소 수준 높은 풍물 연행 양식이 정립되어왔다. 이 풍물 연행 양식은 농법상 기술과 노동의 진보가 낳은 경제적 변화와 함께 이루어진 사회문화적인 분화 과정이 두드러지는 조선 후기를 기점으로 생성되기 시작한다. 사당패·남사당패·굿중패·솟대쟁이패 등의 연행 양식이 그 사례에 해당한다. 그런데 이 전통적인 연행 양식들은 대한제국기와 일제강점기를 거치면서 변화한다. 이를테면 협률사·여성국극단 등과 같은 예에서 볼 수 있듯이 풍물을 포함한 전통적인 공연 예능 양식들을 장기長技로 전국을 순회하는 대중적인 유랑 단체로 변모한다. 풍물이 강조된 대중적 연행은 포장걸립패나 여성농악단에서 보듯 근대의 토착화 과정에서 그 정도가 다른 국면에 따라 민속적인 것의 근대적 배치 혹은 혼종화가 이루어진다.

풍물굿사를 조망할 때 1960년대와 70년대 사이에 풍물/농악의 근대적 배치의 양상은 한층 강화된다. 굿의 본디 목적으로부터 벗어나 상업적 흥행을 목적으로 하고 대중적 인기를 기반으로 해서 연행되는 양상이 본격화되기 시작한다. 흔히 그 사례로 포장걸립농악 특히 그 전통을 이전과 다른 방식으로 이은 여성농악을 든다. 지식 담론의 영역에서 이들이 재발견되기 전까지 이 사례들은 농악경연대회와 같은 경연대회의 문화적 공간 속에서 제도화되는 경향이 있었다. 한편 이들의 연행은 시대에 영합하고 사익을 추구하며 한국적 문화 전통을 해치는 변조된 것으로 지탄받기도 했다. 한동안 포장걸립농악 혹은 여성농악은 자본·권력의 배후 혹은 지식·권력의 부정적 평가 속에 놓여 있었다. 그와 달리 농악 경연대회를 통해 풍물의 공연 문화적 역량을 강화하고 한국 사회가 세계 자본주의 체제 내에서 종속적 주변부로 편입되는 과정에서 전통문화에 대한 수요를 충족·창출한 역할을 했다고 평가되기도 했다.

특히 여성농악은 이제 막 자본축적의 단계에 진입하면서 전근대적 현상과 근대적 현상이 충돌하기도 하고 공존하기도 하던, 혼종적인 사태가 문화 형식과 취향 면에서 두드러져 보였던 사례에 해당한다. 공연 주체·공연 형식·공연 공간·관객의 측면에서 전통적인 형식에서 벗어났지만, 근대적이고 자본주의적인 성격으로 완전히 전화하지 않은 혼종적 양식을 지녔다. 따라서 여성농악 공연 주체의 성격과 문화적 위상, 그들이 놓인 사회문화사적인 위치에 대한 구조적 이해 그리고 공연 텍스트와 관객 등에 대한 분석과 해석을 통해 그 혼종적인 특성을 규명할 필요가 있다. 개별적인 조사와 분석 작업을 넘어, 구조적인 차원에서 관점을 새롭게 하여 현상(공연 주체와 공연물, 관객 등)의 문화적 위치를 문제 삼으면서 그 문화적 성격과 위상을 살펴볼 필요가 있다.

여성농악 연구의 지배적인 경향은 제의·노동·군사악이 가진 남성 중심적 성격의 전통적인 농악과 비교하는 데 있다. 즉 여성농악은 사회문화적 변동에 따른 전통문화의 약화 속에서 남성농악이 그 대중적·문화적 영향력을 상실해가는 과정에서 사회경제적 분화와 함께 조성되었던 여성성의 대중적 파급력에 의거한 새로운 변종으로 비교되고 비판되었다. 또한 민중 생활에 밀착된 남성농악, 즉 양식적으로 가무악의 융합으로서 총체적인 성격을 지닌 민중문화의 총화인 전통농악과 구별됨 동시에 전통사회의 연예농악과도 구별되는, 새로운 전문적인 연예농악으로 평가되기도 했다. 그러나 그 새로움이란 것도 문화의 계보 면에서 남성농악인의 주도에 의해 조직된, 상업적이고 예속된 성적 특성이 부여된 연예농악의 근대적 판본이라는 의미에서였다. 각론적인 차원에서는 연행 주체의 활동, 연행 텍스트의 유형과 그 내용 등 공연 전반에 걸친 연구들이 수행되었고 조사와 면담을 통한 자료의 발굴과 소개, 공연자들의 이력과 공연 레퍼토리의 연구도 진행되었다.[27] 최근에 이르러 주요 공연자들을 대상으로 한, 구술생애사적인 작업[28]이 이루어지고 있다. 이와 같이 여성농악에 대한 본격적인 소개 이후, 후속적인 보고와 분석적인 작업도 어느 정도 성과를 내었고 그 과정에서 다각적인 접근도 시도된 바 있다.[29]

흔히 여성농악을 말할 때 여성의 농악 혹은 여성에 의한 농악 등으로 생각하기 쉽다. 농악(암묵적으로 남성농악)과 대비되어 정의되는 여성농악의 명칭에는 성별 정체성에 의해 부여되는 의미망이 손쉽게 가부장적 문화와 여성성의 상품화 속에서 경멸적인 뉘앙스를 띠게 된다. 시대적·지방적·문화사적 맥락을 고려하여 정의하더라도 남성 공연자와 대비하여 이 현상 혹은 용어를 규정할 때조차 그러한 뉘앙스를 비껴가기 힘들다. 이를테면 "여성농악단은 1950년대 말부터 1970년대 말까지 전북지역을 중심으로 발생하여 전국을 유랑하며 호남우도농악과 토막창극, 전통무용, 민요, 판소리 등을 레퍼토리로 공연 활동을 했던, 여성 공연자를 중심으로 구성되어진 유랑예인집단[30]"이라는 정의에서 여성 중심성과 유랑예인집단을 강조할 때 민속연희사 속에서 사당·기생·유녀 등으로 계열화되는 의미망을 넘어서기 어렵다. 따라서 여성농악에 대한 재인식의 차원에서 가장 기초적인 작업은 그 명칭에서 여성과 농악의 의미망을 새롭게 규정하는 일부터 시작할 수 있다.

여성농악에서 여성과 농악은 그것이 출현한 시대의 사회문화적·역사적인 맥락들을 함께 고려할 때 그 위상을 분명히 할 수 있을 것으로 생각된다. 여성농악에서 여성은 공연 주체 혹은 문화생산자로 바꾸어 표현할 수 있고 농악은 공연 텍스트 혹은 장르나 양식으로 대체하여 정의할 수 있다. 문제는 당대 대중이 여성을 어떤 공연자/문화생산자로 인식하고 수용하였는가 하는 점이며 농악을 어떤 장르/텍스트로 수용하였는가 하는 점이다. 그런데 여기에서 수용의 문제가 제기될 수 있다. 당대 대중의 수용 태도에 어떻게 접근할 것인가 하는 문제가 따른다. 이러한 문제는 단지 산술적이고 양적인 접근으로 해결할 수 없다. 산발적이고 지엽적으로 당시의 관객이라고 추정되는 사람들을 만나가며 그 기억을 토대로 문제의 핵심에 접근할 수 없다. 이때 필요한 것은 실제 여성농악을 실행하고 유통시킨 주체의 기억과 그것에 대한 사회문화적인 맥락을 구조적으로 접맥시키는 것이다. 특히 그 현상이 놓인 특정 국면이 함축하고 있는 특이성이 무엇인지를 문화 요소들의 새로운 배치의 문제와 관련하여 이전 시기와 이후 시기의 계열적 위치를 파악하는 일이 필요하다. 당대에 새롭게 출현한 이 공연 주체들의 특수한 성격을 민속문화와 대중문화의 접점 즉 근대 산업사회의 전개와 함께 새롭게 형성된 대중문화의 구조에 대한 이해 속에서 그 문화장의 특이성을, 문화형식과 내용의 국면적 이행과 배치라는 측면에서 다룰 필요가 있다.

한편 최근 나주지역의 풍물 명인으로 회자되는 이주완과 그 자녀 이경화의 풍물 예능도 같은 선상에서 그 혼종적 배치와 특성을 검토할 수 있다. 이주완은 호남창극단을 이끌며 나주·광주·영광·고창·정읍 등지에서 활약했으며 각종 풍물경연대회에 출전하여 좋은 성적을 내기도 했다. 호남창극단은 유랑단체로 보이며 판소리·민요·풍물 등 전통적인 연희를 장기로 약장사와 함께 남도 지역의 시장을 누빈 전문적인 직업 예능단으로 보인다. 특징적인 것은 바이올린도 연주했고 창극과 설장고, 판굿 중심으로 공연을 했다는 점이다. 즉 이주완의 풍물은 좀 더 전문적이고 유기적이며 대중적인 예능으로 탈바꿈한 것으로 보인다. 우리 역사의 1950·60년대가 갖는 사회문화적인 특징들을 고려할 때 이주완 풍물의 문화적 의의는 새롭게 주목된다. 이주완 풍물의 전개 형태가 마을과 마을, 지역과 지역의 전통적인 풍속에 연결되면서도 전통사회 풍물의 존재 방식과 달리, 도시·시장에서 창극단과 약장수 등과 결합한 상업적인 방식으로 나타나고 있는 점도 뛰어난 풍물 예능인으로서 그 활동의 특징을 고스란히 보여주고 있다. 현재 이주완의 예능을 잇고 있는 것은 이경화이다. 특히 현재 전승하고 있는 설장고 예능이 주목할 만하다. 설장고 예능의 제의적 성격과 공연적 성격 그리고 이주완에서 김병환 혹은 오경화로 이어지는 설장고 예능의 형성 속에서 풍물의 문화사적 전개의 특수한 국면을 읽어낼 수 있다. 따라서 그 설장고 예능의 형성과 그 공연 활동을 조명할 필요가 있고 이를 통해 풍물 문화사의 근대적 국면이 지니는 특수한 성격을 규명할 수 있을 것이다.

1) 여성농악의 혼종적 성격과 위상

여성농악의 주요 공연자 중 하나인 나금추는 판소리 광대, 광주천에서 벌어진 굿, 호객 행위하는 약장수의 공연 그리고 태평극장에서 이루어진 국극단의 공연 등과 같은 당대의 전형적인 공연물 혹은 공연자와의 문화적인 조우를 통해서 공연자의 삶을 열망하게 된다. 유순자 또한 "옛날 어르신들이 점드락 쳤던 농악" 혹은 "아버지의 범구놀이와 아버지 또래인 왕센의 북놀이"를 통해 문화적 기본 취향을 형성하였다. 유순자는 구례의 곡우제 행사 시에 들어온 여성농악단의 노랫가락(민요 또는 단가, 판소리 등)에 반해 그 소리를 따라 하다가 어른들의 권유로 장계화와 김정란 그리고 최정팔 등과 같이 살게 된다. 그러면서 그들에게서 민요·단가·소리·시조 등을 4~5년 동안 배우게 된다. 비슷한 시기 나주와 광주를 무대로 강성수와 최막동 (가끔 김오채) 등과 짝을 이루어 농악을 쳤던 이주완의 딸 이경화 역시, 4살 무렵부터 소고놀이를 흉내 내면서 농악을 비롯하여 소리와 춤을 시작[31]하는 비슷한 여성 공연자의 경로를 따라간다.

이와 같이 당대에 여성농악에 입문하게 되는 경로는 흡사하다. 대개 그들이 속한 집안의 내력이나 소속된 사회의 문화적 취향과 깊은 관련을 가진다. 비록 판소리나 국극단 또는 농악단 등으로 나타나는 그 문화적 매개 수단의 차이가 존재할지라도 그것이 가지고 있는 문화적 전통과 정서 및 취향은 매우 동일하다. 그 까닭은 사회문화적 변동에 따른 문화 형식과 구조의 변화에도 불구하고 취향 공중의 문화적 계보가 일정한 시기까지 지속되었기 때문이다. 그렇다면 1960~70년대를 풍미했던 여성농악을 발현시키고 지지하고 존속시켰던 그 문화적 계보는 무엇일까? 그 것은 포괄적인 의미에서 무巫 문화로 생각할 수 있다. 세습무계 잽이꾼과 무녀 혹은 기생으로 이어지는 문화적 계보는 조선시대(혹은 조선 후기)를 비롯하여 일제강점기 그리고 해방 이후 근대화의 과정까지 민속문화(혹은 대중문화)의 근저에서 작동하는 무 문화의 지속과 분화를 보여준다. 이 무 문화의 공연 주체들은 때론 신분적인 굴레에서 계급적 천대를 당하고, 때론 일제강점기 식민지민의 열등한 문화, 그 이후 근대적 계몽 권력에 의해 타자화되어오기도 했지만, 그 억압과 멸시 속에서도 공연 주체로서 자신의 문화적 열망을 제도적인 영역에 실현하고 당대 대중들의 문화적 요구에 공명하여 그 취향에 부합하는 문화적 실천을 수행[32]했다. 이러한 무 문화의 지속과 분화의 흐름 그리고 공연 주체들의 문화적 역량은 1960~70년대를 풍미했던 여성농악을 가능하게 한 문화적 계보를 이루는 핵심 요소들이다.

해방 직후 설립된 남원국악원의 초대 원장은 조광옥이었다. 조광옥의 집안사람들은 국악의 대가들로 내림 무당 집안이었는데, 그 딸 조금앵은 남원 명창이었다. 조금앵의 고모 조계화도 판소리 선생이었고 송만갑·김정문·강도근으로 이어지는 남원 판소리 계보도 그와 관련하여 형성되었다. 여성농악은 2대 원장 이한량이 시작했다. 즉 그는 김억득을 데려와 여성들에게 농악을 가르쳤는데, 그 이유는 국악원 운영자금을 만들기 위해서였다. 이렇게 만들어진 여성농악단은 전국을 누비고 돌아다녔는데, 당시 상쇠는 장복녀(홍도), 수장고는 오갑순 등이었고 안숙선도 여성농악단 창설 멤버로 활동했다. 구성원은 전부 여성으로 30명 정도였다. 소리는 강도근과 김정문의 조카인 김영운이 가르쳤고 농악은 이한량과 김억득이 가르쳤다. 초기에는 걸궁굿을 나가 마당밟이를 해주고 쌀과 돈 등을 받아 운영자금을 마련하였다. 그러다가 가락을 익히고 기량이 늘면서 서울 공연에 나서기도 했다.[33] 춘향여성농악단은 남원여성농악단과 마찬가지로 남원국악원생들로 이루어진 단체인데 강도근의 여동생 강선화에 의해 창립되었다. 강선화는 남원의 천거리시장 내에서 칠선옥이라는 요정을 운영하면서 오갑순, 안숙선 등 남원국악원생들에게 가야금과 병창를 가르쳤다. 당시 남원국악원에는 가야금 선생이 따로 없었기 때문에 원생들은 남원국악원의 강도근에게는 소리를 배우고 칠선옥에 와서는 강선화에게서 가야금과 병창을 배웠다.[34]

　이와 같이 남원을 근거지로 하여 형성되기 시작한 여성농악의 이면에도 무巫 문화를 핵심으로 하는 공연 주체들의 문화적 계보가 드러난다. 주목되는 것은 세습무계 잽이꾼의 역할 비중이 높았던 과정을 거쳐 세습무계 여자들의 역량이 강화되는 패턴이 반복되고 있다는 점이다. 물론 시대적 조건과 구체적인 내용의 측면, 즉 해방 이후 일제에 의해 식민화/타자화된 문화적 잔재의 청산과 민족문화의 정립 그리고 여전히 작동하는 봉건적 굴레(천시와 하대 등)의 흔적 등에서 변화와 차이를 보이지만, 당대 대중의 문화적 취향에 근거한 새로운 문화적 실천의 양상이라는 점에서 그 계보를 함께 공유하고 있다. 특히 공연 주체의 자발성과 적극성은 당대 대중의 취향에 따른 문화의 구성 요소들의 새로운 배치와 결합이라는 점에서 주목된다.

　이 시기 여성이 농악인이 되는 전형적인 과정에서 보이는 중요한 점은 국악 혹은 농악을 열망하게 하는 문화적인 풍토 속에서 자기의 욕망과 자신의 정체성을 실현하기 위해 적극적으로 나서고 있다는 점이다. 나금추의 경우 그녀는 현실의 제약에서 벗어나 꿈을 실현하기 위해 남원으로 이동하여 소리 수련생이 된다. 이 과정에서 남원의 예술인(광대, 기생 등)에 의해 만들어진 여성농악단에서 징수가 되어 선배들과 함께 공연하면서 농악 예능을 습득한다. 비록 오로지 자신의 힘으로 기회를 잡게 되지 않았으나 이 과정에서 자발적이고 적극적인 선택을 하게 된다. 이러한 자발성과 적극성은 여성농악단을 여성 스스로 여성을 위해 주도하는 단계로 나아가게 한다. 물론 그 지역의 예술인들(농악인, 광대, 기생 등)의 다각적인 결합이 필수적으로 수반되지만, 그 결합 관계 속에서 지배적인 위치를 점유하게 되는 존재로 거듭난다. 이러한 존재의 사회문화적 변환에 의해 여성농악이 당대의 중요한 문화현상으로 성립하게 된 것이다.

당대 대중의 환호와 열광과 함께, 부모 없는 떠돌이 고아가 생존하기 위해 벌이는 문화로 여성농악을 인식하는 대중의 염려도 강했다. 이는 공연 주체에게 그들을 천한 존재로 낙인찍는 타자의 시선으로 작용한다. 왜냐하면 그러한 염려는 여성농악이 사회적으로 낮은 계층에 의해 수행되고 향유되는 것이라는 인식에서 비롯된 것이기 때문이었다. 그러나 여성농악이 당대 대중의 민속적인 감수성을 그 시대에 체현한 문화현상이라고 할 때 그것을 수행하는 여성은 무巫 문화의 계보를 잇는 민속적인 공연 문화의 주체로서 그 대중적인 성격과 사회적인 성격을 체현한 존재성을 갖는다. 요컨대 여성농악 공연자는 그 시대의 전형적인 공연적 존재로 여성의 성적 정체성을 구현하거나 상품화되는 존재라기보다 무巫 문화 속에서 계보화된 여러 시대적 판본들을 창조하고 존속시키는 다중적인 존재성의 현실태인 것이다.

여성농악에서 농악은 단지 민속연희의 주요 공연 요소만을 의미하지 않는다. 이 농악이라는 말은 그 언어적 표상을 공유하고 있는 사람들 속에서 역사성을 함축하고 있을 뿐만 아니라 그와 관련된 연희물의 근대적 변용이나 새로운 배치를 함축하고 있다. 거기에는 마을굿·무당굿·탈놀이·풍물굿 등의 굿문화 속에서 생성·존속해온 민속연희의 공연 방식과 양식적 특징이 구조적으로 내장되어 있다. 따라서 농악은 현재와 같이 장르적으로 분화되어 고립된 특정 문화 형식만을 의미하지 않는다. 여성농악에서 농악이라는 명칭은 여성농악단들의 공연 종목을 두루 함축하고 있는 문화적 기표이며 농악이라는 말로 그것을 향유했던 대중의 문화적 취향을 지시하고 있다.

여성농악의 구현은 풍물과 민요, 판소리와 줄타기, 창극 혹은 연극이라는 장르들을 통해서 이루어진다. 남원여성농악단의 공연은 '마쭈마리 → 이로꾸미 → 남도민요 → 판소리 눈대목 또는 단가 → 연극(토막극) → 농악'으로 전개되었고 전주여성농악단은 '마쭈마리 → 이로꾸미 → 농악' 순으로 공연을 수행하였다. 아리랑여성농악단 이후 대체적인 경향은 '마쭈마리 → 이로꾸미→ 남도잡가/육자배기 → 농악 → 줄타기 → 토막극' 등의 순차적인 공연의 전개가 일반화[35]된다. 호남여성농악단의 경우 끝무렵에 서커스단과 결합하면서 풍물과 소리 혹은 가요, 서커스단의 현대적인 곡예와 신파극조의 근대극 등을 공연 종목으로 상연하기도 하였다. 이 과정에서 공연을 구성하는 요소들은 타악과 관현악, 춤과 노래 그리고 놀이와 연극 등으로 나타난다.

유순자가 기억하는 여성농악단의 공연 종목은 농악(남녀 혼성), 연극(토막연극 이조극), 줄타기(재담), 서커스(곡예), 트로트, 캉캉춤, 훌라춤, 현대극 등이다. 나금추가 전하는 여성농악단의 공연 종목도 서커스를 제외하고 보면 유사하다. 즉 농악과 판소리가 기본 공연 예능(종목)이 되고 그 응용으로 연극을 상연했다. 그런데 이 연극은 이조극과 사극 두 유형으로 나뉘며 나금추에 의하면 약장사를 매개로 하여 공연 종목으로 갖추어져 실

현되었다. 초기에는 대본에 의거하여 연극을 상연했고 공연의 과정에서 그 기능이 숙련됨에 따라 즉흥성까지 가미하게 되었다. 주목되는 것은 여성농악에서 농악은 시대를 달리 하여 형성된 양식(혹은 장르)들이 농악이라는 개념 속에서 융합되거나 동시적으로 존재하고 있다는 점이다. 그 성격 또한 민속적이면서 대중적인 양상이 혼용되어 구현되고 있다.

　여성농악으로 융합되거나 장르적으로 병행한 양식들은 볼거리가 많은 극장이라는 공간에서 가득 찬 구경꾼들을 대상으로 하여 이루어졌다. 이 양식들은 굿판에서 이루어지는 문화적 경험과 상통하는 것으로 악극(혹은 가극)·창극·국극 등이다. 이러한 양식들은 여성농악인들에 의해서도 직접적으로 언급되고 있다. 1950~60년대를 풍미했던 여성국극단과 악극단의 쇼 공연 등은 이전 시대와 달리 공연 관람 행위의 화폐적 관계

호남여성농악단(2022)

를 습득하고 체화하는 근대문화의 성격을 지닌 것이기도 했지만, 관객의 눈으로 직접 실물을 현장에서 보면서 공감하고자 하는 욕망의 표현이자 전통적 문화 관행의 지속이었다.

여성농악단은 악극·창극단·여성국극단의 계보를 잇는 대중적인 예능집단이었다. 이전 시기의 대중적 호응과 취향에 조응하여 생성된 공연 양식들로 악극·창극·국극의 장점들을 두루 수용하고 있다. 음악과 연극 등의 장르적 특징을, 노래와 춤 그리고 연기 등의 기예능으로 구현한 악극과, 판소리를 토대로 그 장르를 변형하여 대중의 사랑을 받았던 창극, 여성 국악인들이 지니는 배우로서 장점을 극대화한 여성국극[36]은 여성농악단의 공연 주체·공연 방식·공연 종목 등에 반영되어 있다. 뿐만 아니라 이전 시기의 공연 양식들이 포함하고 있지 않은 현대적인 성격도 그 안에 포함하고 있다. 물론 그 현대성이 대중이 처한 사회적 조건과 그에 따라 재구성되는 취향 혹은 새롭게 생성되는 문화적 취향(미디어 기술의 발전에 따른 매스미디어에 흡인되어 구성되는 취향)에 조응하여 장르의 재구성적 융합과 변형으로 나타났으며, 그러한 시도가 결국 실패로 귀결되었지만, 여성농악에서 농악의 장르적 특성은 문화혼융 혹은 탈장르적 성격을 지니면서도 민속적인 습속에 바탕하여 새롭게 구성된 대중적인 문화적 성격을 지닌 것으로 평가할 수 있다.

여성농악의 주체적 성격과 양식적 특징은 대중 취향의 사회적 변화를 따라 역사적으로 구성되면서 이전 시기의 존재와 현상들을 기반으로 하거나 포섭하여 융합하는 경향으로 나타난다. 이를 전통성·창조성·현대성·혼종성 등으로 범주화해 그 다중적이면서 통합적인 양식적 위상을 살펴볼 수 있다. 먼저 전통성은 그것이 밀접히 결합된 공동체에서 성장한 것이며 기본적으로 그것을 수용/향유하는 사람들의 사회적 지위와 그들의 취향을 발현한다는 점에서 찾을 수 있다. 다시 말해 민속문화의 전통 속에서 새로운 형태를 띠고 나타난 유랑예인 전통의 지역적 반영이

며 지역의 민속문화적 전통을 보존/전승시키는 주요한 통로였으며 그
속에서 지역민들은 자신들의 문화정체성을 발현/실천하였던 것이다. 둘
째 창조성은 존재들의 특성이면서 양식을 존속케 하고 새롭게 하는 특성
이다. 여성농악단은 이전 시기의 광대와 기생 및 농악인들에게서 습득
한 기예능과 예술정신 그리고 공연 형식과 내용의 조합 면에서 새롭게(대
중의 변화된 취향에 조응하여) 혁신하는 과정에서 형성된 창조적인 문화현상
이었다. 계보 면에서 세습무계의 전통이 각 시대의 분화에 조응하여 변
형·창조되어온 기존 양식들을 계승하고 혁신한 당대에 전혀 새로운 예
술 양식이었다. 셋째 현대성은 그 운영의 상업적 방식에 있고 화폐경제
의 이윤 동기에 의해 사업적으로 기획되었다는 점에 있다. 또한 각자의
역할이 분명하게 분업화된 협업 방식으로 경영되었으며 효율성과 기능
성을 당대의 물적 조건에서 극대화한 공연 시간, 레퍼토리, 극장 공간과
설비 그리고 문화행정과 결합한 당대에 가장 현대적인 민속적 공연 양식
이었다. 넷째 혼종성은 양식의 융합과 병렬적 결합 그리고 공연 요소들
의 이접적 혼합에 있다. 여성농악단은 광대(혹은 잽이꾼)과 기생(혹은 권번)
그리고 약장수를 매개로 구극과 신극, 민속문화와 대중문화의 요소들을
민속문화를 중심으로 혹은 당대 대중의 역동적인 민속적 감성의 변화에
민감하게 반응하면서 재구성한 혼종적인 민속적 예술 양식이었다. 특히
약장수 공연은 호객 행위의 볼거리로 대중 취향에 부합하는 대중문화로
서 여성농악의 위상을 반증해주는 것이라 하겠다.

　"어떤 유형의 문화이든 모든 유형의 문화는 상징의 집합체일 뿐만 아
니라 사회체제이다. 다만 각 문화유형들은 주요 문화 참여자들, 즉 예술
가, 사업가, 수용자 그리고 비평가들이 서로 어떻게 상호작용하는가에
따라 상이"[37]할 뿐이라는 측면에서 보면 여성농악은 사회체제의 변화와
재구성의 과정 속에서 관련된 문화 참여자들이 당대의 주요한 요구에 자
신의 욕망을 투영해가며 만들어낸 문화이다. 그것은 대중의 삶의 흐름

과 분리되지 않은, 그 흐름 속에 존재하면서도 창조적인 욕구와 전문성을 그 안에 갖추고 있는 것이었다. 또 그것은 수용자의 규모나 특성을 중시하면서 많은 사람들에게 가까이 하는 예술이었기 때문에 민주적[38]인 문화였다. 그러한 의미에서 여성농악은 개념적으로 혹은 유형적으로 산업사회의 소비적이고 수동적인 대량문화mass culture와 비견되는, 다소 실천적이고 능동적인 대중문화popular culture에 해당한다. 포퓰러 컬처로서 대중문화는 일반적으로 많은 사람들에게 넓게 확산되어 있으며 그들에 의해 동의되고 있는 상태[39]에 있는 문화로, 본질적으로 현대의 테크놀로지와 화폐경제에 의해서 창조/재구성되는 민속문화를 의미한다. 이러한 형태의 문화는 공연 주체와 수용자 대중의 관계가 밀착되어 있다는 점에서 민속문화와 같지만, 사업가가 개입하는 새로운 현상에 의해 그 차이를 드러낸다. 상당히 동질적인 수용자들의 욕구와 소망을 따르기는 하지만, 그래도 항상 개인적 표현을 위한 폭넓은 여지를 지닌 문화로 수용자와 사업가의 영향에도 불구하고 예술가의 개성을 구현[40]해낸다. 요컨대 여성농악은 공연 주체와 수용자 대중의 역동적인 커뮤니케이션 과정 속에서 생성된 문화로 유기적 공동체성을 당대적인 방식으로 표현한 것이며 수용자들에게 밀착되고 조화[41]되는 가치를 추구하는 대중사회에 기반한 민속문화의 변신이자 창조물이라 하겠다.

한편 1960년대부터 70년대까지 전통적인 문화가 기반하고 있는 사회문화적 토대와 대중의 취향이 존속하였다. 뿐만 아니라 일종의 문화적 혼종성이라 할 수 있는 현상이 나타났다. 예를 들어 1960년대와 70년대 사이 대중적인 풍물굿 형식이 나타났다. 그것은 공연 형식 면에서 곡예적 요소를 강화하였다. 즉 12발 상모의 연행판 안에서 격자 형식으로 들어간 어린아이의 설장고 공연이 있었고 상쇠가 무동을 태워 상모를 돌리게 하면서 쇠놀음을 하였다. 또 하모니카·풀피리·서양악기 등과 혼합된 연행 방식을 보여주기도 했다. 이는 당대의 문화적 흐름과 대중적 취향에 발맞춘 새로운 공연 형식의 창조적 사례로 볼 수 있고 민속문화의 의미 있는 퇴적층으로 문화적 기억이 될 수 있다. 여성농악의 양식적 특성 또한 이와 관련하여 재론될 수 있다. 요컨대 전통적 가치와 근대적 가치가 교차·충돌·변화하던 그때의 양상을 여성농악이라는 문화현상은 그 기억의 형식 속에 담고 있으며 그 과정에서 진로와 전망을 모색했던 예인과 그 연행 문화의 전형을 보여주는 문화적 의미와 가치를 지녔다고 평가할 수 있다.

2) 풍물 예능의 혼종화 사례와 그 의미

이경화는 당시 나주지역을 중심으로 활동하면서 그 지역의 대중적 인지도가 높았던 풍물예인 이주완의 셋째 딸이다. 그러한 까닭에 어렸을 때부터 아버지의 영향을 많이 받았으며 아버지와 한패를 이루어 활동한 당시의 내로라하는 풍물 명인들의 예능에 접할 기회가 많았다. 이경화는 4살 무렵 몸으로 체득한 풍물 연행의 문법을 아버지와 그의 동료 앞에서 보여주게 된다. 그 이후 본격적으로 주변 어른에게 관심을 받으며 굿가락을 익히기 시작한다. 그런데 이 무렵의 학습은 유전적인 소인이 작용하는 단계로 그녀를 둘러싼 문화적 환경 속에서 저절로 체득한 것이라고 할 수 있다. 이경화의 기억 속에서 풍물 기예의 습득은 4살 무렵을 기점으로 본격화된다. 자라나는 환경이 풍물 문화가 지배적인 상황 속에서 보고 들은 것에 호기심을 느끼며 체득하다가 혼자 연습하는 단계로 나아간다. 그러다가 이경화는 4살 때 아버지와 그 제자들 앞에서 소고놀음을 선보여 주목받게 된다. 이주완 풍물패 설장고수인 강성수의 가락에 맞춰 소고놀이를 연행하는 어린 이경화를 대견스러워 하는 주변 어른들의 평가는 풍물 공연자로서 자신의 이력을 보증하는 하나의 사건으로 기억 속에 각인되어 있다.

그러나 이 사건 이후 이경화는 아버지와 갈등하게 된다. 아버지의 허락이 있기까지 시련을 겪게 된다. 이주완은 딸의 재능을 인정하면서도 그것이 가져올 생활의 곤경과 사회적 편견 때문에 풍물에 대한 관심을 끊고 공부에 열중할 것을 종용한 것으로 보인다. 그 연유는 "끼가 있어서 치기는 치는데, 아부지는 나 혼자로 족하다. 할아부지한테 대접도 못 받"는 "그지(거지) 생활"은 "나 혼자로 족하다. 왜 너까지 해야…"라는 말에 잘 나타나 있다. 거지 생활로 평가절하되는 당시의 풍물예인의 삶이 자녀에게 이어지게 하고 싶지 않았던 것이다. 이경화의 풍물에 대한 열정은 아버지와 그 동료들의 풍물 예능을 좋아하며 따라 하는 단계에서 꼭 하고 싶은 혹은 반드시 해야 하는 단계로 변화한다. 이주완의 심한 반대에도 불구하고 이경화는 어떻게든 아버지의 허락을 얻어내어 이주완 풍물패를 따라다니며 소고춤을 추고 싶어 한다. 그러한 열정은 눈 내리는 추운 겨울 벌거벗은 몸으로 밖으로 쫓겨난 이경화가 깨진 장독 속으로 들어가 결국 병원에 입원하게 된 일화 속에 잘 나타난다. 이는 일종의 통과의례적 성격을 지닌 사건으로 이경화는 이후 아버지 이주완의 허락을 받아 본격적으로 소고춤을 지도받아 어른들과 풍물 공연에 합류하게 된다. 이경화는 "4살 때부터 소고를 치기 시작해서 오로지 이것만 좋았지. 사춘기도 한번 없었어요. 애들 고무줄 하고 놀고 하는 시절이 없었어요"라고 말한다. 이는 풍물에 대한 재능만큼이나 의지와 열정이 강했음을 뜻한다. 어린 나이에 그만큼 소질과 열정 그리고 의지가 있었기에 소질 있는 나이 어린 신동에서 소고춤꾼으로 성장하여 국악대회에 개인 소고춤으로 출전하기도 했으며 7살 무렵 오경화 국악예술단에 소속되어 활동하기에 이른다.

　　당시 이경화의 풍물 예능의 공연 형식은 당대 풍물 문화 향유 대중의 취향과 조응한다. 설장고 놀이는 개인보다는 단체로 하는 방식이 선호되었으며 개인 설장고 놀이는 이경화의 독무대로 꾸며졌고 곡예성이 발달된 공연 방식이었다. 이러한 이경화의 곡예적인 설장고 개인놀이는 풍물판에 둘러싼 많은 대중들의 호응을 얻었다. 이를 통해 당시 대중들이 풍물판에서 기대했던 공연이 어떠한 형태였는지 미루어 짐작할 수 있다. 이경화가 소고를 치다가 장고를 치게 된 계기는 최막동의 권유에 의한 것이라고 정득채는 기억하고 있다. 그의 구술은 이경화가 최막동에게 풍물이 연행되는 현장에서 장고 예능을 배웠음을 시사하고 있다. 이경화가 함께 한 당시의 풍물 공연자는 아버지 이주완을 비롯하여 최막동, 강성수, 김오채, 김회열 등이다. 비록 이경화가 "저는 최막동씨나 설장고 치시는 김회열씨나 김오채씨나 강성수씨나 그분들한테 한가락도 배운 적이 없어요. 같이 쌍장구를 쳤"다고 강조함에도 불구하고, 또 "장고 누구한테 배웠냐 헌 게 나 자작으로 했"다는 말이 사실이라고 하더라도 당시 함께 공연했던 장고 명인들이 어린 이경화의 설장고 예능을 형성시킨 선대 예능인이라는 점은 분명하다. 왜냐하면 전통적인 풍물 연행의 기능 전수 방식은 1:1(면 대 면)의 형식이 아니라 계속되는 현장의 굿판에서 함께 공연하면서 서로 전하는 '상전'의 형식이 지배적이었기 때문이다. 즉 직접적으로 아버지 이주완으로 이어지는 전승 계보와 함께 이주완 풍물패의 장구잽이들인 최막동, 강성수, 김오채, 김회열 등으로 이어지는 전승 계보가 이경화 설장고의 기본 바탕을 형성하였다. 이러한 기본 바탕 위에서 이경화는 아버지를 통해 혹은 춤 선생인 오경화를 통해 알게 된 김병환의 설장고 가락을 수용하면서 좀 더 예능적으로 발전한 기능을 습득하게 된다. 다시 말해 이주완 풍물패의 장고 가락에서 김병환 설장고 가락으로 변화되는 새로운 전기를 맞게 되었는데, 이는 이주완 풍물패 가락의 토대 위에 김병환 설장고 가락의 다양성을 수용하는 방식으로 이루어졌다.

이주완 풍물패의 장고 가락에 김병환 설장고 가락이 얹혀지는 변화는 "'24가락 혹은 홑가락'에서 '48가락 혹은 겹가락으로'"라는 말로 설명되고 있다. 즉 홑가락은 이주완에게서 배워 완성되고 그 토대 위에 겹가락의 좀 더 진전된 장고 가락이 김병환에게서 수용되어 이경화 설장고 가락이 만들어졌다고 설명된다. 김병환은 서울에서 활동하다가 다리를 다쳐 처가인 진주 사천에 내려가 있으면서 자신의 기능을 전수할 제자를 찾고 있었던 것으로 이경화는 기억하고 있다. 제주도 해녀춤을 장기로 하는 동료 무용가에게서 김병환 설장고 가락을 접한 이경화는 아버지를 통해서 김병환의 이력과 사는 곳을 확인하고 사천으로 향한다. 사천에서 일종의 오디션을 치루고 합격하여 그때부터 약 2년 동안 김병환에게서 설장고 가락을 사사받게 된다. 이주완의 수제자인 박남기와 함께 한자리에서 이경화는 김병환에 대해서 다음과 같이 설명하기도 하였다. "김병환씨는 우리 농악계에 계신 분이 아니라, 그분은 서울에서 이 설장고만 당신이 창작을 만들어갖고 48가지 겹가락을 만들은 분"이며, "서울에서 말 듣고 김병환씨를 알게" 되었으며 또 "오경화 선생님한테 있을 댁에 내가 설장고를 잘 치니까 48가지 가락을 친 김병환 선생님 있다는 그 말을 (오경화 선생님한테) 듣고" 찾아간 것이라고 했다. 요컨대 오경화 국악예술단(혹은 극동무용단)에서 김병환을 알게 되었고 이 사실을 아버지를 통해 확인받아 김병환을 찾아감으로써 이경화 설장고 형성에 새로운 전기를 마련하게 된 것이다. 이는 이경화의 장고 예능이 아버지에게서 최초 습득되고 김병환에게서 완성되었다는 점도 함축한 것으로 이 과정에서 그리고 그 후에 오경화 국악예술단에서 다양하게 습득한 춤 기능이 설장고 기능과 접목되면서 현재의 이경화 설장고 가락이 형성되었음을 의미한다.

이경화가 활동한 오경화 극동무용단은 다양한 전통춤을 장기로 활발한 공연 활동을 전개했다. 극동무용단은 오경화가 개인적으로 소유한 무용 단체로 오경화는 최승희에게 사사하였다고 한다. 장기는 장구춤, 부채춤, 초립동이었고 그 외 작품으로 승무·살풀이·한량무 등이 있었다.

이경화는 오경화로부터 3년 동안 그 춤을 다 배웠다고 하며 그 이후 안무자로 오경화 극동무용단에서 활동했다. 오경화 극동무용단은 춤을 장기로 하면서도 다양한 전통 공연 예술단과 합동 공연도 했다. 당시 이경화는 오경화 극동무용단 활동을 하면서도 아버지 이주완과 공연 활동도 병행했다. 그 과정에서 함께 한 사람들이 홍갑수, 공대일 등이었고 소리꾼 박동진도 극동무용단 활동을 하면서 만나게 되었으며 오정숙과도 왕래하였다. 이경화는 이러한 소리꾼들과 접하면서 판소리와 창극을 접하게 된다. 홍갑수로부터 창극 판소리〈선녀와 나무꾼〉을 배우게 되는데, 그때 나이가 9~10살 무렵이었다. 또 박동진에게 13~14살 무렵 소리를 배웠으며 오정숙과 왕래하며 동초제 판소리도 전수받고자 했다. 그래서 오정숙에게서 두 달 넘게 배웠으나 한바탕을 다 떼지 못하고 한 대목을 전수받는 것에 그쳤다. 그러한 연유로 현재에도 동초제 판소리 명창인 민소완에게 어릴 적 못다 한 판소리를 전수받고 있다.

이경화는 오경화 극동예술단 활동과 아버지 이주완 풍물패 활동 속에서 그 기예를 전수받고 연마하여 이를 확장 발전시켜 왔다. 이경화의 기예는 춤의 요소 혹은 다양한 예술적 요소가 가미되어 기능적으로 보다 완성된 형식을 확보한 것으로 보인다. 특히 풍물 공연의 한 요소인 설장고를 작품 장고로 한 차원 발전시켰음을 알 수 있다. 이는 오경화의 전통무용을 습득하여 이주완 풍물패의 장고 가락에 적용시켜 그 예능을 정교화시켰으며 여기에 김병환 가락의 다양한 기교를 덧붙여 창조적으로 변용하여 이경화제 설장고춤으로 정립하였던 것이다. 이경화 국악 활동은 크게 보면 아버지 이주완패와 오경화 극동무용단에서 활동한 시기, 아버지의 죽음 이후 파동을 겪으며 침체된 시기, 아버지를 몸주신으로 모시며 지역의 국악예술계에서 지니는 아버지의 상징적 가치를 활용한 모색기 혹은 재생기 등으로 구분해볼 수 있다. 이경화 국악예술단은 이러한 이경화의 국악 활동의 궤적 속에서 형성된 것으로 활발한 공연 활동을 전개해나가고 있다.

　이경화의 국악 활동이 가장 왕성했던 시기는 아버지 이주완과 함께 했을 때였다. 이 시절 이경화는 본인의 장기인 설장고와 춤 그리고 소리를 비롯한 국악 예인으로 성장해갔다. 이 시기는 1960년대부터 70년대에 이르는 시기로 전통적인 문화가 기반하고 있는 사회문화적 토대와 대중의 취향이 존속되고 있었다. 이 시기의 활동을 통해 이경화는 풍물 공연자에서 전통춤꾼 그리고 소리꾼 등 종합예술국악인으로 자신의 활동 기반을 확장해갔다. 전통적인 예술적 형식을 토대로 좀 더 대중화한 공연 예술 형식과 내용을 만들어 갔다. 당대 국악 분야 명인들과 함께 했으며 그 과정에서 자신의 국악 세계를 구축해갔다. 이경화의 국악 활동은 이주완패에 집중되어 있었다. 오경화와 함께 한 활동은 무용 발표회나 초청공연 또는 해외 공연 등으로 정리된다. 극동에 소속되어 활동하다가도 이주완패의 경연대회나 지신밟기 등이 있으면 항상 내려와 참여했다. 꽃 피는 민속백일장은 임시적인 지방 공연이었는데, 여기서 박동진을 만나 판소리 수업을 받기도 했다. 이는 공연 활동을 매개로 인적 교류가 이루어지고 이를 통해 예능의 확장이 이루어지고 있는 장면으로 문화의 전승과 예능의 계보가 형성되는 일면을 유추해볼 수 있다. 이 또한 상전의 과정이다. 이주완패는 여러 경연대회에 참가하여 우수한 성적을 내면서 그 이름이 알려졌다. 대학 동아리 전수 활동도 그 과정에서 이루어졌다. 이주완과 둘째 딸 이한성이 농과대학생들을 대상으로 하여 이주완 풍물을 전수하였고 이경화는 전남대 학생들이 대회에 참가할 때 패를 구성하여 함께 출전하기도 했다.

　이경화의 왕성한 국악 활동은 21살 무렵에 침체기를 맞는다. 그 원인은 아버지의 죽음이었다. 이주완이 운명할 즈음만 해도 이경화는 일본 엑스포만국박람회 기간 동안 해외 공연을 하는 등 분주하게 지낸다. 그러다가 극동무용단 소속으로 일본에 가서 공연을 하고 돌아온 뒤 얼마

지나지 않아 부친이 사망한다. 이경화는 아버지의 시신을 접하는 순간 기절하고 만다. 그리고 3시간 만에 깨어난다. 훗날 이경화는 부친을 몸주신으로 받게 되는데, 이러한 경험이 그 최초 사건으로 기억 속에서 회상된다. 시신을 접한 순간 혼절한 이경화는 부친의 상여가 나갈 때 신이한 체험을 한다. 이경화는 "꽃상여를 해가지고 전대 학생들이 매고 가는데, 그 상여에서…하얀 마포에다가 기둥 짚고 곡하면서…정신없이 따라가는데, 하얀 상여 꽃 한 송이가 머리에 떨어져서 머리에서 안 떨어진 거예요. 상여에서 떨어진 꽃이. 그런 것들을 다 종합해서 보니깐…저한테 오신 것 같아요"라고 회상하기도 했다. '하얀 상여 꽃 한 송이'는 아버지 이주완을 상징한다. 아버지의 화신인 꽃 한 송이가 이경화의 머리에 내려 떨어지지 않음으로써 부친과 딸은 죽음으로 인한 이별·분리·결핍의 상태를 극복한다. 이 상징적 사건은 이후 구체적 체험으로 확장되어 간다. 즉 "공연을 하러 가야 하는데, 딱 아침에 일어나니깐 눈썹이 안 그려"지고 "공연장에를 가면은 공연이 캔슬"되어버린다. 아무런 이유도 없이. 또 "꿈이 아니라 실질적으로. 잠을 자면 일어나라고 그래요. 그러면 저 혼자 일어나요. 다른 사람이 보면 저 혼자에요. 그런데 저는 앞에 아버님이 있어요…단원들이 자다가 제가 일어나서 대화를 하고 있어요."와 같은 증상이 나타난다. 이경화는 이런 일과 함께 3~4년 고초를 겪으며 침잠해갔다. 부친의 죽음 그리고 이후 결혼과 함께 고난이 시작되어 서울에서 포항·광주 등지로 이동하면서 파란을 겪다가 다시 광주로 돌아오게 된다.

이경화는 광주로 와서 부친과 관련된 자료들을 찾고자 했다. 가족들이 가지고 있던 상장과 사진 등 여러 가지 자료들은 아버지의 죽음과 동시에 불태워졌다. 당시 부친의 죽음과 함께 풍물예인으로서 곡절 많은 삶을 청산하고자 한, 남은 가족의 상징적 행위였다. 그러나 상황이 변하여 부친과 함께 활동한 풍물꾼들이 문화재로 지정되고 신의 파동을 겪고

안착하는 과정에서 다시 국악 활동을 의욕적으로 시작하려는 이경화에게 아버지의 이름과 활동 이력은 매우 중요한 상징이 된다. 그래서 이경화는 다각도로 부친의 위상을 정립하기 위해 노력하였으나 별다른 성과를 얻지 못하고 있다. 이 시기를 이경화 국악 활동의 모색 혹은 재생기로 정리할 수 있다. 1990년대부터 현재까지 이어지는 기간으로 부친과 자신의 문화적 위상을 지역 속에서 정립하려는 공연 활동을 적극적으로 전개해간다. 이 과정 속에서 이경화 국악예술단이 만들어지게 된다. 좀 더 조직적이고 체계적으로 활동하면서 한 편으로 부친과 자신의 풍물 예능을 전수시키는 교육 활동도 하게 되고 다른 한 편으로 공식적 인정을 받기 위한 활동도 하게 된다.

주목되는 것은 침체를 벗어나 활력을 모색하는 1990년대를 거쳐 2000년대에 매우 다각적이고 왕성한 활동이 이루어진다는 점이다. 특히 이경화 국악 인생 기념 공연을 하기도 하고 사단법인 단체로 한민족전통민속예술연구회를 등록하여 그 회장에 취임하기도 한다. 그리고 그 산하 단체로 이경화국악예술단을 창단하면서 단장으로 취임한다. 또 해외 공연이 추진·수행되고 해외 명사들이나 단체로부터 명인 수상이 이루어진다. 지역사회단체와 연계한 활동들도 벌어지고 공연 기획과 연출 그리고 공연 후 수상이 이루어지기도 한다. 이러한 다양한 활동들이 이경화국악예술단을 통해 좀 더 조직적으로 이루어지게 된다. 이 과정에서 현재 이경화의 남편인 박홍철의 관여와 조력도 중요했다. 2000년 즈음 박홍철은 이경화를 우연한 소개(혹은 신의 인도)로 만난다. 이 만남을 계기로 하여 꾸준히 관계를 지속해오면서 이경화 국악예술단 활동에 관여하게 된다. 이경화 국악예술단은 한민족전통예술연구회의 산하 단체에 소속되어 있다. 주로 공연 활동은 이경화국악예술단 이름으로 하고 있다. 90년대의 활동이 주로 개별적이고 임시적인 성격의 것이었다면 사단법인을 등록하여 창립한 국악예술단은 적절한 기획과 연출을 통해 이경화로 수렴되는 이주완 풍물 문화의 전승과 보존을 한층 강화하고자 한 데서 그 특징을 찾아볼 수 있다. 다시 말해 국악예술단을 창단하기 전 "1996년에 35주년을 했고, 90년도에 해남에서 전영록씨 엄마 백설희씨, 현인씨 국악하고 가요하고 공연을 했는데, MC"도 봤으며 전문적으로 하지는 않았지만, "우리 기획사 동국예술기획에 박동국 대표, 마약 퇴치 차원에서, 사설 조직에서 홍보활동 차원에서" 유명한 국악인들을 초빙하여 공연을 했는데, 이경화는 대부분 설장고 공연으로 참여했다. "1~2년 사이의 공백은 있지만, 활동은" 꾸준히 해온 셈이다. 그렇지만 이때의 공연 활동은 "마약퇴치운동 공연도 허고. 캠페인 차원에서, 정화 활동 차원에서. 옛날에는 많"았던 "그때 그런" 것으로 비하되는 성격의 활동이었고 본격적인 활동은 2000년부터 이루어졌다.

이경화는 나주 진동농악에 관여하고 있는데, 1주일에 한 번 정도 풍물 강습을 하고 있다. 나주 진동농악은 아버지 이주완으로부터 마을 농악에서 좀 더 세련되게 변모한 성격을 지닌 것으로 이주완을 매개로 이경화와 연계되고 있다. 이전의 제자 양성 혹은 교육 활동이 주로 한시적인 데 그쳤다면 현재의 국면에서는 이주완 풍물을 매개로 하여 좀 더 체계적으로 모색되고 있다. 특히 전문적으로 활동하던 젊은 풍물패들과 교육적 연계가 강화되고 있다. 대표적인 사례가 굿패 마루의 사례인데 진준한·이세라·정희정·유성일·위정석 등이 함께 하고 있다. 이 중 수제자로 인정되는 단원이 진준한이다. 진준한은 광산농악단원으로도 소속되어 있으며 거기에서는 북잽이로 활동하고 있다. 굿패 마루는 다양한 활동 경력을 지닌 전문 공연자들로 설장고의 경우 김병섭류와 윤중림류를 사사했다. 주목되는 것은 수제자로 인정되는 진준한의 풍물 예능이다. 이주완 풍물의 곡예적 성격을 나름대로 소화하여 공연하고 있다. 12발 상모와 무동을 태우고 쇠놀음 혹은 상쇠놀음을 하는 등 이주완 풍물의 면모를 되살리려 하고 있다.

이경화 국악예술단에 관여하면서 박홍철은 이주완 풍물을 되살리기 위해 그 역사를 찾아 나서기도 했다. 국가기록원이나 전남도청 등을 방문하여 64년도 대통령상을 받았던 증거를 찾고자 했다. 이는 지역사회나 풍물계에서 공인될 뿐만 아니라 이주완 풍물의 복원 혹은 나주지역 농악의 대표 브랜드로 내세울 수 있는 상징적 힘을 지니고 있다. 그런데 반드시 기록된 사실만 진실성이 있는 것은 아니다. 민중문화가 체계적으로 기록되기 힘든 시대를 산 이주완 풍물패, 비록 상장이나 사진 등의 자료를 남겼으나 그것을 중요하게 생각하여 소중하게 보존할 수 없던 시대에, 입에서 입으로, 소문에서 소문으로 확장되다가 신화화되는 이야기에도 진실성이 담겨 있다. 나주지역을 기반으로 하는 풍물꾼 이주완의 존재나 그가 풍물 명인으로 대중적인 지지와 호응을 받으며 왕성하게 활동한 이력 등은 사실을 넘어 진실성을 담보하고 있는 것일 수 있다.

이경화 설장고와 그의 예술 활동은 세 가지 점에서 전통적인 요건과 현대적인 요건을 갖추어 가고 있는 것으로 보인다. 첫째 정치적 차원에서 그렇다. 최근에 이 정치적 활동은 더욱 강화되고 있다. 그것은 이전 마을 사회에서 풍물굿이 지녔던 정치성의 현대적 변용으로 볼 수 있다. 그 규모도 마을에서 지역으로 확장되었다. 둘째 상징적 차원의 활동으로 나주지역 풍물 문화의 상징으로서 그 위상을 확립하고자 하며 그 중심에는 이주완 풍물의 문화적 위상의 확보 문제가 있다. 셋째 예술적 차원인데 이주완 풍물의 공연 형식과 내용의 복원, 전승, 창조적 변용의 문제와 관련되어 있다.

나주시장의 나주농악에 대한 의지에 대하여 이경화 국악예술단이 거는 기대는 매우 큰 것으로 보인다. 박홍철은 "우리가 민간으로 힘에 한계가 있다. 나는 그것을 절실하게 느낀다"고 말한다. 이를테면 "우리가 대회를 허는데, 시장상, 교육감상, 장관상 백날 해도 못 갖고 온다. 그런데 정치권에서 한 번 선 대갖고 여기 한 번 하면 바로 내려"주었던 경험으로부터 이경화 예술단의 문화적 위상 확보의 문제를 정치적 차원에서 풀려는 경향을 보인다. 또한 이경화의 무속 의례는 선거철과 맞물려 정치적 연계와 유대를 확보하는 정치적 기능을 하기도 한다. 지역사회에서 봉사활동을 적극적으로 전개하기도 하고 다양한 지역사회 단체에 참여하거나 그와 연계하여 이주완의 위상과 이경화 혹은 그 예술단체의 지역적 위상을 확보하려 하고 있다. 이경화 국악예술단과 그 문화 활동이 이러한 정치성을 보이고 있는 것은 "아버지가 오래 살아가지고 뿌리를 다져" 놓지 못하고 "일찍 돌아가시니까 전경환 선생, 딱 잡아노니까, 정득채 선생도 거기로 다 가버리고, 김동언 선생도. 맥이 끊어져 버린" 상황 때문이다. 대개 "약장수 출신들"인 농악꾼들이 문화재가 되어 그 계보가 정립된 상황 때문이기도 하다. 과거 "그런 양반들이 92년도에 이경화가 문화재가 되어야 한다고 다 그랬"지만, "그 양반들은 헐 것이 없으니까 그걸 안 놓고 있어서 문화재가" 이미 되었기 때문에 "느닷없이 2000년대 찾아가서 허니, 그게 되겠어요"하는 체념 혹은 현실 인식과 관련되어 있다. 이경화 예술단의 풍물 문화를 통한 정치적 활동은 이러한 상황에서 그 현실 적합성을 지닌 것으로 주장되고 있는 것이다.

이경화 예술단의 활동이 문화적 위상을 확보하기 위해서는 공연적 혹은 예술적 차원에서 해결해야 하는 문제들이 있다. 그것은 이 지역의 문화적 성향 또는 이념과 관련된 문제이다. 나주농악다운 농악과 설장고를 쳐야 한다는 문화적 이념과 성향은 이경화 설장고를 대하는 이 지역 사람들의 일반적인 평가로 보인다. 이경화 설장고는 나주 풍물 명인 이주완의 풍물 예능을 바탕으로 하여 오경화의 춤과 김병환의 가락이 섞여 독특한 짜임새로 무대화한 설장고춤이다. 그렇기 때문에 예술의 전통성과 현대성이 병존하며 가락에서 이 지역의 설장고와는 다른 맛을 내고 있다. 이 점은 이경화 설장고 예능의 위상 정립과 관련된 문제로 전통성과 현대성이 교차하여 창조적 변용을 이룬 이경화제 설장고라는 인식을 분명히 하고 지역 풍물계의 동의를 확보하는 것이 필요해 보인다. 뿐만 아니라 이주완 풍물 예능의 복원 방향도 이와 병행하여 전통성과 현대성의 조화와 창조에 맞추는 것이 필요하다. 즉 마을 농악의 복원, 풍물 예술로서 판굿의 정립, 근대적 또는 대중적 공연으로서 현대 풍물 문화의 창조적 변용이라는 세 가지 측면에서 이주완 풍물이 지니고 있는 문화적 위상을 정립해나갈 필요가 있는 것이다. 이를테면 전승과 연행의 방향성에서 이주완 풍물의 시대적·대중적 형식, 그 창조성을 전형화함으로써 그 위상을 정립할 수 있을 것이다. 구체적으로 두 가지 방향을 생각할 수 있는데, 변화의 시대에 출현하여 대중적 호응을 얻은 공연 형식, 말하자면 곡예적 요소의 강화, 하모니카, 풀피리, 서양악기 등과 혼합된 연행 방식, 12발 상모의 연행판 안에서 격자 형식으로 들어간 어린아이의 설장고 공연 등의 전통화가 그 한 가지라면 현재의 문화적 흐름과 대중적 취향에 발맞춘 새로운 공연 형식의 적극적인 창조가 다른 한 가지가 될 것이다. 특히 어린 (여자) 아이의 '대견한 혹은 발랄한 예능'으로서 어느 정도 곡예성을 갖춘 설장고 예능도 그 시대를 풍미한 공연적 사건임으로 이의 복원을 위한 모색도 필요할 것이다.

이경화의 풍물 예능은 전통적 성격을 지니고 있으면서도 당대의 사회 문화적 변동과 상호작용하는 과정에서 풍물 연행 문화의 근대적 성격을 한층 발전시킨 것으로 평가할 수 있다. 다시 말해 부친 이주완과 그 딸 이경화를 둘러싼 풍물 연행 문화의 기억들은 1960년대와 70년대 풍물 연행 문화의 퇴적층으로 의미 있는 문화적 기억이 될 수 있다. 이주완의 풍물 예능을 잇고 있는 이경화의 풍물 예능은 전통적인 풍물 공연의 형식에 대한 기억을 바탕으로 근대 연희 문화의 형식들을 포용하고 있다. 이러한 점은 대부분의 풍물 복원이 이념적으로 전통 문화적 성격을 지향하는 것과 달리, 사회 구조와 조응하여 변화한 공연 문화의 성격을 보여주는 것이라 할 수 있다. 다시 말해 나주지역을 중심으로 전통적 가치와 근

대적 가치가 교차·충돌·변화하던 그때의 양상을 기억의 형식 속에 담고
있으며 그것은 복원 혹은 전승의 가치를 새롭게 인식하게 하는 중요한
원천이 될 수 있다. 이경화 풍물의 문화적 혼종성은 당대의 문화적 변동
과정에서 진로와 전망을 모색했던 풍물예인과 그 연행 문화의 전형을 보
여주는 문화적 의미와 가치를 지녔다고 평가할 수 있다.

5. 민속/지식 생산의 근대적 재현과 혼종적 재구

1) 이질적인 것들의 절합과 혼종적 (재)생산

지식의 생산에서 문제적인 것은 지식생산의 계기와 순환 과정에서 이루
어지는 코드화와 탈코드화의 계기이며 그에 따라 이루어지는 혼종적인
재현과 변환의 층위들이다. 또한 그 층위들이 비대칭적인 것이라는 데
문제의 중요성이 있다. 지식은 생산과정 속에서 코드화되고 그 공유·해
석의 층위에서 탈코드화되는데, 이 과정에서 지식생산과 소비가 등가적
인 관계를 지니지 않고 탈코드화의 단계에서 또 다른 생산의 계기가 이
루어진다. 따라서 지식은 투쟁하고 변화하는 사회적 현상이 된다. 이를
테면 민속사회에서 신성한 하늘은 기술적 하부구조와 생산관계가 근대
적으로 재편되는 역사적 계기 속에서 근대적 지식 또는 제국과 결합되
어 격자화된다. 즉 제국의 기술적 하부구조와 생산관계에 조응하면서
이전과 다른 하늘 즉 영공領空이 된다. 영공은 국가주의의 시뮬레이션을
생산할 수 있는 스크린으로 변환되어 공중폭격, 자연재해, 핵 공격 등 국
가적 재앙의 가능성을 내재한 공간[42]으로 재현된다. 따라서 제국의 영
공 또는 방공은 자연 그 자체로서 하늘이 근대적 지식 개념으로 변환된

계기 속에서 신경증적 공포와 불안을 동반한 사회적 지식이 된다. 1910년부터 영공주권의 원칙이 유럽 각국에서 입법되기 시작했다. 자국 영공에 대한 배타적이고 완전한 관할권 행사와 비행금지구역 설정이 공통 내용이었다. 1919년에는 영공주권을 상호 보장하고 국제 민간항공을 통일적으로 규제할 수 있는 다자간 협약이 파리국제항공협약을 통해 성문화되었다. 이 조약에 서명한 11개 국가 중에 일본이 포함되어 있었고, 그때 식민지 조선의 하늘은 일본의 영공[43]으로 변환·재현되었다. 이와 같이 하늘에 대한 관념은 특정한 계기에 의해 생산·변환되어 제국의 통치를 강화하는 지식으로 효과를 발휘했다.

개화기에 조선의 지식 형식은 '열리고 강한 나라'인 서구 문명국가와 비교하여 '어리석고 열등한 것'으로 재현된다. 강력한 계몽적 언설 속에서 조선의 풍속은 서구의 문명 지식으로 '온통 고쳐'야 할 낡은 구습으로 표상되고 '새 학문'으로 일컬어진 서구의 지식은 조선과 조선 백성을 '개화한 자주 독립국 백성과 같이' 되게 하고 '동학과 의병이 다시 나지' 않는 국가 질서를 확립하는 것으로 재현된다. 조선의 조혼, 강제 결혼, 불합리한 관혼상제의 제례, 관존민비, 남존여비, 자녀를 자기의 소유물로 아는 것, 부귀한 자의 직업이 없는 것, 모든 미신, 양반·상놈의 계급사상, 비경제적·비위생적 가옥, 의복 제도 등은 당대 조선의 기술적 하부구조와 생산관계에 조응하는 지식 형식을 이루거나 그 지식 형식이 표현된 것들이다. 그런데 계몽의 언설이 강력한 사회적 주술이 되었던 애국계몽기 국면 속에서 반드시 척결해야 하는 '악한 습속'으로 재현되어 "우리를 괴롭게 하고 망하게 한 것과 같이 우리 자손을 괴롭게 하고 망하게 할 것"이므로 "우리 손으로 부수지 않으면 안 될 것"[44]이 되고 만다.

반면 "서양인의 두뇌는 과거 5세기 동안 과로에 피로하여 동서 문화 융합의 대사명이 우리 동양인의 손에 있을지 모른다"면서 서양인의 두뇌가 피로한 그 기회를 이용하여 "조선 민족도 세계 문화사상에 일대 활약"[45]하는 일을 민족적 이상으로 삼자는 주장이 제기된다. 이러한 일련의 흐름은 동서 문화 융합이 암시하는 바와 같이, 1930년대 서구식 개인주의를 비판하면서 강력하게 등장한 집단주의·전체주의·파시즘의 예찬으로 변환되고 만다. 이와 같이 애국계몽기와 일제강점기 국면에서 수용된 서구 지식에 대한 일련의 코드화·탈코드화 과정은 반복·강화·변환되면서 일련의 지식생산 층위를 이룬다. 자기비판과 멸시, 비하와 추종의 태도는 서구 지식을 강력하게 옹호하는 적극적 수용론으로 전개되고 그 과정에서 탈코드화된 입장이 출현하여 조선의 현실에 기초한 신문화 건설이 주장되고 조선 문화의 연구를 강조하는 절충적 수용론이 출현하게 된다. 이러한 입장들의 전개와 변화 과정에서 조선의 풍속은 선별·변형되어 이전과 다른 성격으로 재편된다.

이후 국면들, 즉 해방 직후~1950년대는 반공 국가의 형식적 틀이 마련되고 1960년대는 그 물적 기반이 마련된다. 이후 이념적 지형과 대립 구조의 기본 지형이 형성 분화하게 된다. 민속지식의 생산 또한 이러한 지형과 연동하여 성장주의에 기반한 한국적 민족주의를 강화하는 한편, 그에 대한 대립항으로서 민족·민중주의를 정립하는 데 기여했다. 즉 성장 우선 논리에 정당성을 부여하기 위해 조국 근대화, 민족중흥 등과 같은 민족주의적 상징을 동원하였는데, 그 결과 민족문화의 보존과 발전을 위한 제도로서 무형문화재 제도가 만들어져 제도화된 지식틀 속에서 관련 지식의 생산이 이루어진다. 이러한 민속의 민족주의적 이념화/지식화는 민족문화의 본질화 과정으로 비판되기도 했다. 민족·민중주의적 지식생산은 1980년대 대학의 민족·민중문화 운동으로 집약되어 나타났다. 이는 1980년대 정치 변동과 그로 인해 발생한 강한 긴장 관계 속에서 학생운동 정치의 대중적 동원을 목표로 하는 민중문화, 민중적 공동체를 강조하는 형태[46]로 재현된다.

요컨대 민속지식은 타자화된 민속을 생산해왔다. 지배적 지식체계가 그것을 전유하든, 대항적 지식체계가 그것을 전유하든, 일정하게 주변화된 지대에서 존속해온 타자의 굴절·변형·전치된 언어였다. 근대적 지식은 근대의 보편주의를 구성하는 가치 체계로 자유로운 사유를 보증하고 인간의 보편적 합리성을 표현한다. 이러한 근대 지식틀 속에서 민속은 그 역사적 당위성과 진보적 가치를 보증하는 대립항으로 배치된 지식으로 생산되었다. 이와 달리 근대적 지식은 노동계급 안에서 사람들이 행동의 지평을 인식할 때 비로소 그 역사적 유효성[47]이 인정되었다. 이 경우에 민속은 혁명적 언어로 변환되어 생산되는 지식이 되어왔다. 그러므로 민속지식은 그 타자성이 폭로되거나 은폐되면서 한편으로 지배 체제를 공고히 하기도 했고 다른 한편으로 세계 변혁의 수단으로 활용되기도 했다.

최근 새롭게 전개된 지식 정보 사회의 국면 속에서 민속지식은 이전 시기에 생산된 지식들을 원료로 하여 융합·변형된 일련의 욕망가치로 생산되고 있다. 그 욕망가치에는 국가와 자본의 의도, 대중의 욕망과 정서, 취향 등 이전의 국면들 속에서 생산되었던 의미들이 전유되어 있다. 이 국면에서 사회는 정보기술의 발달에 따라 변화해왔는데, 자동화(1960~70년대)에서 정보화(1980~90년대) 그리고 지식화(1990년대 중반 이후)로 그 변화상이 지칭되어왔다. 이에 따라 사회는 탈신업사회·정보사회·지식사회[48]로 불리기도 했다. 지식사회는 지식이 사회의 핵심 자원이자 구성 원리가 된 사회이다. 그 기저에는 정보기술이 발달하여 사람들이 지식의 생산에 더욱 전념할 수 있게 된다는 인식이 자리해 있다. 그런데 지식의 생산과 이용을 규제하는 사회적 방식의 변화로 인해 지식생태계의 급격한 인위적 교란이 일어나고 있다. 즉 지식사회는 지적재산권 제도의 확대·강화를 통해 지식의 사유화와 상품화가 고도로 촉진되고 있으며 지식을 공유하기 위해 이용할 수 있는 인터넷을 규제 억압하는 정책이 강화되고 있다. 지식의 공유를 통제하고 그 사유화를 촉진하고 있으며 지식산업의 육성이라는 정책적 목표가 강조되면서 지식생태계가 교란되고 있는데, 이는 '좋은 지식'을 제도적·정책적으로 선별·강제하기 때문[49]이다.

현재의 국면에서 지식은 경제적 중요성이 더욱 강조되고 있다. 자본주의 경제성장의 한계에 직면하여 무한한 자원으로서 정보와 지식에 주목하는 지식경제는 새로운 자본주의 모델로 제시되고 있다. 지식 생산력이 국부의 원천으로 인식되고 있으며 그에 따라 국가의 지식 기반을 확충하기 위해서 지식 활동 주체들의 지식 창출과 확산 활동을 지원하는 다양한 정책이 전 세계적 수준에서 활발하게 기획 시행되고 있다. 근대 사회에서 노동자들은 공장에서의 역할을 거부함으로써 자본의 지배로부터 자유를 얻을 수 있었다. 그러나 지식경제는 자본가들로 하여금 잘 조직화된 산업 노동자들을 몰아내고 훨씬 더 유연한 새로운 노동 조직을 창출하기 위해 노동력을 절약해주는 테크놀로지에 투자하고 노동 과정의 기술적 구성[50]을 변형시키고 있다. 무한히 파편화된 인지노동의 모자이크는 보편적인 정보통신 기술의 네트워크 안에서 일종의 유동적인 과정이 되며 그에 따라 노동과 자본의 모습도 재규정된다. 자본이 지구 경제의 혈관을 따라 흐르는 일반화된 기호의 흐름이 됐다면 노동은 서로 연결된 무수한 기호 행위자들의 지성을 지속적으로 활성화하는 것[51]이 되었다.

기호자본주의 경제의 인지적 생산자들은 성공을 향한 각자의 욕망에 돈을 대줄 수단을 주식시장에서 찾으며 각자의 능력·지식·창조성을 투자할 수 있었다. 1990년대 후반에 들어와 첨단기술을 이용하는 생산의 회로 안에서 진정한 계급투쟁이 발생했던 것이다. 네트워크(가령 인터넷)의 생성 과정은 이런 투쟁으로 특징지어졌다. 소프트웨어, 텔레커뮤니케이션, 엔터테인먼트, 광고 분야의 독점 기업들은 집단지성의 노동으로 이득을 취했고 이제는 집단지성으로부터 자기조직화의 수단들을 빼앗아 유연하고 불안정하며 세포화된 종속의 상황에 밀어 넣으려 하고 있다. 자유주의 이데올로기의 열렬한 지지자였던 인지노동자들은 그 이데올로기의 주변화된 피해자가 된 것[52]이다. 이러한 기술적 하부구조와 생산관계 아래 지식노동으로서 민속연구는 지식경제에 포섭되어 있으며 지식생산과 인지노동의 계기가 상호 통합되어 있다. 특히 이윤의 출처가 되지 못하는 지식노동은 쓸모없는 것이 되고 있으며 지식자본으로 호출된 민속지식의 요소들은 다양한 상품 형식으로 변환되어 시장에 공급되고 있다. 특히 '역사적 전통을 지닌 호혜'의 지식을 흡수하여 공유경제라는 자본주의의 새로운 모델을 만들어내고 있다. 한편 지적 역량의 표준화와 네트워크 기술의 진전에 의해 생산되고 있는 지식의 흐름이 있다. 이 흐름 속에서 민속은 시간과 공간, 형태와 속성에 얽매이지 않고 새로운 방식으로 생산되고 있다. 다양한 국면의 형태와 속성을 차용하여 현재의 필요에 대응하는 융합적 지식 형식들이 생산되고 있다. 이는 이질적인 것들을 융합한다는 점에서 '절합'적이고 그것을 통해 새로운 의미와 가치를 생산한다는 점에서 '혼종'적 성격을 지닌다.

2) 지식생산의 식민성과 탈식민성

"지식이란 항상 재현의 문제이다." 지식은 항상 시대적 조건과 상황, 요구와 연관되어 생산되기 때문에 지식은 재현의 문제이다. "재현이란…어떤 기표로 하여금 기의를 나타내도록 하는 과정이다." 재현은 국면성을 지니므로 이전 국면의 기호에 현재 국면의 새로운 의미가 기입되면서 이전과 다른 지식 효과를 발휘한다. 따라서 재현은 항상 권력의 문제이다. 기표에 기의를 기입하는 과정은 권력 혹은 이데올로기 문제와 별개로 생각할 수 없다. 그런데 새로운 기의는 이전 국면의 기호를 활용할 수밖에 없다. 따라서 재현은 그것이 이루어지는 "언어와 문화와 제도 속에 뿌리박고 있"으며 "다른 많은 것들과 연결되고 뒤섞이고 얽혀 있다."[53] 이렇게 볼 때 결국 민속/지식도 재현과 권력의 문제로 귀착되고 토착적인 것을 구분하고 변별해내는 힘과 그 필요에 의해 의미 있는 것으로 배치된다고 할 수 있다.

　민속/지식은 식민지 조건 속에서 통치상의 필요와 그에 조응한 포섭과 저항이라는 문제 속에서 새롭게 의미가 부여되었다고 할 수 있다. 즉 식민통치 또는 외지 경영의 필요성 속에서 외지 민속 또는 식민지 민속이라는 지식 형태 또는 담론이 구성되었다. 이를테면 식민지 모국과 문화가 다르고 식민지 모국의 법률을 적용해서는 안 된다[54]는 인식과 그에 따른 식민통치술의 실천 과정에서 식민지민의 민속이 호명되고 지시, 개념화되어 그 실체를 표상하게 되었다. 이후 예기치 않은 효과로 민속/지식이 구성되었다고 할 수 있는데, 정체성 또는 주체성의 모색과 구성 과정, 제국과 식민의 갈등 속에서 식민지 민속은 저항 담론으로 재구성되고 민족 담론과 결부되어 이데올로기적으로 효과를 발휘했다. 이를테면 식민강점 직전 일본의 군부 세력에 의해 식민지로 규정된 조선에 식민지법의 제정을 위해 민속이 접근되었다. 즉 "조선에 대해서는 그 민정民情, 풍습 및 관습 등에 비추어 문화의 정도에 응하여 주민의 행복을 증진하고 그 지식을 개발함으로써 점차로 내지인민에 동화시키기에 적절한 법제를 반포하여 내지에 동화되기까지 제국내지와는 특수한 통치를 할 필요가 있다"[55]는 기조 아래, 조선(과 대만)에서 구관舊慣조사가 이루어졌다. (대만에 구관조사임시위원회가 조직되었고) 조선에 취조국이 조직된 이래 총독관방참사관실, 중추원, 고적조사과, 종교과 등이 신설되어 일제의 식민지 구관조사가 수행[56]되었다.

　일제는 과학적 식민지주의를 실시하기 위해 조선에 앞서 대만을 실험실로 하는 임시대만구관조사회를 1901년 발족하고 본격적인 구관조사에 착수[57]하였다. 이는 일본의 동양학 가운데 조선학의 토대 구축과 일정한 관련을 지닌 것이었다. 통감부의 구관조사는 식민지 행정에 참고하기 위한 의도가 있었는데, 대한제국의 식민지화를 전제로 한 기초 조사의 일환으로 수행[58]되었던 것이다. 조선총독부는 독자적인 통치를 위한 '외지법(조선 통치법)'을 제정하기 위해 통감부의 구관조사 사업을 계승하게 된다. 즉 통감부 시기의 관습조사가 일본법의 연장 적용에 의한 식민 지배의 가능성을 모색한 기초조사였다면 조선총독부의 구관조사[59]는 일본 국내 명치헌법의 적용 대신, 독자적인 외지법의 체계를 세우기 위한 것으로 일본 군부의 정치적인 의도[60]가 반영된 것이었다. 조선총독부 관제의 개정에 따라 칙령 제22호(1912. 3. 27)에 의거하여 취조국에서 총독관방참사관실(1912. 4)로 그 업무가 이관되었고 1915년 5월 중추원으로 이관되면서 1937년까지 계속되었다. 1918년 9월 중추원에 구관심사위원회 설치되었고 1921년 10월의 관제 개정에 따라 기존에 내무부에 속해 있던 학무국을 총독에게 직속시켰다. 학무국 내 종교과가 조선총독 직속 기구가 되었고 고적조사과를 별도로 설치하여 조선총독부 구관조사 체계는 중추원, 종교과, 고적조사과로 구성되었다. 조선의 현지 사정에 익숙한 조선인들을 취조국의 위원으로 임명함으로써 조사의 효율성을 확보했으며 조사 항목 중 조선 통치에 참고할 만한 구미 각국의 식민지 연구[61]에 주목하기도 했다. 이는 서구 제국의 식민 담론 또는 지식체계와 연동된 것으로 서구 식민주의의 국지적 발현과 확장이라는 점에 그 특징이 있다.

1930년대에 접어들어 만주사변(1932)과 중일전쟁(1937)으로 인해 구관조사는 중지되었지만, 일제는 조사 결과의 발간과 활용에 치중하면서 1934년경에 제창된 '심전개발' 정책의 수행을 위한 활용 가능성[62]을 모색하였다. 이는 전쟁 수행에 따른 식민지 내부의 결속 즉 신민들의 정신적 결합을 위한 것이었다. 다시 말해 일본은 1930년대 세계 경제공황과 함께 만주사변으로 인하여 국제연맹으로부터 탈퇴하는 등 국내외적으로 처한 난국을 극복하기 위하여 1934년 우가키 총독을 중심으로 하는 심전개발 정책을 주창하고 이를 종교적으로 실천해나가는 방안을 강구하게 된다. 우가키는 무라야마 지쥰, 최남선, 이능화, 아키바 다카시 등을 중추원으로 불러 심전개발 정책을 조선의 민간신앙에서 도모하려고 하거나 기독교와 불교 관계자들과 만나 대책 마련에 고심[63]하기도 하였다. 이와 같이 식민통치의 국면들을 거치면서 식민 담론으로 민속지식의 체계가 마련되고 실천되었던 것이다. 대표적으로 무라야마의 작업과 아키바의 작업에 이러한 식민성의 문제가 잘 나타나 있다.

무라야마는 농촌진흥을 목표로 하는 한, 심전개발에 필요한 심전의 인식은 사회 공동성이 가장 농후한 향토신사인 부락제를 살핌으로써 이루어질 것이라고 주장하였다. 식민지 조선의 전통문화는 일반적으로 고루한 미신행위로 적당히 지도하면 선도 가능하다고 보고[64] 무조건 고루한 미신으로 배척·탄압할 것이 아니라 전통의 본질적인 요소인 삶의 희망에 토대하여 그 욕망을 조절·관리·배치해야 한다고 주장하였다. 이는 공동성과 삶의 희망을 핵심 기의로 하여 생산된 당대 지식형식인 민속의 식민적 전유, 식민 담론으로서 지식의 생산이라 할 수 있다. 아키바는 무업의 비유동성과 보수주의 태도를 비유동적 농촌형 사회와 조응시켰다. 그런데 보다 문제적인 시선은 당대 식민지 조선의 도시화가 급속하게 진행되면서 '무의 근대화라는 짓궂은 형상'을 목도하고 있다면서 관련 사례로 경제적 입무와 그에 따른 종교의 이익주의화를 비판한 데에 있다. 즉 이로 인해 식민지 조선의 무속이 붕괴되고 있고 경성과 평양과 같은 도시에서 가제의 목적이 상가의 번창과 경기 회복의 제祭로 변형[65]되고 있다는 것이다. 이러한 비판은 제국통치의 당위성이 조선의 식민지 근대화로 발현되는 과정에서 나타날 수밖에 없는 변화에 가해진 것으로, 제국통치의 필요불가결한 당위에 대한 비판으로 효과를 발휘하는 동시에 조선의 야만 상태의 증명과 어긋나는 식민통치의 내적 결함에 대한 예기치 않은 폭로로 해석된다.

아키바의 비판은 근대와 마주치면서 구별된 미개 상태의 풍속으로 규정된 당대 민중의 실천적·경험적 지식 형태가 일정하게 식민 담론으로 효과를 발휘하는 동시에 식민지 근대화 과정에서 나타날 수밖에 없는 근대 자본주의 문화적 전개를 보여주고 있으며, 식민지 민중의 실천적·경험적 지식 형태의 근대적 전환을 예시해주고 있다. 달리 말해 한 종족의 삶과 사회에 큰 변화가 일어나 그 고유한 문화가 사라져 가는 상황에 직면하여 그에 대한 자료 수집과 조사 연구를 수행하는 과정에서 이전과 다른 종류의 지식이 생성되고 있음을 보여주고 있다. 비유하자면 골동품 수집상과 같은 상인집단에 의해 그 문화가 상품으로, 돈으로 계측 환산되고 있음을 예시하고 있다. 이 과정에서 자본/상품 또는 지식으로 전환된 한 종족의 문화가 시작된다.

파농은 예속된 사람들이 그들의 토착적인 문화적 전통을 주장하고 억압된 역사를 되찾는 것이 매우 중요하다고 생각했다. 그러나 화석화된 식민지 문화 내부에서 정체성을 고착화/물신화하면서 전통의 뿌리가 과거를 로만스적으로 찬양하거나 현재의 역사를 동질화함으로써 군건해진다고 권유하는 일의 위험성[66]도 그는 경계했다. 아키바의 비판에 함축된 식민적 시선은 파농의 이러한 시선에 의해 전복된다. 왜냐하면 아키바와 달리 파농은 토착적인 지식과 근대적인 지식의 실천적 재구성을 통해 식민제국으로부터 해방된 세계의 도래가 가능하다고 생각했기 때문이다. 이 두 가지 상반된 시선, 즉 식민적 시선과 탈식민적 시선은 바바가 강조한 '얼룩덜룩한 사회적·문화적 치환들'[67]을 바라보는 차이라 할 수 있다. 이는 민속지식의 혼종적 기획과 실천을 보는 입장의 차이일 수도 있다. 아키바의 시선은 "역사적 현재에 늘 붙어 다니는 말해지지 않고 표상되지 않는 과거를 충분히 현실화하고 또 책임지려는 시도"[68]와 '사이에 낀' 현실의 경계에 거주[69]하려는 탈식민적 입장과는 화해할 수 없는 적대 관계를 함축한 식민성의 소산이다. 또는 "급진적 순수성이라는 근원적인 대항 신화를 창안"하고 "반항적인 문화적 실천들을 통해 창조"[70]되는 탈식민적 전복성을 은폐하려는 제국의 제유提喩이다.

서구의 민속/지식 개념과 이론이 일본을 경유·외래하여 1920~30년대 사이에 잔존문화 또는 민족문화에 대한 지식체계가 구성되어 현재까지 강하게 지속되고 있다는 점이 비판[71]된 바 있다. 그럼에도 불구하고 제국주의 체제의 전 지구적 확산 과정에서 그 체제를 형성·유지·강화하기 위한, 관련 지식체계들의 한 가지로 형성·구성·실천된 민속에 대한 지식은 제국과 식민 사이의 권력 작용에 따라 동일성과 차이 또는 혼종성과 변환의 궤적을 그려왔다. 이 과정에서 '잔존'은 과거성을 함축하지만 현재성이 강조된 원천이나 전통으로 사실상 그 기표의 함축적 의미가 변화해왔고, '민족'은 제국의 개방성과 다양성을 담보하여 제국의 영역을 확장하는 데서 근대 국민국가의 자주성과 독립성에 대한 열망이 함축된 개념으로 혹은 냉전 이데올로기의 전장으로서 분단 체제가 야기한 모순과 질곡으로부터 해방을 실천적으로 담보하는 개념으로 한 시기를 지나왔다. 때론 문화제국주의의 대항 개념으로 작용하기도 했고, 최근에는 준제국주의 또는 아제국주의의 경제적 욕망이 투사된 지배 개념으로 작동하기도 했다.

민속이라는 개념에 삼투된 이러한 상이한 국면성은 민속연구에서 정도의 차이에 불과하다고 인식할 수도 있겠으나 민속/지식 담론의 실천이 놓인 국면의 정세와 같은 상황적 맥락이 강조될 필요는 있다. 왜냐하면 식민성의 강조는 제국의 권위를 역으로 보증하는 일이 될 수도 있고 현재의 민속/지식 형식을 그 권위에 종속시키는 일이 될 수도 있기 때문이다. 격동적이고 압축적인 한국 근/현대화의 과정 속에서 유동해온 민속/지식 담론 실천의 다양성과 복잡성을 배제하는 결과로 수렴될 수도 있기 때문이다. 요컨대 지식의 지형과 담론장의 구조 속에서 작동하고 있는 실천의 정치성이나 이데올로기 효과 혹은 그 욕망의 굴절과 전도의 양상을 국면적으로 읽어내는 작업 속에서 탈식민적 패러다임의 실현과 그 진전이 가능할 수 있을 것이다.

3) 민속/지식의 변환 가능성과 확장적 지평

식민주의는 역사적 사건이면서도 그 사건을 서술하고 해석하는 방식으로 생각되기도 했고 마찬가지로 탈식민주의도 권력과 지식 또는 물질적 실천과 담론적 실천을 동시에 수반하는 양면적 과정[72]이라고 주장되기도 했다. 민속연구에서 지식생산의 문제는 이러한 탈/식민주의와 밀접히 관련될 수밖에 없는 역사적 과정과 그에 대한 서술 및 해석 작업을 내포하고 있다. 그러므로 탈/식민주의의 물질적 과정과 담론적 과정의 교섭 속에서 생성된 민속적 사건과 지식에 대한 서술과 해석의 작업을 적극적으로 추구할 필요가 있으며 그 영역을 확장하는 데 현재적 의의가 있을 것이다. 민속/지식은 "제자리를 벗어난 관념과 실천이 수정되고, 혼합되고, 여러 형태의 문화 횡단에 맡겨지며⋯토착 문화의 반향들을 탐지하고 명확히 표현하면서 중간적in-between이고 혼종적인 상태에서 새로운 정체성과 원천들을 창출"[73]하면서 축적·변환되어왔다고 말할 수 있다. 더욱이 현재의 지식 구조가 '아날로그에서 디지털로' 정보처리 방식이 전환되고 '독창적 완결에서 재조합으로' 그 구성적 특징이 전환되며 '선형텍스트에서 하이퍼텍스트로' 전환된 조건에서 지식의 유통은 '독점에서 무정부성으로', '국지적에서 전 지구적으로' 확산되고 결과물에 있어서는 과정과 속도가 중시되고 있다. 이러한 전환 과정 속에서 지식 주체도 '개체적 지능에서 집합 지능으로' 전환되어 '육화된 지식에서 탈육화된 지식으로', '기억에서 망각으로'[74] 그 지식의 성격과 지향이 판이하게 달라지고 있다. 특히 지식생산에서 '집단지성'이 강조되고 그 맥

락에서 지식의 소유와 공유의 문제가 생산관계의 모순에 의해 대립·착
종되고 있으며 "역동적이고 참여적인, 지속적으로 검증되고 재확인되는
집단의 사회적 유대"[75]가 강조되고 있다.

　현재까지 민속연구에서 변환에 대한 사유는 민속/지식의 형태 속에
변화를 담아온 역사적 또는 사회문화적 과정에 대한 서술과 해석이 지배
적인 것으로 판단된다. 특히 지식사회 또는 지식경제적 맥락에서 민속/
지식의 자원화 문제를 사유하는 경우에는 고유하다고 공인된 민속/지식
의 형식과 내용적 요소를 근간으로 하여 전통의 현대화·대중화·상품화
를 위한 이론적·실천적 기획이 지배적으로 생각되고 그러한 경향이 강
조되는 국면이 지속되고 있다. 이러한 추세 속에서 지식생산의 지평을
확장하고 그 가능성을 모색하는 일은 변환의 양상을 다각적으로 검토하
고 변환의 과정과 그 속에서 생산되고 있는 형태의 유형과 성격을 파악
하는 작업으로부터 시작할 수 있다. 무엇보다도 변환의 유형들이 지니
고 있는 성격이 지배적인 추세와 근본적인 면에서 차이가 있다면 그 차
이로부터 민속연구에서 지식생산의 변환이 가능한 지대를 그려볼 수 있
을 것이다.

　변환의 몇 가지 사례 또는 그 경향을 예시적으로 검토하고 지배적인
추세와 근본적인 면에서 드러나는 차이에 대해 생각하는 일이 필요할 것
이다. 민속/지식의 생산적 국면은 이중의 계기 즉 코드화와 탈코드화의
층위 속에서 변환을 구조적으로 내장하고 있다. 더욱이 역사적 과정 속
에서 상이한 국면들이 섞이거나 교차하면서 변환의 과정이 다층적으로
전개되어 다종의 지식 형태들이 생산될 수 있었다. 이러한 지식생산의
과정을 전승 및 존재의 차원에서 정리할 수 있다. 즉 전승의 차원에서 보
면 지식생산은 절합의 원리에 의한 융합적 성격을 띠고 있고 존재의 차
원에서는 혼종화의 원리에 의해 그 형태와 내용이 변환되어왔다. 이러
한 절합과 혼종의 원리 속에서 민속/지식의 전승과 존재 방식이 규정될

수 있다. 이전의 지식 형태와 근대적 지식 형태의 절합 속에서 다양한 방식으로 혼종화되는 그 흐름을 다음과 같이 네 가지 방식으로 정리할 수 있다. ① 사회문화적인 변동 속에서 그 형태와 내용/양식과 표현이 변환된 사례 혹은 그 변환이 고착되어 새롭게 전개되는 물질적 변화 과정과 대척하는 양상 및 저항 사례 ② 매스미디어 또는 근대적 문화 형식에 매개되어 재현·변환된 사례(물론 여기서도 그 성격에 있어 대립하기도 하는) ③ 대중문화 또는 대중의 취향과 교섭하면서 텍스트 내적 변환이 지속적으로 강화되는 사례 ④ 사건의 생성 속에서 그 사건의 전개에 적극적으로 개입하면서 좀 더 혼종적으로 그 형식과 내용이 변환되는 사례 등에서 이전과 상이한 민속/지식 생산의 지평이 관찰된다.

① 송만갑의 소리는 이전 시대와 당대의 소리 지형을 급변시킨 사례에 속한다. 송만갑의 소리는 '전래의 법통' 즉 소리 생산의 계기 속에서 그 기반을 붕괴시켰고 소리 재생산의 문법을 공연자와 향유층의 측면에서 해체하고 재구성했다는 당대의 평가를 받았다. 그에 대해 송만갑 자신은 당대의 요구에 부응하는 것이 옳다고 맞대응했다. 그가 강조한 당대의 요구란 19~20세기의 사회문화적 상황 혹은 그 상황 속에 놓인 소리꾼과 청중의 문화적 성향의 변화에 조응해야 함을 뜻한다. 비슷한 사례로 '김성옥-송흥록의 일화'에는 진양조장단의 창안과 그에 따른 소리의 양식적 변환이 함축되어 있고 '송흥록-김세종-송만갑의 일화'는 가문 소리와 파문이라는 언표를 통해 당대의 문화 헤게모니 쟁투를 표현하고 있다. 또한 '신재효-대원군 혹은 신재효-진채선의 일화'에는 판소리 연행 및 전승 집단의 욕망이 투사된 정치성과 그 산물로서 공연자의 존재 혹은 의식의 변환 그리고 소리의 양식적 분화라는 문화사적 특이성의 국면들이 함축되어 있다. 이러한 특이성의 국면들에는 판소리가 놓인 문화적 조건에 대한 소리 생산자와 향유집단의 역동적인 대응이 암시되어 있다. 사회문화적 직능이 신분적으로 구획된 체제의 동요, 상업경제의 확

장에 따른 문화장의 근대적 발흥, 그에 따른 향유 계층의 분화 등이 그 특이성을 발현시킨 조건이자 결과였다. 요컨대 판소리는 민족국가 시대에 창안된 전통적 양식으로 고착되지 않는 생성과 변화, 창조의 계기들을 적극적으로 수렴하여 이전과 단절된 국면들을 포함해온 역사를 지니고 있는 문화다양체로 이해할 수 있다.

그런데 현재의 판소리(를 포함한 전통 예술계)는 이러한 특이성의 국면들을 배척하는 결과를 낳고 있다. 국립국악원의 〈풍류사랑방 금요공감〉 프로그램에 출연 예정이었던 '앙상블 시나위'의 〈소월산천〉 공연의 취소 사건이 있었다. 〈소월산천〉은 국립국악원에서 2015년 3월부터 시작된 기획 프로그램 '금요공감'의 11월 6일 공연 예정작으로 앙상블 시나위와 정재일 안무, 박근형 연출과 극단 골목길이 같이 협업으로 준비하고 있던 작품이었다. '금요공감'은 풍류 사랑방을 활성화시키겠다는 의도로 추진된 프로그램이었는데, 다른 장르와의 콜라보를 내세웠다는 점에서 파격적인 기획이었다. '금요공감'에서 준비하던 〈소월산천〉은 2014년 대학로에서 앙상블시나위와 극단 골목길의 협업으로 공연이 되었던 작품을 재구성한 것으로 앙상블시나위와 정재일의 음악을 중심에 두고 거기에 배우 3명이 소월의 시를 낭독하는 형식이었다. 그런데 공연을 불과 2주 남겨놓은 시점에서 연극적인 요소가 풍류 사랑방의 극장 특성에 맞지 않아 문제가 된다고 했으며 공연을 진행하려면 연극적 부분을 빼고 정재일과 앙상블 시나위만 가든지 아니면 앙상블 시나위 단독으로 공연할 것을 종용했다. 결국 공연은 취소되었다. 이 사건 이후 현재 전통 예술계의 구조적 문제점이 지적되고 있다. 문제의 핵심은 도제식 기풍, 폐쇄적 인맥, 국가의 절대적 역할/영향 등으로 요약되고 그에 따라 비평의 부재, 새로움 혹은 창조력의 고갈, 구조적/제도적 고착 등이 거론되고 있다.

전통 예술계 외부의 문제의식은 비판적인 견지에서 전혀 엉뚱하거나 새로운 것이 아니다. 일제강점기와 한국전쟁기를 거쳐 형성된 분단 체제의 문화장(혹은 지식장)은 내부의 것을 타자화하면서 역동적인 사회문화적 맥락으로부터 민속적인 것을 떼어내면서 재현되어왔기 때문에 전통예술(혹은 민속예술)은 국가의 지원 없이는 독립된 문화생태계를 구성할 수 없는 구조적 문제를 해소하지 못하고 있다. 전통 예술계의 제도적 고착은 현재의 문화시장이 요구하는 새로운 가치 창출에 유용하지 않을뿐더러 문화자본의 지배구조에 대한 대안 형성에도 기여하는 바가 없다. 따라서 해결의 방향은 한편으로 소비사회의 결을 따라 좀 더 대중화한 문화상품의 기획에서 다른 한편으로 대안 사회와 문화 형성을 위한 비판적·실험적 기획에서 찾을 수 있다. 판소리의 발전 경로를 이루어온 특이성에 주목할 때 현재의 문화 상황에 조응하는 기획과 실천이 보존과 더불어 대중적 문화가치의 창출과 대안문화의 형성이라는 긴장 속에서 판소리적 재현의 현재적 의미를 생산·유통·소비의 각 계기로부터 극대화할 때 새로운 경로로서 미래적 가능성을 예시 받을 수 있다. 이를 위해 전통의 보존을 중심으로 위계화한 문화장의 진입 장벽을 낮추는 일, 문화기획·실행과 비평/담론 생산의 분리를 통한 비판적 담론의 용인과 축적, 위계화한 학력자본 축적 경로의 재구성 등이 필요할 것이다. 이를 통해 고착된 봉건성을 탈각시키는 변환이 가능할 것이다.

② 시청률 40%를 웃돌며 인기를 끈 MBC 드라마 〈해를 품은 달〉(2012)에서 배우 전미선이 연기한 무녀 녹영은 흑주술로 사람을 해친다. 성수청은 달이 뜨면 무녀가 찾아드는 음산한 곳으로 재현되고 그곳에서 국무國巫는 부적을 써 나라의 기운을 다스린다. 이와 같이 흑주술로 대변되는 무속적 판타지와 그를 통한 정치적 음모가 시청자의 관심을 끈 요인이었는데, 이 경우 재현의 성격은 부정적이다. 이러한 부정적인 재현은 대중의 상식 속에 고착되어 재생산되는 효과를 양산한다. 특히 MBC 드라마 〈옥중화〉(2016)에 재현된 민속은 현실과 더욱 적극적으로 교차한다. 배

우 유지연이 연기한 무녀는 "간절히 바라면 천지의 기운이 마님을 도울 것"이란 대사에서 현실정치를 패러디한다. 또한 '오방낭'을 저주의 부적으로 쓰는데, 이 또한 현실정치의 음울한 풍경을 오방낭을 통해 반영하고 있다. 드라마에 재현된 민속의 의미는 현실정치의 지평을 넘어 역사적 무대로 소급되어 민속의 이데올로기적 재현 체제를 강화한다. 즉 현실정치의 국정 농단 사태는 드라마의 시대적 배경이 되는 조선시대 명종대의 문정왕후와 정난정의 국정 문란으로 소급된다. 문정왕후와 정난정이 무당에 의지하고 무속을 정치적 수단으로 활용했던 역사적 국면이 현재 국면과 중첩되면서 반복되고 있다. 영화의 경우도 마찬가지의 사례가 있다. 600만 넘는 관객이 본 영화 〈곡성〉(2016)도 유사하게 한국과 일본의 샤머니즘을 재현해놓았다. 무당 일광(황정민 분)이 굿을 하는 장면, 외지인(구니무라 준 분)이 검은색 닭을 방에 매달아 놓고 굿하는 장면, 종구(곽도원 분)의 딸 효진(김환희 분)을 미끼로 지역의 수호신인 무명(천우희 분)을 공격하려는 일광의 섬뜩한 장면 등은 근거 없는 소문과 의심(민속의 지배 이데올로기적 재현 특질)이 사람들을 현혹하여 죽음으로 내모는 세계(민속적 지배 이데올로기 재현 체제)를 비극적으로 그려냈다. 영화 〈전우치〉(2009)에서도 사정은 마찬가지이다. 무녀 역을 주로 연기한 배우 이용녀는 실성한 상태에서 신들린 듯한 눈빛과 서늘한 말투로 악귀가 든 선비의 미래를 예언한다. 배우 이용녀는 드라마 〈주군의 태양〉(2013)에서도 영매 역을 연기했는데, 실제 현실에서도 그녀가 지나가면 사람들이 무섭다고 피할 정도로 드라마 속의 민속적 재현은 현실 속에 또 하나의 무속적 판타지를 중첩시킨다.

권정생의 동화 작품 속 민속적인 것의 재현·변환은 이와 다르다. 그의 동화는 무당의 이야기와 닮아있다. 이를테면 "어린 몽실의 가혹하고 비극적인 체험을 다룬 『몽실 언니』는 바리데기 무가나 심청가 또는 콩쥐팥쥐 이야기에서 볼 수 있는 민중적 삶의 근대적 판본…현실 세계의 빈

틈을 메워 거기에서 살아가는 사람들과 그 사회를 온전하게 하고자 하는 씻김굿…억울했던 한 시대, 그 시대를 살아낸 비극적 인물에 바치는 진혼곡"[76]에 비교된다. 특히 「삼거리 마을 이야기」의 경우 민속의 재현은 보다 직접적인 관련이 있어서 주목된다. 이 이야기의 주인공은 그 마을의 가장 으슥한 골짜기 독짓골에 사는 톳제비 셋이다. 마을의 톳제비는 사람을 절대 죽이거나 먼 데까지 끌고 가지 않는다. 조금 심하기도 하지만 재미로 끌고 다니며 오히려 늦게까지 술을 마시고 가진 돈을 몽땅 써버리고 곤드레 만드레가 된 말썽꾸러기 어른을 일부러 혼내주기도 하고 마을 아이들의 다툼에 관여하여 다시 사이좋게 지내도록 만든다. 그러나 설날도 대보름날도 모두 데려가 버린 전쟁의 참상을 목도하고는 전쟁을 저주하며 사라진다. 동화는 사람들이 옛날처럼 평화롭게 살 때, 따뜻한 초가집에 호롱불 켜고 총각애들이 오줌누기 내기도 하고 박서방처럼 주웠던 꽁치고기를 몽땅 주인한테 돌려주는 그런 마을이 될 때에 톳제비들은 삼거리로 다시 찾아올 것이라는 희망을 남겨놓는다. 이와 같이 톳제비가 사람과 함께 하는 세상이 권정생이 그리는 세계의 초상이다. 그 세계는 생기가 넘쳐나고 기지와 해학이 삶을 윤기나게 하며 버림받은 존재들이 느끼는 소외, 망각과 죽음에 대한 두려움이 없는, 마치 강아지똥이 민들레와 빗물과 흙덩이와 만나 이루는 생명의 축가가 드높은 세계이다. 요컨대 그의 이야기는 동화라는 형식의 전유를 통한 민속적 삶과 세계의 변환이다.

③ 2017년 4월 1일 통영오광대 공연행사에 초청받아 영광우도농악이 공연되었다. 공연에서 잡색은 거의 보이지 않는다. 전체 치배 20명에 성격이 불분명한 인물 1명이 등장하고 있다. 쇠 3·징 2·장구 7·북 3·소고 5로 전체 치배가 편성되어 있으며 개량 한복을 입은 관계자 혹은 즉흥 춤꾼 1명이 치배들의 뒤를 따라 핸드폰을 들고 간헐적으로 춤을 추고 있다. 영광우도농악은 큰애기를 제외하고는 거의 모든 잡색이 각자의 캐

릭터에 부합하는 탈을 착용하는 것으로 알려져 있다. 그런데 탈 착용 여
부를 떠나서 잡색을 아예 공연자로 편성해오지 않았다. 이 사례는 현존
하는 농악의 연행에서 잡색과 탈의 부재를 비공식적으로, 그러나 일상적
으로 선언하고 있는 지배적인 농악 연행의 국면을 보여주고 있다. 또한
이 사례는 공식 기록과 그 기록 주체인 엘리트의 의도에 부합하지 않는
농악의 일상적인 현존을 함축하고 있다. 잡색의 가장假裝은 전통사회에
서는 즉흥성과 자율성을 수반했다. 지금처럼 잡색의 유형과 복색 및 분
장이 엄격하게 형식화되었다고 생각할 수 없다. 그러나 무형문화유산으
로 지정된 농악에서는 그러한 형식성을 엄격히 준수해야 한다. 이 경우
잡색의 가장에서 보였던 즉흥성과 자율성은 관념이 되거나 오히려 형식
으로 존재하는 것이 된다.

　한편 그 즉흥성과 자율성이 간헐적으로 또는 전략적으로 구현되는 사
례가 있다. 2007년 3월 3일에 있었던 임실필봉농악 정월대보름굿의 한
장면이 그것이다. 이 사례에서 각시는 마당밟이 연행 과정에서 즉흥적
으로 분장하여 공연의 참여자들에게 웃음을 유발하고 있다. 각시의 이
분장은 KBS 개그콘서트 프로그램 중 한 코너인 골목대장 마빡이를 연상
시킨다. 〈골목대장 마빡이〉는 매주 일요일 밤 9시 15분 KBS 2TV에서 방
영된 개그 프로그램으로 2006년 8월 27일부터 2007년 3월 25일까지 방
영했다. 이 코너에서 등장하는 인물은 이마가 벗겨진 가발을 쓴 정종철
(마빡이)·김시덕(얼빡이)·김대범(대빡이)·박준형(갈빡이) 등이다. 처음에 마
빡이가 나와 대사를 몇 마디 읊고 이후에 얼빡이·대빡이·갈빡이 순으로
나와 마무리를 하는 코너이다. 이 형상은 각시 혼자만의 것이 아니라 공
연의 참여자들이 모두 공유하고 있는 문화 코드이다. 각시는 이 개그콘
서트의 인기 프로그램을 모두 공유하고 있는 사람들 속에서 즉흥적으로
그 형용을 재연·변주함으로써 잡색의 역할을 수행하고 있는 것이다. 이
와 달리 전통적인 공연 문법을 해체하고 과거의 한 유물로 존재하는 잡

색의 캐릭터에 새로운 성격을 부여함으로써 현대적 각편으로서 새로운 잡색놀음을 연행한 사례도 있다. 이 사례는 2017년 2월 18일 16차 촛불집회에서 연행되었다. 창부로 보이는 잡색이 당시 핵심 이슈였던 구호를 외치고 창부의 시위를 가면을 쓴 치배 중 한 명이 달려들어 제압하였으며 결말부에서는 저항을 탄압했던 세력들이 징치되었다. 징치된 세력은 하회의 양반탈을 변형시킨 탈을 쓴 치배·대포수·양반 잡색이었다.

④ 5·18 광주항쟁 희생자의 저승혼사굿은 이제까지 알려진 바에 따르면, 계엄군에 맞서 마지막까지 싸우다가 숨진 윤상원(1950~80)과 노동운동을 하다가 광주항쟁 전 숨진 박기순(1957~78)의 1982년 2월 사례가 최초이다. 그 이후 최근에 알려진 바에 따르면 1983년 화순으로 가는 소형버스를 운전했던 김윤수(당시 27세)와 여성 노동자 고영자(1954년생), 1985년 시민군이었던 서종덕(당시 18세)과 관을 구하기 위해 화순으로 가다 계엄군에 희생된 박현숙(당시 16세)의 저승혼사굿으로 이어졌고 계엄군에 맞서다 죽음을 맞았던 박병규(당시 20세)는 교통사고로 숨진 한 여성과 1996년에 저승혼사굿을 치르고 부부의 연을 맺었다. 이러한 저승혼사굿의 사례들은 그 자체로도 5·18 광주항쟁과 관련되지만, 2018년 5월 18일, 새롭게 조성된 정치적 국면과 연관되면서 미디어에 의해 재조명되어 그 의미가 공유되고 있다. 다른 시각에서 1982년의 저승혼사굿 당시, 넋풀이 노래로 불린 〈임을 위한 행진곡〉(황석영 작사, 김종률 작곡)은 좀 더 다른 의미를 갖는다. 굿의 형식과 가요의 형식이 접합되어 영혼결혼식이 치러진 이후 이 노래는 시위 현장에서 민중가요로 불렸으며 기념 의례에서도 합창되거나 제창되고 있다. 이는 저승혼사굿이라는 민속의 재현 방식이 상이한 국면 속에서 생성된 사건과 결합하여 그에 적합한 형식 즉 저항 의례 또는 시위 문화로 변환된 것이라 하겠다.

4·3 해원상생굿은 2002년 제주시 구좌읍 다랑쉬오름 인근의 다랑쉬굴에서 발견된 11구의 유해를 기리기 위해 시작된 것으로 이후 해마다

제주4·3평화공원 내 「비설(飛雪)」

4·3 당시 희생자 터에서 해원상생굿이 재현되고 있다. 물론 4·3의 피해를 직접 경험한 세대들에 의해서 희생자의 원과 한을 풀기 위해 해원굿은 연행되어왔다. 4·3이 복권되기 이전, 유족들에게 굿은 그들 마음 깊이 새겨진 억울함·슬픔·두려움 등을 해소해줄 수 있는 유일한 것이었다. 현재의 4·3 해원상생굿은 제주도 무속 전통과 숨죽여 달래야 했던 시절의 재현 형식 그리고 4·3의 복권 이후, 그 역사문화적 재현과 그에 따른 갈등의 재현 속에서 변환되어온 것이라 할 수 있다. 4·3 해원상생굿 관련 보도에 달린 한 댓글은 이와 같은 갈등의 재현, 즉 이념적 경향과 무속에 대한 고착된 심성의 절합 양상을 잘 보여준다. 즉 "어이구 굿을 했어요? 살판 낫네요 심방도 울고 유족도 울엇다고오? 굿판 발이고 누가왓네 억울하게 죽넛네 어쩌고 하면 눈물 안짤사람 몇이나 잇을까요 참 잘햇어요 이런 굿이나 열심히 하세요 잘하면 몽고침략때 죽은 사람도 나올지 모릅니다 열심히 하세요 축하합니다"와 같은 댓글은 다른 댓글의 '핵펑권', '공산폭동', '좌좀', '역사의 쓰레기'와 같은 표현들과 중첩되어 4·3 해원굿에 대한 한 편향 또는 대중의 의식 지형을 보여준다.

2018년 5월 4일 오후 서울 종로구 세종문화회관 옆 계단에서 개최된 촛불집회는 대한항공 조양호 회장 일가 및 경영진 퇴진과 갑질 근절이라는 주제 의식을 지닌 집단행동이었다. 그 행동의 핵심적인 오브제는 촛불과 가면이었다. 즉 2006년 영화 〈브이 포 벤데타〉가 2018년 대한민국에서 촛불을 만나 〈대한항공판 브이 포 벤데타〉가 시작된 것이다. 〈대한항공판 브이 포 벤데타〉의 상연을 이루는 요소들로는 촛불과 가면을 비롯하여 "조양호는 퇴진하라", "갑질 어디까지 해봤니", "조씨 일가 전원 아웃", "I♡KAL(대한항공)" 등이 적힌 손팻말, "자랑스런 대한항공, 사랑한다 대한항공, 지켜내자 대한항공" 구호, 정수라의 '아! 대한민국'을 개사한 "아아! 우리 대한항공" 노래 등이 있었다. 상연의 주제는 "사랑하는 대한항공을 위해" 총수 일가의 퇴진을 요구하는 것이었다. 이 외에도 관련 이슈들이 이 상연 텍스트와 상호적으로 연관되어 전개되었다. 즉 "미투me too를 외치면 위드유with you를 외쳐주십시오. 미투! (위드유!)"와 같은 것을 예로 들 수 있다. 상연된 〈대한항공판 브이 포 벤데타〉의 참여자(제작·연출, 공연자, 보조자, 관객 등을 합친 개념)는 대한항공 직원들과 가족 그리고 이를 지지하는 시민이 한 축을 이루고 있고 이들을 감시하러 나온 회사측 사람들과 경찰 공권력 등이 있었다. 물론 여기에 떼로 흘러 다니는 대중의 흐름이 있으며 미디어에 의해 실시간으로 이어지는 재현의 흐름이 있었다. 이 재현의 흐름 속에 민속의 변환이 있다. 가면과 행동이 있고 특정한 주제 의식이 있으며 노래가 있다. 구호는 의사를 전달하기도 하지만, 서로 주고받는 대사이기도 하고 위협(숨은 의미는 저항)하고 풍자하고 감정을 토로하는 기능을 한다. 이 상연은 가면의 익명성과 해방적 기능에 기반해 있으며 이러한 익명성과 해방성은 실시간 생중계를 통해 익명의 채팅방과 접속한다. 이러한 접속의 관계망은 현장성을 확장·강화하여 그 텍스트 상연의 범위를 넓혀 간다. 이와 같은 특징들은 민속 연희 전통의 특징을 고스란히 보여준다. 그러나 이 상연은 과거의 기술적 하부구조와 생산관계 및 지식 형식에 의해 생산되었던 민속이 아닌, 현재의 그것에 기반하여 실행되는 민속의 재현을 보여준다.

〈신과함께〉는 또 다른 민속의 변환 가능성을 보여주고 민속/지식 생산 지평의 확장을 예시하고 있다. 〈신과함께〉는 최초에 주호민에 의해 웹툰으로 제작되었고 저승편(2010)·이승편(2011)·신화편(2012) 총 3부작으로 네이버에 연재되었다. 콘텐츠 관련 분야에서뿐만 아니라 대중적으로도 〈신과함께〉는 전통문화 원형을 활용한 콘텐츠 가운데 가장 성공한 사례로 꼽히고 있다.[77] 이후 이 웹툰이 원작이 되어 뮤지컬과 영화 등 다양한 미디어 형식으로 변환되어 오고 있는데, 일본 만화가 미와 요시유키가 작화를 맡은 〈신과함께〉 리메이크판이 발간되었으며 대만 박스오피스에서 영화가 1위를 기록하기도 했다. 뿐만 아니라 스토리 RPG

⟨SINGLE⟩(2017)라는 게임으로 또 다양한 굿즈 즉 엽서 세트(10장)·아크릴 스탠딩·마우스패드·샤오미 보조배터리·타패스트리·다키마쿠라 등으로 변환되고 있다. 이러한 변환은 ⟨신과함께⟩의 문화적 지평을 확장한 것으로 평가된다. OSMU 즉, 성공한 원작 콘텐츠를 기반으로 특성에 맞춰 순차적으로 다른 미디어로 변환되는 과정을 보여주면서도 웹툰에서 영화로, 다시 영화에서 웹툰으로 그 상호영향이 확장될 뿐만 아니라 다양한 변환 형식들이 ⟨신과함께⟩의 통합적 세계로 수렴되어 가고 있다는 점, 각각의 스토리가 독자성과 완결성을 갖고 있다는 점 등에서 트랜스미디어[78]적 지평을 열고 있는 것으로 보이기 때문이다. ⟨신과함께⟩가 한국의 신화와 무속, 가정신앙 등을 미디어 특성에 맞게 재현하고 있는 점에서 보면 이러한 미디어 전략상의 특징은 민속 재현·변환의 지평을 확장한 사례로 생각할 수 있다. 주호민은 "한국 사람이 보편적으로 저지르는 죄가 만들어지는 사회의 구조적 모순", "갑의 입장에서 하청 업체를 쥐어짜는 역할"의 구조적인 문제, 용산 참사와 같은 철거민에 대한 이야기 등과 같은 "지금 사회에서 생각해야 할 가치들을 고민했더니 충분히 접합할 지점이 있었다"고 말했다. 이는 ⟨신과함께⟩가 지식 형식으로서 민속을 현대 한국 사회의 구조적 문제와 이슈에 접목시켜 만든 현대적 민속의 변환임을 의미하는 것이다. 그러한 연유에서 ⟨신과함께⟩는 민속/지식 생산의 새로운 지평을 예시하고 있으며 변환의 과정에서 그 가능성을 보여주고 있다.

　텍스트의 변환과 사건의 민속이라 말할 수 있는 사례들은 민속/지식 생산의 지평 확장과 변환 가능성을 보여준다. 사건의 생성 속에서 그 사건의 전개에 적극적으로 개입하면서 좀 더 혼종적으로 민속적인 것의 형식과 내용이 변환되고 있다. 현재의 국면에서 더욱 다양한 방식으로 생성되고 있으며 사건의 계열들 속에서 지속성과 양식성을 획득하고 있다. 이와 같은 민속적인 것의 재현·변환은 새로운 형식의 문화적 실천이자 민속/지식의 생산이다. 전통의 민중적 재현이 민중적 또는 계급적 정체성을 강조하고 과거의 이념형적 민속에 기반한 재현인 것과는 달리 세대 특성에 따른 정체성이 구현되었다는 점에서 이전 시대의 재현과 구별된다. 또한 미디어 혹은 실시간 미디어에 의해 반복적·동시적으로 생산·향유되는 민속적 재현의 이미지와 그 의미는 시간과 공간을 횡단하면서 생성되는 사건과 그 속에서 실천되는 다양한 문화 형식과 절합되어 공유된다. 그런데 텍스트의 변환에서 무엇보다 중요한 것은 봉건성의 고착으로부터 벗어나는 일로 생각되고 그 지점에서 탈식민적 지식생산의 가능성이 열릴 것으로 보인다. 사건의 민속이 놓인 지점은 민속/지식 생산의 변환 가능성이 두드러지는 현재적 지평에 해당한다. 민속은 과거의 유산으로만 기억의 편린들로만 인식될 수 없다. 민중성과 현장성, 전통성과 고유성 등에 대한 사유가 과거의 유산과 기억의 편린들로만 향해 있다면 그것의 현재성은 과거로 수렴되거나 과거를 소환할 것이다. 민속의 실체성은 통시성에 있다기보다는 공시성에 있다. 그렇기 때문에 그것은 박물관을 향해 있지 않다. 그렇지 않다면 제국의 식민적 시선 또는 타자화로부터 벗어나는 탈식민적 실천은 가능하지 않을 것이다. 민속은 문자 그대로 현재를 살아가는 다중의 존재 방식이다. 다중은 글자 그대로 다양하게 존재하는 개체적 존재이면서 그들이 수많은 사연을 가지고 연결되는 회로이다. 그 현장은 실제와 가상이거나 이 둘이 결합한 증강현실이기도 하며 그 속에서 삶을 지속하기 위해 생산하고 실천하는 지식이 민속/지식일 것이다.

제 2 장

공동체 문화

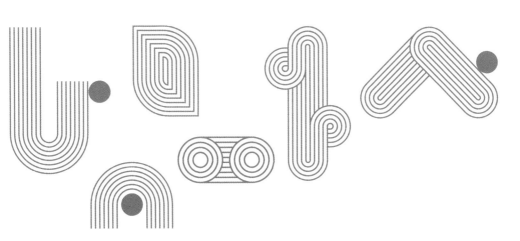

마을은 국가를 구성하는 기본 단위로 마을이 확대되어 고을이 되고 고을이 모여 국가가 된다고 운위된다. 마을은 자연과 사회의 접점으로 최소한의 인간적 공간으로 표상된다. 즉 마을은 공간이나 자연환경에 의해 개념화되는 동시에 계급이나 사회적 의미를 포함하는 것으로 개념화되기도 한다. 최소한의 인간적 공간이라는 말은 친밀한 사람들의 특별한 관계가 그 속에서 기초적으로 형성된다는 의미이다. 마을은 장소적 친밀성에 기반을 둔 모듬살이 공간으로 표상되고 거기에서는 직접적인 대인관계가 우선한다. 특별한 연대감과 정체성이 형성되는 까닭에 마을은 그에 바탕한 공동운명체로서 역사성을 갖는 단위로 규정되고 마을을 구성하는 사람들의 존속을 위해 자원을 조달하고 재생산하여 체제의 질서를 유지하는 기능적 기초 단위로 규정된다. 뿐만 아니라 마을은 구성원들의 자족적·자율적 역량에 의해 지속 가능하다고 말해진다. 마을 사회의 긴장과 갈등을 스스로 해소할 역량을 가지고 있으며 호혜성을 근간으로 지속 가능한 관계망을 유지해가기 때문이다. 마을이 운영·존속되는 중요한 사회적 원리인 호혜성은 자율적 판단에 기초한 자발성과 대가를 따지지 않는 돌봄, 공생을 전제로 한 공유와 나눔의 실천 등을 그 핵심적 실천윤리로 삼는다. 이렇게 마을은 공동체문화의 메트릭스가 된다.

친밀성은 때론 배타적으로 기능하기도 한다. 외부의 개입이 적고 변화에 적대적인 경향을 띠기도 한다. 현대 사회에도 여전히 과거 신분 질서가 중시되던 봉건적 습성이 남아 있다. 이 봉건성은 신분에 기초해 토지·권력·명예·정보 등이 배분되는 특성을 말한다. 봉건성은 신분적 특권을 지닌 소수의 상류층에 의해 다수의 민중이 전인격적으로 지배되는 사회를 가리킨다. 근대화 과정에서 기존 신분 질서가 해체되었지만, 근대성의 전 사회적 구현 과정에서도 끈질기게 살아남았으며 근대화 프로젝트가 완료되고 도시화가 100% 가까이 달성된 현재에도 잔존하고 있다. 씨족·가문·문벌 등의 관습이 문화적 문법으로 작용하고 있고 다양한 방식으로 변형된 봉건성이 산재해 있으며 그로 인해 비민주적·폐쇄적·배타적 문제들을 심화하고 있다.

한편 인간 사회는 다양한 갈등과 위기로 인해 전환의 문턱에 이르러 있고 그 대안의 한 방편으로 운명을 함께 하는 친밀한 이웃공동체 즉 마을공동체의 가치가 재조명되고 있다. 특히 사회의 지속성을 아래로부터 담보할 수 있는 공동체문화의 자율적 역량이 강조되고 있다. 이를테면 필요한 모든 것을 스스로 해결할 수 있는 자주적·독립적 능력으로서 마을의 역량이 주목되고 있다. 이전에도 그러한 마을공동체의 비전이 '마을 스와라지(swaraj, 자치)' 또는 '오래된 미래'[1]로 표현된 적이 있었다. 오래된 미래로 표현된 공동체문화는 경쟁·가치의 사물화/화폐화·인간성 상실·자연 파괴·공동체 붕괴 등의 문제와 조응했다. 그러나 오래된 미래가 기원한 인도 북부의 라다크에서조차 국가적 차원에서 이루어지는 마을 전통의 상품화·관광화로 인해 오히려 그 전통의 근간이 되는 공동체적 생활방식이 급격히 해체되고 있다. 또한 마을 자치에 의한 독립적인 삶보다는 중앙 집중적이고 기능적으로 단순화된 삶이 지배하고 있으며 물질적 풍요에 대한 열망이 갈수록 증대하여 협력·연대보다는 경쟁·

분열의 양상이 두드러지고 있다.

　그럼에도 불구하고 여전히, 이미 지나가 버린 역사적 경험으로서 공동체문화의 의미와 가치는 상상·재인식·재구성되고 있으며 새로운 사회·경제·문화 운동으로 그 실험을 지속해가고 있다. 구조적으로 호황·불황을 반복해가면서 성장하고 지구 규모로 확장되어온 자본주의는 유례없는 '제로 성장의 시대'[2]에 직면하고 있다. 이에 따라 세계 경제의 규모는 갈수록 축소해 갈 것이고 그 성장력은 급격히 퇴보할 것이라는 전망과 함께 반대급부로 마을공동체의 가치에 대한 기대 섞인 전망이 힘을 얻고 있다. 식량과 물 그리고 석유 소비가 정점에 이르고 극대화됨에 따라 자본주의 성장의 핵심 에너지원이 되어준 석유 자원을 비롯한 각종 자원 고갈의 위기, 구조적으로 규제될 수 없는 개발로 인한 지구환경 파괴와 그로 인한 비용의 상승, 실물경제를 초월한 과도한 성장의 기대심리에 의해 과잉 성장된 금융시장의 붕괴 등이 제로 성장의 시대가 전하는 근원적 몰락의 징후들이다. 따라서 대안은 성장에 있지 않고 오히려 축소를 대비하고 공동체문화를 복원하는 데에 집중될 수밖에 없다. 이러한 시대적 조건 속에서 위기를 근원적으로 해소할 수 있는 지혜와 역량의 원천으로서 공동체문화가 상상되고 있으며 그 복원을 통해 가까운 미래에 닥칠 위기에 대응하고자 하는 다양한 실천들이 수행되고 있다.

　공동체문화의 부상은 정보통신 기술의 발전과 함께 물리적 시간과 공간이 압축되는 시대 조건과도 관계되어 있다. 자본의 회전 속도가 유기체적 노동의 한계를 넘어섰고 공적 영역이 자본축적의 새로운 영역으로 사유화되고 있는 조건 속에서 그 반대급부로 공동체문화가 원천으로 삼고 있는 생태성과 공공성이 대안적 상상의 동력으로 주목되고 있는 것이다. 특히 한국 자본주의의 압축적 전개에 따라 발생한 사회 전반의 문제를 해결하고자 하는 일련의 대안적 실험 속에서 공동체문화가 부상하고 있다. 그 실천 양상은 자율과 자치를 사회구성과 생활방식의 원리로 지지하고 상호부조를 관계 구성의 윤리적 규범으로 강조하는 것으로 나타나고 있으며 중앙집중의 강권强勸을 거부하고 지역 분권적 정치와 지역 분산적 경제 체제를 대안적 삶과 사회의 실현을 위한 핵심적 내용으로 제시하고 있다. 따라서 다양한 방식으로 전개되고 있는 공동체문화 실천을 대상으로 그 성격과 위상을 현재 한국 사회의 구조 또는 자본주의 체제와 관련하여 검토할 필요가 있다. 특히 공동체문화는 민속연구에서 중요하게 다루어온 핵심 대상이다. 현대 한국 사회에서 새롭게 형성되고 있는 공동체문화 속에서 민속의 재현이 문제적인 것으로 인식되는 한 그 역할과 위상 또는 현대적 변용과 특징을 규명하는 작업이 필수적이다.

1. 마을연구 담론의 주요 경향과 민속학적 성과

마을연구 담론의 주요 경향에는 첫째 마을공동체의 국가주의적 포섭 양상과 그 비판이 있다. 이 논의들은 마을의 자율성을 동원된 자율성으로 인식하는 경향이 있고 지배 이데올로기를 내면화한 주체의 생산을 신자유주의 통치성으로 비판하고 있다. 또한 정치 우위의 자본 질서에 마을이 위치되었음을 지적하고 마을 도로·시설·주거환경 정비와 같은 환경·기술적 조건의 변화가 지배적임을 강조한다. 그 운동이 자연·사람의 질적인 관계를 기술·사람의 양적이고 기능적인 관계로 추동하여 공동체문화가 기술·자본·국가에 포섭되어 가는 핵심 계기로 마을공동체 운동을 파악하고 있다. 민속학 연구에서는 이러한 경향과 관련한 연구 성과는 부재하고 있다. 오히려 경험의 주체성과 발화의 현장성이 강조됨에 따라 암묵적으로 국가주의적 포섭에 추수하는 경향이 산재하고 있다.

마을민속의 기억과 변화, 지속을 총체적으로 그려내는 문화기술의 경향이 지배적임에 따라 목소리의 재현에 부과된 이데올로기와 그 분석에 미온적이다. 따라서 구술사 혹은 일상사와 관련된 담론이 복원하고 있는 것의 효과에 대한 관심이 필요한 것으로 보인다. 서발턴적 목소리의 재현 불가능성이 겨냥하고 있는 인식론적 전환과 성찰 속에서 정세적 관여와 담론적 실천이 모색될 필요가 있다.

둘째 1997년 외환 위기가 결정적 계기가 되어 진행되어온 한국 사회의 신자유주의적 재편에 대응하는 경향이 있다. 신자유주의는 경제·정치·사회·개인적 일상 같은 모든 것이 합리적 개인들의 자유와 자발성에 입각한 자유 시장의 원리에 따라 작동할 때 가장 이상적인 결과를 가져올 수 있다고 생각하는 신념 체계[3]이다. 한국 사회의 신자유주의적 재구조화는 개인·가족·공동체·시민사회·국가의 영역들을 시장 속으로 가일층 편입시켜 왔다. 이 과정에서 사회적인 것은 약화되고 수익과 효율성, 생산성과 합리적 경영을 추구하는 시장화된 사회영역이 강화되어왔다. 이 영역 속에서 연대·공정·윤리·공생·신뢰 등과 같은 사회적 언어들이 연대 경제·공정무역·윤리적 소비·공동체 자본주의 등과 같은 경제적 언어들로 대체되었다. 기업가들은 혁신적 아이디어로 세상을 바꾸고 시대정신을 만들어 가는 새로운 영웅으로 표상되었는데, 혁신적인 아이디어의 범주 속에 마을운동 담론의 핵심 언어와 연구 대상이 포섭되어오고 있다.

민속학 연구에서 이와 같은 경향은 이른바 6차 산업 첨단기지의 최적지로 마을이 구상·주장되고 그에 따른 정책과 실행 프로그램들이 기획·수행되어온 농촌사회의 재편과 관련되어 있다. '마을 만들기 연구의 붐' 속에서 영향을 받으며 양적으로 풍부하지 않지만, 마을이 소비되기 위해서 필수적으로 확보되어야 하는 구매력의 원천으로 민속을 위상 짓고 그에 적합한 모델을 사례 연구를 통해 도출하고자 했다. 물론 그렇지 않은 현장의 사례들에 대한 비판적 연구도 수행되었다. 뿐만 아니라 마을민속을 사회자본으로 재개념화하거나 공유자원 혹은 공유자본으로 재해석하는 작업을 수행하였다. 즉 마을민속을 적극적으로 활용한 마을만들기의 방안을 모색하거나 공동체 신앙과 같은 마을 전통의 축제화·자원화를 마을 경제의 활성화와 관련지어 논의하기도 했다.[4]

셋째 대안 사회 구상과 실현의 원천으로서 마을을 사유해왔다. 이러한 사유는 현대 사회를 위험사회로 규정하고 그 대안을 마을공동체에서 탐색해왔다. 즉 무한경쟁·목적 합리성의 찬양·자연에 대한 무한 개발 욕구 등이 불러일으킨 전쟁·환경파괴·소외의 사회적 확산·아노미에 의한 혼란 등을 마을공동체의 새로운 실험 또는 운동에서 해결할 수 있다고 믿는다. 주요 논점은 과거로 회귀하는 것이 현실적으로 불가능하기 때문에 현 시대에 조응하는 운동·실험으로서 마을공동체를 사유하여 현대 사회의 위기와 한계를 극복하는 대안을 추구하고 있다는 점이다. 대체로 생활공동체를 주목하는데, ① 이념적으로 새로움을 추구 ② 자급자족의 경제를 지향 ③ 의사결정에서 민주성과 평등성 구현 ④ 대안교육의 실현 ⑤ 자본주의적 생산방식과 소유 형태를 거부 ⑥ 생태적 삶과 관계의 가치 추구[5]를 강조한다. 이와 같은 담론들은 자율과 자치를 사회구성과 생활방식의 원리로 지지하고 상호부조를 관계 구성의 윤리적 규범으로 강조한다. 뿐만 아니라 중앙집중의 강권强勸을 거부하고 지역 분권적 정치와 지역 분산적 경제 체제를 대안적 삶과 사회의 실현을 위한 핵심적 내용으로 제시한다.

민속학 연구에서는 마을공동체 주민들의 삶을 구체적 대상으로 하여 사회의 희망과 인문학문의 희망을 제시하려는 연구가 수행되었다. 구체적으로 마을문화의 인문학적 가치를 규명하는 과정에서 현실 문제 해결을 위한 마을문화의 공유가치를 조명하고 민중생활사의 보고寶庫로서 마을문화의 역사적 가치를 강조했다. 또한 마을문화가 민족문화의 정수임을 마을공동체 놀이·두레노동·생업전통 자료의 분석을 통해 역설하고 그 다양성과 독창성을 규명했다. 뿐만 아니라 마을풍수·민속신앙 등에서 생태문화적 의미와 가치를 해석하여 생태문화공동체로서 마을을 위상지었고 그 속에서 마을생태문화론을 설계하기도 했다. 특히 사회적 특권의 문제를 해소하는 평등의 문화적 구현으로 마을축제를 재해석하여 문화주권이 구현된 것으로서 마을축제문화의 창조적 가치를 논의하기도 했다. 즉 민중의 축제가 추구하는 인간해방을 축제의 기본권 또는 축제주권으로 명명하고 그에 기초한 문화주권론을 주창했다. 요컨대 인문학문의 희망은 문화주권론에 있으며 그것을 학문적으로 입증하고 설득하는 학술 활동이 곧 인문학문의 희망을 설계하는 일이라면서 대안으로서 마을의 사회문화적 가치를 해석했다.[6]

대안 사회의 구상으로 수렴되는 마을공동체 운동 담론은 자본주의의 내적·순환적 위기 국면을 타개하기 위해 마련된 새로운 국제 질서로서 준주변·주변 국가들에 강제되었던 신자유주의적 자본주의로 사회·경제·정치·문화적 재구조화 과정에서 야기된 위기들과 조응한다. 그런데 이 이중의 위기 국면에서 타개책으로 모색되어온 마을공동체/사회적인 것의 귀환은 경제적 자원화의 문제로 집중되고 있으며 그 형태만 남고 행동은 약화되고 있다. 예를 들어 충북 보은군 마로면 기대리에 조성된 선애빌에서 그 점을 확인할 수 있다. 선애빌 마을은 처음에 명상 단체 수선재를 주축으로 세워진 '종말 대비' 마을 중 하나로 출발했다. 수선재는 2010년경부터 본격적으로 2012년 시한부 종말론을 주장했고 종말을 대비하기 위해 선애마을(선애빌)을 전국 5곳 즉 충북 보은 기대리, 충주 주치리, 전남 고흥 외산, 장촌, 영암, 제주도 서귀포시 등지에 조성했다. 단독주택 여러 가구가 모여 마을을 이룬 타운하우스로 마을 내에는 게스트하우스·선애학교·도서관·마을공작소·생태화장실과 퇴비장·공동식당·농장·캠프장·명상센터·교육체험관·선아트 비누공장·야외공연장·나

비원(자연장지)·무심정·쉼터 등이 있다. 창고를 만들어 종말 대비 각종 식량을 비축했고 환란 대비 타임캡슐을 준비하기도 했다. 종말이 허구로 드러난 후 재구성 과정을 거쳐 생태문화공동체로 전환을 시도하여 주목받기도 했으나 결국 2024년 2월 회원 전체가 투표를 통해 해산에 동의하여 청산 절차를 밟고 있다. 이처럼 선애빌은 명상동호회 회원들이 주축이 되어 시작된 마을로 목수·약사·법무사·교사·만화가·작가·환경운동가 등 다양한 경력을 가진 주민들이 모여 살았다. 자가 치유를 통한 건강한 삶, 자연과 교감하는 생태적 삶, 명상을 통한 자기성찰을 실천하면서 이를 함께 나누는 공동체적 삶을 실천하는 계획공동체로 알려졌다. 구체적인 생활 실천으로 가전제품 사용을 최소화하고 생태화장실, 빗물 재활용시설 등 자립적이고 생태적인 에너지 마을살이를 실험했다. 그런데 도시민에게 전기 없는 날의 행복 체험, 지구힐링콘서트 등과 같은 관광체험상품으로서 소비되었으며 그러한 체험프로그램이 생태관광 인증상품으로 등록되었다. 뿐만 아니라 EBS 〈하나뿐인지구〉·MBC 다큐멘터리 〈똥〉 등과 같이 미디어 상품으로 소비되었고 충북환경대상·행복마을콘테스트 충북 문화복지 분야 최우수상·귀농귀촌 대상 등을 수상하기도 했다.

마을의 대안적 가치가 강력한 위계에 태생적으로 저항하는 소규모 공동체의 자율 시스템에 있다고 할 때 이러한 사례는 재구성된 '토속적 vernacular 질서'[7]의 또 하나의 상업화된 형태로 사회적 박제화의 과정을 재현하고 있는 것이 된다. 이러한 방식으로 재현되는 우애의 윤리적 규범인 상호부조는 도시 집중적·중앙 집중적 체제 또는 대자본의 형성과 축적 시스템에 의해 동원되고 있는 사회적 자원과 다르지 않다. 이러한 마을 사례는 대안 가치 구현이라기보다는 체제 내부에 배치된 또 하나의 식민지적 상황의 메타포라고 해도 지나치지 않다. 반면 이 포섭된 마을 공동체 운동 담론의 경향과는 다르게 민속의 공유 가치론은 '질서의 소형화'[8]가 은폐했던 '위험한 리얼리티'[9]의 실행 가능성을 내장하고 있는 것으로 보인다. 이를테면 위계·특권·독점의 질서 안에서 '나그네설화'의 우애와 평등이 상상됨으로써 은폐·억압되었던 위험성이 촉발되고 있는 것이다. 그것은 결코 관광 상품화될 수 없는 비자본주의적 문화이기 때문에 그것이 실행된다는 것은 그것을 억눌러 왔던 공식적 질서를 위협하는 것이 된다. 따라서 민속의 공유가치에 대한 담론은 위험과 함께 있고 그것을 공유하고자 하는 코뮌적 지향을 함축하고 있는 것이 된다. 어쩌면 그것은 지배 권력의 틈새에 이미 존재하는 대안으로 가까이에 있는 새로운 사회 구현의 재료[10]인지도 모른다. 그것은 이반 일리히가 주장한 "공생적 도구가 널리 퍼진 사회의 특성"[11]을 예시하고 있고 "이전에는 가려져 있던 사회집단의 권력을 출현시키는 급작스러움"[12]에 의해서만 실현될 수 있는 하나의 가능성을 내장하고 있다.

운동이 모순 또는 필요의 계기에 의해 촉발되어 변화를 일으키고 그 변화 속에서 구체화되는 어떤 욕망의 배치를 만들어내는 것이라고 할 때 마을은 욕망의 구체성을 담고 있고 마을공동체 운동은 마을이 담지하고 있는 어떤 욕망들의 배치를 생산하는 흐름으로 생각할 수 있다. 따라서 마을이 담지하고 있는 욕망이 결국 마을공동체 운동의 성격을 규정하게 될 것이다. 반면 자본의 욕망은 이윤의 극대화를 좇아 일종의 무리들을 생산한다. 그 생산의 결과로 새로운 관계망이 형성되고 지속적인 관리와 유인을 통해 수요를 생산하여 자본이 욕망하는 목적을 달성해간다. 마을의 구체성이 자본의 욕망을 담지한다면 결국 마을공동체 운동은 자본의 욕망에 포섭되는 관계망의 형성으로 귀착될 것이다. 이를테면 새로운 제품의 출시와 같은 자본의 사건 속에서 매번 새로운 관계망이 출현하고 있다. 새로운 상품의 소비는 이전에 없던 새로운 세계를 창조하고 그 소비에 특화된 공동체를 구성한다. 그 공동체는 상품의 소비를 통해 그들의 욕망을 특권화하고 다른 소비 집단과 구별되는 특정한 취향의 경계를 구축해간다. 따라서 상품화되고 있는 마을, 소비되고 있는 마을의 출현이 지배적인 것이라면 그것은 자본의 운동 속에서 이윤의 계기로 작동할 수밖에 없는 욕망의 배치에 다름 아닐 것이다.

마을이 이와 다른 욕망을 담지하고 있는 것이라면 자본의 사건·욕망·배치·질서 등에 지배·포섭되지 않은 현실 속의 마을은 어디에 어떻게 존재하고 있을까? 그러한 마을이 운동 속에서 구체화된 욕망의 배치를 구성한다고 할 때 그 운동을 촉발하는 계기는 어떻게 주어지는가? 그것은 자본의 부산물 속에서 또는 자본의 욕망에 의해 배제·주변화된 흐름 속에서 발견할 수 있지 않을까? 자본의 부산물은 결국 그것이 야기한 모순이고 자본의 욕망이 배제한 흐름은 자본의 욕망을 거스르고 그것과 대결하고 있는 국지적 행동 속에서 생성된다. 따라서 그것은 자본주의 사회의 구조적 모순의 계기에 의해 촉발되는 사건 속에 있고 언제나 생성 중에 있다. 그 속에서 발견되는 민속적인 것의 새로운 배치 또는 관계망으로서 마을공동체는 그 운동 담론을 새롭게 할 수 있는 진지가 될 수 있고 민속학 연구에서 마을민속의 공유가치론이 열어 놓은 가능성의 지평과 그 전망을 지속적으로 확장해 갈 수 있는 계기를 제공할 것이다.

2. 마을연구 담론의 확장 가능성과 의의

마을의 부상 혹은 귀환은 정보통신 기술의 발전과 함께 물리적 시간과 공간이 압축되었던 사태와 관련되어 있다. 그러한 기술 조건 속에서 자본의 회전 속도가 무한궤도 위를 달리기 시작하고 국가 단위의 경제 체계를 가로지르며 이윤을 발생시키는, 새롭고 더욱 고도화된 자본축적의 조건 형성과 밀접한 관계가 있다. 즉 신자유주의적 자본주의 체제의 고도화, 그로 인한 중심과 주변부 간 격차의 심화, 이윤의 원천이 되는 노동의 성격과 지위 변화, 새로운 자본 축적지의 개발과 그에 따른 공적 영역의 사유화 내지는 자본적 전유의 다각화 등과 밀접하게 연동되고 있다. 이와 함께 지구적 차원의 연대가 중요해지고 민족적/인종적·국적 정체를 횡단하는 세계시민의 형성과 그 흐름 또는 지구시민의 행동 양태들이 다각화되는 조건과도 밀접한 관계가 있다. 한편 한국 자본주의의 형성과 전개 속에서 보이는 특징인 압축적 고도화에 따른 사회 문제의 복잡성과 심화 등과 관련하여 마을의 부상 혹은 귀환이 운위되고 있고 갈수록 그 쓰임새가 유용해지고 있다. 물론 일제강점기 농촌진흥운동의 국면 속에서 마을공동체는 후방 기지화되었고 산업자본의 축적과 고도화 국면에서도 그 자본의 전진기지를 후방에서 지원하도록 배치되기도 했다. 특히 신자유주의 국면 속에서는 자본의 새로운 이윤 축적지로 재배치되고 있는 중이고 그 과정 속에서 발생하고 있는 사회 문제 해결을 위해서도 자원화되고 있다.

마을공동체 운동과 그 담론은 이와 같은 사회 조건과 조응하면서 변화·지속해왔다. 주목되는 것은 그러한 운동과 담론이 매번 자신을 현시할 때마다 내세우는 이념·가치·지향으로서 자치 혹은 자율이다. 자치와 자율을 향한 마을공동체 운동 담론의 역사에서 특히 주목되는 것은 산업자본주의가 발흥하고 발전하는 과정에서 구조적으로 심화되는 모순의 한가운데에서 새로운 사회와 삶의 열망이 발산했던 코뮌적인 것의 생성이다. 물론 코뮌적인 것의 자본주의적 배치 또는 코뮌적인 것의 사회주의적 배치가 이루어지는 과정에서 생성되었던 '아나코-코뮌주의' 운동과 그 담론은 역사적 패배로 귀결되었지만, 자본주의의 위기 국면에서 매번 다시 출현하고 있는 중이다. 주목되는 것은 자치와 자율을 기조로 하여 기존 체제와 길항하는 일련의 직접 행동으로 나타났다가 자본의 모순을 일시적·잠정적으로 해소하고선 사라지거나 재배치되는 일련의 사건적 행동 혹은 흐름이다.

　전통적인 의미에서 마을을 생각할 때 공/사 분리·성별 분업·정상 가족을 중심으로 한 젠더 질서를 당연한 것으로 전제하는 경향이 있다. 이러한 경향 속에서 산출되는 담론의 경우, 의도한 바가 아닐지라도, 여성을 동원의 대상으로 취급하고 남성 중심의 젠더 질서를 고착시키는 효과를 낳는다. 이에 대한 대응으로 그 질서에 균열을 내고 소란을 일으키면서 자기 자신과 공동체를 변화시키려는 움직임이 있다. 이들은 과정으로서 마을공동체 운동을 정의하고 그 공동체성 자체를 재정의[13]하는 작업을 통해 마을공동체 운동 혹은 그 담론의 의의를 확보하고자 한다. 여기에서 마을공동체는 본질적으로 정해져 있지 않으며 하나이지도 않고 각기 다른 고유성으로 표현되는 상이한 관계성으로 조직된 공동체로 정의된다. 즉 동질적 총체성으로 정의하는 것이 아니라 이질적인 타자들 사이의 접속과 해리·수렴과 발산·동일성과 차이의 계속되는 역동으로서 개념화[14]된다. 마을공동체 운동 담론은 마을에서 마을 아닌 것을 발견하고 그것을 마을과 접속시켜 재정의해가면서 실천적 계기와 조우할 가능성을 마련하는 것에서 그 의의를 확보할 수 있다고 보는 것이다.

　마을공동체를 '홀롭티시즘Holopticism'[15]적 공간과 함께 생각해볼 수 있다. 홀롭티시즘적 공간은 판옵티콘과 정반대의 공간으로 정의된다. 판옵티콘에서는 소수의 권력자가 다수의 개인들을 일방적으로 보기만 했다면 홀롭티시즘적 공간에서 개인들은 공동체 전체를 볼 수 있다. 예컨대 과거의 마을공동체가 판옵티콘이었다면 부상 혹은 귀환하고 있는 마을공동체는 홀롭티시즘적이다. 홀롭티시즘적 마을공동체는 이미 국가이고 지구이다. 마을에서, 국가에서, 지구에서 그 공간의 규모와 상관없이 개인들은 공동체 전체를 조망하며 거기에서 발생하는 사건에 참여하고 행동하는 방식을 스스로 조율하고 결정할 수 있는 것이다. 이는 자치와 자율의 지구적 가능성을 함축한다. 물론 그러한 가능성이 저절로 이루어지지 않는다. 중요한 것은 그 기술적 조건과 물적 토대에 기초한 관계 구조에 달려 있고 마을공동체를 통한 관계의 재편 가능성과 연동되어 있다. 마을공동체 운동 담론은 이러한 가능성에 대한 사유를 통해 그 경계를 넓혀 영역을 확장해 갈 수 있을 것이다.

3. 마을행동, 공동체문화의 실천적 함의

마을공동체 운동과 그 연구 동향을 조망할 때 마을에 대한 정의는 새로운 의미를 더해가고 있다. 현대 한국 사회에서 마을은 소수자들의 공동체로서 일종의 대안 사회를 지향하는 사회적 연대와 실험으로 나타나고 있다. 이는 민속적 정의의 현대적 변용임과 동시에 그 사회적 속성의 발현이라는 점에서 현대 한국 사회에서 민속/지식의 생성과 관련된다. 이러한 차원에서 마을은 본질적으로 정해져 있지 않으며 하나이지도 않고 각기 다른 고유성으로 표현되는 상이한 관계성으로 조직된 공동체로 정의될 수 있다. 따라서 현대 민속/지식의 생성으로서 마을공동체의 새로운 실험은 마을에서 마을 아닌 것을 발견하고 그것을 마을과 접속시켜 재정의하고 사회구조 속에서 배태되는 문제상황과 마주치면서 그 실천적 성격을 강화해나가고 있는 것이라고 할 수 있다. '마을행동'은 이러한 생각 속에서 제출된 개념이다. 마을이 부상하고 있는 사회적 조건과 필요를 함축하면서도 그 대안적 성격과 직접성을 드러낼 뿐만 아니라 궁극적으로 현대 한국 사회에서 민속/지식의 역할과 위상을 포착하기 위한 것이기도 하다. 그간의 민속/지식 분야에서는 민속적인 것의 형태에 집중하여 현대 한국 사회에서 민속의 전승과 존재 양상을 파악하고 그 의미와 가치를 규명하는 작업을 수행하여 왔다. 그런데 그와 같은 접근 속에서는 근본적으로 새롭게 출현하고 있는 행동들과 접속할 수 없게 된다. 더욱이 그 행동들이 동시대적 민속의 재현이라는 점을 포착할 수 없게 된다. 따라서 형태에 집중해온 그 인식관심에 대한 근본적인 전환이 필요하다. 즉 '형태의 행동'이 아닌 '행동의 형태'에 대한 관심과 그 개념의 창안과 규정이 요구된다.

'행동의 형태'는 행위자들이 물질적 과정의 변화에 조응하여 행위하는 양태라고 말할 수 있다. 그것은 '형태의 행동'을 넘어선다. '형태의 행동'은 실체나 본질로 간주되어 규범적으로 강제되는 어떤 준거 형식을 맴도는 것으로 정의할 수 있다. 그래서 그것은 반드시 의거해야 하는 것으로서 절차나 형식을 이상화한다. 이에 비해 '행동의 형태'는 현실의 물질적·사회적 과정과 맞물려 있고 그 현실적인 맥락으로부터 생성되는 사건적 의미에 결부되어 기획·실행되는 것이다. 그것은 현실적인 필요와 조건, 자원과 역량, 관계와 의지 등이 여러 경로에서 다양하게 흘러들고 그 속에서 이루어지는 행동의 과정들이 만들어내는 잠정적인 형태로 존재한다. 그것은 이전의 형태를 부분적인 요소로 활용하지만, 근본적으로 과거의 형태와는 다른 행동의 형태를 만들어내는 운동이라는 점에서 대안적 성격을 지닌다. 따라서 '행동의 형태'로서 운동하는 민속이 존재한다면 그것은 현재의 모순을 극복하는 데 참여하는 정치적 기획일 수 있다. 그것은 현실의 자원과 역량을 총동원하여 선취해야 할 가치를 체현하려는 의지로 나타나며 현실의 결핍이나 모순의 극복이 선취된 대안적 세계를 내포한다.

'행동의 형태'라는 개념화에 근거하여 민속의 재현 문제를 생각할 때 현대 한국 사회에서 민속연구 영역에서 생산되고 있는 민속/지식의 위상과 역할을 전혀 다른 방향에서 접근할 수 있다. 민속/지식이 생동하는 세계와 분리된 재현 체계로만 존속하면 그 특성을 잃게 될 수 있다. 민속/지식이 그 특성을 회복하려면 생동하는 현실 세계와 다시 결속되어야 하는 일이 우선적으로 필요하다고 했을 때, 또는 민속/지식이 내포하고 있는 잠재성과 대안성이 존재한다고 했을 때, 민속/지식은 현대 한국 사회의 소수자집단이 마주하고 있는 문제상황과 접속할 수 있으며 그 속에서 민속/지식의 역할과 위상을 확보할 수 있게 된다. 소수자집단의 문제상황은 다양한 조건 속에서 여러 갈래로 자신의 궤적을 만들어 가고 있다. 그 다양한 소수성의 발현과 전개 행동 속에서 민속의 재현과 관련하여 유의미한 지표는 그 행동이 공감과 연대를 중시하며 타자와 결속하는 공동체 운동으로 활성화되고 있다는 점이다. 특히 마을행동으로 개념화할 수 있는 일련의 흐름들 속에서 민속의 재현은 새로운 의미를 창조해가고 있으며 그 과정에서 민속/지식 생성의 새로운 국면을 열어가고 있다. 민속/지식에 집합적으로 체현되어 있는 감수성에는 공감과 연대의 능력이 잠재해 있다. 민속/지식의 이 잠재적 능력이 현대 한국 사회의 조건 속에서 마을행동으로 활성화되고 있다. 따라서 마을행동은 현대 한국 사회에서 재현되고 있는 민속적 행동의 형태이자 새로운 배치인 것이다.

1) 마을행동의 문제 유형과 주요 활동

한국 사회에서 형성되고 있는 새로운 마을만들기의 흐름 속에서 마을은 물리적으로 가까운 곳에 살면서 이웃집 숟가락 개수까지 훤히 알 정도로 밀착된 공동체는 아니다. 근대 사회 형성의 근본적인 기초가 되는 개인의 인권과 사생활을 존중하면서 서로의 관심사와 필요한 것들을 나누는 느슨한 공동체가 새로운 마을공동체를 만들어 가는 행동 즉 마을행동의 지배적인 관계 형식으로 나타나고 있다. 이를테면 육아의 문제를 함께 해결하는 돌봄 공동체, 대안학교를 비롯하여 아이와 부모가 함께 새로운 관계망을 형성하는 교육공동체 등은 아이의 생애주기를 따라 육아와 교육이 상품으로 소비되고 경쟁을 통해 승자독식을 내면화하는 현 교육 체제의 경계에서 새로운 공동체의 숨을 틔우고 있다. 또 핵발전 에너지의 파괴적 위험성을 인식하고 생활 속에서 가족 또는 이웃과 함께 핵발전소 하나 줄이기를 목표로 절전 행동을 벌이기도 하고 이를 사회화하기 위해 에너지 축제를 기획·실행하는 에너지 자립공동체가 형성 중에 있다.

낙후된 지역·마을·동네를 재개발하는 과정에서 발생하는 사회갈등과 분쟁의 문제를 지양하고 개발로 인한 공동체 파괴의 위험성으로부터 벗어나기 위해 이전의 것을 말끔히 밀어내고 다시 짓는 재개발이 아닌 고치고 새롭게 단장해서 재생시키는 대안 개발 공동체도 생겨나고 있다. 뿐만 아니라 콘크리트 벽에 갇힌 사회적 관계망을 회복하기 위해 함께 텃밭을 가꾸고 먹을거리를 나누는 아파트 공동체도 출현하고 있다. 한편 농촌과 산촌 등지에서는 도시 문명과 일정한 긴장을 유지한 채 생태·영성 공동체를 구성해서 살아가는 사람들이 있는가 하면 자립경제를 실현하기 위해 수익 모델을 고안하여 안정적인 농외소득을 창출하려는 경향이 대안 운동으로 인식되기도 한다. 요컨대 도시 혹은 농촌에서 숨 돌릴 틈 없이 살아가는 다양한 모습의 생활인들이 그들의 주거지역에서 또는 생활재의 소비가 이루어지는 시장에서 새로운 관계망을 형성하여 활기를 불어넣는 마을행동들을 다양하게 펼치고 있다. 이 과정에서 지속 가능한 마을행동의 재생산을 위해 마을행동 그 자체를 통해 먹고사는 방법을 고민하는 마을기업이 활성화되고 있다. 물론 마을기업과 같은 사회적 경제의 활성화는 생활인의 차원에서 그 기반을 마련하기보다는 정부나 지방자치단체의 지원을 핵으로 하여 마을의 재정적 자립을 도모하는 경제활동이 지배적이다.

마을행동은 현재 진행되고 있는 체제의 모순이 복합적으로 엉켜 나타나는 경계에서 한두 가지의 문제를 발견하고 그 해결을 위해 사람을 모으고 조직하여 문제를 발생시킨 체제와는 다른 방향에서 가치를 만들고 있다. 실천의 사례들은 그것들이 발견하고 해결하고자 하는 문제 유형 측면에서 볼 때 서로 중첩되기도 하고 때론 다른 문제 영역으로 확장되기도 한다. 그런데 마을행동이 실천되고 있는 상황에 따라 한두 가지 핵심적인 문제 해결의 방향을 지니고 있다. 그것들은 대개 체제와의 관계 속에서 그 바깥을 지향하거나 그 안에서 문제 해결의 역량을 구축할 틈을 마련하려는 실천의 방향을 함축하고 있다. 각각의 사례들이 지닌 문제 유형들을 취합하여 정리하면 여덟 가지로 분류할 수 있다.

첫째 도시에서 살아가는 삶을 난민의 삶이라 자각하고 도시에서 농촌을 상상하고 농업을 실행할 수 있는 틈을 만들려고 하거나, 도시를 벗어나 그 주변에서 '귀농/귀촌'의 삶을 실천하고 역량을 축적하여 궁극적으로 체제의 바깥에서 마을을 구성하고자 한다.

둘째 '육아' 문제를 함께 고민하고 실천하기 위해 협동조합을 만들어 아이를 함께 돌본다. 이는 아이가 커감에 따라 초중등 '교육' 문제로 확장되고 이는 대안학교를 구상하고 설립하는 단계로 나아간다. 뿐만 아니라 '청소년'과 '청년'의 문제로까지 확장되어 그들이 안정적으로 머물러 학습하고 다양한 문화 활동을 할 수 있는 공공 공간의 확보와 조성으로 확장된다.

셋째 '빈곤' 문제를 쟁점화하고 '소외'를 구조적으로 인식하며 그 해결을 위해 국가나 제도보다는 공동체의 자율성과 연대를 통해 해소하고자 한다. 이러한 노력은 소득원의 공유와 그 수익의 공동체적 배분을 시스템으로 구축하려는 기획으로 이어진다. 뿐만 아니라 '복지'의 사각지대에서 고통 받는 주민이나 이웃을 공동체의 재구성을 통해 돌보는 다양한 방식의 사업을 구상하고 실행한다. 이는 이주여성에 대한 관심으로 확대되어 '다문화'와 관련된 기획을 실행시키면서 공동체적 '소통'의 영역과 실행의 아이템을 확대해간다.

넷째 사회적 소수자들의 공동체를 이루어 함께 문제를 해결해가는 주체적인 노력으로 나타나기도 하고 소수자의 고통에 감응하여 그들과 함께 하는 사회적 기반을 형성하려고 한다. 후자의 경우는 다소 시혜적·소극적 실천성을 지닌다. 특히 취약계층의 여성 혹은 농촌 여성에게 안정적인 일자리를 제공하려는 기획으로 실행되기도 하고 그러한 여성들이 협동조합을 만드는 적극적인 실천으로 나타나기도 한다. 또한 '예술인'들이 안정적인 작업공간을 만들고 지속적인 예술 활동을 벌여나가기 위한 경제적 기반을 확보하는 일이 대안적 실천으로 구체화되기도 한다.

다섯째 '낙후'된 지역의 '개발' 과정에서 발생할 수밖에 없는 이주의 문제에 대응하여 원주민이 쫓겨나는 방식의 개발이 아니라, 또는 기존의 경관이나 주거, 생활양식 등을 파괴하는 방식의 재개발이 아니라 고장난 것은 고쳐 쓰고 훼손된 것은 보수하며 공동체를 존속시키는 '재생'을 추구한다. 또한 인근에 대형 몰이 들어서면서 침체되어 가는 '전통시장'을 활성화하기 위해 상인과 지역주민이 함께 하는 다양한 방식의 공동체 결성을 통해 문화적·경제적 활력을 되살리는 기획이 실행되고 있다. 특히 초고령화 사회로 이행 중인 농촌에 활력을 불어넣는 '농촌재생' 사업이 도농 교류 연계망 구축과 확장, 귀농/귀촌을 위한 기반 시설 마련과 다양한 교육·문화 프로그램으로 수행되고 있다.

여섯째 '안전' 문제가 중요한 사회 문제로 부각되면서 사회 전반에 걸쳐 기존 안전망을 점검하고 혁신하려는 공동체 활동이 마을행동의 핵심 전략이 되고 있다. 위험사회의 징후가 가장 기초적인 먹거리 생산과 유통의 차원에서 뚜렷해지고 있다. 그러한 조건에서 '유기농' 먹거리의 생산과 유통, 소비의 문제가 다각화되고 있다. 생산·유통·소비가 선순환할 수 있는 '윤리적 소비'에 대한 인식과 실천이 중요해지고 있다. 이와 같은 먹거리 순환 구조 혁신과 함께 '먹거리 정의'의 구현도 혁신적 의제로 대두되고 있다.

일곱째 먹거리 안전에서 출발한 '생태'적인 문제의식이 공동체 전반으로 확장되고 있는 추세에 있다. 삶의 전반을 생태적인 기초 위에 놓으려는 공동체의 실험이 '생활 쓰레기' 처리 방식과 활용의 측면에서 기술적으로 혁신되고 있고 '친환경'적인 경관의 조성과 '주거공동체'의 실험도 생겨나고 있다.

여덟째 '에너지' 문제가 자원의 고갈이라는 측면과 핵발전소의 파괴적 위협이라는 측면에서 근본적으로 제기되고 있다. 그러한 문제를 해결하기 위해 절전 운동과 에너지 자립 운동이 마을공동체 차원에서 생겨나고 있다. 특히 에너지 생산의 생태적 기술혁신에 따른 발전 방식의 근본적 전환이 추구되고 있으며 그러한 혁신적 삶의 방식 또는 에너지 생산과 소비의 방식이 공동체 형성과 지속의 차원에서 실천적으로 모색되고 있다.

마을행동의 주요 사례들이 체제의 모순과 마주하여 대안을 모색하면서 다양한 방식으로 새로운 체제의 씨앗을 파종하고 있지만, 구체적인 문제 해결의 방식과 내용에 있어서 오히려 체제의 유지와 존속에 기능적으로 부합하고 있다. 그것은 체제의 바깥을 상상하며 닻을 올렸으나 그 체제의 경계에서 바깥보다는 안을 향해 있는 양상으로 나타나고 있다. 이는 마을행동의 이상과 현실의 괴리, 가치와 역량의 차이에서 오는 실존적 딜레마이다.

2) 체제의 보완물로서 마을행동의 주변성

마을행동이 지향하는 대안적 가치가 구체적으로 발현되는 과정에서 체제를 보완하는 양상을 보이고 있다. 물론 각각의 마을행동이 공동체적 기반을 다지는 과정에서 한국 자본주의 체제가 야기하는 문제들을 국면적으로 해소해왔다는 점은 분명하다. 그럼에도 불구하고 또는 바로 그러한 점에서 마을행동의 이와 같은 사례들은 체제의 경계 지대에서 주변적인 위치를 점유하고 있고 현재로서는 그 보완물로 기능하고 있다.

'삼각산재미난마을'은 1998년 형성된 돌봄 공동체 '꿈꾸는 어린이집'에서 출발하여 대안 초등교육 기관 '삼각산재미난학교'를 설립하였다. 대안교육을 주도했던 사람들은 연극과 독립영화 영역에서 활동하는 문화예술인과 시민단체 활동가들이었다. 이들이 설립한 대안학교는 2011년 5월에 사단법인 '재미난마을'을 설립하는 기반이 되었다. 대안교육을 중심으로 형성된 재미난마을 공동체는 별명을 쓰고 반말로 소통한다. 이는 체제의 관습과 규범을 교육 활동이라는 국면적인 활동 속에서 문화적으로 전복하는 경계 지대를 만들어내는 실험이라고 생각할 수 있다. 재미난마을은 이와 같이 교육과 문화의 영역에서 대안적 가치를 추구하며 공동체를 형성해가고 있다. 또한 대안교육 활동 과정에서 부모들은 '재미난밴드'로 결속하였고 이는 다시 '백세밴드', '마을목수공작단' 등으로 확장되었다. 뿐만 아니라 마을사랑방 역할을 하는 '재미난카페'와 동아리 모임과 강의가 이루어지는 '작은 도서관'도 운영되고 있다.

'수유마을시장'은 서로 인접해 있는 세 개의 시장 즉 수유시장·수유재래시장·수유전통시장을 통틀어서 가리킨다. 시장 상인들은 책을 함께 나누어보는 모임을 조직했고 이 모임이 발전하여 '수유마을 작은도서관'을 열었다. 이들은 이 도서관을 중심으로 인근 마을주민과 소통하면서 시장의 활력을 도모하고 있다. 이를테면 '시장문화활력소'를 조직하고 그 성과로 일종의 시장 카페인 '다락방'을 열었다. 이 다락방은 상인과 주민이 교류하는 사랑방 역할을 하고 있고 구체적인 활동으로 서예·한춤·글쓰기 모임 등이 진행되고 있다. 뿐만 아니라 시장 상인들은 도서관을 매개로 창업지원도 하고 있다.

'임대아파트공동체'는 '관악주민연대'의 공동체 활동과 관계가 깊다. 관악주민연대는 봉천동과 신림동에 거주했던 판자촌 사람들의 권익을 보호하기 위해 1995년에 설립되었다. 관악주민연대는 어머니 교실·공부방·놀이방·쉼터의 운영을 통해 공동체적 가치를 복원하고자 하였다. 이들은 이 지역의 임대아파트에 살고 있는 독거노인과 저소득 가정을 돌보는 일을 하고 있다. 이를테면 이 지역의 식당이나 떡집에서 음식을 기부 받아 주민들에게 제공하는 '나눔푸드' 활동을 하고 있다. 나눔푸드는 부양가족이 있으나 실제로는 홀로 살아가는 노인들과 장애인의 생계를 보조하는, 민간 차원의 복지 활동이라고 할 수 있다. 또한 관악주민연대는 주거복지센터를 설립하여 주거 문제로 인해 발생하는 문제를 함께 고민하거나 주택 수리 서비스를 저렴한 비용으로 제공하고 있기도 하다.

청구3차 '아파트공동체'에서는 관리사무소를 주민자치 공간으로 삼기 시작하면서부터 요리·요가·바둑·보드게임·도자기 공예 등의 취미 활동을 통해 공동체적 관계의 복원을 추구해오고 있다. 그 과정에서 '어린이 도서관'과 '입주민 독서실'을 마련하기도 했다. 특히 주민들은 관리사무소 지하에 있는 기관실에서 EM(Effective Micro-organisms, 유용한 미생물) 발효액을 생산·판매하는 마을기업을 운영해오고 있다. 이 마을기업은 '청구이엠환경'으로 2011년에 입주자대표자회의와 부녀회가 주축이 되어 설립하였다. 마을기업에서 생산된 EM 발효액은 매달 열리는 마을장터에 내놓거나 노원구청에 납품한다. 구청은 이 발효액으로 하천을 정화한다. 또한 이 발효액으로 세탁비누를 만들기도 하는데, 그 일은 장애인 자활단체와 함께 해오고 있다. 특히 음식물쓰레기와 발효액을 섞어 퇴비를 만들어 생활의 생태적인 선순환을 실천해오고 있다. 뿐만 아니라 발효액으로 만든 퇴비와 빗물 탱크로 옥상 텃밭이나 마을 텃밭에서 농사를 짓는 등 도시농업의 사례를 보여주고 있다. '누리마을빵카페'는 다문화 카페로 '농촌공동체연구소'가 운영하고 있다. 인근에 소재하는 간디학교의 교육연구소가 모태가 된 농촌공동체연구소는 대안교육을 추구하며 다문화가족에 대한 연구와 활동을 수행하고 있는데, 다문화가족을 위한 평생학습센터 '누리어울림센터'와 연대하고 있다. 이주여성들은 누리마을빵카페에서 일자리 지원을 받거나 바리스타 기술을 전수받기도 한다. 지역주민들은 유기농으로 오디잼을 만들어 카페에 공급하기도 하고 지역에서 생산되는 오미자와 매실로 효소를 만들어 제공하기도 한다. 이와 같이 누리마을빵카페는 유기농과 공정무역을 실천하고 있으며 지역주민들의 문화공간이 되어주고 있다.

3) 지속 가능성의 오인, 수익성의 등가물

마을행동은 자본주의 체제의 재생산에 복무하기보다는 체제가 야기한 모순을 지양하고 그 모순이 불온한 것으로 배제해왔던 지속 가능한 세계를 지향하고자 한다. 그런데 몇 가지 사례에서 마을공동체의 존속을 경제적인 수익 창출에 결부지음으로써 자본주의 체제 재생산의 영속에 복무하는 마을행동을 전개해가고 있다. 이러한 전도는 마을행동이 대안으로 상상해가고 있는 지속 가능성에 대한 오인에서 비롯되고 있는 것으로 파악된다. 오히려 그 지속 가능성이 수익성과 등가물이 되고 있는 형국에 놓여 있다. 자본주의 체제의 대안으로 상상·기획·실험되고 있는 지속 가능한 체제는 사회적이고 공적인 영역까지 사유화해서 이윤 창출을 영속적으로 도모해가는 것과 대척점에 있다. 그것은 착취의 대상을 공존의 대상으로 돌려놓는 일을 기본으로 삼는다.

'한드미유통영농조합'은 한드미마을을 경영·관리하는 마을기업으로 마을공동체 사업을 통해 자립적인 경제활동의 역량을 구축한 대표적인 사례로 잘 알려져 있다. 한드미유통영농조합은 생태마을을 표방하면서 친환경 농사를 짓고 있다. 또한 농촌형 사회적기업 지원사업의 첫 시범사업지로 농촌유학센터와 건강식을 특화한 마을식당을 운영하고 있다. 정도에 따라 다르지만 참여 농가들은 농외소득으로 수백만 원의 수익을 창출하고 있다. 그에 따라 학교와 마을이 활력을 띠게 되었으며 귀농 인구가 증가하고 있다. 한드미마을의 수익 모델은 이 분야의 종사자와 전문가들에 의해 지속 가능한 마을공동체의 모델로 평가받고 있다.

'공근봉화영농조합'은 마을주민들이 출자하고 만든 영농조합법인으로 '기업식 경영방식'을 채택한 대표적인 사례이다. 공근마을 공동체는 1985년부터 친환경농업을 시작한 한살림 최초의 생산지이다. 초창기에 주로 감자만을 유기농으로 재배했지만, 점차 쌀과 잡곡, 건고추, 옥수수 등 다양한 작물로 확대 적용해왔다. 매년 단오잔치 한마당, 여름 생명학교, 가을 벼베기 등의 체험 프로그램을 실시하여 도농 교류 활동을 수행하고 있다. 처음에는 유기 농사를 짓는다고 주변에서 이른바 '빨갱이'로 몰리기도 했지만, 1990년대로 접어들면서 유기농에 대한 인식이 확산되었고 그에 따라 소득이 증가하였다. 그 결과 다른 주민들도 합류하여 안정적으로 수익을 창출하고 있다. 쌀·감자·잡곡 등을 공동 생산해 한살림에 전량 공급하는 체계로 운영되고 있으며 마을 공장에서 가공생산하여 판매하는 누룽지도 안정적인 수익원이 되어주고 있다. 특히 1999년 '새농어촌건설운동' 강원도형 마을만들기사업과 2006년 농촌마을종합개발사업 등을 수행하면서 수익성 있는 소득사업을 발굴하고 선택적으로 역량을 집중하는 시스템을 갖춘 마을기업으로 전환되고 있다.

'안덕파워영농조합'은 안덕마을 공동체 사업을 주도하는 마을기업으로 건강·힐링 체험 마을 사업을 성공적으로 수행하고 있다. 안덕마을은 전북 완주군 구이면 안덕리 4개 마을(미치·장파·원안덕·신기)을 통합해서 부르는 명칭으로 황토방민박과 토속한증막 등 건강·힐링 체험 프로그램을 공동체 사업으로 특화시킴으로써 안정적인 수익을 창출하고 있다. 마을주민들에게는 다양한 일자리를 제공하고 있고 수익에 따른 배당금도 배분하고 있다. 또한 마을 안에 있는 민속한의원과 연계한 건강 교실도 운영하고 있다. 이와 같이 특화된 사업의 성공적인 수행에 따라 안덕마을 특유의 테마와 브랜드를 형성하게 되었고 이는 다른 지역과 차별화된 마케팅의 성공 사례로 평가받고 있다. 주목되는 것은 도시민들의 웰빙 여행문화의 수요가 급증하고 있는 추세에 적극적으로 조응하여 마을기업 중심으로 수익 모델을 창출했다는 점이다. 안덕마을 주민들은 마을 공동체를 중심으로 소득사업을 확대함과 동시에 자립형 구조를 중시하고 있다.

'알프스마을'은 천장리를 달리 부르는 명칭으로 칠갑산 정상 바로 아래 산기슭에 자리 잡은 천장처럼 높은 마을이라는 의미에서 붙여진 마을 이름이다. 알프스마을은 도시와 농촌의 상생을 통해 '농업·농촌·관광이 어우러지는 마을'을 추구한다. 지역경제 활성화의 성공 사례로 조명받고 있으며 자립적으로 수익 모델을 만들어 안정적인 농외소득을 창출하고 있다. 알프스마을은 2009년 1월에 영농조합법인 알프스마을 운영위원회를 조직하여 농촌마을 개발사업으로 조성된 시설·공간을 관리하고 이를 활용한 사업을 계속하여 시행하고자 하였다. 그에 따라 도농 교류 기반 시설로 웰빙 체험공원·도농교류센터·축구장을 조성하였고 겨울의 얼음 축제와 여름의 조롱박 축제를 개최하고 있다. 얼음 축제를 위해 개울과 개울 뒷산을 이용하여 얼음 분수를 만들었다. 축제 프로그램으로는 전통 썰매 체험·팽이치기 체험·모닥불 군밤 굽기 체험·하천 빙어낚시·맨손 빙어 잡기 등이 있으며 조롱박을 활용한 다양한 체험 행사를 기획 실행하고 있다. 특히 조롱박을 이용한 지역 특산물로 조롱박화장품 개발을 추진하였는데, 실제로 2012년에 화장품 연구 기관 및 생산회사와 협력하여 기능성 화장품 샘플을 개발하기도 했다.

4) 대안 가능성과 잠재적 지평

마을행동은 문제의 인식과 행동의 초기 단계에서는 체제와의 대척점에서 행동의 전략을 구상하고 실행 계획을 세우며 실현 가능성이 있는 목표를 설정한다고 볼 수 있다. 그러나 대개의 경우 공동체의 생존과 구성원들의 이해관계가 충족되어야 하기 때문에 체제와의 관계에서 완전한 단절을 이행하거나 그 체제를 유지하는 사유의 구조를 전적으로 해체하여 재구성할 수 없다는 실존적 딜레마에 처하게 된다. 특히 체제의 경계에서 상상되는 마을행동은 구체적인 실행의 과정에서 체제의 중심이 주변에 가하는 원심력에 이끌려 그 방향을 돌릴 확률이 높고 체제가 호명하여 불러 세운 그 자리에서 체제의 핵심 이데올로기를 재생산하는 주체로 전화한다. 이러한 주체화의 과정은 중심과 짝을 이루며 체제를 재생산하는 주변부 존재들의 숙명을 보여줌과 동시에 사유의 한계를 지정해 준다.

한편 마을행동은 체제의 보완물로 기능하거나 체제 재생산의 주체로 전화하는 한계를 노정하면서도 체제가 되돌려 놓은 방향 속에서 또 다른 문제를 인식하면서 좀 더 근본적인 차원의 방향을 모색하고 대안을 사유하기도 한다. 마을행동은 체제의 현실적 힘에 조응해가면서 대안 가능성을 잠재적 지평 속에 겹겹이 쌓아 간다. 그것이 현실화될 수 있는 계기를 점진적으로 축적해나가는 방식으로 마을행동의 대안성을 유지해간다. 마을행동은 지속의 조건을 점진적으로 확장해가면서 잠재적 지평 속에 주름 잡혀 있는 대안을 펼쳐내고자 한다.

'하늘소마을'은 2003년에 귀농 이주자를 위해 만들어진 마을로 유기농을 지으면서 회원제 다품종 농산물인 '꾸러미' 직거래를 주 사업으로 하고 있다. 주목되는 것은 이 사업의 시행을 위해 조직한 사회적 기업 '푸드앤저스티스 지니스테이블'이 지향하는 가치이다. 그것은 '먹거리 정의'Food Justice의 구현을 통한 소득 불평등의 해소이다. 이를 위해 소농 규모를 유지하는 상태에서 도농 간 네트워크를 구성하고 그 속에서 유기 농산물을 공급하여 먹거리 격차를 줄이는 방식을 고안 중에 있다. 또한 서울 송파구 마을기업 '즐거운가', 슬로푸드문화원과 함께 먹거리 정의를 실현하는 시민식당과 시민 야채가게 만들기 프로젝트를 구상하고 있다. 즉 저소득층에게 미리 충전된 카드를 주어 다른 사람들과 동등하게 존중받으며 식사할 수 있는 지역 커뮤니티 식당을 만들고자 한다. 특히 지역 공동체 네트워크의 구성을 통해 먹거리는 농촌에서 책임지고 도시는 그 생산을 책임지는 구조로의 전환을 추구하고 있다. 요컨대 지역 커뮤니티가 저소득층에게 식생활 권리를 보장함과 동시에 도시와 농촌이 상생하는 사회적 경제 네트워크를 실현하고자 하는 것이다. 이들이 추구하는 가치는 먹거리 양극화와 건강 양극화 및 소득 양극화가 하나의 고리로 악순환한다는 인식에 기반해 있으며 건강과 삶의 질을 포함한 격차의 문제를 해소하는 근본적인 방안을 좋은 음식의 제공과 유기농의 실천에서 찾고자 하는 것이다.

'에너지자립공동체'는 애초에 책 읽고 토론하던 모임에서 출발했다. 2010년 7월 시민사회단체인 '희망나눔동작네트워크'를 중심으로 마을도서관 만들기 추진위원회가 결성되어 마을도서관을 설립했으며 이 과정에서 에너지자립공동체를 상상하기 시작했다. 그 결정적인 계기는 2011년 후쿠시마 핵발전소 사고였다. 그 사고에 충격을 받은 엄마들은 원전 관련 특강을 듣고 여성민우회가 주관하는 에너지 특강 및 워크숍, 견학에 참여했다. 그 결과 에너지 자립 운동으로서 '성대골 절전소'가 탄생했고 마을의 음식점·커피숍·약국 등을 돌며 절전 운동에 동참하도록 권유했다. 구체적인 생활 실천으로 마을 학교에서 이른바 '적정기술'로 겨울을 나는 실험을 벌이기도 했고 태양열 온수기와 온풍기 및 빗물 탱크 등을 사용하기 시작했다. 문화적인 실천으로 성대골 에너지 축제를 개최하였다. '불을 끄고 대신 별을 보자'는 슬로건 속에서 발전 자전거를 체험하기도 하고 영화 상영 도중에 가로등을 끄고 별을 보는 행동을 하기도 했다. 2012년 여름부터는 '탈핵 학교'를 열고 있으며 이 과정을 통해 핵의 위험성과 에너지 문제를 알리기 위한 강사 양성 과정을 실행하고 있다.

　'우리마을카페오공'은 협력과 공존을 핵심 가치로 삼고 있는 청년들의 마을공동체로 협동조합으로 운영되었다. 한동안 50여 명의 청년들에 의해 만들어진 협동조합 카페이자 커뮤니티 공간으로 기능하였다. 조합원의 일부는 주거공동체를 만들어 함께 공부하면서 마을공동체 생활을 실천하고 있기도 하다. 우리마을카페오공은 정토회에서 활동하던 청년들이 귀촌에 대한 관심을 구체화하는 과정에서 결성되었다. 그런데 이들이 실천하고자 하는 귀촌은 도시 생활을 청산하고 온전히 귀촌하는 방식이 아니다. 도시에서든 농촌에서든 청년들의 협업과 네트워크에 뿌리를 두고 여러 지역을 횡단하는 방식을 추구한다. 즉 도시와 농촌에 문화 생태적인 커뮤니티를 다양하게 만들어 마을공동체 연합을 구축하고자 한다. '우리동네사람들'은 주거공동체로 2011년 9월에 시작되었으며 함께 생활하면서 마을공동체·협동조합과 관련한 주제로 공부하는 모임이었다. 스무 명 정도가 공동 주거를 실천하고 있는데, 바리스타·교사·마을 활동가 등 다양한 직종의 사람들이 함께 모였다. 이들은 공동체의 핵심이 관계망에 있다고 보고 월요 밥상 모임을 진행하여 대소사를 공유하고 소통한다. 특징적인 것은 이 주거공동체에 일정한 규칙이 존재하지 않는다는 점이다. 그 대신 역할 분담의 체계가 작동하고 있다. 이들은 인천 검암의 100평과 강화 500평의 땅을 빌려 농사를 짓고 매달 한 차례 '밭 데이'·'논 데이'로 함께 모인다. 또한 이들은 의료 두레와 공동 주거에 대한 교육과 연구를 수행하고 있으며 주거공동체 구성원들을 위한 금융기관인 연대은행과 텃밭오공에 대한 연구도 함께 하고 있다. 이외에도 장기적으로 꿈꾸는 마을공동체 연합을 위해 임금 노예를 강요하는 체제를 벗어나 조금 일하고 더 행복해지는 신개념 비즈니스 모델인 '3만 엔 비즈니스'를 비롯하여 재능 나눔·대안 화폐·기본 소득 등을 연구하고 있다.

4. 공동체문화의 특이성과 포크 모더니티

공동체문화는 마을의 귀환이나 부상, 마을공동체 운동 혹은 마을만들기 등 현대 한국 사회에서 마을을 대안적으로 재구하는 일련의 실천들을 포괄하는 개념으로 고안된 것이다. 공동체문화는 그 실천들에서 민속적인 것이 소재적으로 재현되거나 변용/활용되는 것 그 자체보다는 그 현상을 민속연구의 대안적 문제계problematic로 전유하여 영역화하는 데 초점이 있다. 이 문제계의 특이성이 포크 모더니티이고 포크 모더니티의 현재적인 핵심 범주가 공동체문화인 것이다. 그러므로 공동체문화 연구는 민속적인 것과 근대적인 것 혹은 민속학과 실천 담론/이론의 절합으로서 포크 모더니티의 대안성을 규명하려는 시도가 된다. 공동체문화의 전례 없는 활성화는 자본주의 위기와 관련하여 대안적 실천으로 쟁점화·구체화되고 있다는 것, 비자본주의적 실천이 다각화되고 담론적으로도 비자본주의의 경관을 두드러지게 하려는 이론적 사유와 실천도 활성화되고 있다는 것, 그 속에서 비자본주의의 경관 또는 실천의 흐름을 민속적으로 어떻게 사유하고 위치지을 것인가 또는 다른 비자본주의적 실천들과 함께 계열화될 수 있는 것으로 민속적인 것을 어떻게 사유할 것인가 등이 포크 모더니티 혹은 공동체문화의 대안적 개념화의 조건과 방향이다.

  핵심적으로 삼는 가정은 민속이 하나의 절합 양식이라는 것이다. 마찬가지로 또는 그 연장선상에서 공동체문화도 하나의 민속적 절합 양식이라는 것이다. 즉 공동체문화는 민속과의 연관 속에서 연속되거나 격절되어 우리에게 주어지는 시간과 공간의 마주침 속에서 행동하는 필요의 주체들에 의해 다시 한 번 또는 여러 번에 걸쳐 절합되어 존재하게 되는 구성적 실천 양식이라는 것이 핵심 가정이다. 사례로 제시되어 논의될 '홍동(-장곡)의 공동체문화'도 이와 같은 의미에서 절합 양식들의 반복적인 구성에 의해 변환되고 있는 민속적 실천 양식으로 가정된다. 역사적 시간의 범주가 속성이 다르면서도 서로의 특이성을 근거 짓는 '근대와 민속'으로 구분 가능하다면 공동체문화 행동은 민속적 시간의 흐름을 재구성한 실천으로 이해할 수 있다. 그것은 근대적 시간체제의 형성과 함께 거기에 절합되어 있는 근대 이전 세계의 시간문화에 의거하여 그 종속적·주변적 상태를 변화시켜 위상을 뒤바꾸며 자본축적을 최상으로 하는 그 척도의 위계를 비틀어 비자본적 시간으로서 민속적 시간을 재구성하고 우리의 삶과 사회에 지배적으로 주어진 자본주의 경관을 색다른 경관으로 부상케 하는 것이다.

근대의 시작과 함께 구성된 민속, 그 하나의 가능한 경로로서 제시될 수 있는 공동체문화/연구는 민속연구의 대안적 연구 실천의 시작이라는 '문제계'와 아울러 "살림살이의 공동생산과 삶의 다른 차원들의 시작"과 관련된 '문제계'를 구성한다. 이는 자본의 가치실천을 극복하고자 하는 문제계와 접속한다. 여기서 가치실천은 사회적 실천 즉 "좋은 것과 나쁜 것을 선별하고 그에 상응하는 척도 및 관계적 실천을 구축하는 사회적 실천"[16]으로 정의된다. 민속의 구성도 그러한 가치실천과 관계된 사회적 실천으로 고려된다. 보편적이라고 가정되는 자본의 가치실천에 의해 민속은 배제의 선분과 포섭의 선분, 의미 변형과 존재 위상의 변환 속에서 좋은 것 또는 나쁜 것으로 선별·구성·실천되었다. 또 그에 상응하는 관계적 실천 속에서 사회적 규범의 정상성을 반영하고 (재)생산해왔다.

역사는 "행동의 규모와 무관하게 자본으로부터 자율적으로 상相시간·주기시간·직선시간의 재절합을 실천하는 사회적 세력들이 존재하면 언제라도 시작"[17]될 수 있는 것이다. '직선시간'은 목적 의식적인 행동·목표 성취·기능 수행의 차원을 의미하는 것으로 생산물을 낳는 연속적인 변형·기능들의 절합·시간표와 스케줄을 통한 계획의 구조화가 지닌 특징이기도 하다. '주기(순환)시간'은 행동이 되풀이되는 시간으로 규범과 가치를 정의하고 형태를 부여한다. 규범과 가치가 없다면 그 행동과 목적이 무의미할 수 있으므로 '직선시간'은 '주기(순환)시간'과 절합하여 지배적인 시간으로 그 힘을 행사한다. 이와 같은 '직선시간'과 '순환시간'에 의해 우리의 일상이 구조화된다. '상相시간'은 새로운 차원들이 출현하는 시간으로 정의되는데, '직선시간'과 '순환시간'처럼 삶의 일부[18]로 제시된다. 역사는 이와 같은 세 가지 시간 차원들이 절합되는 양상에 따라 마디를 구성하고 또 분기하는 흐름, 다시 말해 시간들의 절합 양식들이 그 안에서 각축해온 흐름으로 이해할 수 있다. 물론 새로운 마디로 구성되는 절합 양식은 한편으로 그 이전과 다른 차원을 열기 때문에 역사의 외부를 구성하고 표상한다. 다른 한편으로 각축하는 절합 양식들의 관계 안에서 재절합된 양식이 구성되는 것이므로 그 특이성은 내재적인 차원에서 발현된다. 그런데 마디들의 직선적인 연결로 역사의 흐름이 유추되어서는 안 된다. 역사의 국면들이 분기하는 양상은 연속과 단절·응축과 도약·침투와 분출 등과 같은 어휘들로 묘사될 수밖에 없다.

흐름은 구성적인 것의 관계적 속성이 양태로 발현되고 그 양태들이 비슷한 것끼리 어울려 무리 지으면서 생기는 어떤 패턴에 의해 자신을 모양 짓고 또 그 패턴의 반복과 그 반복 속에서 생기는 차이들의 변주된 리듬으로 자신을 드러낸다. 이를테면 시간의 범주로서 근대가 만들어내는 흐름은 제국 또는 근대 국가를 구성하고 시장과 자본주의를 그 안에 배치하거나 그 역도 가능한데, 그로부터 산출되는 실천들의 절합을 통해 일정한 패턴을 산출한다. 다시 또 그 패턴이 반복·실천되면서 흐름은 확장돼 간다. 그 흐름 속에서 민속의 경로가 설정되고 그 속성도 구성된다. 물론 양태적인 차원에서 그 경로는 여럿으로 분화되었고 또 되고 있는 것으로 파악할 수 있다. 이에 따라 잠재적인 경로들과 현실화의 경로들이 중첩되고 교차되는 흐름 속에서 민속적 행동이 이루어지고 형태가 주조되는 것이라는 이해가 가능해진다. 또한 "행동의 규모와 무관하게 실천하는 사회 세력들이 존재"해오고 있기 때문에 민속적 행동은 경로들로 나뉘어져 평행하게 존속하다 소멸되었다기보다 민속적인 것이 존속하기 위해 유발된, 변환 또는 분산적인 힘들이 교차·중첩 등과 같은 방식으로 마주치면서 변환되어온 것이다. 민속적인 것이 존속하기 위해 작동해온 힘들은 비민속적 또는 이질적인 것들을 그 안에 절합하려는 수렴점을 만들어왔다고 생각할 수 있는데, 그 수렴점으로 작용하는 힘은 하나의 중심에서 끌어당기는 단일한 힘이라기보다는 잠재적인 차원에서 여러 가지 형태(특정한 시기에 발현된 양태)들로 접혀 있는, 그 지점의 잠정적인 고착력으로 작용하는, 그렇기 때문에 항상 고쳐 써지는, 외부(현실 차원)로 퍼져 나가는 분산적인 힘들이다.

공동체문화 행동은 "다른 삶의 차원들의 생산, 즉 행위하고 관계 맺는, 가치화하고 판단하는, 살림살이를 공동 생산하는 다른 양식들의 생산"[19]으로 이해할 수 있다. 이는 자본주의를 넘어선 실재의 사회적 구성과 같은 의미를 지니며 역사의 마디 속에서 생성 변환되어 오고 있는 것들이다. 뿐만 아니라 공동체문화 행동은 단순한 재현이나 모사를 초래하게 되는 형태적 행동이 아니라 생성 또는 되기의 방식으로 확장 중에 있는 민속적 행동이다. 이렇게 볼 때 민속은 고유하게 식별될 수 있는 실체가 아닌, 최소한 역사적인 차원에서 끊임없이 변환·생성되어온 존재, 유사성의 계열과 이질성의 계열이 교차·중첩하거나 때론 각축해온 역동적인 흐름으로 (재)정의된다. 이 정의에 입각하면 재현이나 모사 또는 그에 대한 (반)비판의 구도에서 벗어나 변환과 생성을 언제나 사유하게 될 것이다.

한편 동네와 마을은 그 의미 양상이 현실에서 매우 다양하고 두레나 공동체와도 다르다. 지리적 장소 연관이 강한 생활문화공동체로 동네/

마을이 운위되기도 하고 그것과 구분되는 현대 사회 연결망으로 생활문화권역을 의미하기도 한다. 또 대안적 실천 속에서 구현된 잠시적인 코뮌이자 아직 오지 않은 미래의 마을·동네·공동체가 언급되기도 하고 서로 다른 동네와 마을 그리고 공동체가 서로 연결 작용하기도 한다. 장소적으로 중첩되어 있고 지시적으로 한 지역을 공유하고 있으며 실존의 차원에서 자신들이 거주했거나 하고 있는 또는 했으면 하는 것과 같은 상호 연관성을 뜻하기도 한다. 그러나 그 의미가 다양하게 표현되더라도 지역 공동체의 토착 문화는 정도의 차이가 있을지언정 1990년대를 기점으로 거의 찾아보기 힘든 '희소한 것'으로 현실 속에서 인식되기도 한다. 물론 그 '희소성'에 부여하고 있는 의미도 다르고 그것을 바라보는 입장과 태도도 다르며 그것에 대해 느끼는 감정도 다르다. 과거에 대한 향수를 감추고 있긴 하지만, 낡고 부끄러운 것의 소멸을 당연시할 수 있고 공동체적 연관을 강하게 견지할 수도 있으며, 그것을 새로운 문화 실천의 동력으로 삼을 수 있다. 그런 점에서 민속의 재구 또는 변환과 생성을 내포하기도 한다. 두레의 실천을 통해 공동체적 삶을 추구한다는 점에서 본질적이고 이상적인 공동체 관념과 실천도 역시 존재한다. 그것은 현대 자본주의 사회가 야기한 위기에 대한 실천 양식으로 현재의 맥락 속에서 과거의 실재가 (재)절합되었다는 의미에서 공동체문화의 행동이고 그에 따라 속성과 양태를 부여받은 민속의 새로운 실천 양식이다. 여기에서 민속은 어떤 식으로든 변형되어 오고 있는 것이며 식민화 혹은 근대화 과정에서 이질적인 것들과 접속하여 혼종적인 양태로 존속해오고 있는 것이다. 적극적인 의미에서는 변환을 통하여 생성되고 있는 공동체문화 행동이다. "행동은 피드백 순환 고리와 상호 관계 체계의 일부"[20]이기도 하며 "살림살이를 서로 대결시키는 사회적 실천일 수도 있고 그러한 의미에서 사회적 협동 양식으로 이해되며 그것과 대결하지 않고서는 대안의 상상이 시작될 수 없다."[21] 그런 점에서 공동체문화 행동은 살림살이의 재생산과 관련된 경쟁적 실천의 몰락을 함축하는 가치 실천이 자 다른 가치를 상상하는 대안적 실천으로 ㈜개념화될 수 있다.

1) 민속의 대항 종획과 공동체문화

'홍동(-장곡) 공동체문화'는 일제강점기 이상촌 운동과 그 실천으로서 오산학교와 용동촌에서 유래한다. 홍동(-장곡)과 용동마을 또는 이상촌을 이어주는 연결고리는 이찬갑(또는 무교회주의)이다. 이찬갑은 주옥로와 함께 무교회주의 공동체의 후원에 힘입어 '풀무학교'를 설립한다.[22] 이찬갑이 주옥로에게 농민 자녀를 가르치는 학교를 세우자고 제안한 것은 1958년 1월 10일이었다. 이날은 1958년 1월 6일부터 10일까지 충남 홍성군 홍동면 팔괘리 풀무골 주옥로의 집에서 전국 무교회주의 기독교 신자 40여 명이 모인 집회의 마지막 날이었다. 주옥로는 1월 31일 정오에 당시 서울에 거주하던 이찬갑에게 "주님의 뜻에 따르기로 했습니다. 학교를 세웁시다"라는 전문을 보냈고 마침내 4월 23일에 풀무고등공민학교가 문을 열었다. 풀무학교의 모태가 된 오산학교의 경험을 담지하고 있는 이찬갑은 그런 점에서 역사적 경험을 체현한 집합적 존재로 고려될 수 있다.

풀무학교 설립 당일 행한 이찬갑의 발언에는 오산학교의 상실된 경험이 풀무학교에서 회복되길 바라는 염원이 잘 나타나 있다. "기성의 모든 것과는 형식에서가 아니라 질에서부터 근본적으로 다른 새로운 출발"이라 선언하고 "아스팔트 깔고 자동차 달리는 숨 막히는 현대문명의 총아, 구정물 도시"를 거부하며 "무한 생명의 원천인 광명의 햇볕 드리우고, 별나라마저 반짝거려주는 저 푸른 하늘을 떠이고, 무한 조화의 본바닥이라고 온갖 새싹이 피어나는 누른 땅덩이를 디디고 선 자연의 농촌에서 인간의 새로운 출발"을 다짐하고 염원한다. 또 "유력자의 힘으로나 원조를 받아서 하는 그런 권력 의존, 물질 의존의 학교"가 아니라 "차라리 무두無頭로, 오직 생명의 진리만이 주인공이 되는 학교"[23]를 지향한다. 오산학교는 "생명의 산 덩어리였으며 그 촌의 것이 민족의 것"이었는데, "3·1 운동 뒤 남의 흉내 따라…돈 가지고 하는 학교, 상급학교에 가기 위해 모여드는 그런 무리를 길러내는 기관의 하나"[24]로 전락했다고 반추하면서 "현대문명의 총아인 도시를 중심으로 한 그 도시교육·선발교육·물질교육·간판교육·출세교육"으로 인해 "인간이 멸망하고 이 민족이 썩어가고 있었"다고 진단한다. 그리고 나서 "이제부터의 새 교육은 새로운 시대의 총아일 농촌을 중심으로 한, 농촌교육으로, 민중교육으로, 정신교육으로, 실력교육으로, 인격교육으로, 이 민족을 소생시키고 이 인간을 새로 나게 해야 할 것"[25]이라고 천명한다. 홍순명도 같은 의미에서 "이찬갑 선생은 평안북도 오산학교 출신"으로 "오산학교는 교회, 학교, 지역공동체를 통해 국가를 구원하려는 꿈과 그 실현을 추구하는 집단"이었으며, "그 꿈은 더불어 사는 꿈"이었다고 회고하면서 "이 미완성의 꿈을 실현하기 위해 풀무를 설립"[26]했다고 말한 바 있다.

따라서 홍동(-장곡) 공동체문화는 역사적 경험의 체현자인 '이찬갑'을 경유하여 이상촌으로서 오산학교와 용동마을이 풀무학교와 팔괘리에서 (재)접합된 실천 양식[27]이다. 한 예로 소비조합의 설치를 들 수 있다. 소비조합은 본래 학생과 주민들에게 생필품과 학용품을 값싸게 공급하기 위한 것이었다. 이찬갑은 1933년 3월부터 1935년 3월까지 오산소비조합 전무이사를 지냈다. 조합의 회원 대표가 상임 위원으로서 조합 회의에 참여하였다. 오산 일곱 마을 동회는 각 마을의 이익을 위해 조합에 대표를 파견하고 조합 회의에서 이를 대변하게 하였다. 회의에서는 주민들의 생활 문제·정치 문제·사회적 지위 문제까지 논의되었다. 이와 같은 경험을 바탕으로 하여 이찬갑은 1958년 4월 주옥로와 함께 풀무학교를 설립하게 되고 그 직후 학교 내에 소비조합도 설치하였다. 그것은 그 이전과 다른 새로운 민속적 실천이었다. 그런 점에서 이상촌으로서 오산학교와 용동마을의 역사적 경험과 이념적 지향은 풀무골로부터 시작된 홍동(-장곡) 공동체문화의 동력과 실천이다. 이상적 공동체로서 마을/교육공동체, 민족 정체성의 구성 등과 관련된 민속의 재구성 또는 그 시대에 새롭게 제출된 민족/국가적 실천 과제가 학교와 마을의 새로운 구성을 통해 공동체문화를 조건 지었고 이것이 홍동(-장곡) 공동체문화에 전이·습합·생성되었다. 안창호에서 유래하는 이상촌 운동은 풀무골에서 (재)절합된 홍동(-장곡)의 문화실천 양식들과 중첩된다. 따라서 이상촌 운동은 홍동(-장곡) 공동체문화의 초기 조건으로 당시 제국 일본의 조선적인 것의 종획/전유에 대한 대항 종획의 기획으로 고려될 수 있다.

도산 안창호의 이상촌 운동은 구체적인 실행 계획을 지녔다. 실제로 도산은 1924년 미국의 홍사단과 대한인국민회의 활동을 정비하고 이상촌 건설에 필요한 동지와 자금을 얻어 1926년 상해에서 이상촌의 후보지를 물색하기도 했다. 이상촌 건설의 구체적인 실천 상은 세 가지로 정리된다. ① 산과 강이 있고 땅이 비옥한 지점에 200가구 정도를 살게 한다. ② 도로망과 하수도, 상수도 등을 현대적으로 시설하고 가옥도 한국 건축의 특징을 살리면서 현대식 생활을 할 수 있게 한다. ③ 공동 시설로 공회당·여관·학교·운동장·우편국·협동조합 등을 두고 공회당 안에는 오락실·담화실·도서실·부락 사무소를 두어 모든 시설이 협동 생활 훈련의 기관이 되도록 한다.[28] 이와 같은 도산의 이상촌 구상은 이승훈에게 지대한 영향을 미쳤다. 즉 200호가량의 마을을 조성하여 주민들이 자원 및 교육에 부족함 없이 지낼 수 있는 이상촌을 만들어 확장시키면 문명국으로 나아갈 수 있다는 도산의 이상과 노력은 당시 평북의 부유한 상인이었던 이승훈에 의해 결실을 맺는다. 그런 점에서 도산의 계획과 시도는 이승훈에 이르러 맺은 결실의 원천/동력이었던 셈이다.

구체적으로 이승훈은 1907년 안창호의 강연을 듣고 감명받아 평북 정

주에 오산학교를 설립하고 인근 마을을 연결한 이상촌으로서 용동마을을 구성했다.[29] 즉 이승훈은 용동에 여주 이씨 집성촌을 이루어 도산의 이상을 구현하고자 했다. 이상적 공동체를 향한 이승훈의 실험은 1907년 평양에서 이루어진 도산의 강연에서 "국가와 민족이 망하면 아무것도 소용이 없다, 민족을 살리기 위해서는 개인의 자각과 청년의 교육이 가장 시급하다"고 주장한 것의 실천이었다. 용동마을은『조선일보』1930년 5월 10일자에 자치적인 모범촌의 성공 사례로 조명[30]되기도 했고『조선』1930년 5월 10일자에 이승훈이 용동 주민의 각성을 촉구하기 위해 조직한 '용동회'(1907)가 소개되기도 했다. 그에 따르면 용동회는 조선 최초의 근대적 동회로서 자치조직이다. 용동회를 주축으로 마을길을 정비하고 변소와 부엌의 위생을 개선했다. 각 집마다 베틀과 가마니를 설치하여 생산성을 높이고자 했고 그 생산품은 공동으로 판매했다. 추수 때에도 협동으로 노동하고 마을교회에서 신앙생활도 함께 하며 야학을 운영해 문맹을 완전히 퇴치했다. 남성뿐만 아니라 여성 가운데서도 한 명

오산학교(일제시대)

씩 간사를 선출하여 마을 일을 함께 의논했다. 이승훈은 자신의 사유지 일부를 마을 전체의 공유 농지로 기증하기도 했고 주민 상호 간에 빈부의 차이를 줄이기 위해 노력했다.[31]

　도산이 구상하고 남강이 실천한 이상촌의 특이성은 다음과 같이 정리된다. 첫째 사회의 구성을 근대적 개인의 자유로운 선택에 의거하지 않고 전통사회에서 마을이 형성되는 원리를 바탕으로 새로운 마을공동체를 구성했다. 둘째 전통적 경관이 주거 공간의 구성과 배치에 근간이 되면서도 합리성과 효율성을 구현하는 생활공동체를 형성했다. 셋째 협업에 기반한 경제활동의 조직과 생산성 향상, 그에 따른 수익(잉여가치)의 공동 전유를 지향했다. 넷째 일과 공부(실제와 이론)가 분리되지 않는 전인 교육을 실천했다. 다섯째 자립경제 모델의 제시, 공동체 의식의 주조 및 그 확장으로서 민족의식의 고양, 이를 통해 민족 공동체로서 독립 국가를 실현하고자 했다. 이상촌의 이러한 특이성은 한편으로 서구 근대의 능동적 수용과 그 과정에서 자각된 민속의 재구 즉 근대적인 것과 민속적인 것의 혼종적 구성에 의해 공동체와 그 문화 실천이 주조되었다는 것에 있고 다른 한편으로는 자본주의 경제 형태 및 실천과 다른, 공동 노동과 분배 그리고 그에 따라 축적되는 잉여가치의 공동 전유라는 비자본주의적 경제 형태[32]가 실천되었다는 점에 있다. 이와 같은 점이 이상촌 및 오산학교와 용동마을의 실천 양식이 홍동(-장곡) 공동체문화 행동의 '초기 조건'을 형성[33]하고 있다고 생각하는 이유이다. 여기서 '초기 조건'은 '종획enclosure'이라고도 번역되는 시초 축적과도 연관된다. 이 초기 조건 형성의 계기/사건은 원래 공유지commons를 울타리로 둘러싸는 행위 즉 사유화의 실천을 뜻한다. 이는 토지와 봉건제에 얽매여 있던 농민들을 해방시켜 도시의 노동자로 만들었다. 맑스주의 전통은 이를 자본주의 사회의 출발점으로 이해한다. 이러한 역사적 맥락에서 이해되는 초기 조건의 형성은 '시초'에만 일어난 일회적인 사건이 아니라 축적으로 경로를 따라 주기적으로 귀환하는 자본의 전략으로도 이해된다.

마을 유래나 입향조 이야기는 한 마을 역사의 시작에 대한 전형적인 서사를 담고 있다. 그 이야기에는 마을공동체의 구성원들을 하나로 묶어주는 정체성의 기원이 잘 나타나 있다. 이를 신화화하여 전승하고 관련 제사를 통해 자손들의 현재에 끊임없이 개입함으로써 공동체의 역사를 유지해가는 과정도 잘 담겨 있다. 예를 들어 경북 안동의 저전마을 이야기를 보면 1519년 기묘사화 때 정암靜庵 조광조趙光祖는 역적으로 몰린다. 그러자 한양 조씨의 시조로 모셔지는 조위의 증손인 현감 조종趙琮은 영주로 피난 간다. 그의 아들 6형제가 영주에서 나고 자랐는데, 네 번째 아들인 조신완趙信琬의 후손 3대가 경북 봉화군 소천면 대현리의 태백산 인근으로 이주한다. 훗날 그의 종손 조적趙績이 사망하자 그의 부인인 심씨는 자식들과 함께 저전리로 다시 이주한다. 이 이동의 서사는 역사적 재난 또는 공동체 내부의 갈등 상황 등이 암시되어 있으며 그로 인해 확장되는 공동체의 구성을 보여주고 있다. 이와 같은 신화화 또는 의례화된 마을 형성의 민속적인 서사는 이상촌의 서사와 마주친다. 용동마을도 결국 간난신고 끝에 마을을 형성하는 이른바 '입향조'의 신화적 모티브를 반복하고 있는 것이다. 그런 점에서 애국 계몽기를 거쳐 일제강점기에 존속했던 이상촌의 실천은 전란·변란이나 재해·역병 등으로 인해 '마을'들이 개척되어왔던 실천 양식이 (재)절합된 전형을 보여줌과 동시에 근대적인 것과 충돌·교섭·융합된 변환의 양식을 창출한 초기 조건의 형성과 관련된 전형으로 고려할 수 있다.

초기 조건은 종획을 개념적으로, 지역적으로 또는 역사적으로 전유하여 역사적 과정 속에서 근대적 가치실천에 의해 배제되고 소홀히 다루어져서 비가시적이게 된 것들 중 하나인 민속을 현재 활성 중에 있는 공동체문화의 부상과 관련하여 (재)사유하고자 제출된 것이다. "시초 축적이 세계사의 자본주의적 단계로의 이행을 위한 조건을 창출한다는…역사적 해석"³⁴은 민속의 근대적인 존재 조건과 관련하여 그것이 혼종적인 것으로 변환되어 흐름을 형성해왔고 생성의 방식으로 자기를 현시해오고 있다는 해석으로 유도된다. 역사적 체제로서 자본주의는 여러 국지적인 종획들을 통해 그 초기 조건을 반복적으로 (재)생산하면서 지구적 규모로 확장해오고 있다. 초기 조건은 역사적 과정에서 한 번 일어난 일회적인 사건을 기술하거나 그 상태를 의미하는 것으로 개념화하지 않는다. 그것은 반복적이고 순환하며 확장적인 행동으로 규정되고 있다. 즉 행동의 동기·과정·결과 그리고 잠정적인 패턴으로, 역사적·지역적으로 반복 순환하는 행동이나 그 패턴이라고 규정할 수 있다. 조선의 민속은 이러한 지구 자본주의 체제 형성의 역사적 과정 속에서 이 체제에 존속하기 위한 자신의 존재 조건을 구성하게 된다. 이와 같은 의미에서 공동체문화 실천 양식이 자본주의 체제와 절합된 민속의 실천 양식이라는 것이고 체제의 변환이 새로운 가치실천의 양식을 강제함에 따라 그에 상응하여 다시금 변환하게 되는, 끊임없는 반복과 차이의 실천 양식이라는 것이다. 그러한 패턴의 끊임없는 지속은 이 체제가 지속하는 한 반복된다는 점에서 제한적이나 아직까지 새로운 체제가 요원한 상황에서 그 패턴은 영속적일지 모른다. 어쨌든 체제의 발원지에서 이루어진 종획이 다른 시간, 다른 공간에서 그 종획들을 반복적으로 생산해오고 있다는 점에서, 또 체제의 국면적인 변환 속에서 다시 그 패턴을 반복해왔다는 점에서, 민속의 변환과 생성의 초기 조건에 대한 사유는 체제의 변환을 유발하는 모순과 대결을 유념하면서 전개될 필요가 있다.

　여주 이씨 집성촌인 용동마을은 제국 열강의 침탈, 식민강점의 위기가 더욱 현실화되는 시기 한복판에서 자치·자율·자립을 축으로 순환·지속하는 공동체문화 실천의 양식을 주조해냈다. 두레·계·품앗이 등 민속적 삶의 방식과 관계 형태가 함축하고 있는 협업·협동·연대·공존의 원리를 근대적인 방식으로 변환하여 오히려 자본주의 체제와 대결하거나 그 모순의 폐해를 비껴가고자 한, 반(/비)체제의 초기 조건이 마련된 것이다. 체제의 안전망이 미치지 못하는 지대에서 상호부조의 협동과 연대의 경제 형태를 구성하고 꾸준히 실천해나가면서 비자본주의적 경제 형태를 구성하였다. 국가 없는 국가에서 민족을 호명하며 그 자립을 이상으로 삼았다는 점, 사실상 국가와 민족의 부재 속에서 마을을 단위로 경제·정치·사회·문화의 자립·자치·자조·자율을 실천했다는 점 등에서, 이 이상촌 모델을, 독립된 민족국가를 지향한 민족주의 운동으로 규정하기보다는, '아나키-코뮌'의 역사적 실천으로서 이후 반복적으로 (재)절합되는 실천 양식의 초기 조건을 구성한 것이라고 규정할 수 있다. 이 공동체문화 실천의 양식이 무교회주의의 흐름 속에서 즉 제국 또는 전체주의를 부정하고 저항하는 흐름 속에서 그 실천의 패턴을 구성해왔다는 점도 그러한 이해를 돕는다. 요컨대 이상촌 모델은 강력하게 형성 중에 있었던 지구 제국의 경관 즉 국가와 민족 단위의 정치 지형 또는 근대 산업 자본주의의 경제 지형이 지구적인 차원에서 펼쳐지고 있었던 당대에, 근대 체제가 만들어내는 경관과 일정하게 조응하면서도 민속적인 것의 변환을 통해 비자본주의적인 경관을 아나키적 지향 속에서 펼쳐 냈던 것이다. 이는 근대적인 것 또는 자본주의적인 것을 내부에 굴절시켜 비근대 또는 비자본적 체제를 구성하는 패턴 즉 이후 역사 속에서 반복되는 차이와 생성의 패턴을 도출했다는 점에서 공동체문화 행동 양식의 초기 조건을 형성한 것으로 이해할 수 있다.

2) 공통장의 기획과 민속의 대안적 배치

공통장commons은 자본의 외부, 자본과 다른 것이 되는 과정[35]을 의미한다. 자본과는 다른 되기의 과정들이 끊임없이 그 외부를 생성하며 거기에서 공통장이 발견된다. 공통장은 자본이 점거하지 않은 사회적 공간 안에서 작동한다. 이 공간이 자본의 조직 내부에 있든 외부에 있든 공동체 활동의 재생산 과정에서 그것과 마주하게 된다. 맛시모 데 안젤리스는 공통장을 "공장의 작업장과 사무실의 구내식당"에서 발견되고 "점심을 나누고 연대와 상호부조 형태를 개발하면서 서로를 돕는 동료들 사이에서 공통장"이 발견되는 것으로 간주한다. "자본이 언제나 '혁신적인' 자신의 관리 전략에도 불구하고 통제하지 못하는 사회적 노동의 '구멍'에서 공통장과 공통화commoning"[36]가 발견되는 것이다. 공통장은 공통화의 실천을 통해 가능한 것으로 공통재common goods·공동체community·공통인commoner·공통화 등이 하나로 이루어진 체계[37]로 이해된다. 공통재는 공동으로 이용되는 자원을 의미하고 공동의 자원을 돌보고 개발하고 만들고 재창조하는 사람으로서 주체가 공통인이다. 이 공통인들의 상호관계 집합 또는 노동의 사회적 협력망들이 공동체가 되고 이에 의해 공통장은 하나의 체계로서 실제계에 존속하게 된다. 그런데 자본주의 체제 안에서 인간 재생산과 관련하여 상품생산과 다른 측면들 즉 존엄·연대·생태적 지속 가능성·행복 등은 자본의 축적에 종속될 수도 있고 그렇지 않을 수도 있다. 그것들은 새로운 공동생산 양식과 생존 수단에 대한 공통적인 접근에 열려 있기보다는 사업 감각, 주어진 시장 구조 안에서 위험 감수 그리고 그로 인해 타자보다 더 나은 성과를 내는 것을 요하는 것으로 재구성될 수 있는 위험도 상존한다. 그러나 공통장 안에서 신체들은 살아갈 수 있고 양육할 수 있으며 번영할 수 있고 욕망할 수 있으며 충돌할 수도 있다. 그 신체들은 화폐에 의해 측정되지 않으며 서로에 대한 그리고 사물에 대한 고유의 척도를 만든다.[38]

맛시모 데 안젤리스는 개인의 사회적 실존 조건에서 발현하는 적대의 극복은 인간의 능력들을 실행시키는 자본주의적 양식의 극복이라고 주장한다. 그에게 새로운 것의 정립이란 사회적 힘을 다르게 행사하고 다르게 절합하는 양식들의 정립이다. 그 기본 조건은 훈육 시장과는 독립적으로 사회적 자원에 접근하는 것이다. 다시 말해 시장 의존도를 줄이고 자유로운 사회적 개인으로서 삶을 살아가기 위해 모든 규모의 사회적 행동을 통해 공통장의 영역을 우리의 사회적 행위의 점점 더 많은 범위로 확장해야 하는 것이다. 반면 자본주의적 시장은 어떠한 방식으로든 인간의 능력들의 실행과 그에 상응하는 필요와 욕망과 열망들을 절합하는, 행위의 체계적인 질서화 즉 공통장의 종획에 입각한 질서화로 증식 혹은 축적/집적을 추구하고 살림살이들을 서로 대결시킴으로써 재생산되며 풍요로움의 한가운데에 결핍을 생산한다.[39]

자본주의의 가치실천 양식은 인간의 능력 실행에 있어서 적대를 발현시킨다. 그 적대는 자본주의라는 개인의 사회적 실존 조건에 필수적이다. 따라서 자본주의 양식의 극복은 그 실존 조건에서 발현하는 적대의 극복을 통해 이루어질 수 있다. 적대가 아닌 환대, 경쟁이 아닌 연대, 다툼이 아닌 우애, 독점이 아닌 분배 등 적대를 극복할 수 있는 공통장의 구성 자원은 우리 안에 항존해 있다. 따라서 자본이 만드는 상품의 신화로 우리를 그 세계에 침잠시키는 '풍요로움의 한가운데에 결핍을 생산'하는 것이 아니라 '결핍의 한가운데에 풍요로움을 생산'하는 행위 체계의 질서화로서, 자본주의 가치실천의 양식을 문제 삼는 공동체문화 실천을 근거 지을 공통장의 기획과 구성이 필요하다. 그 실천의 과정 속에서 민속의 변환과 생성에 대한 새로운 인식을 정초하고 그 이론적 전망을 확립하는 일도 중요하다. 요컨대 자본주의적 인간을 재생산하는 "훈육 시장의 조직 질서에서 주체성과 투쟁은, 풍요로움의 한가운데에 결핍을 낳고 결핍의 한가운데에 풍요로움을 낳는 하나의 공동 생산 양식 속에 들어선다. 이 공동 생산 양식은 주체들의 행동과 두려움과 성향에 그에 상응하는 영향을 끼치며, 이 주체들의 살림살이들은 그렇게 적대적인 형태로 함께 엮인다."[40] 따라서 역사적 체제로서 지구적 자본주의의 가치실천 양식을 형성한 초기 조건과 연관된 "종획 행동이, 살림살이를 재생산하고 특유의 형태(훈육 시장)로 행위를 절합하는 하나의 맥락 (타자의 행동에 대한 행동)을 창출"[41]하는 것에 대한 색다른 행동으로서 '공동체문화 행동'이 생성될 수 있는 공통장의 발견과 구성적 실천 이론이 정립될 필요가 있다.

끊임없이 변환·생성되어온 존재로서 이질적인 것과 마주하면서 교차·중첩하거나 때론 각축해온 역동적인 흐름으로 민속을 새롭게 정의할 때 재현이나 모사 또는 그에 대한 (반)비판의 구도에서 벗어나 변환과 생성을 언제나 사유하게 될 것이다. 이와 달리 민속을 근대 자본주의적 삶의 형식과 독립된 특정한 시대와 전통의 반영물이 어떤 식으로든지 지속되고 있는 것으로 이해하게 되면 그러한 구도 속에서 고정되고 반복된 재현 형식으로서 민속의 재생산이 계속된다. 매우 상식적이지만 삶의 실체를 역사적인 변화의 과정으로 인식하고 과거 삶의 형태가 현재의 삶 속에서 동일한 것으로 있을 수 없음을 생각할 때 그 지속은 단절과 소멸의 실제에 대한 당위적·관념적 신념의 지사적 꿋꿋함이나 역으로 낯선 고루함으로 인식될 위험이 있다.

따라서 문제는 종속과 주변의 위치에서 벗어나 언제나 지배와 중심이라고 인식되는 것들 ― 사실상 이런 것들은 그렇게 인식하게 만드는 이데올로기 장치의 효과로 비판될 필요가 있는데, ― 을 공고하게 만드는 수행적 실천을 뒤바꾸는 데 있다. 현재의 관심에서 민속은 "자본주의적 지구화 과정들이 다양한 사회적 주체들에게 끼치는 효과나 영향에 특히 초점을 맞추는 이론적 비판"에 친화적이다. 이때 이 주체들은 "전적으로 피해자로 구축"될 위험이 있다. 또한 "이 주체들에게 영향을 끼친다고 여겨지는 '지구화된 자본주의' 같은 사회적 실천들은 늘 이 주체들의 투쟁 자체와는 독립적인 것으로 정의"되곤 하며 "우리의 살림살이를 사회적으로 공동 생산하는 자본주의적 양식을 극복"하는 기획과 실천으로부터 거리를 둘 수밖에 없다. 따라서 이 단순한 "적대를 발현하고 있는 사회적 공동 생산 양식을 극복"하기 위해 "개인들의 사회적 실존 조건들에서 발현하는 적대"와, "적대 형태로 조직된 사회적 생산 과정" 그리고 "사람들이 자신의 실존 조건들을 생산하고 재생산하면서 서로 상호 작용하는 방식에 뿌리를 둔 적대"로부터 벗어날 수 있는 인식 구도의 전환이 필요하다.

민속은 언제나 지배 체제와 마주하면서 그 체제의 가치실천 양식들과 절합하여 자신의 존재 조건을 확장·지속해왔다고 인식할 수 있다. 이를테면 조선왕조의 지배 이념인 유교와 마주하여 무속은 상당과 하당의 이원 구조 속에서는 하당의 축제성을 통해 유교의 예법을 위반하는 실천 양식을 그 체제 안에 구성했으며 유교적 독축 고사를 단촐하게 하나의 절차로 배치하고선 무당과 재인 그리고 풍물잽이들이 판을 주도하는 관계의 역전을 의례의 시간(순환시간) 속에서 구현하였다. 마찬가지로 공동체문화 행동 양식의 구성은 그 초기 조건 속에서 행위 주체들을 피해자로 전락시키는 "적대의 극복과 새로운 사회적 협력 형태의 상정과 일치"⁴²하는 가치실천의 모델을 민속의 변환과 생성 속에서 정립하였다. 그러므로 민속의 변환과 생성으로서 공동체문화 행동의 양식은 체제의 모순과 그에 대한 적대의 문제화 과정에서 구성된 해방의 기획일 수 있으며 근대적인 것들과 절합된 반자본 또는 반제국적 풍경을 만드는 동력으로 인식할 수 있다. 그런 점에서 초기 조건 속에서 재구된 민속은 삶의 실천들을 절합하는 지배적인 관계 양식들이 생산하는 효과(빈곤이나 환경재앙 등)를 적대와 갈등의 실천 양식으로 방향 짓지 않고 연대와 상생의 실천 양식으로 전화시키는 자양분으로 (재)인식할 수 있다.

2004년에 '풀무농업고등기술학교 환경농업전공부'에서는 하나의 중요한 실험을 한다. 즉 인근지역인 결성면 성남리와 금곡리 일대에서 전승되어온 농요를 재구성한 '결성농요'(충청남도 무형문화재 제20호)를 농사일에 도입했다. 이은우 선생을 초빙하여 학생들에게 결성 농요를 가르치게 했고 경지 정리가 되지 않은 조건 불리 지역인 갓골 논에서 손으로 모를 심고 김을 매면서 농요를 부르게 했다. 이 실험에서 농요는 매우 중요했다. 석유에 의존하는 농업에서 탈피하기 위해서는 노동집약적인 공동체 농업으로 전환해야 하는 데 농요는 그 전환 양식을 체험할 수 있는 실천 양식을 제공했기 때문이다. 실험 주체들은 비록 승용이앙기로 모를 심고 콤바인으로 벼를 수확하는 방법을 학생들에게 가르치고 있기는 하지만 더 즐겁고 바람직한 농업의 형태가 있다는 것을 보여주고 싶었고, 또 석유에 의존하지 않고 비록 고되지만 여러 사람이 함께 어울려 즐겁게 일하며 살 수 있는 '공생공락'의 삶을 느끼게 해주려고 했다. 그리하여 일정 기간 동안 농요를 부르며 모를 심는 일이 전공부 농사에서 중요한 행사가 되었고 갓골 논 자체가 지역의 어린이들과 학생들에게 두레를 체험할 수 있는 학습 장소로 자리 잡았다.[43]

노동조직으로서 두레에서 파생된 공동체문화가 재생될 수 있는 환경을 조성하고 일정 기간 동안 그 재생의 가능성을 구현한 이 실험적인 기획은 농촌에서 작은 규모의 땅을 일구며 소박하게 살며 '소농의 눈'으로 세상을 보고 이웃들과 함께 공생공락[44]하고자 한 공동체문화의 가치실천 양식을 구현한 공통장의 구성이었으며 시장 의존도를 줄이고 자유로운 사회적 개인으로 삶을 살아가기 위해 공통장의 영역을 확장하고자 한 것이라 하겠다. 공통장의 구성과 확장은 민속적인 것과 근대적인 것이 절합된 가치실천 양식으로서 공동체문화 행동의 초기 조건과 관련하여 이해할 수 있다. 그런 점에서 공통장도 지배적인 가치실천 양식에 대한 저항의 행동과 그 행동의 확산 속에서 선택·변환되는 절합 양식을 구성한다. 따라서 공통장의 기획과 구성 및 실천 속에서 변환은 지속의 동력으로 작용할 수 있고 생성은 지속의 한 계기로 인식될 수 있을 것이다.

3) 비근대적 가치실천 양식의 대안성

이제까지 민속을 절합 양식으로 가정하고 그 사유 또는 추론의 전거典據
나 논거들을 제시하면서 공동체문화 행동을 민속의 변환과 생성의 흐름
속에서 구성 전개되어온 절합 양식의 한 패턴으로 논의해왔다. 이 또한
변환과 생성의 복합성을 담지하고 있는 것으로 역사적 체제로서 (재)절
합되어 전개 확장되고 있는 지구 자본주의와 마주하면서 민속의 (재)절
합 양식의 초기 조건과 함께 새로이 절합된, 공통장의 구성적 기획과 실
천의 양식으로 끊임없이 변환·생성되어 오고 있는 것이라고 주장하였
다. 논의 과정에서 중요하게 생각한 것은 민속에 대한 사유가 마치 피해
자의 관점과 입장에서 수행되어왔다는 점이다. J. K. 깁슨 그레엄은 새
로운 대안 경제 이론을 기획하는 구성적 실천 속에서 피해자 관점의 구
도에서 피해는 항상 일어날 수밖에 없다고 하면서 그러한 인식 구도의
전환을 문제 삼았다. 마찬가지로 자본 중심의 경제 관점으로는 대안 경
제를 구성할 수 없다고 주장하면서 자본 또한 우리의 살림살이를 구성하
는 하나의 부분으로 인식할 때 자본 중심에 의해 은폐된 비자본의 경제
형식이 드러나게 되고 그렇게 될 때 자본 중심으로 펼쳐진 경관 대신 비
자본주의적 경관이 현실화될 수 있음을 강조하였다. 특히 강간 스크립
트[45]와 표준적 지구 자본주의 스크립트를 중첩된, 가부장적 또는 남근
중심적 권력을 영속화하는 인식 구도라고 비판하면서 그 이론적 허구에
서 벗어날 것을 촉구하였다.

　J. K. 깁슨 그레엄은 "여성이 남성의 대립물이나 보완물이 아니라 특
수성의 집합으로 인식되려면 남성 또한 특수성의 집합이 되어야 한다.
만약 대문자 남성이 단수라면, 즉 자기동일적이고 결정적인 존재라면,
비남성은 남성의 부정형이 되거나, 남성의 분명한 윤곽을 두드러져 보
이게 하는 불분명하고 동질적인 기반으로 기능하게 된다"고 하면서 "남

여느 농촌의 두레와 모내기 광경(1968)

성들을 복수의 특수성으로 이해하는 것은 여성들을 긍정적이고 특수한 존재로 이해할 조건이 된다"고 주장하였다. 이러한 인식 구도의 전환을 경제 형식에 덧대면서 "자본주의를 특수한 것으로 파악"하는 것도 "비자본주의를 긍정적이고 차별화된 경제 형식으로 담론화하기 위한 조건이 된다"고 하면서 "봉건주의, 노예제, 독립적인 상품생산 형식, 비시장적 가정경제 관계, 그 외 여타의 경제 형식"을 "복수적인 경제 공간에 공존"[46]하는 것으로 이해할 것을 촉구하였다. 즉 비자본주의와 자본주의의 관계를 여성과 남성의 관계로 이해하면서, "자본주의/남성이 다중적이고 특수한 것으로 이해된다면, 만약 그것이 통합체가 아니라 이질체라면, 동일성이 아니라 차이라면, 항상 자기가 아닌 것으로 된다면, 탈중심적 존재 내에서 차이를 구현한다면, 그렇다면 비자본주의/여성은 비로소 단일하고 종속적인 위상"을 벗어나게 되며 비자본주의/여성이 "일군의 특수한, 중요한 존재 형식"[47]이 될 가능성을 이론화하자고 제안하였다.

피해자 되기를 반복적으로 수행하게 하는 인식 구도와 담론을 극복하는 이론의 기획과 구성적 실천은 근대의 시작과 함께 그 타자로 발견·구성·(재)기획된 민속에 대한 인식 구도와 담론적 구성 및 실천에도 마찬가지로 적용될 수 있다. 민속이 근대의 도래와 함께 위기에 처했다는 반복적인 인식과 그 실천들, 경성과 개항지를 중심으로 구축되는 도시 경관 속에서 비문명·비위생·비합리적 온상으로 함몰되는 민속적 경관들에 대한 담론 기획과 실천들, 피억압 민족/민중의 암울한 처지에 대한 온정주의적 시선 속에서 강렬해지는 센티멘털한 텍스트의 생산들, 제국의 억압에 맞서 민족/민중의 서사를 기획 구성하는 데 핵심적인 자원으로 (재)구성된 이념적 기획과 실천들 그리고 이러한 인식과 그에 따른 담론 기획과 실천들 각각과 짝을 이루는 비판적 기획과 실천의 양상들은 모두 근대성과 대척하는 위치에서 기획·구성된 반응적·대항적·비판적 실천으로 거의 항상 민속을 지정된 위치에 반복적으로 갖다 놓는, 근대의 타자로서 그것을 재생산하는 것이었다. 공동체문화 연구 혹은 포크 모더니티의 기획은 이와 같은 민속에 대한 인식 구도의 수행적 실천에 관한 대안적 기획으로 그 의미를 부여할 수 있으며 그 구도가 만들어내었던 또는 만들어내고 있는 이론적 경관과는 다른 비민속적 경관을 그려내기 위한 하나의 시도로 이해될 수 있다. 근대의 도래와 함께 민속은 이미 그 것과 다른 경로를 형성했고 자본주의가 지구적인 규모에서 확장되어 가는 궤적을 따라 그 체제의 위기가 도래할 때마다 대안 체제의 경로를 구성하면서 변환 또는 생성의 방식으로 자신의 역사를 구성해왔다. 공동체문화 행동은 그 변환과 생성의 가능한 경로에서 구성·실천되거나 되고 있는 민속의 (재)절합 양식으로 예시될 수 있다.

공동체문화 행동은 대안적인 경제 형식을 비롯하여 색다른 삶과 사회의 경관들을 만들어 가고 있다. 그 경관을 구성하는 핵심적인 동력과 실천의 내용에서 민속의 고전적 형태를 발견하기란 쉽지 않다. 그러나 인식 구도의 전환 속에서 근대적인 것들과 절합하면서 그 체제의 모순과 대결하여 온 여러 가지 경로들을 상상하고 발견하면서 자본의 순환 주기에 따라 되돌아오는 '상相' 시간의 흐름 속에서 생성과 변환을 반복하고 있는 행동의 패턴과 그 초기 조건의 양태와 속성에 주목할 때 민속은 여전히 '지속'으로서 우리 앞에 현존하는 다양체로 사유될 수 있을 것이다.

"프레임을 다시 짜는 것은 사회와 정치를 변혁하기 위한 핵심적인 실천이다. 수 세기 전 노예제 폐지론자들은 노예무역을 비롯해 노예제 전반을 철폐하기 위해 투쟁했다. 이 운동의 핵심은 노예의 프레임을 다시 짜는 일이었다. (그것은 노예의 프레임을) 가족과 공동체에서 떨어져 나와, 동물 혹은 사물로 취급받으며 죽을 때까지 플랜테이션에서 말로 다 할 수 없는 고통 속에서 신음하는, 나와 다르지 않은 인간이라는 프레임으로 바꾸려는 것이었다. 친숙한 이해 방식을 바꾸면 새로운 사고 및 행동 규범이 나타난다. 산업혁명 이후에 노동자들도 경제가 효율적이지만 영혼이 없는 기계와 같다는 기존의 프레임을 노동자, 고용주, 국가 간의 전투가 벌어지는 거대한 장으로 프레임을 재설정했다. 이 재설정된 프레임은 지난 200여 년간 상당한 영향력을 미쳤다. 새로운 프레임은 사회적이고 물질적인 그리고 환경적인 안녕에 기여하는 다채로운 실천들을 경제에 포함시킴으로써 공동체 경제를 창조하는 데서 기획 실천되고 있다. 즉 경제를 가계의 계산대에서뿐만 아니라 바리케이드에서의 윤리적 의사결정 공간으로 탈환하고자 하며, 자본-노동 중심의 시각에서 대안적, 공동적, 생태적 경제 패러다임을, 기존에 지불되지 못한 노동에 새로운 가치를 부여하는 실천 운동"[48]들이 지구 전역에서 다각화되고 있다. 마찬가지로 "트럭에 숨어 국경을 넘으며 여권이나 비자 또는 통행 허가에 자신의 희망을 맡긴 이민자들"의 수동적 극한을 넘어, "풍요로움의 장소, 필요가 충족된 장소, 욕망이 자유롭게 배회할 수 있는 장소"[49]를 기획하고 구성·실천하는 능동적 행동의 흐름으로서 공동체문화 행동을 통해 민속의 색다른 이론 경관을 창안할 수 있다. 민속의 가능지대로 그 불가능성(비민속적인 것들)과 함께 공동체문화 행동의 영토들을 탐사하면서 색다른 세계의 구성을 가능하게 할 수 있다. "자본주의 이후의 구성된 미래 상태로서가 아니라 자본주의에도 불구하고 구성적인 과정"[50]으로 민속의 가능지대를 구성할 수 있다.

절합 양식은 하나의 역설을 내포하고 있다. 그것은 이분법적 대립항을 갖는 방식으로 양식화되진 않지만, 이질적인 것들을 절합하여 양식적으로 구성하는 힘들의 계열 또는 구조를 중층결정하는 최종심급을 그것의 구성 과정에 상정할 수 있기 때문이다. 자본의 가치실천 양식은 일상의 존재와 그 관계를 훈육하고 규정하는 척도이자 힘이다. 그 실천 양식은 자본의 순환/흐름 속에서 축적의 위기 또는 그 문턱에서 다시 시작되는 종획에 의해 반복·생산된다. 대안적 가치실천 양식으로 회귀하는 공통장의 흐름을 절단·채취하여 (재)절합하고 있는 자본의 가치실천 양식의 구성 과정에 참여하게 되는 훈육된 주체, 자본의 가치를 내면화한 주체를 반복·생산한다. 그 참여의 순환 고리를 해체하는 일은 강도 높은 어려움을 수반한다. 공동체문화 행동은 "시장의 주기시간의 가치화와 측정 양식에 맞서 투쟁하며 언제나 투쟁한다. 정상화는 투쟁하는 주체들의 정상화이며 투쟁은 정상화에 맞서/넘어서 시작된다. 역설처럼 보이는 정상화와 투쟁의 동시대적 현존은 사실 자본주의에 에너지를 제공하고 자본주의의 맥박을 뛰게 하는 자본주의의 생명줄"[51]이 될 수 있다. 민속의 변환과 생성으로서 공동체문화 행동은 민속과 마찬가지로 그러나 다른 경로로 국가에 의해 매개되거나 그 스스로 국가를 경유하여 그 탈주선적 행동을 '낡은 지대'로 연착륙시킬 수 있다. 따라서 문제는 공동체문화 행동의 계열들과 그 영토들을 탐사하면서 활황 중에 있는 이른바 도시재생 또는 지역재생, 사회혁신과 안전사회 등 관련된 문제 영역들에서 국가 중심, 자본 중심의 패러다임을 대안적으로 구축하고 색다른 패러다임의 경관을 구성하는 데에서 그 힘의 강도intensity를 정교하게 측정하는 일이 요청된다.

공동체문화 행동의 실천 영역에서 그 문제를 체제의 다양성을 구성하는 방식으로 해소하는 패턴도 함께 포착된다. 그 다양성을 대안 공동체문화의 제도로의 편입을 통해 촉발하고 이제껏 제도 바깥에 비가시적인 것으로 남아 있는 영역을 줄여나가고 있는 현상이 관찰된다. 이를테면 대안학교로 체제의 경계 또는 그 바깥에서 위상을 공고히 한 '풀무농업고등기술학교'는 교육부 인가를 받아 체제 재생산의 기관이 되고 그 대신 '풀무농업고등기술학교'에 '환경농업전공부'를 설치하여 변화된 환경에 대응하고자 했다. 그러나 체제에 편입했다고 하더라도 공동체문화 행동의 주체를 길러냈던 즉 '더불어 사는 평민'을 지향하는 교육 내용이

폐기된 것은 아니다. 농업을 근간으로 한 농촌의 새로운 농민을 길러내기 위한 교육 과정은 지금도 진행 중이다. 또한 대안의 생성이 한계에 봉착한 현 시점에서 다양한 방식으로 향후 10년의 살림살이의 지속을 위한 고민과 실험이 계속되고 있다. 이를테면 풀무학교를 설립하고 지탱해왔던 무교회주의 신앙을 대신해서 영성에 기반한 '비폭력 대화'를 실천하는 공동체 실험이 일상의 관계와 생활 속에서 힘을 얻어가고 있고 생태적 관계와 실천을 정치적으로 구성하려는 움직임도 일상의 관계 또는 소모임 활동의 지속적 전개를 통해 그 진지를 구축하고 있다. 특히 일상의 관계 속에서 비가시적 존재로 살아가기를 강요받으며 때로 혐오의 존재로 지탄받거나 일상의 관계와 격절된 게토로 내몰릴 수밖에 없는 이른바 정신질환자를 농업을 통해 일상의 영역으로 끌어안으려는 '행복농장'의 실험도 전개되고 있다. 이외에도 '자연농'의 국지적·제한적 실험을 통해 소실되고 있는 '풀무농업고등기술학교'의 대안적 역량을 대신할 수 있는, 살림살이의 미래적 가능성을 마련하기 위한 분투가 진행 중이다. 요컨대 현재 시점에서 '홍동(-장곡)의 공동체문화' 행동 주체들은 그 지속 가능성을 확보하기 위해 변화의 조건들을 면밀히 관찰·분석하고 여러 지역에서 발원하고 있는 대안 행동의 조류들과 씨름하면서 그 가능성을 전망하는 이론의 기획들을 실행하고 있다.

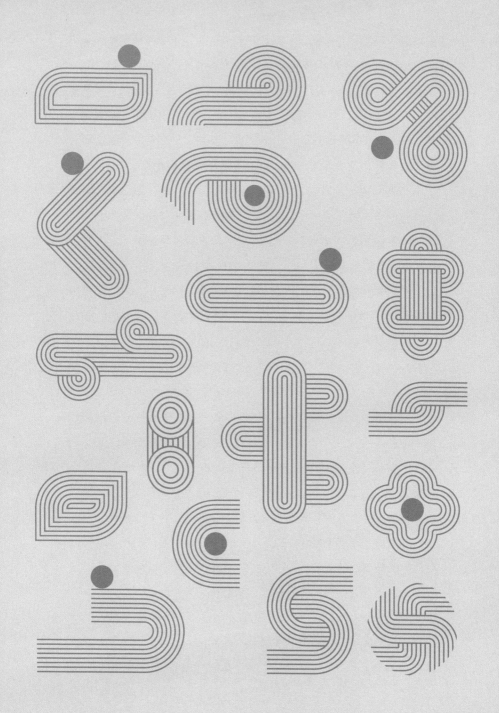

결론

한국 사회는 1970~80년대를 지나면서 경제성장으로 외견상 풍요로운 사회로 진입하였고 1990년대를 경과하면서 생산보다는 소비가 가치생산을 주도하는 소비사회로 변모해왔다. 이 변화의 국면들 사이에서 그 이전과 이후를 정치 민주화의 상징적 사건이 가로지르고 있다. 월러스틴[1]의 말을 빌리면 기술의 근대성이 구현된 토대 위에 한동안 결핍되었던 해방의 근대성을 사회 공간 속에 구조화하면서 한국 사회의 근대적 경관에 새로운 계기와 국면을 조성하게 된 것이다. 즉 풍요로운 사회 속에서 개인의 자유와 인권이 확장되고 소비의 활황 속에서 문화적 요구가 증대되며 그 취향이 다각화되는 새로운 자본주의 체제의 국면으로 진입하게 된 것이다. 특히 집단보다 개인이, 계급보다 정체성이, 동질성보다 차이가 강조되는 사회문화적 변환 속에서 새로운 삶에 대한 요구가 다양하게 촉발된 것이다. 그로 말미암아 기존 관습과 질서에 저항하거나 그 관행을 비판·성찰하는 존재와 관계의 추구가 일상을 재구하는 흐름을 강화해왔다. 이러한 변환/전환의 흐름은 부분적으로 농업생산자와 도시소비자의 연계 고리를 형성케 했던 소비의 새로운 경향에 의해 가능해졌다. 즉 기능이나 사용가치보다 욕망가치나 취향을 중시하는 도시 중산층을 중심으로 한 새로운 소비 경향이 창출된 흐름과 관련된다.

그런데 이러한 흐름과 경향이 구조적으로 촉진된 한국 자본주의의 체제 변화에서 민속은 어떻게 존재하고 있는 것일까? 기술의 근대성이 전개되는 과정에서 남겨진 자리에 배치되었다가 그 근대성이 확장됨에 따라 위축되는 방식으로 존재할까? 해방의 근대성이 자유를 증진하는 사회문화의 장에서 미처 그 자유가 다다르지 않은 곳에 위치하면서 궁극적으로 소진되어야 하는 구시대적 잔존물로 표상되고 있는 것일까? 그 표상에 전통과 역사적 의미와 가치를 윤색하는 봉건적 관성에 의해 버티면서 해방적 근대성과 대립하는 문화적 상관물로 존재하는 것일까? 포크 모더니티는 이와 같은 문제에 응답하기 위한 것으로 민속의 위치에 대한 이론적 기획이다. 그 개념 체계 속에서 근대성은 민속을 배척하는 힘이 아니라 민속을 민속적인 것으로 해체·재구성하여 새롭게 배치하는 힘으로 사유된다. 포크 모더니티는 근대성의 역사적 국면마다 생성되는 변화에 조응하여 민속적인 것에 대한 인식과 재현, 그 실천의 변화를 가리키는 이름이자 그 경계와 층위가 한층 확장·다양화되는 근대성의 문화장에 조응하는 위치의 표현이다. 요컨대 전통·포스트/모더니티의 계기들이 동시적으로 다양하게 경험되어온 혼종적 근대의 자장 속에서 민속의 사회문화적 형식 혹은 그 담론의 생성 궤적을 추적하는 방법이며 이전에는 별개의 형태로 존재하던 상이한 구조 및 실천들을 결합하여 새로운 구조·대상·실천들을 생성하는 사회문화적 과정을 해석하는 이론이다. 즉 포크 모더니티는 역사문화적 상황과 사회 변화의 경향을 반영하고 있는 것으로 그 상황과 경향 속에서 민속연구를 개념과 담론적인 수준에서 체계화하기 위한 문제적 개념틀로 고안된 것이다.

포크 모더니티는 민속이라는 말·지식·현상의 위치성을 역사적인 측면과 현재의 시점을 고려하여 다양화하려는 기획이다. 역사적 과거로서 전통 혹은 민족이 지니는 맥락 의미 속에서 그 정체성의 구성과 관련 유산의 보존을 목적으로 역사성과 현재성을 띠게끔 구조화/제도화된 민속과 그 연구 경향도 한 계기로 포함한다. 뿐만 아니라 그 비판으로 제기된 관제 민속학, 본질주의적인 낭만적 구제 민속학의 경향도 체제의 어떤 국면의 제도적인 혹은 이데올로기적인 양상으로 포함한다. 또한 이상화된 진보의 표상이나 역사의 주인 기표로 재구되어 계급적·저항적·진보적 미래성을 띠게끔 개념화·담론화된 민속의 표상/재현도 그 개념 체계의 한 요소로 고려한다. 이는 민중 민속학 또는 실천적·저항적 대안 민속학으로 긍정되기도 했고 본질주의적인 낭만적 이념 민속학으로 비판되기도 했다. 민속연구 지형에서 이 두 가지 경향 혹은 입장들은 일제강점기로부터 1970·80년대를 거쳐 현재에 이르기까지 상호 대립하거나 보완·긴장하면서 민속/지식 담론장에서 제한적이긴 하지만 주류를 형성해왔다. 하지만 그 위상은 현재 경향적으로 쇠락하고 있다. 왜냐하면 현실 상관 고리를 더 이상 개념적·담론적으로 담지할 수 없는 상태 속에 그 민속이라는 말과 지식과 그 현상이 놓여 있기 때문이다. 따라서 현실 상관 고리를 개념적·담론적으로 담지하면서 그 실천의 현장성을 확보할 수 있는 길이 모색될 필요가 있다. 포크 모더니티는 그러한 담론 기획으로서 발견·재구된 것이다. 이 개념 체계는 현재성을 중심으로 그 대안적 성격을 검토하면서 정립될 필요가 있는데, 혼종적 근대성의 맥락 혹은 출처와 표현이 상이하고 그 의미가 다른 것들의 배치, 즉 다양체로서 민속적인 것의 재현·변환·생성에 적극적으로 주목하는 인식 관심에 의해 촉발되어 기획·구성된 것이다. 이는 자본의 역사 속에서 위축되고 체제의 모순이 심화되면서 촉발되고 있는 위기의 대안으로 사유할 수 있는 공동적인 것의 범주로 사유·참조될 수 있는 가능성을 함축하고 있는 것이기도 하다.

포크 모더니티는 일제강점기 식민통치의 한 실천 양식으로 굴절되어 출현한 공동성의 전유 혹은 종획을 민속적으로 사유하는 일도 중요하게 고려한다. 이 종획 속에서 민속은 토착 세계의 경험적·관계적·공-산적인 물질·기호론적 실체로 묘사되지 않고 분화되지 못한 낡은 것으로 근대 과학에 의해 체계화되어야 하는 프론티어로 대상화되었다. 그 과정에서 채집/수집·발굴·분류라는 일정하게 한 방향으로 틀 지워진 지식 체계의 한 종으로 개념화/분류될 수밖에 없었다. 이 개념과 분류 체계는 공통장에 대한 자본의 종획과 함께 나타난 것으로 제국과 함께 얽혀 형성된 자본주의 지식 생태계의 한 결절점이라는 의미에서 민속의 종획이라 명명할 수 있다. 이후 계속되고 확장되는 종획의 궤적들 속에서 민속은 제도화 국면과 상품화 국면 그리고 실용화 국면 속에서 그에 조응하는 민속/지식들로 전유되고 있다. 따라서 그 총체적 수탈의 한 기획으로 수행되었던 민속의 종획과 다른 종획들이 실천될 필요가 있다. 그 다른 종획들의 기획·구성·실천이 식민지 민속/학의 시초 축적에 결박된 궤도를 벗어나지 못하고 이념화·정치화된다면 식민적 종획의 다른 반복, 즉 동일성의 변주에 다름 아닐 것이다. 동일성의 반복은 언제나 단일하게 종획 이전의 전통적·민족적·민중적 형이상학을 수립할 수 있다. 그 과정에서 무수히 많은 이질적인 존재들과 행위들을 불식拂拭시키며 식민적 종획과 대립적인 동일자를 구성/본질화하는 방식으로 그 동일성의 오류를 반복할 수 있다.

역사민속학적 연구는 조선 후기에 정립된 조선 백성들의 생활양식 또는 관습 체계를 민속으로 규정하고 쉽게 변하지 않는 장기 지속의 문화 양식으로 그것을 관념하는 경향을 낳았다. 그 원형적 패턴이 역사적 시간 속에서 공간·지역·권역적으로 어떻게 지속·변화하고 있는지를 주목하면서 그 패턴의 형식화된 지식 범주를 구성하였다. 그 범주는 가족·친족·마을과 같은 공동체민속, 세시풍속과 일생의례 같은 생업·생활·인간의 주기적 집합의례, 신앙과 예술 혹은 문학과 같은 구비전승의 종교·예술 등과 같은 것들로 '민속'이 되었으며 '민속학'의 연구 대상이자 영역이 되었다. 그런데 민속학의 학문 대상인 그 민속이 장기 지속된다는 가정에 균열이 발생·확대되고 있다. 근대 100년이 넘는 시점에서 그 가정은 존립 불가능하다. 사회와 세대(/환경과 주체)의 소멸과 생성의 리듬 속에서 그 민속학을 근거 짓는 가정은 근본적으로 위기에 처하고 있다. 따라서 민속이라 명명되는 관념 체계의 전환적 인식이 필요하다. 그것은 근대적 세계체제의 형성과 전개 속에서 발견된 것으로 그 체제의 조건에 조응하면서 구성·배치된 것에 주목할 때 인식 가능한 것이 된다. 이전의 시기와 그 존재 조건 및 기능·속성을 달리하는 관념 체계로 접근될 때 생성 변화하는 흐름으로 인식할 계기를 만들어 낼 수 있다.

각 세대의 아비투스, 즉 각 세대에 따른 성향 체계와 실천 감각들도 주목할 필요가 있다. 그 아비투스에 의해 민속에 대한 앎의 체계가 변해왔고 갈수록 그 기억도 소멸하고 관심도 변하고 있는 중이기 때문이다. 이를테면 현재 젊은 세대들은 방탄소년단 BTS나 넷플릭스 드라마 〈오징어 게임〉을 통해서 민속적인 것을 감각한다. 그들이 감각하는 그 양식적 특징은 혼종적이다. 서구적 바탕에 민속적 소재가 지구 대중문화의 한국적 판본으로 구성됨에 따라 로컬리티는 혼종적 토대 위에서 감각되는 전통이 된다. 즉 그 혼종적 로컬리티를 한국적인 것, 전통적인 것, 민속적인 것으로 감각/소비하고 있는 것이다. 그 한 편에서 민속/학은 현실 기반을 상실하고 있다. 따라서 관제 민속학이나 이념 민속학은 더 이상 지속될 수 없는 지식의 형식이 된다. 그렇다고 BTS의 아이돌 팝이나 〈오징어 게임〉과 같은 혼종적 문화 양식이 대안이 될 수 있을까? 민속의 변환과 생성 혹은 재현에 주목하는 연구의 한 부분으로 그에 대한 연구가 수행·정립될 필요는 있다. 물론 포크 모더니티는 그러한 경향을 구성 요소로 고려한다. 그럼에도 불구하고 시대와 조응하며 체제의 국면마다 발생한 위기에 응답하면서 대안을 제시해온 민속 사유의 양식을 생성적으로 재구하는 일이 더욱 강조될 필요가 있다. 이를테면 공동체문화 연구로 제출되고 있는 민속학 연구 패러다임의 대안적 경로를 따라 자율과 자치, 협동과 연대, 생명과 평화의 가치실천 양식으로 포크 모더니티의 사유 양식과 담론 체계에 대한 논의가 활성화될 필요가 있다. 요컨대 민속을 근대 이전부터 지속되는 조선의 정체성을 근거 짓는 상징체계로 관념하지 않는 대신, 그 인식의 계열과 다르면서 비슷한 시기 구성적으로 계열을 달리하는 문화의 배치, 그 관념의 구성으로 존재한 이질적인 근대적 가치실천 양식과 조응함과 동시에 그것과 일정하게 구별되는 조선적인 것의 새로운 배치, 생성/되기의 실천 양식을 정립하는 포크 모더니티론이 다각적으로 논의되고 활성화될 필요가 있을 것이다.

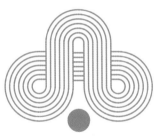

주

서론

1) 빠올로 비르노, 김상운 옮김, 『다중』, 갈무리, 2004, 40~43쪽 참조.

2) 고길섶, 『부안 끝나지 않은 노래』, 앨피, 2005, 29쪽.

3) 베네딕트 스피노자, 강영계 옮김, 『에티카』, 서광사, 1990, 189쪽.

4) 피에르 노라 외, 김인중·유희수 외 옮김, 『기억의 장소』 1, 나남, 2010, 14~18쪽 참조.

5) 이완, 「공유경제, 자본주의 敵? 자본주의的?」, 『한겨레 21』 1027, 한겨레신문사, 2014, 74~77쪽 참조.

6) 찰스 페로, 김태훈 옮김, 『무엇이 재앙을 만드는가』, RHK, 2013, 11~14쪽 참조.

7) 프랑코 베라르디 '비포', 강서진 옮김, 『미래 이후』, 난장, 2013, 92쪽.

제1부 존재 조건 및 주체

제1장 시간문화

1) 주강현, 「조선후기 변혁운동과 민중조직」, 『역사비평』 4, 역사비평사, 1988, 185~211쪽 참조.

2) 주강현, 「역사민속학의 학사적 의의와 연구방법론 일고」, 『역사와 현실』 74, 한국역사연구회, 2009, 569~571쪽 참조.

3) 이필영, 「민속의 지속과 변동」, 『역사민속학』 13, 역사민속학회, 2001, 8쪽.

4) 주강현, 앞의 글, 2009, 570, 590쪽 참조.

5) 앨런 스윈지우드, 박형신·김민규 옮김, 『문화사회학을 향하여: 문화이론과 근대성의 문제』, 한울아카데미, 2004, 23쪽.

6) 위의 책, 30쪽.

7) 위의 책, 137~138쪽 참조.

8) 박환영, 「통일민속학 시고」, 『중앙민속학』 12, 중앙대학교 한국문화유산연구소, 2007, 57쪽.

9) 프랑수아 도스, 김웅권 옮김, 『구조주의의 역사』 IV, 동문선, 2003, 152쪽.

10) Hayden White, *Tropics of Discourse*, London: Johns Hopkins University Press, 1978, pp.127~128.

11) Victoria E. Bonnell & Lynn Hunt, *Beyond the Cultural Turn*, Berkeley and Los Angeles: University of California Press, 1999, pp.5~6.

12) 프랑수아 도스, 김웅권 옮김, 『구조주의의 역사』 III, 동문선, 2003, 318~319쪽 참조.

13) 박성래, 「한국 전근대 역사와 시간」, 『역사비평』 50, 역사비평사, 2000, 171쪽.

14) 국사편찬위원회 엮음, 『하늘, 시간, 땅에 대한 전통적 사색』, 두산동아, 2007, 71쪽.

15) 정근식, 「한국의 근대적 시간체제의 형성과 일상생활의 변화 I」, 『사회와 역사』 58, 한국사회사학회, 2000, 161~198쪽; 「시간체제와 식민지적 근대성」, 『문화과학』 41, 문화과학사, 2005, 146~169쪽 참조.

16) 이창익, 「근대적 시간과 일상의 표준화」, 『역사비평』 59, 역사비평사, 2002, 408~416쪽 참조.

17) 최인이, 「근대적 시간관념과 이윤개념의 내면화」, 『사회와 역사』 90, 한국사회사학회, 2011, 111~143쪽 참조.

18) 강만길, 『한국사: 식민지시기의 사회경제』 2, 한길사, 1995, 186~187쪽 참조.

19) 최원규, 『일제말기 파시즘과 한국 사회』, 청아, 1988, 137쪽.

20) 신광영, 「한국전쟁과 자본축적」, 『아시아문화』 16, 한림대학교 아시아문화연구소, 2000, 315쪽.

21) 위의 글, 317~318쪽.

22) 김영희, 『한국 사회의 미디어 출현과 수용: 1880~1980』, 커뮤니케이션북스, 2009, 1~5쪽 참조.

23) 가와무라 미나토, 유재순 옮김, 『말하는 꽃, 기생』, 소담출판사, 2002, 65, 294~295, 317쪽 참조.

24) 황병준, 『한국의 공업경제』, 고려대학교 아세아문제연구소, 1991, 80쪽.

25) 이대근, 『한국전쟁과 1950년대의 자본축적』, 까치, 1987, 239쪽.

26) 신광영, 앞의 글, 325~331쪽 참조.

27) 이수훈, 「한국전쟁과 세계자본주의」, 『아시아문화』 16, 한림대학교 아시아문화연구소, 2000, 452쪽.

28) 로버트 J. C. 영, 김택현 옮김, 『포스트식민주의 또는 트리컨티넨탈리즘』, 박종철 출판사, 2005, 20~134쪽 참조.

29) 임재해, 「민속예술의 본질적 성격과 인간해방 기능」, 『비교민속학』 23, 비교민속학회, 2002, 27쪽.

30) 국립민속박물관, 『조선대세시기』 국립민속박물관 세시기 번역총서 제1권(2003), 제2권(2005) 제5~6권(2007); 『중국 대세시기』, 국립민속박물관 세시기번역총서 제3~4권(2006); 『한국 세시풍속 자료 집성』 국립민속박물관 자료총서 제1~2권(2003), 제3권(2004), 제4권(2005), 제5권(2006); 『한국의 세시풍속: 서울·경기·강원·충청도 편』 1(1997), 『한국의 세시풍속: 전북·전남·경북·경남·제주 편』 2(1998); 국립문화재연구소, 『총괄편 세시풍속』(2006), 『전라남도 세시풍속』(2003), 『전라북도 세시풍속』(2003), 『경상북도 세시풍속』(2002), 『경상남도 세시풍속』(2002), 『충청남도 세시풍속』(2002), 『강원도 세시풍속』(2001), 『경기도 세시풍속』(2001), 『충청북도 세시풍속』(2001), 『제주도 세시풍속』(2001); 국립민속박물관, 『한국 세시풍속 사전』 제1권 정월편(2004), 제2권 봄편(2005), 제3권 여름편(2005), 제4권 가을편(2006), 제5권 겨울편(2006), 제6권 색인편(2007); 김명자, 『한국세시풍속 1, 1970~80년대 조사자료』, 민속원, 2005; 『한국세시풍속 2, 1980년대 서산 태안지역 조사자료』, 민속원, 2007; 단국대학교 동양학연구원, 『조선총독부 기관지 『조선』 소재, 1920~30년대 세시풍속』, 채륜, 2014; 정승모, 「세시관련 기록들을 통해 본 조선시기 세시풍속의 변화」, 『역사민속학』 13, 한국역사민속학회, 2001, 49~69쪽.

31) 김택규, 「영남민속의 복합성: 잡곡문화와 수도문화의 이원성」, 『한국학논집』 16, 계명대학교 한국학연구소, 1989, 193~204쪽; 「조선 후기의 농경의례와 세시」, 『정신문화연구』 16(4), 한국학중앙연구원, 1993, 81~105쪽; 「한국 농경세시의 이원성」, 『한

국문화인류학』 20, 한국문화인류학회, 1988, 107~134쪽; 김택규, 『한국농경세시의
연구』, 영남대학교출판부, 1985; 주강현, 「세시와 생업의 不二 관계: '五方風土不同'
의 법칙」, 『역사민속학』 19, 한국역사민속학회, 2004, 7~51쪽; 배영동, 「궁중 내농작
과 농가 내농작의 의미와 기능」, 『한국민속학』 45, 한국민속학회, 2007, 99~146쪽;
「농업생산형태 변화에 따른 草宴의 소멸과 대체의례 등장」, 『역사민속학』 12, 한국
역사민속학회, 2001, 125~151쪽; 「세시와 주거공간의 관련 양상」, 『비교민속학』 37,
비교민속학회, 2008, 109~136쪽.

32) 김택규, 위의 글, 1988, 107~108쪽 참조.

33) 김택규, 앞의 글, 1993, 83~97쪽 참조.

34) 이창익, 「민속적 시공간과 근대적 시공간」, 『민속학연구』 7, 국립민속박물관, 2000,
161~196쪽; 「성스러움의 테크닉-세시기를 통해 본 우주론적 시공간의 형태론」, 『종
교와 문화』 10, 서울대학교 종교문제연구소, 2004, 207~232쪽; 『조선시대 달력의 변
천과 세시의례』, 창비, 2013; 「근대적 시간과 일상의 표준화」, 『역사비평』 59, 역사비
평사, 2002, 405~420쪽; 「시헌력 역주에 나타난 시간 선택의 의미」, 『종교문화비평』
1, 한국종교문화연구소, 2002, 255~301쪽; 김일권, 「조선후기 세시기에 나타난 역법
학적 시간 인식과 도교 민속 연구」, 『역사민속학』 29, 한국역사민속학회, 2009,
145~184쪽.

35) 이창익, 위의 글, 2004, 221쪽.

36) 김일권, 앞의 글, 148쪽.

37) 이창익, 『조선시대 달력의 변천과 세시의례』, 창비, 2013, 27쪽.

38) 김일권, 앞의 글, 165쪽.

39) 김명자, 「세시풍속을 통해 본 윤달의 의미」, 『고문화』 49, 한국대학박물관협회, 1996,
171~186쪽; 「세시풍속을 통해본 물의 종교적 기능」, 『한국민속학』 49, 한국민속학회,
2009, 157~182쪽; 「세시풍속의 순환의미」, 『한국민속학』 16, 한국민속학회, 1983,
53~76쪽; 김재호, 「물맞이 세시풍속과 물의 생명성」, 『비교민속학』 36, 비교민속학
회, 2008, 363~390쪽; 신장섭, 「歲時紀俗詩를 통한 조선 후기 세시풍속의 의미와 양
상」, 『비교문학』 46, 한국비교문학회, 2008, 185~213쪽; 이경엽, 「상대의 세시풍속과
그 전승 맥락」, 『남도민속연구』 5, 남도민속학회, 1999, 115~144쪽; 이수자, 「백중의
기원과 성격: 농경기원신화 세경본풀이와의 상관성을 중심으로」, 『한국민속학』 25,

한국민속학회, 1993, 267~300쪽; 임동권, 「세시기에 나타난 농업주술」, 『어문논집』 19(1), 안암어문학회, 1977, 179~191쪽; 「세시풍속에 나타난 禳鬼俗」, 『한국문화인류학』 5(1), 한국문화인류학회, 1972, 135~149쪽; 장주근저작집간행위원회 엮음, 『한국의 세시풍속』, 민속원, 2013; 김명자, 「세시풍속의 교육적 의의와 실천화」, 『비교민속학』 25, 비교민속학회, 2003, 175~208쪽; 박성식, 「현대 사회의 세시풍속에 살아남은 전통성의 변모 양상」, 『경남문화연구』 21, 경상대학교 경남문화연구소, 1999, 71~136쪽; 박태호, 「조선의 '세시기(歲時記)'에서의 사회적 시간 의식에 관하여」, 『사회와 역사』 66, 한국사회사학회, 2004, 294~329쪽; 임동권, 『한국세풍속연구』, 집문당, 1985; 임재해, 「단오에서 추석으로: 안동지역 세시풍속의 지속성과 변화」, 『한국문화인류학』 21, 한국문화인류학회, 1989, 341~365쪽; 「설과 보름 민속의 대립적 성격과 유기적 상관성」, 『한국민속학』 19, 한국민속학회, 1986, 295~319쪽; 「세시풍속의 변화와 공휴일 정책의 문제」, 『비교민속학』 10, 비교민속학회, 1993, 21~50쪽.

40) 김명자, 「도시생활과 세시풍속」, 『한국민속학』 41, 한국민속학회, 2005, 20쪽.

41) 김명자, 「세시풍속의 기능과 그 변화」, 『민속연구』 2, 안동대학교 민속학연구소, 1992, 249~252쪽 참조.

42) 김만태, 「세시풍속의 기반 변화와 현대적 변용」, 『비교민속학』 38, 비교민속학회, 2009, 317~349쪽; 김명자, 「근대화에 따른 세시풍속의 변동과정」, 『문화재』 22, 문화재관리국, 1989, 57~74쪽; 앞의 글, 2005, 17~49쪽; 위의 글, 1992, 233~255쪽; 「세시풍속의 전승과 현대화 방안 모색」, 『민속연구』 13, 안동대학교 민속학연구소, 2004, 145~166쪽; 염원희, 「크리스마스의 도입과 세시풍속화 과정에 대한 연구」, 『국학연구』 22, 한국국학진흥원, 2013, 299~330쪽; 천진기, 「세시풍속의 미래전설」, 『한국문화연구』 7, 경희대학교 민속학연구소, 2003, 265~282쪽.

43) 김미희·박덕병·안윤수·전영미, 「세시풍속 전통지식기술의 개발가치 평가와 활용방안 분석」, 『한국지역사회생활과학회지』 17(4), 한국지역사회생활과학회, 2006, 175~197쪽; 박석희, 「세시풍속의 농촌관광 자원화 가능성과 방법」, 『농어촌관광연구』 11(1), 한국농어촌관광학회, 2004, 74~90쪽; 최명림, 「한국 세시풍속의 변화와 문화콘텐츠화 연구」, 전남대학교 박사학위논문, 2003.

44) 국사편찬위원회 엮음, 앞의 책, 65~66, 72~73쪽 참조.

45) 위의 책, 71쪽.

46) 국립민속박물관, 『조선대세시기』, 국립민속박물관, 2007, 257쪽.

47) 한국생활사박물관 편찬위원회, 『한국생활사박물관』 9, 사계절, 2003, 72~77쪽 참조.

48) 르네 지라르, 김진식·박무호 옮김, 『폭력과 성스러움』, 민음사, 1997, 515쪽.

49) 코디 최, 『20세기 문화지형도(개정판)』, 컬처그라퍼, 2010, 22~25쪽 참조.

50) 加藤扶桑, 「사설: 朝鮮現狀及將來(2)-상호의 양해」 상, 『매일신보』, 1920. 8. 29 ; 유선영, 「3·1운동 이후의 근대 주체 구성」, 『대동문화연구』 66, 성균관대학교 대동문화연구원, 2009, 259쪽.

51) 유선영, 위의 글, 265쪽.

52) 김기전, 「구문화의 중심지인 경북 안·예지방을 보고-신구문화의 소장, 상태를 술함」, 『儒道』 4, 1921. 12, 70쪽.

53) 이윤갑, 「일제의 식민지 지배와 마을문화의 해체」, 『한국학논집』 32, 계명대 한국학연구원, 2005, 235~274쪽.

54) 손진태, 「전통오락진흥문제」, 『삼천리』, 1941. 4, 221쪽.

55) 강내희, 「문화와 시장: 신자유주의 시대의 한국 문화」, 『마르크스주의 연구』 5(2), 경상대학교 사회과학연구원, 2008, 235~258쪽.

56) 오재환, 「일상과 의례」, 『일상생활의 사회학적 이해』, 한울, 2008, 314쪽.

57) 강내희, 앞의 글, 238~244쪽 참조.

58) Fredric Jameson & Masao Miyoshi, *The Cultures of Globalization*, Durham and London: Duke University Press, 1998, p.258.

59) 강내희, 앞의 글, 255쪽.

60) 다이진화, 김정수 옮김, 「역사와 기억 그리고 재현의 정치」, 『문화과학』 79, 문화과학사, 2014, 302쪽.

61) 강내희, 앞의 글, 256쪽.

62) 매완 호, 이혜경 옮김, 『나쁜 과학』, 당대, 2005, 61쪽.

63) 로리 앤드루스·도로시 넬킨, 김명진·김병수 옮김, 『인체시장』, 궁리, 2006, 51~53쪽 참조.

64) 이진경 엮고 지음, 『모더니티의 지층들』, 그린비, 2007, 129쪽.

65) 조계완, 「가사에 치인 당신은 '시간빈곤층'」, 『한겨레 21』 1037, 2014. 11. 24, 44~45쪽 참조.

66) 장 자크 루소, 주경복 옮김, 『인간 불평등 기원론』, 책세상, 2003, 77, 139쪽 참조.

67) 강내희, 「시간의 경제와 문화사회론」, 『마르크스주의 연구』 8(4), 경상대학교 사회 과학연구원, 2011, 198쪽.

68) 위의 글, 201, 203쪽.

69) 칼 맑스, 김수행 옮김, 『자본론』 Ⅲ(하), 비봉출판사, 1990, 1011쪽.

70) 조한혜정, 『다시, 마을이다: 위험 사회에서 살아남기』, 또하나의 문화, 2007, 142~143쪽.

71) 김명자, 앞의 글, 1992, 249~252쪽 참조.

72) 안동대학교 민속학과 편, 『사과의 고장 길안의 전통』, 민속원, 2014; 임재해 외, 『천 지갑산이 굽어보는 마을 송제』, 민속원, 2015 참조.

73) 마르크 블로흐, 정남기 옮김, 『역사를 위한 변명』, 한길사, 1990, 45쪽.

74) 박재환 외 엮음, 『일상생활의 사회학』, 한울, 1994, 26쪽.

75) 위의 책, 315쪽.

76) 에드워드 파머 톰슨, 나종일 외 옮김, 『영국 노동계급의 형성』 상, 창작과비평사, 2000, 6쪽.

77) 알프 뤼트케, 이동기 외 옮김, 『일상사란 무엇인가』, 청년사, 2007, 34~35쪽 참조.

78) 피터 버그, 조한욱 옮김, 『문화사란 무엇인가』, 길, 2005, 174쪽.

79) 역사비평편집위원회 편, 『한국 전근대사의 주요 쟁점』, 역사비평사, 2002, 127, 136~137, 184~185쪽 참조.

80) 송제경북향토사연구협의회, 『경북마을지』, 경상북도, 1990, 355쪽 참조.

81) 백종국, 『한국자본주의의 선택』, 한길사, 2009, 212쪽.

82) 위의 책, 213~214쪽; 한국농어촌사회연구소·한국가톨릭농민회, 『지역사회 지배구 조와 농민』, 연구사, 1990, 52~56쪽; 송건호 외, 『해방전후사의 인식』, 한길사, 1980, 421쪽; 홍성찬 엮음, 『농지개혁연구』, 연세대학교출판부, 2001 등 참조.

83) 한국지방행정연구원, 『새마을운동 발전방안 연구』, 1988, 18~22쪽 참조.

84) 오유석 엮음, 『박정희 시대의 새마을운동』, 한울, 2014, 49쪽.

85) 한국지방행정연구원, 앞의 글, 23~26쪽 참조.

86) 농수산부, 『농림통계연보』, 1980, 21쪽.

87) 서울대학교 새마을운동 종합연구소 엮음, 『새마을운동의 이념과 실제』, 1981, 207쪽.

88) 오유석 엮음, 앞의 책, 52쪽.

89) 내무부, 앞의 책, 46쪽.

90) 오유석 엮음, 앞의 책, 55~56쪽 참조.

제2장 판

1) David J. Hess, *Science Studies: An Advanced Introduction*, New York: NYU Press, 1997.

2) 김광웅 외, 『우리는 미래에 무엇을 공부할 것인가』, 생각의나무, 2009, 267쪽.

3) Charles Percy Snow, *The two cultures and the scientific revolution*, England: Cambridge University Press, 1959.

4) 이인식, 『지식의 대융합』, 고즈윈, 2009, 241~244쪽 참조.

5) 최민자, 『통섭의 기술』, 모시는사람들, 2010 참조.

6) Ray Kurzweil, *The singularity is near: when humans transcend biology*, New York: Viking, 2005.

7) Edward O. Wilson, *Consilience: the unity of knowledge*, New York: Knopf, 1998.

8) 임재해, 「민속에서 판문화의 인식과 인문학문의 길찾기」, 안동대학교 민속학연구소 학제간 담론모임 자료, 2011. 5. 30, 5쪽.

9) Susan Blackmore, *The Meme Machine*, New York: Oxford University Press, 1999.

10) Richard Dawkins, *The Selfish Gene*, New York: Oxford University Press, 1976.

11) 최재천·주일우 엮음, 『지식의 통섭』, 이음, 2008, 179~180쪽 참조.

12) 이인식, 앞의 책, 244쪽.

13) Deepak Chopra, *Reinveting The Body, Resurrecting The Soul*, New York: Three Rivers Press, 2009.

14) Ervin Laszlo, *Science and The Akashic Field*, New York: Inner Traditions, 2007.

15) Fritjof Capra, *Belonging to the Universe: Explorations on the Frontiers of Science and Spirituality*, New York: Harper San Francisco, 1993; *The Tao of Physics*, Colorado: Shambhala, 1975; *The Turning Point: Science, Society, and the Rising Culture*, New York: Bantam, 1984.

16) Matthew Fox·Rupert Sheldrake, *Natural Grace: Dialogues on creation, darkness,*

and the soul in spirituality and science, New York: Doubleday, 1996.

17) 루퍼드 쉘드레이크, 박준원 옮김, 『세상을 바꿀 일곱가지 실험들』, 양문, 2000, 139쪽.

18) 이정배, 「생명담론의 한국적 실상」, 『인간·환경·미래』 6, 인제대학교 인간환경미래 연구원, 2011, 13쪽.

19) Rupert Sheldrake, *Morphic Resonance: The Nature of Formative Causation*, Rochester, Vt.: Park Street Press, 2009, pp. xi~xxxii.

20) Ibid, pp. xv~xvi; 루퍼드 쉘드레이크, 박준원 옮김, 앞의 책, 25~31쪽 참조.

21) 마크 해서웨이·레오나르도 보프, 최성진 옮김, 「기억, 형태공명 그리고 발생」, 『기독 교사상』 633, 대한기독교서회, 2011, 222~225쪽 참조.

22) 루퍼드 쉘드레이크, 박원준 옮김, 앞의 책 참조.

23) Rupert Sheldrake, op. cit., 2009, p. 87.

24) Ibid, pp. 92~93.

25) 김재희, 「과학의 새로운 패러다임과 기독교」, 『기독교사상』 457, 대한기독교서회, 1997, 17~18쪽.

26) 이강희·성인수, 「후성적 풍경으로서의 건축패러다임 구축을 위한 기초연구」, 『대한 건축학회 2009년도 학술발표대회 논문집』, 대한건축학회, 2009. 10, 39쪽.

27) 최동현, 『판소리 이야기』, 인동, 1999 참조.

28) 임재해, 앞의 글 참조.

29) 천혜숙, 「전통으로 본 이야기판의 문화론」, 안동대학교 민속학연구소 학제간 담론 모임 자료, 2011. 7. 22 참조.

30) 김예란, 「1990년대 이후 한국 사회의 문화생산 공간과 실천에 관한 연구」, 『언론과 사회』 15(1), 성곡언론문화재단, 2007, 2~40쪽.

31) 콘스탄틴 브라일로이우 외, 이기우 엮고 옮김, 『민속음악』, 신아출판사, 1994, 121쪽.

32) 장-다비드 나지오, 이유섭 외 옮김, 『위대한 7인의 정신분석가』, 백의, 2001, 173~178 쪽 참조.

33) 김광웅 외, 앞의 책, 2009, 332쪽.

제3장 다중

1) 김성례, 「무속전통론의 창출과 유용」, 이상현 외, 『동아시아의 근대와 민속학의 창출』, 민속원, 2008, 257~288쪽 참조.

2) 서영대, 「한국 무속사의 시대구분」, 『한국무속학』 10, 한국무속학회, 2005, 7~91쪽.

3) 차남희, 「한국고대사회의 정치변동과 무교」, 『한국정치학회보』 39(2), 한국정치학회, 2005, 301~319쪽 참조.

4) Michael Mann, *The Sources of Social Power 1*, Cambridge: Cambridge University Press, 1986, pp. 519~522 참조.

5) 송봉호, 「전통신앙과 불교의 대립에 관한 연구」, 『한국무속학』 7, 한국무속학회, 2003, 69~92쪽 참조.

6) 김용덕, 「미륵불 신앙의 현장 연구」, 『한국언어문화』 43, 한국언어문화학회, 2010, 201~223쪽; 이경화, 「한국 마애불에 반영된 민간신앙」, 『종교문화학보』 1, 한국종교문화학회, 2006, 205~225쪽; 강영경, 「고대 한국 무속의 역사적 전개」, 『한국무속학』 10, 한국무속학회, 2005, 37~91쪽 참조.

7) 이능화, 서영대 역주, 「고려시대의 무속」, 『조선무속고』, 창비, 2008, 96~115쪽 참조.

8) 최종성, 「조선시대 왕도의 신성화와 무속문화의 추이」, 『서울학연구』 21, 서울학연구소, 2003, 48~51쪽 참조.

9) 최종성, 「조선 전기의 종교문화와 무속」, 『한국무속학』 11, 한국무속학회, 2006, 7~36쪽 참조.

10) 이능화, 서영대 역주, 앞의 책, 112쪽.

11) 위의 책, 110쪽.

12) 펠릭스 가타리, 윤수종 옮김, 『분자혁명』, 푸른숲, 1998, 67쪽.

13) 손태도, 「조선 후기의 무속」, 『한국무속학』 17, 한국무속학회, 2008, 189~270쪽; 이영금, 「조선 후기 전주 재인청 무부들의 판소리 활동」, 『국어문학』 53, 국어문학회, 2012, 97~126쪽 참조.

14) 이영금, 「전북 세습무의 권역과 역할」, 『우리어문연구』 30, 우리어문학회, 2008, 461~497쪽; 「단골집단의 무업 권역과 활동」, 『민속학연구』 23, 국립민속박물관, 2008, 85~109쪽; 「전통문화의 원천으로서 무 문화의 갈래와 위상」, 『비교민속학』 44,

비교민속학회, 2011, 351~395쪽; 「서사무가와 판소리의 상관성」, 『한국언어문학』
78, 한국언어문학회, 2011, 195~232쪽 참조.

15) 김성례, 앞의 글, 257~288쪽 참조.

16) 아카마쓰 지죠·아키바 다카시, 심우성 옮김, 『조선 무속의 연구』 하, 동문선, 1991,
203~213쪽 참조.

17) 김성례, 「일제시대 무속담론의 형성과 식민적 재현의 정치학」, 『한국무속학』 24, 한
국무속학회, 2012, 7~42쪽 참조.

18) 한승훈, 「미륵·용·성인」, 『역사민속학』 33, 역사민속학회, 2010, 235~291쪽 참조.

19) 고성훈, 「정조년간 삼수부 역모사건의 추이와 성격」, 『사학연구』 90, 한국사학회,
2008, 101~144쪽 참조.

20) 박찬승, 『근대이행기 민중운동의 사회사』, 경인문화사, 2008, 71, 79~81, 136, 139쪽
참조.

21) 빠올로 비르노, 김상운 옮김, 앞의 책, 40~43쪽 참조.

22) 송은영, 「1960~70년대 한국의 대중사회화와 대중문화의 정치적 의미」, 『상허학보』,
32, 상허학회, 2011, 187~226쪽; 주창윤, 「1975년 전후 한국 당대문화의 지형과 형성
과정」, 『한국언론학보』 51(4), 한국언론학회, 2007, 5~31쪽 참조.

23) 로이 애스콧, 이원곤 옮김, 『테크노에틱 아트』, 연세대학교출판부, 2002 참조.

24) 위의 책, 213~215쪽 참조.

25) 박찬표, 「촛불과 민주주의」, 『양손잡이 민주주의』, 후마니타스, 2017, 180쪽.

26) 박병섭, 「촛불축제시위와 세계사적 의미」, 『촛불, 어떻게 볼 것인가』, 울력, 2009,
181쪽.

27) 조대엽, 『한국의 사회운동과 NGO』, 아르케, 2007, 276쪽.

28) 국립민속박물관, 『조선대세시기』, 2007, 202~204쪽 참조.

29) 유선영, 「편쌈 소멸의 문화사」, 『사회와역사』 86, 한국사회사학회, 2010, 5~46쪽 참조.

30) 최원, 「공산주의라는 쟁점: 바디우와 발리바르」, 『문화과학』 79, 문화과학사, 2014,
311~312쪽 참조.

31) 「정월대보름, 촛불 vs 태극기 맞붙다」, 『한겨레신문』, 2017. 2. 11.

32) 「진도 동거차도에 차려진 떡국 아홉 그릇」, 『한겨레신문』, 2017. 1. 1.

33) 「용왕님이 박근혜 즉각 구속 지시 거문도 주민들 해상시위」, 『한겨레신문』, 2016.

12. 10.

34) 「혼자가 아닌 혼자들 "함께하니 세상이 바뀌네요"」, 『한겨레신문』, 2017. 3. 17.

35) 위의 글.

36) 위의 글.

37) 위의 글.

제2부 의미와 생성

제1장 사건

1) 국사편찬위원회 엮음, 앞의 책, 7~8쪽 참조.

2) 위의 책, 24쪽.

3) 위의 책, 65~66쪽 참조.

4) 위의 책, 72~73쪽 참조.

5) 이정우, 『인간의 얼굴』, 민음사, 1999, 104쪽.

6) 이정우, 『세계의 모든 얼굴』, 민음사, 2007, 15쪽.

7) 위의 책, 17쪽.

8) 이정우, 『시간의 지도리에 서서』, 산해, 2000, 16쪽.

9) 이정우, 앞의 책, 1999, 103쪽.

10) 이영금, 「법성포 단오제의 수륙재 수용 가능성」, 『한국무속학』 17, 한국무속학회,
   2008, 332쪽.

11) 위의 글, 343~348쪽 참조.

12) 이영금, 「전북지역 무당굿 연구」, 전북대학교 박사학위논문, 2007, 87~89쪽.

13) 이영금, 「전북지역 세습무의 삶과 무업」, 『한국무속학』 12, 한국무속학회, 2006,
   391~393쪽.

14) 이영금, 앞의 글, 2007, 114~116쪽 참조.

제2장 재현

1) 데이비드 하비, 구동회·박영민 옮김, 『포스트모더니티의 조건』, 한울, 2004, 243쪽.

2) 고길섶, 앞의 책, 29쪽.

3) 라인하르트 코젤렉, 한철 옮김, 『지나간 미래』, 문학동네, 1998, 22쪽.

4) 이영금 외, 「위도 띠뱃놀이의 연행 구조와 제의적 특징」, 『한국무속학』 18, 한국무속학회, 2009, 111~141쪽 참조.

5) 데이비드 하비, 앞의 책, 255~257쪽.

6) 양종승, 「황해도굿」, 하효길 외, 『한국의 굿』, 민속원, 2002, 48~54쪽 참조.

7) 데이비드 하비, 앞의 책, 265쪽.

8) 김형주, 『김형주의 못다한 부안 이야기』, 밝, 2010, 411쪽.

9) 라인하르트 코젤렉, 한철 옮김, 앞의 책, 33~34쪽 참조.

10) 위의 책, 67~68쪽 참조.

11) 위의 책, 206쪽.

12) 채운, 『재현이란 무엇인가』, 그린비, 2009, 11~13쪽.

13) Stuart Hall ed., *Representation: Cultural Represenations and Signifying Practices*, London: Sage, 1997, p. 1.

14) Pall du Gay et al, *Doing Cultural Studies: The story of the Sony Walkman*, Thousand Oaks, CA: Sage, 1997; Gerard Goggin, *Cell Phone Culture: Mobile technology in everyday life*, New York: Routledge, 2006; Annabelle M Leve, "The Circuit of Culture as a generative tool of contemporary analysis: Examining the construction of an education commodity", *AARE APERA International Conference*, Sydney, 2012, pp. 1~12.

15) 스튜어트 홀, 임영호 엮고 옮김, 『문화, 이데올로기, 정체성』, 컬처룩, 2015, 106~107쪽 참조.

16) 위의 책, 107~108쪽.

17) 문화재관리국 문화재연구소, 『전라남도 국악실태조사보고서』, 1980, 함평군 농악 참조.

18) Carol Simpson Stern & Bruce Henderson, *Performance: Texts and Contexts*, New

York & London, Longman, 1993, pp. 14~16.

19) Richard Schechner, *Performance Studies: An introduction*, London & New York: Routledge, 2002, pp. 28~29.

20) 빅터 터너, 김익두 외 옮김, 『제의에서 연극으로』, 현대미학사, 1996, 129쪽.

21) 자끄 라깡, 권택영 옮김, 『욕망이론』, 문예, 2000, 96~183쪽 참조.

22) 허경주, 「朴공주 헌정시·시굿선언…시위를 바꾸다」, 『한국일보』, 한국일보사, 2016. 11. 3; 노도현·허진무·최승현, 「광대놀음·별신굿·오방색 깃발 펄럭…시국 풍자 '집회의 진화'」, 『경향신문』, 경향신문사, 2016. 10. 31 참조.

23) 아르준 아파두라이, 차원현 외 옮김, 『고삐 풀린 현대성』, 현실문화연구, 2004, 68, 248쪽 참조.

24) 김원호, 「도깨비굿, 블랙리스트의 이면(裏面)」, 『민중의 소리』, 2017. 5. 11 참조.

25) 위의 글.

26) 송경동, 「광화문 퇴진 캠핑촌의 한 달」, 『미디어오늘』, 2016. 12. 3 참조.

27) 전남대학교 감성인문학연구단, 『공감장이란 무엇인가』, 길, 2017, 14쪽.

28) 정영신, 「16차 촛불집회, 레드카드 퍼포먼스로 '박근혜퇴진'을 촉구하다」, 『서울문화투데이』, 2017. 2. 20 참조.

29) 양진성, 『호남좌도 임실 필봉굿』, 신아, 2000, 87~88쪽.

30) 이광석, 『뉴아트행동주의』, 안그라픽스, 2015, 166쪽.

31) 권명아, 『무한히 정치적인 외로움』, 갈무리, 2012, 286쪽.

32) 레나토 로살도, 권숙인 옮김, 『문화와 진리』, 아카넷, 2000, 68쪽.

33) 최예린, 「태안 기름유출 사고 10년 "검은 상처 강강술래로 달랬죠"」, 『한겨레신문』, 한겨레신문사, 2017. 12. 7 참조.

34) 최화정, 「강강술래춤의 무대화에 관한 고찰」, 청주대학교 석사학위논문, 1997 참조.

35) 질 들뢰즈, 「정동이란 무엇인가?」, 질 들뢰즈 외, 서창현 외 옮김, 「서문」, 『비물질노동과 다중』, 갈무리, 2005, 21~138쪽 참조.

36) 멜리사 그레그·그레고리 시그워스 편저, 최성희·김지영·박혜정 옮김, 『정동 이론』, 갈무리, 2015, 14~18쪽.

제3장 정동

1) 질 들뢰즈 외, 서창현 외 옮김, 앞의 책, 14쪽 참조. 들뢰즈에 의하면 정동(affect)이라는 용어는 스피노자의 『에티카』에서 연원하는 철학적 혹은 윤리적 개념어로, 어원상 라틴어의 affectus에서 유래한다. affectus는 affectio와 대응하는데, 두 용어 모두 affection으로 번역되기도 하고 affectio는 affection으로, affectus는 sentiment로 번역되기도 한다. 들뢰즈는 프랑스어에서 이 두 개의 단어에 대응하는 단어가 있으므로 affectio를 affection으로, affectus를 affect로 번역하여 개념화한다. 이 용어들의 한국어 번역은 각각 affectio-affection-정서(情緖), sentiment-감정(感情), affectus-affect-정동(情動)으로 대응하는데, 특히 affect는 변양·변용·정서·감화·정감·감응 등으로 번역되기도 한다. 이 용어가 스피노자·니체·베르그송·들뢰즈·네그리 등의 사유에서 차지해온 위상과 쓰여온 용법 등에 비추어 정동(情動)'을 'affect'의 한국어 번역어로 쓴다. 이는 철학이 '개념의 창조' 혹은 '지각 방식의 창조'라는 사유와, 잠재성(virtuality)의 사유에 대한 온전한 이해의 차원에서 새롭게 이해되고 개념적으로 창조되어온 맥락을 고려한 것이다.

2) 천승세의 희곡 「만선」은 '만선 풍장굿'으로 파악되는 어촌의 민속적 관행이 작품 전반의 분위기를 주조하고 있다. 또한 토속적인 세계의 적실한 반영으로, 희곡사 또는 연극사에서 리얼리즘을 구현한 전형으로 평가받고 있다.

3) 베네딕트 스피노자, 강영계 옮김, 앞의 책, 188~189쪽. 이 번역본은 affectus를 정서로, affectio를 변용으로 옮겼지만, 여기서는 정서로 번역된 affectus는 정동으로, 변용으로 번역된 affectio는 정서로 고쳐 인용한다.

4) 위의 책, 189쪽.

5) 위의 책, 222쪽. "정동은 관념인데, 정동은 그것에 의하여 자기 신체에 대하여 이전보다 크거나 작은 존재의 힘을 긍정한다."

6) 위의 책, 190쪽.

7) 질 들뢰즈, 서창현 회 옮김, 앞의 글, 23쪽.

8) 위의 글, 24쪽.

9) 위의 글, 28쪽.

10) 위의 글, 29쪽.

11) 위의 글, 31쪽.

12) 베네딕트 스피노자, 강영계 옮김, 앞의 책, 305쪽.

13) 위의 책, 217쪽.

14) 질 들뢰즈, 서창현 외 옮김, 앞의 글, 32~33쪽.

15) 천승세의 희곡 작품으로는 「물꼬」, 「만선」, 「봇물이 터졌어라우」가 있다. 그는 1964
년 1월 희곡 「물꼬」로 경향신문 신춘문예에 입선하였고 3월에 국립극장 장막극 현
상 모집에 「만선」이 당선되었다. 같은 해 단편 「봇물」을 『신동아』에 게재하였는데,
이를 희곡으로 개작한 것이 1968년 『농원』에 실린 「봇물이 터졌어라우」이다. 소설
작품으로는 등단작 「점례와 소」가 있는데, 「화당리 숯례」, 「봇물」과 함께 농민의 삶
의 문제를 다루고 있다. 「낙월도」, 「신궁」에서는 어민의 삶, 만해 문학상 수상작인
「황구의 비명」과 「포대령」에서는 도시 변두리의 삶의 문제에 천착했다.

16) 서연호, 「이념대립에서부터 탈사실주의적 경향까지」, 『문학사상』, 문학사상사, 1995,
47쪽. 1960년대 리얼리즘 희곡 작품으로 차범석의 「산불」(1962. 12), 이용찬의 「피는
밤에도 잠자지 않는다」(1960. 10), 구상의 「수치」(1965. 3), 이재현의 「바꼬지」(1965.
6), 고동율의 「동의서」(1966. 2), 전진호의 「들개」(1966. 2), 김지림의 「이민선」(1966.
6) 등이 있다. 이 중에서 1960년대 농어촌과 연관된 작품을 창작한 작가로 차범석,
하유상, 이재현 등을 들 수 있다. 차범석의 경우 농촌적 배경이 작품의 사실적인 전
개를 위하여 기능하고 있고 하유상의 경우에는 화려한 전원 취향으로 선택되었다.
이재현의 경우는 곤핍한 현실을 극복하고 삶의 정체성을 찾는 공간으로 농촌이 설
정되어 있다. 이러한 경향은 농촌이 삭막한 도시와 대별되는 고향으로서 동경의 대
상으로 인식되는 근대 사회의 대중적 현상과 관련되어 있다고 평가된 바 있다.

17) 윤진현, 「천승세 희곡 연구」, 『한국극예술연구』 11, 한국극예술학회, 2000, 240~242쪽.

18) 한국극예술학회 편, 「〈만선〉의 작품 해설」, 『한국현대대표희곡선집』 2, 태학사,
1996, 441쪽.

19) 염무웅, 「도시-산업화시대의 문학」, 『민중시대의 문학』, 창작과비평사, 1979, 334쪽.

20) 서연호, 「한국연극과 리얼리즘: 인식과 전개」, 『한국연극』 95, 한국연극협회, 1984,
41쪽.

21) 서연호, 「이념대립에서부터 탈사실주의적 경향까지」, 『문학사상』, 문학사상사,
1995, 47쪽.

22) 서연호, 『한국연극사(현대편)』, 연극과 인간, 2005, 52쪽.

23) 김방옥, 「한국사실주의 희곡연구」, 이화여자대학교 박사학위논문, 1988, 131쪽.

24) 최원식, 「민중예술의 길」, 『이차도 복순전』, 한겨레, 1989, 381쪽.

25) 유민영, 『한국현대희곡사』, 기린원, 1988, 533쪽.

26) 유민영, 「희곡문학의 다양성」, 김윤식 외, 『한국현대문학사』, 현대문학사, 1994, 412쪽.

27) 심상교, 「1950~60년대 희곡의 비극적 특성 연구」, 고려대학교 박사학위논문, 1997;
    「〈만선〉의 비극적 특성 연구」, 『우리어문연구』 12, 우리어문학회, 1999.

28) 윤진현, 「천승세 희곡 연구」, 『한국극예술연구』 11, 한국극예술학회, 2000, 257쪽.

29) 최상민, 「천승세 희곡에서 로컬리티의 문제」, 『드라마연구』 41, 한국드라마학회,
    2013, 260쪽.

30) 질 들뢰즈, 서창현 외 옮김, 앞의 글, 32쪽.

31) 위의 글, 33~34쪽.

32) 위의 글, 35쪽.

33) 베네딕트 스피노자, 강영계 옮김, 앞의 책, 108쪽.

34) 위의 책, 108쪽.

35) 질 들뢰즈, 서창현 외 옮김, 앞의 글, 35쪽.

36) 위의 글, 36쪽.

37) 위의 글, 37쪽.

38) 베네딕트 스피노자, 강영계 옮김, 앞의 책, 227쪽.

39) 최덕원, 「남도의 어로 신앙」, 『남도의 민속문화』, 밀알, 1994, 56쪽; 이윤선, 『도서·
    해양 민속과 문화콘텐츠』, 민속원, 2006, 51~57쪽.

40) 베네딕트 스피노자, 강영계 옮김, 앞의 책, 178쪽.

41) 위의 책, 173쪽.

42) 위의 책, 226쪽.

43) 위의 책, 228쪽.

44) 위의 책, 250쪽.

45) 질 들뢰즈, 서창현 외 옮김, 앞의 글, 53쪽.

46) 베네딕트 스피노자, 강영계 옮김, 앞의 책, 266쪽.

47) 질 들뢰즈, 서창현 외 옮김, 앞의 글, 52쪽.

48) 위의 글, 67쪽.

49) 위의 글, 61쪽.

50) 위의 글, 57쪽.

제3부 소통과 매개

제1장 구술기억

1) 윤택림 엮고 옮김, 『구술사, 기억으로 쓰는 역사』, 아르케, 2010, 13쪽.

2) 알라이다 아스만, 변학수·채연숙 옮김, 『기억의 공간』, 그린비, 2012, 12~13쪽 참조.

3) Jurij M. Lotman and Boris A. Uspenskij, *The Semiotics of Russian Culture*, Ann Arbor: University of Michigan Press, 1984, p.3; 김영범, 『민중의 귀환, 기억의 호출』, 한국학술정보, 2010, 307~309쪽 참조.

4) 최문규·고규진·김영목·김현진·박은주·이해경·조경식, 『기억과 망각』, 책세상, 2003, 222쪽.

5) 데이비드 로웬탈, 김종원·한명숙 옮김, 『과거는 낯선 나라다』, 개마고원, 2006, 34쪽.

6) 제프리 K. 올릭, 최호근·민유기·윤영휘 옮김, 『국가와 기억』, 민주화운동기념사업회, 2006, 31쪽.

7) 제프리 K. 올릭, 강경이 옮김, 『기억의 지도』, 옥당, 2011, 18~19쪽 참조.

8) 이진경 엮고 지음, 『문화정치학의 영토들』, 그린비, 2007, 237쪽.

9) 일레인 볼드윈 외, 조애리 외 옮김, 『문화코드, 어떻게 읽을 것인가?』, 한울, 2008, 41쪽.

10) 알라이다 아스만, 변학수·채연숙 옮김, 앞의 책, 218~219쪽 참조.

11) 위의 책, 228, 234쪽 참조.

12) 피에르 노라 외, 김인중·유희수 외 옮김, 앞의 책, 31~33쪽 참조.

13) 위의 책, 14~18쪽 참조.

14) 김영희, 『한국 사회의 미디어 출현과 수용』, 커뮤니케이션북스, 2009, 1~5쪽.

15) 정순일·장한성 엮음, 『한국 TV 40년의 발자취』, 한울, 2000, 119쪽.

16) 위경혜, 「1950년대 '굿쟁이' 이동영사」, 『지방사와 지방문화』 15(2), 역사문화학회, 2012, 200~201쪽.

17) 이상길, 「유성기의 활용과 사적 영역의 형성」, 『언론과 사회』 9(4), 성곡언론문화재단, 2001, 59~60쪽.

18) 황문평, 『한국 대중연예사』, 부루칸모로, 1989, 161~162쪽.

19) 김영희, 「제1공화국 시기 수용자의 매체 접촉 경향」, 『한국언론학보』 47(6), 한국언론학회, 2003, 316~317쪽.

20) 강준만, 『한국대중매체사』, 인물과사상사, 2007, 368쪽.

21) 김민환, 『한국언론사』, 사회비평사, 1996, 430쪽.

22) 한도현, 「1950년대 후반 농촌사회와 농촌의 피폐화」, 한국정신문화연구원 현대사연구소 엮음, 『한국현대사의 재인식』 4, 오름, 1998, 83쪽.

23) 임종수, 「1960~70년대 텔레비전 붐 현상과 텔레비전 도입의 맥락」, 『한국언론학보』 48(2), 한국언론학회, 2004, 86쪽.

24) 최진호, 「흐름의 공간과 분자적 미디어」, 『전 지구적 자본주의와 한국 사회』, 그린비, 2008, 183~184쪽.

25) 알라이다 아스만, 변학수·채연숙 옮김, 앞의 책, 12~13쪽 참조.

26) 위의 책, 13쪽.

27) 이영금, 『전북 씻김굿 무가』, 민속원, 2007; 『해원과 상생의 퍼포먼스』, 민속원, 2011 참조.

28) 이영금, 「홍푸리 사설」, 『한국무속학』 20, 한국무속학회, 2010 참조.

29) 이영금, 「봉장춘 무가」, 『한국무속학』 19, 한국무속학회, 2009, 225~247쪽 참조.

30) 이영금, 앞의 글, 2010, 337~354쪽 참조.

31) 최길성, 『한국무속지』 1, 아세아문화사, 1992, 67~137쪽.

32) John Beverley, *Subalternity and Representation: Arguments in Cultural Theory*, Durham and London: Duke Univ. Press, 1999, p. 59.

33) Ranajit Guha, *Elementary Aspects of Peasant Insurgency in Colonial India*, Delhi: Oxford Univ. Press, 1983, p. 259.

34) 표인주, 「무당 생애담의 서사성과 의미」, 『한국민속학』 54, 한국민속학회, 2011,

346, 360쪽 참조.

35) 미하엘 셸레, 김수은 옮김, 『소문, 나를 파괴하는 정체불명의 괴물』, 열대림, 2007, 25쪽.

36) 한스 J. 노이바우어, 박동자·황승환 옮김, 『소문의 역사』, 세종서적, 2001, 15쪽.

37) 한순미, 「나환과 소문, 소록도의 기억」, 『지방사와 지방문화』 13(1), 역사문화학회, 2010, 445~446쪽.

38) 김예림, 「사회적 담론 공간 분석」, 『한국언론정보학보』 18, 한국언론정보학회, 2002, 16~18쪽.

39) 강내희, 『한국의 문화변동과 문화정치』, 문화과학사, 2003, 31쪽.

40) John Frow and Meaghan Morris eds., "Introduction", *Australian Cultural Studies: A Reader*, Urbana and Chicago: University of Illinois Press, 1993, p. xxv.

41) 강내희, 앞의 책, 35~36쪽.

42) 피에르 노라, 김인중·유희수 외 옮김, 앞의 책, 56쪽.

제2장 감성-미디어

1) 막스 뮐러·알로이스 할더, 강성위 옮김, 『철학 소사전』, 이문출판사, 1988, 14쪽.

2) 임일환, 「감정과 정서의 이해」, 정대현 외, 『감성의 철학』, 민음사, 1996, 24~25쪽.

3) 전형적인 정서적 상태의 사례라고 간주하는 다섯 가지의 기본적 요소는 다음과 같다. ① 주어진 상황이 위험한 것이라는 판단이나 믿음과 같이 인지적인 요소 ② 우리가 흔히 '공포감'이라 부르는 특정 종류의 감정 혹은 느낌 ③ 안색이 변하고 침이 마르는 것 같은 신체적 동요 ④ ③에 동반하는 신체적 감각, 다시 말해 안색이 붉어짐을 느끼고 머리털이 솟는 것을 느끼는 것과 같은 '신체적 감각'의 요소 ⑤ 회피 행태와 같은 특정한 행태적 성향(위의 글, 29쪽).

4) 조태성, 「두려움으로부터의 소외, 감성 – 감정과 정서, 감성의 관계론적 고찰」, 『현대문학이론연구』 37, 현대문학이론학회, 2009, 212쪽.

5) 정대현, 「감성의 이성화」, 정대현 외, 앞의 책, 9~17쪽.

6) 이승환, 「눈빛·낯빛·몸짓―유가 전통에서 덕의 감성적 표현에 관하여」, 위의 책, 131~133쪽.

7) 이정우, 『개념-뿌리들』 1, 철학아카데미, 2004, 382쪽.

8) 이정우, 『개념-뿌리들』 2, 철학아카데미, 2004, 80~86쪽.

9) 이기현, 『미디올로지』, 한울, 2003, 94~113쪽.

10) 임재해, 「굿문화에 갈무리된 자연친화적 사상」, 서울대학교 환경계획연구소 엮음, 『한국의 전통생태학』, 사이언스북스, 2004 참조.

11) 이영금·김세인, 「위도 띠뱃놀이의 연행구조와 제의적 특징」, 『한국무속학』 18, 한국무속학회, 2009, 112~114쪽.

12) 자크 랑시에르, 오윤성 옮김, 『감성의 분할』, 도서출판 b, 2008, 86쪽.

13) 위의 책, 112~113쪽.

14) José Joaquín Brunner, "Notes on Modernity and Postmodernity in Latin American Culture", *The Postmodernism Debate in Latin America*, Durham: Duke University Press, 1993, p. 35.

15) Fredric Jameson, *Postmodernism, or the Cultural Logic of Late Capitalism*, Durham: Duke University Press, 1991, pp. 48.

16) Homi Bhabha, ed., *Nation and Narration*, London: Routledge, 1990, p. 292.

17) 박종성, 『백정과 기생』, 서울대학교출판부, 2003, 83~84쪽.

18) 위의 책, 88~90쪽.

19) 정성희, 『조선의 섹슈얼리티(개정판)』, 가람기획, 2009, 170~176쪽 참조.

20) 박수진, 「〈순창가〉의 구조와 인물의 기능」, 『한국언어문화』 28, 한국언어문화학회, 2005, 206쪽.

21) 서지영, 「이미지와 환상을 넘어서」, 『여성/이론』 12, 여성문화이론연구소, 2005, 104~122쪽 참조.

22) 辛丑七月壬子到扶安 倡桂生 李玉汝情人也 挾瑟吟詩 貌雖不揚 有才情 可與語 終日 觴詠 相倡和 夕納其姪於寢 爲遠嫌也, 허균, 「조관기행(漕官紀行)」, 「성소부부고(惺所覆瓿藁)」

23) 조선연구회 엮고 지음, 『조선미인보감』, 민속원, 2007 참조.

24) 이경민, 『기생은 어떻게 만들어졌는가』, 아카이브북스, 2005, 26~27쪽.

25) 위의 책 27~29쪽 참조.

26) 가와무라 미나토, 유재순 옮김, 『말하는 꽃, 기생』, 소담출판사, 2002, 65, 294~295,

317쪽 참조.

27) 신현규, 『기생 이야기』, 살림출판사, 2007, 10~11쪽 참조.

28) 신현규, 『꽃을 잡고』, 경덕출판사, 2005, 65~66쪽 참조.

29) 권행가, 「일제시대 우편엽서에 나타난 기생 이미지」, 『미술사논단』 12, 한국미술연구소, 2001, 83~84쪽 참조.

30) 아마시타 신기, 황달기 옮김, 『관광인류학의 이해』, 일신사, 1996, 70~81쪽 참조.

31) 신현규, 앞의 책, 2005, 26쪽.

32) 신현규, 앞의 책, 2007, 54~59쪽 참조.

33) 신현규, 앞의 책, 2005, 93~94쪽 참조.

34) 베네딕트 앤더슨, 윤형숙 옮김, 『민족주의의 기원과 전파』, 나남, 1991, 55~58쪽 참조.

35) 권혁희, 『조선에서 온 사진엽서』, 민음사, 2005, 31~38쪽 참조.

36) 위의 책, 195~233쪽 참조.

37) 위의 책, 238~255쪽 참조.

38) 김영근, 「일제하 서울의 근대적 대중교통수단」, 『한국학보』 26(1), 일지사, 2000, 69~103쪽 참조.

39) 신현규, 앞의 책, 2005, 40~41쪽 참조.

40) 위의 책, 97~103쪽 참조.

41) 위의 책, 117~120쪽 참조.

42) 위의 책, 166~168쪽 참조.

43) 요시미 순야, 송태욱 옮김, 『소리의 자본주의』, 이매진, 2005, 17~31쪽 참조.

44) 한나 아렌트, 이진우 옮김, 『인간의 조건』, 한길사, 2002, 140쪽.

45) 노명우, 「도박과 자본주의」, 『문화/과학』 48, 문화과학사, 2006, 213~217쪽 참조.

46) 막스 베버, 박성수 옮김, 『프로테스탄트 윤리와 자본주의 정신』, 문예출판사, 1996, 133쪽.

47) 최혜실, 『방송통신융합시대의 문화콘텐츠』, 나남, 2008, 37~38쪽 참조.

48) 강내희·김환석·심광현·임동근·주일우, 「좌담: 유비쿼터스 시대 학문 간 통섭과 문화정치」, 『문화/과학』 59, 문화과학사, 2009, 134~143쪽 참조.

49) 사이먼 페니, 「언젠가 컴퓨터 게임의 셰익스피어를 갖게 될 것이다」, 사이먼 페니·김지훈 대담, 「재현에서 수행으로 예술의 전략을 수정해야」, 진중권 엮음, 『미디어

아트: 예술의 최전선』, 휴머니스트, 2009, 239~283쪽 참조.

50) 조동원, 「"아이피티브이, 방송이냐 통신이냐?" 인터넷이다: 융합미디어 환경의 미디어운동 모색」, 『문화/과학』 48, 문화과학사, 2006, 152~154쪽 참조.

51) 심광현, 「유비쿼터스-디지털 미디어 시대의 탈근대 문화정치」, 『문화/과학』 48, 문화과학사, 2006, 108~115쪽 참조.

52) 전규찬, 「커뮤니케이션과 공공영역의 '래디컬'한 재구성」, 『문화/과학』 48, 문화과학사, 2006, 66~67쪽 참조.

53) 김예란, 「모바일로 가다」, 『문화/과학』 48, 문화과학사, 2006, 203~205쪽 참조.

54) 심광현, 『유비쿼터스 시대의 지식생산과 문화정치』, 문화과학사, 2009, 53~101쪽 참조.

55) 심광현, 앞의 글, 2006, 108~115쪽 참조.

56) 심광현, 「감정의 정치학」, 『문화/과학』 59, 문화과학사, 2009, 18~19쪽 참조.

57) 위의 글, 20~27쪽 참조.

58) 심광현, 앞의 책, 30쪽.

59) 심광현, 앞의 글, 2009, 17쪽.

제4부 자본과 위기

제1장 문화자본

1) 해남문화원, 『마을굿 살리기 프로젝트 '해남큰굿' 자료집』, 2008, 15쪽.

2) 이동연, 『문화자본의 시대』, 문화과학사, 2010, 47~48쪽 참조.

3) 양은경·이상길·장미혜·조은·주형일·홍성민, 『문화와 계급』, 동문선, 2002, 17~18쪽 참조.

4) 조선령, 「공공미술관 법인화를 둘러싼 정치학」, 『문화과학』 61, 문화과학사, 2010, 237, 243~244쪽 참조.

5) 심광현, 「자본주의의 압축성장과 세대의 정치경제/문화정치판의 개요」, 『문화과학』

　　　63, 문화과학사, 2010, 43쪽.

　6) 데이비드 하비, 최병두 외 옮김, 『희망의 공간』, 한울, 2007, 239쪽.

　7) 피에르 부르디외, 이상호 옮김, 『재생산』, 동문선, 2000, 107~140, 230; 김문수 옮김,
　　　『나는 철학자다』, 이매진, 2005, 53쪽 참조.

　8) 피에르 부르디외, 최종철 옮김, 『구별짓기』, 새물결, 1995, 278~288쪽 참조.

　9) 호미 바바, 나병철 옮김, 『문화의 위치』, 소명출판, 2003, 16쪽.

10) 고모리 요이치, 송태욱 옮김, 『포스트콜로니얼』, 삼인, 2002, 12쪽.

11) 위의 책, 32쪽.

12) 임춘성, 「동아시아인의 정체성 형성, 장애와 출구」, 『문화과학』 61, 문화과학사, 2010,
　　　282~283쪽 참조.

13) 홍성민, 『문화와 아비투스』, 나남, 2000, 59~60쪽 참조.

14) 가라타니 고진, 송태욱 옮김, 『탐구』 1, 새물결, 1998, 15쪽.

15) 이명원, 「'사이 주체'로의 전환-주체, 타자, 새로운 주체형성에 대하여」, 『문화과학』
　　　61, 문화과학사, 2010, 35쪽.

16) Alain Touraine, *Critique de la modernité*, Fayard, 1994, p. 318.

17) 리차드 쉐크너, 이기우 외 옮김, 『퍼포먼스 이론』 II, 현대미학사, 2004, 58쪽.

18) 로지 브라이도티, 김은주 외 옮김, 『트랜스포지션』, 문화과학사, 2011, 170쪽.

19) 심광현, 「세대의 정치학과 한국현대사의 재해석」, 『문화과학』 62, 문화과학사, 2010;
　　　「자본주의의 압축성장과 세대의 정치경제/문화정치판의 개요」, 『문화과학』 63, 문
　　　화과학사, 2010 참조.

20) 홍성민, 앞의 책, 21쪽.

21) 피에르 부르디외, 문경자 옮김, 『혼돈을 일으키는 과학』, 솔, 1994, 129쪽.

22) 피에르 부르디외, 하태환 옮김, 『예술의 규칙』, 동문선, 1999, 9쪽.

23) 피에르 부르디외, 김문수 옮김, 앞의 책, 79~80쪽 참조.

24) 정정훈, 「해방적 주체화의 존재론적 토대와 욕망의 인식론적 전화」, 『문화과학』 65,
　　　문화과학사, 2011, 84, 88쪽 참조.

25) 홍성민, 앞의 책, 93~94쪽 참조.

26) 이명원, 「배제되는 인간, 말소되는 기억」, 『문화과학』 65, 문화과학사, 2011, 234쪽.

27) 게오르그 짐멜, 김덕영 옮김, 『짐멜의 모더니티 읽기』, 새물결, 2005, 11쪽.

28) 위의 책, 12~13쪽 참조.

29) 이동연, 앞의 책, 17쪽.

30) 강내희, 『신자유주의 시대 한국문화와 코뮌주의』, 문화과학사, 2008, 141쪽.

31) 최철웅, 「'청년운동'의 정치학」, 『문화과학』 66, 문화과학사, 2011, 37쪽.

32) 김홍중, 『마음의 사회학』, 문학동네, 2009, 41~42쪽.

33) 이명원, 앞의 글, 246~247쪽 참조.

34) 위의 글, 235~236, 239쪽 참조.

35) 피에르 부르디외, 김웅권 옮김, 『파스칼적 명상』, 동문선, 2001, 9쪽.

36) 강내희, 『신자유주의와 문화』, 문화과학사, 2002, 189~191쪽 참조.

37) André Gorz, tr. Gillian Handyside and Chris Turner, *Critique of Economic Reason*, Verso, 1989, p. 93.

38) 장정일, 「입담가를 위하여」, 『문화과학』 65, 문화과학사, 2011, 298, 304쪽 참조.

제2장 인류세(/자본세)

1) 홍석만, 「신자유주의 이후 자본 축적」, 맑스코뮤날레, 『전환기의 한국 사회』, 갈무리, 2019 참조.

2) 문화과학 편집부, 『문화과학』 78, 문화과학사, 2014, 6쪽.

3) 찰스 페로, 김태훈 옮김, 『무엇이 재앙을 만드는가』, RHK, 2013, 11~14쪽.

4) 프랑코 베라르디 '비포', 정유리 옮김, 『프레카리아트를 위한 랩소디』, 난장, 2013, 76쪽.

5) 장봄·천주희, 「안녕! 청년 프레카리아트」, 『문화과학』 78, 문화과학사, 2014, 60~61쪽.

6) 카우시크 순데르 라잔, 안수진 옮김, 『생명자본』, 그린비, 2012 참조.

7) 제레미 리프킨, 이영호 옮김, 『노동의 종말』, 민음사, 2005 참조.

8) 어슐러 휴즈, 신기섭 옮김, 『싸이버타리아트』, 갈무리, 2004, 66~83쪽.

9) 김영선, 「플랫폼 노동, 새로운 위험사회를 알리는 징후」, 『문화과학』 92, 문화과학사, 2017, 96쪽.

10) 임태훈, 「난지도가 인류세에 묻는 것들」, 『문화과학』 97, 문화과학사, 2019, 121쪽.

11) 이광석, 「'인류세' 논의를 둘러싼 쟁점과 테크노-생태학적 전망」, 『문화과학』 97, 문

화과학사, 2019, 24~28쪽 참조.

12) 브뤼노 라투르·폴린 줄리에, 헌소영 옮김, 「〈대담〉 지층과 자연: 왜 인류세인가?」,
『오큘로』 7, 2018, 86쪽.

13) 이광석, 앞의 글, 32~33쪽 참조.

14) 위의 글, 43~44쪽 참조.

15) 도나 해러웨이, 김상민 옮김, 「인류세, 자본세, 대농장세, 툴루세: 친족 만들기」, 『문
화과학』 97, 문화과학사, 2019, 163쪽.

16) 위의 글, 169쪽.

17) 위의 글, 173쪽.

18) 얼 C. 엘리스, 김용진·박범순 옮김, 『인류세』, 교유서가, 2021 참조.

19) 라즈 파텔·제이슨 W. 무어, 백우진·이경숙 옮김, 『저렴한 것들의 세계사』, 북돋움,
2020, 31~42쪽 참조.

20) 제이슨 W. 무어, 김효진 옮김, 『생명의 그물 속 자본주의』, 갈무리, 2020, 68~94쪽
참조.

21) 위의 책, 314쪽.

22) 위의 책, 72쪽.

23) 위의 책, 74쪽.

24) 위의 책, 75쪽.

25) 위의 책, 61쪽.

26) 위의 책, 356~359쪽 참조.

27) 위의 책, 371~376쪽 참조.

28) 최유미, 『해러웨이, 공-산의 사유』, 도서출판 b, 2020, 5쪽.

29) 도나 해러웨이, 최유미 옮김, 『트러블과 함께하기』, 마농지, 2021, 88~89쪽.

30) 위의 책, 90~91쪽.

31) 위의 책, 92~93쪽 참조.

32) 위의 책, 99쪽.

33) 이옥, 실시학사 고전문학연구회 옮김, 『완역 이옥전집』 1~5, 휴머니스트, 2009 참조.

34) 홍석모, 『동국세시기』, 풀빛, 2009 참조.

35) 레이 커즈와일, 김명남·장시형 옮김, 『특이점이 온다』, 김영사, 2007 참조.

36) 히로세 준, 김경원 옮김, 『봉기와 함께 사랑이 시작된다』, 바다출판사, 2013, 104~108 쪽 참조.

37) 프랑코 베라르디 '비포', 강서진 옮김, 앞의 책, 92쪽.

38) 프랑코 베라르디 '비포', 유충현 옮김, 『봉기』, 갈무리, 2012, 128~129쪽 참조.

39) 제이슨 W. 무어, 앞의 책, 344~345쪽 참조.

40) 위의 책, 345~346쪽 참조.

41) 장길섭, 「풀무학교 전공부 농업 실습 10년을 돌아보며」, 충남발전연구원+홍동마을 사람들, 『마을공화국의 꿈, 홍동마을 이야기』, 한티재, 2014, 206~208쪽 참조.

42) 장-뤽 낭시, 박준상 옮김, 『무위의 공동체』, 인간사랑, 2010, 201~203쪽 참조.

제5부 변환과 대안

제1장 하이브리드

1) 정순우, 「조선 시대 지식의 두 형식」, 한국사회사학회 엮음, 『지식변동의 사회사』, 문학과지성사, 2003, 45~46쪽 참조.

2) 위의 글, 68, 71~72쪽 참조.

3) 김필동, 「지식 변동의 사회사」, 한국사회사학회 엮음, 위의 책, 17쪽.

4) 위의 글, 17~19쪽 참조.

5) 김용규, 『혼종문화론』, 소명출판, 2013, 262쪽.

6) 미하일 바흐친, 전승희 외 옮김, 『장편소설과 민중언어』, 창작과비평사, 1988, 100~101쪽 참조.

7) 제임스 프록터, 손유경 옮김, 『지금 스트어트 홀』, 앨피, 2006, 129쪽.

8) 김준, 『어촌사회학』, 민속원, 2010, 113쪽 참조.

9) 이문영, 「지옥선이 낚은 물고기」, 『한겨레 21』 1026, 한겨레신문사, 2014, 35쪽.

10) 유명기, 「어촌사회의 사회경제적 변화와 정치적 과정」, 『민족문화연구총서』 27, 영남대학교 민족문화연구소, 2003, 172~246쪽 참조.

11) 최진호, 「흐름의 공간과 분자적 미디어」, 『전 지구적 자본주의와 한국 사회』, 그린비, 2008, 183~184쪽 참조.

12) 레이몬드 윌리엄스, 박만준 옮김, 『마르크스주의와 문학』, 지만지, 2009, 205~217쪽.

13) 위의 책, 195~204쪽.

14) 그레엄 터너, 김연종 옮김, 『문화연구입문』, 한나래, 1995, 73~74쪽.

15) 앨런 스윈지우드, 박형신·김민규 옮김, 『문화사회학을 향하여』, 한울아카데미, 2004, 143~144쪽.

16) 심광현, 「세대의 정치학과 한국현대사의 재해석」, 『문화과학』 62, 문화과학사, 2010, 17~71쪽; 「자본주의의 압축성장과 세대의 정치경제/문화정치관의 개요」, 『문화과학』 63, 문화과학사, 2010, 15~46쪽; 강내희, 「4·19세대의 회고와 반성」, 『문화과학』 62, 문화과학사, 2010, 136~157쪽 참조.

17) 레이몬드 윌리엄스, 박만준 옮김, 앞의 책, 211~216쪽 참조.

18) 홍윤기, 「다극적 현대성 맥락 속의 미완의 파시즘과 미성숙 시민사회」, 『사회와 철학』 2, 사회와철학연구회, 2001, 57~103쪽 참조.

19) 한민, 「문화심리학적 관점에서 본 박정희 신드롬의 무속적 의미」, 『한국무속학』 16, 한국무속학회, 2008, 391~415쪽 참조.

20) 레이몬드 윌리엄스, 박만준 옮김, 앞의 책, 216~217쪽 참조.

21) 박수진·이수현, 「길 잃어도 좋아, 나는야 몰링족」, 『한겨레 21』 1050, 한겨레신문사, 2015, 74~81쪽 참조.

22) 유선영, 「편쌈 소멸의 문화사」, 『사회와역사』 86, 한국사회사학회, 2010, 5~46쪽 참조.

23) 이경석 외, 『섬과 섬을 잇다』, 한겨레출판, 2014, 165~203쪽 참조.

24) 김용규, 앞의 책, 118쪽.

25) 위의 책, 290쪽.

26) 위의 책, 292쪽.

27) 권은영, 「여성 농악단 연구」, 전북대학교 석사학위논문, 2003; 김선태, 「전북우도풍물 전승과 '여성농악단'의 역할」, 안동대학교 석사학위논문, 2004; 권은영, 「토막창극의 공연 특성에 관한 연구」, 『공연문화연구』 14, 한국공연문화학회, 2007, 109~146쪽; 「여성농악단을 통해 본 근대 연예농악의 양상」, 『실천민속학연구』 11, 실천민속학회, 2008, 197~228쪽.

28) 나금추 구술, 서경숙 채록, 『부안농악 보유자 나금추』, 전라북도립국악원, 2011; 이경엽 외, 『유순자 상쇠와 호남여성농악』, 심미안, 2012; 유지화 구술, 김무철 채록, 『정읍농악 상쇠 보유자 유지화』, 전라북도립국악원, 2015.

29) 사단법인 호남여성농악보존회, 『여성농악의 공연예술사적 의미와 창조적 계승 방안』, 학술대회 자료집, 2012. 12. 8; 『호남 여성농악의 위상 규명』, 학술대회 자료집, 2014. 11. 21.

30) 권은영, 『여성농악단 연구』, 신아출판사, 2004, 9쪽.

31) 표인주 외, 『이주완의 풍물굿과 이경화의 예술세계』, 민속원, 2013, 263~265쪽.

32) 이영금, 「호남 세습무계의 횡단적 관계망과 그 문화적 영토의 종합성」, 『비교민속학』 50, 비교민속학회, 2013, 297~335쪽 참조.

33) 김선태, 『전북우도풍물 전승과 여성농악단의 역할』, 신아출판사, 2004, 156~157, 162~163, 168~170쪽 참조.

34) 권은영, 앞의 책, 2004, 37~38, 40쪽 참조.

35) 김선태, 앞의 책, 54~55쪽 참조.

36) 백현미, 『한국창극사연구』, 태학사, 1997; 서연호, 『한국연극사(근대편)』, 연극과 인간, 2005; 위경혜, 『호남의 극장문화사』, 다 미디어, 2007 참조.

37) Donald Dodson, "Differentiating Popular Culture and Mass Culture", Everette E. Dennis et al., eds., *Enduring Issues in Mass Communication*, St. Paul, Minn.: West Publishin Co., 1978, p. 53.

38) William M. Hammel, *The Popular Arts in America: A Reader*, New York: Harcourt Brace, Jovanocich, 1972, p. 1.

39) Russel Nye, *The Unembarrassed Muse: The Popular Arts in America*, New York: Dial Press, 1970, p. 1.

40) Donald Dodson, op. cit., pp. 54~55.

41) Oscar Handlin, "Comments on Mass and Popular Culture", Norman Jacobs, eds., *Culture For the Millions?*, Boston: Beacon Press, 1964, pp. 63~70.

42) 임태훈, 「'영공(嶺空)'의 발명과 국가의 사운드스케이프 ①」, 『말과 활』 6, 일곱번째 숲, 2014, 253~254쪽 참조.

43) 위의 글, 245~246쪽 참조.

44) 이광수, 「졸업생 제군에게 들이는 간고(懇告)」, 『학지광』 13, 동경: 학지광발행소, 1917. 7. 19, 7쪽.

45) 이광수, 「우리의 이상」, 『학지광』 14, 동경: 학지광사, 1917. 12. 16, 5~8쪽 참조.

46) 김원, 『잊혀진 것들에 대한 기억』, 이매진, 2011, 144쪽.

47) 프랑코 베라르디 '비포', 정유리 옮김, 앞의 책, 117~118쪽 참조.

48) 홍성태, 『지식사회 비판』, 문화과학사, 2005, 23쪽.

49) 위의 글, 5~7쪽 참조.

50) 프랑코 베라르디 '비포', 정유리 옮김, 앞의 책, 144쪽.

51) 위의 책, 132~133쪽 참조.

52) 위의 책, 125쪽.

53) Edward Said, *Orientalism*, New York: Vintage, 1978, p. 272.

54) 최석영, 『일제의 조선연구와 식민지적 지식 생산』, 민속원, 2012, 24~25쪽 참조.

55) 「(秘)倂合後半島統治ト帝國憲法トノ關係」, 山本四郎 編, 『寺內正毅關係文書-首相以前』, 京都女子大學, 1984, 63~64쪽, 위의 책, 42쪽 재인용.

56) 위의 책, 45쪽.

57) 위의 책, 104~105쪽 참조.

58) 위의 책, 106, 108쪽 참조.

59) 위의 책, 130쪽.

60) 위의 책, 114쪽.

61) 위의 책, 115쪽.

62) 위의 책, 123쪽.

63) 위의 책, 186쪽.

64) 위의 책, 195쪽.

65) 위의 책, 232~234쪽 참조.

66) 호미 바바, 나병철 옮김, 『문화의 위치』, 소명출판, 2012, 43쪽.

67) 위의 책, 49쪽.

68) 위의 책, 50쪽.

69) 위의 책, 52쪽.

70) 위의 책, 66~67쪽 참조.

71) 남근우, 『한국민속학 재고』, 민속원, 2014, 21~55쪽 참조.

72) Stuart Hall, "When was 'the Post-Colonial'?: Thinking at the Limit", Iain Chambers and Lidia Curti(does.), *The Post-Colonial Question: Common Skies, Divided Horizons*, London: Routledge, 1996, pp. 253~254.

73) 로버트 영, 김택현 옮김, 『포스트식민주의 또는 트리컨티넨탈리즘』, 박종철출판사, 2005, 356쪽.

74) 이재현, 「사이버 시대, 지식 패러다임의 전환」, 한국사회사학회 엮음, 『지식변동의 사회사』, 문학과지성사, 2003, 383쪽.

75) 헨리 젠킨스, 김정희원·김동신 옮김, 『컨버전스 컬처』, 비즈앤비즈, 2008, 86쪽.

76) 원종찬 엮음, 『권정생의 삶과 문학』, 창비, 2011, 124쪽.

77) 서은영, 『주호민』, 커뮤니케이션북스, 2018, 18~47쪽 참조.

78) 김기홍 외 지음, 『문화콘텐츠와 트랜스미디어』, 한국외국어대학교 지식출판원, 2016, 251~253쪽 참조.

제2장 공동체문화

1) 헬레나 노르베리-호지, 양희승 옮김, 『오래된 미래』, 중앙북스, 2015 참조.

2) 리처드 하인버그, 노승영 옮김, 『제로 성장 시대가 온다』, 부키, 2013 참조.

3) Angela Eikenberry, "Refusing the Market: A Democratic Discourse for Voluntary and Nonprofit Organizations.", *Nonprofit and Voluntary Sector Quarterly 38(4)*, 2009, pp. 582~596.

4) 김재호, 「마을 만들기 정책사업 비판: 철학 없는 그린 투어리즘(green tourism)」, 『민속연구』 18, 안동대학교 민속학연구소, 2009, 179~199쪽; 「마을 만들기와 마을민속의 활용방안」, 『한국민속학』 48, 한국민속학회, 2008, 7~37쪽; 남근우, 「그린 투어리즘의 문화정치학: B마을의 관광 실천을 중심으로」, 『한국민속학』 56, 한국민속학회, 2012, 97~127쪽; 배영동, 「주민 주도형 마을문화자료관 만들기의 가능성과 의의」, 『실천민속학연구』 17, 실천민속학회, 2011, 123~155쪽; 「농촌 마을회관을 중심으로 한 마을공동체 문화의 재창조」, 『민속학연구』 30, 국립민속박물관, 2012, 163~189쪽; 이상현, 「마을만들기 사업에 있어서 산촌민속과 지역 전통의 창조적 활용: 신리

'녀와 마을' 사례를 중심으로」, 『민속연구』 18, 안동대학교 민속학연구소, 2009, 129~152쪽; 이승철, 「마을공동체의 동제의식과 사회적 자본 연구: 동해안 영동지역을 중심으로」, 『한국학연구』 43, 고려대학교 한국학연구소, 2012, 429~459쪽; 이창식, 「목계 문화역사마을가꾸기의 추진양상과 가치창출」, 『민속연구』 18, 안동대학교 민속학연구소, 2009, 87~127쪽; 조정현, 「마을공동체 제의 관련 유무형 공유자원의 형성과정과 전승양상」, 『비교민속학』 56, 비교민속학회, 2015, 347~380쪽; 「공동체신앙의 축제화를 통한 마을 활성화」, 『민속연구』 18, 안동대학교 민속학연구소, 2009, 201~228쪽 등 참조.

5) 이동일, 「현대 사회의 위기와 대안공동체」, 『사회사상과 문화』 18(4), 동양사회사상학회, 2015, 95~126쪽 참조.

6) 임재해, 「공동체 문화로서 마을 민속문화의 공유 가치」, 『실천민속학연구』 11, 실천민속학회, 2008, 107~163쪽; 「다문화주의로 보는 농촌의 혼입여성 문제와 마을 만들기 구상」, 『민속연구』 18, 안동대학교 민속학연구소, 2009, 7~85쪽; 「'지역화'의 문화적 전망과 민속문화의 문화주권 인식」, 『한국학논집』 33, 계명대학교 한국학연구원, 2006, 335~392쪽; 「나그네설화의 민속학적 인식과 관광문화학의 새 지평」, 『실천민속학연구』 14, 실천민속학회, 2009, 5~89쪽; 『마을문화의 인문학적 가치』, 민속원, 2012 참조.

7) 제임스 스콧, 김훈 옮김, 『우리는 모두 아나키스트다』, 여름언덕, 2014, 70~103쪽 참조.

8) 위의 책, 209쪽.

9) 위의 책, 210쪽.

10) 하승우, 『세계를 뒤흔든 상호부조론』, 그린비, 2006, 167쪽.

11) 이반 일리히, 이한 옮김, 『성장을 멈춰라: 자율적 공생을 위한 도구』, 미토, 2004, 99쪽.

12) 위의 책, 167쪽.

13) 전희경, 「마을공동체의 '공동체'성을 질문하다」, 『페미니즘 연구』 14(1), 한국여성연구소, 2014, 75~112쪽 참조.

14) 김예란·김용찬·채영길·백영민·김유정, 「공동체는 발명되어야 한다」, 『한국언론정보학보』 81, 한국언론정보학회, 2017, 40~74쪽 참조.

15) 전명산, 『국가에서 마을로』, 갈무리, 2012, 176~177쪽 참조.

16) 맛시모 데 안젤리스, 권범철 옮김, 『역사의 시작』, 갈무리, 2019, 32쪽.

17) 위의 책, 32쪽.

18) 위의 책, 24~25쪽 참조.

19) 위의 책, 23쪽.

20) 위의 책, 37쪽.

21) 위의 책, 38쪽.

22) 이번영, 『풀무학교는 어떻게 지역을 바꾸나』, 그물코, 2018, 12~13쪽 참조.

23) 이찬갑, 『풀무학교를 열며』, 그물코, 2010, 16~17쪽 참조.

24) 위의 책, 25쪽.

25) 위의 책, 44쪽.

26) 홍순명, 『더불어 사는 평민을 기르는 풀무학교 이야기』, 내일을 여는 책, 1998, 38~40
   쪽 참조.

27) 백승종, 『그 나라의 역사와 말』, 그물코, 2002, 131~134쪽 참조.

28) 김이경·신효진, 「한국 협동조합운동과 이상촌 담론의 역사」, 『2018 생명·협동 연구
   최종보고서』, 모심과 살림연구소, 2018, 12쪽.

29) 위의 글, 11쪽.

30) 백승종, 앞의 책, 130쪽.

31) 위의 책, 125~127쪽 참조.

32) J. K. 깁슨 그레엄, 엄은희·이현재 옮김, 『그따위 자본주의는 벌써 끝났다』, 알트,
   2013, 120~121, 180쪽 참조.

33) 맛시모 데 안젤리스, 권범철 옮김, 앞의 책, 23쪽.

34) 위의 책, 30쪽.

35) 위의 책, 418쪽.

36) Massimo De Angelis, "Crises, Capital and Co-optation: Does Capital Need A
   Commons Fix?", David Bollier and Silke Helfrich, Eds., *The Wealth of the
   Commons: A World Beyond Market and State*, Massachusetts: Levellers Press, 2012,
   pp. 184~191.

37) 맛시모 데 안젤리스, 권범철 옮김, 앞의 책, 453쪽.

38) 위의 책, 29쪽.

39) 위의 책, 44~45쪽 참조.

40) 위의 책, 49쪽.

41) 위의 책, 48쪽.

42) 위의 책, 34~36쪽 참조.

43) 장길섭, 「풀무학교 전공부 농업 실습 10년을 돌아보며」, 충남발전연구원+홍동마을 사람들, 『마을공화국의 꿈, 홍동마을 이야기』, 한티재, 2014, 206~208쪽 참조.

44) 위의 책, 201쪽.

45) J. K. 깁슨 그레엄, 엄은희 · 이현재 옮김, 앞의 책, 162~163쪽 참조.

46) 위의 책, 85~86쪽 참조.

47) 위의 책, 120~121쪽 참조.

48) J. K. 깁슨-그레이엄 · 제너 캐머런 · 스티븐 힐리, 황성원 옮김, 『타자를 위한 경제는 있다』, 동녘, 2014, 44~51쪽 참조.

49) 맛시모 데 안젤리스, 권범철 옮김, 앞의 책, 40쪽.

50) 위의 책, 437쪽.

51) 위의 책, 26쪽.

결론

1) 이매뉴얼 월러스틴, 강문구 옮김, 『자유주의 이후』, 당대, 1996 참조.

참고문헌

가라타니 고진, 송태욱 옮김, 『탐구』 1, 새물결, 1998.

가와무라 미나토, 유재순 옮김, 『말하는 꽃, 기생』, 소담출판사, 2002.

강내희, 「4·19세대의 회고와 반성」, 『문화과학』 62, 문화과학사, 2010.

강내희, 「문화와 시장: 신자유주의 시대의 한국 문화」, 『마르크스주의 연구』 5(2), 경상
    대학교 사회과학연구원, 2008.

강내희, 「시간의 경제와 문화사회론」, 『마르크스주의 연구』 8(4), 경상대학교 사회과학
    연구원, 2011.

강내희, 『신자유주의 시대 한국문화와 코뮌주의』, 문화과학사, 2008.

강내희, 『신자유주의와 문화』, 문화과학사, 2002.

강내희, 『한국의 문화변동과 문화정치』, 문화과학사, 2003.

강내희·김환석·심광현·임동근·주일우, 「좌담: 유비쿼터스 시대 학문 간 통섭과 문화
    정치」, 『문화과학』 59, 문화과학사, 2009.

강만길, 『한국사: 식민지시기의 사회경제』 2, 한길사, 1995.

강영경, 「고대 한국 무속의 역사적 전개」, 『한국무속학』 10, 한국무속학회, 2005.

강준만, 『한국대중매체사』, 인물과사상사, 2007.

게오르그 짐멜, 김덕영 옮김, 『짐멜의 모더니티 읽기』, 새물결, 2005.

고길섶, 『부안 끝나지 않은 노래』, 앨피, 2005.

고모리 요이치, 송태욱 옮김, 『포스트콜로니얼』, 삼인, 2002.

고성훈, 「정조년간 삼수부 역모사건의 추이와 성격」, 『사학연구』 90, 한국사학회, 2008.

국립민속박물관, 『조선대세시기』, 2007.

국사편찬위원회 엮음, 『하늘, 시간, 땅에 대한 전통적 사색』, 두산동아, 2007.

권명아, 『무한히 정치적인 외로움』, 갈무리, 2012.

권은영, 「여성농악단을 통해 본 근대 연예농악의 양상」, 『실천민속학연구』 11, 실천민속학회, 2008.

권은영, 「토막창극의 공연 특성에 관한 연구」, 『공연문화연구』 14, 한국공연문화학회, 2007.

권은영, 『여성농악단 연구』, 신아출판사, 2004.

권행가, 「일제시대 우편엽서에 나타난 기생 이미지」, 『미술사논단』 12, 한국미술연구소, 2001.

권혁희, 『조선에서 온 사진엽서』, 민음사, 2005.

그레엄 터너, 김연종 옮김, 『문화연구입문』, 한나래, 1995.

김광웅 외, 『우리는 미래에 무엇을 공부할 것인가』, 생각의나무, 2009.

김기홍 외 지음, 『문화콘텐츠와 트랜스미디어』, 한국외국어대학교 지식출판원, 2016.

김만태, 「세시풍속의 기반 변화와 현대적 변용」, 『비교민속학』 38, 비교민속학회, 2009.

김명자, 「근대화에 따른 세시풍속의 변동과정」, 『문화재』 22, 문화재관리국, 1989.

김명자, 「도시생활과 세시풍속」, 『한국민속학』 41, 한국민속학회, 2005.

김명자, 「세시풍속을 통해 본 윤달의 의미」, 『고문화』 49, 한국대학박물관협회, 1996.

김명자, 「세시풍속을 통해본 물의 종교적 기능」, 『한국민속학』 49, 한국민속학회, 2009.

김명자, 「세시풍속의 교육적 의의와 실천화」, 『비교민속학』 25, 비교민속학회, 2003.

김명자, 「세시풍속의 기능과 그 변화」, 『민속연구』 2, 안동대학교 민속학연구소, 1992.

김명자, 「세시풍속의 순환의미」, 『한국민속학』 16, 한국민속학회, 1983.

김명자, 「세시풍속의 전승과 현대화 방안 모색」, 『민속연구』 13, 안동대학교 민속학연구소, 2004.

김명자, 『한국세시풍속 1, 1970~80년대 조사자료』, 민속원, 2005.

김명자, 『한국세시풍속 2, 1980년대 서산 태안지역 조사자료』, 민속원, 2007

김미희·박덕병·안윤수·전영미, 「세시풍속 전통지식기술의 개발가치 평가와 활용방안 분석」, 『한국지역사회생활과학회지』 17(4), 한국지역사회생활과학회, 2006.

김민환, 『한국언론사』, 사회비평사, 1996.

김방옥, 「한국사실주의 희곡연구」, 이화여자대학교 박사학위논문, 1988.

김선태, 『전북우도풍물 전승과 여성농악단의 역할』, 신아출판사, 2004.

김성례, 「일제시대 무속담론의 형성과 식민적 재현의 정치학」, 『한국무속학』 24, 한국무속학회, 2012.

김영근, 「일제하 서울의 근대적 대중교통수단」, 『한국학보』 26(1), 일지사, 2000.

김영범, 『민중의 귀환, 기억의 호출』, 한국학술정보, 2010.

김영선, 「플랫폼 노동, 새로운 위험사회를 알리는 징후」, 『문화과학』 92, 문화과학사, 2017.

김영희, 「제1공화국 시기 수용자의 매체 접촉 경향」, 『한국언론학보』 47(6), 한국언론학회, 2003.

김영희, 『한국 사회의 미디어 출현과 수용』, 커뮤니케이션북스, 2009.

김예란, 「1990년대 이후 한국 사회의 문화생산 공간과 실천에 관한 연구」, 『언론과 사회』 15(1), 성곡언론문화재단, 2007.

김예란, 「모바일로 가다」, 『문화/과학』 48, 문화과학사, 2006.

김예란·김용찬·채영길·백영민·김유정, 「공동체는 발명되어야 한다」, 『한국언론정보학보』 81, 한국언론정보학회, 2017.

김예림, 「사회적 담론 공간 분석」, 『한국언론정보학보』, 한국언론정보학회, 2002.

김용규, 『혼종문화론』, 소명출판, 2013.

김용덕, 「미륵불 신앙의 현장 연구」, 『한국언어문화』 43, 한국언어문화학회, 2010.

김원, 『잊혀진 것들에 대한 기억』, 이매진, 2011.

김원호, 「도깨비굿, 블랙리스트의 이면(裏面)」, 『민중의 소리』, 2017. 5. 11.

김이경·신효진, 「한국 협동조합운동과 이상촌 담론의 역사」, 『2018 생명·협동 연구 최종보고서』, 모심과 살림연구소, 2018.

김일권, 「조선후기 세시기에 나타난 역법학적 시간 인식과 도교 민속 연구」, 『역사민속학』 29, 한국역사민속학회, 2009.

김재호, 「마을 만들기 정책사업 비판: 철학 없는 그린 투어리즘(green tourism)」, 『민속연구』 18, 안동대학교 민속학연구소, 2009.

김재호, 「마을 만들기와 마을민속의 활용방안」, 『한국민속학』 48, 한국민속학회, 2008.

김재호, 「물맞이 세시풍속과 물의 생명성」, 『비교민속학』 36, 비교민속학회, 2008.

김재희, 「과학의 새로운 패러다임과 기독교」, 『기독교사상』 457, 대한기독교서회, 1997.

김준, 『어촌사회학』, 민속원, 2010.

김택규, 「영남민속의 복합성: 잡곡문화와 수도문화의 이원성」, 『한국학논집』 16, 계명대학교한국학연구소, 1989.

김택규, 「조선 후기의 농경의례와 세시」, 『정신문화연구』 16(4), 한국학중앙연구원, 1993.

김택규, 「한국 농경세시의 이원성」, 『한국문화인류학』 20, 한국문화인류학회, 1988.

김택규, 『한국농경세시의 연구』, 영남대학교출판부, 1985.

김형주, 『김형주의 못다한 부안 이야기』, 밝, 2010.

김홍중, 『마음의 사회학』, 문학동네, 2009.

나금추 구술, 서경숙 채록, 『부안농악 보유자 나금추』, 전라북도립국악원, 2011.

남근우, 「그린 투어리즘의 문화정치학: B마을의 관광 실천을 중심으로」, 『한국민속학』 56, 한국민속학회, 2012.

남근우, 『한국민속학 재고』, 민속원, 2014.

노도현·허진무·최승현, 「광대놀음·별신굿·오방색 깃발 펄럭…시국 풍자 '집회의 진화'」, 『경향신문』, 경향신문사, 2016. 10. 31.

노명우, 「도박과 자본주의」, 『문화/과학』 48, 문화과학사, 2006.

다이진화, 김정수 옮김, 「역사와 기억 그리고 재현의 정치」, 『문화과학』 79, 문화과학사, 2014.

단국대학교 동양학연구원, 『조선총독부 기관지 『조선』 소재, 1920~30년대 세시풍속』, 채륜, 2014.

데이비드 로웬탈, 김종원·한명숙 옮김, 『과거는 낯선 나라다』, 개마고원, 2006.

데이비드 하비, 구동회·박영민 옮김, 『포스트모더니티의 조건』, 한울, 2004.

데이비드 하비, 최병두 외 옮김, 『희망의 공간』, 한울, 2007.

도나 해러웨이, 김상민 옮김, 「인류세, 자본세, 대농장세, 툴루세: 친족 만들기」, 『문화과학』 97, 문화과학사, 2019.

도나 해러웨이, 최유미 옮김, 『트러블과 함께하기』, 마농지, 2021.

라인하르트 코젤렉, 한철 옮김, 『지나간 미래』, 문학동네, 1998.

라즈 파텔·제이슨 W. 무어, 백우진·이경숙 옮김, 『저렴한 것들의 세계사』, 북돋움, 2020.

레나토 로살도, 권숙인 옮김, 『문화와 진리』, 아카넷, 2000.

레이몬드 윌리엄스, 박만준 옮김, 『마르크스주의와 문학』, 지만지, 2009.

로리 앤드루스·도로시 넬킨, 김명진·김병수 옮김, 『인체시장』, 궁리, 2006.

로버트 J. C. 영, 김택현 옮김, 『포스트식민주의 또는 트리컨티넨탈리즘』, 박종철 출판
　　사, 2005.

로이 애스콧, 이원곤 옮김, 『테크노에틱 아트』, 연세대학교출판부, 2002.

로지 브라이도티, 김은주 외 옮김, 『트랜스포지션』, 문화과학사, 2011.

루퍼드 쉘드레이크, 박준원 옮김, 『세상을 바꿀 일곱가지 실험들』, 양문, 2000.

르네 지라르, 김진식·박무호 옮김, 『폭력과 성스러움』, 민음사, 1997.

리차드 쉐크너, 이기우 외 옮김, 『퍼포먼스 이론』 II, 현대미학사, 2004.

리처드 하인버그, 노승영 옮김, 『제로 성장 시대가 온다』, 부키, 2013.

마르크 블로흐, 정남기 옮김, 『역사를 위한 변명』, 한길사, 1990.

마크 해서웨이·레오나르도 보프, 최성진 옮김, 「기억, 형태공명 그리고 발생」, 『기독교
　　사상』 633, 대한기독교서회, 2011.

막스 뮐러·알로이스 할더, 강성위 옮김, 『철학 소사전』, 이문출판사, 1988.

막스 베버, 박성수 옮김, 『프로테스탄트 윤리와 자본주의 정신』, 문예출판사, 1996.

맛시모 데 안젤리스, 권범철 옮김, 『역사의 시작』, 갈무리, 2019.

매완 호, 이혜경 옮김, 『나쁜 과학』, 당대, 2005.

멜리사 그레그·그레고리 시그워스 편저, 최성희·김지영·박혜정 옮김, 『정동 이론』, 갈
　　무리, 2015.

문화과학 편집부, 『문화과학』 78, 문화과학사, 2014.

문화재관리국 문화재연구소, 『전라남도 국악실태조사보고서』, 1980.

미하엘 셸레, 김수은 옮김, 『소문, 나를 파괴하는 정체불명의 괴물』, 열대림, 2007.

미하일 바흐친, 전승희 외 옮김, 『장편소설과 민중언어』, 창작과비평사, 1988.

박병섭, 「촛불축제시위와 세계사적 의미」, 『촛불, 어떻게 볼 것인가』, 울력, 2009.

박석희, 「세시풍속의 농촌관광 자원화 가능성과 방법」, 『농어촌관광연구』 11(1), 한국농
　　어촌관광학회, 2004.

박성래, 「한국 전근대 역사와 시간」, 『역사비평』 50, 역사비평사, 2000.

박성식, 「현대 사회의 세시풍속에 살아남은 전통성의 변모 양상」, 『경남문화연구』 21,
　　경상대학교 경남문화연구소, 1999.

박수진, 「〈순창가〉의 구조와 인물의 기능」, 『한국언어문화』 28, 한국언어문화학회,
　　2005.

박수진·이수현, 「길 잃어도 좋아, 나는야 몰링족」, 『한겨레 21』 1050, 한겨레신문사, 2015.

박재환 외 엮음, 『일상생활의 사회학』, 한울, 1994.

박종성, 『백정과 기생』, 서울대학교출판부, 2003.

박찬승, 『근대이행기 민중운동의 사회사』, 경인문화사, 2008.

박찬표, 「촛불과 민주주의」, 『양손잡이 민주주의』, 후마니타스, 2017.

박태호, 「조선의 '세시기(歲時記)'에서의 사회적 시간 의식에 관하여」, 『사회와 역사』 66, 한국사회사학회, 2004.

박환영, 「통일민속학 시고」, 『중앙민속학』 12, 중앙대학교 한국문화유산연구소, 2007.

배영동, 「궁중 내농작과 농가 내농작의 의미와 기능」, 『한국민속학』 45, 한국민속학회, 2007.

배영동, 「농업생산형태 변화에 따른 草宴의 소멸과 대체의례 등장」, 『역사민속학』 12, 한국역사민속학회, 2001.

배영동, 「농촌 마을회관을 중심으로 한 마을공동체 문화의 재창조」, 『민속학연구』 30, 국립민속박물관, 2012.

배영동, 「세시와 주거공간의 관련 양상」, 『비교민속학』 37, 비교민속학회, 2008.

배영동, 「주민 주도형 마을문화자료관 만들기의 가능성과 의의」, 『실천민속학연구』 17, 실천민속학회, 2011.

백승종, 『그 나라의 역사와 말』, 그물코, 2002.

백종국, 『한국자본주의의 선택』, 한길사, 2009.

백현미, 『한국창극사연구』, 태학사, 1997.

베네딕트 스피노자, 강영계 옮김, 『에티카』, 서광사, 1990.

베네딕트 앤더슨, 윤형숙 옮김, 『민족주의의 기원과 전파』, 나남, 1991.

브뤼노 라투르·폴린 줄리에, 현소영 옮김, 「〈대담〉 지층과 자연: 왜 인류세인가?」, 『오큘로』 7, 2018.

빅터 터너, 김익두 외 옮김, 『제의에서 연극으로』, 현대미학사, 1996.

빠올로 비르노, 김상운 옮김, 『다중』, 갈무리, 2004.

서연호, 「이념대립에서부터 탈사실주의적 경향까지」, 『문학사상』, 문학사상사, 1995.

서연호, 「한국연극과 리얼리즘: 인식과 전개」, 『한국연극』 95, 한국연극협회, 1984.

서연호, 『한국연극사(현대편)』, 연극과 인간, 2005.

서연호, 『한국연극사(근대편)』, 연극과 인간, 2005.

서영대, 「한국 무속사의 시대구분」, 『한국무속학』 10, 한국무속학회, 2005.

서울대학교 새마을운동 종합연구소 엮음, 『새마을운동의 이념과 실제』, 1981.

서은영, 『주호민』, 커뮤니케이션북스, 2018.

서지영, 「이미지와 환상을 넘어서」, 『여성/이론』 12, 여성문화이론연구소, 2005.

손태도, 「조선 후기의 무속」, 『한국무속학』 17, 한국무속학회, 2008.

송건호 외, 『해방전후사의 인식』, 한길사, 1980.

송경동, 「광화문 퇴진 캠핑촌의 한 달」, 『미디어오늘』, 2016. 12. 3.

송봉호, 「전통신앙과 불교의 대립에 관한 연구」, 『한국무속학』 7, 한국무속학회, 2003.

송은영, 「1960~70년대 한국의 대중사회화와 대중문화의 정치적 의미」, 『상허학보』, 32,
    상허학회, 2011.

송제경북향토사연구협의회, 『경북마을지』, 경상북도, 1990.

스튜어트 홀, 임영호 엮고 옮김, 『문화, 이데올로기, 정체성』, 컬처룩, 2015.

신광영, 「한국전쟁과 자본축적」, 『아시아문화』 16, 한림대학교 아시아문화연구소, 2000.

신장섭, 「歲時紀俗詩를 통한 조선 후기 세시풍속의 의미와 양상」, 『비교문학』 46, 한국
    비교문학회, 2008.

신현규, 『기생 이야기』, 살림출판사, 2007.

신현규, 『꽃을 잡고』, 경덕출판사, 2005.

심광현, 「감정의 정치학」, 『문화/과학』 59, 문화과학사, 2009.

심광현, 「세대의 정치학과 한국현대사의 재해석」, 『문화과학』 62, 문화과학사, 2010.

심광현, 「유비쿼터스-디지털 미디어 시대의 탈근대 문화정치」, 『문화/과학』 48, 문화과
    학사, 2006.

심광현, 「자본주의의 압축성장과 세대의 정치경제/문화정치판의 개요」, 『문화과학』 63,
    문화과학사, 2010.

심광현, 『유비쿼터스 시대의 지식생산과 문화정치』, 문화과학사, 2009.

심상교, 「〈만선〉의 비극적 특성 연구」, 『우리어문연구』 12, 우리어문학회, 1999.

심상교, 「1950~60년대 희곡의 비극적 특성 연구」, 고려대학교 박사학위논문, 1997.

아르준 아파두라이, 차원현 외 옮김, 『고삐 풀린 현대성』, 현실문화연구, 2004.

아마시타 신기, 황달기 옮김, 『관광인류학의 이해』, 일신사, 1996.

아카마쓰 지죠·아키바 다카시, 심우성 옮김, 『조선 무속의 연구』 하, 동문선, 1991.

알라이다 아스만, 변학수·채연숙 옮김, 『기억의 공간』, 그린비, 2012.

알프 뤼트케, 이동기 외 옮김, 『일상사란 무엇인가』, 청년사, 2007.

앨런 스윈지우드, 박형신·김민규 옮김, 『문화사회학을 향하여』, 한울아카데미, 2004.

양은경·이상길·장미혜·조은·주형일·홍성민, 『문화와 계급』, 동문선, 2002.

양진성, 『호남좌도 임실 필봉굿』, 신아, 2000.

어슐러 휴즈, 신기섭 옮김, 『싸이버타리아트』, 갈무리, 2004.

얼 C. 엘리스, 김용진·박범순 옮김, 『인류세』, 교유서가, 2021.

에드워드 파머 톰슨, 나종일 외 옮김, 『영국 노동계급의 형성』 상, 창작과비평사, 2000.

역사비평편집위원회 편, 『한국 전근대사의 주요 쟁점』, 역사비평사, 2002.

염무웅, 「도시·산업화시대의 문학」, 『민중시대의 문학』, 창작과비평사, 1979.

염원희, 「크리스마스의 도입과 세시풍속화 과정에 대한 연구」, 『국학연구』 22, 한국국학
진흥원, 2013.

오유석 엮음, 『박정희 시대의 새마을운동』, 한울, 2014.

오재환, 「일상과 의례」, 『일상생활의 사회학적 이해』, 한울, 2008.

요시미 순야, 송태욱 옮김, 『소리의 자본주의』, 이매진, 2005.

원종찬 엮음, 『권정생의 삶과 문학』, 창비, 2011.

위경혜, 「1950년대 '굿쟁이' 이동영사」, 『지방사와 지방문화』 15(2), 역사문화학회, 2012.

위경혜, 『호남의 극장문화사』, 다할미디어, 2007.

유명기, 「어촌사회의 사회경제적 변화와 정치적 과정」, 『민족문화연구총서』 27, 영남대
학교 민족문화연구소, 2003.

유민영, 「희곡문학의 다양성」, 김윤식 외, 『한국현대문학사』, 현대문학사, 1994.

유민영, 『한국현대희곡사』, 기린원, 1988.

유선영, 「3·1운동 이후의 근대 주체 구성」, 『대동문화연구』 66, 성균관대학교 대동문화
연구원, 2009.

유선영, 「편쌈 소멸의 문화사」, 『사회와 역사』 86, 한국사회사학회, 2010.

유지화 구술, 김무철 채록, 『정읍농악 상쇠 보유자 유지화』, 전라북도립국악원, 2015.

윤진현, 「천승세 희곡 연구」, 『한국극예술연구』 11, 한국극예술학회, 2000.

윤택림 엮고 옮김, 『구술사, 기억으로 쓰는 역사』, 아르케, 2010.

이경민, 『기생은 어떻게 만들어졌는가』, 아카이브북스, 2005.

이경석 외, 『섬과 섬을 잇다』, 한겨레출판, 2014.

이경엽 외, 『유순자 상쇠와 호남여성농악』, 심미안, 2012.

이경엽, 「상대의 세시풍속과 그 전승 맥락」, 『남도민속연구』 5, 남도민속학회, 1999.

이경화, 「한국 마애불에 반영된 민간신앙」, 『종교문화학보』 1, 한국종교문화학회, 2006.

이광석, 「'인류세' 논의를 둘러싼 쟁점과 테크노-생태학적 전망」, 『문화과학』 97, 문화과
    학사, 2019.

이광석, 『뉴아트행동주의』, 안그라픽스, 2015.

이광수, 「우리의 이상」, 『학지광』 14, 동경: 학지광사, 1917. 12. 16.

이광수, 「졸업생 제군에게 들이는 간고(懇告)」, 『학지광』 13, 동경: 학지광발행소, 1917.
    7. 19.

이기현, 『미디올로지』, 한울, 2003.

이능화, 서영대 역주, 「고려시대의 무속」, 『조선무속고』, 창비, 2008.

이대근, 『한국전쟁과 1950년대의 자본축적』, 까치, 1987.

이동연, 『문화자본의 시대』, 문화과학사, 2010.

이동일, 「현대 사회의 위기와 대안공동체」, 『사회사상과 문화』 18(4), 동양사회사상학
    회, 2015.

이매뉴얼 월러스틴, 강문구 옮김, 『자유주의 이후』, 당대, 1996.

이명원, 「'사이 주체'로의 전환-주체, 타자, 새로운 주체형성에 대하여」, 『문화과학』 61,
    문화과학사, 2010.

이명원, 「배제되는 인간, 말소되는 기억」, 『문화과학』 65, 문화과학사, 2011.

이문영, 「지옥선이 낚은 물고기」, 『한겨레 21』 1026, 한겨레신문사, 2014.

이반 일리히, 이한 옮김, 『성장을 멈춰라: 자율적 공생을 위한 도구』, 미토, 2004.

이번영, 『풀무학교는 어떻게 지역을 바꾸나』, 그물코, 2018.

이상길, 「유성기의 활용과 사적 영역의 형성」, 『언론과 사회』 9(4), 성곡언론문화재단,
    2001.

이상현 외 공저, 『동아시아의 근대와 민속학의 창출』, 민속원, 2008.

이상현, 「마을만들기 사업에 있어서 산촌민속과 지역 전통의 창조적 활용: 신리 '너와
    마을' 사례를 중심으로」, 『민속연구』 18, 안동대학교 민속학연구소, 2009.

이수자, 「백중의 기원과 성격: 농경기원신화 세경본풀이와의 상관성을 중심으로」, 『한국민속학』 25, 한국민속학회, 1993.

이수훈, 「한국전쟁과 세계자본주의」, 『아시아문화』 16, 한림대학교 아시아문화연구소, 2000.

이승철, 「마을공동체의 동제의식과 사회적 자본 연구: 동해안 영동지역을 중심으로」, 『한국학연구』 43, 고려대학교 한국학연구소, 2012.

이영금 외, 「위도 띠뱃놀이의 연행 구조와 제의적 특징」, 『한국무속학』 18, 한국무속학회, 2009.

이영금, 「단골집단의 무업 권역과 활동」, 『민속학연구』 23, 국립민속박물관, 2008.

이영금, 「법성포 단오제의 수륙재 수용 가능성」, 『한국무속학』 17, 한국무속학회, 2008.

이영금, 「봉장춘 무가」, 『한국무속학』 19, 한국무속학회, 2009.

이영금, 「서사무가와 판소리의 상관성」, 『한국언어문학』 78, 한국언어문학회, 2011.

이영금, 「전북 세습무의 권역과 역할」, 『우리어문연구』 30, 우리어문학회, 2008.

이영금, 「전북지역 무당굿 연구」, 전북대학교 박사학위논문, 2007.

이영금, 「전북지역 세습무의 삶과 무업」, 『한국무속학』 12, 한국무속학회, 2006.

이영금, 「전통문화의 원천으로서 무 문화의 갈래와 위상」, 『비교민속학』 44, 비교민속학회, 2011.

이영금, 「조선 후기 전주 재인청 무부들의 판소리 활동」, 『국어문학』 53, 국어문학회, 2012.

이영금, 「호남 세습무계의 횡단적 관계망과 그 문화적 영토의 종합성」, 『비교민속학』 50, 비교민속학회, 2013.

이영금, 「홍푸리 사설」, 『한국무속학』 20, 한국무속학회, 2010.

이영금, 『전북 씻김굿 무가』, 민속원, 2007.

이영금, 『해원과 상생의 퍼포먼스』, 민속원, 2011.

이영금·김세인, 「위도 띠뱃놀이의 연행구조와 제의적 특징」, 『한국무속학』 18, 한국무속학회, 2009.

이영배, 「'하늘'의 얼굴, 그 내재성과 역동성」, 『비교민속학』 44, 비교민속학회, 2011.

이영배, 「가치실천 양식의 전환」, 『인문학연구』 50, 경희대학교 인문학연구원, 2022.

이영배, 「공동체문화 실천의 동인과 대안의 전망」, 『인문학연구』 42, 경희대학교 인문학연구원, 2020.

이영배, 「공동체문화 실천의 분화와 지식생산의 주체화」, 『실천민속학 연구』 37, 실천민속학회, 2021.

이영배, 「공동체문화 실천의 역사적 원천과 그 재생의 특이성」, 『한국학연구』 70, 고려대학교 한국학연구소, 2019.

이영배, 「공동체문화 연구의 민속적 패러다임 정립을 위한 기획」, 『인문학연구』 40, 경희대학교 인문학연구원, 2019.

이영배, 「공동체문화와 커먼즈, 가치실천 양식들」, 『비교민속학』 75, 비교민속학회, 2022.

이영배, 「공동체성의 변환과 유동하는 경계들」, 『인문학연구』 46, 경희대학교 인문학연구원, 2021.

이영배, 「구술기억의 재현적 성격과 상징적 의미」, 『호남문화연구』 56, 전남대학교 호남학연구원, 2014.

이영배, 「권정생 동화를 관통하는 민속적인 것들의 의미」, 『한국언어문학』 90, 한국언어문학회, 2014.

이영배, 「근대적 시간체제 비판과 민속적 시간문화의 가치 재인식」, 『대동문화연구』 90, 성균관대학교 대동문화연구원, 2015.

이영배, 「놀이문화의 기억과 근대 여가문화의 풍경」, 『한국언어문학』 84, 한국언어문학회, 2013.

이영배, 「다중의 습속, 되기 혹은 생성의 사건으로서 무속의 특이성」, 『한국무속학』 26, 한국무속학회, 2013.

이영배, 「마을연구 담론의 경향과 전망」, 『민속연구』 36, 안동대학교 민속학연구소, 2018.

이영배, 「마을행동, 사회적 연대의 민속적 배치와 생성」, 『인문학연구』 35, 경희대학교 인문학연구원, 2017.

이영배, 「무위의 공동체와 민속의 공동성」, 『공동체문화와 민속연구』 1, 안동대학교 민속학연구소, 2021.

이영배, 「민속연구에서 문화이론의 문제설정」, 『비교민속학』 47, 비교민속학회, 2012.

이영배, 「민속의 가능지대, 그 혼종적 성격과 지평」, 『호남문화연구』 57, 전남대학교 호남학연구원, 2015.

이영배, 「민속의 재현과 정동의 배치」, 『감성연구』 16, 전남대학교 호남학연구원, 2018.

이영배, 「민속지식 생산의 변환과 확장 가능성」, 『민속연구』 37, 안동대학교 민속학연구소, 2018.

이영배, 「붕괴의 시대, 연대의 전망」, 『코기토』 77, 부산대학교 인문학연구소, 2015.

이영배, 「사회적 연대의 소스 코드로서 민속의 변환과 생성」, 『한국민속학』 66, 한국민속학회, 2017.

이영배, 「소문과 기억의 문화정치성」, 『한국학연구』 44, 고려대학교 한국학연구소, 2013.

이영배, 「손상된 지구에서 레퓨지아 만들기」, 『호남학』 72, 전남대학교 호남학연구원, 2022.

이영배, 「시간문화의 전통과 구조적 변환」, 『한국학연구』 60, 고려대학교 한국학연구소, 2017.

이영배, 「여성농악의 문화적 의미망과 위상 재인식」, 『한국민속학』 61, 한국민속학회, 2015.

이영배, 「이경화 풍물 예능의 문화적 혼종성과 그 의미」, 『한국학연구』 42, 고려대학교 한국학연구소, 2012.

이영배, 「자율과 횡단, 문화 재생산의 이중 효과」, 『서강인문논총』 33, 서강대학교 인문과학연구소, 2012.

이영배, 「전라 윗녘 무풍속에 관한 기억과 독해」, 『한국무속학』 24, 한국무속학회, 2012.

이영배, 「정동(情動)의 힘과 강도(强度)의 문턱」, 『감성연구』 14, 전남대학교 호남학연구원, 2017.

이영배, 「텍스트 재현의 동학(動學)과 가능성」, 『용봉인문논총』 48, 전남대학교 인문학연구소, 2016.

이영배, 「하회선유줄불놀이 복원과 변용의 다층성과 역동성」, 『비교민속학』 48, 비교민속학회, 2012.

이영배, 「한국 '판' 문화론의 구성을 위한 통섭적 시론」, 『호남문화연구』 51, 전남대학교 호남학연구원, 2012.

이영배, 『교정과 봉합 혹은 탈주와 저항의 사회극』, 아카넷, 2008.

이영배, 『우리문화 연구의 새지평』, 민속원, 2010.

이옥, 실시학사 고전문학연구회 옮김, 『완역 이옥전집』 1~5, 휴머니스트, 2009.

이완, 「공유경제, 자본주의 敵? 자본주의的?」, 『한겨레 21』 1027, 한겨레신문사, 2014.

이윤갑, 「일제의 식민지 지배와 마을문화의 해체」, 『한국학논집』 32, 계명대 한국학연구원, 2005.

이윤선, 『도서·해양 민속과 문화콘텐츠』, 민속원, 2006.

이인식, 『지식의 대융합』, 고즈윈, 2009.

이정배, 「생명담론의 한국적 실상」, 『인간·환경·미래』 6호, 인제대학교 인간환경미래연구원, 2011.

이정우, 『개념-뿌리들』 1, 철학아카데미, 2004.

이정우, 『개념-뿌리들』 2, 철학아카데미, 2004.

이정우, 『사건의 철학』, 철학아카데미, 2003.

이정우, 『세계의 모든 얼굴』, 민음사, 2007.

이정우, 『시간의 지도리에 서서』, 산해, 2000.

이정우, 『인간의 얼굴』, 민음사, 1999.

이진경 엮고 지음, 『모더니티의 지층들』, 그린비, 2007.

이진경 엮고 지음, 『문화정치학의 영토들』, 그린비, 2007.

이진경, 『역사의 공간』, 휴머니스트, 2010.

이찬갑, 『풀무학교를 열며』, 그물코, 2010.

이창식, 「목계 문화역사마을가꾸기의 추진양상과 가치창출」, 『민속연구』 18, 안동대학교 민속학연구소, 2009.

이창익, 「근대적 시간과 일상의 표준화」, 『역사비평』 59, 역사비평사, 2002.

이창익, 「민속적 시공간과 근대적 시공간」, 『민속학연구』 7, 국립민속박물관, 2000.

이창익, 「성스러움의 테크닉-세시기를 통해 본 우주론적 시공간의 형태론」, 『종교와 문화』 10, 서울대학교 종교문제연구소, 2004.

이창익, 「시헌력 역주에 나타난 시간 선택의 의미」, 『종교문화비평』 1, 한국종교문화연구소, 2002.

이창익, 『조선시대 달력의 변천과 세시의례』, 창비, 2013.

이필영, 「민속의 지속과 변동」, 『역사민속학』 13, 역사민속학회, 2001.

일레인 볼드윈 외, 조애리 외 옮김, 『문화코드, 어떻게 읽을 것인가?』, 한울, 2008.

임동권, 「세시기에 나타난 농업주술」, 『어문논집』 19(1), 안암어문학회, 1977.

임동권, 「세시풍속에 나타난 禳鬼俗」, 『한국문화인류학』 5(1), 한국문화인류학회, 1972.

임동권, 『한국세풍속연구』, 집문당, 1985.

임재해, 「'지역화'의 문화적 전망과 민속문화의 문화주권 인식」, 『한국학논집』 33, 계명
　　대학교 한국학연구원, 2006.

임재해, 「공동체 문화로서 마을 민속문화의 공유 가치」, 『실천민속학연구』 11, 실천민속
　　학회, 2008.

임재해, 「굿문화에 갈무리된 자연친화적 사상」, 서울대학교 환경계획연구소 엮음, 『한
　　국의 전통생태학』, 사이언스북스, 2004.

임재해, 「나그네설화의 민속학적 인식과 관광문화학의 새 지평」, 『실천민속학연구』 14,
　　실천민속학회, 2009.

임재해, 「다문화주의로 보는 농촌의 혼입여성 문제와 마을 만들기 구상」, 『민속연구』
　　18, 안동대학교 민속학연구소, 2009.

임재해, 「단오에서 추석으로: 안동지역 세시풍속의 지속성과 변화」, 『한국문화인류학』
　　21, 한국문화인류학회, 1989.

임재해, 「민속예술의 본질적 성격과 인간해방 기능」, 『비교민속학』 23, 비교민속학회,
　　2002.

임재해, 「설과 보름 민속의 대립적 성격과 유기적 상관성」, 『한국민속학』 19, 한국민속
　　학회, 1986.

임재해, 「세시풍속의 변화와 공휴일 정책의 문제」, 『비교민속학』 10, 비교민속학회, 1993.

임재해, 『마을문화의 인문학적 가치』, 민속원, 2012.

임종수, 「1960~70년대 텔레비전 붐 현상과 텔레비전 도입의 맥락」, 『한국언론학보』
　　48(2), 한국언론학회, 2004.

임춘성, 「동아시아인의 정체성 형성, 장애와 출구」, 『문화과학』 61, 문화과학사, 2010.

임태훈, 「'영공(領空)'의 발명과 국가의 사운드스케이프 ①」, 『말과 활』 6, 일곱번째숲,
　　2014.

임태훈, 「난지도가 인류세에 묻는 것들」, 『문화과학』 97, 문화과학사, 2019.

J. K. 깁슨 그레엄, 엄은희·이현재 옮김, 『그따위 자본주의는 벌써 끝났다』, 알트, 2013.

J. K. 깁슨-그레이엄·제니 캐머런·스티븐 힐리, 황성원 옮김, 『타자를 위한 경제는 있
　　다』, 동녘, 2014.

자끄 라깡, 권택영 옮김, 『욕망이론』, 문예, 2000.

자크 랑시에르, 오윤성 옮김, 『감성의 분할』, 도서출판 b, 2008.

장 자크 루소, 주경복 옮김, 『인간 불평등 기원론』, 책세상, 2003.

장-다비드 나지오, 이유섭 외 옮김, 『위대한 7인의 정신분석가』, 백의, 2001.

장-뤽 낭시, 박준상 옮김, 『무위의 공동체』, 인간사랑, 2010.

장봄·천주희, 「안녕! 청년 프레카리아트」, 『문화과학』 78, 문화과학사, 2014.

장정일, 「입담가를 위하여」, 『문화과학』 65, 문화과학사, 2011.

장주근저작집간행위원회 엮음, 『한국의 세시풍속』, 민속원, 2013.

전규찬, 「커뮤니케이션과 공공영역의 '래디컬'한 재구성」, 『문화/과학』 48, 문화과학사, 2006.

전남대학교 감성인문학연구단, 『공감장이란 무엇인가』, 길, 2017.

전명산, 『국가에서 마을로』, 갈무리, 2012.

전희경, 「마을공동체의 '공동체'성을 질문하다」, 『페미니즘 연구』 14(1), 한국여성연구소, 2014.

정근식, 「시간체제와 식민지적 근대성」, 『문화과학』 41, 문화과학사, 2005.

정근식, 「한국의 근대적 시간체제의 형성과 일상생활의 변화 I」, 『사회와 역사』 58, 한국사회사학회, 2000.

정대현 외, 『감성의 철학』, 민음사, 1996.

정성희, 『조선의 섹슈얼리티(개정판)』, 가람기획, 2009.

정순일·장한성 엮음, 『한국 TV 40년의 발자취』, 한울, 2000.

정승모, 「세시관련 기록들을 통해 본 조선시기 세시풍속의 변화」, 『역사민속학』 13, 한국역사민속학회, 2001.

정영신, 「16차 촛불집회, 레드카드 퍼포먼스로 '박근혜퇴진'을 촉구하다」, 『서울문화투데이』, 2017. 2. 20.

정정훈, 「해방적 주체화의 존재론적 토대와 욕망의 인식론적 전화」, 『문화과학』 65, 문화과학사, 2011.

제레미 리프킨, 이영호 옮김, 『노동의 종말』, 민음사, 2005.

제이슨 W. 무어, 김효진 옮김, 『생명의 그물 속 자본주의』, 갈무리, 2020.

제임스 스콧, 김훈 옮김, 『우리는 모두 아나키스트다』, 여름언덕, 2014.

제임스 프록터, 손유경 옮김, 『지금 스트어트 홀』, 앨피, 2006.

제프리 K. 올릭, 강경이 옮김, 『기억의 지도』, 옥당, 2011.

제프리 K. 올릭, 최호근·민유기·윤영휘 옮김, 『국가와 기억』, 민주화운동기념사업회, 2006.

조계완, 「가사에 치인 당신은 '시간빈곤층'」, 『한겨레 21』 1037, 2014. 11. 24.

조대엽, 『한국의 사회운동과 NGO』, 아르케, 2007.

조동원, 「"아이피티브이, 방송이냐 통신이냐?" 인터넷이다: 융합미디어 환경의 미디어 운동 모색」, 『문화/과학』 48, 문화과학사, 2006.

조선령, 「공공미술관 법인화를 둘러싼 정치학」, 『문화과학』 61, 문화과학사, 2010.

조선연구회 엮고 지음, 『조선미인보감』, 민속원, 2007.

조정현, 「공동체신앙의 축제화를 통한 마을 활성화」, 『민속연구』 18, 안동대학교 민속학연구소, 2009.

조정현, 「마을공동체 제의 관련 유무형 공유자원의 형성과정과 전승양상」, 『비교민속학』 56, 비교민속학회, 2015.

조태성, 「두려움으로부터의 소외, 감성—감정과 정서, 감성의 관계론적 고찰」, 『현대문학이론연구』 37, 현대문학이론학회, 2009.

조한혜정, 『다시, 마을이다: 위험 사회에서 살아남기』, 또하나의 문화, 2007.

주강현, 「세시와 생업의 不二 관계: '五方風土不同'의 법칙」, 『역사민속학』 19, 한국역사민속학회, 2004.

주강현, 「역사민속학의 학사적 의의와 연구방법론 일고」, 『역사와 현실』 74, 한국역사연구회, 2009.

주강현, 「조선후기 변혁운동과 민중조직」, 『역사비평』 4, 역사비평사, 1988.

주창윤, 「1975년 전후 한국 당대문화의 지형과 형성과정」, 『한국언론학보』 51(4), 한국언론학회, 2007.

진중권 엮음. 『미디어아트: 예술의 최전선』, 휴머니스트, 2009.

질 들뢰즈 외, 서창현 외 옮김, 『비물질노동과 다중』, 갈무리, 2005.

질 들뢰즈, 이정우 옮김, 『의미의 논리』, 한길사, 1999.

차남희, 「한국고대사회의 정치변동과 무교」, 『한국정치학회보』 39(2), 한국정치학회, 2005.

찰스 페로, 김태훈 옮김, 『무엇이 재앙을 만드는가』, RHK, 2013.

채운, 『재현이란 무엇인가』, 그린비, 2009.

천진기, 「세시풍속의 미래전설」, 『한국문화연구』 7, 경희대학교 민속학연구소, 2003.

최길성, 『한국무속지』 1, 아세아문화사, 1992.

최덕원, 「남도의 어로 신앙」, 『남도의 민속문화』, 밀알, 1994.

최동현, 『판소리 이야기』, 인동, 1999.

최명림, 「한국 세시풍속의 변화와 문화콘텐츠화 연구」, 전남대학교 박사학위논문, 2003.

최문규·고규진·김영목·김현진·박은주·이해경·조경식, 『기억과 망각』, 책세상, 2003.

최민자, 『통섭의 기술』, 모시는사람들, 2010.

최상민, 「천승세 희곡에서 로컬리티의 문제」, 『드라마연구』 41, 한국드라마학회, 2013.

최석영, 『일제의 조선연구와 식민지적 지식 생산』, 민속원, 2012.

최예린, 「태안 기름유출 사고 10년 "검은 상처 강강술래로 달랬죠"」, 『한겨레신문』, 한
　　겨레신문사, 2017. 12. 7.

최원, 「공산주의라는 쟁점: 바디우와 발리바르」, 『문화과학』 79, 문화과학사, 2014.

최원규, 『일제말기 파시즘과 한국 사회』, 청아, 1988.

최원식, 「민중예술의 길」, 『이차도 복순전』, 한겨레, 1989.

최유미, 『해러웨이, 공-산의 사유』, 도서출판 b, 2020.

최인이, 「근대적 시간관념과 이윤개념의 내면화」, 『사회와 역사』 90, 한국사회사학회,
　　2011.

최재천·주일우 엮음, 『지식의 통섭』, 이음, 2008.

최종성, 「조선 전기의 종교문화와 무속」, 『한국무속학』 11, 한국무속학회, 2006.

최종성, 「조선시대 왕도의 신성화와 무속문화의 추이」, 『서울학연구』 21, 서울학연구소,
　　2003.

최진호, 「흐름의 공간과 분자적 미디어」, 『전 지구적 자본주의와 한국 사회』, 그린비, 2008.

최철웅, 「'청년운동'의 정치학」, 『문화과학』 66, 문화과학사, 2011.

최혜실, 『방송통신융합시대의 문화콘텐츠』, 나남, 2008.

최화정, 「강강술래춤의 무대화에 관한 고찰」, 청주대학교 석사학위논문, 1997.

충남발전연구원+홍동마을 사람들, 『마을공화국의 꿈, 홍동마을 이야기』, 한티재, 2014.

카우시크 순데르 라잔, 안수진 옮김, 『생명자본』, 그린비, 2012.

칼 맑스, 김수행 옮김, 『자본론』 III(하), 비봉출판사, 1990.

코디 최, 『20세기 문화지형도(개정판)』, 컬처그라퍼, 2010.

콘스탄틴 브라일로이우 외, 이기우 엮고 옮김, 『민속음악』, 신아출판사, 1994.

펠릭스 가타리, 윤수종 옮김, 『분자혁명』, 푸른숲, 1998.

표인주 외, 『이주완의 풍물굿과 이경화의 예술세계』, 민속원, 2013.

표인주, 「무당 생애담의 서사성과 의미」, 『한국민속학』 54, 한국민속학회, 2011.

프랑수아 도스, 김웅권 옮김, 『구조주의의 역사』 III, 동문선, 2003.

프랑수아 도스, 김웅권 옮김, 『구조주의의 역사』 IV, 동문선, 2003.

프랑코 베라르디 '비포', 유충현 옮김, 『봉기』, 갈무리, 2012.

프랑코 베라르디 '비포', 강서진 옮김, 『미래 이후』, 난장, 2013.

프랑코 베라르디 '비포', 정유리 옮김, 『프레카리아트를 위한 랩소디』, 갈무리, 2013.

피에르 노라 외, 김인중·유희수 외 옮김, 『기억의 장소』 1, 나남, 2010.

피에르 부르디외, 김웅권 옮김, 『파스칼적 명상』, 동문선, 2001.

피에르 부르디외, 문경자 옮김, 『혼돈을 일으키는 과학』, 솔, 1994.

피에르 부르디외, 이상호 옮김, 『재생산』, 동문선, 2000.

피에르 부르디외, 최종철 옮김, 『구별짓기』, 새물결, 1995.

피에르 부르디외, 하태환 옮김, 『예술의 규칙』, 동문선, 1999.

피터 버그, 조한욱 옮김, 『문화사란 무엇인가』, 길, 2005.

하승우, 『세계를 뒤흔든 상호부조론』, 그린비, 2006.

하효길 외, 『한국의 굿』, 민속원, 2002.

한국극예술학회 편, 「〈만선〉의 작품 해설」, 『한국현대대표희곡선집』 2, 태학사, 1996.

한국농어촌사회연구소·한국가톨릭농민회, 『지역사회 지배구조와 농민』, 연구사, 1990.

한국사회사학회 엮음, 『지식변동의 사회사』, 문학과지성사, 2003.

한국생활사박물관 편찬위원회, 『한국생활사박물관』 9, 사계절, 2003.

한국정신문화연구원 현대사연구소 편, 『한국현대사의 재인식』 4, 오름, 1998.

한국지방행정연구원, 『새마을운동 발전방안 연구』, 1988.

한나 아렌트, 이진우 옮김, 『인간의 조건』, 한길사, 2002.

한민, 「문화심리학적 관점에서 본 박정희 신드롬의 무속적 의미」, 『한국무속학』 16, 한국무속학회, 2008.

한순미, 「나환과 소문, 소록도의 기억」, 『지방사와 지방문화』 13(1), 역사문화학회, 2010.

한스 J. 노이바우어, 박동자·황승환 옮김, 『소문의 역사』, 세종서적, 2001.

한승훈, 「미륵·용·성인」, 『역사민속학』 33, 역사민속학회, 2010.

해남문화원, 『마을굿 살리기 프로젝트 '해남큰굿' 자료집』, 2008.

허경주, 「朴공주 헌정시·시굿선언…시위를 바꾸다」, 『한국일보』, 한국일보사, 2016. 11. 3.

헨리 젠킨스, 김정희원·김동신 옮김, 『컨버전스 컬처』, 비즈앤비즈, 2008.

헬레나 노르베리-호지, 양희승 옮김, 『오래된 미래』, 중앙북스, 2015.

호미 바바, 나병철 옮김, 『문화의 위치』, 소명출판, 2012.

홍석만, 「신자유주의 이후 자본 축적」, 맑스코뮤날레, 『전환기의 한국 사회』, 갈무리, 2019.

홍석모, 『동국세시기』, 풀빛, 2009.

홍성민, 『문화와 아비투스』, 나남, 2000.

홍성찬 엮음, 『농지개혁연구』, 연세대학교출판부, 2001.

홍성태, 『지식사회 비판』, 문화과학사, 2005.

홍순명, 『더불어 사는 평민을 기르는 풀무학교 이야기』, 내일을 여는 책, 1998.

홍윤기, 「다극적 현대성 맥락 속의 미완의 파시즘과 미성숙 시민사회」, 『사회와 철학』 2,
사회와철학연구회, 2001.

황문평, 『한국 대중연예사』, 부루칸모로, 1989.

황병준, 『한국의 공업경제』, 고려대학교 아세아문제연구소, 1991.

히로세 준, 김경원 옮김, 『봉기와 함께 사랑이 시작된다』, 바다출판사, 2013.

Alain Touraine, *Critique de la modernité*, Fayard, 1994.

André Gorz, tr. Gillian Handyside and Chris Turner, *Critique of Economic Reason*,
Verso, 1989.

Angela Eikenberry, "Refusing the Market: A Democratic Discourse for Voluntary
and Nonprofit Organizations.", *Nonprofit and Voluntary Sector Quarterly
38(4)*, 2009.

Annabelle M Leve, "The Circuit of Culture as a generative tool of contemporary
analysis: Examining the construction of an education commodity", *AARE
APERA International Conference*, Sydney, 2012.

Carol Simpson Stern & Bruce Henderson, *Performance: Texts and Contexts*, New York & London, Longman, 1993.

Charles Percy Snow, *The two cultures and the scientific revolution*, England: Cambridge University Press, 1959.

David Bollier and Silke Helfrich, Eds., *The Wealth of the Commons: A World Beyond Market and State*, Massachusetts: Levellers Press, 2012.

David J. Hess, *Science Studies: An Advanced Introduction*, New York : NYU Press, 1997.

Deepak Chopra, *Reinveting The Body, Resurrecting The Soul*, New York: Three Rivers Press, 2009.

Edward O. Wilson, *Consilience: the unity of knowledge*, New York: Knopf, 1998.

Edward Said, *Orientalism*, New York: Vintage, 1978.

Ervin Laszlo, *Science and The Akashic Field*, New York: Inner Traditions, 2007.

Everette E. Dennis et al., eds., *Enduring Issues in Mass Communication* , St. Paul, Minn.: West Publishin Co., 1978.

Fredric Jameson & Masao Miyoshi, *The Cultures of Globalization*, Durham and London: Duke University Press, 1998.

Fredric Jameson, *Postmodernism, or the Cultural Logic of Late Capitalism*, Durham: Duke University Press, 1991.

Fritjof Capra, *Belonging to the Universe: Explorations on the Frontiers of Science and Spirituality*, New York: Harper San Francisco, 1993

Fritjof Capra, *The Tao of Physics*, Colorado: Shambhala, 1975

Fritjof Capra, *The Turning Point: Science, Society, and the Rising Culture*, New York: Bantam, 1984.

Gerard Goggin, *Cell Phone Culture: Mobile technology in everyday life*, New York: Routledge, 2006.

Hayden White, *Tropics of Discourse*, London: Johns Hopkins University Press, 1978.

Homi Bhabha, ed., *Nation and Narration*, London: Routledge, 1990.

Iain Chambers and Lidia Curti(does.), *The Post-Colonial Question: Common Skies, Divided Horizons*, London: Routledge, 1996.

John Beverley, *Subalternity and Representation: Arguments in Cultural Theory*, Durham and London: Duke Univ. Press, 1999.

John Frow and Meaghan Morris eds., "Introduction", *Australian Cultural Studies: A Reader*, Urbana and Chicago: University of Illinois Press, 1993.

José Joaquín Brunner, "Notes on Modrnity and Postmodernity in Latin American Culture," *The Postmodernism Debate in Latin America*, Durham: Duke University Press, 1993.

Jurij M. Lotman and Boris A. Uspenskij, *The Semiotics of Russian Culture*, Ann Arbor: University of Michigan Press, 1984.

Matthew Fox · Rupert Sheldrake, *Natural Grace: Dialogues on creation, darkness, and the soul in spirituality and science*, New York: Doubleday, 1996.

Michael Mann, *The Sources of Social Power 1*, Cambridge: Cambridge University Press, 1986.

Norman Jacobs, eds., *Culture For the Millions?*, Boston: Beacon Press, 1964.

Pall du Gay et al, *Doing Cultural Studies: The story of the Sony Walkman*, Thousand Oaks, CA: Sage, 1997.

Ranajit Guha, *Elementary Aspects of Peasant Insurgency in Colonial India*, Delhi: Oxford Univ. Press, 1983.

Ray Kurzweil, *The singularity is near: when humans transcend biology*, New York: Viking, 2005.

Richard Dawkins, *The Selfish Gene*, New York: Oxford University Press, 1976.

Richard Schechner, *Performance Studies: An introduction*, London & New York: Routledge, 2002.

Rupert Sheldrake, *Morphic Resonance: The Nature of Formative Causation*, Rochester, Vt.: Park Street Press, 2009.

Russel Nye, *The Unembarrassed Muse: The Popular Arts in America* , New York: Dial Press, 1970.

Stuart Hall ed., *Representation: Cultural Represenations and Signifying Practices*, London: Sage, 1997.

Susan Blackmore, *The Meme Machine*, New York: Oxford University Press, 1999.

Victoria E. Bonnell & Lynn Hunt, *Beyond the Cultural Turn*, Berkeley and Los Angeles: University of California Press, 1999.

William M. Hammel, *The Popular Arts in America: A Reader* , New York: Harcourt Brace, Jovanocich, 1972.

찾아보기

가

수록 도판 크레디트

288쪽 영화《만선》스틸커트(1967, 한국영상자료원 한국영화데이터베이스 제공)

304쪽 널뛰기(일제시대, 국립중앙박물관 소장, 출처 이뮤지엄)

316쪽 시민들을 위한 공보부 영화 상영(1961, 국가기록원 제공)

323쪽 제25회 어린이날기념 어린이운동회(1954, 국가기록원 제공)

328쪽 선유줄불놀이(2015, ©경북나드리 제공, 출처 공공누리)

342쪽 강신무들이 봉안해두던 신령 가운데 불사대신 할머니(국립민속박물관 소장, 출처 이뮤지엄)

387쪽 타살굿(일제시대, ©석남 송석하, 국립민속박물관 소장, 출처 이뮤지엄)

400쪽 관기(1920, 서울역사아카이브 소장, 출처『조선풍속풍경사진첩』)

407쪽 검무 추는 기생(1930, 서울역사아카이브 소장, 출처『日本地理風俗大系』, 新光社)

416~417쪽 관덕정 마당의 입춘 굿놀이(일제시대, 국립중앙박물관 소장, 출처 이뮤지엄)

430쪽 서낭당(국립민속박물관, 출처 이뮤지엄)

448쪽 해남 강강술래(1977, 제18회 전국민속예술경연대회, 국가기록원 제공)

454쪽 유명한 마을굿인 제주 우도 영등굿(2021, 제주특별자치도, 출처 공공누리)

474쪽 서울 마지막 달동네, 백사마을(2021, ©김상철, 출처 셀수스협동조합)

484쪽 뉴욕 증권거래소 거래인(1963, ©Thomas J. O' Halloran, 미의회도서관 소장, 출처 위키피디아 커먼즈)

488쪽 위험한 노동(출처 픽사베이)

498쪽 대기 오염(출처 픽사베이)

537쪽 삼천포어업시장(1964, 국가기록원 제공)

542~543쪽 「단오추천(端午鞦韆)」,『기산풍속화첩』(국립중앙박물관 소장, 출처 이뮤지엄)

559쪽 「금번에 편쌈 할 때에」,『독립신문』(1897년 3월 6일자, 출처 국립중앙도서관 대한민국신문아카이브)

566쪽 해군기지건설반대운동 당시 강정마을(2009, ©ostrov)

578쪽 호남여성농악단(2022, 출처 국가유산청 국가유산포털)

614쪽 제주4·3평화공원 내 「비설(飛雪)」(제주4·3평화재단 제공)

656쪽 오산학교(일제시대, 국가기록원 제공)

666쪽 여느 농촌의 두레와 모내기 광경(1968, 국가기록원 제공)

총서 📚 知의회랑을 기획하며
arcade of knowledge

대학은 지식 생산의 보고입니다. 세상에 바로 쓰이지 않더라도 언젠가는 반드시 인류에 필요할 지식을 생산하고 축적하며 발전시키는 일을 끊임없이 해나갑니다. 오랫동안 대학에서 생산한 지식은 책이란 매체에 담겨 세상의 지성을 이끌어왔습니다. 그 책들은 콘텐츠를 저장하고 유통시키며 활용하게 만드는 매체의 차원을 넘어, 인간의 비판적 사유 능력과 풍부한 감수성을 자극하는 촉매의 역할을 충실히 해왔습니다.

이와 같은 '책을 읽는다'는 것은 단순히 지식과 정보를 습득하는 데 멈추지 않고, 시대와 현실을 응시하고 성찰하면서 다시 그 너머를 사유하고 상상함을 의미합니다. 그러므로 '세상의 밑그림'을 그리는 책무를 지닌 대학에서 책을 펴내는 것은 결코 가벼이 여겨선 안 될 일입니다.

이제 우리는 다양한 방식으로 존재하는 지식과 정보, 그리고 사유와 전망을 담은 책을 엮어 현존하는 삶의 질서와 가치를 새롭게 디자인하고자 합니다. 과거를 풍요롭게 재구성하고 미래를 창의적으로 기획하는 작업이 다채롭게 펼쳐질 것입니다.

대학의 심장부에 해당하는 도서관이 예부터 우주의 축소판이라 여겨져 왔듯이, 그곳에 체계적으로 배치된 다양한 책들이야말로 이른바 학문의 우주를 구성하는 성좌와 다름없습니다. 우리는 그 빛이 의미 없이 사그라들지 않기를, 여전히 어둡고 빈 서가를 차곡차곡 채워가기를 기대합니다.

앎을 쉽게 소비하는 시대를 살고 있지만, 다양한 앎을 되새김함으로써 학문의 회랑에서 거듭나는 지식의 필요성에 우리는 공감합니다. 정보의 홍수와 유행 속에서도 퇴색하지 않을 참된 지식이야말로 인간이 가야 할 길에 불을 밝혀줄 수 있기 때문입니다. 앞으로 대학이란 무엇을 하는 곳이며, 왜 세상에 남아 있어야 하는 곳인지 끊임없이 되물으며, 새로운 지의 총화를 위한 백년 사업을 시작하겠습니다.

총서 '知의회랑' 기획위원
안대회 · 김성돈 · 변혁 · 윤비 · 오제연 · 원병묵

총서 Ⅲ 知의회랑 총목록
arcade of knowledge

출간예정

닫힌 텍스트, 갇힌 여성들 김경남

지식과 조선 진재교

도시마을의 진화 한광야

제국의 저항자들 이평수

조선 노장철학사 조민환

고대 로마 종교사 최혜영

한국 아동 잡지사 장정희

조상을 위한 기도 심일종

성균관과 문묘 현판의 사회사 이천승

한국의 사회계층 장상수

김태준, 식민지 국학 이용범

서양 중세 제국 사상사 윤 비

일제 강점기 황도유학 신정근

'트랜스Trans'의 한 연구 변 혁

위계와 증오 엄한진

조선 땅의 프로필 박정애

예정된 전쟁, 병자호란 김영진

북한 직업 사회사 김화순

제국 일본의 해체와 동아시아 영화 함충범

J. S. 밀과 현대사회의 쟁점 강준호

문학적 장면들, 고소설의 사회사 김수연

제주형 지역공동체의 미래 배수호

식민지 학병의 감수성 손혜숙

제국의 시선으로 본 동아시아 소수민족 문혜진

루쉰, 수치와 유머의 역사 이보경

남북한 공통-시 읽기 최현식

피식민자의 계몽주의 한기형

국가처벌과 미래의 형법 김성돈

제국과 도시 기계형

플라톤의 『테아이테토스』 연구 정준영

출토자료를 통해 본 고구려의 한자문화 권인한

지은이 **이영배**

한국 연극 분야에서 전통연희를 전공했고, 민속의 재현과 변환 문제에 관심을 두고 연구를 계속해왔다. 최근에는 사회구조와 지식 패러다임의 전환에 주목해 민속학의 이론적 체계를 재정립하는 데 몰두하고 있다. 2010년 9월 전주에서 안동으로 터전을 옮겨 현재 국립경국대학교(구 국립안동대학교) 인문·문화학부 문화유산학전공 교수로 있으면서 학생들과 함께 교학상장하고 있다.

대표 저서로는 『교정과 봉합 혹은 탈주와 저항의 사회극』, 『우리 문화 연구의 새지평』 등이 있고, 대표 논문으로는 「무위의 공동체와 민속의 공동성」, 「공동체문화와 커먼즈, 가치실천 양식들」, 「손상된 지구에서 레퓨지아 만들기」 등이 있다.

🏛 **知의회랑**
arcade of knowledge
046

포크 모더니티의 언어들
민속의 전회轉回를 위한 분석 코드들

1판 1쇄 인쇄 2025년 3월 5일
1판 1쇄 발행 2025년 3월 10일

지 은 이 　 이영배
펴 낸 이 　 유지범
책임편집 　 현상철
편 　 집 　 신철호·구남희
마 케 팅 　 박정수·김지현

펴 낸 곳 　 성균관대학교출판부
등 　 록 　 1975년 5월 21일 제1975-9호
주 　 소 　 03063 서울특별시 종로구 성균관로 25-2
전 　 화 　 02)760-1253~4 팩스 02)762-7452
홈페이지 　 http://press.skku.edu

ISBN　979-11-5550-654-7　93380

⊙ 이 저서는 2021년 대한민국 교육부와 한국연구재단의 저술출판지원사업의 지원을 받아 수행된 연구임(NRF-2021S1A6A4047220).